U0632317

本成果獲首爾國立大學研究基金贊助

新編諸子集成續編

孔子集語校注

（附補録）

上

郭沂　撰

中華書局

圖書在版編目(CIP)數據

孔子集語校注(附補録)/郭沂校注. —北京:中華書局,2017.4(2025.4 重印)
(新編諸子集成續編)
ISBN 978-7-101-11790-5

Ⅰ.孔… Ⅱ.郭… Ⅲ.①孔丘(前 551~前 479)-語録②《孔子集語》-注釋 Ⅳ.B222.22

中國版本圖書館 CIP 數據核字(2016)第 093723 號

責任編輯:石 玉
封面設計:周 玉
責任印製:陳麗娜

新編諸子集成續編
孔子集語校注(附補録)
郭 沂 校注

*

中 華 書 局 出 版 發 行
(北京市豐臺區太平橋西里 38 號 100073)
http://www.zhbc.com.cn
E-mail:zhbc@zhbc.com.cn
三河市宏盛印務有限公司印刷

*

850×1168 毫米 1/32 · 40⅛印張 · 6 插頁 · 850 千字
2017 年 4 月第 1 版 2025 年 4 月第 4 次印刷
印數:6001-6800 册 定價:180.00 元

ISBN 978-7-101-11790-5

新編諸子集成續編出版緣起

新編諸子集成叢書，自一九八二年正式啟動以來，在學術界特別是新老作者的大力支持下，已形成規模，成爲學術研究必備的基礎圖書。叢書原擬分兩輯出版，第一輯擬目三十多種，後經過調整，確定爲四十種，今年將全部出齊。第二輯原來只有一個比較籠統的規劃，受各種因素限制，在實施過程中不斷發生變化，有的項目已經列入第一輯出版，因此我們後來不再使用第一輯的提法，而是統名之爲新編諸子集成。

隨着新編諸子集成這個持續了二十多年的叢書劃上圓滿的句號，作爲其延續的新編諸子集成續編，現在正式啟動。它的立意、定位與宗旨同新編諸子集成一脈相承，力圖吸收和反映近幾十年來國學研究與古籍整理領域的新成果，爲學術界和普通讀者提供更多的子書品種和哲學史、思想史資料。

續編堅持穩步推進的原則，積少成多，不設擬目。希望本套書繼續得到海内外學者的支持。

中華書局編輯部

二〇〇九年五月

目録

前言

一

論語無疑是瞭解與研究孔子的最重要史料，但除此以外，在浩如煙海的中國古代典籍中，還存有大量有關孔子的言行記録。

根據筆者多年來的研究，歷史上論語之外有關孔子言行記載中的一部分本來就是論語類文獻，其價值與今本論語不相上下。現存西漢以前古籍中論語類文獻的佚文主要有：今本和帛書本易傳中的有關文獻，孝經、大小戴禮記中的有關文獻，郭店楚墓竹簡中的有關文獻，上海博物館藏戰國竹簡中的有關文獻，定縣竹簡儒家者言和阜陽木牘儒家者言、定縣竹簡哀公問五義、荀子中的有關文獻，孔子家語和孔叢子中的有關文獻，新序、説苑、尚書大傳、韓詩外傳中的有關文獻。除了這些論語類文獻外，基本可靠的有關孔子言行的記載還有春秋三傳中的有關記載、儒家子書中的有關記載和史記孔子世家及仲尼弟子列傳。毋庸諱言，有些文獻雖然比較可靠，但來源龐雜，難免受各種傳聞的影響，以致魚目混珠。屬於這種情況的文獻，包括歷代傳注及歷代子書中的有關記載。至於大抵爲依託的文獻，主要有列子、莊子、讖緯、雜史、野史、小説、神話等中的有關文字。

鑒於論語之外這些孔子言行録十分零散，查閲不易，從很久以前，學者們就開始蒐集這些記録了。正如嚴可均在孫星衍孔子集語序中所説：

孔子脩百王之道以詔來者，六經而外，傳記百家所載微言大義，足以羽儀經業、導揚儒風者，往往而有。其纂輯成書者，梁武帝孔子正言二十卷、王勃次論語十卷，皆不存見；存楊簡先聖大訓十卷、薛據孔子集語二卷、潘士達論語外篇二十卷，而薛書最顯，不免罣漏。近人曹廷棟又爲孔子逸語十卷，援稽失實，不足論。嘉慶辛未歲，觀察引疾歸田，惜儒書之闕失，乃博蒐羣籍，綜覈異同，增多薛書六七倍，而仍名之爲孔子集語者，識所緣起也。

從嚴氏的介紹看，對古籍中有關孔子言行記録的蒐集整理始於梁武帝的孔子正言，其後曾有王勃的次論語傳世，但「皆不存見」，故其詳情無從考知。

現存最早的此類文獻，當數宋人楊簡的先聖大訓。嚴可均言此書十卷有誤，當爲六卷。明代張翼軫在其序文中説：「宋大儒楊慈湖先生纂集先聖大訓，自論語、孝經、易、春秋而外，散見於家語、庸、孟、禮記、大小戴記者，悉爲采集，編次而注之，凡六卷五十五篇。」不過，此書至少有兩個缺陷，一是對原始文獻的蒐集遠非完備，不外乎張翼軫所羅列的寥寥數種；二是其注往往是藉以發揮編者的心學思想。

孫星衍孔子集語之前，宋人薛據的孔子集語之所以獨爲嚴可均所稱道，主要在於其史料蒐集更加完備。該書有二卷和三卷兩種版本。其序云：「見於曾子、大戴記、孔叢子、家語四全書，與夫載於左氏、莊周、列禦寇、荀卿者皆不與，而錯見於漢儒諸書者録之。」據統計，薛氏孔子集語取材於漢代及以前的三十餘種古籍，並保存了一些罕見史料。正如四庫提要所説：「特所録尚多秦、漢古書，殘篇斷句，或可藉此以僅存。」其不足，四庫提要云：「孔子世家列在正史，不僻於孔叢、家語，且既云不録大戴禮記，而顔叔子第十二乃又引其一條，亦自亂其例。至引説文『黍可爲酒，禾入水也』、『一貫三爲王』、『推一合十爲士』等語，併數條爲一條，義不相貫，尤爲失倫。他若韓非子説林下、内儲説上、内儲説下、外儲説左上、外儲説右下、難一、難三諸篇，可采者幾二十條，而此書所引僅三條。若淮南子主術訓、繆稱訓、齊俗訓、道應訓、人間訓、泰俗訓諸篇，所可采者不下十餘條，而此所引者亦僅三條。則其餘掛漏，可以概知。又文翔鳳雲夢藥溪談摘其『五酉』一條，引搜神記而諱其所出，又訛『五酉』爲『五酋』，則駁雜舛錯，亦所不免。」

論語外篇，又叫增訂論語外篇，作者爲明代潘士達。士達，字去聞，號完樸，烏程人，萬曆二十年進士。四庫提要云：「是書取諸子百家所載孔子之言，分類排纂，仿論語二十篇之數。以皆論語所不載，故曰外篇。以因南昌李栻舊稿而葺之，故曰增訂。所采既罕異聞，又莊、列寓言亦復闌入。朱子語録嘗稱，孔門弟子留下家語，至今作病痛，況雜家依託之言乎？」

其後有清人曹庭棟的孔子逸語。庭棟，字六吉，嘉善人。是書當爲四卷，而非嚴可均所説的十卷，一般目録書省作逸語。四庫提要評之曰：「前有自序，謂慮羣書沿襲，疑信相參，用是殫心潛體，削誣正誤，以傳其信云云。夫自秦、漢以後，百家多述孔子之言，真僞參半。庭棟雖稱削誣正誤，亦未見一一必出於孔子。又其序説行款及每節注文分圈内圈外，儼然朱子論語集注體例，亦未免過於刻畫也。」

以上二書皆屬四庫存目，且不爲嚴可均所稱道，現在已經很難見到了。

除了嚴氏提到的外，歷史上還有一些此類書籍。例如，明代有兩本孔聖全書，分别爲安夢松和蔡復賞所輯。夢松，字予喬，福建人。其自序稱其書「總爲兩册，分爲十三篇，首曰聖代源流，凡六十二代，代代紀之也。次曰聖世歲抄，凡七十二歲，歲歲録之也。三曰聖學，其文學之藪乎？四曰聖教，其作人之化乎？五曰聖政，其德化之神乎？六曰聖智，其天錫之聰乎？七曰帝王君公，則君道事居多矣。八曰卿士大夫，則臣道事居多矣。九曰列論，則世道事居多矣。十曰國君問，上之信於君也以此。十壹曰弟子問，下之信於徒也以此。十二曰困誓篇，其處變之權也以此。十三曰銘號讚謚，其傳頌至今也」。復賞，巴陵人。蔡書列四庫存目，但四庫提要評價甚低：「前有自序，稱是書始成，就正於兵部侍郎姜廷頤。廷頤乃次爲六卷。上卷曰經書，中卷曰子史，下卷曰雜説，首卷曰帝王崇重盛典，尾卷曰經術經理世務，六卷内復條分爲四十卷云云。案序稱上中下卷首尾卷只有五卷，不應稱六卷。又書三十五卷與四十卷之數亦不合。其間鄙俚荒唐，龐雜割裂。鬼神怪誕之語，優伶褻諢之詞，無不載入，謂之侮聖人可也。」

再如，清人馬驌繹史卷八十六孔子類記也十分重要。顧名思義，是書將唐代以前有關孔子的史料以類相從，進行輯録，並稍加疏證。全書分爲四部分，第一部分録有關孔子生平的文獻，包括觀周、適齊、用魯、歷聘、哀公問諸篇；第二部分主要涉及孔子與六經的關係以及易傳中的有關史料，列爲删述上；第三部分主要涉及孔子作春秋之事以及春秋三傳中的有關文獻，列爲删述下；第四部分爲其他典籍中有關孔子言行以及孔子之死的記載，並附孔子年譜，包括垂訓、遺事、多聞、外記、終記、年譜附。雖然此書有較高的學術價值，但由於受取捨標準所限，所收史料遠非完備。

二

孫星衍，字淵如，一字伯淵，號季述，江蘇陽湖人，乾隆五十二年進士，曾任山東按察使、布政使，著述甚豐，其孔子集語當能代表清代及其以前孔子言行資料輯録的最高成就。

首先，孫氏孔子集語的體例比較完善與合理。這至少表現在以下五個方面：其一，分類名篇，主題明確，便於瞭解孔子思想的内容結構。此前有關孔子言行史料輯録的成果雖然也分爲若干篇章，但每篇没有一個明顯的主題，各篇篇名也無法概括該篇内容，只是仿照論語、孟子體例，摘取每篇開頭的幾個重要字眼來命名。孫書則「取劉向編列説苑、新序之例，各爲篇目」（孫星衍孔子集語附記）。其二，篇目排列得當。孔子集語十四篇十七卷之例，從内容佈局看，前十篇反映孔子的基本思想，後四篇多屬於孔子的生平事迹和有關故事，很有條理。從區别真僞而論，孫氏爲使「醇疵不雜」（孔子集語表），則「又以莊、列小説近於依託之詞，别爲雜事、遺讖、寓言，附於末卷」（孔子集語附記）。由此可知，前十一篇是較爲「醇」的，後三篇則「疵」較多，反映了孫氏的辨僞意識。其三，對於每一條材料，都注明出處來源，方便讀者查閲，以窺原文全貌。其四，對於一些内容大體相同、各書都有所記載的材料，則排列在一起，以便讀者比較各種記載的得失、可信程度，「得失短長，可互證得知」（嚴可均孔子集語序），起到了疏證的作用。其五，對於一些疑文脱句，能酌加按語，則又起到了校勘的作用。由上可見，孫氏輯録的孔子集語並不是簡單的材料堆積，而是做了大量梳理加工的工作的。

其次，此書取材極廣，蒐集甚備。正如嚴可均所説：「羣經傳注、祕緯、諸史、諸子以及唐宋人類書，鉅篇隻句畢登，無所去取。」（孔子集語序）當然，這並不意味着它的取材就漫無邊際。今取而察之，其資料來源至少有以下幾個界限：第一，有些文獻雖然很重要，但由於種種原因不予采録：「易十翼、禮小戴記、春秋左氏傳、孝經、論語、孟子舉世誦習，不載；家語、孔叢子有成書專行，不載；史記孔子世家、弟子傳易撿，亦不載。」（孔子集語序）第二，羣書援引今本論語者不載。第三，間接性史料不予載録。第四，有關孔子的評論不予載録。如荀子中的「仲尼、顔淵知，而窮於世劫，迫於暴國，而無所辟之」（大略）、「非大儒莫之能立，仲尼、子弓是也」（儒效）、「仲尼之門，五尺之豎子，言羞稱乎五伯」（仲尼）等，皆未收録。第五，極少數有意攻擊孔子的言論，如墨子非儒篇屢言孔子幫助亂黨，不予收録。在以上界限内，孫氏孔子集語從一百五十一種文獻中輯録了八百一十六條孔子言行史料。

不過，由於此書的資料是從浩繁的古籍中逐條查閲輯録而成的，總難免有其所未見，仍未免於闕失。王仁俊又爲之作孔子集語補遺，依孫氏篇次體例增補了七十七條。李滋然評之曰：「凡孫書已輯者，例不重輯，慎之至也。今取全篇校之，有辦（辨）證審詳愈於孫書者；有非孔子軼事而誤輯者；有孫輯已采原書（此「原書」指所引各書——校者注），元箸（此「元箸」指王氏補遺——校者注）復據後出之書，援引譌敚未及詳斠，仍行登入者；有兩書共引一事，並無異文，元箸不依孫書附列而區分兩條者；有二編分引二條，各自成文，元箸併爲一條，與本書通例不符者；有他書徵引已著論語，元箸仍復采輯，不合孫書義例者；有原書本未佚亡，元箸不以標目，轉取别籍引述之詞以立專條者；有孫書已輯，並無異本異文，元箸復行登列，亟應删汰者；有孫書漏輯，散見羣書可考，元箸亦未采入，亟應再爲補輯者。」（孔子集語補遺商正叙）正因如此，李滋然復作孔子集語補遺商正，除商正王書外，再補兩書漏采者八十九條。王、李二書除了補充了孫書所收文獻内漏采者外，又新補了七十三種文獻中的史料。至此，在論語之外輯録孔子言行的工作，經過幾代人的相繼努力，終於日臻完備了。

三

一九八四年，筆者從曲阜師範學院歷史系畢業後分配到成立不久的曲阜師範學院孔子研究所工作，所接受的第一項科研任務，便是點校整理孫星衍的孔子集語一書。這項工作大致是從三個方面展開的：一是把上述孫、王、李三書合編在一起，並進行全面校勘。由於此書爲集腋成裘之作，需要就所引典籍原書的不同版本進行校讎，其工程之鉅亦是可以想見的。在此過程中，筆者不但參閲了各種古籍版本，而且還吸收了今人古籍整理的最新成果。二是由於孔子集語諸書是按内容劃分目次的，因而對於孔子言論事迹在各種典籍中的保存情況，讀者不查閲原文是很難確知的，故爲方便讀者查閲原文，特編書名篇卷索引。三是增補了孔子集語諸書因種種原因而没有收録的七種重要典籍和兩種新出土的珍貴簡帛文獻資料，作爲補遺九種附於卷末，包括左傳、孝經、易傳、帛書易傳、儒家者言、孟子、禮記、史記孔子世家、史記仲尼弟子列傳。全稿一九八七年告竣，一九九八年以孔子集語校補爲題由齊魯書社出版。當時只印了一千册，現在已經很難見到。

二〇一二年三月，收到中華書局編輯石玉先生大函，希望我在孔子集語校補的基礎上重新整理孫星衍的孔子集語一書，收入新編諸子集成續編出版。我欣然接受了這項任務，耗時二載，於二〇一四年底殺青，更名爲孔子集語校注（附補録）。這次重新整理，由袁青博士蒐集資料並做了初步校對。

這次整理工作主要體現在四個方面：其一，對原文進行了全面校勘，並儘量吸收新的學術成果。其二，爲了便於讀者理解原文，作了必要的語詞注釋。其三，遍查各種早期文獻，以補孫、王、李三書之闕，標以「新補」附於每卷之末。其四，補入新出土文獻阜陽木牘儒家者言、郭店楚墓竹簡、上海博物館藏戰國楚竹書中的有關文獻，將原來的補遺九種擴大爲補録十二種。

需要特别强調的是，本書在撰寫過程中，曾得到許多師友和學界前輩的幫助。孔子集語校補完成後，郭克煜師曾仔細審閲全稿，賜教良多。同窗梁方健、陳東、伍野春、金家詩、修建軍、楊朝明、張友臣也提出了許多寶貴意見。鍾肇鵬教授不辭辛勞，親自審校了本書有關緯書的部分。對以上諸位,謹在此深表感謝!

由於水平所限,書中難免存在謬誤,誠盼學界方家賜教。

郭沂

乙未季夏於京北天通苑忘齋

凡例

一、孫星衍的孔子集語行世後，王仁俊作孔子集語補遺，以補孫書之闕；其後，李滋然再作孔子集語補遺商正，除商正王書外，又附補兩書漏采者八十九條。本校注除合此三書校而注之外，又遍查各種早期文獻，以補三書之闕。王、李二氏以及本校注之新補各以其類附於孫書每卷之後，而分别標以「補遺」、「商正」、「新補」字樣，以示區别。

二、本校注中的孔子集語、孔子集語補遺和孔子集語補遺商正，各以山東省圖書館藏平津館叢書（蘭陵孫氏藏版）第四集孔子集語（嘉慶二十年刊，冶城山館藏版）、華南師大圖書館藏光緒三年本孔子集語末所附鈔孔子集語補遺和北師大圖書館藏光緒三十四年本孔子集語補遺商正爲底本，分别與所采原始文獻進行校勘。爲準確起見，所據校勘之書的版本或種類，一般在兩種以上（見校注所據主要書目）。因不知孫氏、王氏、李氏依據的版本，故衍誤的字句一般照排，而在注釋中注出；其脱文，皆校而補之，亦在注釋中注出。李氏附補的出處篇卷，原爲雙行小字注，今均移至每段文獻之首，與孫書、王書劃一。

三、孫氏、王氏、李氏之按語以及李氏商正王氏之文，均移入注釋中，各標以「原注」、「商正曰」字樣；李書的雙行小字注改加圓括號〔一〕。

四、爲避孔子諱，「丘」字，孫書、王書皆省作「𠀉」，李書改爲「邱」；爲避清帝玄燁諱，孫書「玄」字改爲「元」，今皆復原。

五、注釋中所采古注，多轉引自相關文獻，如國語韋昭注引自徐元誥國語集解（中華書局二〇〇二年版），列子張湛注引自楊伯峻列子集釋（中華書局一九七九年版），荀子楊倞注引自

〔一〕李氏除了對王書有關各條分別作按語外，還把若干條歸爲一類，綜合作按語。其分條按語均見每條注釋；綜合按語計有三處，附記於此。其一：「按六事（即本書的「一一・二〇」、「一三・六一」、「一三・六五」、「一四・七九」、「一四・八二」、「一七・三六」等六條——校者注）皆孫輯已采原書，元箸復據晚出之僞孔、北齊辛術傳、劉子袁注等編援引譌敓者，立爲專條，而又茫無疏證者也。」其二：「按凡此九事（即本書的「五・一〇九」、「九・六九」、「九・七一」、「九・七二」、「一〇・七六」、「一〇・七七」、「一一・二二」、「一三・六六」、「一四・八八」等九條——校者注）取證孫書或原本原文，並無歧異；或沿襲轉寫，偶有異同，不得謂之佚文，即屬無庸再輯。元箸重列專條，亟應删汰。」其三：「又按此外尚有徵引古書，通篇都四事，而卷帙錯踳竟至三條者。如篇中引玉燭寶典凡四事，均著五卷。今考原書，惟禮緯稽命徵一條語在五卷，其史記甘羅云、董仲舒對策、嵇康高士傳三條（即本書的「一四・八八」、「一四・八九」、「一四・九〇」等三條——校者注）語均在四卷。雖偶爾失誤，然連誤三事，亦不得不亟爲更正，且是書亡于宋末，光緒壬午遵義黎氏在扶桑搜得舊鈔卷子本十一卷（原書十二卷，闕第九卷），影付剞劂，士林猶未遍觀。若因仍沿譌，恐後學艱於考校，又亟宜改正者。附録聖言佚事散見羣書，孫書漏采篇亦未補輯者。」對以上所涉及各條，均在其注釋中説明參閱本注。

王先謙荀子集解（中華書局一九八八年版），莊子郭象注、成玄英疏、司馬彪注引自郭慶藩莊子集釋（中華書局二〇〇四年版），吕氏春秋高誘注引自陳奇猷吕氏春秋新校釋（上海古籍出版社二〇〇二版），禮記鄭玄注引自孫希旦禮記集解（中華書局一九八九年版），大戴禮記盧辯注引自王聘珍大戴禮記解詁（中華書局一九八三年版），尚書大傳鄭玄注引自王闓運尚書大傳補注（中華書局一九九一年版），淮南子高誘注引自劉文典淮南鴻烈集解（中華書局一九八九年版），緯書部分鄭玄注引自安居香山、中村璋八輯緯書集成（河北人民出版社一九九四年版）等。

六、注釋中所采各家校勘成果，皆標以姓名，不再注明原始出處；所采各家語詞解釋，一般不特别標出；屬本書所注者，或逕作注語，或書「今案」二字。

七、同一内容，不止爲一書記載者，孫書皆排列在一起，一般以成書時代先後爲次。除排列在最前面的一條作爲主條頂格刻板外，其餘各條均作爲附條，刻板時皆低一格，以示區别。本校注仍依孫氏體例，只把低一格改爲空二格。

八、按照孫書體例，「易十翼、禮小戴記、春秋左氏傳、孝經、論語、孟子舉世誦習，不載；家語、孔叢子有成書專行，不載；史記孔子世家、弟子傳易撿，亦不載」（嚴可均孔子集語序）。以上文獻，除論語、孔叢子、孔子家語獨立成書，查閲方便，没有收録外，餘皆補入；另外，近期出土的馬王堆帛書易傳、八角廊竹簡儒家者言、阜陽漢簡儒家者言、郭店竹簡、上海博物館藏戰國楚竹書，也是非常重要的孔子文獻，今亦補入。這些文獻，均按原書次序鈔録，並儘量吸收時賢研究成果，不再分類（見補録十二種）。

九、補録十二種所收出土文獻中，部分文字的釋讀存在爭議，凡學界取得基本共識者，均以通行字寫出，僅對需要探討者保留原形。除特別説明者外，試補的文字加〔〕號，試補的奪字加【】號，假字加（）號，訛字加〈〉號，▨表示殘缺之處。

十、孔子集語是根據資料内容劃分篇卷的，爲了便於瞭解孔子文獻在各書中的保存情況，新編書名篇卷索引附於書後（見附録。補録十二種因據原書篇次鈔録，故不入該索引）。爲檢閲方便，正文的每條引文都加上序號，間隔號前的數字表示卷數，其後的數字表示該卷的條數，如「三・九」指卷三的第九條。

校注所據主要書目

周易集解：中華書局據學津討原本排印，一九八五年版。
易緯乾坤鑿度：四庫全書本；叢書集成本。
易緯辨終備：四庫全書本。
易緯乾鑿度：四庫全書本；叢書集成本。
易緯通卦驗：四庫全書本。
易緯是類謀：叢書集成本。
易緯坤靈圖：叢書集成本。
緯書集成：安居香山、中村璋八輯，河北人民出版社一九九四年版。
尚書注疏：十三經注疏（附校勘記）本，中華書局影印阮刻本，一九七九年版。
尚書大傳：四庫全書本；四部叢刊本；叢書集成本；王闓運補注，中華書局據靈鶼閣叢書本排印，一九九一年版；皮錫瑞尚書大傳疏證，光緒丙申師伏堂刊本。

尚書中候：玉函山房輯佚書本，廣陵書社據光緒十年楚南湘遠堂刊本影印，二〇〇四年版。
書贊：玉函山房輯佚書本，廣陵書社據光緒十年楚南湘遠堂刊本影印，二〇〇四年版。
毛詩注疏：十三經注疏（附校勘記）本，中華書局影印阮刻本，一九七九年版。
韓詩外傳：許維遹韓詩外傳集釋，中華書局一九八〇年版；屈守元韓詩外傳箋疏，巴蜀書社一九九六年版；賴炎元韓詩外傳今注今譯，臺灣商務印書館一九七二年版。
周禮注疏：十三經注疏（附校勘記）本，中華書局影印阮刻本，一九七九年版。
儀禮注疏：十三經注疏（附校勘記）本，中華書局影印阮刻本，一九七九年版。
孫希旦禮記集解：中華書局一九八九年版。
大戴禮記：孔廣森大戴禮記補注，叢書集成本；王聘珍大戴禮記解詁，中華書局一九八三年版；高明大戴禮記今注今譯，臺灣商務印書館一九七五年版；黄懷信等大戴禮記匯校集注，三秦出版社二〇〇五年版。
喪服要記：漢學堂叢書本。
春秋左氏傳注疏：十三經注疏（附校勘記）本，中華書局影印阮刻本，一九七九年版。
春秋公羊傳注疏：十三經注疏（附校勘記）本，中華書局影印阮刻本，一九七九年版。
春秋穀梁傳注疏：十三經注疏（附校勘記）本，中華書局影印阮刻本，一九七九年版。

春秋釋例：叢書集成本。
春秋啖趙集傳纂例：叢書集成本。
左氏傳解詁：玉函山房輯佚書本，廣陵書社據光緒十年楚南湘遠堂刊本影印，二〇〇四年版。
春秋左傳解誼：玉函山房輯佚書本，廣陵書社據光緒十年楚南湘遠堂刊本影印，二〇〇四年版。
公羊顏氏記：玉函山房輯佚書本，廣陵書社據光緒十年楚南湘遠堂刊本影印，二〇〇四年版。
春秋繁露：四部叢刊本；蘇輿春秋繁露義證，中華書局一九九二年版。
春秋元命苞：廣陵書社據光緒十年楚南湘遠堂刊本影印，二〇〇四年版。
春秋演孔圖：廣陵書社據光緒十年楚南湘遠堂刊本影印，二〇〇四年版。
孝經長孫氏説：玉函山房輯佚書本，廣陵書社據光緒十年楚南湘遠堂刊本影印，二〇〇四年版。
孝經安昌侯説：玉函山房輯佚書本，廣陵書社據光緒十年楚南湘遠堂刊本影印，二〇〇四年版。
孝經援神契：玉函山房輯佚書本，廣陵書社據光緒十年楚南湘遠堂刊本影印，二〇〇四年版。
孝經鉤命決：玉函山房輯佚書本，廣陵書社據光緒十年楚南湘遠堂刊本影印，二〇〇四年版。
聖證論：玉函山房輯佚書本，廣陵書社據光緒十年楚南湘遠堂刊本影印，二〇〇四年版。

古微書：叢書集成本；漢學堂叢書本；守山閣叢書本；山東友誼出版社影印對山問月樓藏本，一九九〇年版。
論語訓解：玉函山房輯佚書本，廣陵書社據光緒十年楚南湘遠堂刊本影印，二〇〇四年版。
論語集解義疏：叢書集成本。
論語筆解：四庫全書本。
説文解字：宋徐鉉校定本，中華書局二〇一三年版；段玉裁説文解字注，上海古籍出版社一九八一年版。
廣韻：中國書店據張氏澤存堂本影印宋本，一九八二年版。
急就篇顔師古訓解：叢書集成本。
史記：中華書局標點本，一九五九年版。
漢書：中華書局標點本，一九六四年版。
續漢書：金陵書局仿明汲古閣刊本。
後漢書：中華書局標點本，一九六五年版。
三國志：中華書局標點本，一九六四年版。
宋書：中華書局標點本，一九七四年版。

南齊書：中華書局標點本，一九七二年版。
魏書：中華書局標點本，一九七四年版。
繹史：四庫全書本。
東觀漢記：四庫全書本。
路史：四庫全書本；四部備要本。
國語：四庫全書本；四部叢刊本；徐元誥國語集解，中華書局二〇〇二年版。
戰國策：諸祖耿戰國策集注匯考，江蘇古籍出版社一九八五年版。
萬曆野獲編：中華書局一九五九年版。
晏子春秋：百子全書本；吴則虞晏子春秋集釋，中華書局一九六二年版；張純一晏子春秋校注，中華書局二〇一四年版。
列女傳：四部叢刊本；叢書集成本。
高士傳：叢書集成本；玉函山房輯佚書本，廣陵書社據光緒十年楚南湘遠堂刊本影印，二〇〇四年版。
吴越春秋：四庫全書本；四部叢刊本。
越絶書：四庫全書本；四部叢刊本；李步嘉越絶書校釋，武漢大學出版社一九九二年版。

十六國春秋：四庫全書本。
玉燭寶典：叢書集成本。
水經注：世界書局刊本，一九三六年版；浙江古籍出版社二〇〇一年版。
北户録：中華書局一九八五年版。
隸釋：四部叢刊本。
三國雜事：函海本。
公孫尼子：玉函山房輯佚書本，廣陵書社據光緒十年楚南湘遠堂刊本影印，二〇〇四年版。
荀子：百子全書本；梁啓雄荀子簡釋，中華書局一九八三年版；王先謙荀子集解，中華書局一九八八年版；王天海荀子校釋，上海古籍出版社二〇〇五年版；楊柳橋荀子詁譯，齊魯書社一九八五年版。
新語：百子全書本；叢書集成本；王利器新語校注，中華書局一九八六年版。
新書：百子全書本；賈子次詁，續修四庫全書據光緒本影印；賈誼集，上海人民出版社一九七六年版；閻振益、鍾夏新書校注，中華書局二〇〇〇年版。
鹽鐵論：百子全書本；王利器鹽鐵論校注，中華書局一九九二年版。
説苑：百子全書本；向宗魯説苑校證，中華書局一九八七年版；盧元駿説苑今注今譯，臺灣商務印書館一九七九年版。
新序：百子全書本；石光瑛新序校釋，中華書局二〇〇一年版。
法言：四庫全書本；百子全書本。
潛夫論：百子全書本；彭鐸潛夫論箋校正，中華書局一九八五年版。
法言宋咸注：四庫全書本。
新論：四部備要本。
中論：百子全書本。
薛據孔子集語：光緒紀元夏月湖北崇文書局開雕本；百子全書本。
韓非子：百子全書本；韓非子校注組韓非子校注，江蘇人民出版社一九八二年版；陳奇猷韓非子新校注，上海古籍出版社二〇〇〇年版；王先慎韓非子集解，中華書局一九九八年版。
琴操：馬瑞辰校本，中華書局一九八五年版。
京氏易傳：四部叢刊本。
術數拾遺記：玉函山房輯佚書本，廣陵書社據光緒十年楚南湘遠堂刊本影印，二〇〇四年版。
五行大義：叢書集成本。
墨子：百子全書本；孫詒讓墨子閒詁，中華書局一九八六年版；吴毓江墨子校注，中華書局一九九三年版。

子華子：四庫全書本；百子全書本。

尹文子：百子全書本。

尸子：百子全書本；二十二子本。

公孫龍子：四庫全書本；百子全書本；吴毓江公孫龍子校釋，上海古籍出版社二〇〇一年版。

吕氏春秋：百子全書本；陳奇猷吕氏春秋新校釋，上海古籍出版社二〇〇二年版；許維遹吕氏春秋集釋，中華書局二〇〇九年版。

淮南子：百子全書本；叢書集成本；劉文典淮南鴻烈集解，中華書局一九八九年版。

符子：玉函山房輯佚書本，廣陵書社據光緒十年楚南湘遠堂刊本影印，二〇〇四年版。

金樓子：四庫全書本；百子全書本；中華書局影印知不足齋叢書本，一九九九年版。

劉子：百子全書本；海甯陳氏影印明刻本劉子袁注；林其錟、陳鳳金劉子集校，上海古籍出版社一九八五年版；傅亞庶劉子校釋，中華書局一九九八年版。

顔氏家訓：四部叢刊本；王利器顔氏家訓集解，中華書局一九九三年版。

長短經：叢書集成本。

白虎通：百子全書本；四庫全書本；陳立白虎通疏證，中華書局一九九四年版。
論衡：百子全書本；北大歷史系論衡注釋小組論衡注釋，中華書局一九七九年版；黄暉論衡校釋，中華書局一九九〇年版。劉盼遂論衡集解，古籍出版社一九五七年版。
風俗通義：百子全書本；吴樹平風俗通義校釋，天津人民出版社一九八〇年版。
皇覽：叢書集成本。
琱玉集：叢書集成本。
困學紀聞：商務印書館刊本，一九五九版。
意林：四部叢刊本。
羣書治要：四部叢刊本。
藝文類聚：上海古籍出版社影宋本，二〇一三年版。
北堂書鈔：光緒戊子十四年本。
初學記：中華書局標點本，一九六二年版。
歲時紀麗：叢書集成本。
事類賦：明嘉靖本。
太平御覽：中華書局據上海涵芬樓影宋本複製重印本，一九八五年版。

禽經:百川學海本。
拾遺記:中華書局標點本,一九八一年版;百子全書本。
搜神記:百子全書本;中華書局標點本,一九七九年版;黄滌明搜神記全譯,貴州人民出版社一九九一年版。
博物志:范寧博物志校證,中華書局一九八〇年版。
酉陽雜俎:中華書局標點本,一九八一年版。
續博物志:百子全書本。
太平廣記:中華書局標點本,一九六一年版。
列子:百子全書本;楊伯峻列子集釋,中華書局一九七九年版。
莊子:百子全書本;陳鼓應莊子今注今譯,中華書局一九八三年版;曹礎基等點校南華真經注疏,中華書局一九九八年版;郭慶藩莊子集釋,中華書局二〇〇四年版;王先謙莊子集解,中華書局二〇一二年版;王叔岷莊子校詮,中華書局二〇〇七年版;劉文典莊子補正,中華書局二〇一五年版。
抱朴子:百子全書本;王明抱朴子内篇校釋,中華書局一九八五年版。
枕中書:寶顔堂秘笈續集本;中華書局據寶顔堂秘笈續集本排印,一九九一年版。

真誥：中華書局據學津討原本排印，一九八五年版。
亢倉子：百子全書本。
山居新話：中華書局據知不足齋叢書本排印，一九九一年版。
楚辭：四部叢刊本。
文選：中華書局據胡克家刻本影印，一九七七年版。
文苑英華：中華書局據宋刊本和明刊本影印，一九六六年版。
古詩源：四部備要本。

孫氏孔子集語序

嚴可均

孔子集語者，陽湖孫觀察星衍字伯淵所撰也。孔子脩百王之道以詔來者，六經而外，傳記百家所載微言大義，足以羽儀經業、導揚儒風者，往往而有。其纂輯成書者，梁武帝孔子正言二十卷、王勃次論語十卷，皆不存見；存楊簡先聖大訓十卷〔一〕、薛據孔子集語二卷〔二〕、潘士達論語外篇二十卷〔三〕，而薛書最顯，不免罣漏。近人曹廷棟又爲孔子逸語十卷，援稽失實，不足論。嘉慶辛未歲，觀察引疾歸田，惜儒書之闕失，乃博蒐羣籍，綜覈異同，增多薛書六七倍，而仍名之爲孔子集語者，識所緣起也。

其纂輯大例：易十翼、禮小戴記、春秋左氏傳、孝經、論語、孟子舉世誦習，不載；家語、孔

〔一〕「十卷」，當爲「六卷」。

〔二〕「二卷」，一作「三卷」。

〔三〕「二十卷」，當爲「四卷」。

叢子有成書專行，不載；史記孔子世家、弟子傳易撿，亦不載。其餘羣經傳注、祕緯、諸史、諸子以及唐宋人類書，鉅篇隻句畢登，無所去取，皆明言出處篇卷。或疑文脱句，酌加按語；或一事而彼此互見，且五六見，得失短長，可互證得之。

逾年，初稿成。又二年，屬其友人烏程嚴可均，略仿説苑體裁，理而董之。覆撿羣書，是正譌字，更移次第，增益闕遺，爲十四篇，勸學第一、孝本第二、五性第三、六藝第四、主德第五、臣術第六、交道第七、論人第八、論政第九、博物第十、事譜第十一、雜事第十二、遺讖第十三、寓言第十四。篇各爲卷。六藝、事譜、寓言卷大，分爲上下，以十四篇爲十七卷。勸學等篇與正經相表裏，遺讖不醇，寓言蓋依託。

乃彫版於金陵，公諸後世，而嚴可均爲之序。

孔子集語表

山東省督糧道臣孫星衍稽首頓首

上言：臣所撰孔子集語十四篇成，謹奉表上進者，伏以黄顓授道，丹書備北面之儀；河洛浮圖，元扈有東巡之典。蓋折衷俟諸至聖，而稽古所以同天。欽惟我皇上雅詠宗經，臨雍尊聖。如天蕩蕩，堯本難名；猶日孜孜，禹思聞善。芻蕘之所必采，葛訓況有明徵。昔在孔子，微言大義，史氏有將絶之虞；性道文章，及門有難聞之歎。故易翼、麟書而外，緯候載其遺言；孝經、論語之餘，子史傳其佚説。「吾無隱爾」，絶賢哲之贊詞；「天何言哉」，託素王之眇論。而籍亡七國，書散嬴秦。畏鑽仰之高堅，孰網羅其放失。臣拜恩繡斧，承乏奎婁。慕禮器而升堂，歷歲時以載筆。識大識小，一話一言，靡不綜其異同、徵其典據。撞鐘以莛，冀有餘音；集腋成裘，多存粹白。其六經所載，謹避雷同；三家傳譌，悉加讎正。或有寓言依託、小説流傳，恐魚目之混珠，窺豹斑而撥霧。醇疵不雜，仿晏嬰内外之編；事類相從，比説苑區分之目。視宋臣薛據之帙，采獲加多；勘曹氏廷棟之書，增删期當。昔方言屬草，有子駿之旁求；封禪留書，因所忠而奏上。臣職容專達，病久罷閒，附闕里之上公，述聖門之祖德，恭呈乙覽，或爲座側之資；廣布儒林，聊比壁中之簡。臣無任屏營惶恐，瞻天望闕，踴躍歡忭，謹因衍聖公臣慶鎔，奉表恭進以聞。

孔子集語篇目

孫星衍

卷十二事譜第十一上

卷十三事譜第十一下

卷十四雜事第十二

卷十五遺讖第十三

卷十六寓言第十四上

卷十七寓言第十四下

星衍自嘉慶辛未歲九月歸田,臥疴多暇,輒理舊業。因屬族弟星海、姪壻龔慶檢閲子史,采録宣聖遺言,比之宋人薛據、近人曹廷棟所輯,計且三倍。乃取劉向編列説苑、新序之例,各爲篇目,以類相從。又以莊、列小説近於依託之詞,别爲雜事、遺讖、寓言,附於末卷。質之吾友顧文學廣圻、嚴孝廉可均,頗有增改。閲六年而始成書,將寄曲阜孔上公慶鎔,俟時呈御,故擬表冠諸簡端。嘗見宋明人格言,世多輯録刊刻者。先聖遺訓,豈可任其放失!所列篇目,皆儒者立身行政之要義,不敢雜以墨家、釋氏之旨也。願與學者勉之。孫星衍謹記。

孔子集語補遺商正叙

李滋然

聖言自六經而外，散見於子緯傳記者，皆糟粕也。然其中微言大義，足以羽翼〔一〕經業者，往往而有。後世撰集成書，多名存篇佚，如梁武帝孔子正言、王勃次論語，書皆不存之類。唯宋薛據孔子集語三卷，其書尚顯，而又駁雜踳誤，罣漏紕複，如引説文「黍可爲酒，禾入水也」、「一貫三爲王」、「推十合一爲士」等語，併三條爲一條，義不相貫；韓非子、淮南子二書可采者數十餘條，僅引六條；又文翔鳳雲夢藥溪談摘其「五酉」一條，引搜神記，而諱其所出；又譌「五酉」爲「五酋」之類。語無足徵。近儒陽湖孫星衍、烏程嚴可均共輯孔子集語一書，都八百十有六事，增多薛書六七倍。博蒐羣籍，考覈異同，片文隻字無不備采，體例極精覈。吴縣王幹臣太史鈎考祕籍，再補孫書之闕，作孔子集語補遺，得七十七事，篇次名例一依孫本。凡孫書已輯者，例不重輯，慎之至也。

〔一〕「翼」，原作「異」，據義改。

今取全篇校之，有辨〔一〕證審詳愈於孫書者；有非孔子軼事而誤輯者；有孫輯已采原書〔二〕，元箸〔三〕復據後出之書，援引譌敓未及詳斠，仍行登入者；有兩書共引一事，並無異文，元箸不依孫書附列而區分兩條者；有二編分引二條，各自成文，元箸併爲一條，與本書通例不符者；有他書徵引已著論語，元箸仍復采輯，不合孫書義例者；有原書本未佚亡，元箸不以標目，轉取别籍引述之詞以立專條者；有孫書已輯，並無異本異文，元箸復行登列，亟應删汰者；有孫書漏輯，散見羣書可考，元箸亦未采入，亟應再爲補輯者。用敢不斂狂愚，分爲商正，區類條疏，悉依原次。光緒戊申首夏，長壽李滋然叙。

〔一〕「辨」，原作「辦」，據義改。
〔二〕「原書」，指所引各書。
〔三〕「元箸」，指王氏補遺。

孔子集語補遺商正附記〔一〕

李滋然

商正曰：擬補元箸未輯者，都八十九事，抉擇務嚴，一訪孫書。除羣經、傳注、祕緯、子史、類書之外，不敢濫輯一條；即通行古書，如乾坤鑿度、尚書孔傳、尉繚子、子華子等類，實係僞撰者，均不采輯。此外如桓寬鹽鐵論刑德篇引古論語「魯廏焚，孔子罷朝，問人，不問馬」、詩小雅棠棣毛萇傳引齊論語「朋友切切節節，兄弟熙熙」之類，乃師授不同，轉寫各異，並非異文，亦不復厠。凡文字全同而孫氏援書各别，如孔子曰：「漢興三百載，計歷改憲。」本春秋緯保乾圖文，見文選王元長永明九年策秀才文注引。馬氏輯入春秋緯保乾圖，孫氏則據後漢書郎顗傳顗對尚書文以輯入，引書各異之類，概不重輯；其文有異同，據書又復各别者，仍録。此外，注疏引申經文，非另據有古書者，如皇侃論語義疏卷一：「孔子呼子路名云：『由，我從來教化於汝，汝知我教，汝以不乎？汝若知我教，則云知；若不知，則云不知。如此者，是有知之人也。』」又「孔子入人境，觀其民之五德，則知其君所行之政也。故

〔一〕本篇原無題名，位於商正一書最末，今移居此，並新加題名。

梁冀云：『夫子所至之國，入其境，觀察風俗以知其政教。其民温良，則其君政教之温良也；其民恭儉讓，則政教恭儉讓也。孔子但見其民則知其君政教之得失也』」等類，皆注家據聖言而推闡之，不得爲軼事軼語之類。概不登入，致涉汎濫。伏考孫、嚴孔子集語，經兩儒參互考訂，四年而始成書。厥後更移次第，檢正譌敓，又復幾經歲月，然後付梓，訖今校閲全編，猶有一二失檢，稍留闕失。如卷五六藝篇下采白虎通三教引樂緯稽燿嘉「顔回問：『三教變，虞夏何如？』曰：『教者，所以追補敗政，靡敝溷濁，謂之治也。舜之承堯，無爲易也』」一條，卷十論政篇又重輯，原書文原不易一字；又六藝下引白虎通嫁娶一節、喪服二節，均全見禮記曾子問；又論人八引韓詩外傳「舜生於諸馮」一節，均全見孟子之類。昔人謂校讎之學難於撰箸，信不誣也。元箸蒐殘訂佚，頗費苦心。或者成書過速，未及詳爲斠證，以致留此罅隙，恐薛叔容、孫淵如、嚴鐵橋三先達見之未必俛首也。

滋然蒙昧固滯，匙通，譌誤之處，知所不免，惟冀方家察而教之。

孔子集語卷一

勸學一

一·一　尚書大傳略説

子曰：「君子不可以不學，見人不可以不飭〔一〕。不飭無貌，無貌不敬，不敬無禮，無禮不立。夫遠而有〔二〕光者，飭也；近而逾明者，學也。譬之如圩邪〔三〕，水潦〔四〕集焉，菅蒲〔五〕生焉，從上觀之，誰知其非源水也？」

〔一〕「飭」，四部叢刊本作「飾」，二字可通，修飾。下倣此。

〔二〕「有」字，四庫全書、四部叢刊、叢書集成諸本皆無，蓋孫氏依大戴禮記補。

〔三〕叢書集成本無「如」字。「圩」，四庫全書本作「汙」，是也。「汙邪」即下引大戴禮記之「洿邪」。

〔四〕潦，説文曰：「雨水大皃。从水尞聲。」「雨水大皃」，段玉裁據詩采蘋正義、文選陸機贈顧彦先詩注、衆經音義卷一訂正爲「雨水也」。「水潦」即雨後積水。

〔五〕萑蒲即水草。

一·二 大戴禮勸學

孔子曰：「野〔一〕哉！君子不可以不學，見人不可以不飾。不飾無貌，無貌不敬，不敬無禮，無禮不立。夫遠而有光者，飾也；近而逾明者，學也。譬之如洿邪〔二〕，水潦灟〔三〕焉，莞蒲生焉，從上觀之，誰知其非源泉也？」

〔一〕原注：「野」字，説苑作「鯉」，形相近，疑當作「鯉」。今案：戴震曰：「孔子曰『鯉』，案各本譌作『野』，下又衍『哉』字，今據説苑訂正。」「鯉」即孔鯉，孔子之子。

〔二〕「洿邪」，王聘珍曰：「濁水不流之地。」

〔三〕王念孫曰：「『灟』，當作『屬』，讀曰『注』，謂洿邪爲水潦所注也。」

一·三 説苑建本

孔子曰：「鯉，君子不可以不學，見人不可以不飾，不飾則無根，無根則失理，失理則不忠，不忠則失禮，失禮則不立。夫遠而有光者，飾也；近而逾明者，學也。譬之如污池，水潦注焉，萑蒲生之，從上觀之，知〔一〕其非源也。」

〔一〕向宗魯本「知」上有「誰」字。

一・四　韓詩外傳一

孔子曰：「君子有三憂：弗知，可無憂與？知而不學，可無憂與？學而不行，可無憂與？」

一・五　韓詩外傳六

子曰：「不學而好思，雖知不廣矣；學而慢〔一〕其身，雖學不尊矣；不以誠立，雖立不久矣；誠未著而好言，雖言不信矣。美材〔二〕也，而不聞君子之道，隱小物以害〔三〕大物者，災必及身矣。」

〔一〕慢，論語泰伯：「斯遠暴慢矣。」朱子注曰：「放肆也。」

〔二〕許維遹曰：「元本『材』作『林』。本或作『林』，『林』即『材』之形誤。」今案：材，材質也。

〔三〕尚書盤庚下：「尚皆隱哉。」孔穎達疏：「隱，謂隱審也。」這裏指詳察。物，事也。害，妨害，妨礙。

一・六　韓詩外傳六

孔子曰：「可與言終日而不倦者，其惟學乎！其身體〔一〕不足觀也，勇力不足憚也，族姓不足稱也，宗祖不足道也，而〔二〕可以聞於四方，而昭於諸侯者，其惟學乎！」

〔一〕賴炎元曰："「身體」，疑當據家語作『容體』。容體，容貌，謂美好的容貌。"

〔二〕「而」，許維遹本作「然而」。

一·七　説苑建本

孔子曰："可以與人〔一〕終日而不倦者，其惟學乎！其身〔二〕體不足觀也，其勇力不足憚也，其先祖不足稱也，其族姓不足道也，然而可以開〔三〕四方而昭於諸侯者，其惟學乎！"

〔一〕向宗魯引盧文弨之説："『人』，外傳六作『言』。"

〔二〕「身」，原注：一作「容」。

〔三〕「開」，向宗魯本作「聞」。

一·八　韓詩外傳八

孔子燕居〔一〕，子貢攝齊〔二〕而前曰："弟子事夫子有年矣，才竭而智罷，振〔三〕於學問，不敢〔四〕復進，請一休焉。"孔子曰："賜也，欲焉休乎？"曰："賜欲休於事君。"孔子曰："詩云：『夙夜匪懈，以事一人。』〔五〕爲之若此其不易也，若之何其休也？"曰："賜欲休於事父〔六〕。"孔子曰："詩云：『孝子不匱，永錫爾類。』〔七〕爲之若此其不易也，如之何其休也？」曰：「賜欲休於事兄弟。」孔子曰：「詩云：『妻子好合，如鼓瑟琴。兄弟既翕，和樂且耽。』〔八〕爲之若此其不易也，如之何其休也？」曰：「賜欲休於畊田。」孔子曰：「詩云：『晝爾于茅，宵爾索綯；亟其乘屋，其始播百穀。』〔九〕爲之若此其不易也，若之何其休也？」子貢曰：「君子亦有休乎？」孔子曰：「闔棺兮乃止播兮〔一〇〕，不知其時之易遷兮，此之謂君子所休也。」

〔一〕燕居，在家閒居。

〔二〕論語鄉黨曰：「攝齊升堂，鞠躬如也。」朱子注曰：「攝，摳也。齊，衣下縫也。禮，將升堂，兩手摳衣，使去地尺，恐躡之而傾跌失容也。」攝齊，表示恭敬而有禮。

〔三〕「振」，許維遹本作「倦」，與下文列子天瑞同，是也。

〔四〕「敢」，許維遹本作「能」。

〔五〕見詩大雅烝民。

〔六〕許維遹本「父」下有「母」字。

〔七〕見詩大雅既醉。匱，竭盡。錫即賜。

〔八〕見詩小雅常棣。好合，和樂。翕，和合。耽，愉悦。

〔九〕見詩豳風七月。爾，語助詞。于，取。茅，茅草。索，搓。綯，繩子。亟，急。乘，登。這裏指登上房屋進行修繕。

〔一〇〕「兮」,原注:本多作「耳」,今從楊本。

一・九　荀子大略

子貢問於孔子曰:「賜倦於學矣,願息事君。」孔子曰:「詩云:『温恭朝夕,執事有恪。』〔一〕事君難,事君焉可息哉?」「然則賜願息事親。」孔子曰:「詩云:『孝子不匱,永錫爾類。』事親難,事親焉可息哉?」「然則賜願息於妻子。」孔子曰:「詩云:『刑于寡妻,至于兄弟,以御于家邦。』〔二〕妻子難,妻子焉可息哉?」「然則賜願息於朋友。」孔子曰:「詩云:『朋友攸攝,攝以威儀。』〔三〕朋友難,朋友焉可息哉?」「然則賜願息耕。」孔子曰:「詩云:『晝爾于茅,宵爾索綯。亟其乘屋,其始播百穀。』耕難,耕焉可息哉?」「然則賜無息者乎?」孔子曰:「望其壙,皋如也,嵮如也,鬲如也〔四〕,此則知所息矣。」子貢曰:「大哉,死乎!君子息焉,小人休焉。」

〔一〕見詩商頌那。執事,即行事。恪,古爲「愙」,説文曰:「愙,敬也。」故「執事有恪」即行事恭敬。

〔二〕見詩大雅思齊。刑,法也,這裏指作爲效法的榜樣,以身作則。

〔三〕見詩大雅既醉。攝,説文曰:「引持也。」段注曰:「引持也,謂引進而持之也。凡云攝者皆整飭之意。詩:『攝以威儀。』傳曰:『言相攝佐者以威儀也。』」

〔四〕壙，墳。皋，高。嵮，同「巔」，山巔。鬲，鼎一類的器物。這裏用其中空義。

一·一〇 列子天瑞

子貢倦于學，告仲尼曰：「願有所息。」仲尼曰：「生無所息。」子貢曰：「然則賜息無所乎？」仲尼曰：「有焉耳。望其壙，睪〔一〕如也，宰如也〔二〕，墳如也〔三〕，鬲如也〔四〕，則知所息矣。」子貢曰：「大哉，死乎！君子息焉，小人伏〔五〕焉。」仲尼曰：「賜，汝知之矣。人胥知生之樂，未知生之苦；知老之憊，未知老之佚；知死之惡，未知死之息也。」

〔一〕楊伯峻引王肅曰：「睪，高貌。」

〔二〕楊伯峻引釋文云：「言如冢宰也。」今案，這裏用其位高義。

〔三〕楊伯峻引盧文弨曰：「墳如，如大防也。」引釋文云：「如墳墓也。」今案：這裏用其高大義。

〔四〕楊伯峻引郝懿行曰：「鬲如，蓋若覆釜之形，上小下大，今所見亦多有之。」

〔五〕「伏」，疑當從上文荀子作「休」，形近而譌。

一·一一 大戴禮勸學

孔子曰：「吾嘗終日思矣，不如須臾之所學；吾嘗跂〔一〕而望之，不如升高而博見也。升高而招，非臂之長也，而見者遠；順風而呼，非聲加疾也，而聞者著。假車馬者，非利足

也，而致千里；假舟檝者，非能水也，而絶江海。君子之性非異也，而善假於物也。」〔二〕

〔一〕跂，踮起腳。

〔二〕此段文字又見於荀子勸學篇，未標以孔子語，但篇首有「君子曰」字樣，蓋自篇首至此，皆「君子」語。從大戴禮記標以「孔子曰」看，此「君子」當爲孔子。

一·一二　荀子宥坐

孔子曰：「吾有恥也，吾有鄙也，吾有殆也。幼不能彊學，老無以教之，吾恥之；去其故鄉，事君而達，卒遇故人，曾無舊言，吾鄙之；與小人處者，吾殆之也。」

一·一三　荀子宥坐

孔子曰：「如垤〔一〕而進，吾與之；如丘而止，吾已矣。今學曾未如肬贅〔二〕，則具然〔三〕欲爲人師。」

〔一〕垤，小土堆。

〔二〕王先謙釋「肬贅」爲「結肉」，並引莊子「以生爲負贅懸肬」爲證。

〔三〕具然，自滿的樣子。

一·一四　荀子宥坐

子貢觀於魯廟之北堂〔一〕，出而問於孔子曰：「鄉者賜觀於太廟之北堂，吾亦未輟〔二〕，還復瞻被九蓋皆繼〔三〕，彼有説邪？ 匠過絶邪〔四〕？」孔子曰：「太廟之堂亦嘗有説〔五〕，官致良工〔六〕，因麗節文〔七〕，非無良材也，蓋曰貴文也〔八〕。」

〔一〕楊倞曰：「北堂，神主所在也。」

〔二〕楊倞曰：「輟，止也。」

〔三〕楊倞曰：「『九』當爲『北』，傳寫誤耳。『被』，皆當爲『彼』。蓋，音盍，户扇也。皆繼，謂其材木斷絶，相接繼也。」

〔四〕楊倞曰：「匠過誤而遂絶之也。」

〔五〕楊倞曰：「言舊曾説，今則無也。」王天海引久保愛説：「本注『説』上當補『有』字。」

〔六〕楊柳橋曰：「致，猶授意也。官致良工，謂官授意于良工也。」

〔七〕楊倞曰：「工則因隨其木之美麗節文而裁製之，所以斷也。」

〔八〕楊倞曰：「非無良材大木，不斷絶者，蓋所以貴文飾也。」今案：曰，猶「爲」也。

一·一五　荀子子道

子路問於孔子曰：「君子亦有憂乎？」孔子曰：「君子，其未得也則樂其意〔一〕，既已得之又樂其治，是以有終身之樂，無一日之憂。小人〔二〕，其未得也則憂不得，既已得之又恐失之，是以有終身之憂，無一日之樂也。」

〔一〕王先謙曰：「得，謂得位也。樂其意，自有所樂也。」

〔二〕百子全書本、梁啓雄本「人」下皆有「者」字，蓋孫氏脱。

一・一六　説苑雜言

子路問孔子曰：「君子亦有憂乎？」孔子曰：「無也。君子之脩其行，未得，則樂其意；既已得，又樂其知〔一〕。是以有終身之樂，無一日之憂。小人則不然。其未之得，則憂不得；既已得之，又恐失之。是以有終日〔二〕之憂，無一日之樂。」

〔一〕此處與上引荀子語義有所不同。這裏是説，君子修養他的品行，在尚未有所得的時候，則爲自己有這種意願而高興；在有所得以後，則爲自己的新知而高興。

〔二〕「日」，百子全書本、梁啓雄本皆作「身」，與上文荀子子道同，是也。

一・一七　荀子法行

孔子曰：「君子有三思，而不可不思也。少而不學，長無能也；老而不教，死無思也〔一〕；有而不施，窮無與也〔二〕。是故君子少思長，則學；老思死，則教；有思窮，則施〔三〕。」

〔一〕王天海引熊公哲曰：「無思，謂無遺澤爲人所思也。」

〔二〕王天海引劉師培曰：「與，即國策『富視其所與』之『與』。言窮乏之時，將無復周濟之人也。」釋「與」爲「周濟」，是也。

〔三〕王先謙本「施」下有「也」字。

一・一八　御覽六百七引愼子

孔子曰：「丘少而好學，晚而聞道，此以博矣。」〔一〕

〔一〕原注：按薛據孔子集語、馬驌繹史八十六、曹廷楝孔子逸語皆引作申子，誤。今案：「此以」，諸子集成本作「以此」，是也。

一・一九　羣書治要尸子勸學

夫子曰：「車唯恐地之不堅也，舟唯恐水之不深也。有其器，則以人之難爲易，夫道以人之難爲易也。」

一・二〇　羣書治要尸子處道

孔子曰：「欲知則問，欲能則學，欲給則豫，欲善則肄〔一〕。國亂則擇其邪人去之，則國治矣；胸中亂則擇其邪欲而去〔二〕，則德正矣。」

〔一〕肄，廣韻曰：「習也。」禮記檀弓曰：「君命，大夫與士肄。」鄭注云：「肄，習也。君有命，大夫則與士展習其事。」

〔二〕四部叢刊本羣書治要、百子全書本尸子「去」後皆有「之」字，是也。

一·二一　意林一引尸子

孔子云〔一〕：「誦詩讀書，與古人居；讀書誦詩，與古人謀。」

〔一〕「云」，中華書局本尸子（孫星衍輯）作「曰」。

一·二二　莊子雜篇讓王

孔子謂顏回曰：「回〔一〕，來！家貧居卑，胡不仕乎？」顏回對曰：「不願仕。回有郭外之田五十畝，足以給飦粥〔二〕；郭内之田十畝，足以爲絲麻；鼓琴，足以自娱；所學夫子之道者，足以自樂也。回不願仕。」孔子愀然變容曰：「善哉！回之意！丘聞之：『知足者不以利自累也，審自得者失之而不懼〔三〕，行脩於内者無位而不怍。』丘誦之久矣，今於回而後見之，是丘之得也。」

〔一〕曹礎基曰：「道藏成疏本、輯要本無『回』字。」

〔二〕飦粥，薄粥。

〔三〕審，信也，果也。得，指得道。道是通過自己的努力才能得到的，所以謂「自得」。這句話是説，真正得道的人，即使遇到損失也不會憂懼。

一·二三　吕氏春秋季春紀尊師〔一〕

子貢問孔子曰：「後世將何以稱夫子？」孔子曰：「吾何足以稱哉？勿已者，則好學而不厭，好教而不倦，其惟此邪？」

〔一〕應爲孟夏紀。

一·二四　淮南子要略

孔子修成、康之道，述周公之訓，以教七十子，使服其衣冠，修其篇籍，故儒者之學生焉。

一·二五　説苑建本

孔子謂子路曰：「汝何好？」子路曰：「好長劍。」孔子曰：「非此之問也。請〔一〕以汝之所能，加之以學，豈可及哉？」子路曰：「學亦有益乎？」孔子曰：「夫人君無諫臣則失政，士無教友則失德〔二〕；狂馬不釋其策，操弓不返於檠〔三〕；木受繩則直，人受諫則聖。受學重問，孰不順成？毁仁惡士，且近於刑。君子不可以不學。」子路曰：「南山有竹，弗揉〔四〕自直；斬而射之，通於犀革。又何學爲乎？」孔子曰：「括〔五〕而羽之，鏃而砥礪之，其入不益深乎？」子路拜曰：「敬受教哉。」

〔一〕「請」，向宗魯引盧文弨之説改作「謂」，是也。

〔二〕「德」，向宗魯改作「聽」，是也。

〔三〕「操」，向宗魯疑當讀爲「燥」。檠，校正弓弩的器具。這裏是説，弓弩一旦乾燥，即已定型，不能再加以校正。

〔四〕使曲者直、直者曲爲揉。

〔五〕括，箭尾。

一・二六　説苑建本

子路問於孔子曰：「請釋古之學而行由之意，可乎？」孔子曰：「不可。昔者東夷慕諸夏之義，有女，其夫死，爲之内私壻〔一〕，終身不嫁；不嫁則不嫁矣，然非貞節之義也。蒼梧〔二〕之弟，娶妻而美好，請與兄易；忠則忠矣，然非禮也。今子欲釋古之學而行子之意，庸知子用非爲是，用是爲非乎？不順〔三〕其初，雖欲悔之，難哉！」

〔一〕内，同「納」。私壻，指非正式婚配的丈夫。

〔二〕蒼梧，複姓，淮南子氾論訓作「蒼梧繞」，其中載有其娶妻讓兄之事。一説「蒼梧」爲山名。

〔三〕順，慎也，二字通。

一・二七　説苑貴德

子路持劍，孔子問曰：「由，安用此乎？」子路曰：「善古者固以善之，不善古者固以自衛〔一〕。」孔子曰：「君子以忠爲質，以仁爲衛，不出環堵之内，而聞千里之外。不善以忠化，寇暴以仁圍〔二〕，何必持劍乎？」子路曰：「由也請攝齊〔三〕以事先生矣。」

〔一〕此兩句中的「古」字，盧文弨改爲「吾」，是也。

〔二〕「圍」，向宗魯改作「圉」，是也。「圉」，通「禦」，即防禦之義。如莊子繕性曰「其來不可圉」，成玄英釋「圉」爲「扞禦」。

〔三〕攝，提。齊，衣服的下襬。

一·二八　中論治學

孔子曰：「弗學何以行？弗思何以得？小子勉之！斯可以爲人師矣〔一〕。」

〔一〕「斯可以爲人師矣」，百子全書本作「斯可謂師人矣」，蓋誤。

一·二九　中論脩本

孔子曰：「弟子勉之：汝毋自舍！人猶舍汝，況自舍乎？人違汝其遠矣。」

一·三〇　中論脩本

孔子謂子張曰：「師，吾欲聞彼將以改此也。聞彼而不改此，雖聞何益？」

一·三一　中論脩本

孔子曰：「小人何以壽爲？一日之不能善矣，久〔一〕惡，惡之甚也。」

〔一〕「久」，百子全書本作「從」。

【補遺】

一·三二　北堂書鈔禮儀部

仲尼曰：「面貌不足見也，先視天下不見稱也，然而名顯天下，聞於四方，其惟學者乎〔一〕！」

〔一〕原注：按「先視」二字不可解，當是「祖」字之誤。韓詩外傳六作「宗祖不足道也」，説苑建本作「先祖不足稱也」，是也。此本尸子所引。

【商正】

一·三三　春秋繁露必仁且知篇

孔子曰：「天之所幸，有爲不善而屢極〔一〕。」

〔一〕盧文弨曰：「文似不了。」蘇輿曰：「疑奪『其罪』二字，下當更有奪文。」

一·三四　意林卷三引桓譚新論

孔子以四科教士，隨其所喜。譬如市肆，多列雜物，欲置之者并至。

一・三五　春秋左傳昭公十七年正義引王氏注

郯，中國也。故吴伐郯〔一〕，季文子歎曰：「中國不振，蠻夷入伐，吾亡無日矣。」孔子稱「學在四夷」，疾時〔二〕廢也。郯，少皞之後，以其世〔三〕則遠，以其國則小矣。魯，周公之後，以其世則近，以其國則大矣。然其禮不如郯，故孔子發此言也。失官爲所居之官不修其職也。仲尼學樂於萇宏，問官於郯子，是聖人無常師。

〔一〕「鄭」，十三經注疏本作「郯」，是也。

〔二〕十三經注疏本「時」下有「學」字，是也。

〔三〕「世」，十三經注疏本作「後」，蓋誤。

【新補】

一・三六　漢書賈誼傳

孔子曰：「少成若天性，習貫如自然。」

一・三七　吕氏春秋孟夏紀勸學〔一〕

曾點使曾參，過期而不至，人皆見曾點曰：「無乃畏邪？」曾點曰：「彼雖畏，我存，夫安敢畏〔二〕？」孔子畏於匡，顔淵後，孔子曰：「吾以汝爲死矣。」顔淵曰：「子在，回何敢死？」顔回之於孔子也，猶曾參之事父也。

〔一〕「勸學」，舊校云：「一作『觀師』。」陳奇猷曰：「『觀』與『勸』字通。禮緇衣『在昔上帝周田觀文王之德』，注『周田觀，古文爲割申勸』，釋文『觀，依注讀爲勸』；韓非子難三『舉善以觀民』，宋乾道本作『觀』，藏本、趙本及孔叢子公儀、論衡非韓均作『勸』，並其證。『觀師』者，勸人爲師之道也。……『勸學』『觀師』二題均通，未知孰是吕氏原文。但以下篇題爲『尊師』，則此篇題作『勸學』爲勝。」

〔二〕陳奇猷曰：「『畏』乃『圍』之假字，畏、圍古音同部，自可假借。論語子罕及此作『孔子畏於匡』，淮南主術訓作『孔子圍於匡』，尤爲『畏』、『圍』通之明證。『圍』，本字作『囗』，説文『囗，回也，象回帀之形』，則以物回繞謂之圍。被他人回繞不得出固可謂之圍，自我以物回繞而不出當亦可謂之圍。被他人以物回繞不得出即是困，自我以物回繞而不出即是藏。此文『無乃畏邪』猶言無乃藏而不出耶。下文『彼雖畏，我存，夫安敢畏』，猶言彼雖藏，而我尚存，彼豈敢藏而不出耶？下文『孔子畏於匡』，猶言孔子被圍困於匡。」

一·三八　論衡知實

孔子曰：「疑思問。」

孔子集語卷二

孝本二

二·一　尚書大傳

孔子對子張曰〔一〕：「男子三十而娶，女子二十而嫁〔二〕。女二十而通織紝績紡之事、黼黻文章之美〔三〕。不若是，則上無以孝於舅姑，下無以事夫養子也。舜，父頑母嚚，不見室家之端，故謂之鰥。」

〔一〕原注：通典五十九作「孔子曰」。

〔二〕鄭玄注曰：「公羊疏引婦人八歲備數，十五從嫡，二十承事君子。」

〔三〕黼黻，淮南子説林訓：「黼黻之美，在於杼軸。」高誘注曰：「白與黑爲黼，青與赤爲黻，皆文衣也。」此處「黼黻」指布匹上的花紋。文章，指錯雜的色彩或花紋。

二·二　尚書大傳

書曰：「高宗梁闇〔一〕，三年不言。」何爲〔二〕梁闇也？傳曰：「高宗居凶〔三〕廬，三年不言〔四〕，此之謂梁闇。」子張曰：「何爲〔五〕也？」孔子曰：「古者君薨，世子〔六〕聽於冢宰〔七〕三年，不敢服先王之服、履先王之位而聽焉〔八〕。以民臣之義，則不可一日無君矣；不可一日無君，猶不可一日無天也。以孝子之隱乎，則孝子三年弗居矣。故曰：義者，彼也；隱者，此也。遠彼而近此，則孝子之道備矣。」

〔一〕梁闇，謂天子居廬守喪。梁，通「諒」。鄭玄注曰：「闇，讀爲鶕。闇，謂廬也。」禮記喪服四制作「高宗諒闇」，鄭玄注曰：「諒，古作『梁』，楣謂之梁。……闇謂廬也。廬有梁者，所謂柱楣也。」

〔二〕「爲」，四部叢刊本、叢書集成本皆作「謂」。二字可通。

〔三〕「凶」，四部叢刊本、叢書集成本皆作「倚」。

〔四〕四部叢刊本、叢書集成本「三年不言」下有「百官總己以聽于冢宰，而莫之違」十三字，當補。

〔五〕「爲」，中華書局本尚書大傳作「謂」，是也。

〔六〕「世子」，四部叢刊本、叢書集成本皆作「王世子」。

〔七〕冢宰，周代官名，爲六卿之首，亦稱太宰。

〔八〕王闓運曰：「三年，吉凶不相干，故不敢也。有終身之慕，非在服位。」

二·三　韓詩外傳八

曾子有過，曾晳引杖擊之，仆地。有閒，乃蘇。起曰：「先生得無病乎？」魯人賢曾子，以告夫子。夫子告門人：「參，來〔一〕。」「汝不聞昔者舜爲人子乎？小箠則待笞〔二〕，大杖則逃。索而使之，未嘗不在側；索而殺之，未嘗可得。今汝委身以待暴怒，拱立不去，非王者之民〔三〕，其罪何如？」

〔一〕許維遹據説苑補「勿内也！曾子自以爲無罪，使人謝夫子。夫子曰」等十八字。

〔二〕許維遹以爲「笞」字衍。

〔三〕「非王者之民」，許維遹本作「汝非王者之民邪？殺王者之民」，是也。

二·四　説苑建本

曾子芸瓜而誤斬其根，曾晳怒，援大杖擊之，曾子仆地。有頃，蘇〔一〕，蹷然而起，進曰：「曩者參得罪於大人，大人用力教參，得無疾乎？」退屏鼓琴而歌，欲令曾晳聽其歌聲，令知其平也。孔子聞之，告門人曰：「參來，勿内也！」曾子自以無罪，使人謝孔子，孔子曰：「汝聞〔二〕瞽瞍有子名曰舜？舜之事父也，索而使之，未嘗不在側；求而殺之，未嘗可得。小箠則待，大箠則走，以逃暴怒也。今子委身以待暴怒，立體而不去，殺身以陷父不義，不孝孰是大乎？汝非天子之民邪？殺天子之民，罪奚如？」

〔一〕向宗魯據盧文弨、類聚、御覽四百十三又五百七十一、事類賦十一注於「蘇」上補「乃」字。

〔二〕原注：御覽四百十三引作「不聞」。

二·五　韓詩外傳九

孔子〔一〕行，聞哭聲甚悲。孔子曰：「驅！驅〔二〕！前有賢者。」至，則皋魚〔三〕也。被褐擁鎌〔四〕，哭於道傍〔五〕。孔子辟車〔六〕與之言，曰：「子非有喪，何哭之悲也？」皋魚曰：「吾失之三矣：少而學，游諸侯〔七〕，以後〔八〕吾親，失之一也；高尚吾志，閒吾事君〔九〕，失之二也；與友厚而小絶之〔一〇〕，失之三也〔一一〕。樹〔一二〕欲静而風不止，子欲養而親不待也〔一三〕。往而不可追者，年也；去而不可得見者，親也〔一四〕。吾請從此辭矣〔一五〕。」立槁而死。孔子曰：「弟子誡之，足以識矣〔一六〕。」於是門人辭歸而養親者十有三人。

〔一〕許維遹據文選長笛賦注以爲「子」下舊脱「出」字。

〔二〕原注：御覽四百八十七引作「驅之」。

〔三〕「皋魚」，説苑敬慎及家語致思均作「丘吾子」。孫志祖云：「『丘吾』、『皋魚』，聲轉字異，一人也。」

〔四〕賴炎元曰：「褐，粗布衣。擁，持。『鎌』，疑當從文選長笛賦注引作『劍』。」

〔五〕「傍」，許維遹本作「旁」。

〔六〕辟，通「避」。「辟車」即下車。

〔七〕原注：文選長笛賦注引作「吾少好學，周流諸侯」，御覽四百八十七同。

〔八〕原注：薛編引作「殁」。

〔九〕原注：文選注作「不事庸君」，下有「而晚事無成」一句。今案：許維遹據御覽四百八十七補正爲「簡吾事，不事庸君，而晚事無成」。

〔一〇〕原注：文選注作「少擇交遊，寡親友，而老無所託」。今案：許維遹據趙善詒之説作「與友厚而中絶之」。

〔一一〕「也」，許維遹本作「矣」。

〔一二〕許維遹以爲「樹」上舊脱「夫」字。

〔一三〕許維遹以爲「也」字衍。

〔一四〕原注：舊脱「不可追者，年也；去而」八字，據御覽補。文選注作「往而不可反者，年也；逝而不可追者，親也」。後漢書桓榮傳所引略同。

〔一五〕原注：「請從」，文選注作「於是」。

〔一六〕「弟子誡之，足以識矣」，許維遹引許瀚之説以爲當作「弟子識之，足以誡矣」，是也。

二·六　説苑敬慎

孔子行游，中路聞哭者聲，其音甚悲。孔子曰：「驅之！驅之！前有異人音。」

少進，見之，丘吾子也，擁鎌帶索而哭。孔子辟車而下，問曰：「夫子非有喪也，何哭之悲也？」丘吾子對〔一〕曰：「吾有三失。」孔子曰：「願聞三失。」丘吾子對曰：「吾少好學問，周遍天下，還後，吾親亡，一失也；事君奢驕，諫不遂，是二失也；厚交友而後絶，三〔二〕失也。樹欲靜乎風不定，子欲養乎〔三〕親不待。往而不來者，年也；不可得再見者，親也。請從此辭。」則自刎而死。孔子曰：「弟子記之，此足以爲戒也。」於是弟子歸養親者十三人。

〔一〕「對」字，百子全書本無，蓋孫氏因上而衍。
〔二〕向宗魯從六陶傳注及御覽引於「三」前增一「是」字，是也。
〔三〕「乎」，各本作「吾」，蓋誤。

二·七　韓詩外傳十

太王亶父〔一〕有子曰太伯、仲雍、季歷，歷有子曰昌。太伯知太王賢昌而欲季爲後也〔二〕，太伯去，之吴。太王將死，謂曰：「我死，汝往讓兩兄，彼即不來，汝有義而安。」太王薨，季之吴告伯、仲，伯、仲從季而歸。羣臣欲伯之立季。季又讓。伯謂仲曰：「今羣臣欲我立季，季又讓，何以處之？」仲曰：「刑有所謂矣，要於扶微者〔三〕。可以立季。」季遂立，而養〔四〕文王，文王果受命而王。孔子曰：「太伯獨見，王季獨知；伯見父志，季知父心。故太王、太伯、王季可謂見始知終，而能承志矣。」

〔一〕「太王亶父」，許維遹本作「大王亶甫」。今案：「太」通「大」，「父」通「甫」。下同。

〔二〕許維遹曰：「元本、沈本、張本、毛本、劉本、程本同，鍾本、黄本、楊本、趙本無『太伯知』三字。」

〔三〕許維遹曰：「『謂』『爲』古通用。」屈守元曰：「周云：『疑。』趙云：『語未詳。』守元案：此語實不可解。」今案：刑，法規。爲，説文爪部段玉裁注：「凡有所變化曰爲。」這裏當指權變。句謂法規有所權變，關鍵看能否扶持國家的微弱。

〔四〕許維遹引周廷寀之説曰：「『養』字疑。」

二·八　大戴禮曾子立孝

子曰：「可人也，吾任其過；不可人也，吾辭其罪〔一〕。詩云：『有子七人，莫慰母心。』子之辭也。『夙興夜寐，無忝爾所生。』〔二〕言不自舍也。不恥其親，君子之孝也。」

〔一〕「人」，王聘珍以爲當作「入」，謂入諫也。王聘珍又曰：「任，當也。任過者，過則歸己也。説文云：『辭，訟也。』辭其罪，謂内自訟也。」

〔二〕所引詩，分别見於詩邶風凱風及詩小雅小宛。

二·九　大戴禮曾子大孝

樂正子春下堂而傷其足。傷瘳，數月不出，猶有憂色。門弟子問曰：「夫子傷足，瘳憂色。」

矣,數月不出,猶有憂色,何也?」樂正子春曰:「善!如爾之問也。吾聞之曾子,曾子聞諸夫子〔一〕曰:『天之所生,地之所養,人爲大矣。父母全而生之,子全而歸之,可謂孝矣;不虧其體,可謂全矣。』故君子頃步〔二〕之不敢忘也。今予忘夫孝之道矣,予是以有憂色。」

〔一〕樂正子春,曾子弟子。禮記祭義鄭玄注曰:「曾子聞諸夫子,述曾子所聞於孔子之言。」

〔二〕頃步,半步。頃,通「跬」。禮記祭義:「故君子頃步而弗敢忘孝也。」鄭玄注:「頃當爲跬,聲之誤也。」釋文曰:「頃讀爲跬……一舉足爲跬,再舉足爲步。」

二·一〇　呂氏春秋孝行覽

樂正子春下堂而傷足,瘳,而數月不出,猶有憂色。門人問之曰:「夫子下堂而傷足,瘳,而數月不出,猶有憂色。敢問其故。」樂正子春曰:「善乎而問之。吾聞之曾子,曾子聞之仲尼:『父母全而生之,子全而歸之,不虧其身,不損其形,可謂孝矣。君子無行咫步而忘之。』余忘孝道,是以憂。」

二·一一　大戴禮曾子大孝

夫子曰:「伐一木,殺一獸,不以其時,非孝也。」

二·一二　荀子子道

魯哀公問於孔子曰：「子從父命，孝乎？臣從君命，貞乎？」三問，孔子不對。孔子趨出，以語子貢曰：「鄉者，君問丘〔一〕，曰：『子從父命，孝乎？臣從君命，貞乎？』三問而丘不對。賜以爲何如？」子貢曰：「子從父命，孝矣；臣從君命，貞矣。夫子有〔二〕奚對焉？」孔子曰：「小人哉，賜不識也！昔萬乘之國有争〔三〕臣四人，則封疆不削；千乘之國有争臣三人，則社稷不危；百乘之家有争臣二人，則宗廟不毁。父有争子，不行無禮；士有争友，不爲不義。故子從父，奚子孝？臣從君，奚臣貞？審其所以從之之謂孝、之謂貞也。」〔四〕

〔一〕王先謙本「丘」下有「也」字。

〔二〕盧文弨曰：「有，讀爲又。」

〔三〕争，通「諍」。下同。

〔四〕楊倞曰：「審其可從則從，不可從則不從也。」盧文弨曰：「家語三恕篇『四人』作『七人』，『三人』作『五人』，『二人』作『三人』，末句作『夫能審其所從之謂孝，之謂貞也』。」

二·一三　荀子子道

子路問於孔子曰：「有人於此，夙興夜寐，耕耘樹藝，手足胼胝〔一〕，以養其親，然而無孝之名，何也？」孔子曰：「意者身不敬與？辭不遜與？色不順與？古之人有言曰：『衣與！繆與！不女聊。』〔二〕今夙興夜寐，耕耘樹藝，手足胼胝，以養其親，無此三者，則何以〔三〕爲而無孝之名也？」孔子曰：「由，志之，吾語汝〔四〕：雖有國士之力，不能自舉其身，非無力也，勢不可也。故入而行不脩，身之罪也；出而名不彰〔五〕，友之過也。故君子入則篤行，出則友賢，何爲而無孝之名也？」

〔一〕楊倞曰：「樹，栽植。藝，播種。胼，謂手足勞。胝，皮厚也。」

〔二〕楊倞曰：「繆，紕繆也。與，讀爲歟。聊，賴也。言雖與之衣而紕繆不精，則不聊賴於汝也。或曰：繆，綢繆也。言雖衣服我，綢繆我，而不敬不順，則不賴汝也。」

〔三〕王先謙引王念孫之説以爲「以」字衍。

〔四〕「汝」，王先謙本作「女」。

〔五〕「彰」，百子全書本作「章」。

二・一四　韓詩外傳九

子路曰：「有人於斯，夙興夜寐，手足胼胝，而面目黧黑，樹藝五穀，以事其親，而無孝子之名者，何也？」孔子曰：「吾〔一〕意者，身未敬邪？色不順邪？辭不遜邪？古人有言曰：『衣歟！食歟！曾不爾即〔二〕。』子勞以事其親，無此三者，何爲無孝之名！意者，所友非仁人邪？坐〔三〕，語汝：雖有國士之力，不能自舉其身，非無力也，勢不便也。是以君子入則篤孝，出則友賢，何爲其無孝子之名？」

〔一〕許維遹以爲「吾」字衍。

〔二〕原注：荀子楊倞注引此作「衣予教予」。今案：「食」，許維遹據元本及劉師培之説以爲當作「瞭」。盧文弨曰：「『教予』疑是『飤予』之譌，『即』疑『聊』之譌。」

〔三〕許維遹依説苑敬慎篇、家語困誓篇以爲「坐」下當補「吾」字。

二・一五　莊子寓言

曾子再仕而心再化〔一〕，曰：「吾及親仕，三釜而心樂，後仕三千鍾〔二〕，不洎〔三〕，吾心悲。」弟子問於仲尼曰：「若參者，可謂無所縣〔四〕其罪乎？」曰：「既已縣矣。夫無所縣者，可以有哀乎！彼視三釜、三千鍾，如觀雀蚊虻相過乎前也〔五〕。」

〔一〕再化，陳鼓應釋爲「内心的感覺不同」。

〔二〕成玄英疏曰：「六斗四升曰釜，六斛四斗曰鍾。」

〔三〕郭象注曰：「洎，及也。」

〔四〕郭象注曰：「縣，係也。謂參仕以爲親，無係禄之罪也。」

〔五〕郭象注曰：「彼，謂無係也。夫無係者，視榮禄若蚊虻鳥雀之在前而過去耳，豈有哀樂於其問哉！」

孝，舉而上之。

二・一六　韓非子五蠹

魯人從君戰，三戰三北。仲尼問其故，對曰：「吾有老父，身死莫之養也。」仲尼以爲孝，舉而上之。

二・一七　呂氏春秋仲冬紀當務

楚有直躬者〔一〕，其父竊羊而謁之上〔二〕，上執而將誅之。直躬者請代之。將誅矣，告吏曰：「父竊羊而謁之，不亦信乎？父誅而代之，不亦孝乎？信且孝而誅之，國將有不誅者乎〔三〕？」荆王聞之，乃不誅也。孔子聞之曰：「異哉，直躬之爲信也！一父而載〔四〕取名焉。」

〔一〕許維遹曰：「孔安國解『直躬』謂『直身而行』，經師多從其説，遂以呂覽爲人姓名非是。」

〔二〕高誘注曰：「謁，告也。上，君也。」

〔三〕高誘注曰：「言淫刑以逞，誰能免之。」

〔四〕陳奇猷曰：「『載』、『再』通。」

二・一八　新序雜事一

昔者，舜自耕稼陶漁而躬孝友。父瞽瞍頑、母嚚及弟象傲，皆下愚不移。舜盡孝道，以供養瞽瞍。瞽瞍與象，爲浚井塗廩之謀〔一〕，欲以殺舜，舜孝益篤。出田則號泣，年五十猶嬰兒慕，可謂至孝矣。故耕於歷山，歷山之耕者讓畔；陶於河濱，河濱之陶者器不苦窳〔二〕；漁於雷澤，雷澤之漁者分均。及立爲天子，天下化之，蠻夷率服。北發渠搜，南撫交趾，莫不慕義，麟鳳在郊。故孔子曰：「孝弟之至，通於神明，光於四海。」舜之謂也。孔子在州里，篤行孝道，居於闕黨，闕黨之子弟畋漁，分，有親者得多，孝以化之也。是以七十二子，自遠方至，服從其德。

〔一〕「井塗廩」，石光瑛本作「廩塗井」。事見孟子萬章上、史記五帝本紀等。

〔二〕說文段注曰：「裴駰曰：『窳，病也。』按器窳者，低陷之謂。」

二·一九　說苑建本

孔子曰：「行身有六本，本立焉，然後爲君子。立體有義矣，而孝爲本；處喪有禮矣，而哀爲本；戰陣有隊矣，而勇爲本；治政有理矣，而能爲本；居國有禮矣，而嗣爲本；生財〔一〕有時矣，而力爲本。」

〔一〕「財」，向宗魯本作「才」。

二·二〇　說苑建本

夫子亦云：「人之行，莫大於孝。」

二·二一　説苑權謀

魯公索氏將祭而亡其牲。孔子聞之曰：「公索氏比及三年必亡矣。」後一年而亡。弟子問曰：「昔公索氏亡牲，夫子曰：『比及三年必亡矣。』今期年而亡。夫子何以知其將亡也？」孔子曰：「祭之爲言索也。索也者，盡也，乃孝子所以自盡於親也。至祭而亡其牲，則餘所亡者多矣。吾以此知其將亡也。」

二·二二　説苑辨物

子貢問孔子：「死人有知無知也？」孔子曰：「吾欲言死者有知也，恐孝子順孫妨生以送死也；欲言無知，恐不孝子孫棄不葬也。賜欲知死人有知將無知也，死，徐自知之，猶未晚也。」

二·二三　説苑反質

魯有儉者，瓦鬲者〔一〕煮食，食之而美。盛之土鉶〔二〕之器，以進孔子。孔子受之，歡然而悦，如受大牢之饋。弟子曰：「瓦甂，陋器也；煮食，薄膳也，而先生何喜如此乎？」孔子曰：「吾聞好諫者思其君，食美者念其親。吾非以饌爲厚也，以其食美而思我親〔三〕也。」

〔一〕向宗魯本無「者」字。

〔二〕說文：「銂，器也。」玉篇金部：「銂，羹器也。」

〔三〕盧文弨疑「親」字衍。

二·二四　搜神記〔一〕

曾子從仲尼在楚而心動，辭歸問母。母曰：「思爾囓〔二〕指。」孔子聞之〔三〕曰：「曾參之孝〔四〕，精感萬里。」

〔一〕見搜神記卷十一。

〔二〕「囓」，中華書局本搜神記作「齧」。

〔三〕「聞之」二字，中華書局本搜神記、百子全書本搜神記均無。

〔四〕原注：曾子外篇齊家引作「參之至誠」。

二·二五　御覽四百十三引師覺授孝子傳

老萊子者，楚人。行年七十，父母俱存，至孝蒸蒸〔一〕，常著斑斕之衣。爲親取飲，上堂脚跌，恐傷父母之心，僵仆爲嬰兒啼。孔子曰：「父母老，常言不稱老，爲其傷老也。若老萊子，可謂不失孺子之心矣。」

〔一〕廣雅曰：「蒸蒸，孝也。」

二・二六　御覽四百八十二引師覺授孝子傳

仲子崔者，仲由之子也。初，子路仕衛，赴蒯聵之亂，衛人狐黶〔一〕時守門，殺子路。子崔既長，告孔子，欲報父讎。夫子曰：「行矣。」子崔即行。黶知之，曰：「夫君子不掩人之不備。須後日〔二〕，於城西決戰。」其日，黶持蒲弓木戟，而〔三〕與子崔戰而死。

〔一〕原注：三百五十二引作「子黶」。

〔二〕原注：「曰夫君」下十三字從三百五十二補。

〔三〕中華書局本太平御覽無「而」字。

二・二七　亢倉子訓道

閔子騫問仲尼：「道之與孝，相去奚若？」仲尼曰：「道者，自然之妙用；孝者，人道之至德。夫其包運天地，發育萬物，曲成萬類，布丕〔一〕性壽，其功至實。而不爲物府，不爲事官，無爲功尸〔二〕，捫求視聽，莫得而有，字之曰道；用之於人，字之曰孝。孝者，善事父母之名也。夫善事父母，敬順爲本。意以承之，順承顏色，無所不至。發一言，舉一意，不敢忘父母；營一手〔三〕，措一足，不敢忘父母。事君不敢不忠，朋友不敢不信，臨下不敢不敬，嚮善不敢不勤，雖居獨室之中，亦不敢懈其誠，此之謂全孝。故至誠之至，通乎神明，光于四海，有感必應，善事父母之所致也。昔者虞舜，其大孝矣。庶母惑父，屢憎害之，舜心益恭，懼而無怨。謀使浚井，下土實之。于時天休震動，神明駿赫，導穴而出，奉養滋謹。由是玄德茂盛，爲天下君，善事父母之所致也。文王之爲太子也，其大孝矣。朝夕必至乎寢門之外，問寺人〔四〕曰：『兹日安否？如何？』曰：『安。』太子温然喜色；小不安節，太子色憂滿容。朝夕食上，太子必視寒煖之節；食下，必知膳羞所進，然後退。寺人言疾，太子肅冠而齋，膳宰之饌，必敬視之；湯液之貢，必親嘗之。嘗饌善則太子亦能食，嘗饌寡太子亦不能飽。以至于復初，然後亦復初。君后有過，怡聲以諷；君后所愛，雖小物必嚴龔〔五〕。是故孝成於身，道洽天下。雅曰：『文王陟降，在帝左右。』言文王静作進退，天必贊之，故紂不能害。夢啓之壽，卜世三十，卜年七百，天所命也，善事父母之所致也。」閔子騫曰：「善事父母之道，既幸聞矣。敢問教子之義。」仲尼曰：「凡三王教子，必視禮樂。樂所以脩内，禮所以脩外；禮樂交脩，則德容發輝于貌，故能温恭而文明。夫爲人臣者，殺其身有益於君則爲之，況利其身以善其君乎？是故擇建忠良貞正之士，爲之師傅，欲其知父子君臣長幼之道。夫知爲人子，然後可以爲人父；知爲人臣，然後可以爲人君；知事人，然後能使人。此三王教子之義也。」閔子騫退而事之於家，三年〔六〕無閒於父母昆弟之言，交遊稱其信，鄉黨稱其仁，宗族稱其弟，德行之聲溢于天下。此善事父母之所致也。

〔一〕丕,大也。
〔二〕尸,主也。
〔三〕營,環繞。營一手,謂揮一下手。
〔四〕寺,通「侍」,近也。寺人,猶言近侍之人。
〔五〕龔,供奉。
〔六〕百子全書本、叢書集成本「年」下皆有「人」字,是也。

【補遺】

二·二八　後漢書韋彪傳

孔子云:「求忠臣必於孝子之門。」〔一〕

〔一〕原注:按注曰:「此孝經緯之文也。」今案:中華書局標點本後漢書「孔子云」作「孔子曰」,「求忠臣必於孝子之門」前尚有「事親孝,故忠可移於君,是以」十一字。

二·二九　説苑建本篇

孔子曰:「君子務本,本立而道生。夫本不正者末必倚〔一〕,始不盛者終必衰。詩云:

『原隰既平，泉流既清。』本立而道生。」〔二〕

〔一〕「倚」，向宗魯本作「陭」。

〔二〕商正曰：按孫書大例，易、禮小戴、春秋左氏、孝經、論語、孟子、家語、孔叢子、史記孔子世家、弟子列傳諸書，爲舉世誦習通行者，均不輯載。元箸集語補遺一依孫書通例。「君子務本」二句乃論語原文，「夫本不正」以下並非孔子之言（説苑他篇亦有引論語與此條同文例者。復恩篇：「孔子曰：『德不孤，必有鄰。』夫施德者貴不德，受恩者尚必報。是故臣勞勤以爲君，而不求其賞；君特施以牧下，而無所德。易曰：『勞而不怨，有功而不德，厚之至也。』」皆説苑引論語，而自斷以「夫」字。引詩引易，皆證明論語之旨也。如謂「夫」字以下至引詩引易，均屬孔子之言，則復恩篇引易以下，「北方有獸」以上，何以又有「孔子曰」三字？不幾贅乎？元箸之誤，沿於薛書。薛氏直將劉向引論語引詩之言，全行删去，而以「本不正者末必倚」下至「貴建本而重其始」均爲孔子之言，其謬誤尤甚），即附列之後漢延篤傳所引亦全係論語（元箸引延篤傳云：「夫仁人有孝，猶四體之有心腹，枝葉之有根本也。聖人知之，故曰：『夫孝，天之經也，地之義也，人之行也』；『君子務本，本立而道生。孝悌也者，其爲人之本歟？』」），若此類悉爲登載，是自亂其例也。

二·三〇　後漢書延篤傳

夫仁人之有孝，猶四體之有心腹，枝葉之有根本也。聖人知之，故曰：「夫孝，天之經也，地之義也，人之行也」；「君子務本，本立而道生。孝悌也者，其爲人之本歟！」

【商正】

二·三一　漢長孫氏説孝經遺章〔一〕

子曰：「閨門之内〔二〕具禮矣乎，嚴父嚴兄，妻子臣妾猶百姓徒役也。」

〔一〕原注：隋書經籍志：長孫有閨門一章，據孔安國古文孝經説録補。王氏十三經拾遺輯有「子曰」二字，馬氏輯孝經長孫氏説無之。

〔二〕禮記樂記曰：「在閨門之内，父子兄弟同聽之，則莫不和親。」「閨門之内」與「宗廟之中」相對，故「閨門」應指家庭中。

【新補】

二·三二　漢書藝文志

孝經者，孔子爲曾子陳孝道也。

孔子集語卷三

五性三

三·一　御覽四百十九引尚書大傳

子張曰："仁者何樂於山也？"孔子曰："夫山者，㟴然高〔一〕。""㟴然高，則何樂焉？""山，草木生焉，鳥獸蕃焉，財用殖焉，生財用而無私爲〔二〕，四方皆伐〔三〕焉，每無私予焉〔四〕。出雲風〔五〕以通乎天地之閒，陰陽和合，雨露之澤，萬物以成，百姓以饗，此仁者之所以樂於山者也。"〔六〕

〔一〕原注："㟴"當爲"巀"字，從"卩"。御覽三十八引作"夫山者，嵬嵬然"。

〔二〕叢書集成本尚書大傳"爲"下有"焉"字，當補。

〔三〕"伐"，中華書局本尚書大傳作"代"。

〔四〕原注：文選頭陀寺碑注引作「生財用而無私爲焉，四方皆伐無私與焉」。

〔五〕原注：御覽三十八引作「雨」。

〔六〕皮錫瑞曰：「又（御覽）三十八地部……無『蒠然高』以下八字。『鳥』作『禽』，『財用』作『材木』，『風』作『雨』，無『生財』以下八字，又無『代焉每』三字。」

三·二　韓詩外傳一

哀公問孔子曰：「有智〔一〕壽乎？」孔子曰：「然。人有三死而非命也者，自取之也：居處不理，飲食不節，勞過〔二〕者，病共殺之；居下而好干上，嗜慾無厭，求索不止者，刑共殺之；少以敵衆，弱以侮强，忿不量力者，兵共殺之。故有三死而非命者，自取之也。」

〔一〕許維遹據趙懷玉及趙善詒之説於「智」下補「者」字。

〔二〕「勞過」，許維遹本作「佚勞過度」。

三·三　説苑雜言

魯哀公問於孔子曰：「有智者壽乎？」孔子曰：「然。人有三死而非命也者，人自取之：夫寢處不時，飲食不節，佚勞過度者，疾共殺之；居下位而上忤其君，嗜慾無厭，而求不止者，刑共殺之；少以犯衆，弱以侮强，忿怒不量力者，兵共殺之。此三死者非命也，人自取之。」

三·四　韓詩外傳二

孔子曰：「口欲味，心欲佚，教之以仁；心欲兵〔一〕，身惡〔二〕勞，教之以恭；好辯論而畏懼，教之以勇；目好色，耳好聲，教之以義。易曰：『艮其限，列其膑，厲薰心。』詩曰：『吁嗟女兮，無與士耽。』〔三〕皆防邪禁佚，調和心志。」

〔一〕「兵」，許維遹本作「安」，是也。

〔二〕「惡」，許維遹本作「欲」，疑誤。

〔三〕易之文見艮卦爻辭九三，詩之文見詩衛風氓。艮，猶顧也。王弼注：「限，身之中也。」釋文：「馬云：『限，要也。』鄭、荀、虞同。」膑，馬融注曰：「夾脊肉也。」「薰」，集解作「閽」，疑假借爲「惛」，釋爲亂。「艮其限，列其膑，厲薰心」，即顧其要而傷其脊肉，是顧此失彼，以此處事，危矣，誠心中迷亂者矣（以上注解據高亨周易古經今注）。

三·五　韓詩外傳五

孔子曰：「夫談説之術：齊莊以立之〔一〕，端誠以處之，堅强以待〔二〕之，辟稱以喻之，分以明之〔三〕，歡忻芬芳以送之〔四〕。寶之珍之，貴之神之。如是，則説恒無不行矣〔五〕。夫是之謂能貴其所貴。若夫無類之説，不形之行，不贊之辭，君子慎之。」

〔一〕原注：荀子非相篇不云「孔子曰」，作「矜莊以莅之」。

〔二〕原注：「待」，荀子作「持」。

〔三〕原注：二句荀子作「分別以喻之，譬稱以明之」。

〔四〕原注：荀子作「欣驩芬薌」。

〔五〕原注：荀子作「則説常無不受，雖不説人，人莫不貴」。

三·六　大戴禮保傅

孔子曰：「少成若天性，習貫之爲常。」

三·七　賈子新書保傅

孔子曰：「少成若天性，習貫如自然。」

三·八　大戴禮記勸學

子貢曰：「君子見大川必觀，何也？」孔子曰：「夫水者，君子比德焉：偏與之而無私，似德〔一〕；所及者生，所不及者死，似仁；其流行痺下倨句，皆循其理〔二〕，似義；其赴百仞之谿不疑〔三〕，似勇；淺者流行，深淵不測，似智〔四〕；弱約危通，似察〔五〕；受惡不讓，似真〔六〕；苞裹〔七〕不清以入，鮮絜以出，似善化〔八〕；必〔九〕出，量必平〔一〇〕，似正；盈不求概，似厲〔一一〕；折必以東西〔一二〕，似意〔一三〕。是以見大川必觀焉。」

者也。」

〔一〕王聘珍曰：「與，及也。偏與之者，水流溼也。無私，謂其本性就下，非有私也。德者，得其性者也。」

〔二〕王聘珍曰：「痺讀曰卑。倨，直也。句，曲也。循，從也。理，條理也。」

〔三〕王聘珍曰：「赴，趨也。水注川曰谿。疑，止也。」

〔四〕王聘珍曰：「李注爾雅云：『淵，藏也。』智者洪深而有謀。」

〔五〕王聘珍曰：「説文云：『弱，橈也。』謂橈曲也。約，纏束也，言水之旋繞也。危，險。通，達也。弱約危通者，謂水流於曲處則繞之，危地皆能達。察，明也。纖微皆審謂之察。」

〔六〕「真」，王聘珍本作「貞」，並引釋名曰：「貞，定也，精定不動惑也。」

〔七〕原注：一作「裹」。

〔八〕王聘珍曰：「苞裹，藏納也。鮮，明也。潔，清也。化，變也。謂納汙而流潔，若變化其汙然。」

〔九〕「必」上疑有脱字。

〔一〇〕王聘珍曰：「出，行也。必出者，孟子曰『水無有不下也』。量，斗斛名，喻科坎也。」

〔一一〕王聘珍曰：「盈，滿也。……盈不求概，謂盈科則進，滿而不溢也。廣雅云：『厲，方也。』」

〔一二〕原注：「西」，一作「也」。

〔一三〕王聘珍曰：「折謂曲折。必以東西者，孟子曰：『水信無分於東西也。』似意者，意東而動，意西而西也。」

三·九　荀子宥坐

孔子觀於東流之水。子貢問於孔子曰：「君子之所以見大水必觀焉者，何也〔一〕？」孔子曰：「夫水，大徧與諸生而無爲也，似德〔二〕；其流也埤下，裾拘必循其理，似義〔三〕；其洸洸〔四〕乎不淈盡，似道；若有決行之，其應佚若聲響〔五〕，其赴百仞之谷不懼，似勇〔六〕；主量必平，似法〔七〕；盈不求概，似正；淖約微達，似察〔八〕；以出以入就〔九〕鮮絜，似善化；其萬折也必東，似志。是故君子見大水必觀焉。」

〔一〕原注：「何也」，一作「是何」。

〔二〕楊倞注曰：「偏與諸生謂水能偏生萬物。爲其不有其功，似上德不德者。」王念孫以爲「偏與」上不當有「大」字，蓋涉上文「大水」衍。

〔三〕楊倞注曰：「裾與倨同，方也。拘，讀爲鉤，曲也。其流必卑下，或方或曲，必循卑下之理，似義者無不循理也。」

〔四〕楊倞注曰：「洸，讀爲滉。滉，水至之貌。」王念孫以爲楊注非也，古無此訓。「滉滉」，當依家語作「浩浩」。

〔五〕「嚮」，百子全書本作「響」。

〔六〕楊倞注曰：「決行，決之使行也。佚與逸同，奔逸也。若聲響，言若響之應聲也。似勇者，果於赴難也。」王念孫以爲「奔逸」與「聲響」義不相屬，楊説非也。佚，讀爲呹。呹，疾貌也。言其相應之疾，若響之應聲也。

〔七〕楊倞注曰：「主，讀爲注。量，謂阬受水之處也。言所經阬坎，注必平之然後過，似有法度均平也。」

〔八〕楊倞注曰：「淖，當爲綽。約，弱也。綽約，柔弱也。雖至柔弱，而侵淫通達於物，似察之見細微也。」

〔九〕原注：一本「就」上有「以」字。

三·一〇 説苑雜言

子貢問曰：「君子見大水必觀焉，何也？」孔子曰：「夫水者，君子比德焉：遍予〔一〕而無私，似德；所及者生，似仁；其流卑下句倨，皆循其理，似義；淺者流行，深者不測，似智；其赴百仞之谷不疑，似勇；緜〔二〕弱而微達，似察；受惡不讓，似〔三〕；包蒙不清以入，鮮潔以出，似善化；至〔四〕量必平，似正；盈不求槩，似度；其萬折必東，似意。是以君子見大水必〔五〕觀焉爾也。」

〔一〕「予」，向宗魯本作「與」。

〔二〕「緜」，向宗魯本作「綽」。

〔三〕向宗魯據大戴禮記於「似」下補「貞」字。

〔四〕向宗魯據盧文弨之説改「至」爲「主」。

〔五〕百子全書本無「必」字，蓋爲孫氏依荀子補。

三·一一　後漢書李固傳固奏記

孔子曰：「智者見變思刑，愚者覩怪諱名。」

三·一二　荀子仲尼

孔子曰：「巧而好度，必節；勇而好同，必勝〔一〕；知而好謙〔二〕，必賢。」

〔一〕楊倞注曰：「巧者好作淫靡，故好法度者必得其節。勇者多陵物，故好與人同者必勝之也。」王先謙引郭嵩燾曰：「勝，當讀爲識蒸切。説文：『勝，任也。』言勇而好同，能盡人之力，則可以任天下之大事。」

〔二〕原注：一作「謀」。

三·一三　説苑雜言

孔子曰：「巧而好度，必工；勇而好同，必勝；知而好謀，必成。愚者反是。夫處重擅寵，專事妒賢，愚者之情也。志驕傲而輕舊怨，是以尊位則必危，任重則必崩，擅寵則必辱。」

三·一四　荀子儒效

孔子曰：「周公其盛乎！身貴而愈恭，家富而愈儉，勝敵而愈戒〔一〕。」

〔一〕楊倞注曰：「戒，備也。言勝敵而益戒備。」

三·一五　荀子王霸

孔子曰：「知者之知，固以多矣。有以守少〔一〕，能無察乎！愚者之知，固以少矣。有以守多，能無狂乎〔二〕！」

〔一〕楊倞注曰：「上知音智，下如字。有，讀爲又，下同。守少，謂任賢，恭己而已也。」

〔二〕楊倞注曰：「守多，謂自任，主百事者也。事煩則狂亂也。」

三·一六　荀子子道

子路盛服見孔子。孔子曰：「由，是裾裾〔一〕何也？昔者江出於岷山，其始出也，其源可以濫觴；及其至江之津也，不放舟〔二〕、不避風，則不可涉也。非維下流水多邪〔三〕？今汝服既盛，顏色充盈〔四〕，天下且孰肯諫汝矣？由！」子路趨而出，改服而入，蓋猶若也〔五〕。孔子曰：「志之，吾語汝，奮於言者華，奮於行者伐，色知而有能〔六〕者，小人也。故君子知之曰知之，不知曰不知，言之要也；能之曰能之，不能曰不能，行之至也。言要則知，行至則仁。既知且仁，夫惡有不足矣哉！」

〔一〕楊倞注曰：「裾裾，衣服盛貌。説苑作『襜襜』。」

〔二〕楊倞注曰：「放，讀爲方。國語曰『方舟設泭』，韋昭曰：『方，竝也。編木爲泭。』」

〔三〕楊倞注曰：「維與唯同。言豈不以下流水多，故人畏之邪？言盛服色厲亦然也。」

〔四〕王先謙本「服」上有「衣」字。「汝」，王先謙本作「女」，下同。楊倞注曰：「充盈，猛厲。」

〔五〕楊倞注曰：「猶若，舒和之貌。」

〔六〕楊倞注曰：「奮，振矜也；色知，謂所知見於顔色；有能，自有其能，皆矜伐之意。」

三·一七　韓詩外傳三

傳曰：子路盛服以見孔子。孔子曰：「由，疏疏〔一〕者何也？昔者江〔二〕於濆，其始出也，不足〔三〕濫觴；及其至乎江之津也，不方舟，不避風，不可渡也。非其衆川〔四〕之多歟？今汝衣服其〔五〕盛，顔色充滿，天下有誰加汝哉？」子路趨出，改服而入，蓋攝〔六〕如也。孔子曰：「由，志之。吾語汝：夫慎於言者不譁，慎於行者不伐。色知而有長者，小人也。故君子知之爲知之，不知爲不知，言之要也；能之爲能之，不能爲不能，行之要也。言要則知，行要則仁。既知且仁，又何加哉？」

〔一〕許維遹以爲「疏疏」讀爲「楚楚」，有美好意。

〔二〕許維遹本「江」下有「出」字，是也。

〔三〕許維遹本「足」下有「以」字。

〔四〕許維遹以爲「衆川」上脱「下流」二字。

〔五〕「其」，許維遹本作「甚」。

〔六〕原注：毛本作「揖」。

三·一八　説苑雜言

子路盛服而見孔子。孔子曰：「由，是襜襜者何也？昔者江水出於岷山，其始也，大足以濫觴。及至江之津也，不方舟，不避風，不可渡也。非唯下流衆川之多乎？今若衣服甚盛，顔色充盈，天下誰肎加若者〔一〕哉？」子路趨而出，改服而入，蓋自如也。孔子曰：「由，記之，吾語若：賁於言者，華也；奮於行者，伐也；夫色智而有能者，小人也。故君子知之爲知之，不知爲不知，言之要也；能之爲能〔二〕，不能爲不能，行之至也。言要則知，行要則仁。既知且仁，夫有何加矣哉？由〔三〕！」

〔一〕向宗魯本無「者」字。

〔二〕向宗魯據上例荀子、韓詩外傳於「能」下補「之」字。

〔三〕向宗魯以爲「由」字衍，非。

三·一九　荀子子道

子路入，子曰：「由，知者若何？仁者若何？」子路對曰：「知者使人知己，仁者使人愛己。」子曰：「可謂士矣。」子貢入，子曰：「賜，知者若何？仁者若何？」子貢對曰：「知者知人，仁者愛人。」子曰：「可謂士君子矣。」顔淵入，子曰：「回，知者若何？仁者若何？」顔淵對曰：「知者自知，仁者自愛。」子曰：「可謂明君子矣。」

三·二〇　荀子法行

子貢問於孔子曰：「君子之所以貴玉而賤珉〔一〕者，何也？爲夫玉之少而珉之多邪？」孔子曰：「惡！賜！是何言也！夫君子豈多而賤之，少而貴之哉！夫玉者，君子比德焉：温潤而澤，仁也；縝栗而理〔二〕，知也；堅剛而不屈，義也；廉而不劌〔三〕，行也；折而不橈，勇也；瑕適並見，情也〔四〕；扣之，其聲清揚而遠聞，其止輟然，辭也〔五〕。故雖有珉之彫彫，不若玉之章章〔六〕。詩曰：『言念君子，温其如玉。』〔七〕此之謂也。」

〔一〕楊倞注曰：「珉，石之似玉者。」

〔二〕王先謙據王引之之説以爲當删去「縝」字，是也。楊倞注曰：「鄭云：栗，堅貌也。理，有文理也。似智者處事堅固，又有文理。」

〔三〕楊倞注曰：「劌，傷也。雖有廉棱而不傷物，似有德行者不傷害人。」

〔四〕楊倞注曰：「瑕，玉之病也。適，玉之美澤調適之處也。瑕適並見，似不匿其情者也。」王念孫以爲「適」當讀爲「謫」，「謫」亦瑕也。尹知章同王念孫之説。

〔五〕楊倞注曰：「扣與叩同。似有辭辨，言發言則人樂聽之，言畢更無繁辭也。」

〔六〕「彫彫」，王先謙本作「雕雕」。楊倞注曰：「雕雕，謂雕飾文采也。章章，素質明著也。」

〔七〕楊倞注曰：「詩，秦風小戎之篇。引之喻君子比德。」

三·二一　列子仲尼

子夏問孔子曰：「顏回之爲人奚若？」子曰：「回之仁賢於丘也。」曰：「子貢之爲人奚若？」子曰：「賜之辨〔一〕賢於丘也。」曰：「子路之爲人奚若？」子曰：「由之勇賢於丘也。」曰：「子張之爲人奚若？」子曰：「師之莊〔二〕賢於丘也。」子夏避席而問曰：「然則四子者何爲事夫子？」曰：「居！吾語汝。夫回能仁而不能反〔三〕，賜能辨〔四〕而不能訥，由能勇而不能怯，師能莊而不能同〔五〕。兼四子之有以易吾，吾弗許也〔六〕。此其所以事吾而不貳也〔七〕。」

〔一〕「辨」，百子全書本、楊伯峻本皆作「辯」。

〔二〕莊，張湛注曰：「猶矜莊。」

〔三〕張湛注曰：「反，變也。夫守一而不變，無權智以應物，則所適必閡矣。」盧重玄解曰：「可與適道，未可與權。」楊伯峻引俞樾之説，以爲「反」乃「刃」之誤，「刃」即「忍」，「忍」即「忍心」之「忍」。

〔四〕「辨」，百子全書本、楊伯峻本皆作「辯」，是也。

〔五〕張湛注曰：「辯而不能訥，必虧忠信之實；勇而不能怯，必傷仁恕之道；莊而不能同，有違和光之義，此皆滯於一方也。」盧重玄解曰：「自守矜嚴，不能同物，失於和也。」

〔六〕張湛注曰：「四子各是一行之極，設使兼而有之，求變易吾之道，非所許。」楊伯峻以爲「易」字當釋爲「交易」，張湛釋爲「變易」，誤。

〔七〕張湛注曰：「會同要當寄之於聖人，故欲罷而不能也。」盧重玄解曰：「兼有仁辯嚴勇，吾且不與之易，況不能兼之。夫子能兼四子之不能也，故事我而不貳心矣。此論道之大者，更在其行藏之卷耳。」

三·二二　淮南子人間訓

人或問孔子曰：「顔回何如人也？」曰：「仁人也，丘弗如也。」「子貢何如人也？」曰：「辯人也，丘弗如也。」「子路何如人也？」曰：「勇人也，丘弗如也。」賓曰：「三人皆賢，賢〔一〕而爲夫子役，何也？」子曰：「丘能仁且忍，辯且訥，勇且怯，以三子之能，易丘一道，丘弗爲也。」孔子知所施之也。

〔一〕原注：一本作「三人皆賢夫子」。

三·二三　説苑雜言

子夏問仲尼曰：「顏淵之爲人也何若？」曰：「回之信賢於丘也。」曰：「子貢之爲人也何若？」曰：「賜之敏賢於丘也。」曰：「子路之爲人也何若？」曰：「由之勇賢於丘也。」曰：「子張之爲人也何若？」曰：「師之莊賢於丘也。」於是子夏避席而問曰：「然則四者何爲事先生？」曰：「坐，吾語汝。回能信而不能反，賜能敏而不能屈，由能勇而不能怯，師能莊而不能同。兼此四者〔一〕，丘不爲也。」

〔一〕百子全書本「四」下有「子」字，是也。

三·二四　論衡定賢

或問於孔子曰：「顏淵何人也？」曰：「仁人也，丘不如也。」「子貢何人也？」曰：「辯人也，丘弗如也。」「子路何人也？」曰：「勇人也，丘弗如也。」客曰：「三子者皆賢於夫子，而爲夫子服役，何也？」孔子曰：「丘能仁且忍，辯且詘，勇且怯，以三子之能，易丘之道，弗爲也。」

三·二五　御覽八百三十引尸子

孔子曰：「詘寸而信尺，小枉而大直，吾弗爲也〔一〕。」

〔一〕原注：一作「吾爲之也」。今案：「詘」通「屈」，「信」通「伸」。

三·二六　法言五百宋咸注〔一〕

孔子曰：「君子之行己，可以詘則詘，可以伸則伸。」

〔一〕見法言卷六。

三·二七　吕氏春秋孟冬紀異用

孔子之弟子從遠方來者，孔子荷杖而問之曰：「子之公〔一〕不有恙乎？」搏杖而揖之，問曰：「子之父母不有恙乎？」置杖而問曰：「子之兄弟不有恙乎？」杙步而倍之，問曰：「子之妻子不有恙乎？」〔二〕

〔一〕公，祖父。

〔二〕原注：御覽七百十「公」作「父」，下無「父」字；「搏杖」作「持杖」；「杙步而倍之」作「杖步而倚之」。廣韻「杖」字下引云：「孔子見弟子，抱杖而問其父母，拄杖而問其兄弟，曳杖而問其妻子，尊卑之差也。」蓋約此文。今案：許維遹引俞樾之説曰：「『搏杖』即『扶杖』也。尃聲、夫聲相近，故義得通。釋名釋言語曰：『扶，傅也，傅近之也。』是其例也。」陳奇猷引孫詒讓、蔣維喬等以「杙」爲「曳」之譌。「倍」即「背」。陳奇猷又曰：「上問兄弟已置杖，此時杖已不在手中，故問妻子則曳步。因係問人之妻子，故背而問之，亦男女有别之義也。」

三・二八　賈子容經〔一〕

子贛〔二〕由其家來，謁於孔子。孔子正顏，舉杖磬折而立，曰：「子之大親毋乃不寧乎〔三〕？」放杖而立，曰：「子之兄弟亦得無恙乎？」曳杖倍下行〔四〕，曰：「妻子家中得無病乎？」故身之倨佝，手之高下，顏色聲氣，各有宜稱，所以明尊卑、别疏戚也。

〔一〕見新書容經篇。
〔二〕子贛，即孔子弟子子貢。
〔三〕閻振益、鍾夏曰：「大親即指祖父，猶大父謂祖也。此下或脱問父母之句。毋乃，王引之曰：『無，字或作毋。』『無乃，猶得無。』」
〔四〕「曳杖倍下行」，百子全書本作「曳杖倍而行」，光緒本賈子次詁作「曳杖倍下而行」。

三・二九　淮南子繆稱訓

夫子見禾之三變〔一〕也，滔滔然曰〔二〕：「狐鄉丘而死，我其首禾焉〔三〕。」

〔一〕高誘注曰：「夫子，孔子也。三變，始於粟，粟生於苗，苗成於穗也。」

〔二〕劉文典曰：「文選思玄賦注引『滔滔然曰』作『乃嘆曰』。」滔滔，比喻言行連續不斷。

〔三〕「焉」，百子全書本、劉文典本皆作「乎」。高誘注曰：「禾穗垂而向根，君子不忘本也。」

三・三〇　薛據孔子集語引新序〔一〕

孔子謂曾子曰：「君子不以利害義，則恥辱安從生哉！官怠於宦成，病加於少愈，禍生於怠惰，孝衰於妻子。察此四者，慎終如始〔二〕。」

〔一〕見薛據孔子集語曾子第二十。

〔二〕原注：今新序缺此文。鄧析子云：「患生於官成，病始於少瘳，禍生於懈慢，孝衰於妻子。此四者，慎終如始也。」與此小異。

三・三一　説苑君道

魯哀公問於孔子曰：「吾聞君子不博，有之乎？」孔子對曰：「有之。」哀公曰：「何爲其不博也？」孔子對曰：「爲其有二乘〔一〕。」哀公曰：「有二乘則何爲不博也？」孔子對曰：「爲行惡道也。」哀公懼焉〔二〕。有閒，曰：「若是乎君子之惡惡道之甚也！」孔子對曰：「惡惡道不能甚，則其好善道亦不能甚；好善道不能甚，則百姓之親之也亦不能甚。詩云：『未見君子，憂心惙惙；亦既見止，亦既覯止，我心則説。』〔三〕詩之好善道之甚也如此。」哀公曰：「善哉！吾聞君子成人之美，不成人之惡。微孔子，吾焉聞斯言也哉！」

〔一〕向宗魯引關嘉之説以及古博經，謂「乘」即「道」，二乘即白黑分道也。

〔二〕盧文弨曰：「懼焉即『瞿然』。」

〔三〕見詩召南草蟲。

三·三二　説苑敬慎

顔回將西遊，問於孔子曰：「何以爲身？」孔子曰：「恭敬忠信，可以爲身。恭則免於衆，敬則人愛之，忠則人與之，信則人恃之。人所愛，人所與，人所恃，必免於患矣。可以臨國家，何況於身乎？」

三·三三　説苑雜言

子路將行，辭於仲尼〔一〕。曰：「贈汝以車乎？以言乎？」子路曰：「請以言。」仲尼曰：「不强不遠〔二〕，不勞無功，不忠無親，不信無復，不恭無禮。慎此五者，可以長久矣。」

〔一〕向宗魯以爲「仲尼」下當重「仲尼」二字。

〔二〕「遠」，向宗魯以爲當從家語作「達」。

三·三四　説苑雜言

孔子曰：「中人之情，有餘則侈，不足則儉，無禁則淫，無度則失〔一〕，縱欲則敗。飲食有量，衣服有節，宫室有度，畜聚有數，車器有限，以防亂之源也〔二〕。故夫度量不可不明也，善欲不可不聽也。」

〔一〕向宗魯曰：「『失』讀爲『佚』，家語作『佚』。」

〔二〕向宗魯曰：「『以』上家語有『所』字。」當補。

三·三五　説苑雜言

孔子曰：「君子〔一〕終日言不遺己之憂，終日行不遺己之患，唯智者有之。故恐懼所以除患也，恭敬所以越難也。終身爲之，一言敗之，可不慎乎？」〔二〕

〔一〕百子全書本、向宗魯本均無「君子」二字。

〔二〕原注：按薛據集語引此云見韓詩外傳，「終身爲之」作「終日爲之」。今外傳無此條。

三·三六　説苑辨物

顔淵問於仲尼曰：「成人之行何若？」子曰：「成人之行，達乎情性之理，通乎物類之變，知幽明之故，睹遊氣之源，若此而可謂成人。既知天道，行躬以仁義，飭身以禮樂。夫仁義禮樂，成人之行也。窮神知化，德之盛也。」

三·三七　潛夫論浮侈

孔子曰：「多貨財，傷于德；弊，則没禮。」〔一〕

〔一〕原注：疑作「多貨則傷于德，多幣則没禮」。

三·三八　中論貴驗

孔子曰：「欲人之信己也，則微言而篤行之。篤行之，則用日久；用日久，則事著明；事著明，則有目〔一〕莫不見也，有耳莫不聞也，其可誣哉！」

〔一〕百子全書、四庫本「目」下有「者」字。下文「有耳」同。

三·三九　中論貴言

孔子曰：「惟君子然後能貴其言，貴其色，小人能乎哉？」

三·四〇　中論覈辯

孔子曰：「小人毁訾以爲辯，絞急以爲智〔一〕，不遜以爲勇。」

〔一〕毁訾，亦作「毁疵」，指非議别人。荀子不苟篇云：「正義直指，舉人之過，非毁疵也。」楊倞注曰：「疵，病也。或曰：讀爲訾。」絞急，急迫之義。

【補遺】

三·四一　逸琱玉集十二引古傳

路婦不知何處人也,孔子遊行見之,頭戴烏牙櫛〔一〕。謂諸弟子曰:「誰能得之?」顔淵曰:「回能得之。」即往至婦人前,跪〔二〕曰:「吾有徘徊〔三〕之山,百草生其上,有枝而無葉,萬獸集其裏,有飲而無食,故從夫人借羅網而捕之。」婦人取櫛與之。顔淵曰:「夫人不問由委,乃取櫛與回,何也?」婦人答曰:「徘徊之山〔四〕,是君頭也;百草生其上,有枝而無葉者,是君髮也;萬獸集其裏者,是君虱也;借網捕之者,是吾櫛也。以故取櫛與君。何恠〔五〕之有?」顔淵嘿然而退。孔子聞之,曰:「婦人之智尚爾,況於學士者乎!」

〔一〕櫛,梳子和篦子的總稱。

〔二〕叢書集成本琱玉集「跪」下有「而」字。

〔三〕徘徊,即徘徊。

〔四〕叢書集成本琱玉集「山」下有「者」字。

〔五〕恠,同「怪」。

【商正】

三·四二　孝經邢昺正義引劉瓛述安昌侯孝經説

仲者，中也；尼者，和也。言孔子有中和之德，故曰仲尼。

【新補】

三·四三　荀子法行篇

孔子曰：「君子有三恕：有君不能事，有臣而求其使，非恕也；有親不能報，有子而求其孝，非恕也；有兄不能敬，有弟而求其聽令，非恕也。士明於此三恕，則可以端身矣。」

三·四四　荀子解蔽篇

孔子仁知且不蔽，故學亂術〔一〕，足以爲先王者也。

〔一〕楊倞注曰：「亂，雜也。言其多才多藝，足以及先王也。」郝懿行曰：「亂者，治也，學治天下之術。『亂』之一字，包『治』、『亂』二義，注非。」今案：郝説是也。

三·四五　風俗通過譽

孔子稱:「可寄百里之命,託六尺之孤,臨大節而不可奪。」〔一〕

〔一〕論語泰伯曰:「曾子曰:『可以託六尺之孤,可以寄百里之命,臨大節而不可奪也。』」

三·四六　風俗通義怪神

子貢問孔子:「死者其有知乎?」曰:「賜,爾死自知之,由未晚也。」

孔子集語卷四

六藝四上

四·一　周易乾坤鑿度〔一〕

仲尼，魯人，生不知易本。偶筮其命，得旅，請益於商瞿氏，曰：「子有聖智而無位。」孔子泣而曰：「天也，命也。鳳鳥不來，河無圖至。嗚呼！天命之也。」嘆訖而後息志，停讀禮，止史削。五十究易，作十翼，明也。明易幾教。若曰：「終日而作，思之於古聖，頤師於姬昌，法旦。」作九問、十惡、七正、八嘆、上下繫辭、大道、大數、大法、大義。易書中爲通聖之問，明者以爲聖賢矣。孔子曰：「吾以觀之曰：『仁者見爲仁幾之文，智者見爲智幾之問〔二〕，聖者見爲通神之文。仁者見之爲之仁，智者見之爲之智。隨仁智也。』」

〔一〕見卷下聖人法物。

〔二〕「問」疑爲「文」字之誤。

四·二　周易乾鑿度〔一〕

孔子曰：「易者，易也，變易也，不易也。管三成德，爲道苞籥〔二〕。易者，以言其德也，通情無門，藏神無内也〔三〕。光明四通，佼易立節〔四〕。天地爛明，日月星辰布設；八卦錯序，律曆調列，五緯順軌〔五〕，四時和栗孳結〔六〕。四瀆通情，優游信潔〔七〕，根著浮流〔八〕，氣更相實〔九〕，虚无感動，清净炤哲〔一〇〕，移物致耀，至誠專密〔一一〕，不煩不撓，淡泊不失。此其易也〔一二〕。變易也者，其氣也。天地不變，不能通氣〔一三〕。五行迭終，四時更廢〔一四〕，君臣取象，變節相和，能消者息〔一五〕，必專者敗〔一六〕。君臣不變，不能成朝。紂行酷虐，天地反〔一七〕；文王下呂，九尾見〔一八〕。夫婦不變，不能成家。妲己擅寵，殷以之破〔一九〕；大任順季，享國七百。此其變易也。不易也者，其位也，天在上，地在下；君南面，臣北面；父坐，子伏。此其不易也。故易者，天地之道也，乾坤之德，萬物之寶。至哉易，一元以爲元紀〔二〇〕。」

〔一〕見卷上。以下至「四·二二」所引此書，皆屬卷上。

〔二〕「管三成德，爲道苞籥」，四庫全書本、緯書集成本皆作「管三成爲道德苞籥」。鄭玄注曰：「管，統也。德者，得也。道者，理也。籥者，要也。言易道統此三事，故能成天下之道德，故云包道之要籥也。」

〔三〕鄭玄注曰：「傚易無爲，故天下之性，莫不自得也。」

〔四〕「佼」，緯書集成本作「傚」。鄭玄注曰：「傚易者，寂然無爲之謂也。」

〔五〕鄭玄注曰：「五緯，五星也。」

〔六〕鄭玄注曰：「孳，育也。結，成也。」

〔七〕鄭玄注曰：「水有信而清潔。」

〔八〕鄭玄注曰：「根著者，草木也。浮流者，人兼鳥獸也。」

〔九〕鄭玄注曰：「此皆言易道無爲，故天地萬物，各得以自通也。」

〔一〇〕鄭玄注曰：「炤，明也。夫惟虛無也，故能感天下之動。惟清浄也，故能炤天下之明。」

〔一一〕鄭玄注曰：「移，動也。天確爾至誠，故物得以自動。寂然皆專密，故物得以自專也。」

〔一二〕「橈」，四庫全書本、叢書集成本皆作「撓」，蓋孫氏因形似而譌。鄭玄注曰：「未始有得，夫何失哉。」

〔一三〕鄭玄注曰：「否卦是也。」

〔一四〕鄭玄注曰：「天道如之，而況於人乎？」

〔一五〕鄭玄注曰：「文王是也。」

〔一六〕鄭玄注曰：「桀、紂是也。」

〔一七〕鄭玄注曰：「不能變節以下賢也。」

〔一八〕鄭玄注曰：「文王師呂尚，遂致九尾狐瑞也。」

〔一九〕鄭玄注曰：「不變節以逮衆妾也。」

〔二〇〕鄭玄注曰：「天地之元，萬物所紀。」

四·三　周易乾鑿度

孔子曰：「方上古之時，人民無別，羣物無殊，未有衣食器用之利〔一〕。於是伏羲乃仰觀象於天，俯觀法於地，中觀萬物之宜，始作八卦，以通神明之德，以類萬物之情〔二〕。故易者，所以繼天地，理人倫而明王道〔三〕。是故八卦以建，五氣以立，五常以之行〔四〕；象法乾坤，順陰陽，以正君臣、父子、夫婦之義〔五〕；度時制宜，作網罟，以畋以漁，以贍人用〔六〕。於是人民乃治，君親以尊，臣子以順，羣生和洽，各安其性，八卦之用〔七〕。伏羲氏之王天下也，始作八卦。結繩而爲網罟，以畋以漁，蓋取諸離。質者無文，以天言，此易之意〔八〕。夫八卦之變，象感在人〔九〕。文王因性情之宜，爲之節文〔一〇〕。」

〔一〕鄭玄注曰：「天地炁淳，人物恬粹，同於自得，故不相殊別。人雖有此而用之，故行而無跡，事而勿傳也。」

〔二〕鄭玄注曰：「伏羲之時，物漸流動，是以因別八卦，以鎮其動也。」

〔三〕「繼」，四庫全書本、緯書集成本皆作「經」，是也。鄭玄注曰：「王道，繼天地而已。」

〔四〕鄭玄注曰：「天地氣合，而化生五物。」

〔五〕鄭玄注曰：「天地陰陽，尚有尊卑先後之序，而況人道乎？」

〔六〕鄭玄注曰：「時有不贍，因制器以宜之。」

〔七〕鄭玄注曰：「安，猶不失也。順其度而道之，因其宜而制之，則天下之志通，萬類之情得也。」

〔八〕鄭玄注曰：「夫何爲哉，亦順其自通而已耳。當此之時，天氣尚淳，物情猶樸，是故伏羲聖亦因以質法化人，故曰以王天下也。」

〔九〕鄭玄注曰：「人情變動，因設變動之爻以效之，亦大德之謂也。」

〔一〇〕鄭玄注曰：「九六之辭是也。」

四·四　周易乾鑿度

孔子曰：「易始於太極〔一〕，太極分而爲二〔二〕，故生天地〔三〕；天地有春秋冬夏之節，故生四時；四時各有陰陽剛柔之分，故生八卦。八卦成列，天地之道立，雷風水火山澤之象定矣。其布散用事也，震生物於東方，位在二月；巽散之於東南，位在四月；離長之於南方，位在五月；坤養之於西南方，位在六月；兑收之於西方，位在八月；乾制之於西北方，位在十月；坎藏之於北方，位在十一月；艮終始之於東北方，位在十二月。八卦之氣終，則四正四維之分明，生長收藏之道備，陰陽之體定，神明之德通，而萬物各以其類成矣〔四〕。皆易之所苞也。至矣哉,易之德也。」

〔一〕鄭玄注曰:「氣象未分之時,天地之所始也。」

〔二〕鄭玄注曰:「七九、八六。」

〔三〕鄭玄注曰:「輕清者上爲天,重濁者下爲地。」

〔四〕鄭玄注曰:「萬物,是八卦之象,定其位,則不遷其性,不淫其德矣,故各得自成者也。」

四·五　周易乾鑿度

孔子曰:「歲三百六十日而天氣周。八卦用事各四十五日,方備歲焉〔一〕。故艮漸正月,巽漸三月,坤漸七月,乾漸九月〔二〕,而各以卦之所言爲月也。乾者,天也,終而爲萬物始。北方,萬物所始也,故乾位在於十月。艮者,止物者也,故在四時之終,位在十二月。巽者,陰始順陽者也,陽始壯於東南方,故位在四月。坤者,地之道也,形正六月,四維正紀,經緯仲序,度畢矣〔三〕。」

〔一〕鄭玄注曰:「其中猶自有斗分,此重擧大數而已。」

〔二〕鄭玄注曰:「乾御戌亥,在於十月,而漸九月也。」

〔三〕鄭玄注曰:「四維,正四時之紀,則坎、離爲經,震、兑爲緯,此四正之卦,爲四仲之次序也。」

四·六　周易乾鑿度

孔子曰：「乾坤，陰陽之主也。陽始於亥，形於丑。乾位在西北，陽祖微據始也〔一〕。陰始於巳，形於未，據正立位，故坤位在西南，陰之正也〔二〕。君道倡始，臣道終正，是以乾位在亥，坤位在未。所以明陰陽之職，定君臣之位也。」

〔一〕鄭玄注曰：「陽氣始於亥，生於子，形於丑，故乾位在西北也。」

〔二〕鄭玄注曰：「陰氣始於巳，生於午，形於未，陰道卑順，不敢據始以敵，故立於正形之位。」

四·七　周易乾鑿度

孔子曰：「八卦之序成立，則五氣變形。故人生而應八卦之體，得五氣以爲五常，仁義禮智信是也。夫萬物始出於震。震，東方之卦也。陽氣始生，受形之道也，故東方爲仁。成於離。離，南方之卦也。陽得正於上，陰得正於下。尊卑之象定，禮之序也，故南方爲禮。入於兑。兑，西方之卦也。陰用事而萬物得其宜，義之理也，故西方爲義。漸於坎。坎，北方之卦也。陰氣形盛，陰陽氣含閉，信之類也，故北方爲信。夫四方之義，皆統於中央，故乾、坤、艮、巽，位在四維。中央所以繩四方行也，智之決也，故中央爲智。故道興於仁，立於禮，理於義，定於信，成於智。五者，道德之分，天人之際也。聖人所以通天意、理人倫而明至道也。」

四·八　周易乾鑿度

孔子曰：「陽三陰四，位之正也〔一〕。故易卦六十四，分而爲上下，象陰陽也。夫陽道純而奇〔二〕，故上篇三十，所以象陽也。陰道不純而偶，故下篇三十四，所以法陰也。乾、坤者，陰陽之根本，萬物之祖宗也。爲上篇始者，尊之也。離爲日，坎爲月。日月之道，陰陽之經，所以終始萬物，故以坎、離爲終〔三〕。咸、恒者，男女之始，夫婦之道也。人道之興，必由夫婦，所以奉承祖宗，爲天地主也。故爲下篇始者，貴之也。既濟、未濟爲最終者，所以明戒慎而存王道〔四〕。」

〔一〕鄭玄注曰：「三者，東方之數，東方日所出也。又圓者，徑一而周三。四者，西方之數，西方日所入也。又方者，徑一而匝四也。」

〔二〕「統」，四庫全書本、緯書集成本皆作「純」，是也。鄭玄注曰：「陽道專斷，兼統陰事，故曰純也。」

〔三〕鄭玄注曰：「言以日月終天地之道也。」

〔四〕鄭玄注曰：「夫物不可窮，理不可極。故王者亦常則天而行，與時消息，不可安而忘危，存而忘亡。未濟者，亦無窮極之謂者也。」

四·九　京氏易傳下

孔子曰：「陽三陰四，位之正也。三者，東方之數。東方，日之所出。又圓者，徑一而開三也。四者，西方之數。西方，日之所入。又方者，徑一而取四也。言日月終天之道，故易卦六十四。分上下，象陰陽也。奇耦之數，取之於乾坤。乾、坤者，陰陽之根本。坎、離者，陰陽之性命。分四營而成易，十有八變而成卦。卦象定，吉凶明，得失降，五行分。四象順則吉，逆則凶。故曰『吉凶悔吝生乎動』，又曰『明得失於四序』。運機布度，其氣轉易。主者亦當則天而行，與時消息，安而不忘亡，將以順性命之理，極蓍龜之源。重三成六，能事畢矣。分天地乾坤之象，益之以甲乙壬癸。震、巽之象配庚辛，坎、離之象配戊己，艮、兑之象配丙丁。八卦分陰陽、六位、五行，光明四通，變易立節。天地若不變易，不能通氣。五行迭終，四時更廢，變動不居，周流六虛，上下無常，剛柔相易。不可以爲典要，惟變所適。吉凶共列于位，進退明乎機要。易之變化，六爻不可據，以隨時所占。」

四·一〇　周易乾鑿度

孔子曰：「泰者，天地交通，陰陽用事，長養萬物也。否者，天地不交通，陰陽不用事，止萬物之長也。上經象陽,故以乾爲首,坤爲次,先泰而後否〔一〕。損者,陰用事,澤損山而萬物損也,下損以事其上〔二〕。益者,陽用事,而雷風益萬物也,上自損以益下〔三〕。下經以法陰,故以咸爲始,恒爲次,先損而後益〔四〕。各順其類也。」

〔一〕鄭玄注曰:「先尊而後卑,先通而後止者,所以類陽事也。」

〔二〕鄭玄注曰:「象陽用事之時,陰宜自損以奉陽者,所以戒陰道以執其順者也。」

〔三〕鄭玄注曰:「當陰用事之時,陽宜自損以益陰者,所以戒陽道以弘其化也。」

〔四〕鄭玄注曰:「咸則男下女,恒則陽上而陰下,先陰而後陽者,以取其類陰也。」

四·一一　周易乾鑿度

孔子曰:「昇者,十二月之卦也。陽氣升上,陰氣欲承,萬物始進。譬猶文王之脩積道德,宏開基業,始即昇平之路。當此時也,鄰國被化,岐民和洽。是以六四蒙澤而承吉,九三可處王位。享于岐山,爲報德也。明陰以顯陽之化,民臣之順德也〔一〕,故言无咎。」

〔一〕鄭玄注曰:「民臣化順,文王之德。」

四·一二　周易乾鑿度

孔子曰:「益之六二,或益之十朋之龜,弗克違,永貞吉,王用享于帝,吉。益者,正月之卦也。天氣下施，萬物皆益，言王者之法天地，施政教，而天下被陽德，蒙王化，如美寶莫能違害，永貞其道，咸受吉化，德施四海，能繼天道也。王用享于帝者，言祭天也。三王之郊，一用夏正，天氣三微而成一著，三著而成一體〔一〕。方知此之時，天地交，萬物通。故泰、益之卦，皆夏之正也。此四時之正，不易之道也。故三王之郊，一用夏正，所以順四時，法天地之道也。」

〔一〕鄭玄注曰：「五日爲一微，十五日爲一著，故五日有一候，十五日成一氣也。冬至陽始生，積十五日，至小寒，爲一著，至大寒，爲二著，至立春，爲三著，凡四十五日而成一節，故曰三著而成體也。正月則泰卦用事，故曰成體而郊也。」

四·一三　周易乾鑿度

孔子曰：「隨上六：『拘繫之，乃從維之，王用享于西山。』隨者，二月之卦。隨德施行，藩決難解〔一〕。萬物隨陽而出，故上六欲〔二〕九五拘繫之，維持之，明被陽化而陰隨從〔三〕之也。譬猶文王之崇至德，顯中和之美，拘民以禮，係民以義。當此之時，仁恩所加，靡不隨從，咸悅其德，得用道之王，故言王用享于西山〔四〕。」

〔一〕鄭玄注曰：「大壯九三爻，主正月，陰氣猶在，故羝羊觸藩，而羸其角也。至於九四，主二月，故藩決不勝羸也。言二月之時，陽氣已壯，施生萬物，而陰氣漸微，不能爲難，以障閉陽氣，故曰蕃決難解也。」

〔二〕四庫全書本、緯書集成本「欲」下皆有「待」。

〔三〕「隨從」，四庫全書本、緯書集成本皆作「欲隨」。

〔四〕鄭玄注曰：「是時紂存，未得東巡，故言西山。」

四·一四　周易乾鑿度

孔子曰：「陽消陰言夬，陰消陽言剥者，萬物之祖也。斷制除害，全物爲務。夬之爲言決也。當三月之時，陽盛息消夬陰之氣，萬物畢生，靡不蒙化。譬猶王者之崇至德，奉承天命，伐決小人，以安百姓，故謂之決。夫陰傷害爲行，故剥之爲行剥也。當九月之時，陽氣衰消，而陰終不能盡陽，小人不能決君子也，謂之剥，言不安而已〔一〕。是以夬之九五，言決小人〔二〕。剥之六五，言盛殺，萬物皆剥墮落，譬猶君子之道衰，小人之道盛，侵害之行興，安全之道廢，陰貫魚而欲承君子也〔三〕。」

〔一〕鄭玄注曰：「直剥落傷害，使萬物不得安全而已，然不能決君子。」

〔二〕鄭玄注曰：「經曰：莧陸夬夬，中行无咎。」

〔三〕鄭玄注曰：「陽衰之時，若能執柔順以奉承君子，若魚之序，然後能寵，無不利也。」

四・一五　周易乾鑿度

孔子曰：「易有六位、三才，天地人道之分際也。三才之道，天地人也。天有陰陽，地有柔剛，人有仁義，法此三者，故生六位。六位之變，陽爻者，制於天也；陰爻者，繫於地也。天動而施曰仁，地静而理曰義。仁成而上，義成而下。上者專制，下者順從。正形於人，則道德立而尊卑定矣〔一〕。此天地人道之分際也。天地之氣，必有終始；六位之設，皆由上下。故易始於一〔二〕，分於二〔三〕，通於三〔四〕，□於四，盛於五〔五〕，終於上。初爲元士〔六〕，二爲大夫，三爲三公，四爲諸侯，五爲天子，上爲宗廟〔七〕。凡此六者，陰陽所以進退，君臣所以升降，萬人所以爲象則也。故陰陽有盛衰，人道有得失。聖人因其象，隨其變，爲之設卦。方盛則託吉，將衰則寄凶〔八〕。陰陽不正，皆爲失位〔九〕；其應實而有之，皆失義〔一〇〕。善雖微細，必見吉端；惡雖纖介〔一一〕，必有悔吝。所以極天地之變，盡萬物之情，明王事也〔一二〕。丘繫之曰：『立象以盡意，設卦以盡情僞〔一三〕，繫辭焉以盡其言。』」

〔一〕鄭玄注曰：「震主施生，卯爲日出，象人道之陽也。兑主入悦，酉爲月門，象人道之柔也。夫人者，通之也，德之經也，故曰道德立者也。」

〔二〕鄭玄注曰：「易本無體，氣變而爲一，故氣從下生也。」

〔三〕鄭玄注曰：「清、濁，分爲二儀。」

〔四〕鄭玄注曰:「陰陽氣交,人生其中,故爲三才。」
〔五〕鄭玄注曰:「二壯於地,五壯於天,故爲盛也。」
〔六〕鄭玄注曰:「在位卑下。」
〔七〕鄭玄注曰:「宗廟,人道之終。」
〔八〕鄭玄注曰:「聖人見物情有得失之故,寄註陰陽之盛衰,以斷其吉凶也。」
〔九〕鄭玄注曰:「初六,陰不正。九二,陽不正。」
〔一〇〕鄭玄注曰:「陰有陽應,陽有陰應,實者也。既非其應,設使得而有之,皆爲非義而得也。雖得之,君子所不貴也。」
〔一一〕「介」,四庫全書本、緯書集成本皆作「芥」。
〔一二〕鄭玄注曰:「王者亦當窮天地之理,類萬物之情。」
〔一三〕鄭玄注曰:「以象盡天地之意,重之盡萬物之變者也。」

四・一六　周易乾鑿度

孔子曰:「易六位正,王度見矣。」

四・一七　周易乾鑿度

孔子曰:「易有君人五號也:帝者,天稱也;王者,美行也;天子者,爵號也;大君者，與上行異也〔一〕；大人者，聖明德備也。變文以著名，題德以別操〔二〕。王者，天下所歸往。易曰：『在師中，吉，无咎。王三錫命。』師者，衆也，言有盛德，行中和，順民心，天下歸往之，莫不美命爲王也。行師以除民害，賜命以長世，德之盛〔三〕。天子者，繼天理物，改一統，各得其宜，父天母地，以養萬民，至尊之號也。易曰：『公用享于天子。』〔四〕大君者，君人之盛者也。易曰：『知臨，大君之宜，吉。』臨者，大也。陽氣在内，中和之盛應于盛位，浸大之化行于萬民，故言宜處王位，施大化，爲大君矣，臣民欲被化之詞也。大人者，聖人之在位者也。夫大人者，與天地合其德。易曰：『見龍在田，利見大人。』又曰：『飛龍在天，利見大人。』言德化施行，天地之和，故曰大人。」

〔一〕鄭玄注曰：「臨之九二，有中和美異之行。應於五位，故百姓欲其與上爲大君也。」

〔二〕鄭玄注曰：「夫至人一也，應跡不同，而生五號，故百姓變其文名，別其操行。」

〔三〕鄭玄注曰：「武王受命行師，以除民害，遂享七百之祚，可謂之長世也。」

〔四〕「享」，四庫全書本、緯書集成本皆作「亨」。鄭玄注曰：「大有九三曰：『公用亨於天子。』小人不克，害也。文王爲紂三公，百姓悦樂文王之德，文王亨天子之位，以決罰小人之罪也。」

四・一八　周易乾鑿度

孔子曰：「既濟九三：『高宗伐鬼方，三年克〔一〕之。』高宗者，武丁也，湯之後有德之君也。九月之時，陽失正位，盛德既衰，而九三得正下陰，能終其道，濟成萬物。猶殷道中衰，王道陵遲。至於高宗，内理其國，以得民心，扶救衰微，伐征遠方，三年而惡消滅。王道成〔二〕，殷人高而宗之。文王挺以校易，勸德也〔三〕。」

〔一〕「克」，四庫全書本、緯書集成本皆作「剋」。

〔二〕「王道成」，四庫全書本、緯書集成本皆作「成王道」。今案：孫氏近是。

〔三〕鄭玄注曰：「挺出高宗，以言昭易義，所以勸人君修德者也。」

四・一九　周易乾鑿度

孔子曰：「易本陰陽，以譬於物也。掇序帝乙、箕子、高宗著德。易者所以昭天道，定王業也。上術先聖，考諸近世，采美善以見王事。言帝乙、箕子、高宗，明有法也。美帝乙之嫁妹，順天地之道，以立嫁娶之義。義立則妃匹正，妃匹正則王化全。」

四・二〇　周易乾鑿度

孔子曰：「泰者，正月之卦也。陽氣始通，陰道執順，故因此以見湯之嫁妹，能順天地之道，立教戒之義也。至於歸妹，八月卦也。陽氣歸下，陰氣方盛，故復以見湯妹之嫁，以天子貴妹而能自卑順從，變節而欲承陽者，以執湯之戒〔一〕。是以因時變一用，見帝乙之道，所以彰湯之美，明陰陽之義也。」孔子曰：「自成湯至帝乙。帝乙，湯之玄孫之孫也。此帝乙，即湯也。殷録質，以生日爲名，順天性也。玄孫之孫，外絶恩矣〔二〕。同以乙日生，疏可同名〔三〕。湯以乙生，嫁妹本天地，正夫婦。夫婦正，王道興矣，故曰易之帝乙爲成湯，書之帝乙六世王，同名不害以明功。」

〔一〕鄭玄注曰：「此謂教戒之義。」

〔二〕鄭玄注曰：「玄孫之孫，五世之末，外絶恩矣。」

〔三〕鄭玄注曰：「同以乙日生，天錫之命，疏可同名。」

四·二一　周易乾鑿度

孔子曰：「紱者，所以别尊卑，彰有德也。故朱赤者，盛色也〔一〕。是以聖人法以爲紱服，欲百世不易也。故困九五，文王爲紂三公，故言『困于赤紱』也。至于九二，周將王，故言『朱紱方來』，不易之法也。」

〔一〕鄭玄注曰：「南方，陽盛之時。」

四·二二　周易乾鑿度〔一〕

孔子曰：「易，天子、三公、諸侯紱服，皆同色。困九二：『困于酒食，朱紱方來〔二〕。』

九五：『劓刖，困于赤茀。』夫困之九二，有中和，居亂世，交於小人。『困於酒食』者，困於禄也〔三〕。朱茀者，天子賜大夫之服，而有九二大人之行。將賜之朱茀，其位在二，故以大夫言之。至於九五劓刖者，不安也。文王在諸侯之位，上困於紂也，故曰：『劓刖，困于赤茀〔四〕。』夫執中和，順時變，所以全王德，通至美也，乃徐有説。丘記彖曰：『困而不失其所，亨，貞。大人吉，以剛中也。』文王因陰陽，定消息，立乾坤，統天地。夫有形者生於無形，則乾坤安從生〔五〕？故曰，有太易，有太初，有太始，有太素〔六〕。太易者，未見氣；太初者，氣之始；太始者，形之始；太素者，質之始〔七〕。氣形質具而未相離，故曰渾淪，言萬物相渾淪而未相離〔八〕。視之不見，聽之不聞，循之不得，故曰易也。易無形埒也〔九〕。易變而爲一，一變而爲七，七變而爲九。九者，氣變之究也，乃復變而爲一。一者，形變之始。清輕上爲天，濁重下爲地〔一〇〕。物有始，有壯，有究，故三畫而成乾，乾坤相並俱生〔一一〕。物有陰陽，因而重之，故六畫而成卦〔一二〕。卦者，挂也，挂萬物視而見之，故三畫已下爲地，四畫已上爲天。物感以動，類相應也。易〔一三〕氣從下生，故動於地之下，則應於天之下；動於地之中，則應於天之中；動於地之上，則應於天之上。故初以四，二以五，三以上，此謂之應。陽動而進，陰動而退，故陽以七，陰以八，爲彖。易一陰一陽，合而爲十五之謂道。陽變七之九，陰變八之六，亦合於十五，則彖變之數若一。陽動而進，變七之九，象其氣之息也。陰動而退，變八之六，象其氣之消也。故太一取其數以行九宮，四正四維，皆合於十五〔一四〕。五音、六律、七宿，由此作焉〔一五〕。八卦之生物也，畫六爻之移氣，周而從卦〔一六〕。八卦數二十四以生陰陽，衍之皆合之於度量〔一七〕。陽析九，陰析六，陰陽之析，各百九十二。以四時乘之，八而周，三十二而大周。三百八十四爻，萬一千五百二十析也。故卦當歲，爻當月，析當日。大衍之數，必五十以成變化而行鬼神也，故曰：日十者，五音也；辰十二者，六律也；星二十八者，七宿也，凡五十，所以大閡物而出之者。故六十四卦，三百八十四爻，戒各有所繫焉。故陽唱而陰和，男行而女隨，天道左旋，地道右遷，二卦十二爻而朞一歲〔一八〕。乾，陽也；坤，陰也，並治而交錯行。乾貞於十一月子，左行陽時六，坤貞於六月未，右行陰時六，以奉順成其歲。歲終次從於屯、蒙，屯、蒙主歲。屯爲陽，貞於十二月丑，其爻左行，以閒時而治六辰。蒙爲陰，貞於正月寅，其爻右行，亦閒時而治六辰。歲終，則從其次卦。陽卦以其辰爲貞，丑與左行，閒辰而治六辰。陰卦與陽卦同位者，退一辰以爲貞，其爻右行，閒辰而治六辰。泰、否之卦，獨各貞其辰，共北辰，左行相隨也。中孚爲陽，貞於十一月子，小過爲陰，貞於六月未，法於乾坤，三十二歲朞而周，六十四卦，三百八十四爻，萬一千五百二十析，復從於貞〔一九〕。曆以三百六十五日四分度之一爲一歲，易以三百六十析當朞之日，此律曆數也。五歲再閏，故再扐，而後卦，以應律曆之數〔二〇〕。故乾坤氣合戌亥，音受二子之節，陽生秀白之州，載鍾名太一〔二一〕之精也。其帝一世，紀録事，明期推移，不奪而消焉〔二二〕。」

〔一〕見卷下。

〔二〕鄭玄注曰：「謂朱、紱同爲色者，其染法同，以淺深爲之差也。」

〔三〕鄭玄注曰：「困於禄者，禄少薄也。」

〔四〕鄭玄注曰：「赤芾，紂所賜文王，所以喻紂也，以巽順而變，故終無災。」

〔五〕鄭玄注曰：「消息，寒温之氣，而陰陽定寒温，此三微生著，而立乾坤以天地之道，則是天地先乾坤生也。天有象可見，地有形可處，若先乾坤，則是乃天地生乾坤。或云有形生於無形，則爲反矣，如是則乾坤安從生焉。若怪而問之，欲説其故。」

〔六〕鄭玄注曰：「將説此也，時人不知問，故先張所由以爲本，使易陵猶故也。」

〔七〕鄭玄注曰：「太易之始，漠然無氣可見者。太初者，氣寒温始生也。太始，有兆始萌也。太素者，質始形也。諸所爲物，皆成苞裹，元未分別。」

〔八〕鄭玄注曰：「此極説太素渾淪，今人言質，率爾有能散之意。」

〔九〕鄭玄注曰：「此又説上古太易之時，始有聲氣，曰埒。尚未有聲氣，惡有形兆乎？又重明之。禮記夏小正十二月，鷄始乳也。」

〔一〇〕鄭玄注曰：「易，太易也，太易變而爲一，謂變爲太初也。一變而爲七，謂變爲太始也。七變而爲九，謂變爲太素也。乃復變爲一，一變誤耳，當爲二。二變而爲六，六變而爲八，則與上七九意相協。不言如是者，謂足相推明耳。九言氣變之究也。二言形之始，亦足以發之耳。又言乃復之一，易之變一也。太易之變，不惟是而已，乃復變而爲二，亦謂變而爲太初。二變爲六，亦謂變而爲太始也。六變爲八，亦謂變而爲太素也。九，陽數也，言氣變之終。二，陰數也，言形變之始。則氣與形相隨此也。初太始之六，見其先後耳。繫辭：天一，地二，天三，地四，天五，地六，天七，地八，天九，地十。奇者爲陽，偶者爲陰。奇者得陽而合，偶者得陰而居，言數相偶乃爲道也。孔子於易繫，著此天地之數，下乃言子曰明天地之道，本此者也。一變而爲七，是今陽爻之象；七變而爲九，是今陽爻之變。二變而爲六，是今陰爻之變；六變而爲八，是今陰爻之象。七在南方象火，九在西方象金，六在北方象水，八在東方象木。自太易至太素，氣也，形也。既成四象，爻備於是，清輕上而爲天，重濁下而爲地，於是而開闔也。天地之與乾坤，氣形之與質本，同時如表裏耳，以有形生於無形。問此時之言，斯爲之也。」

〔一一〕鄭玄注曰：「物於太初時如始，太始時如壯，太素時如究，而後天地開闢，乾坤卦象立焉。三畫成體，象卦亦然。」

〔一二〕鄭玄注曰：「此言人皆所及無苟然。」

〔一三〕「易」，四庫全書本、緯書集成本皆作「陽」，是也。

〔一四〕鄭玄注曰：「太一者，北辰之神名也。居其所曰太一，常行於八卦日辰之間曰天一，或曰太一。

出入所游，息於紫宫之内外，其星因以爲名焉。故星經曰：天一、太一，主氣之神。行，猶待也。四正四維，以八卦神所居，故亦名之曰宫。天一下行，猶天子出巡狩、省方岳之事，每率則復。太一下行八卦之宫，每四乃還於中央，中央者北神之所居，故因謂之九宫。天數大分，以陽出，以陰入，陽起於子，陰起於午，是以太一下九宫，從坎宫始。坎，中男，始亦言無適也。自此而從於坤宫，坤，母也。又自此而從震宫，震，長男也。又自此而從巽宫，巽，長女也。所行者半矣，還息於中央之宫。既又自此而從乾宫，乾，父也。自此而從兑宫，兑，少女也。又自此從於艮宫，艮，少男也。又自此從於離宫，離，中女也。行則周矣。上游息於太一、天一之宫，而反於紫宫。行從坎宫始，終於離宫。數自太一行之，坎爲名耳。出從中男，入從中女，亦因陰陽男女之偶，爲終始云。從自坎宫，必先之坤者，母於子養之勤勞者。次之震，又之巽，母從異姓來，此其所以敬爲生者。從息中而復之乾者，父於子教之而已，於事逸也。次之兑，又之艮，父或老順其心所愛，以爲長育，多少大小之行，已亦爲施。此數者合十五，言有法也。」

〔一五〕鄭玄注曰：「作，起也。見八卦行太一之宫，則八卦各有主矣。推此意，則又知日辰及列宿亦有事焉，故曰由此起。日辰及列宿，皆係八卦，是以云也。」

〔一六〕鄭玄注曰：「八卦生物，謂其歲之八節，每一卦生三氣，則各得十五日。今言畫六爻，是則中分之言。太史，司刻漏者。每氣兩箭，猶是生焉。」

〔一七〕鄭玄注曰：「數二十四者，即分八卦各爲三氣之數。於是復云以生陰陽，則中分爲四十八也。

衍，推極其數之本，十二而候氣，十二而候律，周焉。衍生十二，合二十四氣與八卦爻用事之數通衍之，如是者三，極於六十乃大備。合於度量推衍之數，可以知政得失，無所苟焉。度，謂用律之長短。量，謂所容之多少也。」

〔一八〕鄭玄注曰：「從陽析九，至期一歲，此爻析之所由，及卦爻析與歲月及日相當之意，而其文亦錯亂。陽析九至八而周，律辭不相理，自是脱誤。三百八十四爻至析當日，是一簡字，故六十四卦至期一歲，是二簡字，而大衍之説雜其間，云是換脱。此皆衍數之事。較其次序，合補其脱，正其誤，復其換，得無傷於疣贅敗賊。於上言衍之皆合之度量，因承其大衍之數五十，所以成變化而行鬼神也。故曰：日十者，五音也；辰十二者，六律也；星二十八宿者，七宿也。凡五十，所以大閡物出之者也。陽析九，陰析六，陰陽二析合一百九十二爻，故當以陰爻乘陰析，合之，以四時乘之，並合之三百八十四爻，萬一千五百二十析也。故卦當歲，爻當月，析當日。天道左旋，地道右遷，二卦十二爻，而期一歲，三十二而大周。如是則合之度量，而至是大周七簡適盈，皆合二二正，亦可知之。夫八十四戒者，十二消息爻象之變，消息於雜卦爲尊。每月者，譬一卦而位屬焉，各有所繫，是謂八十四戒。必連數之者，見四百五十變而周矣。」

〔一九〕鄭玄注曰：「貞，正也。初爻以此爲正，次爻左右者各從次數之，一歲終則從其次，屯、蒙、需、訟也。陰卦與陽卦其位同，謂與同日若在衝也。陰則退一辰者，爲左右交錯相避。泰、否獨各貞其辰，言不用卦次，泰卦當貞於戌，否當貞於亥。戌，乾體所在。亥，又坤消息之月。泰、否、乾、坤，離體旡與之相亂，故避之而各貞其辰。謂泰貞於正月，否貞於七月，六爻皆泰，得否之乾，否得泰之坤，北辰左行，謂泰從正月至六月，皆陽爻，否從七月至十二月，皆陰爻，否、泰各自相從。中孚貞於十一月，小過貞於正月。言法乾坤者，著乾坤尚然，示以承餘且有改也。餘不見，爲圖者備列之矣。期也、周也，皆一歲。匝悟相避，其於此月，唯歲終矣，爻析有餘也。」

〔二〇〕鄭玄注曰：「曆以記時，律以候氣，氣率十五日一轉，與律相感，則三百六十日，粗爲終也。曆之數有餘者四分之一，參差不齊，故閏月建四時成歲，令相應也。」

〔二一〕「太一」，四庫全書本、緯書集成本皆作「太乙」。

〔二二〕鄭玄注曰：「『音』，假借字，讀如『鶉鶴』之『鶴』，包覆之意也，音與詩『奄有九有』同音。此言律曆參差，前卻無常，故乾居西北，氣合戌亥，包覆二子之節，爻餘不齊，當於斷焉。陽，猶象也，人象乾德而生者。秀白之州，字曰州，乾氣白，又九月之節，故謂秀白。載，猶植也，齊人月令云：『乾爲金，金於鍾律爲商。』人象乾德而生殖之一姓也。商，名也，太一之精也。言太一常行乾宮，降感其母而生之耳。其帝一也，其人爲天子，一世耳，若堯、舜者，德聖明達見，能識圖、書，爲君德正者之多少，又知其期推移易去之微，故不見代而自消退之。自昔之退者此帝，帝當是世，猶乾在西北，斷律曆不齊也。」

四·一二三　周易乾鑿度〔一〕

孔子曰：「三萬一千九百二十歲，録、圖受命，易姓三十二紀〔二〕。德有七，其三法天，其四法地。五王有三十五半。聖人君子消息，卦純者爲帝，不純者爲王。六子上不及帝，下有過王，故六子雖純，不爲乾坤〔三〕。」

〔一〕見卷下。

〔二〕原注：一本作「四十二軌」。今案：張惠言曰「軌」當爲「純」。

〔三〕鄭玄注曰：「易姓三十二萬三千，三萬一千九百二十歲。中則乾率爲七百六十，此堯所爲。四十二者，消息三十六，六子在其數。其三法天，消息中三乾也。其四法地，消息中四坤。及六子之欲王，有三十六，消息六子也。」

四・二四　易坤靈圖

丘序曰：「天經曰：『乾，元、亨〔一〕、利、貞。』爻曰：『飛龍在天，利見大人。』〔二〕故德配天地，天地不私公位，稱之曰帝〔三〕。故堯天之精陽，萬物莫不從者。故乾居西北，乾用事，萬物蟄伏。致乎萬物蟄伏，故能致乎萬人之化〔四〕。經曰用九〔五〕。經曰震下乾上，无妄，天精起〔六〕。帝必有洪水之災，天生聖人使殺之，故言乃統天也〔七〕。丘括義，因象助類。辭曰：『天無雲而雷，先王以茂對時育萬物。』〔八〕經曰乾下艮上，大畜，天災將至。預畜而待之，人免於饑，故曰元亨；上下皆通，各載其性，故曰利貞〔九〕。至德之萌，五星若連珠，日月如合璧，天精起斗口有位。雞鳴斗運，行復始，莫敢當之。黄星第于北斗，必以戊己日，其先無芒。行文元武動事，莫之敢拒〔一〇〕。」

〔一〕「亨」，四庫全書本、緯書集成本皆作「亨」，是也。

〔二〕鄭玄注曰：「謂易爲天經者，聖人所制作，乾有四德，飛龍在天，此聖人以至德居天子位也。序此之言，説之也。」

〔三〕鄭玄注曰：「古者聖人德如此也，不私公位，不傳之子孫，禪於能者，與天同，故以天稱之也。」

〔四〕鄭玄注曰：「立天之道曰陰與陽，言堯乃天之陽精所生，所以能爲明君，而能假人也。萬物蟄伏，象施化功成，人人化，故然也。」

〔五〕鄭玄注曰：「堯時賢聖爲聖德，化於天下故耳。天之所首之，故經以明之。」

〔六〕鄭玄注曰：「起，猶立。乾爲天，震爲長子，天生長子，聖人立爲天子，天下之人各得所，天所獲无妄也。」

〔七〕鄭玄注曰：「初九震在子，坎爲水，又年與艮同體，艮爲山，水而漸山，是大水爲人害，天故生聖君，堯求命之，是亦堯辜也，與乾統天之功同。」

〔八〕鄭玄注曰：「茂，勉也。對，遂。育，長也。天之將雨，先必興雲而後雷。今乾在上，下無坎而有震，是以雷行天下，無雲而雷。洪水之時，人苦雨之多，故堯於是茂勉，遂其教令，以養萬物，以是衆庶艱食，得以餬口焉。」

〔九〕鄭玄注曰：「載之時，言得植也。言待堯養萬物，將歲不饑，長幼情性，人自各得如此也。」

〔一〇〕「拒」，四庫全書本、緯書集成本皆作「距」。

四·二五　史記仲尼弟子傳正義引中備〔一〕

魯人商瞿，使向齊國。瞿年四十，今復〔二〕使行遠路，畏慮恐絶無子。夫子正月與瞿母筮，告曰：「後有五丈夫子。」子貢曰：「何以知？」子曰：「卦遇大畜，艮之二世。九二甲寅木爲世，六五景〔三〕子水爲應。世生外，象生象來。爻生互内，象艮别子。應有五子，一子短命。」顔回云：「何以知之？」「内象是本子，一艮變爲二醜、三陽。爻五，於是五子。一子短命。何以知短命？他以故也。」

〔一〕原注：按即辨終備。今案：今本辨終備無。四庫全書本辨終備注云：「蓋非全本也。」

〔二〕「復」，中華書局點校本史記作「後」，蓋誤。

〔三〕「景」，一本作「丙」，近是。

四·二六　京氏易傳下

孔子易云〔一〕：「有四易：一世、二世爲地易；三世、四世爲人易；五世、六世爲天易；游魂、歸魂爲鬼易。八卦鬼爲繫爻，財爲制爻，天地〔二〕爲義爻，福德〔三〕爲寶爻，同氣爲專爻〔四〕。龍德十一月在子，在坎卦，左行。虎刑五月，午在離卦，右行。甲乙庚辛天官，申酉地官；丙丁壬癸天官，亥子地官；戊己甲乙天官，寅卯地官；壬癸戊己天官，辰戌地官。静爲悔，發爲貞。貞爲本，悔爲末。初爻上，二爻中，三爻下，三月之數以成。一月初爻三日，二爻三日，三爻三日，名九日。餘有一日，名曰閏餘。初爻十日爲上旬，二爻十日爲中旬，三爻十日爲下旬，三旬三十。積旬成月，積月成年。八八六十四卦。分六十四卦，配三百八十四爻，成萬一千五百二十策。定氣候二十四，考五行於運命，人事天道，日月星辰，局於指掌，吉凶見乎其位，繫乎吉凶悔吝，生乎動。寅中有生火，亥中有生木，巳中有生金，申中有生水，丑中有死金，戌中有死火，未中有死木，辰中有死水，土兼於中。建子陽生，建午陰生，二氣相衝，吉凶明矣。積筭隨卦起宫，乾、坤、震、巽、坎、離、艮、兑，八卦相盪。二氣陽入陰，陰入陽。二氣交互不停，故曰『生生之謂易』。天地之内，無不通也。乾起巳，坤起亥，震起午，巽起辰，坎起子，離起丑，艮起寅，兑起□，□於六十四卦。遇王則吉，廢則凶，衝則破，刑則敗，死則危，生則榮。考其義理，其可通乎！分三十爲中，六十爲上，三十爲下，總一百二十，通陰陽之數也。新新不停，生生相續。故淡泊不失其所，確然示人。陰陽運行，一寒一暑，五行互用，一吉一凶，以通神明之德，以類萬物之情。故易所以斷天下之理，定之以人倫而明王道。八卦建五氣，立五常，法象乾坤，順於陰陽，以正君臣父子之義。故易曰：『元亨利貞。』夫作易所以垂教，教之所被，本被於有無。且易者，包備有無，有吉則有凶，有凶則有吉。生吉凶之義，始於五行，終於八卦。從無入有，見災於星辰也；從有入無，見象於陰陽也。陰陽之義，歲月分也。歲月既分，吉凶定矣。故曰：『八卦成列，象在其中矣。』六爻上下，天地陰陽運轉。有無之象，配乎人事。八卦仰觀俯察，在乎人；隱顯災祥，在乎天；考天時，察人事，在乎卦。八卦之要，始於乾坤，通乎萬物，故曰『易，窮則變，變則通，通則久』。久於其道，其理得矣。卜筮非襲於吉，唯變所適，窮理盡性於兹矣。」

〔一〕原注：困學記聞（今案：「記」，當作「紀」）引「易」字在「云」下。
〔二〕陸績注曰：「天地即父母也。」
〔三〕陸績注曰：「德福即子孫也。」
〔四〕陸績注曰：「兄弟爻也。」

四·二七　困學記〔一〕聞引京氏易積筭法

夫子曰：「八卦因伏羲，暨于神農。重乎八純，聖理玄微，易道難究。迄乎西伯父子，研理窮通，上下囊括，推爻考象，配卦世應，加乎星宿，局於六十四所，二十四氣。分天地之數，定人倫之理，驗日月之行，尋五行之端，災祥進退莫不因兹而兆矣。故考天地日月星辰山川草木蟲魚鳥獸之情狀，運氣生死休咎，不可執一隅，故曰『易含萬象』。」

〔一〕「記」，當爲「紀」之誤。

四·二八　韓詩外傳八

孔子曰：「易先同人，後大有，承之以謙，不亦可乎？故天道虧盈而益謙，地道變盈而流謙，鬼神害盈而福謙，人道惡盈而好謙。謙者，抑事而損者也。持盈之道，抑而損之。此謙德之於行也，順之者吉，逆之者凶。五帝既没，三王既衰，能行謙德者，其惟周公乎！文王之子〔一〕，武王之弟，成王之叔父；假天子之尊位七年，所執贄而師見者十人，所還質而友見者十三人，窮巷白屋之士所先見者四十九人，時進善者百人，官〔二〕朝者千人，諫臣五人，輔臣五人，拂臣六人，載干戈以至於封侯〔三〕，而同姓之士百人。」孔子曰：「猶以周公爲天下賞〔四〕，則以同族爲衆而異族爲寡也。故德行寬容，而守之以恭者榮；土地廣大，而守之以儉者安；位尊禄重，而守之以卑者貴；人衆兵强，而守之以畏者勝；聰明睿智，而守之以愚者哲；博聞强記，而守之以淺者不溢〔五〕。此六者，皆謙德也。易曰：『謙，亨，君子有終，吉。』能以〔六〕終吉者，君子之道也。貴爲天子，富有四海，而德不謙，以亡其身者，桀、紂是也，而況衆庶乎！夫易有一道焉，大足以治天下，中足以安家國，近足以守其身者，其惟謙德乎？」

〔一〕許維遹以爲「文王之子」上當補「周公以」三字。

〔二〕「官」，許維遹本作「宮」。

〔三〕許維遹以爲「侯」下脱「異族九十七人」六字，當補。

〔四〕「以」，許維遹本作「以爲」。「賞」，許維遹本作「黨」。

〔五〕「溢」，許維遹本作「隘」。

〔六〕許維遹本「以」下有「此」字。

四·二九　大戴禮易本命

子曰：「夫易之生，人、禽獸、萬物、昆蟲各有以生，或奇或偶，或飛或行，而莫知其情；惟達道德者，能原本之矣。天一，地二，人三，三三而九〔一〕，九九八十一，一主日，日數十〔二〕，故人十月而生〔三〕；八九七十二，偶以承奇，奇主辰，辰主月，月主馬，故馬十二月而生〔四〕；七九六十三，三主斗，斗主狗，故狗三月而生〔五〕；六九五十四，四主時，時主豕，故豕四月而生；五九四十五，五主音〔六〕，音主猨，故猨五月而生；四九三十六，六主律，律主禽鹿，故禽鹿六月而生也；三九二十七，七主星，星主虎，故虎七月而生；二九十八，八主風，風主蟲，故蟲八月化也〔七〕；其餘各以其類也〔八〕。鳥魚皆生於陰而屬於陽，故鳥魚皆卵；魚游於水，鳥飛於雲，故冬燕雀入於海，化而爲蚧〔九〕。萬物之性各異類，故蠶食而不飲，蟬飲而不食，蜉蝣不飲不食，介鱗夏食冬蟄〔一〇〕，齕吞者八竅而卵生〔一一〕，咀嚾者九竅而胎生〔一二〕，四足者無羽翼，戴角者無上齒〔一三〕，無角者膏而無前齒，有羽者脂而無後齒〔一四〕，晝生者類父，夜生者類母。凡地東西爲緯，南北爲經。山爲積德，川爲積刑〔一五〕；高者爲生，下者爲死〔一六〕；丘陵爲牡，谿谷爲牝；蜯蛤龜珠，與月盛虚〔一七〕。是故堅土之人肥，虚土之人大，沙土之人細，息土之人美，秏土之人醜〔一八〕。是故食水者善游能〔一九〕寒，食土者無心而不息，食木者多力而拂，食草者善走而愚，食桑者有絲而蛾，食肉者勇敢而捍，食穀者智惠而巧〔二〇〕，食氣者神明而壽〔二一〕，不食者不生而神〔二二〕。故曰：有羽之蟲三百六十，而鳳凰爲之長；有毛之蟲三百六十，而麒麟爲之長；有甲之蟲三百六十，而神龜爲之長；有鱗之蟲三百六十，而蛟龍爲之長；倮之蟲三百六十，而聖人爲之長〔二三〕。此乾坤之美類，禽獸萬物之數也。故帝王好壞巢破卵，則鳳凰不翔焉；好竭水搏魚，則蛟龍不出焉〔二四〕；好刳胎殺夭〔二五〕，則麒麟不來焉；好填谿塞谷，則神龜不出焉。故王者動必以道，靜必以理〔二六〕；動不以道，靜不以理，則自夭而不壽，訞孽〔二七〕數起，神靈不見，風雨不時，暴風水旱並興，人民夭死，五穀不滋，六畜不蕃息。」

〔一〕王聘珍曰：「九，極陽數也。下文八七六五四三二一，皆以九乘之。」

〔二〕原注：淮南子此下有「日主人」三字。

〔三〕王聘珍曰：「一，陽數，數之始。日爲陽精。」

〔四〕王聘珍曰：「偶以承奇者，二爲偶，偶陰也，奇陽也，陰不專主，承陽以爲主。……辰，從子至亥也。……辰主月者，十二辰建十二月也。」

〔五〕九家注曰：「艮數三，七九六十三。三主斗，斗爲犬，故犬懷胎三月而生。斗運行十三時日出，故犬十三日而開目。斗詘，故犬卧詘也。斗運行四帀，犬亦夜繞室也。」

〔六〕五音，即宫、商、角、徵、羽。

〔七〕王聘珍曰：「説文云：『風，八風也。東方曰明庶風，東南曰清明風，南方曰景風，西南曰涼風，西方曰閶闔風，西北曰不周風，北方曰廣莫風，東北曰融風。風動蟲生，故蟲八日而化。』聘珍謂：經言八月，許言八日，經或字誤也。」

〔八〕王聘珍曰：「其餘者，凡毛羽鱗介倮蟲之屬也。」

〔九〕「蚧」，王聘珍以爲當作「蛤」。

〔一〇〕王聘珍曰：「介，甲，黿鼉之屬也。鱗，魚龍之屬。」

〔一一〕孔廣森云：「喙啄曰齕。」八竅，七竅加一個排泄腔。

〔一二〕王念孫曰：「嚾，當作嗺，字之誤也。」今案：咀嗺，即咀嚼。九竅，七竅加兩個排泄腔。

〔一三〕董仲舒曰：「受于大者，不取于小。」「與之齒者，去其角。傅其翼者，兩其足。」顔師古曰：「謂牛無上齒則有角，其餘無角則有上齒。」

〔一四〕膏,肥肉。膏凝爲脂。王聘珍曰:「無前後,謂鋭小也。」

〔一五〕盧辯曰:「山積陽,川積陰。陽爲德,陰爲刑。」

〔一六〕王聘珍曰:「高積陽,陽氣發生;下積陰,陰氣肅殺。」

〔一七〕盧辯曰:「月者,太陰之精,故黿蛤之屬因之以勝虧。」高誘曰:「與,猶隨也。」

〔一八〕王念孫曰:「此當依淮南作『堅土之人剛,弱土之人肥,壚土之人大,沙土之人細』。説文:『壚,黑剛土也。』與沙土對,故盧土之人大,沙土之人細。下文『息土之人美,秏土之人醜』,文亦相對。今本『堅土之人』下脱『剛弱土之人』五字,『盧』字又譌作『虚』,則義不可通。」俞樾曰:「『堅土、弱土相對,肥與剛則不相對,而轉與『虚土之人大』其義相混矣。疑『肥』字乃『脃』字之誤。廣雅釋詁:『脃,弱也。』脃,即脆之俗體。『弱土之人脃』與『堅土之人剛』正相對文。」今案:息土,謂肥沃的土地。「秏」,王聘珍本作「耗」,二字通。王聘珍曰:「耗土,疏薄之地。」

〔一九〕能,耐也。

〔二〇〕盧辯注云:「食水,魚鼈之屬。食土,蚯蚓之屬,不氣息也。食木,熊羆之屬。拂,戾也。食草,麋鹿之屬。食肉,虎狼鷹鸇之屬。」

〔二一〕王聘珍曰:「食氣者,謂黿也。」

〔二二〕「生」,王聘珍本作「死」,是也。王聘珍曰:「不食者,謂蓍也。」

〔二三〕王聘珍曰:「説文云:『蛟,龍之屬也。池魚滿三千六百,蛟來爲之長,能率魚飛。置笱水中,蛟即去。』盧注云：『三百六十，乾坤之中央；萬一千五百二十，當萬物之數也。』」

〔二四〕原注：「出」，大典本作「至」。

〔二五〕王聘珍曰：「翔，回顧也。……搏，擊取也。刳，屠也。胎，孕在腹中未出者也。少長曰夭。」

〔二六〕王聘珍曰：「道，天道也。理，地理也。動必以道，法天時也；静必以理，安地利也。」

〔二七〕訞孽，即妖孽。

四·三〇 盧辯大戴禮易本命注

孔子曰：「聖人智通於大道，應化而不窮，能測萬品之情也。」

四·三一 後漢書郎顗傳

孔子曰：「靁之始發大壯始，君弱臣强從解起。」

四·三二 吕氏春秋慎行論壹行

孔子卜，得賁〔一〕。孔子曰：「不吉。」子貢曰：「夫賁亦好矣，何謂不吉乎？」孔子曰：「夫白而白，黑而黑〔二〕，夫賁又何好乎？」

〔一〕高誘注：「賁，色不純也。」

〔二〕王念孫曰：「而，猶則也。」陳奇猷曰：「凡言白即意味爲純白，黑即意味爲純黑，説苑作『正白』

『正黑』，其義甚明。」

四·三三　説苑反質

孔子卦，得賁，喟然仰而歎息，意不平。子張進，舉手而問曰：「師聞賁者吉卦，而歎之乎？」孔子曰：「賁非正色也，是以歎之。吾思夫質素，白當正白，黑當正黑，文質又何也〔一〕？吾亦聞之：丹漆不文，白玉不雕，寶珠不飾。何也？質有餘者，不受飾也。」

〔一〕「文」，百子全書本作「夫」，是也。

四·三四　淮南子人間訓

孔子讀易至損、益，未嘗不憤然〔一〕而歎曰：「益、損者，其王者之事與？事或欲以利之，適足以害之；或欲害之，乃反以利之。利害之反，禍福之門户，不可不察也。」

〔一〕原注：御覽六百九引作「喟然」。

四·三五　説苑敬慎

孔子讀易至於損、益，則喟然而歎。子夏避席而問曰：「夫子何爲歎？」孔子曰：「夫自損者益，自益者缺，吾是以歎也。」子夏曰：「然則學者不可以益乎？」孔子曰：「否。天之道，成者未嘗得久也。夫學者以虛受之，故曰得。苟不知持滿，則天下之善言不得入其耳矣。昔堯履天子之位，猶允〔一〕恭以持之，虛靜以待下，故百載以逾盛，迄今而益章。昆吾〔二〕自臧而滿意，窮高而不衰，故當時而虧敗，迄今而逾惡。是非損益之徵與？吾故曰：『謙也者，致恭以存其位者也。』夫豐明而動，故能大；苟大，則虧矣。吾戒之，故曰『天下之善言不得入其耳矣』。日中則昃，月盈則食〔三〕，天地盈虛，與時消息。是以聖人不敢當盛，升輿而遇三人則下，二人則軾，調其盈虛，故能長久也。」子夏曰：「善。請終身誦之。」

〔一〕允，誠實。

〔二〕昆吾，夏末部落名稱，後爲商湯所滅。

〔三〕昃，日偏西。

四·三六　論衡卜筮

子路問孔子曰：「猪肩羊膊〔一〕，可以得兆；雚葦藁芼〔二〕，可以得數，何必以蓍龜？」孔子曰：「不然，蓋取其名也。夫蓍之爲言耆也，龜之爲言舊也。明狐疑之事，當問耆舊〔三〕也。」

〔一〕猪肩羊膊，猪羊之肩胛骨。

〔二〕萑葦，蘆葦之類的植物。藁，穀物之莖。芼，茅草。

〔三〕耆舊，有經驗的老人。

四·三七　抱朴子内篇祛惑

有古强者云：「孔子嘗勸我讀易，云：『此良書也，丘竊好之，韋編三絶，鐵撾〔一〕三折，今乃大悟。』」

〔一〕撾，鼓槌也。

四·三八　尚書序疏引尚書緯

孔子求書，得黄帝玄孫帝魁之書，迄於秦穆公，凡三千二百四十篇〔一〕。斷遠取近，定可以爲世法者百二十篇。以百二篇爲尚書，十八篇爲中候。

〔一〕原注：史記伯夷傳索隱引作「三千三百三十篇」。

四·三九　尚書大傳鄭注

心明曰聖，孔子説休徵。曰：「聖者，通也。兼四而明，則所謂聖。聖者，包貌言視聽而載之以思。心者通以待之君。思心不通，則是〔一〕不能心明其事也。」

〔一〕四庫全書本、叢書集成本「是」下均有「非」字。

四·四〇 尚書大傳

孔子曰：「吾於洛誥，見周公之德。光明於上下，勤施四方，旁作穆穆，至於海表，莫敢不來服，莫敢不來享，以勤文王之鮮光〔一〕，以揚武王之大訓，而天下大洽〔二〕。故曰：聖之與聖也，猶規之相周，矩之相襲〔三〕也。」

〔一〕鮮光，猶光明。

〔二〕「洽」，四庫全書本、叢書集成本皆作「治」，近是。

〔三〕襲，合也。

四·四一 尚書大傳

子張曰：「堯舜之主，一人刑而天下治〔一〕，何則？」「教誠而愛深也。一〔二〕夫而被此五刑。」子龍子曰：「未可謂能爲書。」〔三〕孔子曰：「不然也，五刑有此教〔四〕。」

〔一〕原注：御覽八十引作「一人不刑而四海至」。今案：叢書集成本作「堯舜之王，一人刑而天下治」，四庫本作「堯舜之聖，一人刑而天下治」。「人」下疑脱「不」字。

〔二〕叢書集成本「一」上有「今」字。

〔三〕原注：二人俱罪呂侯之説刑也。被此五刑，俞犯數罪也。今案：王闓運曰：「一人被五刑，蓋周末之法，秦猶用之以刑李斯，龍子以上服下服，爲二罪刑一，疑一人數刑始於此，故子張引而問之。」

〔四〕原注：教然耳，犯數罪猶以上一罪刑之。今案：此「猶」字當在「犯」前。

四·四二　尚書大傳略説〔一〕

子夏讀書畢，見于夫子。夫子問焉：「子何爲于書？」子夏對曰：「書之論事也，昭昭如日月之代明，離離若星辰之錯行。上有堯舜之道，下有三王之義。商所受于夫子，志之于心，弗敢忘也；雖退而巖居河、濟之閒，深山之中，作壞室，編蓬户，尚彈琴其中，以歌先王之風，則可以發憤忼慨，忘己貧賤。有人亦樂之，無人亦樂之，而忽不知憂患與死也。」夫子造然〔二〕變色曰：「嘻，子殆可與言書矣。雖然，見其表，未見其裏也。」顔淵曰：「何爲也？」子曰：「闚其門而不入其中，觀其奧藏之所在乎？然藏又非難〔三〕也。丘嘗悉心盡志以入其〔四〕，則前有高岸，後有大谿，填填〔五〕正立而已。是故堯典可以觀美，禹貢可以觀事，咎繇可以觀治，鴻範可以觀度，六誓可以觀義，五誥可以觀仁，甫刑可以觀誡。通斯七觀，書之大義舉矣。」

〔一〕四庫全書本、四部叢刊本、叢書集成本尚書大傳及中華書局本皆與此文字有異，不知孫氏所據何本。今將中華書局本尚書大傳與此相關的兩段附録於此：

一、子夏讀書畢，見夫子。夫子問焉：「子何爲於書？」對曰：「書之論事也，昭昭若日月之明，離離若參辰之錯行。上有堯舜之道，下有三王之義。商所受於夫子者，志之弗敢忘也；雖退而窮居河、濟之間，深山之中，壞室編蓬爲户，於中彈琴，詠先王之道，則可發憤慷慨矣。」

二、子夏讀書畢。孔子問曰：「吾子何爲於書？」子夏曰：「書之論事，昭昭若日月焉，所受於夫子者，弗敢忘。退而窮居河、濟之間，深山之中，壞室蓬户，彈琴瑟以歌先王之風。有人亦樂之，無人亦樂之。上見堯舜之道，下見三王之義。可以忘死生矣。」孔子愀然變容曰：「嘻，子殆可與言書矣。雖然，見其表，未見其裏，闚其門，未入其中。」顏回曰：「何謂也？」孔子曰：「丘常悉心盡志以入其中，則前有高岸，後有大谿，填填正立而已。六誓可以觀義，五誥可以觀仁，甫刑可以觀誡，洪範可以觀度，禹貢可以觀事，皋陶謨可以觀治，堯典可以觀美。」

〔二〕造然，不安貌。

〔三〕王闓運曰：「難，猶深也。」

〔四〕「其」後疑脱「中」字。下文韓詩外傳有「中」字，當據補。

〔五〕填填，端正穩重貌。填，通「鎮」。

四·四三　韓詩外傳二

子夏讀詩已畢〔一〕。夫子問曰：「爾亦何大〔二〕於詩矣？」子夏對曰：「詩之於事也,昭昭乎若日月之光明,燎燎乎如星辰之錯行;上有堯舜之道,下有三王之義,弟子〔三〕不敢忘。雖居蓬户之中,彈琴以詠先王之風;有人亦樂之,無人亦樂之,亦可發憤忘食矣。詩曰:『衡門之下,可以棲遲;泌之洋洋,可以療飢。』」〔四〕夫子造然變容曰:「嘻,吾子殆可以言詩已矣。然子以見其表,未見其裏。」顔淵曰:「其表已見,其裏又何有哉?」孔子曰:「闚其門,不入其中,安知其奥藏之所在乎?然藏又非難也。丘嘗悉心盡志,已入其中,前有高岸,後有深谷,泠泠然〔五〕如此,既立而已矣。不能見其裏,未〔六〕謂精微者也。」

〔一〕「詩」,許維遹本作「書」,是也。下同。

〔二〕「何大」,許維遹據趙懷玉之説以爲當作「可言」,是也。

〔三〕許維遹據趙懷玉之説以爲「弟子」下脱「所受於夫子者,志之於心」等十字。

〔四〕所引詩,見詩陳風衡門。

〔五〕泠泠然,清涼貌。

〔六〕許維遹本「未」上有「蓋」字。

四·四四　説苑敬慎

孔子曰:「存亡禍福,皆在己而已,天災地妖,亦不能殺〔一〕也。昔者殷王帝辛〔二〕之時，爵〔三〕生烏於城之隅，工人占之曰：『凡小以生巨，國家必祉，王名必倍。』帝辛喜爵之德，不治國家，亢暴無極，外寇乃至，遂亡殷國。此逆天之時，詭福反爲禍〔四〕。至殷王武丁之時，先王道缺，刑法弛，桑穀俱生於朝，七日而大拱。工人占之曰：『桑穀者，野物也；野物生於朝，意朝亡乎？』武丁恐駭，側身脩行，思昔先王之政，興滅國，繼絶世，舉逸民，明養老之道。三年之後，遠方之君，重譯而朝者六國。此迎天〔五〕時，得禍反爲福也。故妖孽者，天所以警天子諸侯也；惡夢者，所以警士大夫也。故妖孽不勝善政，惡夢不勝善行也；至治之極，禍反爲福。故太甲曰：『天作孽，猶可違；自作孽，不可逭〔六〕。』」

〔一〕「殺」，家語作「加」，是也。

〔二〕帝辛，紂王。

〔三〕爵，通「雀」。

〔四〕向宗魯據御覽及事類賦於「禍」下補「也」字。

〔五〕向宗魯於「天」字下補「之」字。

〔六〕逭，逃避。

四・四五　史記三代世表褚少孫補贊

孔子曰：「昔者堯命契爲子氏，爲〔一〕有湯也；命后稷爲姬氏，爲有文王也；太王命季歷，明天瑞也。太伯之吴，遂生源也。」

〔一〕爲，使也，訓「致使」之使。下「爲有文王也」同。

四·四六　意林四王逸正部

仲尼叙書，上謂天談，下謂民語，兼該男女，究其表裏。

四·四七　隸釋四周憬銘〔一〕

孔子曰：「禹不決江疏河，吾其魚矣。」

〔一〕全稱爲「桂陽太守周憬功勳銘」。

孔子集語卷五

六藝四下

五·一　御覽八百四引詩含神霧

孔子曰：「詩者，天地之心，君德之祖，百福之宗，萬物之户也〔一〕。刻之玉版，藏之金府。」

〔一〕原注：「君德」下十三字從六百九引補。

五·二　毛詩木瓜傳

孔子曰：「吾於木瓜，見苞苴〔一〕之禮行。」

〔一〕「苞」，通「包」，「苞苴」即饋贈的禮品。

五·三　韓詩外傳五

子夏問曰:「關雎何以爲國風始也?」孔子曰:「關雎至矣乎! 夫關雎之人,仰則天,俯則地,幽幽冥冥,德之所藏,紛紛沸沸,道之所行,如神龍變化〔一〕,斐斐文章。大哉! 關雎之道也。萬物之所繫,羣生之所懸命也。河、洛出書、圖,麟鳳翔乎郊,不由關雎之道,則關雎之事將奚由至矣哉? 夫六經之策,皆歸論汲汲〔二〕,蓋取之乎關雎。關雎之事大矣哉! 馮馮翊翊〔三〕,自東自西,自南自北,無思不服。子其勉强之,思服之,天地之間,生民之屬,王道之原,不外此矣。」子夏喟然嘆曰:「大哉! 關雎乃天地之基也〔四〕。」

〔一〕「如神龍變化」,許維遹本作「雖神龍化」,言神龍化也。
〔二〕「汲汲」,賴炎元釋爲「急迫」。
〔三〕「馮馮翊翊」,賴炎元釋爲「充實茂盛的樣子」。
〔四〕「也」,許維遹本作「地」,疑誤。

五·四　吕氏春秋季春紀先己

詩曰:「執轡如組〔一〕。」孔子曰:「審此言也,可以爲天下〔二〕。」子貢曰:「何其躁也?」孔子曰:「非謂其躁也,謂其爲之於此而成文於彼也。聖人組脩其身〔三〕,而成文於天下矣。」

〔一〕高誘注曰：「『組』讀『組織』之『組』。夫組織之匠成文於手，猶良御執轡於手而調馬口，以致萬里也。」

〔二〕高誘注曰：「審，實也。爲，治也。」陳奇猷案：「淮南精神訓『吾將舉類而實之』，注『實，明也』；又本經訓『審於符者』，注『審，明也』；漢人以明訓實、訓審，是以實、審同義，故高此注以實訓審也。」

〔三〕陳奇猷曰：「猶言如織組之理以修其身。」

五·五　鹽鐵論相刺

孔子曰：「詩人疾之不能默，丘疾之不能伏〔一〕。是以東西南北，七十説而不用，然後退而脩王道，作春秋，垂之萬載之後，天下折中焉。」

〔一〕此處「伏」與「默」相對，「伏」即「默」。

五·六　論衡對作

孔子曰：「詩人疾之不能默，丘疾之不能伏，是以論也。」

五·七　鹽鐵論執務

孔子曰：「吾於河廣，知德之至也。而欲得之，各反其本，復諸古而已。」

幾哉。」

五·八　説苑貴德

孔子曰：「吾於甘棠,見宗廟之敬也甚。尊其人,必敬其位,順安萬物,古聖之道幾哉。」

五·九　説苑敬慎

孔子論詩,至於正月之六章,懼然曰：「不逢時之君子,豈不殆哉!從上依世則廢道,違上離俗則危身;世不與善,己獨由之,則曰非妖則孽也。是以桀殺關龍逢,紂殺王子比干。故賢者不遇時,常恐不終焉。詩曰：『謂天蓋高,不敢不跼;謂地蓋厚,不敢不蹐。』〔一〕此之謂也。」

〔一〕見詩小雅正月。跼,曲也,此處謂曲身。蹐,用小步走路。

五·一〇　漢書劉向傳

孔子論詩,至於「殷士膚敏,灌將于京」〔一〕,喟然歎曰：「大哉天命!善不可不傳于子孫,是以富貴無常。不如是,則王公其何以戒慎?民萌何以勸勉〔二〕?」

〔一〕「灌」,中華書局點校本漢書作「祼」,十三經注疏本詩大雅文王亦作「祼」,是也。高亨詩經今注曰：「殷士,指殷商後人。膚,當讀爲薄。方言：『薄,勉也。』于省吾説：『敏,勉也。』……祼,祭祀時，在神主前鋪上白茅，將酒灑瀝於茅上，像神飲酒。將，獻上祭品。京，指鎬京。此二句指殷士投降周朝，在周王祭祀時助祭，行祼將之禮。」

〔三〕原注：長短經懼誡篇同。今案：「萌」通「氓」。

五·一一　毛詩素冠傳

子夏三年之喪畢，見於夫子，援琴而絃，衎衎〔一〕而樂，作而曰：「先王制禮，不敢不及。」夫子曰：「君子也。」閔子騫三年之喪畢，見於夫子，援琴而絃，切切而哀，作而曰：「先王制禮，不敢過也。」夫子曰：「君子也。」子路曰：「敢問何謂也？」夫子曰：「子夏哀已盡，能引而致之於禮，故曰君子也；閔子騫哀未盡，能自割以禮，故曰君子也。夫三年之喪，賢者之所輕，不肖者之所勉。」

〔一〕衎衎，和樂貌。

五·一二　淮南子繆稱訓

閔子騫三年之喪畢，援琴而彈。其絃是也，其聲切切而哀〔一〕。夫子曰：「絃則是也，其聲非也。」

〔一〕「閔子騫」至「切切而哀」爲高誘注，非淮南子原文。

五·一三　説苑脩文

子夏三年之喪畢，見於孔子，孔子與之琴，使之弦。援琴而弦，衎衎而樂，作而曰：「先王制禮，不敢不及也。」子曰：「君子也。」閔子騫三年之喪畢，見於孔子，孔子與之琴，使之弦。援琴而弦，切切而悲，作而曰：「先王制禮，不敢過也。」孔子曰：「君子也。」子貢問曰：「閔子哀不盡，子曰『君子也』；子夏哀已盡，子曰『君子也』。賜也惑，敢問何謂？」孔子曰：「閔子哀未盡，能斷之以禮，故曰『君子也』；子夏哀已盡，能引而致之，故曰『君子也』。夫三年之喪，固優者之所屈〔一〕，劣者之所勉。」

〔一〕屈，盡也，這裏指盡哀。

五·一四　後漢書張奮傳

孔子謂子夏曰：「禮以修外，樂以修内，丘已矣夫〔一〕。」

〔一〕原注：注云：禮稽命徵之辭也。

五·一五　大戴禮記哀公問〔一〕

哀公問於孔子曰：「大禮何如？君子之言禮，何其尊也？」孔子曰：「丘也小人，何足以知禮？」君〔二〕曰：「否！吾子言之也！」孔子曰：「丘聞之也：民之所由生，禮爲大。非禮無以節事天地之神明也，非禮無以辨君臣上下長幼之位也，非禮無以别男女父子兄弟之親、昏姻疏數之交也，君子以此之爲尊敬然〔三〕。然後以其所能教百姓，不廢其會節〔四〕；有成事，然後治其雕鏤文章黼黻以嗣〔五〕；其順之，然後言其喪筭〔六〕，備其鼎俎，設其豕腊，修其宗廟，歲時以敬祭祀，以序宗族，則安其居處，醜其衣服，卑其宫室，車不雕幾〔七〕，器不刻鏤，食不貳味，以與民同利。昔之君子之行禮者如此。」公曰：「今之君子，胡莫之行也？」孔子曰：「今之君子，好色無厭，淫〔八〕德不倦，荒怠敖慢，固〔九〕民是盡，忤其衆以伐有道，求得當欲，不以其所。古之用民者由前，今之用民者由後〔一〇〕。今之君子，莫爲禮也！」

孔子侍坐於哀公。哀公曰：「敢問人道誰爲大？」孔子愀然作色而對曰：「君及此言也，百姓之德也，固臣敢無辭而對〔一一〕。人道，政爲大。」公曰：「敢問何謂爲政？」孔子對曰：「政者，正也。君爲正，則百姓從政矣。君之所爲，百姓之所從也。君所不爲，百姓何從？」公曰：「敢問爲政如之何？」孔子對曰：「夫婦别，父子親，君臣嚴。三者正，則庶民從之矣。」公曰：「寡人雖無似也〔一二〕，願聞所以行三言之道。可得而聞乎？」孔子對曰：「古之爲政，愛人爲大；所以治愛人，禮爲大；所以治禮，敬爲大；敬之至也，大昏爲大。

大昏至矣！大昏既至，冕而親迎，親之也。親之也者，親之也。是故君子興敬爲親〔一三〕，舍敬是遺親也。弗愛不親，弗敬不正；愛與敬，其政之本與？」公曰：「寡人願有言。然冕而親迎，不已重乎？」孔子愀然作色而對曰：「合二姓之好，以繼先聖之後〔一四〕，以爲天地、社稷、宗廟之主，君何謂已重乎？」公曰：「寡人固。不固，焉得聞此言也？寡人欲問，不得其辭，請少進。」孔子曰：「天地不合，萬物不生。大昏，萬世之嗣也，君何以謂已重焉？」孔子遂有言曰：「内以治宗廟之禮，足以配天地之神明；出以治直言之禮，足以立上下之敬。物恥足以振之，國恥足以興之〔一五〕。爲政先禮。禮者，政之本與！」孔子遂言曰：「昔三代明王之政，必敬其妻子也有道。妻也者，親之主也，敢不敬與？子也者，親之後也，敢不敬與〔一六〕？君子無不敬也，敬身爲大。身也者，親之枝也，敢不敬與？不能敬其身，是傷其親；傷其親，是傷其本；傷其本，枝從而亡。三者，百姓之象也。身以及身，子以及子，配以及配。君子行此三者，則愾〔一七〕乎天下矣。大王之道也如此，國家順矣。」公曰：「敢問何謂敬身？」孔子對曰：「君子過言，則民作辞；過動，則民作則。君子言不過辞，動不過則，百姓不命而敬恭。如是，則能敬其身；能敬其身，則能成其親矣。」公曰：「敢問何謂成親？」孔子對曰：「君子也者，人之成名也。百姓歸之名，謂之君子之子，是使其親爲君子也，是爲成其親名也已。」孔子遂言曰：「古之爲政，愛人爲大；不能愛人，不能有其身；不能有其身，不能安土；不能安土，不能樂天；不能樂天，不能成身〔一八〕。」公曰：「敢問何謂成身？」孔子對曰：「不過乎物〔一九〕。」公曰：「敢問君子〔二〇〕何貴乎天道也？」孔子對曰：「貴其不已，如日月西東相從而不已也，是天道也；不閉其久也，是天道也；無爲物成，是天道也；已成而明，是天道也〔二一〕。」公曰：「寡人惷愚冥煩，子識之心也〔二二〕！」孔子蹴然〔二三〕避席而對曰：「仁人不過乎物，孝子不過乎物，是仁人之事親也如事天，事天如事親，是故孝子成身。」公曰：「寡人既聞是言也，無如後罪何？」孔子對曰：「君之及此言也，是臣之福也！」

〔一〕當爲哀公問於孔子。

〔二〕戴禮曰：「此『君』疑『公』之譌。蓋此經所引皆稱公不稱君可證。」是也。

〔三〕王聘珍曰：「鄭云：『言君子以此故尊禮。』」

〔四〕王肅曰：「所能，謂禮也。會，謂男女之會。節，謂親疏之節。」

〔五〕孔廣森曰：「成事，行之有成也。爾雅曰：『玉謂之雕，金謂之鏤。』皆禮器飾也。考工記曰：『青與赤謂之文，赤與白謂之章，白與黑謂之黼，黑與青謂之黻。』皆禮服飾也。嗣，繼也。」

〔六〕原注：一作「葬」。今案：孔廣森等以爲當作「葬」。

〔七〕王聘珍曰：「小戴『則』作『即』，『處』作『節』。鄭云：『言，語也。算，數也。即，就也。醜，類也。

幾，附纏之也。言君子既尊禮，民以爲順，乃後語以喪祭之禮，就安其居處，正以衣服，教之節儉。與之同利者，上下俱足也。』孔疏云：『設其豕腊者，謂喪中之奠有豕有腊也。宗廟祭祀者，謂除服之後，又教爲之宗廟，以鬼亨之。以序宗族者，又教祭祀末，留同姓燕飲，序會宗族也。幾謂沂鄂也，謂不雕鏤，使有沂鄂也。』」今案：沂鄂，指器物表面的凹凸紋理。沂，凹紋。鄂，凸紋。

〔八〕淫，亂也。

〔九〕固，通「故」。

〔一〇〕王聘珍曰：「小戴『色』作『實』。鄭云：『實，猶富也。淫，放也。固，猶故也。午其衆，逆其族類也。當，猶稱也。所，猶道也。由前，用上所言。由後，用下所言。』」

〔一一〕王聘珍曰：「鄭云：『愀然，變動貌也。作，猶變也。德，猶福也。辭，讓也。』」

〔一二〕王聘珍曰：「鄭云：『無似，猶言不肖。』」

〔一三〕王聘珍曰：「鄭云：『大昏，國君取禮也。至矣，言至大也。興敬爲親，言相敬則親。』」

〔一四〕王聘珍曰：「鄭云：『先聖，周公也。』」

〔一五〕王聘珍曰：「鄭云：『宗廟之禮，祭宗廟也。夫婦配天地，有日月之象焉。……直，猶正也。正言，謂出政教也。政教有夫婦之禮焉……物，猶事也。事恥，臣恥也。振，猶救也。國恥，君恥也。君臣之行有可恥者，禮足以救之，足以興復之。』」

〔一六〕戴禮曰：「取妻以承祭祀，即上所謂宗廟之主也。子，適子也。」

〔一七〕王聘珍曰：「鄭云：『愾，猶至也。』」

〔一八〕王聘珍曰：「鄭云：『有，猶保也。不能保其身者，言人將害之也。不能安土，移動失業也。不能樂天，不知己過而怨天也。』」

〔一九〕王聘珍曰：「鄭云：『物，猶事也。』」今案：不過乎物，即不要做錯事。

〔二〇〕原注：一本無「子」字。

〔二一〕王聘珍曰：「鄭云：『已，猶止也。是天道也者，言人君法之，當如是也。日月相從，君臣相朝會也。不閉其久，通其政教，不可以倦。無爲而成，使民不可以煩也。已成而明，照察有功。』」

〔二二〕王聘珍曰：「小戴『識』作『志』。鄭云：『志讀爲識。識，知也。冥煩者，言不能明理。此事，子之心所知也。欲其要言使易行。』」

〔二三〕蹴然，不安的樣子，恭敬貌。

五・一六　穀梁桓三年傳

子貢曰：「冕而親迎，不已重乎？」孔子曰：「合二姓之好，以繼萬世之後，何謂已重乎？」

五・一七　大戴禮禮察

孔子曰：「君子之道，譬猶防與？」夫禮之塞，乩〔一〕之所從生也，猶防之塞，水之所從來也。故以舊防爲無用而壞之者，必有水敗；以舊禮爲無所用而去之者，必有乱患。故婚〔二〕姻之禮廢，則夫婦之道苦，而淫辟之罪多矣；鄉飲酒之禮廢，則長幼之序失，而争鬬之獄繁矣；聘射之禮廢，則諸侯之行惡，而盈溢之敗起矣；喪祭之禮廢，則臣子之恩薄，而倍死忘生之禮衆矣。凡人之知，能見已然，不能見將然。禮者，禁於〔三〕將然之前；而法者，禁於已然之後。是故法之用易見，而禮之所爲生〔四〕難知也。若夫慶賞以勸善，刑罰以懲惡。先王執此之正，堅如金石；行此之信，順如四時；處此之功，無私如天地爾，豈顧不用哉！然如曰禮云禮云，貴絶惡於未萌，而起敬〔五〕於微眇，使民日徙善遠罪而不自知也。」

〔一〕「乱」，王聘珍本作「亂」。下同。

〔二〕「婚」，王聘珍本作「昏」。

〔三〕原注：一本無此「於」。

〔四〕原注：一本作「至」。

〔五〕原注：漢書作「教」。

五・一八　大戴禮曾子天圓

曾子曰：「參嘗聞之夫子曰：『天道曰圓，地道曰方。方曰幽而圓曰明。明者，吐氣者也，是故外景；幽者，含氣者也，是故内景〔一〕。』」

〔一〕王聘珍曰：「吐，猶出也。説文云：『景，光也。』外景者，光在外。内景者，光在内。」

五·一九　白虎通社稷

曾子問曰：「諸侯之祭社稷，俎豆既陳，聞天子崩，如之何？」孔子曰：「廢。臣子哀痛之，不敢終於禮也。」

五·二〇　白虎通封公侯

曾子問曰：「立適以長不以賢，何〔一〕？」「以言爲賢不肖，不可知也。」

〔一〕原注：按孔子逸語引下有「也子曰」三字。

五·二一　白虎通嫁娶

曾子問曰：「昏禮，既納幣，有吉日，女之父母死，何如？」孔子曰：「壻使人弔之。如壻之父母死，女亦使人弔之。父喪稱父，母喪稱母；父母不在，則稱伯父世母。壻已葬，壻之伯父叔父使人致命女氏曰：『某子有父母之喪，不得嗣爲兄弟，使某致命。』女氏許諾，不敢嫁，禮也。壻免喪，女父使人請，壻不娶而後嫁之，禮也。女之父母死，婿亦如之。」

五·二二　白虎通喪服

曾子問曰：「君薨既殯，而臣有父母之喪，則如之何？」孔子曰：「歸居於家，有殷事則之君所，朝夕否。」曰：「君既斂，而臣有父母之喪，則如之何？」孔子曰：「歸殯哭而反於君所，有殷事則歸，朝夕否。大夫室老行事，士則子孫行事。夫内子有殷事，則亦如之君所，朝夕否。」

五·二三　白虎通喪服

子夏問曰〔一〕：「三年之喪，既卒哭，金革之事無避者，禮與？」孔子曰：「吾聞諸老聃曰：『魯〔二〕公伯禽，則有爲之也。』今以三年之喪從其利者，不〔三〕知也。」

〔一〕四庫全書本、百子全書本無「曰」字。

〔二〕「魯」，陳立本作「周」。

〔三〕四庫全書本、百子全書本「不」上有「吾」字。

五·二四　漢書藝文志

仲尼有言：「禮失而求諸野。」

五·二五　韓非子外儲説左下

孔子御坐於魯哀公，哀公賜之桃與黍。哀公〔一〕請用。孔子〔二〕先飯黍而後啗桃，左右皆掩口而笑。哀公曰：「黍者，非飯之也，以雪〔三〕桃也。」仲尼對曰：「丘知之矣。夫黍者，五穀之長也，祭先王爲上盛。果蓏有六，而桃爲下，祭先王不得入廟。丘聞之〔四〕也，君子以賤雪貴，不聞以貴雪賤。今以五穀之長雪果蓏之下，是從上雪下也。丘以爲妨義，故不敢以先於宗廟之盛也。」

〔一〕陳奇猷據盧文弨及王先慎之説以爲「哀公」下當有「曰」字。

〔二〕「孔子」，百子全書本、陳奇猷本作「仲尼」。

〔三〕太田方曰：「雪，拭也。」

〔四〕「聞之」，百子全書本、陳奇猷本皆作「之聞」，蓋誤。

五·二六　吕氏春秋孟冬紀安死

魯季孫有喪，孔子往弔之。入門而左，從客也。主人以璵璠收〔一〕，孔子徑庭而趨，歷級而上，曰：「以寶玉收，譬之猶暴骸中原也〔二〕。」

〔一〕璵璠，君佩玉也。收，收斂。

〔二〕陳奇猷引李寶淦之説曰：「言人知有寶玉，將扣之，故猶暴骸中原。」

五・二七　淮南子繆稱訓

子曰：「鈞〔一〕之哭也，曰：『子予奈何兮，乘我何？』其哀則同，其所以哀則異。故哀樂之襲人情也，深矣。」

〔一〕鈞，等也。

五・二八　説苑脩文

孔子曰：「移風易俗，莫善於樂；安上治民，莫善於禮。」是故聖王脩禮文，設庠序，陳鐘鼓，天子辟雍〔一〕，諸侯泮宫，所以行德化。

〔一〕辟雍，天子所設的大學。

五・二九　説苑脩文

孔子曰：「無體之禮，敬也；無服之喪，憂也；無聲之樂，懽也。不言而信，不動而威，不施而仁，志也。鐘鼓之聲，怒而擊之則武，憂而擊之則悲，喜而擊之則樂。其志變，其聲亦變。其志誠〔一〕，通乎金石，而況人乎？」

〔一〕向宗魯曰：「『其志誠』，家語作『故志誠感之』，尸子作『意誠感之』。此文似脱『感』字。」

五·三〇　論衡儒增

孔子曰：「言不文，或時不言。」

五·三一　論衡實知

魯以偶人葬，而孔子歎〔一〕。

〔一〕原注：抱朴子嘉遯云：「尼父聞偶葬而永歎。」

五·三二　水經注六引喪服要記〔一〕

魯哀公祖載〔二〕其父，孔子問曰：「寧設桂樹乎？」哀公曰：「不也。桂樹者，起於介子推。子推，晉之人也。文公有内難，出國之狄，子推隨其行，割肉以續軍糧。後文公復國，忽忘子推，子推奉唱而歌，文公始悟，當受爵禄。子推奔介山，抱木而燒死。國人葬之，恐其神魂賫于地，故作桂樹焉。吾父生于宫殿，死于枕席，何用桂樹爲〔三〕？」

〔一〕見水經注六汾水。

〔二〕祖載，古代喪禮之一。白虎通崩薨曰：「祖者，始也，始載於庭也。乘軸車，辭祖禰，故名爲祖載也。」

〔三〕原注：案喪服要記語不盡純，是王肅依託，姑附載之。

何用此爲？」

〔一〕原注：御覽七百四引此下有「讓國」二字。

五·三三　藝文類聚八十五引喪服要記

昔者，魯哀公祖載其父。孔子問曰：「寧設五穀囊乎？」哀公曰：「不也。五穀囊者，起伯夷、叔齊〔一〕，不食周粟，而餓死首陽山，恐魂之飢，故作五穀囊。吾父食味含哺而死，何用此爲？」

五·三四　御覽五百四十八引喪服要記

魯哀公葬父，孔子問曰：「寧設菰廬乎？」哀公曰：「菰廬，起太伯。太伯出奔，聞古公崩，還赴喪，故作菰廬以彰其尸。吾父無太伯之罪，何用此爲？」

五·三五　御覽五百五十二引喪服要記

魯哀公葬父，孔子問曰：「寧設桐人乎？」哀公曰：「桐人起于虞卿〔一〕，齊人。遇惡繼母，不得養父，死不能〔二〕葬，知有過，故作桐人。吾父生得供養，何〔三〕桐人爲？」

〔一〕中華書局影宋本御覽重「虞卿」二字，當補。

〔二〕「能」，中華書局影宋本御覽、漢學堂叢書本喪服要記皆作「得」。

〔三〕中華書局影宋本御覽「何」下有「用」字，當補。

五·三六　御覽八百八十六引喪服要記

魯哀公葬其父，孔子問曰：「寧設魂衣乎？」哀公曰：「魂衣起宛荆〔一〕。於山之下〔二〕，道逢寒死。友哀〔三〕往迎其尸，憫神之寒，故作魂衣。吾父生服錦繡，死於衣被，何〔四〕魂衣爲？」

〔一〕影宋本御覽、漢學堂叢書本喪服要記重「宛荆」二字，當補入。「宛」字或作「苑」。

〔二〕原注：疑有脱文，即左伯桃事。

〔三〕漢學堂叢書本喪服要記「哀」下注云：一作「羊角哀」。中華書局影宋本御覽「哀」上有「人羊角」三字。

〔四〕漢學堂叢書本喪服要記、影宋本御覽「何」下皆有「用」字，當補入。

五·三七　御覽九百六十七引喪服要記

昔者，魯哀公祖載其父，孔子問曰：「寧設三桃湯乎？」答曰：「不也。桃湯者，起於衛靈公〔一〕。有女嫁〔二〕，乳母送新婦就夫家，道聞夫死，乳母欲將新婦返，新婦曰：『女有三從，今屬於人，死當卒哀。』因駕素車白馬，進到夫家，治三桃湯以沐死者，出東門北隅，禮三終，使死者不恨。吾父無所恨，何用三桃湯爲？」

〔一〕「衛靈公」三字疑當重。

〔二〕漢學堂叢書本喪服要記、御覽「嫁」下有「楚」字，當補。

五・三八　路史後紀十三注引喪服要記

魯哀公葬其父，孔子問曰：「寧設表門乎？」公曰：「夫表門，起於禹。禹治洪水，故表其門以紀其功。吾父無功，何用焉？」

五・三九　抱朴子外篇譏惑

孔子云：「喪親者，若嬰兒之失母，其號豈常聲之有？寧令哀有餘而禮不足？」

五・四〇　五行大義四〔一〕

孔子曰〔二〕：「夏正得天。」

〔一〕見五行大義四論律吕篇。

〔二〕「曰」，叢書集成本作「云」。

五・四一　韓詩外傳五

孔子學鼓琴於師襄子〔一〕而不進。師襄子曰：「夫子可以進矣。」孔子曰：「丘已得其曲矣，未得其數也。」有閒，曰：「夫子可以進矣。」曰：「丘已得其數矣，未得其意也。」有聞，復曰：「夫子可以進矣〔二〕。」曰：「丘已得其人矣，未得其類也。」有閒，曰：「邈然遠望〔三〕，洋洋乎〔四〕！翼翼乎〔五〕！必作此樂也，默然思〔六〕，戚然而悵〔七〕，以王天下，以朝諸侯者，其惟文王乎！」師襄子避席再拜曰：「善！師以爲文王之操〔八〕也。」故孔子持文王之聲，知文王之爲人。師襄子曰：「敢問何以知其文王之操也？」孔子曰：「然。夫仁者好偉〔九〕，和者好粉〔一〇〕，智者好彈，有殷勤〔一一〕之意者好麗。丘是以知文王之操也。」

〔一〕原注：初學記十六引作「師堂子」。

〔二〕原注：初學記引有「曰：丘得其意，未得其人。有閒」。今案：許維遹以爲「夫子可以進矣」下脱「曰：『丘已得其意矣，未得其人也。』有閒，復曰：『夫子可以進矣』」二十二字。

〔三〕原注：初學記引「曰」字在「遠望」下。

〔四〕洋洋乎，盛大充滿的樣子。

〔五〕翼翼乎，嚴正的樣子。

〔六〕「默然思」，許維遹本作「黯然而黑」。

〔七〕「戚然而悵」，許維遹本作「幾然而長」。

〔八〕操，琴曲。

〔九〕「偉」，許維遹本作「韋」。偉，壯美。

〔一〇〕粉，粉飾。

〔一一〕「殷勤」，許維遹本作「慇懃」。

五·四二　淮南子主術訓

孔子學鼓琴於師襄，而諭文王之志，見微以知明矣。

五·四三　韓詩外傳七

昔者孔子鼓瑟，曾子、子貢側耳〔一〕而聽。曲終，曾子曰：「嗟乎！夫子瑟聲殆有貪狼之心〔二〕，邪僻之行，何其不仁趨利之甚！」子貢以爲然，不對而入。夫子望見子貢有諫過之色，應難〔三〕之狀，釋瑟而待之，子貢以曾子之言告。子曰：「嗟乎！夫參，天下賢人也，其習知音矣！鄉者，丘鼓瑟，有鼠出游，狸見於屋，循梁微行，造焉而避，厭目曲脊，求而不得，丘以瑟浮其音〔四〕。參以丘爲貪狼邪僻，不亦宜乎！」

〔一〕「耳」，許維遹本作「門」，蓋誤。

〔二〕「心」，許維遹本作「志」。

〔三〕難，責難。

〔四〕原注：毛本「浮」作「淫」。

五·四四　御覽八十一引樂動聲儀

孔子曰："簫韶者，舜之遺音也，温潤以和，似南風之至。其爲音，如寒暑風雨之動物，如物之動人，雷動獸禽，風雨動魚龍，仁義動君子，財色動小人。是以聖人務其本。"

五·四五　白虎通三教引樂稽燿嘉

顏回問〔一〕："三教〔二〕變，虞夏何如？"曰："教者，所以追補敗政，靡敝溷濁，謂之治也。舜之承堯，無爲易也。"

〔一〕"問"，四庫全書本、百子全書本皆作"尚"，誤。

〔二〕三教，謂忠、敬、文之教化。白虎通三教曰："夏人之王教以忠……殷人之王教以敬……周人之王教以文。"

五·四六　五行大義一引樂緯〔一〕

孔子曰："丘吹律定姓，一言得土曰宫，三言得火曰徵，五言得水曰羽，七言得金曰商，九言得木曰角。"

〔一〕見五行大義論納音數篇。

五·四七　御覽十六引春秋演孔圖

孔子曰：「丘援律吹命，陰得羽之宫。」

五·四八　魯語下〔一〕

魯哀公問於孔子曰：「吾聞夔一足，信乎？」對曰：「夔，人也，何其一足也？夔通於聲。堯曰：『夔一而已。』使爲樂正。故君子曰：『夔有一，足。』非一足也。」

〔一〕四庫全書本、四部叢刊本、四部備要本國語魯語皆無此文，不知孫氏何據。

五·四九　韓非子外儲説左下

魯哀公問於孔子曰：「吾聞古者有夔，一足，其果信有一足乎？」孔子對曰：「不也，夔非一足也。夔者，忿戾惡心，人多不喜説〔一〕也。雖然，其所以得免於人害者，以其信也。人皆曰：『獨此一，足矣。』夔非一足也，一而足也。」哀公曰：「審而〔二〕是，固足矣。」

一曰：哀公問於孔子曰：「吾聞夔一足，信乎？」曰：「夔，人也，何故一足？彼其無他異，而獨通於聲。堯曰：『夔一而足矣。』使爲樂正。故君子曰：『夔，有一，足。』非一足也。」

〔一〕「喜説」，百子全書本、陳奇猷本皆作「説喜」，蓋誤。

〔二〕王先慎曰：「而，讀若如。」

五·五〇　吕氏春秋慎行論察傳

魯哀公問於孔子曰：「樂正夔一足，信乎？」孔子曰：「昔者舜欲以樂傳教於天下，乃令重黎舉夔於草莽之中而進之，舜以爲樂正。夔於是正六律，和五聲，以通八風，而天下大服〔一〕。重黎又欲益求人，舜曰：『夫樂，天地之精也，得失之節也，故唯聖人爲能和，樂之本也。夔能和之，以平天下。若夔者，一而足矣。』故曰：『夔一，足。』非一足也。」

〔一〕高誘注曰：「六律，六氣之律。陽爲律，陰爲吕，合十二也。五聲，五行之聲，宫、商、角、徵、羽也。八風，八卦之風也。通和陰陽，故天下大服也。」

五·五一　淮南子主術訓

夫榮啓期一彈，而孔子三日樂，感于和。

五·五二　説苑脩文

子路鼓瑟，有北鄙之聲〔一〕，孔子聞之曰：「信矣，由之不才也！」冉有侍，孔子曰：

「求，來！爾奚不謂由：夫先王之制音也，奏中聲，爲中節；流入於南，不歸於北。南者，生育之鄉；北者，殺伐之域。故君子執中以爲本，務生以爲基，故其音温和而居中，以象生育之氣。憂哀悲痛之感不加乎心，暴厲淫荒之動不在乎體，夫然者，乃治存之風，安樂之爲也。彼小人則不然，執末以論本，務剛以爲基，故其音湫厲而微末，以象殺伐之氣。和節中正〔二〕之感不加乎心，温儼恭莊之動不存乎體。夫殺者，乃亂亡之風，奔北之爲也。昔舜造南風之聲，其興也勃焉，至今王公述而不釋；紂爲北鄙之聲，其廢也忽焉，至今王公以爲笑。彼舜以匹夫，積正合仁，履中行善，而卒以興；紂以天子，好慢淫荒，剛厲暴賊，而卒以滅。今由也，匹夫之徒，布衣之醜也，既無意乎先王之制，而又有亡國之聲，豈能保七尺之身哉？」冉有以告子路，子路曰：「由之罪也！小人不能耳〔三〕陷而入於斯。宜矣，夫子之言也！」遂自悔，不食七日而骨立焉。孔子曰：「由之改，過矣。」

〔一〕「聲」，向宗魯本作「音」。

〔二〕「中正」，向宗魯本作「正中」。

〔三〕向宗魯以爲「耳」字誤，疑爲「自」之譌，是也。

五·五三　公羊哀十四年疏引揆命篇

孔子年七十歲知圖書，作春秋。

五·五四　御覽十六引洪範五行傳

孔子作春秋，正春，正秋，所以重曆也。

五·五五　御覽九百二十三引禮稽命徵

孔子謂子夏曰：「鸜[一]鴿至，非中國之禽也。」

〔一〕「鸜」，中華書局影宋本御覽、漢學堂叢書本禮稽命徵作「鞏」；後者注云：「古微書作『鸜』。」

五·五六　文選答賓戲注引春秋元命包

孔子曰：「丘作春秋，始於元，終於麟，王道成也。」

五·五七　儀禮士冠禮疏引春秋演孔圖

孔子脩春秋，九月而成，卜之，得陽豫之卦。

五·五八　公羊哀十四年疏引演孔圖

獲麟而作春秋，九月書成。

五·五九　初學記二十一引春秋握誠圖

孔子作春秋，陳天人之際，記異考符。

五·六〇　古微書引春秋説題辭〔一〕

孔子言曰：「五變入〔二〕臼，米出甲，謂磑之爲糲米也。春之則稗米也，𥻆之則鑿〔三〕米也，𦥑〔四〕之則毇米也，又簞擇之、暘曦之，則爲晶米。」

〔一〕見古微書卷十一。

〔二〕「五」，對山問月樓本作「七」。「入」，對山問月樓本作「八」。

〔三〕「鑿」，對山問月樓本作「糳」。

〔四〕「𦥑」，叢書集成本古微書、漢學堂叢書本春秋説題辭皆作「舀」。

五·六一　古微書卷十三〔一〕引春秋命曆序

孔子始〔二〕春秋，退修殷之故歷，使其數可傳於後。春秋宜以殷歷正之。

〔一〕「古微書卷十三」六字原爲墨色空格，今補。

〔二〕「始」，叢書集成本古微書、墨海金壺本古微書皆作「治」，近是。

五·六二　公羊僖四年解詁

孔子曰：「書之重，辭之複。嗚呼！不可不察，其中必有美者焉。」〔一〕

〔一〕原注：疏云春秋説文。

五・六三　公羊成八年解詁

孔子曰：「皇象元，逍遥術，無文字，德明謚。」〔一〕

〔一〕原注：疏云春秋説文。

五・六四　公羊昭十二年疏引春秋説

孔子作春秋，一萬八千字，九月而書成，以授游、夏之徒。游、夏之徒不能改一字〔一〕。

〔一〕此段文字，又見於春秋説題辭。

五・六五　史記太史公自序

子曰：「我欲載之空言，不如見之〔一〕行事之深切著明也。」〔二〕

〔一〕中華書局點校本史記「見之」下有「於」字，當補。

〔二〕原注：索隱云：見春秋緯。

五・六六　公羊隱公第一疏引閔因叙

昔孔子受端門之命，制春秋之義，使子夏等十四人求周史記，得百二十國寶書，九月經立〔一〕。

〔一〕此段文字，又見於春秋感精符、春秋考異郵、春秋説題辭。

五·六七　春秋繁露俞序

仲尼之作春秋也，上探正天端王公之位〔一〕，萬物〔二〕民之所欲〔三〕，下明得失，起賢才，以待後聖。故引史記，理往事，正是非，也〔四〕王公。史記十二公之閒，皆衰世之事，故門人惑。孔子曰：「吾因其行事〔五〕，而加乎王心焉，以爲見之空言，不如行事博深切〔六〕。」故子貢、閔子、公肩子言其切而爲國家賢〔七〕也。其爲切，而至於殺〔八〕君亡國，奔走不得保社稷。其所以然，是皆不明於道，不覽於春秋也。故衛子夏言：「有國家者，不可不學春秋。不學春秋，則無以見前後旁側之危，則不知國之大柄、君子〔九〕重任也。」故或脅窮失國，揜〔一〇〕殺於位，一朝至爾。苟能述春秋之法，致行其道，豈徒除禍哉，乃堯舜之德也。故世子曰：「功及子孫，光輝百世，聖王之德，莫美於世〔一一〕。」故予先言春秋，詳己而略人，因其國而容天下。春秋之道，大得之則以王，小得之則以霸。故曾子、子石〔一二〕盛美齊侯安諸侯，尊天子。霸王之道，皆本於仁。仁，天心，故次以天心。愛人之大者，莫大於思患而豫防之，故蔡得意於吴，魯得意於齊，而春秋皆不告，故次以言怨人不可通〔一三〕，敵國不可狎，擾〔一四〕竊之國不可使久親，皆防患爲民除患之意也。不愛民之漸乃至於死亡，故言楚靈王、晉厲公生弑於位，不仁之所致也。故善宋襄公不厄人，不由其道而勝，不如由其道而敗，春秋貴之，將以變習俗而成王化也。故〔一五〕夏言：「春秋重人，諸譏皆本此。或奢侈使人憤怨，或暴虐賊害人，終皆禍及身。」故子池言：「魯莊築臺，丹楹刻桷，晉厲之刑刻意者，皆不得以壽終。」上奢侈，刑又急，皆不內恕，求備於人，故次以春秋緣人情，赦小過，而傳明之曰：「君子辭也。」孔子明得失，見成敗，疾時〔一六〕世之不仁，失王。孔子曰：「吾因行事〔一七〕，赦小過。」傳又明之曰：「君子辭也〔一八〕。」孔子曰：「吾因行事，加吾王心焉。」假其位號以正人倫，因其成敗以明順逆，故其所善，則桓文行之而遂，其所惡，則亂國行之終以敗。故始言大惡，殺君亡國，終言赦小國〔一九〕，是以始於麤糲〔二〇〕，終於精微，教化流行，德澤大洽，天下之人，人有士君子之行而少過矣，亦譏二名之意也。

〔一〕蘇輿疑「探」爲「援」之誤，「正」當在「王公」上。正王公之位，先言王正月，而後公即位是也。

〔二〕原注：官本無「物」字。

〔三〕原注：一作「始」。

〔四〕原注：官本作「見」。

〔五〕「行事」，蘇輿以爲當釋爲「往事」。

〔六〕原注：官本下有「明」字。今案：史記太史公自序曰：「子曰：『我欲載之空言，不如見之於行事之深切著明也。』」

〔七〕原注：一作「資」。今案：「公肩子」，蘇輿以爲即史記仲尼弟子列傳之「公艱定，字子中」，蓋複姓。

〔八〕蘇輿曰：「凌云：『殺，當作弑。』下同。」

〔九〕原注：官本作「之」。

〔一〇〕原注：官本作「揜」。今案：蘇輿曰：「凌本『揜』作『擒』。」

〔一一〕世子即周人世碩，見漢書藝文志及論衡本性。「聖王」，蘇輿本作「聖人」。「世」，四部叢刊本作「恕」，並注云：「恕」，他本誤作「世」。

〔一二〕「子石」，史記仲尼弟子列傳曰：「公孫龍，字子石，少孔子五十三歲。」

〔一三〕原注：官本作「邇」。

〔一四〕「擾」，蘇輿本作「攘」。

〔一五〕原注：官本下有「子」字。

〔一六〕原注：一無「時」字。

〔一七〕原注：「孔子曰：吾因行事」七字，官本作「有道之體，故緣人情」。今案：「孔子曰：吾因行事」，蘇輿本作「道之體，故緣人情」。

〔一八〕原注：「辭」本作「亂」，官本作「此」。

〔一九〕「國」，四部叢刊本、蘇輿本均作「過」。

〔二〇〕「以」，蘇輿本作「亦」。「糲」，蘇輿本作「粗」。

五·六八　穀梁桓二年傳

孔子曰：「名從主人，物從中國。」

五·六九　穀梁桓十四年傳

孔子曰：「聽遠音者，聞其疾而不聞其舒；望遠者，察其貌而不察其形。立乎定、哀，以指隱、桓，隱、桓之日遠矣。」

五·七〇　穀梁僖十六年傳

子曰：「石，無知之物；鶂，微有知之物。石無知，故日之〔一〕；鶂，微有知之物，故月之〔二〕。君子之於物，無所苟而已。」

〔一〕日之，記下日期。

〔二〕月之，記下月份。

五·七一　穀梁哀十三年傳

吳王夫差曰：「好冠來。」孔子曰：「大矣哉！夫差未能言冠，而欲冠也！」

五·七二　藝文類聚八十引莊子

仲尼讀書，老聃倚竈觚〔一〕而聽之，曰：「是何書也？」曰：「春秋也。」〔二〕

〔一〕竈觚，即竈突。

〔二〕原注：御覽一百八十六引莊子曰：「仲尼讀春秋，老聃踞竈觚而聽。」注：「觚，竈額也。」按當在逸篇。

五·七三　韓非子内儲説上七術

魯哀公問於仲尼曰：「春秋之記曰：『冬十二月，賈霜不殺菽。』何爲記此？」仲尼對曰：「此言可以殺而不殺也。夫宜殺而不殺，桃李冬實。天失道，草木猶犯干之，而況於人君乎！」〔一〕

〔一〕原注：此申、韓深刻之學，依託之詞，姑附此。

五·七四　鹽鐵論散不足

孔子讀史記，喟然而歎，傷正德之廢、君臣之危也。

五·七五　論衡效力

孔子，周世多力之人也，作春秋，删五經，祕書微文，無所不定。

五·七六　論衡超奇

孔子作春秋，以示王意。

五·七七　論衡超奇

孔子得史記以作春秋，及其立義創意，褒貶賞誅，不復因史記者，眇〔一〕思自出於胸中也。

〔一〕眇，高遠。

五·七八　説苑君道

孔子曰：「文王似元年，武王似春王，周公似正月〔一〕。文王以王季爲父，以太任爲母，以太姒爲妃，以武王、周公爲子，以泰顛、閎夭爲臣，其本美矣。武王正其身以正其國，正其國以正天下。伐無道，刑有罪，一動〔二〕天下正，其事正矣。春致其時，萬物皆得〔三〕生；君致其道，萬人皆及治。周公戴〔四〕已而天下順之，其誠至矣。」

〔一〕春秋首句爲「元年春王正月」，這裏比喻文王、武王、周公創建周朝王業。

〔二〕向宗魯據家語於「一動」之下補「而」字，當從。

〔三〕「得」，百子全書本作「及」。

〔四〕戴，通「載」，謂行事。

五・七九　説苑君道

孔子曰：「夏道不亡，商德不作；商德不亡，周德不作；周德不亡，春秋不作；春秋作，而後君子知周道亡也。」

五・八〇　説苑至公

夫子行説七十諸侯，無定處，意欲使天下之民各得其所，而道不行。退而修春秋，采豪〔一〕毛之善，貶纖介之惡。人事浹〔二〕，王道備，精和聖制，上通於天而麟至，此天之知夫子也。於是喟然而嘆曰：「天以至明爲不可蔽乎，日何爲而食？地以至安爲不可危乎，地何爲而動？天地而尚有動蔽，是故賢聖説於世而不得行其道，故災異並作也。」

〔一〕「豪」，百子全書本作「毫」。

〔二〕浹，通達。

五・八一　周禮九嬪注

孔子云：「日者，天之明；月者，地之理。陰契制，故月上屬爲天使；婦從夫，放月紀。」〔一〕

〔一〕原注：疏云：孝經援神契文。

五·八二　春秋左傳序疏引孝經鉤命決

春秋，二尺四寸書之；孝經，一尺二寸書之〔一〕。

〔一〕原注：疏云：鄭注論語序以鉤命決云。

五·八三　公羊序疏引鉤命決

孔子在庶，德無所施，功無所就。志在春秋，行在孝經〔一〕。

〔一〕原注：又禮記中庸注引孔子曰：「吾志在春秋，行在孝經。」

五·八四　御覽六百十引鉤命決

孝經者，篇題就號也，所以表指括意，序中書名，出義見道，曰：著一字，苞十八章，爲天地喉襟，道要德本。故挺以題符篇冠就。又曰：曾子撰。斯問曰：「孝乎？文〔一〕駁不同乎〔二〕？」子曰：「吾作孝經，以素王無爵之賞，斧鉞之誅，與先王以託權目，至德要道以題行首。」仲尼以立情性，言子曰：「以開號列曾子，示撰輔書，詩以合謀。」〔三〕

〔一〕「孝乎文」，中華書局影宋本御覽、漢學堂叢書本孝經鉤命決皆作「孝文乎」。

〔二〕原注：「乎」一作「何」。

〔三〕鄭玄注曰：「就，成也，孝爲一篇之目，十八章也。成號序中心之事，使孝義見于外。」

五・八五　公羊哀十四年疏引孝經説

孔子曰：「春秋屬商，孝經屬參。」〔一〕

〔一〕原注：又引見哀十四年疏。

五・八六　公羊哀十四年疏引孝經説

丘以匹夫徒步以制正法。

五・八七　論衡雷虚

論語〔一〕：「迅雷風烈必變。」禮記〔二〕：「有疾風、迅雷、甚雨則必變，雖夜必興，衣服，冠而坐。」子曰〔三〕：「天之與人猶父子，有父爲〔四〕之變，子安能忽？故天變，己亦宜變；順天時，示己不違也。」

〔一〕百子全書本、黄暉本「論語」後有「云」字，當補。

〔二〕百子全書本、黄暉本「禮記」後有「曰」字，當補。

〔三〕各本「子曰」前有「懼天怒，畏罰及己也。如雷不爲天怒，其擊不爲罰過，則君子何爲爲雷變動、朝服而正坐」。黄暉曰：「『子』，元本作『乎』。朱校同。孫曰：當作『乎』，非『子曰』連文。是也。」據此，則此段非孔子之語。

〔四〕百子全書本無「爲」字。

五·八八　説文〔一〕

逸論語曰：「玉粲之瑟兮，其瑮猛也。」

〔一〕見説文「瑮」字注。

五·八九　説文〔一〕

逸論語曰：「如玉之瑩。」

〔一〕見説文「瑩」字注。

五·九〇　初學記二十七

逸論語曰：「玉十謂之區，治玉謂之琢，亦謂之雕〔一〕。瑳，玉色鮮白也；瑩，玉色也；瑛，玉光也；瓊，赤玉也；璿瑾瑜，美玉也；璑，三采玉也；玲瑲琤瑣〔二〕瑝，玉聲也；璬，玉佩也；瑱，充耳也；璪玉，飾以水藻也。」〔三〕

〔一〕原注：雙玉爲瑴，五瑴爲區。雕，治璞也；瑴，音角。

〔二〕「瑣」，中華書局本初學記、御覽皆作「瑱」。

〔三〕原注:御覽八百四引逸論語同。

五·九一　初學記二十七

逸論語曰:「璠璵,魯之寶玉也。」孔子曰:「美哉,璠璵!遠而望之,奂〔一〕若也;近而視之,瑟若也。一則理勝,一則孚〔二〕勝。」

〔一〕「奂」,中華書局本初學記、御覽皆作「焕」。
〔二〕集韻尤韻:「孚,玉采也。」

五·九二　文選劉歆移書太常博士注引論語讖

自衛反魯,删詩、書,修春秋。

五·九三　文選齊安陸王碑文注引論語讖

仲尼居鄉黨,卷懷道美。

五·九四　説文〔一〕

孔子曰:「一貫三爲王。」

〔一〕見説文「王」字注。

五·九五　説文〔一〕

孔子曰：「推十合一爲士。」

〔一〕見説文「士」字注。

五·九六　説文〔一〕

孔子曰：「烏，盱〔二〕呼也，取其助氣，故以爲烏呼。」

〔一〕見説文「烏」字注。

〔二〕「盱」，段玉裁校作「虧」。

五·九七　説文〔一〕

孔子曰：「牛羊之字，以形舉也。」

〔一〕見説文「羊」字注。

五·九八　説文〔一〕

孔子曰：「黍可爲酒〔二〕，禾入水也。」

〔一〕見説文「黍」字注。

〔二〕段玉裁以爲「酒」下當依廣韻補「故從」二字。

五·九九　説文〔一〕

孔子曰：「粟之爲言，續也。」

〔一〕見説文「㮚」字注。

五·一〇〇　説文〔一〕

孔子曰：「在人下〔二〕，故詰屈。」

〔一〕見説文「儿」字注。

〔二〕原注：玉篇及徐鍇通論作「人在下」，疑此倒。

五·一〇一　説文〔一〕

孔子曰：「貉之爲言〔二〕惡也。」

〔一〕見説文「貉」字注。

〔二〕中華書局本説文解字「言」下有兩「貉」字，當補入。

五·一〇二　説文〔一〕

孔子曰：「視犬之字，如畫狗也。」

〔一〕見説文「犬」字注。

五·一〇三　説文〔一〕

孔子曰："狗，叩也。叩氣吠以守。"

〔一〕見説文"狗"字注。

五·一〇四　史記滑稽列傳

孔子曰："六藝於治，一也。禮以節人，樂以發和，書以道事，詩以達意，易以神化，春秋以義〔一〕。"

〔一〕原注：長短經正論引作"以道義"。

五·一〇五　白虎通五經

孔子居周之末世，王道陵遲，禮義〔一〕廢壞，强陵弱，衆暴寡，天子不敢誅，方伯不敢伐。閔道德之不行，故周流應聘，冀行其道德，自衛反魯，自知不用，故追定五經，以行其道。

〔一〕"禮義"，陳立本作"禮樂"。

五·一〇六　論衡佚文

孝武皇帝封弟爲魯恭王。恭王壞孔子宅以爲宫，得佚尚書百篇，禮三百，春秋三十

篇，論語二十一篇。〔一〕

〔一〕原注：漢書本傳。入事謚。今案：「謚」即「諡」、「譜」。

【補遺】

五·一〇七　陳耀文天中記

論語比考緯曰：「孔子讀易，韋編三絶，鐵擿三折，漆書三滅。」〔一〕

〔一〕原注：按古微書同此條。本當入雜事，因孫氏據抱朴内篇袪惑引此入六藝，故依其例。商正曰：元著謂「當入雜事，因孫氏據抱朴内篇袪惑引入六藝，故依其例」（按抱朴子内篇無「漆書三滅」句）。按此述孔子學易之勤，非孔子之語（孫穀古微書引比考讖亦稱孔子讀易云云，不以爲孔子語），自以入雜事爲正，此審詳過於孫本者也。按此條既著抱朴，應以爲綱；天中記，明時類書，宜歸附見。

五·一〇八　淮南繆稱

魯以偶人〔一〕，而孔子歎。

〔一〕諸本「人」下有「葬」字，當補。

五·一〇九　公羊隱元年疏引春秋説

孔子欲作春秋，卜之〔一〕，得陽豫之卦。〔二〕

〔一〕十三經注疏本春秋公羊傳注疏無「之」字。

〔二〕原注：按路史後紀三羅苹注略同。

商正曰：此春秋緯演孔圖文。考儀禮士冠禮疏引春秋演孔圖云：「孔子脩春秋，九月而成，卜之得陽豫之卦」（哀十四年公羊傳疏引演孔圖云：「獲麟而作春秋，九月書成。」路史後紀卷三羅苹注：「孔子修春秋，九月而成，卜之，得陽豫之卦。」路史及儀禮正義均約二節爲一節，公羊隱元年、哀十四年兩疏分而爲二耳，非有别見之異本也）。孫氏既據賈疏、羅注録全文，似不宜再據公羊隱、哀傳疏重行節録也。

五·一一〇　魏書高允傳

箕子陳謨而洪範作，宣尼述史而春秋著，皆所以彰明列辟、景測皇天者也。

五·一一一　論衡超奇篇

孔子之春秋，素王之業也。

【商正】

五·一一二 周易集解引周易干氏注

凡易既分爲六十四卦以爲上下經，天人之事各有始終。夫子又爲序卦，以明其相承受之義。然則文王、周公所遭遇之運，武王、成王所先後之政，蒼精受命短長之期，備於此矣。而夫子又重爲雜卦，以易其次第；雜卦之末又改其例，不以兩卦反覆相酬者，以示來聖後王明道非常道、事非常事也。化而裁之存乎變，是以終之以決言，能決斷其中，唯陽德之主也。故曰：易窮則變，通則久。總而觀之，伏羲、黄帝皆繫世象賢，欲使天下世有常君也。而堯、舜禪代，非黄、農之化，朱、均頑也；湯、武逆取，非唐、虞之迹，桀、紂之不君也；伊尹廢立，非從順之節，使太甲思愆也；周公攝政，非湯、武之典，成王幼年也。凡此皆聖賢所遭遇異時者也。夏政尚忠，忠之弊野，故殷自野以教敬；敬之弊鬼，故周自鬼以教文；文弊薄，故春秋閲諸三代而捐〔一〕益之。顔回問爲邦，子曰：「行夏之時，乘殷之路〔二〕，服周之冕。」弟子問政者數矣，而夫子不與言，三代捐益，非〔三〕其任也。回則備言，王者之佐，伊尹之人也，故夫子及之焉。是以聖人之於天下也，同不是，異不非，百世以俟聖人，而不惑，一以貫之矣。

〔一〕「諸」，玉函山房輯佚書本周易干氏注作「説」，蓋誤。「捐」當爲「損」字之誤。下文「三代捐益」同。

〔二〕「路」，玉函山房輯佚書本作「輅」，是也。

〔三〕玉函山房輯佚書本「非」上有「以」字。

五・一一三　鄭康成書贊

孔子撰書，乃尊而命之曰尚書。

五・一一四　春秋繁露祭義篇

孔子曰：「書之重，辭之復，嗚呼！不可不察也，其中必有美者焉。」

五・一一五　史游急就篇顔師古訓解

詩，孔子所删爲三百篇者也；孝經，孔子爲弟子曾參所説也；論語，孔子與弟子言及應對時人之語也。

五・一一六　鄭玄六藝論〔一〕

文王創業〔二〕，至魯僖間，商頌不在數矣。孔子删詩〔三〕，録此五章，豈無意哉！

〔一〕原注：路史後紀下羅苹注。

〔二〕「業」，四部備要本路史作「基」。
〔三〕四部備要本路史「詩」下有「時」字。

五·一一七　史游急就篇顔師古訓解

春秋，孔子約史記而修之也。天有四時，春爲陽中，萬物以生；秋爲陰中，萬物以成。故錯牙舉之，苞十二月而爲名也。尚書，孔子所修，帝王之書也。謂之尚書者，言自尚古以來，其事久遠也。

五·一一八　賈逵春秋序〔一〕

孔子覽史記，就是非〔二〕，立素王之法。

〔一〕原注：春秋左傳正義引。
〔二〕十三經注疏本春秋左傳正義「非」下有「之説」二字，當補入。

五·一一九　春秋左氏傳正義引賈逵等左氏傳解詁

孔子自衛反魯，考禮，正樂，修春秋，約以周禮，三年文成。致麟，麟感而至，取龍爲水物，故以爲修母致子之應。

五·一二〇　春秋公羊傳正義引戴宏解疑論

聖人不空生而制作，所以生斯民、覺後生也。西狩獲麟，知天命去周。赤帝方起，麟爲周亡之異、漢興之瑞。故孔子曰：「我欲託諸空言，不如載諸行事。」又聞端門之命，有制作之狀，乃遣子夏等求周史記，得百二十國寶書，修爲春秋。故孟子云：「世衰道微，邪説暴行有作，臣弑其君者有之，子弑其父者有之。孔子懼，作春秋。」故史記云：春秋之中，弑君三十六，亡國五十二，諸侯奔走不得保其社稷者，不可勝數。故有國者不可以不知春秋，爲人臣者不可以不知春秋。爲人君父而不通於春秋之義者，必蒙首惡之名；爲人臣子而不通於春秋之義者，必陷簒弑之誅。以此言之，則孔子見時衰政失，恐文、武道絶；又見獲麟，劉氏方興，故順天命以制春秋以授之。

五·一二一　論語筆解季氏第十六引李𦒿注

季氏一篇皆書「孔子曰」，餘篇即但云「子曰」，此足見仲尼作春秋，本惡三桓，正謂亂臣賊子。當時弟子避季氏强盛，特顯孔子之名以制三桓耳。故悉書「孔子曰」，以明當時之事。三桓可畏，宜其著春秋以制其彊焉。

五·一二二　論語筆解季氏第十六引李翺注〔一〕

仲尼，魯哀十一年〔二〕自衛返魯，使子路伐三桓，不〔三〕克。至十四年，叔孫氏西狩獲麟，仲尼乃作春秋，始于桓，終于定而已。三家興于桓，衰于定，故徵王經以貶强臣。三桓子孫微者，諭默扶公室將行周道也。

〔一〕此條出處，原作「同上」。

〔二〕「哀十一年」，四庫全書本論語筆解作「定十三年」，誤。

〔三〕四庫全書本「不」上有「城」字。

五·一二三　劉向校定戰國策叙録

孔子雖論詩書、定禮樂，王道粲然分明，以匹夫無勢，化之者七十二人而已。

五·一二四　漢書藝文志

仲尼没而微言絶，七十子喪而大義乖。

五·一二五　春秋左傳孔穎達正義引公羊嚴氏春秋述觀周篇説〔一〕

孔子將修春秋，與左丘明乘如周，觀書於周史，歸而修春秋之經，丘明爲之傳，共爲表裏。

〔一〕原注：今孔子家語觀周篇並無此文，故補輯。

五·一二六　春秋左傳正義引服虔解誼〔一〕

孔子作春秋，每〔二〕月書王，以統三王之正。

〔一〕見春秋左氏傳解誼卷一。

〔二〕玉函山房輯佚書本「每」上有「於春」二字。

五·一二七　春秋左氏正義引盧欽公羊傳序

孔子自因魯史記而修春秋，制素王之道。

五·一二八　春秋説題辭〔一〕

孔子曰：「伏羲作八卦，丘合而演其文，讀而出其神，作春秋，以亂改制。」

〔一〕原注：演孔圖同。春秋公羊傳徐彦疏引。孫瑴古微書收入此篇。

五·一二九　孝經鉤命決〔一〕

孔子曰：「吾志在春秋，行在孝經。欲觀我褒貶諸侯之志，在春秋；崇人倫之志〔二〕，在孝經。」

〔一〕原注：禮記中庸鄭注引「孔子曰」三句。正義云：言褒貶諸侯之志在春秋，人倫之志在孝經，無「崇」字。傳注孝經注疏序引孔子曰「欲觀」以下二十字，馬氏合爲一條。古微書無此二句。

〔二〕「志」，玉函山房輯佚書本孝經鉤命決作「行」。

五·一三〇　張楫上廣疋表引春秋元命苞

子夏問：「夫子作春秋，不以初哉首基爲始何？」

五·一三一　王肅聖證論〔一〕

孔子曰：「奂乎其有文章，泮乎其無涯涘〔二〕。一人戒無逸，勸縱〔三〕弛事相反戾，乃天之與地，何其疏實而妄争訟也。」

〔一〕原注：詩大雅卷阿正義引孔晁答王肅難鄭語。

〔二〕「涘」，十三經注疏本毛詩正義作「際」。

〔三〕十三經注疏本毛詩正義「縱」上有「使」字。

五·一三二　王肅聖證論〔一〕

然則孔子制素王之法，以遺後世，男女以及時盛年爲得，不限以日月。家語限以冬，不附於春秋之正經，如是則非孔之言嫁娶也。

〔一〕原注：通典引張融評，據周禮義校補。今案：「周禮義」疑作「周禮正義」。

五·一三三　公羊傳遺文〔一〕

然則孰爲而至？爲孔子之作春秋。

〔一〕原注：哀公十四年「無王者則不至」下孔舒元本。

五·一三四　春秋演孔圖〔一〕

公羊全孔經。

〔一〕原注：初學記卷二十一。

五·一三五　董仲舒對策

孔子作春秋，先正王而繫以萬世〔一〕，是〔二〕素王之文焉。

〔一〕中華書局點校本漢書董仲舒傳引無「以」字，「世」作「事」。

〔二〕「是」，中華書局點校本漢書作「見」。

五·一三六　春秋穀梁僖公三十二年集解引徐邈穀梁傳注義

故孔子因而修之，事仍本史而辭有損益，所以成詳略之例，起褒貶之意。

五·一三七　劉氏春秋左氏傳述義〔一〕

序云：諸言不書，皆仲尼新意。然則前三年，魯史皆書公在，仲尼去之。仲尼所以不於此先書公在鄆與乾侯者，所以非公之妄伐季氏，且明過謬猶可揜。

〔一〕原注：春秋左傳昭公三十年正義引。

五·一三八　陳岳春秋折衷論〔一〕

然公羊傳曰：顔回死，子曰「天喪予」；子路死，子曰「天祝予」。西狩獲麟，爲仲尼之應。顔回、子路，則聖人重愛之弟子也。聞其死曰「天喪予」者，皆痛惜之辭，安可以獲麟？爲比麟鳳。則王者之瑞既出，無其應，聖人乃感麟而起，以修春秋。麟出既非爲己，春秋修亦非爲己。蓋懲惡勸善爲百世之法，如「河不出圖，洛不出書，吾已矣夫」，斯皆〔二〕周德之衰，明〔三〕王之應，非爲己也。孟軻謂：「仲尼之道，高於堯舜，何道窮之有？」

〔一〕原注：羣書考索續集卷十二引。

〔二〕玉函山房輯佚書本春秋折衷論「皆」下有「爲」字。

〔三〕玉函山房輯佚書本「明」上有「無」字。

五·一三九　服氏左氏傳解誼〔一〕

春秋終於獲麟，故小邾繹〔二〕不在三叛人中也。弟子欲明夫子作春秋以顯其師，故書小邾繹以下至孔子卒。

〔一〕原注：春秋左氏傳序正義引。今案：「解誼」，原誤作「解誼」。

〔二〕「繹」，十三經注疏本春秋左傳正義作「射」，蓋李氏因音同而譌。下同。

五·一四〇　春秋啖趙集傳纂例卷一

夫子所以修春秋之意，三傳無文。說左氏者以爲：春秋者，周公之志也，暨乎周德衰，典禮喪，諸所記注，多違舊章。宣父因魯史成文，考其行事而正其典禮，上以遵周公之遺制，下以明將來之法。言公羊者則曰：夫子之作春秋，將以黜周王魯，變周公之文，從先代之質。解穀梁者則曰：平王東遷，周室微弱，天下板蕩，王道盡矣。夫子傷之，乃作春秋，所以明黜陟，勸〔一〕戒，成天下之事業，定天下之邪正，使夫善人勸焉，淫人懼焉。

〔一〕叢書集成本春秋啖趙集傳纂例「勸」上有「著」字，當補。

五·一四一　春秋啖趙集傳纂例卷一春秋宗指議

夫子之志，冀行道以拯生靈也。

五·一四二　春秋集傳纂例卷一趙氏損益義

夫改制創法，王者之事。夫子身爲人臣，分不當耳。

五·一四三　杜預春秋釋例卷四

仲尼修春秋，又以所稱爲優劣也。

五·一四四　杜預春秋釋例卷十五經傳長歷弟四十五之六

仲尼以斗建在戌，火星尚未盡〔一〕没，據今猶見，故言猶西流，明夏之九月尚可有蠡也。季孫聞〔二〕仲尼此言，猶不即改。

〔一〕「盡」，叢書集成本春秋釋例作「見」。

〔二〕叢書集成本「聞」上有「雖」字。

五·一四五　杜預春秋釋例卷十五終篇

邱明之爲傳，所以釋仲尼春秋。仲尼春秋，皆因舊史之策書。義之所在，則時加增損，或仍舊史之無，亦或改舊史之有。雖因舊文，固是仲尼之書也；邱明所發，固是仲尼之意也。雖是舊文不書，而事合仲尼之意，仲尼因而用之，即是仲尼新意。若宣十年，崔氏出奔衛。傳稱：書曰崔氏，非其罪也；且告以族，不以名，是告不以名。故知舊史無名，及仲尼修經，無罪見逐，例不書名，此舊史之文，適當孔子之意，不得不因而用之。因舊爲新，皆此類也。

五·一四六　杜預春秋釋例卷二氏族例第八

仲尼修春秋，因采以示義。義之所起，則刊而定正之，否者〔一〕即因而示之，不皆刊正也。

〔一〕「者」，叢書集成本作「則」，是也。

五·一四七　鄭氏玄六藝論〔一〕

孔子以六藝題目不同，指意殊別，恐道離散，後世莫知根源，故作孝經以總會之。

〔一〕原注：孝經正義引。今案：見孝經序正義。

五·一四八　漢書藝文志

孝經者，孔子爲曾子陳孝道也。

五·一四九　文選辨命論引傅子雜録篇

昔仲尼既没〔一〕，仲尼〔二〕之徒追論夫子之〔三〕言，謂之論語。

〔一〕「没」，中華書局影印本文選作「歿」。
〔二〕「仲尼」，中華書局影印本文選作「仲弓」，誤。
〔三〕中華書局影印本文選無「之」字。

【新補】

五·一五〇　史記天官書

孔子論六經，紀異而説不書。

五·一五一　史記太史公自序

幽、厲之後，王道缺，禮樂衰，孔子脩舊起廢，論詩書，作春秋，則學者至今則之〔一〕。

〔一〕此段文字又見於漢書司馬遷傳，文字全同，見下五·一五七。

五·一五二　史記太史公自序

周道衰廢，孔子爲魯司寇，諸侯害之，大夫壅之。孔子知言之不用，道之不行也，是非二百四十二年之中，以爲天下儀表，貶天子，退諸侯，討大夫，以達王事而已矣。

五·一五三　史記太史公自序

孔子戹陳、蔡，作春秋。

五·一五四　漢書律曆志

子貢欲去其餼羊，孔子愛其禮，而著其法於春秋。

五·一五五　漢書藝文志

至於殷、周之際，紂在上位，文王以諸侯順命而行道，天人之占可得而效，於是重易六爻，作上下篇。孔氏爲之彖、象、繫辭、文言、序卦之屬十篇。

五·一五六　漢書董仲舒傳

孔子作春秋，上揆之天道，下質諸人情，參之於古，考之於今。

五·一五七　漢書司馬遷傳

幽、厲之後，王道缺，禮樂衰，孔子修舊起廢，論詩書，作春秋，則學者至今則之。

五·一五八　漢書司馬遷傳

自周公卒五百歲而有孔子，孔子至於今五百歲，有能紹而明之，正易傳，繼春秋，本詩、書、禮、樂之際。

五・一五九　漢書司馬遷傳

子曰:「我欲載之空言,不如見之於行事之深切著明也。」

五・一六〇　漢書司馬遷傳

孔子之時,上無明君,下不得任用,故作春秋,垂空文以斷禮義,當一王之法。

五・一六一　漢書司馬遷傳

孔子因魯史記而作春秋,而左丘明論輯其本事以爲之傳,又纂異同爲國語。

五・一六二　漢書楚元王傳

孔子憂道之不行,歷國應聘。自衛反魯,然後樂正,雅、頌乃得其所;修易,序書,制作春秋,以紀帝王之道。及夫子没而微言絶,七十子終而大義乖。重遭戰國,棄籩豆之禮,理軍旅之陳,孔氏之道抑,而孫、吴之術興。

五・一六三　越絶書越絶吴内傳

臣弑君,子弑父,天下莫能禁止。於是孔子作春秋,方據魯以王。

五・一六四　論衡順鼓

魯國失禮，孔子作經，表以爲戒也。

五・一六五　論衡定賢

周道不弊，孔子不作春秋。春秋之作，起周道弊也。

五・一六六　論衡正説

魯共王壞孔子教授堂以爲殿，得百篇尚書於牆壁中。

五・一六七　論衡書解

孔子作春秋，不用於周也。

五・一六八　論衡案書

春秋左傳者，蓋出孔子壁中。

五・一六九　論衡對作

孔子作春秋，周民弊也。

五·一七〇　拾遺記晉時事

昔仲尼删詩、書,不及鬼神幽昧之事,以言怪力亂神。

孔子集語卷六

主德五

六·一 尚書大傳

武丁祭成湯，有雉飛升鼎耳而雊。武丁問諸祖己，祖己曰：「雉者，野鳥也，不當升鼎；今升鼎者，欲爲用也。無則遠方將有來朝者乎〔一〕？」故武丁内反諸己，以思先王之道。三年，編髮重譯〔二〕來朝者六國。孔子曰：「吾於高宗肜日〔三〕，見德之有報之疾也。」

〔一〕四庫全書本、叢書集成本皆無「無則」二字。王闓運曰：「此託言瑞應以寬王心，所謂先假王。」

〔二〕編髮，邊疆異族編髮爲辮。重譯，經過幾重翻譯。在這裏，編髮重譯指邊疆異族。

〔三〕「肜」字誤，當爲「彤」。

六·二　尚書大傳略説

孔子〔一〕曰：「心之精神是謂聖。」

〔一〕四庫全書本、叢書集成本皆無「孔」字。

六·三　史記補三皇本紀引韓詩

自古封太山、禪梁甫者，萬有餘家，仲尼觀之，不能盡識〔一〕。

〔一〕此條孔穎達尚書序正義等認爲出自韓詩外傳，司馬貞補史記三皇本紀稱出自韓詩，馬驌繹史則稱出自韓詩内傳。

六·四　白虎通封禪

孔子曰：「升泰山觀易姓之王，可得而數者七十有餘〔一〕。」

〔一〕陳立本「餘」下有「君」字。

六·五　韓詩外傳三

楚莊王寢疾，卜之，曰：「河爲祟。」大夫曰：「請用牲。」莊王曰：「止。古者聖王之〔一〕祭不過望。濉、漳、江、漢，楚之望也，寡人雖不得〔二〕，河非所獲罪也。」遂不祭，三日而疾有瘳。孔子聞之曰：「楚莊王之霸，其有方矣，制節守職，反身不貳，其霸不亦宜乎？」

〔一〕原注：津逮本作「制」。

〔二〕原注：津逮本作「德」。

六・六　說苑君道

楚昭王有疾，卜之，曰：「河爲祟。」大夫請用三牲焉。王曰：「止，古者先王割地制土，祭不過望；江、漢、睢、漳，楚之望也，禍福之至，不是過也。不穀雖不德，河非所獲罪也。」遂不祭焉。仲尼聞之曰：「昭王可謂知天道矣，其不失國，宜哉！」

六・七　韓詩外傳七

孔子曰：「明王有三懼：一曰處尊位而恐不聞其過，二曰得志而恐驕，三曰聞天下之至道而恐不能行。」

六・八　大戴禮主言

孔子閒居〔一〕，曾子侍。孔子曰：「參，今之君子，惟士與大夫之言之閒〔二〕也，其至於君子之言者，甚希矣。於乎！吾主言〔三〕，其不出而死乎！哀哉！」曾子起曰：「敢問何謂主言？」孔子不應，曾子懼，肅然摳〔四〕衣下席曰：「弟子知其不孫也，得夫子之閒也難，是以敢問也。」孔子不應，曾子懼，退負序〔五〕而立。孔子曰：

「參！汝〔六〕可語明主之道與？」曾子曰：「不敢以爲足也，得夫子之閒也難，是以敢問。」孔子曰：「吾語女：道者，所以明德也；德者，所以尊道也。是故非德不尊，非道不明。雖有國馬〔七〕，不教不服，不可以取千里；雖有博地衆民，不以其地治之，不可以霸主。是故昔者明主，内修七教，外行三至。七教修焉，可以守；三至行焉，可以征。七教不修，雖守不固；三至不行，雖征不服。是故明主之守也，必折衝乎千里之外；其征也，衽席之上還師〔八〕。是故内修七教而上不勞，外行三至而財不費。此之謂明主之道也。」

曾子曰：「敢問不費、不勞可以爲明乎？」孔子愀然揚麋〔九〕曰：「參！女以明主爲勞乎？昔者舜左禹而右皋陶，不下席而天下治。夫政之不中，君之過也；政之既中，令之不行，職事者之罪也。明主奚爲其勞也？昔者明主關譏而不征，市鄽而不税，税十取一〔一〇〕，使民之力，歲不過三日，入山澤以時，有禁而無征〔一一〕，此六者，取財之路也。明主捨其四者，而節其二者，明主焉取其費也？」

曾子曰：「敢問何謂七教？」孔子曰：「上敬老則下益孝，上順齒則下益悌，上樂施則下益諒〔一二〕，上親賢則下擇友，上好德則下不隱〔一三〕，上惡貪則下恥争，上强果則下廉恥。民皆有别，則貞〔一四〕、則正，亦不勞矣。此謂七教。七教者，治民之本也，教定〔一五〕是正矣。上者，民之表也〔一六〕。表正，則何物不正？是故君先立於仁，則大夫忠，而士信、民敦、工璞、商慤、女憧、婦空空〔一七〕。七者，教之志也。七者布諸天下而不窕〔一八〕，内諸尋常之室而不塞。是故聖人等之以禮，立之以義，行之以順，而民棄惡也如灌〔一九〕。」

曾子曰：「弟子則不足，道則至矣。」孔子曰：「參！姑止！又有焉。昔者明主之治民有法，必別地以州之，分屬而治之，然後賢民無所隱，暴民無所伏。使有司日省如〔二〇〕時考之，歲誘賢〔二一〕焉，則賢者親，不肖者懼；使之哀鰥寡，養孤獨，恤貧窮，誘孝悌，選賢舉能。此七者脩，則四海之内無刑民矣。上之親下也如腹心，則下之親上也如保子之見慈母也〔二二〕。上下之相親如此，然後令則從、施則行。因民既邇者説，遠者來懷。然後布指知寸，布手知尺，舒肘知尋，十尋而索；百步而堵，三百步而里，千步而井，三井而句烈，三句烈而距〔二三〕；五十里而封，百里而有都邑；乃爲蓄積衣裘焉，使處者恤〔二四〕，行者有興亡〔二五〕。是以蠻夷諸夏，雖衣冠不同，言語不合，莫不來至，朝覲於王。故曰：無市而民不乏，無刑而民不違。畢弋田獵之得〔二六〕，不以盈宮室也；徵斂於百姓，非以充府庫也；慢怛以補不足，禮節以損有餘。故曰：多信而寡貌。其禮可守，其信可復〔二七〕，其跡可履。其於信也，如四時春秋冬夏；其博有萬民也，如飢而食，如渴而飲，下土之人信之。夫暑熱凍寒，遠若邇〔二八〕；非道邇也，及其明德也。是以兵革不動而威，用利不施而親，此之謂『明主之守也，折衝乎千里之外』。此之謂也。」

曾子曰：「敢問何謂三至？」孔子曰：「至禮不讓而天下治，至賞不費而天下之士説，至樂無聲而天下之民和。明主篤行三至，故天下之君可得而知也，天下之士可得而臣也，天下之民可得而用也。」

曾子曰：「敢問何謂也？」孔子曰：「昔者明主以盡知天下良士之名，既知其名，又知其數〔二九〕；既知其數，又知其所在。明主因天下之爵，以尊天下之士，此之謂至禮不讓而天下治；因天下之禄，以富天下之士，此之謂至賞不費而天下之士説；天下之士説，則天下之明譽興，此之謂至樂無聲而天下之民和。故曰：所謂天下之至仁者，能合天下之至親者也；所謂天下之至知者，能用天下之至和者也；所謂天下之至明者，能選天下之至良者也。此三者咸通，然後可以征。是故仁者莫大於愛人，知者莫大於知賢，政者莫大於官賢。有土之君脩此三者，則四海之内拱而視〔三〇〕，然後可以征。明主之所征，必道之所廢者也。彼廢道而不行，然後誅其君，致其征〔三一〕，弔〔三二〕其民，而不奪其財也。故曰：明主之征也，猶時雨也，至則民説矣。是故行施〔三三〕彌博，得親彌衆，此之謂『袵席之上乎還師』。」〔三四〕

〔一〕鄭氏三禮目録云：「退燕避人曰閒居。」

〔二〕原注：一作「聞」。今案：王聘珍以爲「閒猶中也」。

〔三〕王聘珍曰：「主言謂君子之言。」

〔四〕搵，提也。

〔五〕王聘珍曰：「負之言背也。爾雅曰：『東西牆謂之序。』」

〔六〕「汝」，王聘珍本作「女」。

〔七〕「馬」，王聘珍本作「焉」。

〔八〕孔廣森曰：「衽，卧席也。喻易。」

〔九〕原注：「麋」一作「眉」。

〔一〇〕王聘珍曰：「關者，界上之門。譏，呵察也。征，賦也。市，買賣所之也。鄽，市場邸舍。鄽而不税者，税其舍不税其物。税十取一，謂田税也。」

〔一一〕原注：一作「入山澤以時而不禁，夫圭田無征」。

〔一二〕「諒」，王聘珍釋爲「信」。

〔一三〕原注：一作「上好諫則下隱慝」。

〔一四〕貞，定也。

〔一五〕王聘珍曰：「定，猶成也。」

〔一六〕表，標準。

〔一七〕王聘珍曰：「通物曰商。愨，謹也。女謂未嫁者。憧讀曰僮，無知也。空空，無識也。」

〔一八〕窕，左傳昭公二十一年曰：「窕則不咸。」杜預注曰：「窕，細不滿也。」淮南子氾論曰：「舒之天下而不窕。」高誘注：「不窕，在大能大也。」

〔一九〕王引之曰：「棄惡如灌，文義不明。『灌』當爲『濯』，字之誤也。言民之棄惡，如灑濯之去垢也。」

〔二〇〕如，戴震校作「而」，云：「而，他本譌作『如』，由音近而譌。今從方本。」

〔二一〕王聘珍曰：「誘，進也。誘賢，謂鄉大夫三年則大比，考其德行道藝而興賢者、能者。」

〔二二〕戴震曰：「保、褓古通用。」孔廣森曰：「保子，幼子在保抱者。」

〔二三〕「堵」，王聘珍以爲「畝」之譌字。王聘珍曰：「以百步爲畝計之，應九百步而井。……烈，讀曰列。鄭注稻人云：『列，田之畦畛也。』距，折而方也。」

〔二四〕王聘珍曰：「封，起土界也。……蓄，聚也。積謂芻米禾薪。……處，居也。恤，憂也。」

〔二五〕原注：疑作「與」。今案：王聘珍曰：「興當爲與。……亡，無也。」

〔二六〕王聘珍曰：「畢，田罡也。弋，繳射也。田獵，放獵逐禽也。」

〔二七〕王樹枏曰：「家語作『其言可復』，『言』字是，據改。」

〔二八〕孔廣森引楊簡曰：「暑則遠邇皆熱，凍則遠邇皆寒。明民信之，無遠邇之異。」今案：此句當指不管暑熱之地還是凍寒之地的人民，即使所處遥遠，也像很近一樣。

〔二九〕楊簡曰：「數，謂詳也。謂知其德行才藝之詳。」

〔三〇〕「視」，王聘珍本作「俟」。

〔三一〕俞樾曰：「『致其征』三字當在『誅其君』之上，其文曰『彼廢道而不行，然後致其征』，此乃申説上文。又曰『誅其君，弔其民，而不奪其財也』，則起下文之時雨之意，文義甚明。」

〔三二〕弔，慰問。

〔三三〕王聘珍曰：「行謂行師征伐。施，功勞也。」

〔三四〕原注：大戴，依元刻本，下同此。

六·九　大戴禮五帝德

宰我問於孔子曰：「昔者予聞諸榮伊令〔一〕，黄帝三百年。請問皇帝者〔二〕人邪？抑非人邪〔三〕？何以至於三百年乎？」孔子曰：「予！禹、湯、文、武、成王、周公可勝觀邪〔四〕？夫黄帝尚矣，女何以爲？先生難言之〔五〕。」宰我曰：「上世之傳，隱微之説，卒業〔六〕之辨，闇〔七〕忽之意，非君子之道也，則予之問也，固矣。」

孔子曰：「黄帝，少典之子也，曰軒轅。生而神靈，弱而能言，幼而彗齊〔八〕，長而敦敏，成而聰明。治五氣〔九〕，設五量〔一〇〕，撫萬民，度四方；教熊羆貔〔一一〕豹虎，以與赤帝戰于版泉〔一二〕之野，三戰，然後得行其志。黄帝黼黻衣，大帶，黼裳，乘龍扆雲〔一三〕，以順天地之紀，幽明之故，死生之説，存亡之難〔一四〕。時播百穀草木，故教化淳鳥獸昆蟲〔一五〕，曆離日月星辰，極畋〔一六〕土石金玉。勞〔一七〕心力耳目，節用水火材物。生而民得其利百年，死而民畏其神百年，亡而民用其教百年，故曰三百年。」

宰我〔一八〕請問帝顓頊。孔子曰：「五帝用説〔一九〕，三王用度〔二〇〕，女欲一日辯聞古昔之説，躁哉予也！」宰我曰：「昔者予也聞諸夫子曰：『小子無有宿問。』」孔子曰：「顓頊，黄帝之孫，昌意之子也，曰高陽。洪淵〔二一〕以有謀，疏通而知事；養材〔二二〕以任地〔二三〕，履時以象天〔二四〕，依鬼神以制義〔二五〕；治氣以教民，潔誠以祭祀。乘龍而至四海：北至于幽陵，南至于交趾，西濟于流沙，東至于蟠木，動静之物，大小之神，日月所照，莫不祗〔二六〕勵。」

宰我曰：「請問帝嚳。」孔子曰：「玄囂之孫，蟜極之子也，曰高辛。生而神靈，自言其名；博施利物，不於其身；聰以知遠，明以察微；順天之義，知民之急；仁而威，惠而信，脩身而天下服。取地之財而節用之，撫教萬民而利誨之，曆〔二七〕日月而迎送之，明鬼神而敬事之。其色郁郁，其德嶷嶷〔二八〕，其動也時，其服也士〔二九〕。春夏乘龍，秋冬乘馬，黄黼黻衣〔三〇〕，執中而獲天下；日月所照，風雨所至，莫不從順。」

宰我曰：「請問帝堯。」孔子曰：「高辛之子也，曰放勳。其仁如天，其知如神；就之如日，望之如雲；富而不驕，貴而不豫；黄黼黻衣，丹車白馬。伯夷主禮，龍、夔教舞，舉舜、彭祖而任之，四時先民治之。流共工于幽州，以變北狄；放驩兜于崇山，以變南蠻；

殺三苗于三危，以變西戎；殛鯀于羽山，以變東夷。其言不貳，其德不回〔三一〕，四海之内，舟輿所至，莫不説夷〔三二〕。」

宰我曰：「請問帝舜。」孔子曰：「蟜牛之孫，瞽叟之子也，曰重華。好學孝友，聞于四海；陶家〔三三〕事親，寬裕温良。教敦〔三四〕而知時，畏天而愛民，恤遠而親親。承受大命，依于倪皇〔三五〕；叡明通知〔三六〕，爲天下王〔三七〕。使禹敷土〔三八〕，主名山川，以利於民；使后稷播種，務勤嘉穀，以作飲食；羲和掌曆，敬授民時；使益行火，以辟山萊〔三九〕；伯夷主禮，以節天下；夔作樂，以歌籥舞，和以鐘鼓〔四〇〕；皋陶作士〔四一〕，忠信疏通，知民之情；契作司徒，教民孝友，敬政率經〔四二〕。其言不惑，其德不慝，舉賢而天下平。南撫交趾、大放〔四三〕、鮮支、渠廋、氐、羌，北山戎、發、息慎，東長、鳥夷、羽民。舜之少也，惡顇勞苦〔四四〕，二十以孝聞乎天下，三十在位，嗣帝所，五十乃死，葬于蒼梧之野。」

宰我曰：「請問禹。」孔子曰：「高陽之孫，鯀之子也，曰文命。敏給克濟〔四五〕，其德不回，其仁可親，其言可信；聲爲律，身爲度，稱以上士〔四六〕；亹亹穆穆〔四七〕，爲綱爲紀。巡九州，通九道〔四八〕，陂九澤，度九山〔四九〕。爲神主，爲民父母；左準繩，右規矩；履四時，據四海；平九州，戴九天〔五〇〕；明耳目，治天下。舉皋陶與益以贊〔五一〕其身，舉干戈以征不享、不道、無德之民；四海之内，舟車所至，莫不賓服〔五二〕。」

孔子曰：「予！大者如説，民説至矣〔五三〕；予也，非其人也。」宰我曰：「予也不足誠〔五四〕也，敬承命矣。」

他日，宰我以語人。有爲道諸夫子之所〔五五〕，孔子曰：「吾欲以顔色取人，於滅明邪改之；吾欲以語言取人，於予邪改之；吾欲以容貌取人，於師邪改之。」宰我聞之，懼，不敢見。

〔一〕原注：史記索隱作「言」。今案：榮伊，王聘珍曰：「人姓名，書序有榮伯。馬注云：『榮伯，周同姓畿内諸侯，爲卿大夫也。』周語有榮夷公，韋注云：『榮，國名。』周書王會有榮氏，以國爲氏者也。」令，王聘珍釋爲「教言」。

〔二〕原注：史記索隱作「何」。今案：「皇」，王聘珍本作「黄」，是也。

〔三〕原注：二「邪」字，史記索隱作「也」。

〔四〕原注：一本作「也」。今案：王聘珍曰：「勝，盡也。」

〔五〕孔廣森曰：「此六君子已不能盡知，黄帝久遠，何以問爲？上古之事，長者猶不能詳也。」

〔六〕孔廣森曰：「卒，終也。業，事也。終事，猶已事也。」

〔七〕「闇」，王聘珍本作「闇昏」，並注曰：「闇昏忽之意，謂其意幽暗恍忽，不自知發問之端。」戴震以爲「昏」字衍。

〔八〕彗，戴震校本作「慧」，是也。王聘珍曰：「史記『慧』作『徇』。裴氏集解云：『徇，疾；齊，速也。言聖德幼而疾速也。』」

〔九〕孔廣森曰：「五氣，五行之氣。」

〔一〇〕王聘珍曰：「漢書律曆志云：『量者，龠、合、升、斗、斛也。』」

〔一一〕原注：御覽引下有「猌」字。

〔一二〕戴震據太平御覽所引及史記訂正「赤」爲「炎」，「版」爲「阪」。

〔一三〕扆，原注：御覽引作「駕」。今案：王聘珍曰：「白與黑謂之黼，黑與青謂之黻。上曰衣，下曰裳。言衣裳始有章采也。大帶，所以申束衣。乘龍者，左傳曰：『古者蓄龍。』釋名云：『扆，倚也，在後所依倚也。』」

〔一四〕汪照曰：「難，猶説也。凡事是非未盡，假以往來之辭，則曰難。」

〔一五〕戴震、孔廣森皆以爲「故教」二字爲衍文，是也。王聘珍曰：「淳，和也。昆者，衆也。」

〔一六〕王聘珍曰：「離者，別其位次。極，致也。畋，取也。」孔廣森曰：「畋，治也。」

〔一七〕原注：史記正義引作「勞勤」，御覽作「旁勤」。

〔一八〕「宰我」下，戴校據方本增「曰」字，是也。

〔一九〕「説」，王聘珍本作「記」，注爲「傳記」。

〔二〇〕王聘珍曰：「度，意度也。五帝代遠，需用傳記；三王時近，可度而知。」

〔二二〕王聘珍曰：「洪，大也。淵，深。」

〔二三〕原注：史記索隱引作「財」。

〔二三〕王聘珍曰：「材，謂百穀草木。任地者，任其力勢所能生育。」

〔二四〕王聘珍曰：「履，步也。履時，謂推步四時。象，法也。」

〔二五〕王聘珍曰：「制，斷也。義，宜也。」

〔二六〕原注：史記索隱引作「祗」。今案：爾雅云：「祗，敬也。」廣雅云：「勵，勸也。」

〔二七〕曆，曆象。

〔二八〕原注：史記索隱引「郁」作「神」，「嶷」作「俟」。今案：嶷嶷，高貌。

〔二九〕王樹枏曰：「家語『士』作『衷』。」黄懷信曰：「服與『動』相對，當訓行，謂行事。衷，同『中』，適中也。」

〔三〇〕此句疑有誤。王樹枏曰：「御覽引作『黄斧紼衣』。」紼，通「芾」，蔽膝，縫於長衣之前，爲古代禮服的一種服飾。

〔三一〕「德」，各本作「行」，當據改。孔廣森曰：「回，邪也。」

〔三二〕孔廣森曰：「夷，安也。」王聘珍曰：「夷，平也。」

〔三三〕原注：屠本作「漁」。今案：家，孔廣森校作「稼」，是也。

〔三四〕原注：一作「敦敏」。

〔三五〕孔廣森曰：「『倪』字誤，當爲『儀』。儀皇，即舜妃娥皇。吕氏春秋以『尚儀』爲『常娥』。『儀』、

『娥』並從『我』，諧聲，古音同借也。」

〔三六〕王聘珍曰：「叡，聖也。通知，能知人也。」

〔三七〕「王」，王聘珍本作「工」，並注曰：「工，官也。爲天下工，言爲天下舉賢建官也。」孔廣森曰：「爲天下王，爲天下所歸往。」

〔三八〕孔廣森曰：「敷，分也，分九州之土。」

〔三九〕王聘珍曰：「萊，草穢也。」

〔四〇〕王聘珍曰：「籥，管也。和，應也。秉籥而舞，其節與鐘鼓相應。」

〔四一〕鄭玄注曰：「士，察也。主察獄訟之事。」孔廣森曰：「士，刑官也。」

〔四二〕孔廣森曰：「率，循。經，常也。」

〔四三〕「放」，王聘珍本作「教」；説苑作「發」，與「放」爲一聲之轉，或是。「教」字蓋形似而譌。

〔四四〕王聘珍曰：「惡頩，猶惡顣頩也。」黄懷信曰：「頩，即瘁，異體字。惡頩，形容勞苦之狀。」

〔四五〕黄懷信曰：「敏給，敏捷。」孔廣森曰：「濟，成也。」

〔四六〕戴震曰：「『上士』二字，當從史記作『出』。稱以出，猶言比量而出也。」

〔四七〕王聘珍曰：「亹亹，勉也。穆穆，敬也。」

〔四八〕孔廣森曰：「九道，九州之道也。」

〔四九〕孔廣森曰：「陂，障也。……説禹貢者以汧、壺口、厎柱、太行、西傾、熊耳、嶓冢、内方、岷爲九山，雷首、大野、彭蠡、震澤、雲夢、滎播、菏澤、孟諸、豬野爲九澤。」

〔五〇〕九天，據孔廣森爲八方和中央之天。

〔五一〕贊，助也，輔佐也。

〔五二〕「不道、無德」，王聘珍本作「不庭、無道」。王聘珍注曰：「穀梁昭三十二年傳曰：『諸侯不享覲。』范注云：『享，獻也。』詩曰『榦不庭方』，毛傳云：『庭，直也。』廣雅云：『賓，敬也。』」

〔五三〕戴震曰：「此八字當有舛誤。」

〔五四〕于鬯曰：「『誠』當作『誠』，形近之譌。荀子彊國篇楊注云：『誠，教也。』不足誠，謂不足教誠也。」

〔五五〕王念孫曰：「『夫子』，當作『孔子』。下行文皆稱孔子，記者之詞也。其稱夫子者，乃宰我之語，不當於此闌入，家語正作『孔子』。」孔廣森曰：「有爲道諸夫子之所，或以宰我説五帝之事告夫子。」

六·一〇　大戴禮虞戴德

公曰：「昔有虞戴德何以？深慮何及？高舉安取〔一〕？」子曰：「君以聞之，唯丘無以更也；君之聞如未成也，黄帝慕脩之〔二〕。」曰：「明法于天明，開施教于民。行此以上明于天化也，物必起，是故民命而弗改也〔三〕。」

公曰：「善哉！以天教于民，可以班〔四〕乎？」子曰：「可哉。雖可而弗由，此以上知所以行斧鉞也〔五〕。父之於子，天也；君之於臣，天也。有子不事父，有臣不事君，是非反天而到〔六〕行邪？故有子不事父，不順；有臣不事君，必刃〔七〕。順天作刑，地生庶物。是故聖人之教于民也，率天如祖地〔八〕，能用民德。是以高舉不過天，深慮不過地，質知而好仁，能用民力，此三常之禮明而名不蹇〔九〕。禮失則壞，名失則惛。是故上古不諱，正天名也〔一〇〕；天子之宫四通，正地事也〔一一〕；天子御珽，諸侯御荼，大夫服笏，正民德也〔一二〕。斂此三者而一舉之，戴天履地，以順民事。天子告朔於諸侯，率天道而敬行之，以示威于天下也；諸侯内貢於天子，率名斆地實也〔一三〕。是以不至必誅。諸侯相見，卿爲介，以其教士畢行，使仁守，會朝於天子〔一四〕。天子以歲二月，爲壇於東郊，建五色，設五兵，具五味，陳六律，品奏五聲，聽明教〔一五〕。置離，抗大侯規鵠，豎物〔一六〕。九卿佐三公，三公佐天子。天子踐位，諸侯各以其屬就位。乃升諸侯，諸侯之教士〔一七〕，教士執弓挾矢〔一八〕，揖讓而升，履物以射〔一九〕，其地心端〔二〇〕，容色〔二一〕正，時以斆伎〔二二〕。時有慶以地，不時有讓以地〔二三〕。天下之有道也，有天子存；國之有道也，君得其正〔二四〕；家之不亂也，有仁父存〔二五〕。是故聖人之教于民也，以其近而見者，稽其遠而明者〔二六〕。天事曰明，地事曰昌，人事曰比兩以慶〔二七〕。違此三者，謂之愚民。愚民曰姦，姦必誅。是以天下平而國家治，民亦無貸〔二八〕。

居小不約，居大則治，衆則集，寡則繆〔二九〕；祀則得福，以征則服，此唯官民之上德也。」

公曰：「三代之相授，必更制典物〔三〇〕，道乎？」子曰：「否。猷德保，保〔三一〕惛乎前，以小繼大，變民示也〔三二〕。」

公曰：「善哉！子之察教我也。」子曰：「丘於君唯無言，言必盡，於他人則否。」

公曰：「教他人則如何？」子曰：「否，丘則不能。昔商老彭及仲傀〔三三〕，政之教大夫，官之教士，技之教庶人。揚則抑，抑則揚，綴以德行，不任以言，庶人以言〔三四〕，猶以夏后之袝懷袍褐也〔三五〕，行不越境。」

公曰：「善哉！我則問政，子事教我！」子曰：「君問已參黃帝之制，制之大禮也〔三六〕。」

公曰：「先聖之道，斯爲美乎？」子曰：「斯爲美。雖有美者，必偏屬於斯〔三七〕。昭天之福，迎之以祥；作地之福〔三八〕，制之以昌；興民之德，守之以長。」公曰：「善哉！」

〔一〕孔廣森曰：「有虞戴德何以，問民戴舜之德，何以致之？深慮何及、高舉安取，其慮遠也，何所及？其高法也，何所取？」王聘珍曰：「戴德，謂民戴其德。慮，思也。高，大也，遠也。舉猶行也，謂行政也。安亦何也。取謂取法。」

〔二〕「脩」，原注：一作「循」。今案：「君以聞之」之「以」，戴校本改爲「已」。王聘珍曰：「『以』讀曰

『已』。成，猶備也。慕，思慕也。脩，勉也。言君於四代之政刑，已聞之矣；若以所聞未備，則更於黄帝之道，思慕而勉求之。」

〔三〕戴震曰：「曰明法于天明，案此下各本衍一『開』字，楊本重一『明』字，今從方本。開物畢起，案各本脱『開』字，『畢』譌作『必』，今從方本。是故民聽命而弗改也，案各本脱『聽』字，今從方本。」于鬯曰：「明於天化也物必起，此『也』字當是『地』之壞文。……地物不起者，即下文所云地生庶物也。」

〔四〕「班」，孔廣森曰：「齊也。」王聘珍曰：「徧也。」

〔五〕戴校本删「以」字。孔廣森曰：「雖可教而民或弗從，故上知之君不能誅也。」王聘珍曰：「由，從也。上知，謂賢聖之君。斧鉞，軍戮也。」黄懷信曰：「言雖可偏教而有不從者，此乃上智之君之所以行斧鉞之故也。」

〔六〕「到」，戴校本改爲「倒」。孔廣森曰：「『到』即『倒』字。」

〔七〕孔廣森曰：「刃，殺也。」俞越曰：「訓『刃』爲殺，於義未安。『刃』當爲『忍』。」

〔八〕「如」，戴校本改爲「而」。王聘珍曰：「祖，法也。」

〔九〕孔廣森曰：「三常，天、地、人之常道。」「蹇」，王聘珍釋爲「難也」。

〔一〇〕「古」，于鬯曰：「蓋本作『直』，直字壞下體誤成『古』字。」孔廣森曰：「正天名，從天之質。」黄懷信曰：「上，尚也。直，謂直稱其名。天名，自然之名。」

〔一一〕戴禮曰：「四通，明堂也。地事，謂頒農政。」

〔一二〕孔廣森曰：「白虎通義曰：『……凡位不同，服各有異，唯言圭笏，舉一隅耳。』玉藻曰：『天子搢珽，方正於天下也。諸侯荼，前詘後直，讓於天子也。大夫前詘後詘，無所不讓也。』」

〔一三〕戴震曰：「諸侯内貢于天子，案『内』、『納』古通用。率名斅地實也，案『斅』、『效』古通用。」孔廣森曰：「『斅』，讀爲『效』，致也。」王聘珍曰：「名者，侯、甸、男、采、衛、要服之名。『斅』讀爲『效』，獻也。地實者，土地所宜有。」

〔一四〕王聘珍曰：「諸侯相見者，六服各方諸侯，將時會天子，先自相見也。曲禮曰：『諸侯未及期相見，曰遇。相見於郤地，曰會。』卿爲介者，朝事曰：『諸侯介紹而相見，君子於其所尊，不敢質。』教士，謂諸侯頖宮所教之士。王制曰：『天子命之教，然後爲學。』教士畢行者，射義曰：『古者天子之制，諸侯歲獻貢士於天子，天子試之於射宮。』守，居守其國也。荀子大略云『使仁居守』，楊注云『使仁厚者主後事』。穀梁傳曰：『智者慮，義者行，仁者守，然後可以會矣。』會朝者，周禮曰：『時見曰會，春見曰朝。』」

〔一五〕王聘珍曰：「品，同也。品奏者，同五聲於六律也。聽，平治也。明教，謂戒令，周禮曰『詰用之於會同』是也。」

〔一六〕「竪」一作「豎」。孔廣森曰：「置離，離，耦也。王射以六耦，諸侯四耦，大夫士三耦。凡二人偶曰離。……抗大侯規鵠，抗，張也。大侯，虎侯也。規，度也。鵠，侯中棲皮也。……豎物，豎，立也；物，獲旌也。」戴禮曰：「置離，鄭曲禮注：『離，兩也。』左襄二十九年傳：『射者三耦。』杜云：『二人爲耦。』夏官射人：『以射法治射儀，王以六耦，諸侯以四耦，孤卿大夫以三耦，士以二耦。』抗大侯規鵠堅物，朱子曰：『抗，張也。堅，定也。』鄉射記：『物長如笴，其間容弓，距隨長武。』鄭云：『物，謂射時所立處也，謂之物也。』物，猶事也，君子所有事也。」黄懷信曰：「抗，張也。……堅，固也，謂固定。物，射時前腳所踩者。」

〔一七〕黄懷信曰：「『乃升』下戴校删一『諸侯』。」

〔一八〕孔廣森曰：「縮矢於弦側持之曰執，横矢於弣方持之曰挾。」

〔一九〕孔廣森曰：「履物以射，以丹若墨度地午畫之，縱三尺，横尺二寸，上射於右，下射於左。」

〔二〇〕黄懷信曰：「『其地心端』，戴校改爲『其志心端』。」

〔二一〕「容色」，王聘珍本作「色容」。

〔二二〕王聘珍曰：「斆讀曰校，謂考校也。伎，藝也。言若是以考諸侯教士之藝也。」

〔二三〕孔廣森曰：「慶，賞也。讓，責也。」

〔二四〕「君得其正」，戴禮疑作「有君存」。

〔二五〕王樹枏曰：「有仁父存，馬本『存』作『在』。」戴禮疑「仁」字衍。

〔二六〕王聘珍曰：「近，謂近身之德行道藝。見，顯也。稽，考也。遠，謂事君事長使衆之道。明，通也。」

〔二七〕黄懷信曰:「『人事曰』下戴校增『樂』字。」孔廣森曰:「明照物,昌育物。人事曰比兩以慶,兩,即天地也。慶,善也。言合天地之道爲善。古讀『明』如『盲』,『慶』如『羌』,與『昌』爲韻。」

〔二八〕「貸」,黄懷信疑作「忒」。

〔二九〕孔廣森曰:「貸音忒。小,小國。大,大國。衆寡,謂民多少也。約,困也。繆,古通以爲『穆』字。集、繆,皆和也。」

〔三〇〕孔廣森曰:「更制典物,謂若正朔三而改,文質再而復。」

〔三一〕各本多以「保保」連讀。「保保」,孔廣森以爲「桀紂」之誤,孫詒讓以爲「侸侸」之誤。

〔三二〕「變民示也」,戴校本「示」改爲「視」。孔廣森曰:「猷德,猷,古通以爲由字。德,謂五行之德。言三代更制,各由其德,異德相變,同德則否,舜與黄帝皆土德,故慕修之,不更制也。」

〔三三〕老、彭即老聃、彭祖;仲傀,即湯左相仲虺。

〔三四〕戴震曰:「任庶人以言,案各本脱『任』字,今從楊本。」孫詒讓以爲「庶人以言」當作「度人以言」。

〔三五〕孔廣森曰:「綴,表也。袇,盛服也。袍,大襴。褐,毛布,賤者之服也。」

〔三六〕黄懷信以爲「黄帝」下「之」字衍。王聘珍曰:「制,法也。禮猶體也。」

〔三七〕孔廣森曰:「偏,亦屬也。」王聘珍曰:「偏,謂不周備也。言唯先聖之道爲美,捨先聖之道,雖美不備。」

〔三八〕「福」，戴震校爲「穡」。

六・一一　大戴禮誥志

公曰：「誥志無荒〔一〕，以會民義〔二〕，齋戒必敬，會時必節，犧牲必全，齊盛必潔，上下禋祀，外内〔三〕無失節，其可以省怨遠災乎？」子曰：「丘未知其可以省怨也。」

公曰：「然則何以事神？」子曰：「以禮會時。夫民見其禮，則上下援〔四〕；援則樂〔五〕，樂斯無憂〔六〕，以此怨省而亂不作也〔七〕。夫禮，會其四時，四孟、四季，五牲、五穀，順至必時其節也，丘未知其可以遠災也〔八〕。」

公曰：「然則爲此何以？」子曰：「知仁合則天地成，天地成則庶物時，庶物時則民財敬〔九〕，民財敬以時作，時作則節事，節事以動衆，動衆則有極〔一〇〕，有極以使民則勸，勸則有功，有功則無怨，無怨則嗣世久〔一一〕，唯聖人！是故政以勝衆〔一二〕，非以陵衆；衆以勝事，非以傷事；事以靖民，非以徵民〔一三〕。故地廣而民衆，非以爲災，長之祿〔一四〕也。丘聞周太史曰：『政不率天，下不由人〔一五〕，則凡事易壞而難成。』虞史伯夷曰：『明，孟也；幽，幼也。明幽，雌雄也。雌雄迭興而順至正之統也〔一六〕。』日歸于西，起明于東；月歸于東，起明于西〔一七〕。虞夏之曆，正建於孟春。於時冰泮，發蟄，百草權輿，瑞雉無釋〔一八〕。物乃歲俱生於東，以順四時，卒于冬萬〔一九〕。於時鷄三號，卒明。載于青色，撫十二月節〔二〇〕，卒于丑。日月成歲，曆再閏以順天道，此謂歲虞汁月〔二一〕。天曰作明，曰與，維天是載〔二二〕；地曰作昌，曰與，維地是事；人曰作樂，曰與，維民是嬉〔二三〕。民之動能，不遠厥事〔二四〕；民之悲色〔二五〕，不遠厥德。此謂表裏〔二六〕時合，物之所生，而蕃昌之道如此。天生物，地養物，物備興而時〔二七〕用常節，曰聖人；主祭于天，曰天子。天子崩，步于四川〔二八〕，代〔二九〕于四山〔三〇〕，卒葬曰帝。天作仁，地作富，人作治。樂治不倦，財富〔三一〕時節，是故聖人嗣則治。文王治以俟時〔三二〕，湯治以伐亂；禹治以移衆〔三三〕，衆服，以立天下；堯貴以樂治，時舉舜〔三四〕；舜治以德使力〔三五〕。在國統民如恕〔三六〕，在家撫官而國，安之勿變，勸之勿沮，民咸廢惡如進良〔三七〕，上誘〔三八〕善而行罰，百姓盡於仁而遂安之，此古之明制之治天下也。仁者爲聖，貴〔三九〕次，力次，美次，射御次，古之治天下者必聖人。聖人有國，則日月不食，星辰不隕〔四〇〕，勃〔四一〕海不運，河不滿溢，川澤不竭，山不崩解，陵不施谷〔四二〕，川浴〔四三〕不處，深淵不涸。於時龍至不閉〔四四〕，鳳降忘翼，鷙〔四五〕獸忘攫，爪鳥忘距，蜂蠆不螫嬰兒，蟁虻不食夭駒，雒出服〔四六〕，河出圖。自上世以來，莫不降仁，國家之昌，國家之臧〔四七〕，信仁。是故不賞不罰，如〔四八〕民咸盡力；車不建戈，遠邇咸服，允〔四九〕使來往，他賓畢極〔五〇〕，無怨無惡，率惟懿德。此無空禮，無空名，賢人並憂〔五一〕，殘毒〔五二〕以時省，舉良良，舉善善，恤民使仁，日斆仁賓也。」

〔一〕孔廣森曰：「楊簡曰：『誥者，所以誥諭臣民之典令。志者，所以記録庶事之書志。』」王聘珍曰：「誥志，國之舊典禮經也。荒，廢也。」

〔二〕王聘珍曰：「會，合也。民義，民道所宜也。」

〔三〕黄懷信曰：「『外内』，洪本作『内外』。」

〔四〕戴震曰：「則上不援，案『不』，各本譌作『下』，今從楊本。」

〔五〕原注：大訓作「則上下不援，不援則樂」。

〔六〕「無」，王聘珍本作「毋」，二字通。

〔七〕「以此」，俞樾以爲當作「此以」。「怨省」，王聘珍本作「省怨」。王聘珍曰：「見猶知也。援，引也，謂引而親之也。怨，謂神怨。亂，民亂也。省怨而亂不作者，晉語曰：『意寧百神而柔和萬民。』」

〔八〕黄懷信曰：「戴校本删『節』下『也』字、『遠』上『爲』字。」王聘珍曰：「禮，謂禮文。順，循也。鄭注樂記云：『至，行也。』節，謂節氣。順至必時其節者，按其禮文，循行故事，不失其時節。未可以遠災者，禮文雖具，民不和，神不享矣。」

〔九〕原注：一作「欲」。今案：黄懷信曰：「戴校本二『敬』字皆改『儆』，孔、汪照、洪本同。」孔廣森曰：「儆，聚也。」

〔一〇〕黄懷信曰：「戴校本删一『動衆』，孔及汪照、王樹枏同。洪移之於『有極』下，屬下句。」孫詒讓曰：「丁校云：『動衆』宜疊。孫校云：『不應删。』」孔廣森曰：「作，用也。極，中也。」

〔一一〕原注：大訓重「世久」二字。

〔一二〕王聘珍曰：「政，謂力役之政。勝，任也。」

〔一三〕「徵」，洪頤煊以爲當作「懲」。靖，安也。

〔一四〕「長之禄」，王聘珍釋爲「君之福」。

〔一五〕黄懷信曰：「戴校删『下』字，汪照從。」王念孫以爲「下」本作「亦」。王聘珍曰：「率，循也。天謂天時。由，從也。人謂人心。」

〔一六〕王聘珍曰：「陽曰明。孟，長也。陰曰幽。幼，小也。……迭，代也。……順，循也，各循其道也。至，行也。正，謂正朔，年始也。統，紀也，建正以日月之行爲紀也。」

〔一七〕黄懷信曰：「起明，始明也。月歸於東者，月晦之晨在東也。起明于西者，月朏之夜在西也。此申明幽雌雄之義。」

〔一八〕原注：史記作「百草奮興，秭鳺先滜」。今案：孔廣森曰：「史記曆書作『百草奮興，秭鳺先滜』，『無釋』並形誤。周易無咎字爲『无』，與『先』相近。」黄懷信曰：「『無釋』無義，『無』必『先』字輾轉之誤，孔説是。釋字可通，不必同史記。」又曰：「權興，始萌發也。瑞雉，野雞。釋，發其聲。」

〔一九〕原注：一作「分」，大訓作「方」。今案：黄懷信曰：「戴校本『以順』『以』字改『次』屬上讀，汪照、王樹枏從；又『東萬』改『東方』，孔及汪照、洪從，王聘珍、戴禮本作『冬分』。」今案：似當作「方」。

〔二〇〕孔廣森曰：「載，始也。青，春色也。張守節曰：『撫，猶循也。』」

〔二一〕原注：大訓無「歲」字。今案：孔廣森曰：「中數曰歲，朔數曰年。五歲再閏，則一巡守，協時月正日以順天道。此謂有虞氏汁月之法。汁，亦協也。」

〔二二〕「載」，王聘珍本作「戴」。「維」，王聘珍本作「惟」，下同。黃懷信曰：「戴校本『曰與』改『日與』，『惟』作『維』」，孔、汪照、洪同。下二句同。」孔廣森曰：「日，猶日日也。」黃懷信曰：「曰，語詞。作，猶生也。日，日日，孔說是。與，與及之與。日與，指人言。」

〔二三〕嬉，樂也。

〔二四〕原注：一作「享」。

〔二五〕黃懷信曰：「悲色，戴校本改『妃色』，汪照從。」

〔二六〕原注：大訓作「表表裹裹」。

〔二七〕原注：大訓作「日」。

〔二八〕「步」，于鬯疑「涉」字之譌。「四川」，孔廣森曰：「江、淮、河、濟也。」

〔二九〕原注：大訓作「伐」。

〔三〇〕「四山」，孔廣森曰：「衡、岱、恒、華也。」

〔三二〕洪頤煊曰：「『富』，高安本作『賦』。」

〔三三〕孔廣森曰：「俟時，謂服事殷也。」

〔三四〕孔廣森曰：「移衆，化民也。」

〔三五〕孔廣森曰：「以樂治，無爲而治。時，事也。」

〔三六〕王聘珍曰：「力謂羣臣之功。」

〔三七〕「恕」，俞樾以爲當作「帑」。

〔三八〕黄懷信曰：「『在國統民如恕』、『民咸廢惡如進良』，兩『如』字皆改『而』，汪中、汪照同；『在家撫官而國』，『而』字改『如』，汪照同。」

〔三九〕原注：大訓作「撫」。

〔四〇〕王引之以爲「聖」字當在「貴」字下。

〔四一〕原注：一本無「隕」字。

〔四二〕原注：大訓作「孛」。

〔四三〕原注：一本無「谷」字。

〔四四〕原注：大訓作「洛」。

〔四五〕「閉」，洪頤煊以爲當作「閃」。

〔四六〕「鷙」，王聘珍本作「蟄」。

〔四六〕「服」，王聘珍本以爲當作「符」。

〔四七〕臧，善也。

〔四八〕黄懷信曰：「戴校『如』改『而』，汪中、汪照同。」

〔四九〕「允」，各本作「胤」。爾雅曰：「胤，繼也。」

〔五〇〕「他」，各本作「地」。「賓」，戴校改爲「濱」。「極」，黄懷信以爲當作「及」。

〔五一〕「憂」，戴校改爲「優」。

〔五二〕原注：大訓無「毒」字。

六・一二　大戴禮用兵

公曰：「用兵者，其由不祥〔一〕乎？」子曰：「胡爲其不祥也？聖人之用兵也，以禁殘止暴於天下也；及後世貪者之用兵也，以刈百姓〔二〕，危國家也。」

公曰：「古之戎〔三〕兵，何世安起〔四〕？」子曰：「傷害之生久矣，與民皆生。」

公曰：「蚩尤作兵與〔五〕？」子曰：「否！蚩尤，庶人之貪〔六〕者也，及〔七〕利無義，不顧厥親，以喪厥身。蚩尤惽欲〔八〕憥而無厭者也，何器之能作〔九〕？蜂蠆挾螫而生，見害而校，以衛厥身者也〔一〇〕。人生有喜怒，故兵之作，與民皆生，聖人利用而彌之〔一一〕，亂人興之喪厥身。詩云：『魚在在藻，厥志在餌。』〔一二〕『鮮民之生矣，不如死之久矣。』〔一三〕『校德〔一四〕不塞,嗣武于〔一五〕孫子。』聖人愛百姓而憂海内,及後世之人,思其德,必稱其仁〔一六〕,故今之道堯、舜、禹、湯、文、武者,猶威致王,今若存。夫民思其德,必稱其人,朝夕祝之,升聞皇天,上神歆〔一七〕焉,故永其世而豐其年也。夏桀、商紂,羸〔一八〕暴於天下,暴極不辜,殺戮無罪,不祥于天,粒食之民,布散厥親,疎遠國老,幼色是與,而暴慢是親,讒貸處穀,法言法行處辟〔一九〕。殀替天道〔二〇〕,逆亂四時,禮樂不行,而幼風〔二一〕是御。曆失制,攝提失方〔二二〕,鄒大無紀〔二三〕。不告朔〔二四〕於諸侯,玉瑞不行〔二五〕;諸侯力政,不朝於天子;六蠻、四夷,交伐於中國。於是降之災,水旱臻〔二六〕焉,霜雪大滿〔二七〕,甘露不降,百草殨〔二八〕黄,五穀不升,民多夭疾,六畜餼眥〔二九〕,此太上之不論不議也。殀傷厥身,失墜天下,夫天下之報殃於無德者,必與其民〔三〇〕。」公懼焉,曰:「在民上者,可以無懼乎哉〔三一〕?」

〔一〕盧辯曰:「祥,善。」

〔二〕盧辯曰:「言非利金攘土,將以存亡繼絶,平天下之亂也。刈,翦。」

〔三〕原注:大訓作「用」。今案:黄懷信以爲「戎」不誤,作「用」非。

〔四〕「何世安起」,王念孫以爲「安」猶「於」也,此倒句,「何世於起」,猶言「起於何世」。

〔五〕黄懷信曰:「與,戴校本作『歟』,汪照本同。」

〔六〕黄懷信曰:「貪,戴校本改『强』,汪照本同。」

〔七〕「及」，王引之以爲當爲「㕚」，「㕚」，取也，貪也。
〔八〕王聘珍本無「欲」字，蓋衍文。
〔九〕原注：周禮疏引作「何兵之能造」。
〔一〇〕孔廣森曰：「當以『蜂蠆挾螫而生』爲句，『見害而校』爲句，言蜂蠆生而挾毒，見害己者則與之校，所以衛其身也，喻聖人作兵亦所以自衛也。」
〔一一〕黄懷信曰：「彌，戴校及各家本作『弭』。」
〔一二〕盧辯曰：「由心在於利，用兵以取危，蓋逸詩也。」
〔一三〕盧辯曰：「小雅蓼莪之三章也，亦困於兵革之詩也。」汪中曰：「此六句皆逸詩，不必牽引蓼莪。」
〔一四〕王聘珍曰：「校猶亢也。德謂德教。校德者，逞兵以違德教也。」
〔一五〕王聘珍本無「于」字。
〔一六〕原注：大訓作「人」。今案：下句作「夫民思其德，必稱其人」，則作「人」是也。
〔一七〕王聘珍曰：「歆，猶欣也。」
〔一八〕原注：大訓作「羸」。
〔一九〕王聘珍曰：「處，居也。」
〔二〇〕戴禮曰：「殀，絶也。釋言：『替，廢也。』」

〔二一〕「幼」，俞樾以爲當讀爲「幽」。「幽風」即幽眇之風也。風者，聲也。

〔二二〕汪照曰：「漢書音義：『攝提，星名。隨斗杓所指，建十二月。若曆誤，春三月當指辰，而乃指巳，是爲失方。』」

〔二三〕原注：漢書作「孟陬無紀」。今案：王念孫曰：「『鄒』讀爲『陬』。『鄒大無紀』，本作『孟陬無紀』。」孔廣森曰：「『鄒大無紀』，『大』亦『失』字之誤。」

〔二四〕黄懷信曰：「告朔，戴校本作『頒朔』，汪照本同。」

〔二五〕戴禮曰：「不告朔於諸侯，玉瑞不行，鄭春官典瑞注：『人執以見曰瑞。』玉瑞，命圭也。書舜典：『班瑞於羣后。』不行，廢禮也。」

〔二六〕王聘珍曰：「臻，至也。」

〔二七〕戴震曰：「霜雪大薄，案『薄』各本作『滿』，今從楊本。」王念孫亦以爲「滿」當作「薄」，薄，至也。

〔二八〕孔廣森曰：「殨，蔫也。蔫，萎也。」

〔二九〕「䬸」，盧辯以爲「瘁」字之誤，瘁，病也。「眥」，孔廣森以爲即「胔」字。

〔三〇〕王聘珍曰：「報，反也。殃，猶禍惡也。與，從也。」

〔三一〕洪頤煊曰：「公懼焉，『懼』讀曰『瞿』，驚貌。可以無懼乎哉，懼，恐也。」

六・一三　大戴禮少間

公曰：「今日少間〔一〕，我請言情於子。」子愀然變色，遷席〔二〕而辭曰：「君不可以言情於臣，臣請言情於君，君則不可。」

公曰：「師之而不言情焉，其私不同〔三〕。」子曰：「否。臣事君而不言情於君則不臣，君而不言情於臣〔四〕則不君。有臣而不臣猶可，有君而不君，民無所錯手足。」

公曰：「吾〔五〕度其上下，咸〔六〕通之，權其輕重，居之〔七〕；準民之色，目既見之；鼓民之聲〔八〕，耳既聞之；動民之德，心既和之；通民之欲，兼而壹之〔九〕；愛民親賢，而教不能，民庶説乎？」子曰：「説則説矣，可以爲家，不可以爲國。」

公曰：「可以爲家，胡爲不可以爲國？國之民，家之民也。」子曰：「國之民，誠家之民也。然其名異，不可同也。同名同食〔一〇〕曰同等。唯不同等，民以知極。故天子昭有神〔一一〕於天地之間，以示威於天下也；諸侯脩禮於内〔一二〕，以事天子；大夫脩官守職，以事其君；士脩四衛〔一三〕，執技論力，以聽乎大夫；庶人仰視天文，俯視地理，力時使〔一四〕以聽乎父母。此惟〔一五〕不同等，民以可治也。」

公曰：「善哉！上與下不同乎？」子曰：「將以時同時不同〔一六〕：上謂之閑，下謂之多疾〔一七〕。君時同於民，布政也；民時同於君，服聽也。上下相報〔一八〕，而終於施。大猶〔一九〕已成，發其小者；遠猶已成，發其近者。將行重器，先其輕者。先清而後濁者，天地也。天政曰正，地政曰生，人政曰辯〔二〇〕。苟本正，則華英必得其節以秀孚矣，此官民之道也。」

公曰：「善哉！請少復進焉。」子曰：「昔堯取人民〔二一〕狀，舜取人以色，禹取人以言，湯取人以聲，文王取人以度，此四代五王之取人以治天下如此。」公曰：「嘻！善之不同也。」子曰：「何謂其不同也？」公曰：「同乎？」子曰：「同。」

公曰：「人狀可知乎？」子曰：「不可知也。」

公曰：「五王取人，各有以舉之，胡爲人之不可知也？」子曰：「五王取人，比而視，相而望。五王取人，各以己焉，是以同狀〔二二〕。」

公曰：「以子相人何如？」子曰：「否。丘則不能五王取人〔二三〕，丘也傳聞之，以委於君。丘則否能，亦又不能〔二四〕。」

公曰：「我聞子之言始蒙矣。」子曰：「由君居之，成於純，胡爲其蒙也？雖古之治天下者，豈生於異州哉〔二五〕？昔虞舜以天德嗣堯，布功散德制禮。朔方幽都來服，南撫交趾，出入日月，莫不率俾，西王母來獻其白琯，粒食之民，昭然明視，民明教，通于四海，海〔二六〕外肅慎、北發、渠搜、氐、羌來服。舜有〔二七〕禹代興，禹卒受命，乃遷邑姚姓于陳。作物配天，修德使力〔二八〕，民明教通于四海，海之外肅慎、北發、渠搜、氐、羌來服。禹崩，十有七世，乃有末孫桀即位。桀不率先王之明德，乃荒耽于酒，淫泆于樂，德昏政亂，作宮〔二九〕高臺汙池，土察，以民爲虐〔三〇〕，粒食之民，惛焉幾亡。乃有商履〔三一〕代興。商履循禮法以觀〔三二〕天子，天子不説，則嫌於死〔三三〕。成湯卒受天命，不忍天下粒食之民刈戮，不得以疾死〔三四〕，故乃放移夏桀，散亡其佐。乃遷姒姓于杞。發厥明德，順民天心嗇地〔三五〕，作物配天，制典慈民。咸合諸侯，作八政，命於總章。服禹功以修舜緒，爲副于天。粒食之民，昭然明視，民明教，通于四海，海之外肅慎、北發、渠搜、氐、羌來服。成湯卒崩，殷德小破，二十有二世，乃有武丁即位。開先祖之府，取其明法，以爲君臣上下之節，殷民更眩〔三六〕；近者説，遠者至，粒食之民，昭然明視。武丁年〔三七〕崩，殷德大破，九世，乃有末孫紂即位。紂不率先王之明德，乃上祖夏桀行，荒耽於酒，淫佚〔三八〕於樂，德昏政亂，作宫室高臺汙池，土察，以爲民虐〔三九〕，粒食之民，忽然幾亡。乃有周昌霸〔四〇〕諸侯以佐之。紂不説諸侯之聽於周昌，則〔四一〕嫌於死，乃退伐崇許魏〔四二〕，以客〔四三〕事天子。文王卒受天命，作物配天，制無〔四四〕用，行三明，親親尚賢。民明教，通于四海，海之外肅慎、北發、渠搜、氐、羌來服。君其志焉，或徯〔四五〕將至也。」

公曰：「大哉，子之教我政也；列五王之德，煩煩如繁諸〔四六〕乎！」子曰：「君無譽臣，臣之言未盡，請盡臣之言，君如財之〔四七〕。」曰：「於此有功匠焉〔四八〕，有利器焉〔四九〕，有措扶焉〔五〇〕，以時令其藏必周密，發如用之〔五一〕，可以知古，可以察今，可以事親，可以事君，可用于生，又用之死，吉凶並興，禍福相生，卒反生福，大德配天。」

公愀然其色曰：「難立哉！」子曰：「臣願君之立，知如以觀聞也〔五二〕；時天之氣，用地之財，以生殺於民，民之死，不可以教。」

公曰：「我行之，其可乎？」子曰：「唯，此在君。君曰足，臣恐其不足；君曰不足〔五三〕，舉其前必舉其後，舉其左必舉其右。君既教矣，安能無善〔五四〕？」

公吁焉其色曰：「大哉，子之教我制也。政之豐也，如未〔五五〕之成也。」子曰：「君知未成，言未盡也。凡草木根鞁〔五六〕傷，則枝葉必偏枯，偏枯是爲不實，穀〔五七〕亦如之。上失政，大及小人畜穀。」

公曰：「所謂失政者，若夏、商之謂乎？」子曰：「否。若夏、商者，天奪之魄，不生德焉〔五八〕。」

公曰：「然則何以謂失政？」子曰：「所謂失政者：疆蔞〔五九〕未虧，人民未變，鬼神未亡〔六〇〕，水土未絪〔六一〕；糟者猶糟，實者猶實〔六二〕，玉者猶玉，血者猶血〔六三〕，酒者猶酒〔六四〕。優以繼湛〔六五〕，政出自家門，此之謂失政也。非天是反，人自〔六六〕反。臣故曰：君無言情於臣，君無假人器，君無假人名。」公曰：「善哉！」

〔一〕黄懷信曰：「間，戴校及各家本字作『閒』。」孔廣森曰：「閒，暇也。」

〔二〕「愀然」，王聘珍本作「愀焉」。孔廣森曰：「還席，前坐也。」

〔三〕盧辯曰：「言已師禮事夫子，故不使言情也，其私不同於此也。」黄懷信以爲盧説非，曰：「此言既師之而不言情於師，則其私不同。私，謂各自内心。不同，不相通也。」

〔四〕戴震曰：「君而言情於臣，案『君而』下各本衍『不』字，今從楊本。」

〔五〕「吾」，王聘珍本作「君」。

〔六〕「咸」，于鬯以爲當讀爲「感」。

〔七〕黄懷信曰：「『居之』上亦當有『咸』若『皆』字，今蓋脱。」

〔八〕王聘珍曰：「準，望也。鼓，振動也。聲，言也。謂鼓舞其民而民有聲也。」

〔九〕王聘珍曰：「兼，併也。壹，專也。併其所欲，而專致於民。」

〔一〇〕黄懷信曰：「同食，汪中校作『同位』，王樹枏從。」孔廣森曰：「食，禄也。」

〔一一〕「有神」，戴震、王念孫均以爲當作「百神」。

〔一二〕王聘珍本「内」上有「封」字。洪頤煊曰：「封内，封域之内。古文以爲『邦』字。」

〔一三〕盧辯曰：「四衛，四方之職。」

〔一四〕「使」，孫詒讓疑當爲「事」字。

〔一五〕「惟」，王聘珍本作「唯」。

〔一六〕盧辯曰：「言有可同不可同也。」

〔一七〕王聘珍曰：「閑，防也。疾，病也。上爲法制以防下，而下敝於法則以爲厲己，此上下之情不同也。」

〔一八〕孔廣森曰：「報，高安本作『服』。」

〔一九〕王聘珍曰：「猶讀曰猷，謀也。」

〔二〇〕「辯」，王聘珍本作「辨」。

〔二一〕原注：大訓作「以」。

〔二二〕王聘珍曰：「比謂比方。相，亦視也。望謂物望。己者，身也。中庸曰：『取人以身。』言五王取人，比方而視之，視之而參以物望，取之復由於一身，是以取人不同而得善同也。」

〔二三〕盧辯曰：「言不能如五王。」

〔二四〕王聘珍曰：「否能，謂不能知人也。亦又不能者，不能取人以己也。」

〔二五〕孔廣森曰：「居之無倦曰純。雖古之治天下者，豈生於異州哉，言非生於異地，明人皆可爲堯舜也。」

〔二六〕戴震、王念孫等以爲「海」下脱一「之」字。

〔二七〕原注：大訓作「崩」。今案：戴震、孔廣森均於「舜」下增一「崩」字。

〔二八〕孔廣森曰：「作物，制作典物也。使力，若盡力溝洫之事。」

〔二九〕原注：一本有「室」字。

〔三〇〕「土察，以民爲虐」一句，俞樾以爲當作「以民爲土察」，「土察」當爲「土蔡」，即土芥，「虐」爲衍文；王樹枏以爲當作「虐民以爲土察」。孔廣森以爲「察」蓋窟室之屬。

〔三一〕盧辯曰：「履，湯名。」

〔三二〕「覲」，王樹枏以爲當是「覲」字之誤。

〔三三〕洪頤煊曰：「則，朱氏、高安本俱作『別』。」孔廣森曰：「嫌於死，謂鈞臺之囚也。」

〔三四〕汪照曰：「死，一作『亂』。」

〔三五〕「順民天心嗇地」，戴震、王引之以爲當作「順天嗇地」。「嗇地」，孔廣森曰：「任地宜而稼穡之。」

〔三六〕原注：大訓作「服」。今案：黄懷信以爲「眩」字不誤。王聘珍曰：「先祖，謂成湯也。府，文書聚藏之所也。明法，成湯所制典法也。節，制也。更，改也。眩，亂也，惑也。」

〔三七〕原注：大訓作「卒」。

〔三八〕「佚」，王聘珍本作「泆」。

〔三九〕孔廣森曰：「汙池土察以爲民虐，上文『以民爲虐』亦當依此作『爲民』。」

〔四〇〕孔廣森曰：「霸，長也，謂爲西伯也。」

〔四一〕原注：一作「別」。

〔四二〕「許魏」，王念孫以爲「誅黎」之誤。

〔四三〕「客」，洪頤煊以爲當作「愙」，「愙」，敬也。俞樾以爲「客」當作「容」。

〔四四〕原注：孔校作「典」。今案：黄懷信曰：「制無用，戴校本作『制法任地』。」

〔四五〕王聘珍曰：「徯，待也。」

〔四六〕「諸」，洪頤煊以爲讀作「者」，孫詒讓疑當作「緒」。洪頤煊又曰：「煩，多也。」

〔四七〕黄懷信曰：「君如財之，戴校『如』改『而』，汪照從；汪中改『而君財之』。」戴震曰：「財、裁古通用。」

〔四八〕「功」，孫詒讓以爲當作「巧」。盧辯曰：「王非獨善，言有師保。」

〔四九〕盧辯曰：「言有先王之禮度也。」

〔五〇〕盧辯曰：「謂股肱之良也。」王聘珍曰：「措，棄置也。扶，進之也。論語曰：『舉直措諸枉則民服。』」

〔五一〕黄懷信曰：「發如用之，戴校『如』改『而』，二汪同。」

〔五二〕原注：一作「問觀」。今案：當作「觀聞」，「如」讀爲「而」。

〔五三〕原注：一本下有「臣恐其足」四字。

〔五四〕王聘珍曰：「舉猶取也。……教，習也。言君有所不足，則取諸前後左右輔弼之人，其人皆教習之士，能無善乎。」

〔五五〕原注：一本作「木」。

〔五六〕戴禮曰：「皸，當作『皵』，形聲兩近而譌也。集韻：『皵，皮壞也。』」

〔五七〕「穀」，戴震以爲當作「民」。

〔五八〕洪頤煊曰：「魄，形也。言天絶夏、商之生，不降之德。」

〔五九〕王聘珍曰：「疆，封疆也。蔞，草木盛也。」于鬯以爲「蔞」當作「遱」，疆遱者，疆域邊界之謂也。

〔六〇〕洪頤煊曰：「變，謂流徙。鬼神未亡，祭禮不失。」

〔六一〕盧辯曰：「絪猶亂。」俞樾以爲「絪」當讀爲「垔」，垔，塞也。黄懷信以爲「絪」當讀如字，謂絪緼，雲煙彌漫之狀。

〔六二〕洪頤煊曰：「酒滓曰糟，喻俗之薄。實者猶實，喻俗之厚。」

〔六三〕洪頤煊曰：「玉者猶玉，謂不變色。書大傳曰：『在内者皆玉色。』血，憂也。」

〔六四〕俞樾以爲「酒者猶酒」當在「糟者猶糟」一句下。

〔六五〕「湛」，各本誤作「愖」，戴震改作「湛」。「優以繼湛」，孔廣森注曰：「優游湛樂。」

〔六六〕原注：一作「是」。

六・一四　公羊襄二十九年何休解詁

孔子曰：「三皇設言民不違，五帝畫象世順機，三王肉刑揆漸加，應世黠巧姦僞多。」〔一〕

〔一〕原注：疏云孝經説文。

六・一五　初學記九引七經義綱

孔子曰：「天子之德感天地，洞〔一〕八方。以化合神者稱皇，德合天者稱帝，德合仁義者稱王。」

〔一〕洞，通也。

六・一六　藝文類聚十一引帝王世紀

孔子稱：「天子之德感天地，洞八方。是以化合神者稱皇，德合天地者稱帝，仁義合者稱王。」〔一〕

〔一〕原注：又見御覽七十六。

六・一七　史記商君傳

孔丘有言曰：「推賢而戴者進，聚不肖而王者退。」

六・一八　後漢書翟酺傳酺上疏〔一〕

孔子曰：「吐珠於澤，誰能不含？」〔二〕

〔一〕中華書局點校本後漢書「酺」作「酺」。

〔二〕原注：注春秋保乾圖曰：「臣功大者主威侵，權并族害己姦行，吐珠於澤，誰能不含？」

六·一九　後漢書李雲傳雲上書

孔子曰：「帝者，諦也。」〔一〕

〔一〕原注：注春秋運斗樞曰：「五帝修名、立功，修德成化，統調陰陽，招類使神，故稱帝。帝之言諦也。」鄭玄注云：「審諦於物也。」

六·二〇　後漢書五行志注引魏志高堂隆對〔一〕

孔子曰：「災者，修類應行，精祲相感，以戒人君。」

〔一〕見後漢書五行志二。

六·二一　荀子王制

孔子曰：「大節是也，小節是也，上君也。大節是也，小節一出焉，一入焉，中君也。大節非也，小節雖是也，吾無觀其餘矣。」

六·二二　荀子哀公

魯哀公問舜冠於孔子，孔子不對。三問，不對。哀公曰：「寡人問舜冠於子，何以不言也？」孔子曰〔一〕：「古之王者，有務而拘領者矣〔二〕，其政好生而惡殺焉。是以鳳在列樹，麟在郊野，烏鵲之巢，可俯〔三〕而窺也。君不此問，而問舜冠，所以不對也。」

〔一〕百子全書本、梁啓雄本「曰」上有「對」字。

〔二〕楊倞注曰：「務，讀爲冒。拘與句同，曲領也。言雖冠衣拙朴，而行仁政也。」

〔三〕「俯」，王先謙本作「附」。

六・二三　荀子哀公

魯哀公問於孔子曰：「寡人生於深宮之中，長於婦人之手，寡人未嘗知哀也，未嘗知憂也，未嘗知勞也，未嘗知懼也，未嘗知危也。」孔子曰：「君之所問，聖君之問也。丘，小人也，何足以知之？」曰：「非吾子無所聞之也。」孔子曰：「君入廟門而右，登自胙階，仰視榱棟，俛見几筵，其器存，其人亡，君以此思哀，則哀將焉不至矣〔一〕！君昧爽而櫛冠〔二〕，平明而聽朝，一物不應〔三〕，亂之端也，君以此思憂，則憂將焉不至矣！君平明而聽朝，日昃而退，諸侯之子孫必有在君之末庭者，君以此思勞，則勞將焉不至矣！君出魯之四門，以望魯四郊，亡國之虚，則必有數蓋焉〔四〕，君以此思懼，則懼將焉不至矣！且丘聞之：『君者，舟也；庶人者，水也。水則載舟，水則覆舟。』君以此思危，則危將焉〔五〕不至矣！」

〔一〕楊倞注曰：「謂祭祀時也。胙與阼同。榱亦椽也。哀將焉不至，言必至也。」王先謙本、梁啓雄本、百子全書本「焉」下有「而」字。下文「憂將焉不至」、「勞將焉不至」、「懼將焉不至」倣此。盧文弨曰：「正文『將焉』下，元刻有『而』字，下四句並同。而，當訓爲能，若以爲衍，不應五句皆誤。」王念孫同意盧說。

〔二〕楊倞注曰：「昧，闇。爽，明也。謂初曉尚暗之時。」櫛冠，王天海曰：「梳髮束冠也。」

〔三〕王天海曰：「不應，不相適應也。或曰：不應，不稱、不當也。」

〔四〕楊倞注曰：「虛，讀爲墟。有數蓋焉，猶言蓋有數焉，倒言之耳。」盧文弨曰：「數蓋，猶言數區也。」郝懿行曰：「『虛』『墟』古今字。……蓋者，苫也。言故虛羅列其間，必有聚廬而居者焉。觀此易興亡國之感。」

〔五〕王先謙本「焉」下有「而」字。

六・二四　新序雜事四

哀公問孔子曰：「寡人生乎深宮之中，長於婦人之手，寡人未嘗知哀也，未嘗知憂也，未嘗知勞也，未嘗知懼也，未嘗知危也。」孔子辟席曰：「吾君之問，乃聖君之問也。丘，小人也，何足以言之？」哀公曰：「否。吾子就席。微吾子，無所聞之矣。」孔子就席曰：「然。君入廟門，升自阼階，仰見榱棟，俯見几筵；其器存，其人亡。君以此思哀，則哀將安不至矣！君昧爽而櫛冠，平旦而聽朝，一物不應，亂之端也。君以此思憂，則憂將安不至矣！君平旦而聽朝，日昃而退，諸侯之子孫，必有在君之門庭者。君以此思勞，則勞將安不至矣！君出魯之四門，以望魯之四郊，亡國之墟〔一〕，列必有數矣。君以此思懼，則懼將安不至矣！丘聞之：『君者，舟也；庶人者，水也。水則載舟，水則覆舟。』君以此思危，則危將安不至矣！夫執國之柄，履民之上，懍〔二〕乎如以腐索御奔馬。易曰：『履虎尾。』詩曰：『如履薄冰。』不亦危乎！」哀公再拜，曰：「寡人雖不敏，請事斯語矣！」

〔一〕「墟」，石光瑛本作「虚」。

〔二〕「懍」，百子全書本作「凜」。

六·二五　荀子哀公

魯哀公問於孔子曰：「紳、委、章甫〔一〕，有益於仁乎？」孔子蹴然曰：「君號〔二〕然也！資衰、苴杖〔三〕者不聽樂，非耳不能聞也，服使然也。黼衣、黻裳者不茹葷，非口不能味也〔四〕，服使然也。且丘聞之，好肆不守折，長者不爲市。竊〔五〕其有益與其無益，君其知之矣。」

〔一〕楊倞注曰：「紳，大帶也。委，委貌，周之冠也。章甫，殷冠也。」鄭玄注儀禮云：「委，安也。所以安正容貌。章，表明也。殷質，言所以表明丈夫也。」

〔二〕「號」，梁啓雄以爲當據家語改爲「胡」。

〔三〕楊倞注曰：「資與齊同。苴杖，竹也。苴，謂蒼白色自死之竹也。」

〔四〕楊倞注曰：「黼衣、黻裳，祭服也。白與黑爲黼，黑與青爲黻。禮，祭致齊，不茹葷。非不能味，謂非不能知味也。」

〔五〕「竊」，梁啓雄以爲當據家語注改爲「察」。

六·二六　羣書治要尸子治天下

鄭簡公謂子産曰：「飲酒之不樂，鐘鼓之不鳴，寡人之任也；國家之不乂，朝廷之不治，與諸侯交之不得志，子之任也〔一〕。」子産治鄭〔二〕，國無盜賊，道無餓人。孔子曰：「若鄭簡公之好樂，雖抱鐘而朝可也。」

〔一〕中華書局本尸子（孫星衍輯）下有「子無入寡人之樂，寡人無入子之朝，自是已來」十八字。

〔二〕中華書局本尸子（孫星衍輯）下有「城門不閉」四字。

六·二七　羣書治要尸子處道

孔子曰：「君者，盂也；民者，水也。盂方則水方，盂圓則水圓。上何好而民不從？」

六·二八　韓非子外儲説左上

孔子曰：「爲人君者，猶盂也；民，猶水也。盂方水方，盂圜水圜。」

六・二九　御覽七十九引尸子

子貢曰：「古者黄帝四面，信乎？」孔子曰：「黄帝取合己者四人，使治四方；不計而耕〔一〕，不約而成〔二〕，此之謂四面。」

〔一〕「耕」，中華書局影印本御覽、百子全書本尸子皆作「耦」，疑誤。今案：「不計而耕，不約而成」似爲韻語，而「耕」、「成」皆屬上古耕部。二語是説民風醇厚，不起争奪之心，所以不用計量土地即可耕種，不用規約，萬事皆成。

〔二〕原注：御覽三百六十五引作「使治四方，大有成功」。

六・三〇　御覽四百九十引尸子

魯哀公問孔子曰：「魯有大忘，徙而忘其妻，有諸？」孔子曰：「此忘之小者也。昔商紂有臣，曰王子須，務爲諂，使其君樂須臾之樂，而忘終身之憂。」

六・三一　説苑敬慎

魯哀公問孔子曰：「予聞忘之甚者，徙而忘其妻，有諸乎？」孔子對曰：「此非忘之甚者也，忘之甚者忘其身。」哀公曰：「可得聞與？」對曰：「昔夏桀貴爲天子，富有天下，不修禹之道，毁壞辟法，裂絶世祀，荒淫于樂，沈酗于酒，其臣有左師觸龍者，諂諫不止。湯誅桀，左師觸龍者身死，四支不同壇而居，此忘其身者也。」哀公愀然變色曰：「善。」

六・三二　御覽六百二十引尸子

孔子謂子夏曰：「汝〔一〕知君子之爲君乎？」子夏曰：「魚失水則死，水失魚猶爲水也。」孔子曰：「商，汝知之。」〔二〕

〔一〕百子全書本尸子「汝」前有「商」字。

〔二〕原注：諸子彙函以爲尸子君治篇文。

六・三三　韓非子内儲説上七術

魯哀公問於孔子曰：「鄙諺曰：『莫衆而迷〔一〕。』今寡人舉事，與羣臣慮之，而國愈亂，其故何也？」孔子對曰：「明主之問臣，一人知之，一人不知也，如是者，明主在上，羣臣直議於下。今羣臣無不一辭同軌乎季孫者，舉魯國盡化爲一，君雖問境内之人，猶不免於亂也。」

〔一〕莫衆而迷，謂舉事不與衆謀者必迷惑。

六·三四　韓非子外儲説左上

晉文公攻原，裹十日糧，遂與大夫期十日。至原十日而原不下，擊金而退，罷兵而去。士有從原中出者，曰：「原三日即下矣。」羣臣左右諫曰：「夫原之食竭力盡矣，君姑待之。」公曰：「吾與士期十日，不去，是亡吾信也。得原失信，吾不爲也。」遂罷兵而去。原人聞曰：「有君如彼其信也，可無歸乎？」乃降公。衛人聞曰：「有君如彼其信也，可無從乎？」乃降公。孔子聞而記之曰：「攻原得衛〔一〕者，信也。」

〔一〕「衛」，淮南、新序皆作「温」。陳奇猷據左傳、史記等書以爲作「温」是也。

六·三五　韓非子外儲説右上

堯欲傳天下於舜。鯀諫曰：「不祥哉！孰以天下而傳之於匹夫乎？」堯不聽，舉兵而誅殺鯀於羽山之郊。共工又諫曰：「孰以天下而傳之於匹夫乎？」堯不聽，又舉兵而誅〔一〕共工於幽州之都。於是天下莫敢言無傳天下於舜。仲尼聞之曰：「堯之知，舜之賢，非其難者也。夫至乎誅諫者必傳之舜，乃其難也。」一曰：「不以其所疑敗其所察，則難也。」

〔一〕王先慎據御覽改「誅」爲「流」，于省吾以爲失之，陳奇猷疑「誅」下脱一「流」字。

六・三六　韓非子難一

歷山之農者侵畔，舜往耕焉，朞年，甽畝正。河濱之漁者爭坻〔一〕，舜往漁焉，朞年而讓長。東夷之陶者器苦窳〔二〕，舜往陶焉，朞年而器牢。仲尼歎曰：「耕、漁與陶，非舜官也，而舜往爲之者，所以救敗〔三〕也。舜其信仁乎！乃躬耕〔四〕處苦而民從之。故曰：聖人之德化乎！」

〔一〕舊注：「坻，水中高地，釣者依之。」

〔二〕舊注：「苦窳，惡也。」

〔三〕陳奇猷曰：「敗，壞也。謂敗政壞俗之事。」

〔四〕「耕」，陳奇猷本作「藉」。

六・三七　韓非子難一

晉文公將與楚人戰，召舅犯問之，曰：「吾將與楚人戰，彼衆我寡，爲之奈何？」舅犯曰：「臣聞之：『繁禮君子，不厭忠信；戰陣之間，不厭詐僞。』君其詐之而已矣。」文公辭舅犯，因召雍季而問之，曰：「我將與楚人戰，彼衆我寡，爲之奈何？」雍季對曰：「焚林而田，偷取多獸，後必無獸；以詐遇民，偷取一時，後必無復。」文公曰：「善。」辭雍季，以舅犯之謀與楚人戰以敗之。歸而行爵,先雍季而後舅犯。羣臣曰:「城濮之事,舅犯謀也。夫用其言而後其身,可乎?」文公曰:「此非君〔一〕所知也。夫舅犯言,一時之權也;雍季言,萬世之利也。」仲尼聞之曰:「文公之霸也,宜哉!既知一時之權,又知萬世之利。」

〔一〕陳奇猷引顧廣圻説以爲「君」當作「若」。

六・三八　呂氏春秋孝行覽義賞

昔晉文公將與楚人戰於城濮,召咎犯而問曰:「楚衆我寡,奈何而可?」咎犯對曰:「臣聞繁禮之君,不足於文;繁戰之君,不足於詐。君亦詐之而已。」文公以咎犯言告雍季,雍季曰:「竭澤而漁,豈不獲得?而明年無魚。焚藪而田,豈不獲得?而明年無獸。詐僞之〔一〕道,雖今偷〔二〕可,後將無復,非長術也。」文公用咎犯之言而敗楚人於城濮。反而爲賞,雍季在上。左右諫曰:「城濮之功,咎犯之謀也。君用其言而賞後其身〔三〕,或者不可乎?」文公曰:「雍季之言,百世之利也。咎犯之言,一時之務也。焉有以一時之務先百世之利者乎!」孔子聞之曰:「臨難用詐,足以卻敵。反而尊賢,足以報德。文公雖不終始,足以霸矣。」

〔一〕許維遹曰:「治要引『之』下有『爲』字。」

〔二〕梁運華曰:「四部叢刊本『偷』下有注『一作愈』。」

〔三〕梁運華曰：「四部叢刊本『身』下有注『一作資後其賞』。」

六·三九　韓非子難二

昔者文王侵盂、克莒、舉酆，三舉事而紂惡之。文王乃懼，請入洛西之地、赤壤之國方千里，以請解炮烙之刑。天下皆説。仲尼聞之曰：「仁哉，文王！輕千里之國而請解炮烙之刑。智哉，文王！出千里之地而得天下之心。」

六·四〇　吕氏春秋季春紀先己

孔子見魯哀公，哀公曰：「有語寡人曰：『爲國家者，爲之堂上而已矣。』寡人以爲迂言也。」孔子曰：「此非迂言也。丘聞之：得之於身者得之人，失之於身者失之人。不出於門户而天下治者，其惟知反於己身者乎！」

六·四一　説苑政理

衛靈公謂孔子曰：「有語寡人：『爲國家者，謹之於廟堂之上，而國家治矣。』其可乎？」孔子曰：「可。愛人者則人愛之，惡人者則人惡之；知得之己者，亦知得之人。所謂不出於環堵之室而知天下者，知反之己者也。」

六·四二　呂氏春秋貴直論過理

糟丘酒池，肉圃爲格〔一〕，雕柱而桔諸侯，不適也〔二〕。刑鬼侯之女而取其環〔三〕，截涉者脛而視其髓〔四〕，殺梅伯而遺文王其醢〔五〕，不適也。文王貌受以告諸侯〔六〕。作爲琁室，築爲頃宮〔七〕，剖孕婦而觀其化〔八〕，殺比干而視其心，不適也。孔子聞之，曰：「其竅通，則比干不死矣〔九〕，夏〔一〇〕、商之所以亡也。」

〔一〕陳奇猷引畢沅、馬叙倫等人之説，以爲「爲」當作「炮」。高誘注曰：「格以銅爲之，布火其下，以人置上，人爛墮火而死，笑之以爲樂，故謂之樂不適也。」

〔二〕高誘注曰：「雕畫高柱，施桔槔於其端，舉諸侯而上下之，故曰不適。」孫詒讓、馬叙倫、許維遹以爲高注非，「桔」當作「梏」。

〔三〕「環」，陳奇猷本作「瓌」。高誘注曰：「聽妲己之譖，殺鬼侯之女以爲脯，而取其所服之瓌。」

〔四〕高誘注曰：「以其涉水能寒也，故視其髓，欲知其與人有異不也。」

〔五〕高誘注曰：「醢，肉醬也。」

〔六〕高誘注曰：「貌受，心不受也，故曰告諸侯也。」陳奇猷曰：「注『曰』當作『以』。」

〔七〕高誘注曰：「琁室，以琁玉文飾其室也。頃宮，築作宮牆，滿一頃田中，言博大也。」

〔八〕高誘注曰：「化，育也。視其胞裹。」

〔九〕高誘注曰：「聖人心達性通。紂性不仁，心不通，安於爲惡，殺比干，故孔子言其一竅通，則比干不見殺也。」

〔一〇〕許維遹疑「夏」上脱一「此」字。

六·四三　陸賈新語無爲

孔子曰：「移風易俗，豈家至之哉〔一〕！先〔二〕之於身而已矣。」

〔一〕「豈家至之哉」，王利器本作「豈家令人視之哉」。

〔二〕「先」，王利器本作「亦取」。

六·四四　淮南子齊俗訓

晉平公出言而不當，師曠舉琴而撞之，跌衽宫壁〔一〕。左右欲塗之，平公曰：「舍之，以此爲寡人失。」孔子聞之，曰：「平公非不痛其體也，欲來諫者也。」

〔一〕高誘注曰：「跌衽，至平公衣衽，中宫壁。」俞樾疑「跌衽宫壁」當作「跌衽中壁」。跌，猶越也。言越過平公之衽而中於壁也。

六·四五　新序雜事四

晉人伐楚，三舍不止。大夫曰〔一〕請擊之。莊王曰：「先君之時，晉不伐楚，及孤之身,而晉伐楚,是寡人之過也,如何其辱諸大夫也?」大夫曰:「先君之時,晉不伐楚,及臣之身,而晉伐楚,是臣之罪也。請擊之。」莊王俛泣而起,拜諸大夫。晉人聞之,曰:「君臣爭以過爲在己,且君下其臣猶如此,所謂上下一心,三軍同力,未可攻也。」乃夜還師。孔子聞之,曰:「楚莊王霸,其有方矣。下士以一言而敵還,以安社稷,其霸不亦宜乎?詩曰:『柔遠能邇,以定我王。』〔二〕此之謂也。」

〔一〕石光瑛本據淮南子及御覽以爲「曰」字衍。

〔二〕見詩大雅民勞。

六·四六　新序雜事五

哀公問於孔子曰:「寡人聞之:東〔一〕益宅不祥。信有之乎?」孔子曰:「不祥有五,而東益〔二〕不與焉。夫損人而益己,身之不祥也;棄老取幼,家之不祥也;擇〔三〕賢用不肖,國之不祥也;老者不教,幼者不學,俗之不祥也;聖人伏匿,天下之不祥也。故不祥有五,而東益不與焉。詩曰:『各敬爾儀,天命不又。』〔四〕未聞東益之與爲命也。」〔五〕

〔一〕石光瑛據論衡、淮南子、御覽等疑「東」當作「西」。

〔二〕石光瑛本據淮南、論衡等於「益」下補「宅」字。下同。

〔三〕「擇」,百子全書本、石光瑛本作「釋」。

〔四〕見詩小雅小宛。

〔五〕原注：按家語與此同。淮南子人間訓、論衡四諱、御覽百八十引風俗通亦有此説，「東」皆作「西」。

六·四七　文選孫子荆爲石苞與孫皓書注引新序

孔子曰：「聖人雖生異世，相襲若規矩。」〔一〕

〔一〕原注：今新序無此文。

六·四八　説苑君道

虞人與芮人質其成於文王，入文王之境，則見其人民之讓爲士大夫；入其國，則見其士大夫讓爲公卿。二國者相謂曰：「其人民讓爲士大夫，其士大夫讓爲公卿；然則此其君，亦讓爲〔一〕天下而不居矣。」二國者，未見文王之身，而讓其所争，以爲閑田而反。孔子曰：「大哉文王之道乎！其不可加矣！不動而變，無爲而成，敬慎恭己，而虞、芮自平。故書曰：『惟文王之敬忌。』〔二〕此之謂也。」

〔一〕「爲」，向宗魯本作「以」。

〔二〕見康誥篇。敬，慎也。忌，憚也。

六・四九　説苑政理

子貢問治民於孔子，孔子曰：「懔懔焉，如以腐索御奔馬。」子貢曰：「何其畏也？」孔子曰：「夫通達之國皆人也，以道導之，則吾畜也；不以道導之，則吾讎也，若何而毋畏！」

六・五〇　説苑政理

仲尼見梁君，梁君問仲尼曰：「吾欲長有國，吾欲列都之得，吾欲使民安不惑，吾欲使士竭其力，吾欲使日月當時，吾欲使聖人自來，吾欲使官府治，爲之奈何？」仲尼對曰：「千乘之君，萬乘之主，問於丘者多矣，未嘗有如主君問丘之術也，然而盡可得也。丘聞之，兩君相親，則長有國；君惠臣忠，則列都之得；無殺不辜，毋釋罪人，則民不惑；益士禄賞，則竭其力；尊天敬鬼，則日月當時；善爲刑罰，則聖人自來；尚賢使能，則官府治。」梁君曰：「豈有不然哉！」

六・五一　説苑尊賢

齊景公問於孔子曰：「秦穆公，其國小，處僻而霸，何也？」對曰：「其國小而〔一〕志大，雖處僻〔二〕而其政中。其舉果，其謀和，其令不偷。親舉五殺大夫於係縲〔三〕之中，與之語，三日而授之政。以此取之，雖王可也，霸則小矣。」

〔一〕向宗魯依史記、家語等以爲「國」下當補「雖」字，「而」下當補「其」字。

〔二〕「雖處僻」，向宗魯據史記、家語作「處雖僻」。

〔三〕係縲，拘囚。

六·五二　説苑尊賢

魯哀公問於孔子曰：「當今之時，君子誰賢？」對曰：「衛靈公。」公曰：「吾聞之，其閨門之内，姑姊妹無别。」對曰：「臣觀於朝廷，未觀於堂陛之間也。靈公之弟曰公子渠牟，其知足以治千乘之國，其信足以守之，而靈公愛之。又有士曰王林，國有賢人，必進而任之，無不達也；不能達，退而與分其禄，而靈公尊之。又有士曰慶足，國有大事，則進而治之，無不濟也，而靈公説之。史鰌去衛，靈公邸舍三月，琴瑟不御，待史鰌之入也，而後入。臣是以知其賢也。」

六·五三　説苑正諫

孔子曰：「良藥苦於口，利於病；忠言逆於耳，利於行。故武王諤諤而昌，紂嘿嘿而亡〔一〕。君無諤諤之臣，父無諤諤之子，兄無諤諤之弟，夫無諤諤之婦，士無諤諤之友，其亡可立而待。故曰君失之，臣得之；父失之，子得之；兄失之，弟得之；夫失之，婦得之；士失之，友得之。故無亡國、破家、悖父、亂子、放兄、棄弟、狂夫、淫婦、絶交、敗友。」

〔一〕「諤諤」，盧元駿釋爲「直言的樣子」；「嘿嘿」，盧元駿釋爲「嘿與默同。默默，寂静無人聲」。

六·五四　説苑權謀

齊桓公將伐山戎、孤竹，使人請助於魯。魯君進羣臣而謀，皆曰：「師行數千里，入蠻夷之地，必不反矣。」於是魯許助之而不行。齊已伐山戎、孤竹，而欲移兵於魯。管仲曰：「不可。諸侯未親，今又伐遠，而還誅近鄰。鄰國不親，非霸王之道。君之所得山戎之寶器者，中國之所鮮也，不可以不進周公之廟乎？」桓公乃分山戎之寶，獻之周公之廟。明年，起兵伐莒。魯下令丁男悉發，五尺童子皆至。孔子曰：「聖人轉禍爲福，報怨以德。」此之謂也。

六·五五　潛夫論慎微

仲尼曰：「湯、武非一善而王〔一〕，桀、紂非一惡而亡也。三代之廢興也，在其所積。積善多者，雖有一惡，是謂〔二〕過失，未足以亡；積惡多者，雖有一善，是謂誤中，未足以存。」

〔一〕百子全書本「王」下有「也」字。

〔二〕「謂」，百子全書本作「爲」。

六·五六　風俗通五〔一〕

孔子曰：「雖明天子，熒惑必謀；禍福之徵，慎察用之。」

〔一〕此題名及下「孔」字，原爲空白，字跡不顯，今據引文及下條題名補。

六·五七　風俗通五

孔子曰：「火上不可握，熒惑班變，不可息志，帝應其脩無極。」

【補遺】

六·五八　唐太宗金鏡

孔子曰：「夫文之所加者，深則武之，所服者大；德之所施者，博則武之，所制者廣。」

六·五九　古文苑朱敬則陳武論

孔子曰：「夏道不亡，商德不作；商道不亡，周德不作。」

六·六〇　潛夫論慎微篇

仲尼曰：「湯武非一善而王也，桀紂非一惡而亡也。三代之廢興也，在其所積。積善多者，雖有一惡，是爲過失，未足以亡；積惡多者，雖有一善，是爲誤中，未足以存。」〔一〕

〔一〕孫書已輯此條，見六·五五。

六·六一　御覽六百三十三引慎子

孔子曰：「有虞氏不賞不罰，夏后氏賞而不罰，殷人罰而不賞，周人賞且罰。罰，禁也；賞，使也。」〔一〕

〔一〕孫書已輯此條，見一〇·三二。

六·六二　初學記十六引尸子

孔子曰：「若鄭簡公之好學〔一〕，雖抱鐘而朝可也。」

〔一〕「學」，中華書局本初學記、百子全書本尸子皆作「樂」，是也。

【新補】

六·六三　史記龜策列傳

宋元王二年，江使神龜使於河，至於泉陽，漁者豫且舉網得而囚之，置之籠中。……孔子聞之曰：「神龜知吉凶，而骨直空枯。日爲德而君於天下，辱於三足之烏。月爲刑而相佐，見食於蝦蟆。蝟辱於鵲〔一〕，騰蛇之神而殆於即且〔二〕。竹外有節理，中直空虛；松柏爲百木長，而守門閭。日辰不全，故有孤虛〔三〕。黄金有疵，白玉有瑕。事有所疾，亦有所徐。物有所拘，亦有所據。罔有所數，亦有所疏。人有所貴，亦有所不如。何可而適乎？物安可全乎？天尚不全，故世爲屋，不成三瓦而陳之〔四〕，以應之天。天下有階，物不全乃生也。」

〔一〕裴駰曰：「郭璞曰：『蝟能制虎，見鵲仰地。』淮南萬畢（案：當作「畢萬」）曰：『鵲令蝟反腹者，蝟憎其意而心惡之也。』」

〔二〕裴駰曰：「郭璞曰：『騰蛇，龍屬也。蝍蛆，似蝗，大腹，食蛇腦也。』」張守節曰：「即，津日反。且，則餘反。即吴公也，狀如蚰蜒而大，黑色。」

〔三〕裴駰曰：「甲乙謂之日，子丑謂之辰。六甲孤虛法：甲子旬中無戌亥，戌亥即爲孤，辰巳即爲虛。甲戌旬中無申酉，申酉爲孤，寅卯即爲虛。甲申旬中無午未，午未爲孤，子丑即爲虛。甲午旬中無辰巳，辰巳爲孤，戌亥即爲虚。甲辰旬中無寅卯，寅卯爲孤，申酉即爲虚。甲寅旬中無子丑，子丑爲孤，午未即爲虚。」

〔四〕司馬貞曰：「劉氏云：『陳猶居也。』」張守節曰：「言爲屋不成，欠三瓦以應天，猶陳列而居之。」

六・六四　新序節士

孔子席不正不坐，割不正不食，不飲盜泉之水。

六・六五　吕氏春秋離俗覽上德

三苗不服，禹請攻之。舜曰：「以德可也。」行德三年，而三苗服。孔子聞之曰：「通乎德之情，則孟門、太行不爲險矣。故曰德之速，疾乎以郵傳命。」

孔子集語卷七

臣術六

七·一　尚書大傳

孔子曰："文王得四臣，丘亦得四友焉。自吾得回也，門人加親，是非胥附邪〔一〕？自吾得賜也，遠方之士日至，是非奔輳〔二〕邪？自吾得師也，前有輝，後有光，是非先後邪？自吾得由也，惡言不至〔三〕于門，是非禦侮邪〔四〕？文王有四臣以免虎口，丘亦有四友以禦侮。"

〔一〕"邪"，中華書局本尚書大傳作"與"，下同。胥附，使疏遠者相親附，亦指親附、親附的人。

〔二〕奔輳，自遠方趨附之士。

〔三〕"至"，四部叢刊本、叢書集成本皆作"入"。

〔四〕原注：按史記仲尼弟子傳作「不入於耳」，鹽鐵論作「不入於門」。

七·二　韓詩外傳五

孔子侍坐於季孫。季孫之宰通曰：「君使人假馬，其與之乎〔一〕？」孔子曰：「吾聞君取於臣，謂之取，不曰假。」季孫悟，告宰通曰：「今以往，君有取，謂之取，無曰假。」〔二〕

〔一〕原注：皇侃論語疏七引「乎」上有「不」字。

〔二〕原注：按又見新序雜事五。今案：此後尚有「故孔子正假馬之名，而君臣之義定矣。論語曰：『必也正名乎』」。

七·三　韓詩外傳七

孔子曰：「昔者，周公事文王，行無專制，事無由己，身若不勝衣，言若不出口，有奉持於前，洞洞〔一〕焉若將失之，可謂〔二〕子矣。武王崩，成王幼，周公承文、武之業，履天子之位，聽天子〔三〕之政，征夷狄之亂，誅管、蔡之罪，抱成王而朝諸侯，誅賞制斷，無所顧問，威動天地，振恐海内，可謂能武矣。成王壯，周公致政，北面而事之，請然後行，無伐矜之色，可謂〔四〕臣矣。故一人之身，能三變者，所以應時也。」

〔一〕洞洞，恭敬虔誠貌。

〔二〕「謂」下，許維遹依趙善詒據淮南子氾論補「能」字。

〔三〕「天子」，趙善詒、許維遹據淮南子氾論、荀子儒效校爲「天下」，是也。

〔四〕「謂」下，許維遹依趙善詒據淮南子氾論補「能」字。

七·四　韓詩外傳七

子貢問大臣，子曰：「齊有鮑叔，鄭有子皮。」子貢曰：「否。齊有管仲，鄭有東里子產。」孔子曰：「產，薦也〔一〕。」子貢曰：「然則薦賢賢於賢？」曰：「知賢，智也；推賢，仁也；引賢，義也。有此三者，又何加焉？」

〔一〕原注：似當云「管仲，鮑叔薦也；子產，子皮薦也」。今案：許維遹本作「然。吾聞鮑叔之薦管仲也，子皮之薦子產也，未聞管仲、子產有所薦也」。

七·五　説苑臣術

子貢問孔子曰：「今之人臣孰爲賢？」孔子曰：「吾未識也。往者齊有鮑叔，鄭有子皮，賢者也。」子貢曰：「然則齊無筦仲，鄭無子產乎？」子曰：「賜，汝徒知其一，不知其二。汝聞進賢爲賢邪？用力爲賢邪？」子貢曰：「進賢爲賢。」子曰：「然。吾聞鮑叔之進筦仲也，聞子皮之進子產也，未聞筦仲、子產有所進也。」

七·六　劉子薦賢

昔子貢問於孔子曰：「誰爲大賢？」子曰：「齊有鮑叔，鄭有子皮。」子貢曰：「齊無管仲，鄭〔一〕無子産乎？」子曰：「吾聞進賢爲賢，非〔二〕賢爲不肖。鮑叔薦管仲，子皮薦子産，未聞二子有所舉也。」

〔一〕傅亞庶本「齊」、「鄭」下有「豈」字。

〔二〕「非」，百子全書本作「排」。

七·七　晏子春秋諫下

晏子使于魯，比其反也〔一〕，景公使國人起大臺之役，歲寒不已，凍餒之者鄉有焉〔二〕，國人望晏子。晏子至，已復事，公乃坐〔三〕，飲酒樂。晏子曰：「君若賜臣，臣請歌之。」歌曰：「庶民之言曰：『凍水洗我，若之何！太上靡散我，若之何〔四〕！』」歌終，喟然嘆而流涕。公就止之，曰：「夫子曷爲至此？殆爲大臺之役夫？寡人將速罷之。」晏子再拜。出而不言，遂如大臺，執朴〔五〕鞭其不務者，曰：「吾細人也，皆有蓋廬〔六〕，以辟燥濕，君爲一臺，而不速成，何爲？」國人皆曰：「晏子助天爲虐。」晏子歸，未至，而君出令趣罷役，車馳而人趨。仲尼聞之，喟然歎曰：「古之善爲人臣者，聲名歸之君，禍災歸之身，入則切磋〔七〕其君之不善，出則高譽其君之德義，是以雖事惰君，能使垂衣裳、朝諸侯，不敢伐其功。當此道者，其晏子是耶！」

〔一〕「反」，百子全書本、吴則虞本皆作「返」。張純一曰：「此四字蓋後人妄加。下文國人望晏子，望其返也；晏子至，晏子返也，則此處不應有『比其返也』四字明矣，當删。」吴則虞也以爲四字矛盾，認爲「反」當爲「出」字之譌。

〔二〕盧文弨疑「之」字衍。王念孫據藝文類聚、初學記、御覽等書以爲此句本作「役之凍餒者鄉有焉」。

〔三〕「乃」，吴則虞本作「延」。

〔四〕吴則虞曰：「北堂書鈔、藝文類聚、事文類聚前集引俱作『庶人之凍，我若之何；奉上靡弊，我若之何』。……『散』者，蘇時學云：『散當爲敝，敝與散相近而譌，下章言靡敝，是也。』」

〔五〕朴，木棍。

〔六〕俞樾曰：「『蓋』乃『盍』字之誤，『盍』讀爲『闔』，襄十七年左傳『吾儕小人，皆有闔廬，以避燥濕寒暑』，語意與此同。」吴則虞案：「俞説是也。御覽一百七十七引正作『闔廬』，吕氏春秋知化篇『吴爲丘墟，禍及闔廬』，『闔廬』，亦民居也。」

〔七〕孫星衍云：「『磋』當爲『瑳』。」

七·八　晏子春秋問下

梁丘據問晏子曰：「子事三君，君不同心，而子俱順焉，仁人固多心乎？」晏子對曰：「嬰聞之，順愛不懈，可以使百姓；强暴不忠，不可以使一人。一心可以事百君，三心不可以事一君。」仲尼聞之曰：「小人識〔一〕之！晏子以一心事百君者也。」

〔一〕孫星衍曰：「『識』，御覽、孔叢俱作『記』。」

七·九　晏子春秋雜上

晏子使魯，仲尼使〔一〕門弟子往觀。子貢反，報曰：「孰謂晏子習于禮乎？夫禮曰：『登階不歷〔二〕，堂上不趨，授玉不跪。』今晏子皆反此，孰謂晏子習于禮者？」晏子既已有事於魯君，退見仲尼，仲尼曰：「夫禮，登階不歷，堂上不趨，授玉不跪。夫子反此乎？」晏子曰：「嬰聞兩楹之間，君臣有位焉，君行其一，臣行其二。君之來遬〔三〕，是以登階歷，堂上趨，以及位也。君授玉卑，故跪以下之〔四〕。且吾聞之，大者不踰閑，小者出入可也。」晏子出，仲尼送之以賓客之禮。不計之義〔五〕，維晏子爲能行之。

〔一〕「使」，百子全書本、吴則虞本皆作「命」。

〔二〕歷，過也，這裏指跨越。

〔三〕孫星衍曰：「初學記作『速』。説文：『速，疾也，籀文作遬。』」

〔四〕吴則虞云：「『君授玉』，當作『授君玉』。論衡『授玉不跪，晏子跪』，是亦言授君玉，而非君授玉。韓詩外傳作『今君之授幣也卑，臣敢不跪乎』，尤非。」

〔五〕王念孫曰：「『不計之義』，初學記文部引作『不法之禮』，上有『反（句），命門弟子曰』六字，然則『不計之義』二句，乃孔子命門弟子之語，今脱去上六字，則不知爲何人語矣。外上篇曰『晏子出，仲尼送之以賓客之禮，再拜其辱，反，命門弟子曰』云云，文義正與此同。韓詩外傳載此事亦云：『孔子曰：「善，禮中又有禮。」』」

七·一〇 韓詩外傳四

晏子聘魯，上堂則趨，授玉則跪。子貢怪之，問孔子曰：「晏子知禮乎？今者晏子來聘魯，上堂則趨，授玉則跪，何也？」孔子曰：「其有方矣。待其見我，我將問焉。」俄而晏子至，孔子問之。晏子對曰：「夫上堂之禮，君行一，臣行二。今君行疾，臣敢不趨乎？今君之授幣也卑，臣敢不跪乎？」孔子曰：「善。禮中又有禮。賜，寡使也，何足以識禮也！詩曰：『禮儀卒度，笑語卒獲。』〔一〕晏子之謂也。」

〔一〕見詩小雅楚茨。卒，盡也。卒度，謂完全符合法度。

七·一一　晏子春秋外篇上

仲尼曰：「靈公汙，晏子事之以整齊；莊公壯，晏子事之以宣武〔一〕；景公奢，晏子事之以恭儉。君子也，相三君而善不通下。晏子，細人也。」晏子聞之，見仲尼曰：「嬰聞君子有譏於嬰，是以來見。如嬰者，豈能以道食人者哉！嬰之宗族，待嬰而祀其先人者數百家，與齊國之閒士，待嬰而舉火者數百家，臣爲此仕者也。如臣者，豈能以道食人者哉！」晏子出，仲尼送之以賓客之禮，再拜其辱。反，命門弟子曰：「救民之姓〔二〕而不夸，行補三君而不有，晏子果君子也。」

〔一〕壯，盧文弨曰：「孔叢詰墨篇作『怯』。」今案：當作「怯」。劉師培曰：「『宣』與『桓』同（左傳「曹宣公」，禮記作「桓」），故『宣武』並文。（爾雅釋訓：「桓桓，威也。」爾雅釋訓：「桓桓，武也。」）」

〔二〕黄以周云：「『姓』與『生』古通。」

七·一二　長短經懼誡引尸子〔一〕

昔周公反政，孔子非之曰：「周公其不聖乎？以天下讓，不爲兆人也。」

〔一〕見長短經卷七。

七·一三　三國志魏文帝紀注許芝奏引春秋大傳

周公何以不之魯？蓋以爲雖有繼體守文之君，不害聖人受命而王。周公反政，尸子以爲孔子非之，以爲周公不聖，不爲兆民也〔一〕。

〔一〕「周公反政」以下不見於春秋大傳，當爲許芝語。

七·一四　三國志魏文帝紀注輔國將軍等奏

孔子曰：「周公其爲不聖乎？以天下讓。是天地日月，輕去萬物也。」

七·一五　韓非子外儲説右下

衞君入朝於周，周行人〔一〕問其號，對曰：「諸侯辟疆。」周行人卻之曰：「諸侯不得與天子同號〔二〕。」衞君乃自更曰：「諸侯燬。」而後内之。仲尼聞之曰：「遠哉禁偪！虛名不以借人，況實事乎？」〔三〕

〔一〕太田方曰：「周禮：『大行人掌大賓之禮及大客之禮，以親諸侯。』」

〔二〕舊注：開辟疆土者，天子之號。

〔三〕舊注：名辟疆，未必能辟疆，故曰虛也。王先慎曰：「『諸侯辟疆』、『諸侯燬』，兩『諸』字皆涉『諸侯不得與天子同號』句而誤，『諸』當作『衞』。」

七·一六　韓非子難一

襄子圍於晉陽中，出圍，賞有功者五人，高赫爲賞首。張孟談曰：「晉陽之事，赫無大功，今爲賞首，何也？」襄子曰：「晉陽之事，寡人國家危，社稷殆矣。吾羣臣無有不驕侮之意者，惟赫子〔一〕不失君臣之禮，是以先之。」仲尼聞之，曰：「善賞哉，襄子！賞一人，而天下爲人臣者，不〔二〕敢失禮矣。」

〔一〕「子」字，王先慎本無。

〔二〕「不」，百子全書本、陳奇猷本皆作「莫」。

七·一七　吕氏春秋孝行覽義賞

趙襄子出圍，賞有功者五人，高赫〔一〕爲首。張孟談曰：「晉陽之中，赫無大功，賞而爲首，何也？」襄子曰：「寡人之國危，社稷殆，身在憂約之中，與寡人交而不失君臣之禮者惟赫，吾是以先之。」仲尼聞之曰：「襄子可謂善賞矣。賞一人，而天下之爲人臣，莫敢失禮。」

〔一〕「高赫」，許維遹本作「高赦」，梁玉繩以爲當作「高赫」。

七·一八　説苑復恩

趙襄子見圍於晉陽，罷圍，賞有功之臣五人，高赫無功，而受上賞，五人皆怒。張孟談謂襄子曰：「晉陽之中，赫無大功，今與之上賞，何也？」襄子曰：「吾在拘厄之中，不失臣主之禮，唯赫也。子雖有功，皆驕寡人。與赫上賞，不亦可乎？」仲尼聞之曰：「趙襄子可謂善賞士乎！賞一人，而天下之人臣莫敢失君臣之禮矣。」

七·一九　吕氏春秋孟春紀去私

晉平公問於祁黄羊曰：「南陽無令，其誰可而爲之？」祁黄羊對曰：「解狐可。」平公曰：「解狐，非子之讎邪？」對曰：「君問可，非問臣之讎也。」平公曰：「善。」遂用之。國人稱善焉。居有間，平公又問祁黄羊曰：「國無尉，其誰可而爲之？」對曰：「午可。」平公曰：「午非子之子邪？」對曰：「君問可，非問臣之子也。」平公曰：「善。」又遂用之。國人稱善焉。孔子聞之曰：「善哉！祁黄羊之論也。外舉不避讎，内舉不避子，祁黄羊可謂公矣。」

七·二〇　吕氏春秋不苟論

武王至殷郊，係墮〔一〕。五人御於前，莫肯之爲〔二〕，曰：「吾所以事君者，非係也。」武王左釋白羽，右釋黃鉞，勉而自爲係。孔子聞之曰：「此五人者之所以爲王者佐也，不肖主之所弗安也。故天子有不勝細民者，天下有不勝千乘者。」

〔一〕原注：韓非子外儲説左下云：「文王伐崇，至鳳黃虛，韈繫解。」

〔二〕畢沅曰：「疑是『爲之係』，倒二字，脱一字。」鹽田曰：「唐類函作『莫爲之』。」許維遹曰：「書鈔四十九引作『莫肯爲之』，亦脱『係』字。」

七·二二　呂氏春秋士容論務大

孔子曰：「鷰〔一〕爵争善處於一屋之下，母子相哺也，區區〔二〕焉相樂也，自以爲安矣。竈突決，上棟焚〔三〕，鷰爵顔色不變，是何也？不知禍之將及之〔四〕也，不亦愚乎！爲人臣而免於鷰爵之智者，寡矣。」

〔一〕「鷰」，許維遹本作「燕」。下同。

〔二〕高誘注曰：「區區，得志貌也。」「區區」，畢沅以爲當作「嘔嘔」。

〔三〕「上棟焚」，俞樾以爲當作「上焚棟」。

〔四〕「及之」，畢沅以爲當作「及己」。

七·二三　鹽鐵論通有

昔孫叔敖相楚，妻不衣帛，馬不秣粟。孔子曰：「不可，大儉極下。此蟋蟀所爲作也。」

七·二三　鹽鐵論襃賢

季孟之權，三桓之富，不可及也。孔子爲之曰：「微爲人臣，權均於君，富侔於國者，亡。」

七·二四　説苑臣術

簡子有臣尹綽、赦厥。簡子曰：「厥愛我，諫我必不於衆人中；綽也不愛我，諫我必於衆人中。」尹綽曰：「厥也愛君之醜而不愛君之過也，臣愛君之過而不愛君之醜〔一〕。」孔子曰：「君子哉，尹綽！而訾不譽也〔二〕。」

〔一〕向宗魯曰：「愛，惜也。醜，恥也。」

〔二〕「而訾不譽也」，向宗魯本作「面訾不面譽也」。

七·二五　説苑復恩

孔子曰：「北方有獸，其名曰蟨，前足鼠，後足兔。是獸也，甚矣，其愛蛩蛩巨虚也〔一〕！食得甘草，必齧以遺蛩蛩巨虚，蛩蛩巨虚見人將來，必負蟨以走。蟨非性之愛蛩蛩巨虚也，爲其假足之故也；二獸者，亦非性之愛蟨也，爲其得甘草而遺之故也。夫禽獸昆蟲，猶知比假而相有報也,況於士君子之欲興名利於天下者乎?」

〔一〕説文曰:「蛩蛩,獸也。」蛩蛩即巨虚,均指野獸。

七·二六　説苑尊賢

介子推行年十五而相荆,仲尼聞之,使人往視〔一〕,還,曰:「廊下有二十五俊士,堂上有二十五老人。」仲尼曰:「合二十五人之智,智於湯武;併二十五人之力,力於彭祖。以治天下,其固免矣乎!」

〔一〕向宗魯依書鈔於「視」下增一「之」字。

七·二七　説苑尊賢

孔子閒居,喟然而嘆曰:「銅鞮伯華而無死,天下其有定矣。」子路曰:「願聞其爲人也何若?」孔子曰:「其幼也,敏而好學;其壯也,有勇而不屈;其老也,有道而能以下人。」子路曰:「其幼也,敏而好學則可;其壯也,有勇而不屈則可。夫有道又誰下哉?」孔子曰:「由不知也。吾聞之,以衆攻寡而無不消也,以貴下賤無不得也。昔在周公旦制天下之政,而下士七十人,豈無道哉?欲得士之故也。夫有道而能下於天下之士,君子乎哉!」

七·二八　説苑正諫

諫有五：一曰正諫，二曰降〔一〕諫，三曰忠諫，四曰戇諫，五曰諷諫。孔子曰：「吾從其〔二〕諷諫矣乎。夫不諫則危君，固〔三〕諫則危身，與其危君寧危身。危身而終不用，則諫亦無功矣。智者度君權時，調其緩急，而處其宜；上不敢危君，下不以〔四〕危身。故在國而國不危，在身而身不殆。」

〔一〕盧文弨曰：「御覽四百五十五『降』作『譎』。」

〔二〕「從其」，百子全書本、向宗魯本皆作「其從」，是也。

〔三〕「固」，御覽作「直」。

〔四〕「以」，御覽作「爲」。

七·二九　白虎通諫諍

孔子曰：「諫有五，吾從諷之諫，事君進思盡忠，退思補過，去而不訕，諫而不露。」

七·三〇　説苑正諫

楚昭王欲之荆臺游，司馬子綦進諫曰：「荆臺之游，左洞庭之波，右彭蠡之水，南望獵山，下臨方淮，其樂使人遺老而忘死，人君游者，盡以亡其國。願大王勿往游焉。」王曰：「荆臺，乃吾地也，有地而游之，子何爲絶我游乎？」怒而擊之。於是令尹子西駕安車、四馬，徑於殿下，曰：「今日荆臺之游，不可不〔一〕觀也。」王登車而拊其背，曰：「荆臺之游，與子共樂之矣。」步馬十里，引轡而止曰：「臣不敢下車，願得有道，大王肎聽之乎？」王曰：「第言之。」令尹子西曰：「臣聞之，爲人臣而忠其君者，爵禄不足以賞也；爲人臣而諛其君者，刑〔二〕罰不足以誅也。若司馬子綦者，忠臣也；若臣者，諛臣也。願大王殺臣之軀，罰臣之家，而禄司馬子綦。」王曰：「若我能止，聽公，子獨能禁我游耳。後世游之，無有極時，奈何？」令尹子西曰：「欲禁後世易耳，願大王山陵崩陁，爲陵於荆臺；未嘗有持鐘鼓管弦之樂，而游於父之墓上者也。」於是王還車，卒不游荆臺，令罷先置。孔子從魯聞之，曰：「美哉，令尹子西！諫之於十里之前，而權之於百世之後者也。」

〔一〕「不可不」，向宗魯本作「不可」，是也。

〔二〕向宗魯本無「爲人臣而忠其君者，爵禄不足以賞也；爲人臣而諛其君者，刑」二十四字。

七·三一　説苑雜言

齊高廷問於孔子曰：「廷不曠山〔一〕，不直地〔二〕，衣蓑，提執〔三〕，精氣以問事君之道〔四〕，願夫子告之。」孔子曰：「貞以幹之，敬以輔之。待人無倦，見君子則舉之，見小人則退之。去爾惡心而忠與之，敏其行，修其禮，千里之外，親如兄弟。若行不敏，禮不合，對門不通矣。」

〔一〕孔子家語王肅注曰：「曠，隔也。不以山爲隔，踰山而來。」

〔二〕盧文弨曰：「直，王肅注家語六本篇云：『宜爲植。』」向宗魯疑「直」爲「脩」之誤，不以地爲長遠也。

〔三〕盧文弨曰：「『執』，家語作『贄』。」王肅注曰：「贄，所以執爲禮也。」

〔四〕盧文弨校「君」下增「子」字。精氣，猶赤誠。

七·三二　抱朴子外篇逸民

昔顏回死，魯定公將躬弔焉，使人訪仲尼。仲尼曰：「凡在邦内，皆臣也。」定公乃升自東階，行君禮焉。

七·三三　長短經臣術〔一〕

子貢曰：「陳靈公君臣宣淫於朝，泄冶諫而殺之，是與比干同也，可謂仁乎？」子曰：「比干於紂，親則叔父，官則少師，忠款之心，在於存宗廟而已，故以必死争之，冀身死之後，而紂悔寤，其本情在乎仁也。泄冶位爲下大夫，無骨肉之親，懷寵不去，以區區之一身，欲正一國之淫昏，死而無益，可謂懷矣。詩云：『民之多僻，無自立辟〔二〕。』其泄冶之謂乎！」〔三〕

〔一〕「臣術」，當爲「臣行」。

〔二〕僻，邪僻。辟，法也。文見詩大雅板，作「民之多辟，無自立辟」。

〔三〕原注：此見家語，姑附載之。

【補遺】

七·三四　史記商君傳

孔丘有言曰：「推賢而戴者進，聚不肖而王者退。」〔一〕

〔一〕此條孫書已輯，見六·一七。

【商正】

七·三五　韓詩外傳五

孔子曰〔一〕：「正假馬之言，而君臣之義定矣。」〔二〕

〔一〕許維遹本「孔子」前有「故」字，後無「曰」字，當非孔子之語。

〔二〕此條當置「七·二」條之末，爲孫氏漏采。

孔子集語卷八

交道七

八·一　韓詩外傳九

孔子出游少原〔一〕，有婦人中澤而哭，其音甚哀。孔子怪之〔二〕，使弟子問焉，曰：「夫人何哭之哀？」婦人對曰〔三〕：「鄉者刈蓍薪〔四〕，亡吾蓍簪，吾是以哀也。」弟子曰〔五〕：「刈蓍薪而亡蓍簪，有何悲焉？」婦人曰：「非傷亡簪也，蓋不忘故也〔六〕。」

〔一〕「原」，許維遹本作「源」。

〔二〕原注：此二字舊脱，據文選陸士衡連珠注引補。御覽五十五引亦同。

〔三〕原注：舊本無「對」字，據文選注增。

〔四〕原注：文選注下有「而」字。今案：蓍薪即蓍草，通常用於占卜。

〔五〕原注：文選、御覽俱作「孔子曰」。

〔六〕原注：「蓋」字，文選、御覽俱作「吾所以悲者，蓋（今案：「蓋」字原脱，今補）」六字。御覽六百八十八引亦同。

八·二　韓詩外傳九

子路曰：「人善我，我亦善之；人不善我，我不善之。」子貢曰：「人善我，我亦善之；人不善我，我則引之進退而已耳。」顔回曰：「人善我，我亦善之；人不善我，我亦善之。」三子所持各異，問於夫子。夫子曰：「由之所言〔一〕，蠻貊之言也；賜之所言，朋友之言也；回之所言，親屬之言也。」

〔一〕原注：一本作「持」。

八·三　韓詩外傳十

顔淵問於孔子曰：「淵願貧如富，賤如貴，無勇而威，與士交通，終身無患難。亦且可乎？」孔子曰：「善哉！回也！夫貧而如富，其知足而無欲也；賤而如貴，其讓而有禮也；無勇而威，其恭敬而不失於人也；終身無患難，其擇言而出之也。若回者，其至乎！雖上古聖人，亦如此而已。」

八·四　荀子王霸

孔子曰："審吾所以適人，適人之所以來我也〔一〕。"

〔一〕楊倞注曰："適人，往與人也。審慎其與人之道，爲其復來報我也。"王念孫以爲下"適"涉上"適"字而衍。羣書治要本亦無"適"字。

八·五　荀子堯問

子貢問於孔子曰："賜爲人下，而未知也〔一〕。"孔子曰："爲人下者〔二〕，其猶土也。深扣〔三〕之而得甘泉焉，樹之而五穀蕃焉，草木殖焉，禽獸育焉；生則立焉，死則入焉；多其功而不息〔四〕。爲人下者，其猶土也。"

〔一〕楊倞注曰："下，謙下也。子貢問欲爲人下，未知其益也。"

〔二〕王先謙本"者"下有"乎"字。

〔三〕楊倞注曰："扣，掘也。"

〔四〕"息"，王引之以爲當據御覽改爲"悳"。"悳"，古"德"字。

八·六　韓詩外傳七

孔子閒居，子貢侍坐。"請問爲人下之道奈何？"孔子曰："善哉！爾之問也！

爲人下，其猶土乎！」子貢未達，孔子曰：「夫土者，掘之得甘泉焉，樹之得五穀焉，草木植焉，鳥獸魚鱉遂焉。生則立焉，死則入焉，多功不言，賞世不絶。故曰：能爲下者，其惟土乎！」子貢曰：「賜雖不敏，請事斯語。」

八・七　説苑臣術

子貢問孔子曰：「賜爲人下，而未知所以爲人下之道也。」孔子曰：「爲人下者，其猶土乎！種之則五穀生焉，掘之則甘泉出焉，草木植焉，禽獸育焉，生人立焉，死人〔一〕入焉，多其功而不言。爲人下者，其猶土乎！」

〔一〕向宗魯本疑「生人」、「死人」之「人」作「則」。

八・八　羣書治要尸子明堂

孔子曰：「大哉河海乎！下之也。夫河下天下之川，故廣；人下天下之士，故大。」

八・九　羣書治要尸子處道

仲尼曰：「得之身者得之民，失之身者失之民；不出於户而知天下，不下其堂而治四方，知反之於己者也。」〔一〕

〔一〕原注：按薛據集語作「孔子曰：『惡人者，人惡之；知得之己者，亦知得之人。所謂不出環堵之室而知天下者，知反之己者也』」。

八·一〇 説苑敬慎

孔子見羅者，其所得者，皆黄口〔一〕也。孔子曰：「黄口盡得，大爵獨不得，何也？」羅者對曰：「黄口從大爵者不得，大爵從黄口者可得。」孔子顧謂弟子曰：「君子慎所從，不得其人，則有羅網之患。」

〔一〕向宗魯曰：「淮南氾論篇：『古之伐國，不殺黄口。』注云：『黄口，幼也。』」

八·一一 説苑雜言

曾子曰：「吾聞夫子之三言，未之能行也。夫子見人之一善，而忘其百非，是夫子之易事也。夫子見人有善，若己有之，是夫子之不争也。聞善必躬親行之，然後道之，是夫子之能勞也。夫子之能勞也，夫子之不争也，夫子之易事也，吾學夫子之三言而未能行。」

八·一二 説苑雜言

孔子將行，無蓋。弟子曰：「子夏有蓋，可以行。」孔子曰：「商之爲人也，甚短於財。吾聞與人交者，推其長者，違其短者，故能久長矣。」

八·一三　説苑雜言

子路行，辭於仲尼曰：「敢問新交取親若何？言寡可行若何？長爲善士而無犯若何？」仲尼曰：「新交取親，其忠乎！言寡可行，其信乎！長爲善士而無犯，其禮乎！」

八·一四　説苑雜言

孔子曰：「以富貴爲人下者，何人不與？以富貴敬愛人者，何人不親？衆言不逆，可謂知言矣；衆嚮之，可謂知時矣。」

八·一五　説苑雜言

孔子曰：「夫富而能富人者，欲貧而不可得也；貴而能貴人者，欲賤而不可得也；達而能達人者，欲窮而不可得也。」

八·一六　説苑雜言

仲尼曰：「非其地而樹之，不生也；非其人而語之，弗聽也。得其人如聚沙而雨之，非其人如聚聾而鼓之。」

八·一七　說苑雜言

孔子曰："船非水不可行，水入船中，則其没也。故曰：君子不可不嚴也，小人不可不閉也[一]。"

[一]原注：薛據集語作"閑也"。今案：向宗魯本從程本亦作"閑也"。

八·一八　說苑雜言

孔子曰："依賢固不困，依富故不窮，馬趼[一]折而復行者何？以輔足衆也。"

[一]原注：一作"蚿"。

八·一九　說苑雜言

孔子曰："不知其子，視其所友；不知其君，視其所使。"又曰："與善人居，如入蘭芷之室，久而不聞其香，則與之化矣；與惡人居，如入鮑魚之肆，久而不聞其臭，亦與之化矣。"

八·二〇　中論貴驗

孔子曰："居而得賢友，福之次也。"

【補遺】

八・二一　韓鄂歲時紀麗假篇〔一〕

孔子將行而無蓋，門人曰：「商有之。」孔子曰：「商之爲人甚悋〔二〕於財。」

〔一〕見歲時紀麗卷二雨「假蓋」下注。

〔二〕悋，吝也。

【商正】

八・二二　意林卷五引魏子〔一〕

仲尼無契券於天下，而德著古今，善惡明也。

〔一〕原注：太平御覽五百九十八引同。

【新補】

八・二三　公羊昭公二十五年傳

昭公於是噭然而哭，諸大夫皆哭。既哭，以人爲菑，以幦爲席，以鞌爲几，以遇禮相見〔一〕。孔子曰：「其禮與！其辭足觀矣！」

〔一〕何休曰：「菑，周埒垣也，所以別内外衛威儀。髀，車覆也。以諸侯出相遇之禮相見。」

孔子與顔淵、子貢更相稱譽，不爲朋黨。

八·二四　漢書楚元王傳

八·二五　説苑至公

彌子之妻與子路之妻，兄弟也。彌子謂子路曰：「孔子主我，衛卿可得也。」子路以告，孔子曰：「有命。」

八·二六　説苑雜言

孔子曰：「不觀於高岸，何以知顛墜之患？不臨深淵，何以知没溺之患？不觀於海上，何以知風波之患？失之者其不在此乎？士慎三者，無累於人。」

孔子集語卷九

論人八

九·一　繹史九十五引尚書大傳

東郭子思〔一〕問於子貢曰：「夫子之門何其雜也？」子貢曰：「夫隱括〔二〕之旁多枉木，良醫之門多疾人，砥礪之旁多頑鈍。」夫子聞之曰：「修道以俟〔三〕，天下來者不止，是以雜也。」

〔一〕繹史注云：荀子作「南郭惠子」。

〔二〕隱括，又作「檃栝」，矯正彎曲木材的器具。

〔三〕王闓運曰：「不敢自謂教人，言待人教，故多見人。」

九·二　説苑雜言

東郭子惠問於子貢曰:「夫子之門何其雜也?」子貢曰:「夫隱括之旁多枉木,良醫之門多疾人,砥礪之旁多頑鈍。夫子修道以俟,天下來者不止,是以雜也。」

九·三　毛詩巷伯傳

昔者顔叔子獨處于室,鄰之釐婦〔一〕又獨處于室。夜,暴風雨至而室壞,婦人趨而至,顔叔子納之,而使執燭,放乎旦而蒸盡,縮屋〔二〕而繼之,自以爲辟嫌之不審矣。若其審者,宜若魯人然。魯人有男子獨處于室,鄰之釐婦又獨處于室。夜,暴風雨至而室壞,婦人趨而託之,男子閉户而不納,婦人自牖與之言曰:「子何爲不納我乎?」男子曰:「吾聞之也,男子不六十不間居。今子幼,吾亦幼,不可以納子。」婦人曰:「子何不若柳下惠然?嫗不逮門之女〔三〕,國人不稱其亂。」男子曰:「柳下惠固可,吾固不可。吾將以吾不可學柳下惠之可。」孔子曰:「欲學柳下惠者,未有似於是者也。」〔四〕

〔一〕釐婦,又作「嫠婦」,寡婦。

〔二〕縮,抽取。這裏指抽取房屋上的茅草。

〔三〕孔子家語好生:「嫗不逮門之女。」孫志祖疏證:「以體覆之曰嫗。」逮,及,至。不逮門之女,指無家可歸的女子。

〔四〕原注：後漢崔駰傳注引韓詩外傳亦有此文，今外傳無。

九·四　韓詩外傳一

荆伐陳，陳西門壞，因其降民，使脩之，孔子過而不式。子貢執轡而問曰：「禮，過三人則下，二人則式〔一〕。今陳之脩門者衆矣，夫子不爲式，何也？」孔子曰：「國亡而弗知，不智也；知而不争，非忠也；亡〔二〕而不死，非勇也。脩門者雖衆，不能行一於此，吾故弗式也。」

〔一〕「式」，同「軾」，以手撫軾，表敬意之禮節。

〔二〕「亡」，許維遹本作「争」，是也。

九·五　説苑立節

楚伐陳，陳西門燔，因使其降民修之，孔子過之，不軾。子路曰：「禮，過三人則下車，過二人則軾。今陳修門者人數衆矣，夫子何爲不軾？」孔子曰：「丘聞之，國亡而不知，不智；知而不争，不忠；忠而不死，不廉。今陳修門者不〔一〕行一于此，丘故不爲軾也。」

〔一〕向宗魯依韓詩外傳於「不」下補「能」字。

九・六　韓詩外傳二

子路與巫馬期薪於韞丘〔一〕之下。陳之富人有處師氏者，脂車〔二〕百乘，觴於韞丘之上。子路與〔三〕巫馬期曰：「使子無忘子之所知，亦無進子之所能，得此富，終身無復見夫子，子爲之乎？」巫馬期喟然仰天而歎，闟〔四〕然投鎌於地，曰：「吾嘗聞之夫子：勇士不忘喪其元，志士仁人不忘在溝壑。子不知予與？試予與？意者其志與？」子路心慚，故〔五〕負薪先歸。孔子曰：「由，來！何爲偕出而先返也？」子路曰：「向也由與巫馬期薪於韞丘之下，陳之富人有處師氏者，脂車百乘，觴於韞丘之上，由謂巫馬期曰：『使子無忘子之所知，亦無進子之所能，得此富，終身無復見夫子，子爲之乎？』巫馬期喟然仰天而歎，闟然投鎌於地，曰：『吾嘗聞之夫子：勇士不忘喪其元，志士仁人不忘在溝壑。子不知予與？試予與？意者其志與？』由也心慚，故先負薪歸。」孔子援琴而彈：「詩曰：『肅肅鴇羽，集于苞栩。王事靡盬，不能藝稷黍。父母何怙？悠悠蒼天，曷其有所？』〔六〕予道不行邪？使汝願者〔七〕。」

〔一〕許翰云：「韞丘即宛丘。」薪，砍柴。

〔二〕脂，俞樾認爲當作「指」，爲「榰」之假借。爾雅釋言：「榰，柱也。」車止必有木以榰其輪，使之勿動，古謂之軔。楮車猶軔車。

〔三〕原注：當作「謂」。今案：趙懷玉謂「與」當作「語」。

〔四〕許維遹曰：「『闔』與『翕』同。文選吳都賦劉逵注：『翕，忽疾貌。』」

〔五〕許維遹以爲「故」字衍。

〔六〕見詩唐風鴇羽。「蒼」，許維遹本作「倉」。

〔七〕聞一多云：「願，慕也，謂子路慕陳人之富。此倒裝用法，猶言『使汝慕者，豈予道不行邪』。」

九·七　韓詩外傳二

孔子曰：「士有五：有埶尊貴者，有家富厚者，有資勇悍者，有心智惠〔一〕者，有貌美好者〔二〕。埶尊貴者，不以愛民行義理，而反以暴敖〔三〕。家富厚者，不以振窮救不足，而反以侈靡無度。資勇悍者，不以衛上攻戰，而反以侵陵私鬥。心智惠者，不以端計數〔四〕，而反以事姦飾詐。貌美好者，不以統朝涖民，而反以蠱女從欲。此五者，所謂士失其美質者也。」

〔一〕「智惠」，許維遹本作「智慧」，是也。下同。

〔二〕原注：此下本皆衍一「有」字。今案：此注「本」上疑脱「各」字。

〔三〕許維遹以爲「暴敖」下脱「淩物」二字。

〔四〕端，審察。數，社會治亂的定數。

九・八　韓詩外傳三

舜生於諸馮，遷於負夏，卒於鳴條，東夷之人也。文王生於岐周，卒於畢郢，西夷之人也。地之相去也，千有餘里；世之相後也，千有餘歲，然得志行乎中國，若合符節。孔子曰：「先聖後聖，其揆一也。」

九・九　韓詩外傳四

孔子見客〔一〕，客去。顏淵曰〔二〕：「客，仁也〔三〕？」孔子曰：「恨兮其心，顙〔四〕兮其口，仁則〔五〕吾不知也，言之所聚也〔六〕。」顏淵蹙〔七〕然變色，曰：「良玉度尺，雖有十仞之土，不能掩其光；良珠度寸，雖有百仞之水，不能掩其瑩〔八〕。夫形，體也；色，心也〔九〕，閔乎其薄也。苟有温良在中〔一〇〕，則眉睫著〔一一〕之矣；瑕疵在中〔一二〕，則眉睫不能匿之〔一三〕。詩曰：『鼓鐘于宮，聲聞于外〔一四〕。』」

〔一〕原注：薛據集語引作「孔子適衛，衛使見客」。

〔二〕原注：薛「曰」上有「問」字。

〔三〕原注：薛下有「乎」字。

〔四〕額，疑爲「類」字之誤。類，善也。

〔五〕原注：薛作「即」。

〔六〕原注：五字薛無。

〔七〕「蹵」，許維遹本作「蹵」。

〔八〕原注：薛作「其氣」。

〔九〕原注：薛作「夫形體之包心也」。

〔一〇〕原注：薛作「苟有温瑩，良在其中」。

〔一一〕原注：薛作「見」。

〔一二〕原注：薛「中」上有「其」字。

〔一三〕原注：薛作「亦不能匿也」。

〔一四〕原注：薛下有「言有諸中，必形諸外也」九字。今案：所引詩出自詩小雅都人士之什。

九·一〇　御覽五百十引高士傳

客有候孔子者，顔淵問曰：「客何人也？」孔子曰：「宵兮法兮〔一〕，吾不測也。夫良玉徑尺，雖十仞之土不能掩其光；明珠徑〔二〕寸，雖有函丈之石不能戢其曜。苟緼矣〔三〕自厚，容止可知矣。」

〔一〕「宵兮法兮」，中華書局影印本御覽作「窅兮泛兮」。

〔二〕「徑」，中華書局影印本御覽作「度」。

〔三〕「矣」，中華書局影印本御覽作「美」。

九·一一　韓詩外傳七

孔子遊於景山之上，子路、子貢、顔淵從。孔子曰：「君子登高必賦，小子願者，何言其願，丘將啓汝。」子路曰：「由願奮長戟，盪〔一〕三軍，乳虎〔二〕在後，仇敵在前，蠡躍蛟奮，進救兩國之患。」孔子曰：「勇士哉！」子貢曰：「兩國構難，壯士列陳〔三〕，塵埃張〔四〕天，賜不持一尺之兵，一斗之糧，解兩國之難。用賜者存，不用賜者亡。」孔子曰：「辯士哉！」顔回不願，孔子曰：「回何不願？」顔淵曰：「二子已願，故不敢願。」孔子曰：「不同意，各有事焉，回其願，丘將啓汝。」顔淵曰：「願得小國而相之，主以道制，臣以德化，君臣同心，外内相應，列國諸侯莫不從義嚮風，壯者趨而進，老者扶而至，教行乎百姓，德施乎四蠻，莫不釋兵，輻輳乎四門，天下咸獲永寧，蝖飛蠕動，各樂其性，進賢使能，各任其事，於是君綏於上，臣和於下，垂拱無爲，動作中道，從容得禮。言仁義者賞，言戰鬭者死，則由何進而救？賜何難之解？」孔子曰：「聖士哉！大人出，小人〔五〕匿，聖者起，賢者伏。回與執政，則由、賜焉施其能哉？」

〔一〕 盪，衝殺。

〔二〕 乳虎，産子的母虎。母虎産子後，護子心切，特別兇猛。

〔三〕 「陳」，許維遹本作「陣」，二字通。

〔四〕 原注：「張」一作「漲」。

〔五〕 「小人」，許維遹本作「小子」。

九·一二　韓詩外傳九

孔子與子貢、子路、顔淵游於戎山〔一〕之上。孔子喟然嘆曰：「二三子各言爾志，予將覽焉。由，爾何如？」對曰：「得白羽如月，赤羽如日〔二〕，擊鐘鼓者，上聞於天〔三〕，下槊〔四〕於地，使將而攻之，惟由爲能。」孔子曰：「勇士哉！賜，爾何如？」對曰：「得素衣縞冠，使於兩國之間，不持尺寸之兵，升斗之糧，使兩國相親如弟兄。」孔子曰：「辯士哉！回，爾何如？」對曰：「鮑魚不與蘭茝同笥而藏〔五〕，桀、紂不與堯、舜同時而治。二子已言，回何言哉？」孔子曰：「回有鄙之心。」顔淵曰：「願得明王聖主爲之相，使城郭不治，溝池不鑿，陰陽和調，家給人足，鑄庫兵以爲農器。」孔子曰：「大士哉！由，來！區區〔六〕汝何攻！賜，來！便便〔七〕汝何使！願得之冠〔八〕，爲子宰焉。」

〔一〕「子貢、子路」，許維遹本作「子路、子貢」。「戎山」，説苑指武、孔子家語致思皆作「農山」，音近假借。
〔二〕原注：或作「朱」。今案：羽，旌旗上裝飾的五色羽毛。
〔三〕許維遹以爲「上聞於天」下舊脱「旌旗翩飜」四字。
〔四〕「槊」，許維遹本作「蟠」。蟠，委也。
〔五〕鮑魚，腐臭的魚。蘭、茝，都是香草。笥，盛衣物的竹籃。
〔六〕區區，得志的樣子。
〔七〕便便，善辯的樣子。
〔八〕原注：「疑。」今案：「之冠」，許維遹本作「衣冠」。

九・一三　説苑指武

孔子北遊，東上農山，子路、子貢、顔淵從焉。孔子喟然歎曰：「登高望下，使人心悲，二三子者，各言爾志，丘將聽之。」子路曰：「願得白羽若月，赤羽若日，鐘鼓之音，上聞乎〔一〕天，旌旗翩翻〔二〕，下蟠於地。由且舉兵而擊之，必也攘地千里，獨由能耳，使夫二子爲我從焉。」孔子曰：「勇哉，士乎！憤憤者乎！」子貢曰：「賜也願齊、楚合戰於莽洋之野，兩壘相當，旌旗相望，塵埃相接，接戰搆兵，賜願著縞衣白冠，陳説白刃之間，解兩國之患，獨賜能耳，使夫二子者爲我從焉。」孔子曰：「辯哉，士乎！僊僊〔三〕者乎！」顔淵獨不言。孔子曰：「回，來！若獨何不願乎？」顔淵曰：「文武之事，二子已言之，回何敢與焉！」孔子曰：「若鄙心不與焉，第言之。」顔淵曰：「回聞鮑魚、蘭芷不同篋而藏，堯、舜、桀、紂不同國而治，二子之言與回言異。回願得明王聖主而相之，使城郭不脩，溝池不越，鍛劍戟以爲農器，使天下千歲無戰鬥之患。如此，則由何憤憤而擊，賜又何僊僊而使乎？」孔子曰：「美哉德乎！姚姚〔四〕者乎！」子路舉手問曰：「願聞夫子之意。」孔子曰：「吾所願者，顔氏之計，吾願負衣冠而從顔氏子也。」

〔一〕「乎」，向宗魯本作「於」。

〔二〕「翻」，向宗魯本作「翲」。

〔三〕僊僊，輕舉的樣子。

〔四〕姚姚，自得的樣子。

九·一四　大戴禮哀公問五義〔一〕

魯哀公問於孔子曰：「吾欲論吾國之士，與之爲政，何如者取之？」孔子對曰：「生乎〔二〕今之世，志古之道，居今之俗，服古之服，舍此〔三〕而爲非者，不亦鮮乎？」

然。」哀公曰：「然則今夫章甫、句屨、紳帶而縉笏者〔四〕，此皆賢乎？」孔子曰：「否。不必於飲食。今夫端衣、玄裳、冕而乘路者，志不在於食葷〔五〕；斬衰、菅屨、杖而歠粥者〔六〕，志不在於飲食。故生乎〔七〕今之世，志古之道，居今之俗，服古之服，舍此而爲非者，雖有，不亦鮮乎？」

哀公曰：「善！何如則可謂庸人矣？」孔子對曰：「所謂庸人者，口不能道善言，而志不邑邑〔八〕；不能選賢人善士而託其身焉，以爲己憂；動行不知所務；止力〔九〕不知所定；日選於物，不知所貴；從物而流，不知所歸；五鑿爲政，心從而壞〔一〇〕。若此，則可謂庸人矣。」

哀公曰：「善！何如則可謂士矣？」孔子對曰：「所謂士者，雖不能盡道術，必有所由焉；雖不能盡善盡美〔一一〕，必有所處焉。是故知不務多，而務審其所知；行不務多，而務審其所由；言不務多，而〔一二〕務審其所謂。知既知之，行既由之，言既順〔一三〕之，若夫〔一四〕性命肌膚之不可易也，富貴不足以益，貧賤不足以損。若此，則可謂士矣。」

哀公曰：「善！何如則可謂君子矣？」孔子對曰：「所謂君子者，躬行忠信，其心不買〔一五〕；仁義在己，而不害不志〔一六〕；聞志廣博，而色不伐；思慮明達，而辭不爭。君子〔一七〕猶然如將可及也，而不可及也。如此，可謂〔一八〕君子矣。」

哀公曰：「善！敢問何如可〔一九〕謂賢人矣？」孔子對曰：「所謂賢人者，好惡與民同情，取舍與民同統，行中矩繩而不傷於本，言足法於天下而不害於其身，躬爲匹夫而願〔二〇〕富，貴爲諸侯而無財〔二一〕。如此，則可謂賢人矣。」

哀公曰：「善！敢問何如可謂聖人矣？」孔子對曰：「所謂聖人者，知通乎大道，應變而不窮，能測萬物之情性者也。大道者，所以變化而凝成萬物者也。情性也者，所以理然不然取舍〔二二〕者也。故其事大，配乎天地，參乎日月，雜於雲蜺〔二三〕，總要萬物，穆穆純純〔二四〕，其〔二五〕莫之能循；若天之司，莫之能職〔二六〕，百姓淡然，不知其善。若此，則可謂聖人矣。」

哀公曰：「善！」孔子出，哀公送之。

〔一〕黃懷信曰：「義，戴校本作『儀』，汪照本從。」

〔二〕王念孫以爲「生」下不當有「乎」字。

〔三〕于鬯曰：「舍此，猶言若此、如此。」

〔四〕「縉」，王聘珍本作「搢」。孔廣森曰：「楊倞曰：『章甫，殷冠。紳，大帶也。』廣森案：莊子：『履句屨者知地形。』李頤注：『句，方也。』句音鉤。」今案：楊倞注，見九・一五。

〔五〕孔廣森曰：「端衣，正幅裁之，袪尺有二寸，袂二尺有二寸。凡冕服、冠服皆端。樂記曰：『端冕而聽古樂。』論語曰：『端章甫。』是也。唯弁服有侈袂半而益一。此冕謂玄冕也，齋戒之服。楊倞曰：『路，車之大者。葷，葱薤之屬也。』」王聘珍曰：「端衣者，禮衣端正無殺也。……冕，祭服也。路，車也。葷，辛物，辛主散。齊必變食，不茹葷，不敢散其志也。」

〔六〕黄懷信曰：「蕑，漢魏叢書本同，元刻本作『簡』，戴校本作『萱』。汪照、戴禮從。」孔廣森曰：「蕑，草名，似茅而滑韌。希曰粥，厚曰饘。」

〔七〕王樹枏以爲「乎」字衍。

〔八〕孔廣森曰：「邑邑，荀子作『色色』。」俞樾以爲「而」當讀爲「能」，並當在「志不」二字下。

〔九〕「力」，王聘珍本作「立」。王聘珍曰：「止，居也。」

〔一〇〕王聘珍本曰：「『五』讀曰午，猶忤也。鑿，穿鑿也。五鑿爲政，謂政不率法。心從而壞，謂私心壞政也。」

〔一一〕「雖不能盡善盡美」，王念孫以爲當作「雖不能盡善美」，與「雖不能盡道術」相對。

〔一二〕黄懷信曰：「汪中校三『而』字皆改『必』，汪喜孫曰：三『而』字，先君皆據家語改爲『必』。今檢戴、孔書，皆不從家語。」

〔一三〕「順」，王樹枏以爲當據荀子改爲「謂」。

〔一四〕汪中以爲「夫」字衍。

〔一五〕原注：「買」當爲「悳」，形近而譌。荀子作「言忠信而心不德」。「買」與「置」形亦相近，故元本又譌作「置」。

〔一六〕原注：一本作「知」，一本作「自彊不息」。

〔一七〕王念孫以爲「君子」二字衍。

〔一八〕王引之以爲「可謂」上脱一「則」字。

〔一九〕原注：一本無「可」字。

〔二〇〕黄懷信曰：「戴校本『躳』改『窮』，汪本從，孔本『願』上增『不』字，戴禮從。」

〔二一〕原注：一本「財」上有「宛」字。注：荀子作「富有天下而無宛財，布施天下而不病貧」。今案：下條荀子「宛」實作「怨」。

〔二二〕汪中、王念孫等認爲「不」下不當有「然」字，當删，「不」讀爲「否」。王聘珍曰：「理，治也。然否取舍，壹本於情性也。」

〔二三〕孔廣森曰：「雜，文也。虹蜺曰蜺。」

〔二四〕王聘珍曰：「穆穆，敬也。純讀曰肫。中庸曰：『肫肫其仁。』鄭注云：『肫肫或爲純純，懇誠貌也。』」

〔二五〕王樹枏以爲「其」字衍。

〔二六〕孔廣森曰：「若，順也。司，事也。職，主也，職音志。」

九·一五　荀子哀公

魯哀公問於孔子曰：「吾欲論〔一〕吾國之士，與之治國，敢問何如〔二〕之邪？」孔子對曰：「生今之世，志古之道，居今之俗，服古之服，舍此而爲非者，不亦鮮乎？」

哀公曰：「然則夫章甫、絇屨、紳而搢笏者，此賢乎〔三〕？」孔子對曰：「不必然，夫端衣、玄裳、絻而乘路者，志不在於食葷〔四〕；斬衰、菅屨〔五〕、杖而啜粥者，志不在於酒肉。生今之世，志古之道，居今之俗，服古之服，舍此而爲非者，雖有，不亦鮮乎？」哀公曰：「善！」

孔子曰：「人有五儀：有庸人，有士，有君子，有賢人，有大聖。」哀公曰：「敢問何如斯可謂庸人矣？」孔子對曰：「所謂庸人者，口不能道善言，心不知色色〔六〕，不知選賢人善士，託其身焉，以爲己憂，勤行不知所務，止交不知所定〔七〕，日選擇於物，不知所貴，從物如流，不知所歸，五鑿爲正〔八〕，心從而壞，如此則可謂庸人矣。」

哀公曰：「善！敢問何如斯可謂士矣？」孔子對曰：「所謂士者，雖不能盡道術，必有率也；雖不能偏美善，必有處也。是故知不務多，務審其所知；言不務多，務審其所謂；行不務多，務審其所由。故知既已知之矣，言既已謂之矣，行既已由之矣，則若性命肌膚之不可易也。故富貴不足以益也，卑賤不足以損也，如此則可謂士矣。」

哀公曰：「善！敢問何如斯可謂〔九〕君子矣？」孔子對曰：「所謂君子者，言忠信而心不德〔一〇〕，仁義在身而色不伐，思慮明通而辭不争，故猶然如將可及者〔一一〕，君子也。」

哀公曰：「善！敢問何如斯可謂賢人矣？」孔子對曰：「所謂賢人者，行中規繩而不傷於本〔一二〕，言足法於天下而不傷於身，富有天下而無怨財，布施天下而不病貧，如此則可謂賢人矣。」

哀公曰：「善！敢問何如斯可謂大聖矣？」孔子對曰：「所謂大聖者，知通乎大道，應變而不窮，辨乎萬物之情性者也。大道者，所以變化遂成萬物也；情性者，所以理然不、取舍也〔一三〕。是故其事大辨乎天地〔一四〕，明察乎日月，總要萬物於風雨，繆繆肫肫，其事不可循〔一五〕，若天之嗣，其事不可識〔一六〕，百姓淺然不識其鄰，若此則可謂大聖矣。」

哀公曰：「善！」

〔一〕熊公哲曰：「論，是論其賢愚能否，换言之，即選録也。」楊柳橋曰：「高誘注吕氏春秋：『論，猶擇也。』論，借爲『掄』，俗作『遴』。」

〔二〕王先謙依盧文弨之説於「如」下增一「取」字。

〔三〕楊倞注曰：「章甫，殷冠。王肅云：『絇，謂屨頭有拘飾也。』鄭康成云：『絇之言拘也。以爲行戒，狀如刀衣鼻，在屨頭。』紳，大帶也。搢笏於紳者也。」王念孫據大戴記、孔子家語以爲「紳」下有「帶」字，「賢」上有「皆」字。俞樾以爲「此」當作「比」，比，皆也。

〔四〕楊倞注曰：「端衣、玄裳，即朝玄端也。絻與冕同。」王先謙曰：「端衣、玄裳、絻而乘路，所以祭也，故志不在於食葷。」

〔五〕楊倞注曰：「儀禮喪服曰：『斬者何？不緝也。』衰長六尺，博四寸，三升布爲之。鄭注喪服云：『上曰衰，下曰裳。』當心前有衰，後有負板，左右有辟領，孝子哀戚，無不在也。菅，菲也。此言服被於外，亦所以制其心也。」

〔六〕「心」，王先謙本作「必」。楊倞注曰：「色色，謂以己色觀彼之色，知其好惡也。」「色色」，郝懿行據大戴記以爲當作「邑邑」。郝曰：「『邑邑』同『悒悒』，憂逆短氣貌也。」

〔七〕楊倞注曰：「交，謂接待於物。皆言不能辨是非，悵悵失據也。」梁啓雄則依郝懿行據大戴記改「勤」爲「動」，改「交」爲「立」。

〔八〕楊倞注曰：「鑿，竅也。五鑿，謂耳目鼻口及心之竅也。言五竅雖似於正，而其心已從外物所誘而壞矣，是庸愚之人也。一曰：五鑿，五情也。莊子曰『六鑿相攘』，司馬彪曰：『六情相攘奪。』韓詩外傳作『五藏爲正』也。」郝懿行以爲楊倞注「五竅，五情」是也。王念孫也以爲楊倞後說以五鑿爲五情頗勝前說。

〔九〕王先謙本「謂」下有「之」字。

〔一〇〕楊倞注曰：「不自以爲有德。」

〔一一〕楊倞注曰：「猶然，舒遲之貌。」

〔一二〕楊倞注曰：「本，亦身也。言雖廣大而不傷其身也。」郝懿行認爲楊注非也，曰：「本，猶質也。謂性之本質如木之有根幹。」

〔一三〕楊倞注曰：「辨情性，乃能理是非之取舍而不惑。」王先謙曰：「然不，猶然否，與『取舍』對文。注中『之』字衍。」

〔一四〕楊倞注曰：「其事，謂聖人所理化之事。言辨別萬事，如天地之別萬物，各使區分。」郝懿行曰：「辨與辯同。辯者，治辯也。」王念孫以爲「辨」讀爲「徧」。俞樾認爲「大」字絶句，「是故其事大」與上文「大道者」相應，下「明」字衍。

〔一五〕楊倞注曰：「『繆』，當爲『膠』，相加之貌。莊子云：『膠膠擾擾。』肫與訰同，雜亂之貌。爾雅云：『訰訰，亂也。』言聖人治萬物錯雜，膠膠訰訰，然而衆人不能循其事。」郝懿行曰：「大戴記作『穆穆純純，其莫之能循』。穆穆，和而美也。純純，精而密也。『穆』『繆』古字通，『純』『肫』聲相借耳。注並失之。」

〔一六〕楊倞釋「嗣」爲「繼」，郝懿行同。王念孫以爲「嗣」當讀爲「司」，司，主也，言若天之主司萬化，其事不可得而知也。

九·一六　大戴禮衛將軍文子

衛將軍文子問於子貢〔一〕曰：「吾聞夫子之施教也，先以詩世道者孝悌〔二〕，説之以義而觀諸體〔三〕，成之以文德。蓋受教者七十有餘人〔四〕。聞之〔五〕，孰爲賢也？」子貢對，辭以不知。

文子曰：「吾子學焉〔六〕，何謂不知也？」子貢對曰：「賢人無妄，知賢〔七〕則難，故君子曰『智莫難於知人』，此以難也。」文子曰：「若夫知賢，人莫不難。吾子親遊焉，是敢問也〔八〕。」子貢對曰：「夫子之門人，蓋三就焉〔九〕；賜有逮及焉，有未及焉，不得辯知也。」

文子曰：「吾子之所及，請問其行也。」子貢對曰：「夙興夜寐，諷誦崇禮〔一〇〕；行不貳過，稱言不苟，是顔淵〔一一〕之行也。孔子説之以詩〔一二〕，詩云：『媚兹一人，應侯順德。永言孝思，孝思惟則。』〔一三〕故國一逢有德之君〔一四〕，世受顯命，不失厥名，以御於天子。以申之〔一五〕。在貧如客，使其臣如藉〔一六〕，不遷怒，不探怨，不録舊罪〔一七〕，是冉雍之行也。孔子曰：『有土君子，有衆使也，有刑用也，然後怒〔一八〕；匹夫之怒，惟以亡其身。』詩云：『靡不有初，鮮克有終。』〔一九〕以告之。不畏强禦，不侮矜寡〔二〇〕，其言曰性，都其富哉，任其戎〔二一〕，是仲由之行也。夫子未知以文也〔二二〕。詩云：『受小共大共〔二三〕，爲下國恂蒙。何天之寵，傅奏其勇。』〔二四〕夫强乎武哉，文不勝其質。恭老恤孤，不忘賓旅，好學省物而不懃〔二五〕，是冉求之行也。孔子因而語之曰：『好學則智，恤孤則惠，恭老則近禮，克篤恭以天下〔二六〕，其稱之也，宜爲國老。』志通而好禮，擯相兩君之事，篤雅其有禮節也〔二七〕，是公西赤之行也。孔子曰：『禮儀三百，可勉能也；威儀三千，則難也〔二八〕。』公西赤問曰：『何謂也？』孔子曰：『貌以擯禮，禮以擯辭，是之謂也。』主人聞之以成〔二九〕。』孔子之語人也，曰：『當賓客之事則通矣〔三〇〕。』謂門人曰：『二三子欲學賓客之禮者，於赤也。』滿而不滿，實如虛，通之如不及〔三一〕，先生難之，不學，其貌竟，其德敦，其言於人也無所不信〔三二〕，其橋大人〔三三〕也。常以皓皓，是以眉壽〔三四〕，是曾參之行也。孔子曰：『孝，德之始也；弟，德之序也；信，德之厚也；忠，德之正也。參也中夫四德者矣哉。』以此稱之也。業功〔三五〕不伐，貴位不善〔三六〕，不侮可侮，不佚可佚〔三七〕，不敖無告〔三八〕，是顓孫〔三九〕之行也。孔子言之曰：『其不伐則猶可能也，其不弊百姓者〔四〇〕則仁也。詩云：『愷悌君子，民之父母。』〔四一〕夫子以其仁爲大也。學以深，厲以斷〔四二〕，送迎必敬，上友下交，銀手如斷〔四三〕，是卜商之行也。孔子曰：『詩云：「式夷式已，無小人殆。」而商也其可謂不險也〔四四〕。』貴之不喜，賤之不怒，苟於民利矣，廉於其事上也以佐其下〔四五〕，是澹臺滅明之行也。孔子曰：『獨貴獨富，君子恥之，夫也中〔四六〕之矣。』先成其慮，及事而用之，是故不忘〔四七〕，是言偃之行也。孔子曰：『欲能則學，欲知則問，欲善則訊，欲給則豫，當是如偃也得之矣〔四八〕。』獨居思仁，公〔四九〕言言義；其聞之詩也〔五〇〕，一日三復『白圭之玷』，是南宮縚之行也。夫子信其仁，以爲異姓〔五一〕。自見孔子〔五二〕，入户未嘗越屨，往來過人不履影，開蟄不殺，方長不折〔五三〕，執親之喪，未嘗見齒，是高柴之行也。孔子曰：『高柴執親之喪則難能也，開蟄不殺則天道也，方長不折則恕也。恕則仁也，湯恭以恕，是以日躋也。』此賜之所親覩也。吾子有命而訊，賜則不足以知賢。」

文子曰：「吾聞之也，國有道則賢人興焉，中人用焉，百姓歸焉。若吾子之語審茂〔五四〕，則一諸侯之相也，亦未逢明君也。」

子貢既與衛將軍文子言，適魯，見孔子曰：「衛將軍問二三子之行於賜也，不一而三，賜也辭不獲命，以所見者對矣，未知中否，請嘗以告。」孔子曰：「言之。」子貢以其質告。孔子既聞之，笑曰：「賜，汝偉爲知人，賜〔五五〕！」子貢對曰：「賜也焉能〔五六〕知人，此賜之所親覩也。」孔子曰：「是汝所親也〔五七〕。吾語女耳之所未聞，目之所未見，思之所未至，智之所未及者乎？」子貢曰：「賜得，則願聞之也〔五八〕。」孔子曰：「不克不忌，不念舊惡〔五九〕，蓋伯夷、叔齊之行也。晉平公問於祁傒曰：『羊舌大夫，晉國之良大夫也，其行如何？』祁傒對〔六〇〕，辭曰：『不知也。』公曰：『吾聞女少長乎其所，女其闇知之〔六一〕。』祁傒對曰：『其幼也恭而遜，恥而不使其過宿也；其爲侯大夫也，悉善而謙其端也〔六二〕；其爲公車尉也，信而好直其功也〔六三〕；至於其爲和容也，溫良而好禮，博聞而時出其志也〔六四〕。』公曰：『嚮者問女，女何曰弗知也？』祁傒對曰：『每位改變，未知所止〔六五〕，是以不知。』蓋羊舌大夫之行也。畏天而敬人，服義而行信，孝乎父而恭於兄，好從善而敦往〔六六〕，蓋趙文子之行也。其事君也，不敢愛其死，然亦不忘〔六七〕其身，謀其身不遺其友，君陳則進〔六八〕，不陳則行而退，蓋隨武子〔六九〕之行也。其爲人之淵泉也，多聞而難誕也，不內辭，足以沒世；國家有道，其言足以生；國家無道，其默足以容，蓋桐提伯華之行也〔七〇〕。外寬而內直，自設〔七一〕於隱栝之中，直己而不直於人，以善存，亡汲汲〔七二〕，蓋蘧伯玉之行也。孝子慈幼，允德稟義，約貨去怨〔七三〕，蓋柳下惠之行也。其言曰：『君雖不諒於臣，臣不可以不量於君。是故君擇臣而使之，臣擇君而事之，有道順君〔七四〕，無道橫命。』晏平仲之行也〔七五〕。德恭而行信，終日言不在尤之內，在尤之外，貧而樂也，蓋老萊子之行也〔七六〕。易行以俟天命，居下位而不援其上；觀於四方也，不忘其親；苟思其親，不盡其樂；以不能學爲己終身之憂，蓋介山子推〔七七〕之行也。」

〔一〕「子貢」，王聘珍本作「子贛」。盧辯曰：「文子，衛卿也，名彌牟。子貢，端木賜也，衛人，衛之相也。」

〔二〕戴震曰：「世道者孝悌，案此句有舛誤。」王樹枏曰：「先以詩世道者孝悌，各本均以『先以詩』句。今案：『世』疑『而』字之譌，『者』乃『諸』字而脱去言旁耳。先以詩而道諸孝悌，説之仁義而觀諸禮，兩句偶文。家語弟子行篇作『先之以詩書，導之以孝悌』。孔讀未安。」黄懷信曰：「世，當是『書』字音誤，屬上讀。者，當是『之』字音誤。」

〔三〕王樹枏曰：「以，當是『仁』字之譌。體，當是『禮』字之譌。」

〔四〕黄懷信曰：「受教者，孔本作『入室升堂者』，注曰：『入室升堂，宋本作「受教者」，因注而誤也，從文選閑居賦注引此文改。』」孫詒讓曰：「案周禮司儀賈疏引亦作『蓋受教者七十有餘人』，則初唐本已如是，李善所引或别一本也。」王樹枏曰：「閑居賦注乃從家語誤引，孔注據改，非也。注謂言能受教者，正釋『受教者』三字。」

〔五〕黄懷信曰：「聞之，汝聞之也。」

〔六〕黄懷信曰：「學焉，謂學於彼，與七十子共也。」

〔七〕王聘珍曰：「賢人，謂以賢稱人。妄，誣也。知賢，謂知人之賢。」

〔八〕黄懷信曰：「是敢問也，『是』下戴校本增『以』字，汪照同。」

〔九〕「蓋三就焉」，王念孫以爲當作「蓋三千就焉」，三千，言其多也。俞樾以爲「三就」即「三帀」，家語作「蓋有三千就焉」，乃王肅不達古語而臆改，或欲據以增入戴記。于鬯曰：「三就者，謂前後來就業孔子者有三起焉。」

〔一〇〕黄懷信曰：「諷誦崇禮，戴校本『誦』改『詩』，汪照本從。」

〔一一〕王念孫曰：「『淵』，本作『回』。盧注『顔回，魯人，字子淵』即其證。此篇於諸弟子皆稱名，不稱字。今本作『顔淵』者，涉注文而誤。」

〔一二〕汪照曰：「子説之以詩，一本有『曰』字。」

〔一三〕盧辯曰：「大雅下武之四章也。媚兹一人，謂御於天子而蒙寵愛。應侯順德，逢國君能成其德。孝思惟則，此文在前章，兼之以説，故連言也。」

〔一四〕「國」，王引之以爲當作「回」，于鬯以爲當通「或」。俞樾以爲「故國一逢有德之君」至「以御於天子」二十一字當在「孔子説之以詩」之上。黄懷信曰：「『國』字不誤，王念孫説非。又『故國一逢有德之君』承詩句『媚兹一人』而來，必不能在『孔子説之以詩』之上，俞説亦非。」

〔一五〕黄懷信曰：「申，告誡。之，指顔回。言孔子以前所引之詩及言以告誡顔回也。」

〔一六〕王樹枏曰：「使其臣如藉，家語『藉』作『借』。」盧辯曰：「在貧如客，言安貧也。使其臣如藉，藉，借也，如借力然也。」

〔一七〕王樹枏曰：「不探怨，家語『探』作『深』。」王聘珍曰：「探，遠取之也。録，記録也。」

〔一八〕盧辯曰：「使，舉也。夫子因其性不好怒，故説妄怒之敗也。」

〔一九〕盧辯曰：「大雅蕩首章也。言冉雍能終其行也。」

曰寡。』」

〔二〇〕王聘珍曰：「畏，懼也。强禦，强梁禦善者。侮，侵也。孟子曰：『老而無妻曰矜，老而無夫

〔二一〕王樹枏曰：「任其戎，家語作『材任治戎』，蓋連上『哉』字爲讀而改爲『材』字也。」孔廣森曰：「子路，卞人，爲衛大夫，注有誤文。一讀『哉任其戎』爲句。哉，古通以爲『材』字。」孫詒讓曰：「孔引或讀是也。『性』當讀爲生，『都』當讀爲儲。生儲其富，謂能足食；材任其戎，謂能足兵。性、生，都、儲，哉、材，並同聲叚借字。」

〔二二〕「夫子未知以文也」，王念孫以爲當作「夫子和之以文曰」。

〔二三〕原注：「共」一作「拱」。

〔二四〕盧辯曰：「殷頌長發之五章也，頌湯伐桀除災之事。恂，信也。言下國信蒙其富。」

〔二五〕王聘珍曰：「省，減省也。懃讀曰勤，勞也。」王念孫曰：「好學省物而不懃，『不』字涉上句『不忘』而衍。省者，察也。省物而懃，與好學同意，猶言懃於省物耳。」

〔二六〕汪照曰：「克篤恭以天下，案家語作『堯舜篤恭以王天下』。」王樹枏以爲「以」下脱一「王」字，戴禮以爲「以」下脱「教」字。黄懷信以爲「克篤恭以天下」不誤，「以」讀爲「於」。孔廣森曰：「克，能也。以天下，行之於天下也。」

〔二七〕戴禮曰：「案上下文法，『節』下『也』字似衍。」王聘珍曰：「志通者，知類通達也。鄭注周禮云：『出接賓曰擯，入贊禮曰相。』雅，正也。禮節者，禮之制度也。」

〔二八〕王念孫曰：「『禮儀』本作『禮經』，此淺學人以中庸改之也。」戴禮曰：「王校改上『儀』爲『經』，中庸亦有『禮儀三百』之説，或注云『禮經三百』蓋指禮儀之經，非周官六篇亦未可知，故不從。唯『難』下似脱『能』字。」黄懷信曰：「『經儀』與『威儀』相對，似不誤……『則難也』亦不誤，戴説非。」

〔二九〕孔廣森曰：「此通爲一句，言威儀三千，主人聞知足以成其禮也，當對文有賓聞之云云，而今本脱佚耳。」黄懷信以爲此六字當在「是之謂也」上，二句倒。王聘珍曰：「主人，謂主言行此在於人也。聞之以成者，公西赤聞之以成。」

〔三〇〕孔廣森曰：「則通矣者，爲不足之辭。」

〔三一〕黄懷信曰：「通之，戴校本、孔本皆改『過之』。」

〔三二〕王念孫曰：「『不學』上有『博無』二字，而今本脱之。『博無不學』爲句，言其學之博，無所不學也。……『竟』當爲『恭』字之誤也。『其貌恭』爲句，『其德敦』爲句，『其言』下屬爲義，此依家語訂正。」

〔三三〕「橋」，戴禮以爲當作「撟」。盧辯曰：「橋，高也，高大之人也。」孔廣森曰：「大人，父之稱。」汪照曰：「王氏曰：大人，富貴者也。」王聘珍曰：「橋大，謂高明廣大也。」王樹枏以爲「橋」通「驕」，「橋大人」即孟子所謂説大人之義。黄懷信疑「橋」當作「嬌」，嬌大人即在大人面前撒嬌，即所謂説大人，大人即父母。

〔三四〕王聘珍曰:「皓皓,潔白也,言孝子之潔白也。是以眉壽,以介眉壽也。」

〔三五〕王念孫曰:「業功,當依家語作『美功』,字之誤也。」

〔三六〕汪照曰:「貴位不善,惠氏曰:當作『不喜』。」

〔三七〕王引之曰:「不佚可佚,『佚』當作『佚』。佚,輕忽也。可輕忽者不輕視之,所謂君子無衆寡、無小大、無敢慢也。」

〔三八〕孔廣森曰:「不敖無告,敖音傲。」

〔三九〕王念孫以爲「顓孫」下當脱「師」字。

〔四〇〕汪照曰:「其不弊百姓者,一本無『者』字。」

〔四一〕盧辯曰:「大雅洞酌之首章也。」

〔四二〕盧辯曰:「能深致隱賾也,性嚴厲而能斷決。」

〔四三〕黄懷信曰:「銀手如斷,『手』字戴校改『乎』,孔及汪照本從。」孫詒讓以爲「手」字不誤,當讀爲「守」。盧辯曰:「銀,廉鍔也。如斷,言便能。」孔廣森曰:「銀,猶斷斷也。如斷,有限制也。」王樹枏曰:「銀乎如斷,銀讀爲垠。」黄懷信曰:「送迎必敬,言其有禮也。上友下交,言其交友也。『銀』讀爲『垠』,王説是,然解未的。垠,限也、界也。銀乎,有界限之貌。垠乎如斷,言其交友界限分明如斷。」

〔四四〕盧辯曰:「小雅節之四章。殆,近也。言其鄰於德也。」王聘珍曰:「毛傳云:『式,用也。夷,平也。用平則已，無以小人之言至於危殆也。」不險，言不危也。」

〔四五〕王樹枏曰：「廉於其事上也以佐其下，家語作『廉於行己，其事上也以佐其下』。」

〔四六〕王聘珍曰：「夬，謂滅明。中，得也，言得君子之道也。」

〔四七〕黄懷信曰：「是故不忘，戴校本『忘』改『妄』，二汪同。」

〔四八〕孔廣森曰：「善，大典作『行』。『是』字宋本倒在『如』上，從朱本改。」王念孫曰：「欲善則訊，『訊』當爲『詳』。……『當是如』三字不成義，『如』讀爲『而』。」

〔四九〕王聘珍曰：「公，猶官也。」

〔五〇〕黄懷信曰：「其聞之詩也，戴校删『之』字，孔及汪照同。」

〔五一〕王樹枏曰：「以爲異姓，家語作『以爲異士』，注云：『殊異之士也。』大戴引之曰：以爲異姓婚姻也，以兄之女妻之者也。」

〔五二〕汪照曰：「『自見孔子』，案：『自』，劉本作『目』。」

〔五三〕盧辯曰：「不越人之屨，不屨人之影，謙慎之至也。」王聘珍曰：「蟄，蟄蟲也。開，啓也。長，生長也。折，斷也。」王念孫曰：「『天道』上有『順』字，而今本脱之，則文義不明。啓蟄，天道也。啓蟄不殺，是順天道也。」

〔五四〕王聘珍曰：「興，起也，謂起而在位也。中，正也。審，悉也。」

〔五五〕盧辯曰：「偉爲知人，言大爲知人也。再言賜者，善之。」偉，于鬯認爲當讀爲「諱」。

〔五六〕黄懷信曰：「焉能，戴校改『焉敢』。」

〔五七〕「汝」，王聘珍本作「女」。王念孫以爲「親」下當有「覩」字，而今本脱之。

〔五八〕汪中曰：「賜得則願聞之也，疑當作『則願得聞之也』。」王念孫曰：「賜得則願聞之也，今本『得』字在『則願』上，則文不成義。永樂大典本作『賜得願聞之也』，亦非。家語省其文，作『賜願得聞之』，亦以願得連文。」

〔五九〕王樹枏曰：「不念舊惡，家語作『舊怨』。」盧辯曰：「克，好勝人。忌，有惡於人也。」

〔六〇〕戴禮曰：「此『對』字疑亦衍。」

〔六一〕孔廣森曰：「闇，猶奄也，言盡知之。」王聘珍曰：「闇讀曰弇，深也。」

〔六二〕孔廣森曰：「『侯』字誤，蓋候大夫也。晉官有候正、候奄。」又曰：「悉，盡也。盡善而謙，是其端也。」王聘珍讀「悉善」二字上爲句，曰：「悉善者，詳盡善道以事君也。端，本也。」

〔六三〕王聘珍曰：「公車尉，軍尉也。……信，誠也。直，正也。功，謂軍功。直其功，言卒乘之有功者正之，不使冒濫也。」

〔六四〕盧辯曰：「和容，主賓客也。」王聘珍曰：「主賓客，謂應對諸侯及受命而使也。博聞，謂閑習故事。志，意也。時出其志者，公羊莊十九年傳曰：『大夫受命不受辭，出竟，有可以安社稷利國家者，則專之可也。』」

〔六五〕王樹枏曰：「自『晉平公』至此，家語在章末。」王聘珍曰：「位，爵次也。每位，謂爲侯大夫、公車尉及和容也。鄭注大學云：『止，猶自處也。』未知所止，言未知其所自處，不可以一德名也。」

〔六六〕王樹枏曰：「好從善而斆往，家語作『從善而不教』。」戴禮曰：「好從善而斆往，『斆』當作『效』。」王聘珍曰：「畏，亦敬也。服，從也。行信者，信以爲本，循而行之。斆，效也。往，古昔也。」

〔六七〕「志」，一本作「亡」，黄懷信曰：「亡，元刻本、戴校本作『忘』。」

〔六八〕王聘珍曰：「謀，計也。遺，忘也。陳，謂陳力。君陳者，君與之陳也。」「陳」，俞樾以爲「伸」字之誤。

〔六九〕盧辯曰：「隨武子，晉大夫也，世掌刑官，後受隨。范會，名也。季，字也。武，謚也。」

〔七〇〕孔廣森曰：「其言足以生，生，史記索隱此文作『興』。」汪照曰：「生，家語作『治』。」不内辭，孫詒讓疑當作「不入亂」，謂不入亂國。王聘珍曰：「淵，深也。泉，水泉也。爲人淵泉，謂思慮深情不測也。誕，欺詐也。說文云：『辭，訟也。』不内辭者，無行可悔，不内自訟也。没世，謂終身。生，起也，謂興起在位也。孔氏左傳昭五年疏云：『桐提伯華名赤，字伯華，食邑於桐提。』世族譜云：『赤，羊舌職之子。』」

〔七一〕設，王引之以爲當作「娱」，通「虞」，虞，安也。設，俞樾以爲當讀爲「翕」，翕，合也。王樹枏同意王引之說。黄懷信以爲諸說均誤，「設」字不誤。王聘珍曰：「設，置也。」

〔七二〕王聘珍曰：「直，正也。不直於人者，正己而不求於人也。易曰：『成性存存。』孔疏云：『存，謂保其終也。』亡，無也。汲汲，欲速也。論語曰：『君子哉蘧伯玉，邦有道則仕，邦無道則可卷而懷之。』」

〔七三〕戴震曰：「孝老慈幼，案『老』各本訛作『子』，今從方本。」孫詒讓曰：「孫校云：『孝子慈幼』，索隱引作『孝恭慈仁』，『禀義』作『圖義』，『去怨』作『忘怨』。」王聘珍曰：「允，信也。禀，敬也。約，少也。貨，謂貨利。去，除也。」

〔七四〕「諒」，王聘珍本作「量」，是也。「順君」，王引之以爲當作「順命」。王聘珍曰：「量，度也。」

〔七五〕或本句首有「蓋」字，王樹枏曰：「各本無『蓋』字，王引之曰：『當有蓋字。』與孔校同。仲尼弟子列傳索隱引正有『蓋』字。」

〔七六〕王引之等以爲「在尤之外」四字當爲注文誤入正文。王聘珍曰：「尤，過也。漢書藝文志班氏自注云：『老萊子，楚人，與孔子同時。』」

〔七七〕原注：史記仲尼弟子列傳作「子然」，裴駰引亦作「子然」。今案：盧辯曰：「介山子推，晉大夫介之推也。」

九·一七　羣書治要尸子勸學

孔子曰：「自娛於檃括之中，直己而不直人，以善廢而不邑邑〔一〕，蘧伯玉之行也。」

〔一〕邑邑，憂鬱不樂貌。

九・一八　穀梁成五年傳

梁山崩，壅遏河三日不流。晉君召伯尊而問焉。伯尊來，遇輦者，輦者不辟。使車右下而鞭之。輦者曰：「所以鞭我者，其取道遠矣。」伯尊下車而問焉，曰：「子有聞乎？」對曰：「梁山崩，壅遏河三日不流。」伯尊曰：「君爲此召我也。爲之奈何？」輦者曰：「天有山，天崩之；天有河，天壅之。雖召伯尊，如之何？」伯尊由忠問焉，輦者曰：「君親素縞，帥羣臣而哭之，既而祠焉，斯流矣。」伯尊至，君問之，曰：「梁山崩，壅遏河三日不流，爲之奈何？」伯尊曰：「君親素縞，帥羣臣而哭之，既而祠焉，斯流矣。」孔子聞之曰：「伯尊其無績乎！攘善也。」

九・一九　韓詩外傳八

梁山崩，晉君召大夫伯宗，道逢輦者，以其輦服〔一〕，伯宗使其右下，欲鞭之。輦者曰：「君趨道豈不遠矣，不知事而行，可乎〔二〕？」伯宗喜，問其居，曰：「絳人也。」伯宗曰：「子亦有聞乎？」曰：「梁山崩，壅河，顧三日不流，是以召子。」伯宗曰：「如之何?」曰:「天有山,天崩之;天有河,天壅之。伯宗將如之何?」伯宗私問之,曰:「君其率羣臣,素服而哭之,既而祠焉,河斯流矣。」伯宗問其姓名,弗告。伯宗到,君問,伯宗以其言對。於是君素服,率羣臣而哭之,既而祠焉,河斯流矣。君問伯宗何以知之,伯宗不言受輦者,詐以自知。孔子聞之曰:「伯宗其無後,攘人之善。」

〔一〕原注:晉語五云:「遇車當道而覆。」今案:許維遹本「服」下有「其道」二字,當補。趙懷玉以爲「服」當作「覆」。周廷寀以爲「服」同「覆」,並以爲「其道」之「其」當作「於」。聞一多認爲「其道」之「其」字斥伯宗,輦者欲止伯宗而與之語,佯覆其輦以阻伯宗之道也。

〔二〕「不知事而行,可乎」,許維遹本作「不如捷而行」,是也。

九·二〇　魯語下

公父文伯退朝,朝其母,其母方績。文伯曰:「以歜之家而主猶績,懼忓季孫之怒也,其以歜爲不能事主乎?」其母歎曰:「魯其亡乎!使僮子備官而未之聞邪〔一〕?居,吾語汝。昔聖王之處民也,擇瘠土而處之,勞其民而用之,故長王天下。夫民勞則思,思則善心生;逸則淫,淫則忘善,忘善則惡心生。沃土之民不材,淫〔二〕也;瘠土之民莫不嚮義,勞也〔三〕。是故天子大采朝日,與三公九卿祖識地德〔四〕;日中考政,與百官之政事,師尹、維旅、牧、相宣序民事〔五〕;少采夕月,與太史、司〔六〕載,糾虔天刑;日入監九御〔七〕,使潔奉禘、郊之粢盛，而後即安。諸侯朝修天子之業命，晝考其國職，夕省其典刑，夜儆百工，使無慆淫〔八〕，而後即安。卿大夫朝考其職，晝講其庶政，夕序其業，夜庀〔九〕其家事，而後即安。士朝而受業，晝而習貫〔一〇〕，夕而習復，夜而計〔一一〕過無憾，而後即安。自庶人以下，明而動，晦而休，無日以怠。王后親織玄紞〔一二〕，公侯之夫人加之以紘、綖〔一三〕，卿之内子爲大帶〔一四〕，命婦成祭服〔一五〕，列士之妻加之以朝服〔一六〕，自庶士以下，皆衣其夫。社而賦事，蒸〔一七〕而獻功，男女效績，愆則有辟〔一八〕，古之制也。君子勞心，小人勞力，先王之訓也。自上以下，誰敢淫心舍力？今我寡也，爾又在下位，朝夕處事，猶恐忘先人之業。況有怠惰，其何以避辟！吾冀而朝夕修我曰：『必無廢先人。』爾今曰：『胡不自安。』以是承君之官，余懼穆伯之絶嗣也。」仲尼聞之曰：「弟子志之，季氏之婦不淫〔一九〕矣。」

〔一〕「邪」，徐元誥本作「耶」。

〔二〕「淫」，徐元誥據王念孫之説改作「逸」。

〔三〕徐元誥本於「勞也」下補「善心生，故鄉義也」七字。

〔四〕韋昭注曰：「禮：『天子以春分朝日，示有尊也。』虞説曰：『大采，衮織也。祖，習也。識，知也。地德所以廣生。』昭謂：禮玉藻：『天子玄冕以朝日。』冕服之下則大采，非衮織也。周禮：『王者搢大全，執鎮圭，藻五采五就以朝日。』則大采謂此也。言天子與公卿因朝日以修陽政而習地德，因夕月以理陰教而糾天刑。日照晝，月照夜，各因其明以修其事。」今案：朝日，朝拜祭祀日神。

〔五〕韋昭注曰：「宣，徧也。序，次也。三君云：『師尹，大夫官也，掌以美制王。維，陳也。旅，衆士也。牧，州牧也。相，國相也。皆百官政事之所及也。』」王引之以爲「政事」之「政」當讀爲正，正，長也，百官之政事即百官府之爲長官及任羣職者。

〔六〕「司」，徐元誥本作「師」。

〔七〕王引之曰：「此與昏義異也，昏義九嬪次於三夫人之下，此則有九嬪無三夫人。非有其人而不列於此也，内宰、内小臣、内司服、追師皆但言九嬪而不及三夫人，然則周禮無三夫人明矣。周語、魯語言『九御』，月令『后妃帥九嬪御』，乃禮天子所御，皆言九嬪，而不及夫人，與周禮合。無三夫人，故但云『帥九嬪』。鄭注謂『天子有夫人，有嬪，有世婦，有女御。獨云帥九嬪，舉中言也』，失之。高誘注吕氏仲春紀，分后妃爲二，以妃爲夫人，尤誤。」

〔八〕韋昭注曰：「儆，戒也。工，官也。慆，慢也。」

〔九〕「庀」，徐元誥本作「庇」，韋昭注曰：「庀，治也。」

〔一〇〕「習」，四庫全書本、徐元誥本皆作「講」。韋昭注曰：「貫，習也。」

〔一一〕「討」，徐元誥據列女傳改爲「討」。討過，謂搜求己過。

〔一二〕韋昭注曰：「説云：『紞，冠之垂前後者。』昭謂：紞，所以懸瑱當耳者也。」

〔一三〕韋昭注曰：「既織紞，復加之以紘、綖也。冕曰紘。紘，纓之無緌者也，從下而上，不結。綖，冕之上覆也。」

〔一四〕韋昭注曰：「卿之適妻曰内子。大帶，緇帶也。」

〔一五〕韋昭注曰：「命婦，大夫之妻。祭服，玄衣、纁裳。」

〔一六〕韋昭注曰：「列士，元士也。既成祭服，又加之以朝服也。朝服，天子之士皮弁素積，諸侯之士玄端委貌。」

〔一七〕蒸，冬祭。

〔一八〕韋昭注曰：「績，功也。辟，罪也。」

〔一九〕徐元誥曰：「淫，汏也。大戴禮曾子立事篇：『居上位而不淫。』鄭注曰：『淫，汏也。』是其證。汏，謂驕也，見昭三年左傳注。季氏之婦不淫，即謂季氏之婦不驕也。」

九·二一　魯語下

公父文伯之母，季康子之從祖叔母也。康子往焉，闔門與之言〔一〕，皆不踰閾〔二〕。祭悼子，康子與焉，胙〔三〕不受，徹俎不宴，宗不具不繹〔四〕，繹不盡飫則退〔五〕。仲尼聞之，以爲別於男女之禮矣。

〔一〕韋昭注曰：「闔，闢也。門，寢門也。」

〔二〕韋昭注曰：「閾，限也。皆，二人也。」

〔三〕「胙」，四庫全書本、徐元誥本皆作「酢」。

〔四〕韋昭注曰：「繹，又祭也。唐尚書云：『祭之明日也。』昭謂：天子、諸侯曰繹，以祭之明日。卿大夫曰賓尸，與祭同日。此言祭者，通言也。賈侍中云：『宗，宗臣，主祭祀之禮也。不具，謂宗臣不具在，則敬姜不與繹也。』」

〔五〕韋昭注曰：「説曰：『飫，宴安私飲也。』昭謂：立曰飫，坐曰宴。言宗具則與繹，繹畢而飲，不盡飫禮而退，恐有醉飽之失，皆所以遠嫌也。」

九·二二　魯語下

公父文伯卒，其母戒其妾曰：「吾聞之：好内，女死之；好外，士死之。今吾子夭死，吾惡其以好内聞也。二三婦之辱共先者祀〔一〕，請無瘠色，無洵涕，無掐膺〔二〕，無憂容，有降服，無加服。從禮而静，是昭吾子也。」仲尼聞之曰：「女知莫若婦，男知莫若夫。公父氏之婦智也夫！欲明其子之令德〔三〕。」

〔一〕「二三婦之辱共先者祀」，四庫全書本、徐元誥本作「二三婦之辱共先祀者」。

〔二〕「掐」，四庫全書本、徐元誥本作「搯」。韋昭注曰：「搯，叩也。膺，胸也。」

〔三〕四庫全書本、徐元誥本「令德」下有「也」字。

九·二三 魯語下

公父文伯之母朝哭穆伯，而暮哭文伯。仲尼聞之曰：「季氏之婦可謂知禮矣。愛而無私，上下有章。」

九·二四 晏子春秋諫上

景公之時，雨雪三日而不霽。公衣〔一〕狐白之裘，坐堂側陛。晏子入見，立有間，公曰：「怪哉！雨雪三日而天不寒。」晏子對曰：「天不寒乎？」公笑。晏子曰：「嬰聞古之賢君，飽而知人之飢，温而知人之寒，逸而知人之勞。今君不知也。」公曰：「善！寡人聞命矣。」乃令出裘發粟，與飢寒。令所睹于塗者，無問其鄉；所睹于里者，無問其家；循國計數，無言其名。士既事者兼月，疾者兼歲〔二〕。孔子聞之曰：「晏子能明其所欲，景公能行其所善也。」

〔一〕「衣」，吳則虞本作「被」。

〔二〕蘇輿云：「兼月，兼一月之粟；兼歲，兼一歲之粟。『事』，謂已有職業可任者，故但兼月；『疾』，則病苦無能爲之人，故須兼歲乃可自給也。」長孫元齡曰：「事者，謂冠昏喪祭等多用度之事。」

九・二五　晏子春秋諫下

景公之嬖妾嬰子死，公守之，三日不食，膚著於席不去〔一〕。左右以復，而君無聽焉。晏子入，復曰：「有術客〔二〕與醫，俱言曰：『聞嬰子病死，願請治之。』」公喜，遽起，曰：「病猶可爲乎？」晏子曰：「客之道〔三〕也，以爲良醫也，請嘗試之。君請屏〔四〕，潔沐浴飲食，間病者之宮〔五〕，彼亦將有鬼神之事焉。」公曰：「諾。」屏而沐浴。晏子令棺人入斂，已斂，而復曰：「醫不能治病，已斂矣，不敢不以聞。」公作色不悦，曰：「夫子以醫命寡人，而不使視，將斂而不以聞，吾之爲君，名而已矣。」晏子曰：「君獨不知死者之不可以生邪？嬰聞之，君正臣從謂之順，君僻臣從謂之逆。今君不道順而行僻，從邪者邇，導害〔六〕者遠，讒諛萌通〔七〕，而賢良廢滅，是以諂諛繁於間〔八〕，邪行交於國也。昔吾先君桓公，用管仲而霸，嬖乎〔九〕豎刁而滅，今君薄於〔一〇〕賢人之禮，而厚嬖妾之哀。且古聖王，畜私不傷行，斂死不失愛，送死不失哀。行傷則溺己，愛失則傷生，哀失則害性，是故聖王節之也。即畢殮，不留生事，棺槨衣衾，不以害生養，哭泣處哀，不以害生道。今朽尸以留生，廣愛以傷行，修哀以害性，君之失矣。故諸侯之賓客慙入吾國，本朝之臣慙守其職。崇君之行，不可以導民；從君之欲，不可以持國。且嬰聞之，朽而不斂，謂之僇尸；臭而不收，謂之陳齮。反明王之性〔二〕，行百姓之誹，而内嬖妾於傪齮〔三〕，此之爲不可。」公曰：「寡人不識，請因夫子而爲之。」晏子復曰：「國之士大夫，諸侯四鄰賓客，皆在外，君其哭而節之。」仲尼聞之曰：「星之昭昭，不若月之曀曀；小事之成，不若大事之廢；君子之非，賢於小人之是也。其晏子之謂歟！」

〔一〕陶鴻慶曰：「『膚著于席不去』六字，語不可曉，疑『不食』之『食』本作『斂』，『斂』字闕其右偏，爲『僉』，遂譌爲『食』矣。『不去』二字，當在『公守之』下，其文云：『公守之不去，三日不斂，膚著于席。』言三日不小斂而尸膚著于席也。」吴則虞曰：「御覽三百九十五引無『膚著于席』四字，作『三日不食，不去左右』，與此異。」

〔二〕孫星衍曰：「術客，客有術者。」

〔三〕孫星衍曰：「『道』，御覽作『通』，『道』亦『通』也。」

〔四〕孫星衍曰：「『君請』，御覽作『使君』。」吴則虞云：「御覽無『屏』字。」

〔五〕吴則虞曰：「『間』，猶隔離也。」

〔六〕王念孫曰：「按『導害』二字，義不可通，『導害』當爲『道善』，字之誤也。『道』，亦『從』也。『道善』與『從邪』正相反。」劉師培云：「『害』字不必改作『善』，『道害』者，即匡君之失、指陳弊政之謂也。」

〔七〕吴則虞曰：「『萌通』，即『明通』。」

〔八〕陶鴻慶曰：「墨子經上篇云：『有間，中也。』『繁於間』，猶言『繁於中』，謂公之近侍也，故與『國』對文。」

〔九〕劉師培曰：「戴校云：『乎字衍。』」

〔一〇〕吴則虞曰：「『於』字疑衍。」

〔一一〕長孫元齡曰：「『性』疑『制』字之誤。」

〔一二〕蘇輿曰：「『内』，同『納』。」吴則虞曰：「『僇齒』不辭，『僇』下疑脱『尸陳』二字。」

九·二六　晏子春秋雜上

晉平公欲伐齊，使范昭往觀焉。景公觴之，飲酒酣，范昭曰：「請君之棄罇〔一〕。」公曰：「酌寡人之罇，進之于客〔二〕。」范昭已飲，晏子曰：「徹罇，更之。」罇觶具矣，范昭佯醉，不悦而起舞。謂太師曰：「能爲我調成周之樂乎？吾爲子舞之。」太師曰：「冥臣不習。」范昭趨而出。景公謂晏子曰：「晉，大國也，使人來，將觀吾政，今子怒大國之使者，將奈何？」晏子曰：「夫范昭之爲人也，非陋而不知禮也，且欲試吾君臣，故絶之也。」景公謂太師曰：「子何以不爲客調成周之樂乎？」太師對曰：「夫成周之樂，天子之樂也，調之，必人主舞之。今范昭人臣，欲舞天子之樂，臣故不爲也。」范昭歸，以報平公曰：「齊未可伐也。臣欲試其君，而晏子識之；臣欲犯其禮，而太師知之。」仲尼聞〔三〕曰：「夫不出于尊俎之間，而知千里之外，其晏子之謂也。可謂折衝〔四〕矣！而太師其與焉。」

〔一〕孫星衍曰：「按説文：『𢍜』，酒器也，或作『尊』。玉篇或作『樽』、『僔』。又云『罇』同『樽』，是『樽』、『罇』、『僔』皆『尊』字之俗。」劉師培曰：「御覽七百六十一引作『請君棄樽酌』，五百七十四作『請公之樽酌』，事類賦注十一作『范昭請公之樽酌』，孫子杜牧注引同。疑今本『樽』下脱『酌』字。」

〔二〕孫星衍曰：「文選注作『公令左右酌樽以獻』。」

〔三〕吴則虞本「聞」下有「之」字，當補入。

〔四〕孫星衍曰：「按『衝』者，衝車折挫之也。」王念孫曰：「案此文本作『夫不出于尊俎之間，而知衝千里之外，其晏子之謂也』，無『可謂折衝矣』五字。『知衝』即『折衝』也，『知』『折』聲相近，故字亦相通。」

九·二七　韓詩外傳八

晉平公使范昭觀齊國之政，景公錫〔一〕之宴，晏子在前，范昭趨曰：「願君之倅〔二〕樽以爲壽。」景公顧左右曰：「酌寡人樽，獻之客。」范昭飲〔三〕。晏子對〔四〕曰：「徹去樽。」范昭不説，起舞，顧太師曰：「子爲我奏成周之樂，願舞〔五〕。」太師對曰：「盲臣不習。」范昭起，出門。景公謂晏子曰：「夫晉，天下大國也，使范昭來觀齊國之政，今子怒大國之使者，將奈何？」晏子曰：「范昭之爲人也，非陋而不知禮也，是欲試吾君〔六〕，嬰故不從。」於是景公召太師而問之曰：「范昭使子奏成周之樂，何故不調？」對如晏子。於是范昭歸，報平公曰：「齊未可併也。吾試其君，晏子知之；吾犯其樂，太師知之。」孔子聞之曰：「善乎晏子，不出俎豆之間，折衝千里〔七〕。」

〔一〕許維遹曰：「『錫』『賜』古通用，金文『賜』多以『錫』爲之。」

〔二〕屈守元曰：「周禮夏官戎僕：『掌王倅事之政。』鄭玄注：『倅，副也。』字或作『卒』。」

〔三〕許維遹本「飲」上有「已」字。

〔四〕許維遹以爲「對」字衍，近是。

〔五〕「願舞」，許維遹本作「吾爲子舞之」。

〔六〕許維遹本「君」下有「臣」字。

〔七〕許維遹本「千里」下有「之外」二字。

九・二八　新序雜事一

晉平公欲伐齊，使范昭往觀焉。景公賜〔一〕之酒，酣，范昭曰：「願請君之樽酌。」公曰：「酌寡人之樽，進之於客。」范昭已飲，晏子曰：「徹樽更之。」樽觶具矣，范昭佯醉，不悦，而起舞，謂太師曰：「能爲我調成周之樂乎？吾爲子舞之。」太師曰：「冥臣不習。」范昭趨而出。景公謂晏子曰：「晉，大國也，使人來，將觀吾政也。今子怒大國之使者，將奈何？」晏子曰：「夫范昭之爲人，非陋而不識禮也，且欲試吾君臣，故絶之也。」景公謂太師曰：「子何以不爲客調成周之樂乎？」太師對曰：「夫成周之樂，天子之樂也，若調之，必人主舞之。今范昭，人臣也，而欲舞天子之樂，臣故不爲也。」范昭歸，以告平公曰：「齊未可伐也。臣欲試其君，而晏子識之；臣欲犯其禮，而太師知之。」仲尼聞之曰：「夫〔二〕不出於樽俎之間，而知〔三〕千里之外，其晏子之謂乎！可謂折衝矣，而太師其與焉。」

〔一〕「賜」，石光瑛據晏子春秋改爲「觴」。

〔二〕石光瑛本無「夫」字。

〔三〕石光瑛本「知」下有「衝」字。

九·二九　晏子春秋雜上

晏子居晏桓子之喪，麤斬衰〔一〕，苴絰帶，杖，菅屨，食粥，居倚廬，寢苫，枕草。其家老曰：「非大夫喪父之禮也。」晏子曰：「唯卿爲大夫〔二〕。」曾子以聞孔子，孔子曰：「晏子可謂能遠害矣。不以己之是駁人之非，遜辭以避咎，義也夫！」

〔一〕「斬衰」，百子全書本、吳則虞本皆作「衰斬」，誤。

〔三〕孫星衍曰：「鄭氏注：『此平仲之謙辭也。言己非大夫，故爲父服士服耳。』」

九・三〇　荀子大略

子謂子家駒續然大夫，不如晏子〔一〕；晏子，功用之臣也，不如子産；子産，惠人也，不如管仲；管仲之爲人，力功不力義，力知不力仁。野人也，不可以爲天子大夫〔二〕。

〔一〕楊倞注曰：「子家駒，魯公子慶之孫，公孫歸父之後，名羈，駒其字也。續，言補續君之過。不能興功用，故不如晏子也。」

〔二〕楊倞注曰：「言四子皆類郊野之人，未浸漬於仁義，故不可爲王者佐。」

九・三一　荀子子道

子路問於孔子曰：「魯大夫練而牀〔一〕，禮邪？」夫子〔二〕曰：「吾不知也。」子路出，謂子貢曰：「吾以夫子爲無所不知，夫子徒〔三〕有所不知。」子貢曰：「汝〔四〕何問哉？」子路曰：「由問魯大夫練而牀，禮邪？夫子曰：『吾不知也。』」子貢曰：「吾將爲汝問之。」子貢問曰：「練而牀，禮邪？」孔子曰：「非禮也。」子貢出，謂子路曰：「汝謂夫子爲有所不知乎？夫子徒無所不知，汝問非也。禮，居是邑，不非其大夫。」

〔一〕楊倞注曰：「練，小祥也。禮記曰：『期而小祥，居堊室，寢有席；又期而大祥，居復寢，中月而禫，禫而牀也。』」

〔二〕「夫子」，百子全書本作「孔子」。

〔三〕王先謙曰：「華嚴經音義下引劉熙云：『徒，猶獨也。』」

〔四〕「汝」，王先謙本作「女」，下同。

九·三二　荀子哀公

魯哀公問於孔子曰：「請問取人？」孔子對曰：「無取健，無取詌〔一〕，無取口啍〔二〕。健，貪也；詌，亂也；口啍，誕也〔三〕。故弓調而後求勁焉，馬服而後求良焉，士信慤而後求知能焉。士不信慤而有多知能，譬之其豺狼也，不可以身尒〔四〕也。語曰：『桓公用其賊，文公用其盜〔五〕。』故明主任計不信怒〔六〕，闇主信怒不任計。計勝怒者〔七〕强，怒勝計者亡。」

〔一〕原注：家語作「鉗」。今案：郝懿行曰：「『詌』蓋譌字，說苑尊賢篇作『拑』，是也。拑訓脅持。家語五儀解作『鉗』，亦假借字耳。」王肅注曰：「謂妄對不謹誠者。」

〔二〕楊倞注曰：「啍與諄同。方言云：『齊、魯凡相疾惡謂之諄憎。』諄，之閏反。王肅云：『啍啍，多言。』或曰：詩云：『誨爾諄諄。』口諄，謂口教誨，心無誠實者。」郝懿行曰：「『口啍』，家語作『啍啍』，王肅注曰：『多言也。』韓詩外傳四『詌』作『佞』，『口啍』作『口讒』，恐亦譌字，當作『口鑱』。鑱者，鋭也。今説苑正作『鋭』，是矣。」

〔三〕楊倞注曰：「健羡之人多貪欲，詌忌之人多悖亂，讒疾之人多妄誕。」郝懿行曰：「健無貪義，不知何字之譌。楊注甚謬。韓詩外傳作『健，驕也』，説苑『健者必欲兼人，不可以爲法』，以此參證，可知作『貪』必譌字矣。拑者利口捷給，變亂是非，故云『亂也』。誕者誇大，故説苑云『口鋭者多誕而寡信，後恐不驗也』。」

〔四〕楊倞注曰：「有，讀爲『又』。尒，與『邇』同。」

〔五〕久保愛曰：「管仲射桓公中鉤，故曰『賊』。文公之豎頭須，竊藏以逃，已而又用之，故曰『盜』。」

〔六〕章詩同曰：「憑謀慮不憑忿怒。」

〔七〕「者」，王先謙本作「則」，近是。下同。

九·三三　韓詩外傳四

哀公問取人，孔子曰：「無取健，無取佞，無取口讒。健，驕也；佞，諂也；讒，誕也。故弓調然後求勁焉，馬服然後求良焉，士信慤而後求知焉。士不信焉〔一〕又多知，譬之豺狼〔二〕，其難以身近也。周書曰〔三〕：爲虎傅翼也，不亦殆乎！」

〔一〕「焉」，許維遹本作「慤而」。

〔二〕許維遹本「豺狼」下有一「與」字。

〔三〕許維遹以爲「周書曰」下脱「『爲虎傅翼，將飛入邑，擇人而食。』夫置不肖之人於位」二十字。

九·三四　説苑尊賢

哀公問於孔子曰：「人何若〔一〕而可取也？」孔子對曰：「無〔二〕取拑者，無取健〔三〕者，毋〔四〕取口鋭者。」哀公曰：「何謂也？」孔子曰：「拑者大給利，不言〔五〕盡用；健者必欲兼人，不可以爲法也；口鋭者多誕而寡信，後恐不驗也。夫弓矢和調，而後求其中焉；馬慤愿順，然後求其良材焉；人必忠信重厚，然後求其知能焉。今人有不忠信重厚，而多知能，如此人者，譬猶豺狼與，不可以身近也。是故先其仁信之誠者，然後親之；於是有知能者，然後任之。故曰：親仁而使能。夫取人之術也，觀其言而察其行。夫言者，所以抒其匈而發其情者也。能行之士，必能言之，是故先觀其言而揆其行；雖〔六〕有姦軌之人，無以逃其情矣。」哀公曰：「善。」

〔一〕「何若」，向宗魯本作「若何」。
〔二〕「無」，向宗魯本作「毋」。下同。
〔三〕「健」，向宗魯本作「健」。下同。
〔四〕「毋」，百子全書本、向宗魯本皆作「毋」，是也。
〔五〕「言」，百子全書本、向宗魯本皆作「可」。

〔六〕百子全書本、向宗魯本「雖」上皆有「夫以言揆其行」六字。

九・三五　列子天瑞

孔子游於太山，見榮啓期行乎郕之野，鹿裘〔一〕帶索，鼓琴而歌。孔子問曰：「先生所以樂，何也？」對曰：「吾樂甚多：天生萬物，唯人爲貴，而吾得爲人，是一樂也；男女之別，男尊女卑，故以男爲貴，吾既得爲男矣，是二樂也；人生有不見日月、不免襁褓者，吾既已行年九十矣，是三樂也。貧者士之常也，死者人之終也，處常得終，當何憂哉？」孔子曰：「善乎！能自寬者也。」

〔一〕沈濤曰：「鹿裘乃裘之麤者，非以鹿爲裘也。鹿車乃車之麤者，非以鹿駕車也。麤從三鹿，故鹿有麤義。」

九・三六　御覽三百八十三引新序

孔子見宋榮啓期，老〔一〕，白首衣弊服，鼓琴自樂。孔子問曰：「先生老而窮，何樂也？」啓期曰：「吾有三樂：天生萬物，以人爲貴，吾得爲人，一樂也；人生以男爲貴，吾得爲男，二樂也；人生命有夭傷〔二〕，吾年九十歲〔三〕，是三樂也。貧者士之常，死者人之終，居常以守終，何不樂乎？」〔四〕

〔一〕中華書局影印本御覽「老」上有「年」字。
〔二〕「夭傷」，中華書局影印本御覽作「傷夭」。
〔三〕「歲」，中華書局影印本御覽作「餘」。
〔四〕原注：按今本佚此文。

九·三七　説苑雜言

孔子見榮啓期，衣鹿皮裘，鼓瑟而歌。孔子問曰：「先生何樂也？」對曰：「吾樂甚多：天生萬物，唯人爲貴，吾既已得爲人，是一樂也；人以男爲貴，吾既已得爲男，是爲二樂也；人生不免襁褓，吾年已九十五，是三樂也。夫貧者士之常也，死者民之終也，處常待終，當何憂乎？」

九·三八　列子説符

趙襄子使新穉穆子攻翟〔一〕，勝之，取左人、中人〔二〕，使遽人〔三〕謁之〔四〕。襄子方食，而有憂色。左右曰：「一朝而兩城下，此人之所喜也；今君有憂色，何也？」襄子曰：「夫江河之大也，不過三日〔五〕；飄風暴雨不終朝，日中不須臾〔六〕。今趙氏之德行，無所施於積〔七〕，一朝而兩城下，亡其及我哉！」孔子聞之曰：「趙氏其昌乎！」

〔一〕張湛注曰：「穆子，襄子家臣新穉狗也。翟，鮮虞也。」

〔二〕張湛注曰：「左人、中人，鮮虞二邑名。」

〔三〕原注：一本此下有「來」字。

〔四〕張湛注曰：「遽，傳也。謁，告也。」

〔五〕張湛注曰：「謂潮水有大小。」

〔六〕張湛注曰：「勢盛者必退也。」

〔七〕張湛注曰：「無積德而有重功，不可不戒懼也。」俞樾曰：「『施』，衍字，蓋即『於』字之誤而複者。吕氏春秋慎大篇亦有此文，正無『施』字。」王重民曰：「俞説是也。淮南道應篇亦有此文，亦無『施』字。」

九·三九　吕氏春秋慎大覽

趙襄子攻翟，勝老人、中人，使使者來謁之，襄子方食摶飯〔一〕，有憂色。左右曰：「一朝而兩城下，此人之所以〔二〕喜也，今君有憂色，何〔三〕？」襄子曰：「江河之大也，不過三日；飄風暴雨，日中不須臾。今趙氏之德行，無所於積，一朝而兩城下，亡其及我乎！」孔子聞之曰：「趙氏其昌乎！」

〔一〕楊樹達曰：「説文：『摶，以手圜之也。』」陳奇猷曰：「『摶飯』即異寶之『摶黍』，亦即今所謂『飯團』也。」

〔二〕許維遹引畢沅及孫人和之說以爲「以」字衍。

〔三〕許維遹引孫人和之說以爲「何」下脫「也」字。

九·四〇　淮南子道應訓

趙襄子攻翟〔一〕而勝之，尤人〔二〕、終人，使者來謁之。襄子方將食，而有憂色，左右曰：「一朝而兩城下，此人之所喜也。今君有憂色，何也？」襄子曰：「江河之大也，不過三日；飄風暴雨，日中不須臾。今趙氏之德行無所積，今一朝〔三〕兩城下，亡其及我乎！」孔子聞之曰：「趙氏其昌乎！」

〔一〕王念孫以爲「攻翟」上當有「使」字。

〔二〕劉文典本「尤人」上有「取」字。

〔三〕王念孫以爲「朝」下有「而」字。

九·四一　莊子列禦寇

孔子曰：「凡人心險於山川，難於知天〔一〕；天猶有春秋冬夏旦暮之期，人者厚貌深情。故有貌愿而益〔二〕，有長若不肖〔三〕，有順懁而達〔四〕，有堅而縵〔五〕，有緩而釬〔六〕。故其就義若渴者，其去義若熱。故君子遠使之而觀其忠，近使之而觀其敬，煩使之而觀其能，卒然問焉而觀其知，急與之期而觀其信，委之以財而觀其仁，告之以危而觀其節，醉之以酒而觀其側〔七〕，雜之以處而觀其色。九徵至，不肖人得矣。」

〔一〕「難於知天」，馬敘倫以爲當作「難知於天」。

〔二〕釋文曰：「愿，謹慤也。」俞樾云：「益當作溢。溢之言驕溢也。荀子不苟篇『以驕溢人』是也。愿與溢，義正相反。」

〔三〕成玄英疏曰：「心實長者，形如不肖。」

〔四〕王先謙曰：「柔順懷急而内通事理。」

〔五〕王先謙曰：「外堅强而内緩弱。」

〔六〕釋文曰：「釬，胡旦反，又音干，急也。」

〔七〕釋文曰：「側，不正也。或作則。」俞樾云：「上文皆舉美德言之，此獨觀其不正，則不倫矣。其云『或作則』，當從之。」

九·四二　御覽九百十五引莊子

老子見孔子，從弟子五人，問曰：「前爲誰？」對曰：「子路，勇且多力；其次子貢，爲智；曾子，爲孝；顔回，爲仁；子張，爲武。」老子歎曰：「吾聞南方有鳥，名鳳凰〔一〕，其所居也〔二〕，積石千里，河水出下，鳳鳥居止〔三〕。天爲生食，其樹名瓊，枝高百仞，以璆琳琅玕

爲實；天又爲生離朱〔四〕，一人三頭，遞起以伺琅玕。鳳鳥之文，戴聖嬰〔五〕仁，右智左賢。」〔六〕

〔一〕「名鳳凰」，中華書局影印本御覽作「名爲鳳」。

〔二〕「其」、「也」二字，中華書局影印本御覽無。

〔三〕「河水出下，鳳鳥居止」八字，中華書局影印本御覽無。

〔四〕中華書局影印本御覽「朱」作「珠」。

〔五〕説文：「嬰，頸飾也。」

〔六〕原注：按今本無此文，當是佚篇。

九·四三　韓非子説林下

孔子謂弟子曰：「孰能導子西之釣名也〔一〕？」子貢曰：「賜也能。」乃導之，不復疑也。孔子曰：「寬哉，不被于利！　絜哉，民性有恒！　曲爲曲，直爲直〔二〕。孔子曰〔三〕：子西不免。」白公之難，子西死焉。

〔一〕太田方曰：「淮南要略注：『導，諫也。』漢書公孫弘傳『誠飾詐欲以釣名』，顔師古注：『釣，取也。若釣魚之謂也。』」陳奇猷曰：「子西，楚令尹子西也。」

〔二〕王先慎曰：「數句當是子西對子貢言，『孔子』二字疑『子西』之誤。」陳奇猷曰：「松皋圓以下文

『孔子曰』三字衍文，是也。子貢諫子西，子西不復疑，然孔子以民性有恒推之，子西之聽子貢乃暫時之事，亦品性難移之意，故知子西不免也。王説未得。」

〔三〕原注：朱本「孔子曰」提行。今案：陳奇猷引松皋圓以爲「孔子曰」三字當删，是也。

九・四四　韓非子外儲説左下

管仲相齊，曰：「臣貴矣，然而臣貧。」桓公曰：「使子有三歸〔一〕之家。」曰：「臣富矣，然而臣卑。」桓公使立於高、國之上。曰：「臣尊矣，然而臣疏。」乃立爲仲父。孔子聞而非之曰：「泰侈偪上。」一曰，仲父〔二〕出，朱蓋青衣，置鼓而歸〔三〕，庭有陳鼎〔四〕，家有三歸。孔子曰：「良大夫也，其侈偪上。」

〔一〕郭嵩燾曰：「包咸論語注以三歸爲一娶三姓，史記管子傳注、漢書顔師古注、國策鮑彪注皆用其説。説苑以爲臺名。至金仁山氏始據以爲税法，固爲近之，而不能詳其義。此蓋管子『九府輕重』之法，當就管子書求之。山至數篇曰『則民之三有歸於上矣』，『三歸』之名實本於此。」陳奇猷同意此説。

〔二〕「仲父」上，陳奇猷本、百子全書本有「管」字。

〔三〕舊注：「自朝歸，設鼓吹之樂。」蔣超伯曰：「按古字『歸』、『饋』通。魯論『歸孔子豚』，注『歸，一作饋』，孟子作『饋』。置鼓而歸，謂陳鼓樂以侑食。」陳奇猷同意蔣説。

〔四〕陳奇猷曰：「庭有陳鼎，謂庭中有陳列之鼎。呂氏春秋貴直篇『殷之鼎陳於周之廷』，又曰『無使齊之大呂陳之廷』（大呂，齊大鼎名），可證此文之義。」

九·四五　韓非子顯學

孔子曰：「以容取人乎，失之子羽；以言取人乎，失之宰予。」

九·四六　薛據集語引説苑

子曰：「以容取人，失之子羽；以言取人，失之宰予。澹臺子羽，君子之容也，與之久處，而言不充〔一〕其貌；宰予之辭，雅而文也，與之久處，而智不充其辯。」〔二〕

〔一〕「充」，乾隆本薛據集語作「克」。下文「智不充其辯」之「充」亦然。

〔二〕原注：按今本無此文。韓非子「澹臺子羽」六句在「子曰以容取人」之上，不以爲孔子語也。

九·四七　御覽四百六十九引王孫子

趙簡子獵於晉陽之山〔一〕，撫轡而歎。董安于曰：「今游獵，樂也，而主君歎，敢問何故也〔二〕？」簡子曰：「汝不知也。吾效廄養食穀之馬以千數，合宮養多力之士〔三〕日數百，欲以獵獸也，吾憂鄰國〔四〕養賢以獵吾也。」孔子聞之曰：「簡子知所歎也。」

〔一〕原注：「之山」二字從御覽八百三十二引補。今案：玉函山房輯佚書本王孫子作「晉山之陽」。

〔二〕原注：「故」字從八百三十二引補。

〔三〕原注：本作「奉多力之書」，從八百三十二引改，四百二亦引作「士」。今案：「合宫養」，中華書局影印本御覽、玉函山房輯佚書本王孫子作「令官奉」。

〔四〕原注：「吾」字從四百二引補。

九·四八　吕氏春秋恃君覽知分

荆有次非者，得寶劍于干遂，還反涉江，至於中流，有兩蛟夾繞其船。次非謂舟人曰：「子嘗見兩蛟繞船能兩活者乎〔一〕？」船人曰：「未之見也。」次非攘臂，袪衣拔寶劍曰：「此江中之腐肉朽骨也。棄劍以全己，余奚愛焉！」於是赴江刺蛟，殺之而復上船，舟中之人皆得活。荆王聞之，仕之執圭〔二〕。孔子聞之曰：「夫善哉！不以腐肉朽骨而棄劍者，其次非之謂乎！」

〔一〕王念孫疑下「兩」字衍。俞樾疑「兩」作「而」。范耕研曰：「兩者，謂人與蛟。言非蛟覆舟，即人殺蛟，不能兩活也。俞氏改乙，非也。」

〔二〕高誘注曰：「周禮：『侯執信圭。』楚以次非勇武而侯之。」

九·四九　淮南子道應訓

荆有佽非，得寶劍於干隊，還反度江，至於中流，陽侯之波〔一〕，兩蛟俠〔二〕繞其船，佽非謂枻〔三〕船者曰：「嘗有如此而得活者乎？」對曰：「未嘗見也。」於是佽非瞑目勃然，攘臂拔劒〔四〕曰：「武士可以仁義之禮説也，不可劫而奪也，此江中之腐肉朽骨，棄劒而已〔五〕，余有奚愛焉？」赴江刺蛟，遂斷其頭，船中人盡活，風波畢除。荆爵爲執圭。孔子聞之曰：「夫善載〔六〕！腐肉朽骨棄劒者，佽非之謂乎！」

〔一〕陽侯，古代傳説中的波濤之神。

〔二〕「佽」，劉文典本作「挾」，是也。

〔三〕高誘注曰：「枻，櫂也。」

〔四〕王念孫以爲「瞑目」二字與「攘臂拔劒」事不相類，故「瞑目」當爲「瞋目」。劉文典案：「勃然」二字當在「瞋目」之上，而以「勃然瞋目攘臂拔劒」作一句讀。

〔五〕俞樾曰：「『已』乃『人已』之已，『已』上當有『全』字。呂氏春秋正作『棄劒而全已』。」

〔六〕載，俞樾疑當作「哉」。

九・五〇　呂氏春秋恃君覽召類

士尹池爲荆使於宋，司城子罕觴之。南家之牆，犨於前而不直〔一〕；西家之潦，徑〔二〕其宮而不止。士尹池問其故。司城子罕曰：「南家，工人也，爲鞔百〔三〕也。吾將徙之，其父曰：『吾恃爲鞔以食三世矣。今徙之，是宋國之求鞔者不知吾處也，吾將不食。願相國之憂吾不食也。』爲是故，吾弗徙也。西家高，吾宫庳，潦之經吾宫也利，故弗禁也。」士尹池歸荆，荆王適興兵而攻宋，士尹池諫於荆王曰：「宋不可攻也。其主賢，其相仁。賢者能得民，仁者能用人。荆國攻之，其無功而爲天下笑乎！」故釋宋而攻鄭。孔子聞之曰：「夫修之於廟堂之上，而折衝乎千里之外者〔四〕，其司城子罕之謂乎？」

〔一〕高誘注曰：「犨猶出，曲出子罕堂前也。」洪頤煊以爲「犨」當作「讎」，王引之疑「犨」爲「犨」，劉師培與王説同。陳奇猷以爲王、劉之説皆非，犨爲讎之本字，匹敵之意。高注訓「不直」爲曲，非也。據説文：「直，正見也。」「犨於前而不直」，猶言當於子罕堂前而目不能見正面之遠方。

〔二〕原注：一作「注」。

〔三〕「百」，許維遹本、陳奇猷本皆作「者」，是也。高誘注曰：「鞔，履也。作履之工也。一曰：鞔，鞨也。作車鞨之工也。」

〔四〕高誘注曰：「衝車，所以衝突敵之車，能陷破之也。有道之國，不可攻伐，使欲攻己者折還其衝車於千里之外，不敢來也。」

九・五一　新序刺奢

士尹池爲荆使於宋，司城子罕止而觴之。南家之牆，擁於前而不直；西家之潦，經其宫而不止。士尹池問其故。子罕〔一〕曰：「南家，工人也，爲鞔者也。吾將徙之，其父曰：『吾恃爲鞔，已食三世矣。今徙，是宋邦之求鞔者不知吾處也，吾將不食。願相國之憂吾不食也。』爲是故，吾不徙。西家高，吾宫卑，潦水〔二〕之經吾宫也利。爲是故，不禁也。」士尹池歸，荆適興兵欲攻宋〔三〕，士尹池諫於王曰：「宋不可攻也。其主賢，其相仁。賢者得民，仁者能用人。攻之無功，爲天下笑。」楚釋宋而攻鄭。孔子聞之曰：「夫修之於廟堂之上，而折衝於千里之外者，司城子罕之謂也。」

〔一〕百子全書本「子罕」上有「司城」二字。

〔二〕石光瑛本無「水」字。

〔三〕「士尹池歸，荆適興兵欲攻宋」，石光瑛據呂覽作「士尹池歸荆，荆王適興兵欲攻宋」。

九·五二　呂氏春秋恃君覽觀表

郈成子爲魯聘於晉〔一〕，過衛，右宰穀臣止而觴之，陳樂而不樂，酒酣而送之以璧。顧反，過而弗辭。其僕曰：「嚮者右宰穀臣之觴吾子也甚歡，今侯渫過而弗辭〔二〕？」郈成子曰：「夫止而觴我，與我歡也；陳樂而不樂，告我憂也；酒酣而送我以璧，寄之我也。若由是觀之，衛其有亂乎？」倍〔三〕衛三十里，聞寧喜之難作〔四〕，右宰穀臣死之。還車而臨，三舉〔五〕而歸。至，使人迎其妻子，隔宅而異〔六〕之，分禄而食之，其子長而反其璧。孔子聞之曰：「夫智可以微謀，仁可以託財者，其郈成子之謂乎！」

〔一〕高誘注曰:「郈成子,魯大夫也,郈敬子國之子,郈青孫也。適晉,道經衛。」

〔二〕高誘注曰:「侯,何也。重過爲渫過。何爲不辭右宰。」

〔三〕畢沅曰:「孔叢、選注『倍』皆作『背』。」

〔四〕高誘注曰:「甯喜,衛大夫甯惠子殖之子悼子也。惠子與孫林父共逐獻公出之。惠子疾,臨終,謂悼子曰:『吾得罪於君,名載諸侯之策。君入則掩之。若君能掩之,則吾子也。』悼子許諾。魯襄二十六年,殺衛侯剽而納獻公,故曰甯喜之難作也。」

〔五〕高誘注曰:「臨,哭也。右宰息如是者三,故曰三舉。」

〔六〕畢沅曰:「孔叢『異』作『居』。」馬叙倫曰:「異蓋廙之省文。説文:『廙,行屋也。』」

九・五三　吕氏春秋慎行論求人

晉人欲攻鄭,令叔向聘焉,視其有人與無人。子産爲之詩曰:「子惠思我,褰裳涉洧;子不思我,豈無他士?」叔向歸曰:「鄭有人,子産在焉,不可攻也。秦、荆近,其詩有異心,不可攻也。」晉人乃輟攻鄭。孔子曰:「詩云:『無競惟人。』子産一稱而鄭國免〔一〕。」

〔一〕高誘注曰:「詩大雅抑之二章也。『無競惟人,四方其訓之』,無競,競也。國之强,惟在得人,故曰鄭國免其難也。」

九・五四　鹽鐵論大論

孔子曰：「進見而不以能往者，非賢士才女也〔一〕。」

〔一〕原注：一本無「才女」二字。今案：王利器以爲當爲「孔子不以因進見而能往者，非賢士才女也」。

九・五五　新序雜事四

鄭人游于鄉校，以議執政之善否。然明謂子産曰：「何不毁鄉校？」子産曰：「胡爲？夫人朝夕游焉，以議執政之善否。其所善者，吾將行之。其所惡者，吾將改之。是吾師也，如之何毁之？吾聞爲國忠信以損怨，不聞作威以防怨。譬之若防川也，大決，所犯傷人必多，吾不能救也，不如小決之使導，吾聞而藥之也。」然明曰：「蔑也乃今知吾子之信可事也。小人實不材。若果行此，其鄭國實賴之，豈惟二三臣？」仲尼聞是〔一〕語也，曰：「以〔二〕是觀之，人謂子産不仁，吾不信也。」

〔一〕「是」，百子全書本作「斯」。

〔二〕「以」，石光瑛據宋本改爲「由」。

九·五六　新序刺奢

魯孟獻子聘于晉，韓宣子〔一〕觴之，三徙，鍾石之懸，不移而具。獻子曰：「富哉家！」宣子曰：「子之家孰與我家富？」獻子曰：「吾家甚貧，惟有二士，曰顔回、兹無靈者，使吾邦家安平，百姓和協，惟此二者耳。吾盡於此矣。」客出，宣子曰：「彼君子也，以畜〔二〕賢爲富。我鄙人也，以鍾石金玉爲富。」孔子曰：「孟獻子之富，可著於春秋。」

〔一〕石光瑛本「韓宣子」下有「止而」二字。

〔二〕原注：今本作「以養」，從宋本及御覽四百七十二引改。

九·五七　説苑立節

曾子衣敝衣以耕，魯君使人往致邑焉。曰：「請以此修衣。」曾子不受。反，復往，又不受。使者曰：「先生非求於人，人則獻之，奚爲不受？」曾子曰：「臣聞之，受人者畏人，予人者驕人。縱子〔一〕有賜，不我驕也，我能勿畏乎？」終不受。孔子聞之曰：「參之言，足以全其節也。」

〔一〕「子」，向宗魯本作「君」。

九・五八　説苑復恩

東閭子嘗富貴而後乞，人問之曰：「公何爲如是？」曰：「吾自知。吾嘗相六七年，未嘗薦一人也；吾嘗富三千萬者再，未嘗富一人也；不知七〔一〕出身之咎然也。」孔子曰：「物之難矣，小大多少，各有怨惡，數之理也，人而得之，在於外假之也。」

〔一〕「七」，百子全書本作「士」。

九・五九　説苑善説

子路問於孔子曰：「管仲何如人也？」子曰：「大人也。」子路曰：「昔者管子説襄公，襄公不説，是不辯也；欲立公子糾而不能，是無能也；家殘於齊而無憂色，是不慈也；桎梏而居檻車中無慙色，是無愧也；事所射之君，是不貞也；召忽死之，管子不死，是無仁也。夫子何以大之？」子曰：「管仲説襄公，襄公不説，管子非不辯也，襄公不知説也；欲立子糾而不能，非無能也，不遇時也；家殘於齊而無憂色，非不慈也，知命也；桎梏居檻車而無慙色，非無愧也，自裁也；事所射之君，非不貞也，知權也；召忽死之，管子不死，非無仁也。召忽者，人臣之材也，不死則三軍之虜也，死之則名聞天下，夫何爲不死哉？管子者，天子之佐，諸侯之相也，死之則不免爲溝中之瘠，不死則功復用於天下，夫何爲死之哉？由！汝不知也。」

九・六〇　説苑權謀

孔子問漆雕馬人曰：「子事臧文仲、武仲、孺子容，三大夫者，孰爲賢？」漆雕馬人對曰：「臧氏家有龜焉，名曰蔡。文仲立，三年爲一兆〔一〕焉；武仲立，三年爲二兆焉；孺子容立，三年爲三兆焉，馬人見之矣。若夫三大夫之賢不賢，馬人不識也。」孔子曰：「君子哉，漆雕氏之子！其言人之美也，隱而顯；其言人之過也，微而著。故智不能及，明不能見，得無數卜乎？」

〔一〕占卜時燒灼龜甲所産生的裂紋，古人依此判吉凶。一兆，這裏指占卜一次。

九・六一　説苑權謀

中行文子出亡至邊，從者曰：「爲此嗇夫〔一〕者，君人也，胡不休焉，且待後車者〔二〕？」文子曰：「異日吾好音，此子遺吾琴，吾好佩，又遺吾玉，是不非吾過者也，自容於我者也。吾恐其以我求容也。」遂不入。後車入門，文子問嗇夫之所在，執而殺之〔三〕。仲尼聞之曰：「中行文子背道失義以亡其國，然後得之，猶活其身。道不可遺也若此。」

〔一〕嗇夫，官職名，典田官也。

〔二〕向宗魯曰：「『者』字衍。」

〔三〕向宗魯曰：「韓云：『果收文子後車二乘，而獻之其君矣。』則非嗇夫殺文子殺嗇夫明甚。此文脱誤不可通。家語王注作『車入，問文子之所在，（脱嗇夫二字）執而殺之』，疑此文本作『後車入門，問文子之所在，嗇夫執而殺之』，蓋後車問文子之所在，而嗇夫執後車之人殺之也。（此言嗇夫之姦，以著中行文子先去之明）今本『文子』二字誤在『問』字上，『嗇夫』二字誤在『之所在』上，遂失其義矣。」

九・六二　説苑雜言

孔子曰：「回，若有君子之道四：强於行己，弱於受諫，怵於待禄，慎於持身。」

九・六三　説苑雜言

仲尼曰：「史鰌有君子之道三：不仕而敬上，不祀而敬鬼，直能曲於人。」

九・六四　説苑雜言

孔子曰：「丘死之後，商也日益，賜也日損。商也好與賢己者處，賜也好説不如己者。」

九・六五　潛夫論志氏姓

周靈王之太子晉，幼有成德〔一〕，聰明博達，温恭敦敏。穀、雒水鬬，將毁王宫，欲〔二〕壅之。太子晉諫，以爲不順天心，不若脩政。晉平公使叔譽聘於周，見太子，與之言，五稱而三窮，逡巡而退，歸告平公曰：「太子晉行年十五，而譽〔三〕弗能與言，君請事之。」平公遣師曠見太子晉。太子晉與言，師曠服德，深相結也。乃問師曠曰：「吾聞太師能知人年之長短。」師曠對曰：「女色，赤白；女聲，清汗；火色，不壽。」晉曰：「然。吾後三年將上賓於帝，女愼無言，殃將及女。」其後三年而太子死。孔子聞之曰：「惜夫！殺吾君也。」

〔一〕本文又見於風俗通正失。彭鐸曰：「『成德』即風俗通『盛德』。宣二年左傳『盛服將朝』，釋文：『音成，本或作成。』是成、盛古通。」

〔二〕彭鐸本於「欲」下補「王」字。

〔三〕彭鐸曰：「臣對君不得自稱其字，『譽』當從周書作『臣』。」

九·六六　繹史九十五引留青日札

公冶長貧而閒居，無以給食，其雀飛鳴其舍，呼之曰：「公冶長！公冶長！南山有箇虎馱羊，爾食肉，我食腸，當亟取之勿彷徨！」子長如其言，往取食之。及亡羊者跡之，得其角，乃以爲偷，訟之魯君。魯君不信鳥語，逮繫之獄。孔子素知之，爲之白于魯君，亦不解也，於是歎曰：「雖在縲絏之中，非其罪也。」未幾，子長在獄舍，雀復飛鳴其上，呼之曰：「公冶長！公冶長！齊人出師侵我疆；沂水上，嶧山旁，當亟禦之勿彷徨！」子長介獄吏白之魯君，魯君亦勿〔一〕信也。姑如其言往跡之，則齊師果將及矣。急發兵應敵，遂獲大勝。因釋公冶長而厚賜之，欲爵爲大夫，辭不受，蓋恥因禽語以得禄也。後世遂廢其學。〔二〕

〔一〕四庫全書本「勿」作「弗」，是也。

〔二〕原注：皇侃論語義疏引論釋云：公冶長從衛還魯，行至二堺上，聞鳥相呼往清溪食死人肉。須臾，見一老嫗當道而哭。冶長問之，嫗曰：「兒前日出行，于今不反，當是已死亡，不知所在。」冶長曰：「向聞鳥相呼往清溪食肉，恐是嫗兒也。」嫗往看，即得其兒也，已死。即嫗告村司，村司問嫗從何得知之。嫗曰：「見冶長道如此。」村官曰：「冶長不殺人，何緣知之！」因録冶長付獄。主問冶長：「何以殺人？」冶長曰：「解鳥語，不殺人。」主曰：「當試之。若必解鳥語，便相放也；若不解，當令償死。」駐冶長在獄六十日。卒日，有雀子緣獄柵上相呼：「嘖嘖唶唶。」冶長含笑。吏啓主：「冶長笑雀語，是似解鳥語。」主教問冶長：「雀何所道而笑之？」冶長曰：「雀鳴：『嘖嘖唶唶，白蓮水邊有車翻，覆黍粟，牡牛折角，收斂不盡。』相呼往啄。」獄主未信，遣人往看，果如其言。後又解猪及燕語，屢驗，於是得放。今案：程樹德論語集釋亦引之，文略簡。

【補遺】

九·六七　説苑權謀篇

孔子曰：「聖人轉禍爲福，報怨以德〔一〕。」

〔一〕原注：按史記管晏傳：其爲政也，因禍而爲福。後漢書郅惲傳：轉禍爲福。馮衍傳：聖人轉禍爲福。今案：此條六・五四已輯。

九・六八　古文苑徐彦伯樞密論

孔子曰：「終日行，不遺己患；終日言，不遺己憂。」又云：「終身爲善，一言敗之，惜也。」

九・六九　劉子卷四薦賢章〔一〕

昔子貢問於孔子曰：「誰爲大賢？」子曰：「齊有鮑叔，鄭有子皮。」子貢曰：「齊無管仲，鄭無子産乎？」子曰：「吾聞進賢爲賢，排賢爲不肖。」〔二〕

〔一〕此條孫書已采，見七・六。

〔二〕商正曰：按孫本輯入臣術篇，以韓詩外傳爲綱，説苑臣術、劉子薦賢均入附列。元箸專列劉子，不得不改厠於論人篇，而又未考其爲孫本已輯也。今案：參閲本書凡例注。

九・七〇　劉子卷四薦賢章

臧文仲不顯展禽，仲尼謂之竊位。袁注曰：「展禽名柳下，嘗三爲士師，無喜色；三已之，無愠色。孔子知其清潔，乃以兄女妻之，時人始知其賢也。」

九·七一　吕氏春秋精諭〔一〕

孔子曰：「淄、澠之合者，易牙嘗而知之。」〔二〕

〔一〕見審應覽。今案：一六·二三已引此句。

〔二〕商正曰：原本列子説符，凡三百三十五字，吕氏春秋引入精諭篇，全同列子，省録者不過末段五十餘字（列子説符：白公問孔子曰：「人可與微言乎？」孔子不應，白公問曰：「若以石投水，何如？」孔子曰：「吴之善没者能取之。」曰：「若以水投水，何如？」孔子：「淄、澠之合，易牙嘗而知之。」白公曰：「人故不可與微言乎？」孔子曰：「何爲不可？唯知言之謂者乎。夫知言之謂者，不以言言也。争魚者濡，逐獸者趨，非樂之也。故至言去言，至爲無爲。夫淺知之所争者，末矣。」白公不得已，遂死於浴室。吕氏春秋精諭詞亦全與説符同，惟列子「夫知言之謂者」以下五十一字，吕氏春秋無之）。孫書於兩篇均采輯全文，元箸乃獨取此二句補輯專條，而前後孔子與白公問答之言，均置弗録。校以孫書，既涉重複；考之吕、列，又多罣漏，尤爲誤中之誤。今案：參閲本書凡例注。

九·七二　初學記二十七引保乾圖

孔子曰：「吐珠於澤，誰能不含？」〔一〕

〔一〕原注：按後漢書翟酺傳同。商正曰：考後漢書翟酺傳注引春秋保乾圖曰：「臣功大者主威侵，權併族害己姦行，吐珠於澤，誰能不舍？」無「孔子曰」字。惟傳内翟酺上疏引此文乃有「孔子曰」三字，故孫本據以采入主德篇，不以春秋緯爲綱也。元箸輯入論人篇者，迨未知孫書已輯，而又望文生義，不及考緯書上二句全文，以故緟複錯列，不能如孫本之詳慎也。又案：商正所引之「舍」乃「含」字之誤。又，中華書局本初學記所引亦無「孔子曰」三字。又，參閱本書凡例注。

九・七三　後漢書李固傳

孔子曰：「智者見變思刑，愚者覩怪諱名。」

九・七四　鹽鐵論〔一〕

孔子曰：「不通於論者難於言治，道不同者不相與謀。」〔二〕

〔一〕見憂邊篇。

〔二〕孫書已輯此條，見一〇・五三。

九・七五　鹽鐵論大論篇

孔子曰：「進見而不以能往者，非賢士才女也。」〔一〕

〔一〕此條孫書已采輯，見九・五四。

九·七六　御覽三十七引申子

子張見魯哀公，七日不見禮，託僕夫而去。曰：「臣聞君好士，舍重趼來見，七日而不禮。君之好士也，有似葉公子高之好龍也。葉公子高好龍，居室雕文以象龍。天龍聞而下之，窺頸於牖，拖尾於堂。葉公見之，棄而還走，失其魂魄。是葉公非好龍也，好夫似龍而非龍者也。今臣聞君好士，不遠千里而見君，七日不禮，君非好士也。」子張以告夫子，子曰：「彼好夫士而非士者也。」〔一〕

〔一〕原注：按御覽卷九百二十引莊子同。今案：當爲卷九百二十九，文字有異。

【商正】

九·七七　杜預春秋釋例卷三書事例弟十五

仲尼以督有無君之心，改書一事而已。

九·七八　高士傳卷上

孔子曰：「回，來！家貧居卑，胡不仕乎？」回對曰：「不願仕。回有郭外之田五十畝，足以給饘粥；郭內之圃十畝，足以爲絲麻；鼓宮商之音，足以自娱；習所聞於夫子，足以自樂。回何仕焉？」孔子愀然變容曰：「善哉，回之意也！」

【新補】

九·七九　史記陳杞世家

成公元年冬，楚莊王爲夏徵舒殺靈公，率諸侯伐陳。謂陳曰：「無驚，吾誅徵舒而已。」已誅徵舒，因縣陳而有之，羣臣畢賀。申叔時使于齊來還，獨不賀。莊王問其故，對曰：「鄙語有之，牽牛徑人田，田主奪之牛。徑則有罪矣，奪之牛，不亦甚乎？今王以徵舒爲賊弑君，故徵兵諸侯，以義伐之，已而取之，以利其地，則後何以令於天下！是以不賀。」莊王曰：「善。」乃迎陳靈公太子午于晉而立之，復君陳如故，是爲成公。孔子讀史記，至楚復陳，曰：「賢哉楚莊王！輕千乘之國而重一言。」

九·八〇　史記晉世家

盾遂奔，未出晉境。乙丑，盾昆弟將軍趙穿襲殺靈公於桃園而迎趙盾。趙盾素貴，得民和；靈公少，侈，民不附，故爲弑易。盾復位。晉太史董狐書曰「趙盾弑其君」，以視於朝。盾曰：「弑者趙穿，我無罪。」太史曰：「子爲正卿，而亡不出境，反不誅國亂，非子而誰？」孔子聞之曰：「董狐，古之良史也，書法不隱。宣子，良大夫也，爲法受惡。惜也，出疆乃免。」

九·八一 史記楚世家

昭王病於軍中，有赤雲如鳥，夾日而蜚。昭王問周太史，太史曰：「是害於楚王，然可移於將相。」將相聞是言，乃請自以身禱於神。昭王曰：「將相，孤之股肱也，今移禍，庸去是身乎！」弗聽。卜而河爲祟，大夫請禱河。昭王曰：「自吾先王受封，望不過江、漢，而河非所獲罪也。」止不許。孔子在陳，聞是言，曰：「楚昭王通大道矣。其不失國，宜哉！」

九·八二 漢書貨殖傳

子贛既學於仲尼，退而仕衛，發貯鬻財曹、魯之間。七十子之徒，賜最爲饒，而顏淵簞食瓢飲，在於陋巷。子贛結駟連騎，束帛之幣聘享諸侯，所至，國君無不分庭與之抗禮。然孔子賢顏淵而譏子贛，曰：「回也其庶乎，屢空。賜不受命，而貨殖焉，意則屢中。」

九·八三 風俗通義十反

柳下惠不枉道以事人，故三黜而不去，孔子謂之不供。

九・八四　風俗通義十反

孔子嘉虞仲、夷逸,作者七人,亦終隱約。

九・八五　説苑修文

延陵季子適齊,於其反也,其長子死於嬴、博之間,因葬焉。孔子聞之曰:「延陵季子,吴之習於禮者也。」使子貢往而觀之。其穿〔一〕,深不至泉。其斂,以時服。既葬封,壙墳掩坎,其高可隱也。既封,左袒右旋其封,且號者三,言曰:「骨肉歸復於土,命也。若魂氣則無不之也!無不之也!」而遂行。孔子曰:「延陵季子於禮其合矣。」

〔一〕「穿」,當依禮記作「坎」。

九・八六　論衡語增

孔子曰:「紂之不善,不若是之甚也。是以君子惡居下流,天下之惡皆歸焉。」

九・八七　論衡知實

孔子問公叔文子於公明賈曰:「信乎,夫子不言、不笑、不取,有諸?」對曰:「以告者過也。夫子時然後言,人不厭其言;樂然後笑,人不厭其笑;義然後取,人不厭其取。」孔子曰:「豈其然乎?豈其然乎?」

九·八八　論衡定賢

孔子稱少正卯之惡，曰：「言非而博，順非而澤。」

九·八九　抱朴子外篇仁明

孔子曰「聰明神武」，不云「聰仁」。又曰「昔者明王之治天下」，不曰「仁王」。

九·九〇　帝王世紀

黄帝在位百年而崩，年百一十歲〔一〕矣。或傳以爲仙，或言壽三百年〔二〕，故宰我疑，以問孔子，孔子曰：「民賴其利，百年而崩；民畏其神，百年而亡；民用其教，百年而移〔三〕，故曰三百年。」

〔一〕史記五帝本紀集解作「百一十一歲」。

〔二〕「年」，初學記作「歲」。

〔三〕初學記引三「民」字並作「人」，避唐諱。

新編諸子集成續編

孔子集語校注

（附補録）

中

郭沂　撰

中華書局

孔子集語卷十

論政九

一〇·一　尚書大傳

子曰：「古之聽民者，察貧窮，哀孤獨矜寡，宥老幼。不肖無告，有過必赦，小罪勿增，大罪勿纍[一]。老弱不受刑，有過不受罰。故[二]老而受刑謂之悖，弱而受刑謂之剋[三]，不赦有過謂之賊，逆率過以小謂之枳[四]。故與其殺不辜，寧失有罪；與其增以有罪[五]，寧失過以有赦。」

〔一〕鄭玄注曰：「延罪無辜曰纍。」

〔二〕四部叢刊本、叢書集成本「故」上皆有「是」字。

〔三〕「剋」，四部叢刊本、叢書集成本皆作「暴」。

〔四〕四部叢刊本、叢書集成本皆無「逆」字，蓋孫書衍。王闓運曰：「枳、疻、痏同字，創也。故以法中傷人也。」

〔五〕原注：本無「以」字，據御覽六百五十二引補。

一〇·二　尚書大傳

孔子如衛，人謂曰：「公甫〔一〕不能聽訟。」子曰：「非公甫之不能聽獄也。公甫之聽獄也，有罪者懼，無罪者恥，民近禮矣。」

〔一〕鄭玄注曰：「公甫，魯大夫。」王闓運曰：「敬姜子。」

一〇·三　尚書大傳

子曰：「聽訟雖得其指〔一〕，必哀矜之，死者不可復生，斷者不可復續也。書曰：『哀矜折〔二〕獄。』」

〔一〕「聽訟雖得其指」，四部叢刊本、叢書集成本皆作「聽訟者雖得其情」。

〔二〕「折」，四部叢刊本、叢書集成本皆作「哲」。

一〇·四　尚書大傳

子曰：「吴、越之俗，男女同川而浴，其刑重而不勝，由無禮也；中國之教，内外有分〔一〕，男女不同椸枷〔二〕，不同巾櫛，其刑重而勝，由有禮也〔三〕。語曰：夏后不殺不刑，罰有罪而民不輕犯，死，罰二千饌〔四〕。」

〔一〕「分」，四部叢刊本、叢書集成本皆作「别」。

〔二〕椸枷，衣架。

〔三〕王闓運曰：「言象刑即禮，所以教民，非勝民也。夷狄亦不用刑，雖無禮，刑不煩也。中國設禮而不尚禮，則刑日用民日僞矣。」

〔四〕原注：末句據史記平準書索隱引補。今案：「夏后」，叢書集成本作「夏后氏」，四部叢刊本「氏」誤作「斤」。饌，朱駿聲説文通訓定聲曰：「假借爲鍰，實爲鋝。」鋝，貨幣單位。説文：「鋝，十銖二十五分之十三也。……北方以二十兩爲鋝。」

一〇·五　尚書大傳

子曰：「今之聽民者，求所以殺之；古之聽民者，求所以生之；不得其所以生之之道，乃刑殺，君與臣會焉〔一〕。」

〔一〕原注：「聽民」，漢書刑法志作「聽獄」。今案：「君與臣會焉」當指君與臣會商才能做出死刑判決。

一〇·六　尚書大傳

孔子曰：「古之刑者省之，今之刑者繁之，其教〔一〕，古者有禮然後有刑，是以刑省也；今也反是，無禮而齊之以刑，是以繁也。書曰：『伯夷降典禮〔二〕，折民以刑。』謂有禮然後有刑也。又曰：『茲殷罰有倫。』今也反是，諸侯不同聽〔三〕，每君異法，聽無有倫，是故法之難也〔四〕。」

〔一〕王闓運曰：「『教』，當作『故』，下當有『何』也。」

〔二〕「伯夷降典禮」，王闓運以爲當作「伯夷降禮」。

〔三〕鄭玄注曰：「聽，議獄也。」

〔四〕「是故法之難也」，四部叢刊本、叢書集成本皆作「是故知法難也」。

一〇·七　後漢五行志注引尚書大傳鄭注

孔子説春秋，曰：政以不由王出，不得爲政。則王〔一〕，君出政之號也。

〔一〕四部叢刊本、叢書集成本「王」上皆有「是」字。

一〇·八　韓詩外傳二

高牆豐上激下〔一〕，未必崩也；降雨〔二〕興，流潦至，則崩必先矣。草木根荄〔三〕淺，未必撅也；飄風興，暴雨墜，則撅必先矣。君子居是邦也，不崇仁義，尊〔四〕賢臣，以理萬物，未必亡也；一旦有非常之變，諸侯交争，人趨車馳，迫然禍至，乃始憂愁〔五〕，乾喉焦脣，仰天而歎，庶幾乎望其安也，不亦晚乎？孔子曰：「不慎其前，而悔其後。嗟乎！雖悔無及矣。」

〔一〕屈守元曰：「此『激』當爲『墽』，字之誤也。説文土部：『墽，磽也。從土，敫聲。』又石部：『磽，磐也。從石，堯聲。』墽磽音義並同。……孟子告子上篇趙注：『磽，薄也。』豐上激下，即豐上薄下之義。」

〔二〕許維遹本以爲「降雨」即「隆雨」。

〔三〕荄亦根也。

〔四〕許維遹本「尊」下有「其」字。

〔五〕「憂愁」，許維遹據治要等以爲當作「愁憂」。

一〇・九　説苑建本

豐牆墝下，未必崩也；流行〔一〕潦至，壞必先矣。樹本淺，根垓不深〔二〕，未必橛〔三〕也；飄風起，暴雨至，拔必先矣。君子居於是國，不崇仁義，不尊賢臣，未必亡也；然一旦有非常之變，車馳人走，指而禍至，乃始乾喉焦脣，仰天而嘆，庶幾焉天其救之，不亦難乎？孔子曰：「不慎其前，而悔其後，雖悔無及矣。」

〔一〕向宗魯依俞樾之説以爲「行」字衍。

〔二〕「樹本淺，根垓不深」，向宗魯本作「樹木根核不深」，並引顔師古曰：「『核』亦『荄』字。」

〔三〕「橛」，向宗魯本作「撅」。

一〇·一〇　韓詩外傳二

傳曰：孔子云：「美哉！顔無父之御也。馬知後有輿而輕之，知上有人而愛之，馬親其正而愛其事，如使馬能言，彼將必曰：『樂哉！今日之騶〔一〕也。』至於顔淪，少衰矣，馬知後有輿而輕之，知上有人而敬之。馬親其正而敬其事，如使馬能言，彼將必曰：『騶來！其人之使我也。』至於顔夷而衰焉〔二〕。馬知後有輿而重之，知上有人而畏之，馬親其正而畏其事，如使馬能言，彼將必曰：『騶來！騶來！女不騶，彼將殺女。』故御馬有法矣，御民有道矣。法得則馬和而歡，道得則民安而集。詩曰：『執轡如組，兩驂如舞。』〔三〕此之謂也。」

〔一〕周廷寀曰：「『騶』當讀爲『騶中韶濩』之『騶』。」

〔二〕「焉」，許維遹本作「矣」。

〔三〕見詩鄭風大叔于田。

一〇・一一　韓詩外傳三

傳曰：宋大水，魯人弔之曰：「天降淫雨，害於粢盛〔一〕，延及君地，以憂執政，使臣敬弔。」宋人應之曰：「寡人不仁，齋戒不修，使民不時，天加以災，又遺君憂，拜命之辱。」孔子聞之曰：「宋國其庶幾矣。」弟子曰：「何謂？」孔子曰：「昔桀、紂不任其過，其亡也忽焉。成、湯、文王知任其過，其興也勃焉。過而改之，是不過也。」宋人聞之，乃夙興夜寐，弔死問疾，戮力宇内，三歲，年豐政平。

〔一〕粢，黍稷。食物盛於器皿叫盛。一説盛爲稻。粢盛，泛指穀物。

一〇・一二　韓詩外傳六

子路治蒲，三年，孔子過之。入〔一〕境而善之，曰：「由〔二〕恭敬以信矣。」入〔三〕邑，曰：「善哉！由忠信以寬矣。」至〔四〕庭，曰：「善哉！由明察以斷矣。」子貢執轡而問曰：「夫子未見由，而三稱善，可得聞乎？」孔子曰：「入〔五〕其境，田疇甚易〔六〕，草萊甚辟，此恭敬以信，故〔七〕民盡力。入其邑，墉屋甚尊，樹木甚茂，此忠信以寬，其〔八〕民不偷。入其庭，甚閑，故民〔九〕不擾也。」

〔一〕許維遹本「入」下有「其」字。

〔二〕「由」上,許維遹據孔子家語辯政補「善哉」二字。

〔三〕許維遹本「入」下有「其」字。

〔四〕許維遹本「至」下有「其」字。

〔五〕許維遹本「入」上有「我」字。

〔六〕原注:此二字本脱,據文選籍田賦注引補。

〔七〕「故」下,許維遹據文選甘泉賦注引、孔子家語辯政補「其」字。

〔八〕許維遹本「其」上有「故」字。

〔九〕許維遹本「民」上有「其」字。

一〇·一三　韓詩外傳八

子賤治單父,其民附。孔子曰:「告丘之所以治之者。」對曰:「不齊時發倉廩,振困窮,補不足。」孔子曰:「是小人附耳,未也。」對曰:「賞有能,招賢才,退不肖。」孔子曰:「是士附耳,未也。」對曰:「所父事者三人,所兄事者五人,所友者十有二人,所師者一人。」孔子曰:「所父事者三人〔一〕;所兄事者五人,足以教弟矣;所友者十有二人,足以祛壅蔽矣;所師者一人,足以慮無失策,舉無敗功矣〔二〕。惜乎!不齊爲之大〔三〕功,乃與堯、舜參矣。」

〔一〕原注：據説苑，脱一句。今案：據説苑政理，此處脱「可以教孝矣」五字。許維遹從下例改「可」爲「足」。

〔二〕許維遹據説苑補「昔者堯、舜清微其身，以聽觀天下，務來賢人。夫舉賢者，百福之宗也，而神明之主也」三十三字。

〔三〕「不齊爲之大」，許維遹本作「不齊之所爲者小也，爲之大」。

一〇·一四　説苑政理

孔子謂宓子賤曰：「子治單父而衆説，語丘所以爲之者。」曰：「不齊父其父，子其子，恤諸孤而哀喪紀。」孔子曰：「善，小節也。小民附矣，猶未足也。」曰：「不齊也所父事者三人，所兄事者五人，所友者十一人。」孔子曰：「父事三人，可以教孝矣；兄事五人，可以教弟矣；友十一人，可以教學矣。中節也，中民附矣，猶未足也。」曰：「此地民有賢於不齊者五人，不齊事之，皆教不齊所以治之術。」孔子曰：「欲其大者，乃於此在矣。昔者堯、舜清微其身，以聽觀天下，務來賢人。夫舉賢者，百福之宗也，而神明之主也〔一〕。不齊之所治者小也！不齊所治者大，其與堯、舜繼矣。」

〔一〕向宗魯本下有「惜乎」二字。

一〇·一五　大戴禮子張問入官

子張問入官於孔子，孔子曰：「安身取譽爲難也〔一〕。」子張曰：「安身取譽如何？」孔子曰：「有善勿專，教不能勿搢〔二〕，已過勿發，失言勿踦〔三〕，不善辭勿遂，行事勿留〔四〕。君子入官，自行此六路者，則身安譽至而政從矣。且夫忿數者，獄之所由生也；距諫者，慮之所以塞也；慢易者，禮之所以失也；墮怠者，時之所以後也；奢侈者，財之所以不足也；專者，事之所以不成也；歷者，獄之所由生也〔五〕。君子入官，除七路者，則身安譽至而政從矣。故君子南面臨官，大城而公治之，精知而略行之，合是忠信，考是大倫，存是美惡〔六〕，而進是利，而除是害，而無求其報焉，而民情可得也。故臨之無抗民之志，勝之無犯民之言，量之無狡民之辭，養之無擾於時，愛之勿寬於刑，言〔七〕此則身安譽至〔八〕，而民自得也。故君子南面臨官，所見邇，故明不可弊也；所求邇，故不勞而得也；所以治者約，故不用衆而譽至也〔九〕。法象在内故不遠，源泉不竭故天下積也，而木不寡短長，人得其量，故治而不亂〔一〇〕。故六者貫乎心，藏乎志，形乎色，發乎聲〔一一〕，若此則身安而譽至，而民自得也。故君子南面臨官，不治則亂至，亂至則争，争之至又反於亂〔一二〕。是故寡裕以容其民，慈愛以優柔之〔一三〕，而民自得也已。故躬行者政之始也，調悦者情之道也。善政行易則民不怨，言調悦則民不辨法，仁在身則民顯以佚之也〔一四〕。財利之生徵〔一五〕矣，貪以不得〔一六〕；善政必簡矣，苟以亂之〔一七〕；善言必聽矣，詳以失之〔一八〕；規諫日至，煩以不聽矣〔一九〕。言之善者在所日聞，行之善者在所能爲〔二〇〕。故上者，民之儀也；有司執政，民之表也；邇臣便辟者，羣臣僕之倫也〔二一〕。故儀不正則民失誓，表弊則百姓亂，邇臣便辟不正廉而羣臣服汙矣〔二二〕，故不可不慎乎三倫矣。故君子脩身，反道察説，而邇道之服存焉〔二三〕。是故夫工女必自擇絲麻，良工必自擇齎材〔二四〕，賢君良上必自擇左右始。故佚諸取人，勞於治事；勞於取人，佚於治事。故君子欲譽則謹其所便〔二五〕，欲名則謹於左右。故上者，辟如緣木者，務高而畏下者滋甚。六馬之離，必於四面之衢；民之離道，必於上之佚政也。故上者尊嚴而絶，百姓者卑賤而神〔二六〕，民而愛之則存，惡之則亡也。故君子南面臨官，貴而不驕，富恭有本能圖，脩業居久而譚，情邇暢而及乎遠，察一而關于多〔二七〕。一物治而萬物不亂者，以身爲本者也。故君子莅民，不可以不知民之性，達諸民之情，既知其以生有習，然後民特從命也。故世舉則民親之，政均則民無怨〔二八〕。故君子莅民，不臨以高，不道以遠，不責民之所不能。今臨之明王之成功，則民嚴而不迎也〔二九〕；道以數年之業，則民疾，疾則辟矣〔三〇〕。故古者冕而前旒，所以蔽明也；統絖塞耳〔三一〕，所以弇聰也。故水至清則無魚，人至察則無徒。故枉而直之，使自得之；優而柔之，使自求之；揆而度之〔三二〕，使自索之。民有小罪，必以其善以赦其過，如死使之生，其善也〔三三〕，是以上下親而不離。故惠者，政之始也。政不正，則不可教也；不習〔三四〕，則民不可使也。故君子欲言之見信也者，莫若先虚其内也〔三五〕；欲政之速行也者，莫若以身先之也；欲民之速服也者，莫若以道御之也。故不先以身，雖行必鄰矣；不以道御之，雖服必强矣。故非忠信，則無可以取親於百姓矣；外内不相應，則無可以取信者矣。四者，治民之統也〔三六〕。」

〔一〕王聘珍曰：「官，猶仕也。安，定也。……譽，聲美也。」

〔二〕盧辯曰：「專，爲自納於己。……『進』或聲誤爲『搢』。」

〔三〕王聘珍曰：「毛詩傳云：『發，行也。』論語曰：『不貳過。』易曰：『有不善未嘗不知，知之未嘗復行也。』玉篇云：『踦，曲也。』失言勿踦，謂言之或失，不可曲諱也。」俞樾曰：「『踦』當讀『倚』。……説文人部：『倚，依也。』老子『禍兮福之所倚』，注曰：『倚，因也。』然則倚有因依之義，謂過失之言勿更因依之以爲説也。」

〔四〕王聘珍曰：「説文云：『辭，訟也。』廣雅云：『遂，行也。』大學曰：『必使無訟乎！無情者不得盡其辭。』盧注云：『凡行政事，勿稽留之。』」

〔五〕王聘珍曰：「數，疾也。獄，訟也。距，止也。慮，思也。樂記曰：『慢易以犯節。』墮，廢也。怠，懈也。時後，謂失時也。專，謂專欲。左傳曰：『專欲難成。』盧注云：『歷，歷亂也。』盧注云：『精知者，當先是六路。略行者，謂度時而施。能合是六路之忠信，及進除七路之利害，施焉而不求報，則民情不失矣。』」

〔六〕王聘珍曰：「『城』當爲『誠』，形聲之誤也。誠，信實也。無私曰公。倫，理次。存，察也。」戴禮曰：「精知，謂事之明察。略行，謂政之不繁。」

〔七〕原注：一作「若」。

〔八〕王聘珍曰：「周書謚法曰：『逆天虐民曰抗。』勝之者，以理屈之。犯，陵也。量，度也。狡謂狡詐。擾，亂也。無擾於時者，孟子曰：『不違農時，穀不可勝食也。』寬，縱也。樂記曰：『刑以防其奸。』廣雅云：『言，從也。』」

〔九〕王聘珍曰：「邇，近也。弊，敗也。約，要也。用，謂役用之也。」

〔一〇〕王聘珍曰：「左氏襄公三十一年傳曰：『君子在位，作事可法，德行可象。』内，謂身也。源，水泉本也。竭，盡也。積，聚也。源泉喻法象。『而木』讀曰『如』。寡，罕也。言天下既聚，則人材不寡，如木之或短或長，隨人之量度而用之，人材各得其用，而天下治矣。」

〔一一〕王聘珍曰：「貫，習也。盧注云：『志者，心之府也。聲，言也。』」

〔一二〕盧辯曰：「不治則亂至，民錯亂也。」王聘珍曰：「争，競也。反，猶重也。曾子曰：『争辨者，作亂之所由興也。』」

〔一三〕「寡」，王聘珍本作「寬」，是也。王聘珍曰：「中庸曰：『寬裕温柔，足以有容也。』優柔，謂委從之以俟其化。」

〔一四〕王聘珍曰:「始,本也。調悦,和悦也。易曰:『説以先民,民忘其勞;説以犯難,民忘其死;説之大民動矣哉!』行易,謂民之奉行不難也。言,號令也。辨法,争法也。左氏昭六年傳曰:『民知有辟,則不忌於上;並有争心,以徵於書,而徼倖以成之。』仁,謂躬行調悦也。身,謂臨官者之身。顯,明也。佚,樂也。」

〔一五〕原注:一作「徵」。

〔一六〕王聘珍曰:「徵,明也。大學曰:『生財有大道。』專利爲貪。不得,謂貨悖而入者亦悖而出。」

〔一七〕王聘珍曰:「簡,約也。苟謂苟簡。」

〔一八〕王聘珍曰:「聽,從也。詳,審察也。過於伺察,則心多疑惑,而善言不行矣。」

〔一九〕王聘珍曰:「煩,亂也。言臨官者心亂,有不聽者,若罔聞知也。」

〔二〇〕王聘珍曰:「爲,猶行也。」盧辯曰:「君子言之善者,在於終日言之;君子行之善者,在其能躬行。記聽而失之,則無益於言行也。」

〔二一〕王聘珍曰:「荀子君道云:『君者,儀也。』有司執政,謂卿大夫也。表,標準也。邇臣便辟,謂侍御之臣。」盧辯曰:「倫,理也。言是羣臣羣僕之綱理也。」

〔二二〕王聘珍曰:「釋名云:『誓,制也。』失誓,謂無所拘制也。弊,頓仆也。廉,潔也。」盧辯曰:「服,事也。汙,濫也。言私謁也。」

〔二三〕盧辯曰：「脩身當本於道，而省其説，則近道之事存。」王聘珍曰：「反，復也。易曰：『反復其道。』服，事也。」

〔二四〕王聘珍曰：「絲，蠶所吐也。麻，謂麻草可緝績者。齎讀曰資。」

〔二五〕王聘珍曰：「便，謂便嬖。」

〔二六〕王聘珍曰：「緣，循也。滋，益也。離，散也。爾雅曰：『四達謂之衢。』佚，失也。論語曰：『上失其道，民散久矣。』絶，截也，謂截然高峻而無所倚也。神者，不測者也。易曰：『陰陽不測之謂神。』」

〔二七〕王聘珍曰：「爾雅曰：『恭，敬也。圖，謀也。』盧注云：『本爲身也，謂能謀其身也。』聘珍謂：業，事功也。居，安也。廣韻云：『譂，大也。』業安於久而自大也。易曰：『可久則賢人之德，可大則賢人之業。』暢，達也。闢，通也。多，衆也。」

〔二八〕王聘珍曰：「莅亦臨也。盧注云：『性爲仁義禮智之等，情爲喜怒愛惡之屬。性者生之質，情者人之欲。生，謂性也。習，調節也。世舉，言治。』聘珍謂：既知其以生有習者，謂知民之各秉性情而生，而有以教習之。均，平也。」

〔二九〕「則」，王聘珍本作「而」，蓋誤。王聘珍曰：「明王之成功，不高不遠，民所能從者。嚴，敬也。迎，讀曰逆。不逆，謂不違背也。」

〔三〇〕王聘珍曰：「數年之業，高遠事也。疾，病也。辟，謂僻違也。」

〔三一〕原注：元本作「紸」，玉篇引作「黈」，説文：「紞，冕冠塞耳者。」則「統」即「紞」之誤。今案：王聘珍曰：「塞，猶充也，塞耳即充耳也。以纊爲之謂之紞，垂玉石象於末謂之瑱。以紞貫瑱，縣之於耳，謂之紞耳。自天子、諸侯、公卿、大夫，瑱之玉石，紞之采色，一如冕旒之制。」

〔三二〕盧辯曰：「民有邪枉，教之使自得也。孟子曰：『匡之直之，使自得之。』優柔，謂寬教之。揆度，謂量民之材而施教子。」

〔三三〕王聘珍曰：「善，賢能也。周禮曰：『議賢之辟，議能之辟。』赦，宥也。過，誤也。如死使之生，謂宥過無大也。其善也者，謂民有所勸勉而益進於善也。」

〔三四〕王聘珍曰：「惠，愛也。政，謂法制禁令。不可教者，雖令不從也。習謂教習。」

〔三五〕盧辯曰：「虛其内，謂内外相應。」

〔三六〕王聘珍曰：「鄰，近也。必鄰者，行而不遠。强，勉强也。孟子曰：『以力服人者，非心服也，力不贍也。』左傳曰：『上思利民，忠也。』經解曰：『民不求其所欲而得之，謂之信。』親，愛也。外内不相應者，所令反其所好也。統，紀也。盧注云：『四者，謂以身先及以道御之、忠信及内外相應也。』」

一〇·一六　大戴禮千乘

公曰：「千乘之國，受命於天子，通其四疆〔一〕，教其書社〔二〕，循其灌廟〔三〕，建其宗主〔四〕，設其四佐〔五〕，列其五官〔六〕，處其朝市〔七〕，爲仁如何？」子曰：「不仁，國不化〔八〕。」

公曰：「何如之謂仁？」子曰：「不淫於色〔九〕。」子曰：「立妃設如太廟然，乃中治；中治，不相陵；不相陵，斯庶嬪遵；遵，則事上静；静，斯潔信在中〔一〇〕。朝大夫，必慎以恭；出會謀事，必敬以慎；言長幼小大，必中度〔一一〕。此國家之所以崇也。立子設如〔一二〕宗社，宗社先示威，威明顯見；辨爵集德，是以母弟官子咸有臣志，莫敢援於外，大夫中婦私謁不行，此所以使五官治、執事政也〔一三〕。夫政以教百姓，百姓齊以嘉善，故蠱佞不生，此之謂良民。國有道則民昌，此國家之所以大遂〔一四〕也。卿設如大門，大門顯美，小大尊卑中度。開明閉幽，内禄出災，以順天道，近者閑焉，遠者稽焉〔一五〕。君發禁，宰〔一六〕而行之以時，通于地，散布于小。理天之災祥，地寶豐省，及民共饗其禄，共任其災〔一七〕，此國家之所以和也。國有四輔，輔，卿也。卿設如四體，毋易事，毋假名，毋重食〔一八〕。凡事尚賢進能使知事，爵不世，能〔一九〕之不愆〔二〇〕。凡民戴名以能〔二一〕，食力以時成，以事立。此所以使民讓也。民咸孝弟而安讓，此以怨省而亂不作也，此國之所以長也。下無用〔二二〕，則國家富；上有義，則國家治；長有禮，則民不争；立有神，則國家敬；兼而愛之，則民無怨心；以爲無命，則民不偷〔二三〕。昔者先王立〔二四〕此六者，而樹之德，此國家之〔二五〕所以茂也。設其四佐而官之：司徒典春，以教民之不則時、不若、不令。成長幼老疾孤寡，以時通于四壖〔二六〕。有闔而不通，有煩而不治〔二七〕，則民不樂生，不利衣食。凡民之藏貯，以及山川之神明，加于民者，發圖〔二八〕功謀。齋戒必敬，會時必節〔二九〕。日曆巫祝，執伎以守官，俟命而作。祈王年，禱民命，及畜穀蜚征庶虞草〔三〇〕。方春三月，緩施生育，動作百物，於時有事，享于皇祖皇考，朝孤子八人，以成春事。司馬司夏，以教士車甲。凡士，執伎論功，修四衛，强股肱，質射御，才武聰慧，治衆長卒，所〔三一〕以爲儀綴於國〔三二〕。出可以爲率，誘於軍旅。四方諸侯之遊士，國中賢餘秀興閱焉〔三三〕。方夏三月，養長秀，蕃庶物，於時有事，享于皇祖皇考，爵士之有慶者七人，以成夏事。司寇司秋，以聽獄訟，治民之煩亂，執權變〔三四〕民中。凡民之不刑〔三五〕，崩本以要閒〔三六〕，作起不敬，以欺惑憧愚〔三七〕。作於財賄〔三八〕、六畜、五穀曰盜；誘居室家有君子曰義〔三九〕；子女專曰媄〔四〇〕；飭五兵及木石曰賊〔四一〕；以中情出，小曰閒，大曰講〔四二〕；利辭以亂屬曰讒〔四三〕；以財投長曰貸〔四四〕。凡犯天子之禁，陳刑制辟，以追國民之不率上教者〔四五〕。夫是故一家三夫道行，三人飲食，哀樂平，無獄〔四六〕。方秋三月，收斂以時。於時有事，嘗新〔四七〕于皇祖皇考，食農夫九人，以成秋事。司空司冬，以制度制地事，準揆山林，規表衍沃，畜水行，衰〔四八〕濯〔四九〕浸，以節四時之事〔五〇〕。治地遠近，以任民力，以節民食，太古食壯之食，攻老之事〔五一〕。」

公曰：「功事不少，而餱糧不多乎〔五二〕？」子曰：「太古之民，秀長以壽者，食也。在今之民，羸醜以胔者〔五三〕，事也。太古無游民，食節事時，民各安其居，樂其宫室〔五四〕，服事信上，上下交信，地移民在。今之世，上治不平，民治不和，百姓不安其居，不樂其宫〔五五〕，老疾用財，壯狡用力，於兹民游，薄事貪食〔五六〕，於兹民憂。古者殷書爲成男成女名屬，升于公門，此以氣食得節，作事得時，勸有功，夏服君事不及暍，冬服君事不及凍，是故年穀不成，天之飢饉，道無殣者〔五七〕。在今之世，男女屬散，名不升于公門，此以氣食不節，作事不成〔五八〕，天之飢饉，於時委〔五九〕民，不得以疾死。是故立民之居，必于中國之休〔六〇〕地。因寒暑之和，六畜育焉，五穀宜焉。辨輕重，制〔六一〕剛柔，和五味，以節食時事。東辟之民曰夷，精以僥〔六二〕，至于大遠，有不火食者矣。南辟之民曰蠻，信以朴，至于大遠，有不火食者矣。西辟之民曰戎，勁以剛，至于大遠，有不火食者矣。北辟之民曰狄，肥以戾，至于大遠，有不火食者矣。及中國之民，曰五方之民，有〔六三〕安民〔六四〕、和味，咸有實用利器，知通之，信令之〔六五〕。及量地度居，邑有城郭，立朝市，地以度邑，以度民，以觀安危。距封後利，先慮久固，依固可守，爲奥可久，能節四時之事，霜露時降〔六六〕。方冬三月，草木落，庶虞藏，五穀必畜〔六七〕于倉。於時有事，蒸于皇祖皇考，息國老〔六八〕六人，以成冬事。民咸知孤寡之必不失也，咸知有大功之必進等也，咸知用勞力之必以時息也〔六九〕。推而内之水火，入也弗之顧矣，而况有强適在前，有君長正之者乎〔七〇〕？」

公曰：「善哉。」

〔一〕王聘珍曰：「通，達也。疆，界也。」

〔二〕房玄齡注管子小稱曰：「古者羣居二十五家，則共置社。書社，謂以社數會於策。」孔子世家索隱云：「書社者，書其社之人名於籍。」王聘珍曰：「教其書社者，郊特牲曰『簡其車賦，歷其卒伍，而君親誓社，以習軍旅』也。」

〔三〕王聘珍曰：「循，順也。灌，聚也。順其昭穆，聚羣廟之主於太廟，而行大祭之禮。」

〔四〕王聘珍曰：「建，立也。周禮曰：『宗以族得民，主以利得民。』左氏定四年傳曰：『分魯公以殷民六族，條氏、徐氏、蕭氏、索氏、長勺氏、尾勺氏，使帥其宗氏，輯其分族，將其醜類，以法則周公，用即命於周，是使之職事於魯。』」

〔五〕王聘珍曰：「四佐，謂三卿司徒、司馬、司空，又周禮公之國有孤一人，謂之孤卿，是爲四也。孔氏王制疏云：『崔氏云：大國三卿，司徒兼冢宰之事，司馬兼宗伯之事，司空兼司寇之事，故春秋左傳云：季孫爲司徒，叔孫爲司馬，孟孫爲司空。』賈氏周禮典命疏云：『魯是侯爵，非上公，亦得置孤者，魯爲州牧，立孤與公同。』」

〔六〕王聘珍曰：「五官，謂下大夫五人也。孔氏王制疏云：『五人者，謂司徒之下置小卿二人，一是小宰，一是小司徒。司空之下亦置二小卿，一是小司寇，一是小司空也。司馬之下惟置一小卿，小司馬也。』」

〔七〕王聘珍曰：「處，制也。考工記曰：『建國面朝後市。』」

〔八〕王聘珍曰：「易曰：『君子體仁，足以長人。』化，謂教成於上而易俗於下也。」

〔九〕黄懷信據于鬯説以爲「子曰」下脱二百一十字，今錯在後文「以節民食」下。

〔一〇〕孔廣森曰：「庶嬪，衆妾也。違，彰也。上下之分彰。」王聘珍曰：「爾雅曰：『妃，匹也。』左氏桓二年傳曰：『嘉耦曰妃。』楊注荀子曰：『設謂制置。』如太廟然者，禮器曰：『太廟之内敬矣。君親制祭，夫人薦盎；君親割牲，夫人薦酒。』中，猶内也。賈注國語云：『妾御曰嬪。』違讀曰章，明也。庶嬪違者，嫡庶之分明也。静，安也。潔，明也。中，謂宫中。」

〔一一〕王聘珍曰：「朝讀如左傳『楚子朝其大夫』。曲禮曰：『諸侯相見於郤地曰會。』出會謀事者，左氏昭三年傳曰『有事而會』是也。言，謂在會之言。孔氏莊二十三年左傳疏云：『諸侯之序，以爵不以年。』言長幼，謂國之大小也。沈氏云：『爵同者據年之長幼。』説文云：『度，法制也。』」

〔一二〕原注：一本無「如」字。

〔一三〕王聘珍曰：「此言立世子之道，或國無適子而立衆庶者。宗社，謂宗廟社稷。爾雅曰：『威，則也。』辨爵者，立子以貴也。集，合也。集德者，年鈞以德也。官猶公也。公子，謂羣公子也。援於外者，左氏桓十一年傳曰：『君多内寵，子無大援，將不立。』左氏文六年傳曰：『晉襄公卒，趙孟曰：立公子雍，秦大而近，足以爲援。』大夫，謂嬖大夫。中婦，謂嬖妾。謁，請也。……執事，羣有司也。政，正也。嗣子正，而朝廷莫不正矣。」

〔一四〕孔廣森曰：「遂，順也。」

〔一五〕王聘珍曰：「李注爾雅云：『宫中南嚮大門，應門也。』度，數也。小大尊卑中度者，考工記曰：『應門二徹參个。』……内，入也。禄，福也。近者，羣臣。遠者，萬民。閑，法也。稽，猶考也，議也。」

〔一六〕原注：大訓此下有「受」字。

〔一七〕王聘珍曰：「禁，政教也。……時，天時也。地，謂地利。通者，周語曰『順時覛土』是也。散布，謂布德。小者，物之微也。散布於小者，月令曰『立春之月，命相布德和令，禁止伐木，毋覆巢，毋殺孩蟲，胎夭飛鳥，毋麛毋卵』是也。理，謂燮理。天反時爲災。吉氣爲祥。地寳，謂五地之物生。陸氏釋文云：『地以萬物爲寳也。』豐，饒也。省，減也。及，與也。饗，受也。禄亦福也。任，當。災，禍也。」

〔一八〕王聘珍曰：「卿，謂小卿下大夫也。如四體者，中庸曰：『體羣臣也。』孔疏云：『言接納羣臣，與之同體也。』毋易事者，官不易方也，言官守其業，無相踰易。毋假名者，名位不同，禮亦異數，毋相假借。食，稍食也。」

〔一九〕原注：大訓此下有「官」字。

〔二〇〕王聘珍曰：「賢，有德行者。能，有道藝者。周禮曰：『以德詔爵，以能詔事。』不世者，仕無世官也。愆，失也。能之不愆，謂有能者不失其所也。」

〔二一〕王聘珍曰：「戴，載也。名者，大司馬職曰：『縣鄙各以其名。』鄭注云：『縣鄙，謂縣正、鄙師至鄰長也。』以能者，鄉大夫職曰：『使民興能，入使治之。』賈疏云：『以爲比長、鄰長已上之官，治民之貢賦田役於内也。』」

〔二二〕孔廣森曰：「無用者抑下之。」

〔二三〕王聘珍曰：「爲，脩爲也，謂脩其教也。無命者，不言吉凶禍福之命。王制曰：『脩其教，不易其俗。』周禮曰：『以俗教安，則民不偷。』賈疏云：『偷，苟且也。』」

〔二四〕「立」，王聘珍本作「本」。

〔二五〕原注：一本無「之」字。

〔二六〕壃，即疆。

〔二七〕王聘珍曰：「闔，閉也。煩，亂也。」

〔二八〕原注：一作「國」。今案：王聘珍曰：「發國功謀，謂舉先世之以功定國，與謨法施於民者而祀之。」

〔二九〕王聘珍曰：「會，至也。時，祭時。節，禮節也。」

〔三〇〕王聘珍曰：「日，謂日者卜筮掌日之術也。歷，謂曆正，主治曆數者。巫祝，謂司巫、大祝之屬，並掌鬼神之事者。執伎守官者，王制曰：『凡執伎以事上，不貳事，不移官。』命，謂司徒之命。作，起也，起而各執其事也。祈，求也。祈王年者，大祝職曰『年祝』是也。禱，告事求福也。禱民命者，小祝職曰：『順豐年，逆時雨，寧風旱，弭災兵，遠辠疾。』並民命之所關也。畜穀，謂六畜五穀。蜚征，謂飛禽走獸也。庶虞草，謂山虞、澤虞所掌之山澤林麓。並禱之者，欲使上下草木鳥獸咸若也。」

〔三一〕原注：大訓作「可」。

〔三二〕王聘珍曰：「執伎，謂持五兵之藝。功，猶力也。脩，備也。四衛者，宿衛王宮必居四角四中，於徼侯便也。質，主也。治衆長卒者，周禮曰：『百人爲卒，卒長皆上士。』毛詩傳云：『綴，表也。』」

〔三三〕王聘珍曰：「出，謂司馬出軍。率，讀曰帥。……誘，教也。……賢餘，卿大夫之餘子之賢者。興，升也。秀興者，造士之秀升於司馬者也。閲，具數也。司馬辨論官材，故四方之遊士，國中之賢秀，皆當悉數而省視之。」

〔三四〕王樹枏曰：「變，讀爲『辨』，古字通。」

〔三五〕王聘珍曰：「刑，正人之法。」

〔三六〕王聘珍曰：「崩，壞也。本，常也。要，徼也。閒，隙也。謂敗壞官府常法，而伺候閒隙以行其詐。」

〔三七〕王聘珍曰：「作起，謂動作起事。敬，畏也。不敬，不畏法也。憧愚，無定識之民。」

〔三八〕王聘珍曰：「泉貨曰財。布帛曰賄。」

〔三九〕王聘珍曰：「句有譌變，未詳其義。」

〔四〇〕王聘珍曰：「專，擅也。謂不待父母之命，媒妁之言。說文云：『媄，巧也。一曰女子笑貌。』」

〔四一〕「飭」，王聘珍本作「餝」。王聘珍曰：「餝，讀曰飾，覆也。先鄭司農云：五兵者，戈、殳、戟、酋矛、夷矛。後鄭云：車之五兵，鄭司農所云者是也。步卒之五兵，則無夷矛而有弓矢。木石，謂旝也。說文云：『旝，建大木，置石其上以䃺敵也。』曰賊者，謂覆匿兵器，謀爲逆亂也。」

〔四二〕王聘珍曰：「中情，謂國中之情實也。閒，反閒也。……講，讀曰構，本亦作『構』，交構也。」

〔四三〕王聘珍曰：「屬，類也。利辭，變亂邪正之類。讒，譖也。」

〔四四〕王聘珍曰：「投，致也。長，謂達官之長。廣雅云：『貸，僭也。』」

〔四五〕原注：「國」，大訓作「圖」。今案：王聘珍曰：「陳，列也。刑，謂刑書。制，裁制也。辟，罪。……追，逐也。率，循也。上教，謂禁教。」

〔四六〕王聘珍曰：「有夫有婦爲一家。三夫，丁壯也。道行，謂任力役之事。飲食，食於家也。……平，均也。力政均，民情平，而訟獄衰息矣。」

〔四七〕王聘珍曰：「嘗新，謂新穀熟，嘗之。」

〔四八〕原注：御覽作「表」。

〔四九〕原注：御覽作「灌」。

〔五〇〕孔廣森曰：「準揆，度其形勢也。規表，識其經界也。古者制地九等，衍沃上上，山林下下，舉以包其中也。下平曰衍，有流曰沃。」王聘珍曰：「準，平也。揆，度也。積石曰山。竹木曰林。規，畫也。表，明也。下平曰衍。有溉曰沃。左氏襄二十五年傳曰：『度山林，井衍沃。』畜水者，周禮曰『以潴畜水』也。行者，周禮曰『以溝蕩水』，杜子春謂以溝行水也。衰者，廣韻云：『衰，小也，減也，滅也，殺也。』謂水大而減之使小也。周禮曰『以澮寫水』，鄭注云『澮，田尾去水大溝』是也。濯，滌溉也。謂以水滌去所芟之草。周禮曰『以涉揚其芟』，鄭注云『開遂舍水于列中，因涉之，揚去前年所芟之草，而治田種稻』是也。浸者，可以爲陂，灌溉田者也。準揆山林，規表衍沃，制爲井牧也。畜水行衰濯浸，則田閒之水利節制也。四時之事，謂耕耘收穫之事也。」

〔五一〕王聘珍曰：「太古，謂唐虞以上。攻，治也。王制曰：『凡使民，任老者之事，食壯者之食。』鄭注云：『寬其力，饒其食。』」

〔五二〕戴禮曰：「説文『餱，乾食』；『糧，穀食』。壯者食多，老者力薄，故公疑食費而事不支也。」

〔五三〕王聘珍曰：「秀長，謂成長。……壽，久年也。食，謂足食。羸，劣也。醜，惡也。胔，謂死於道路，如鳥獸也。」

〔五四〕原注：「宮室」二字大訓作「官」。

〔五五〕原注：大訓作「官」。

〔五六〕王聘珍曰：「廣雅云：『狡，健也。』游，猶流也。薄，迫也。事，謂力役之事。釋名云：『貪，探也，探取入他分也。』貪食，謂民不得食，須探取而後食也。」

〔五七〕王聘珍曰：「殷，衆也。屬，類也。升，登也。……氣讀曰餼。鄭注聘禮云：『餼猶稟也，給也。』節，多寡之度。作，興也。事，謂築邑廬宿市，治宮室、城郭、道渠之類。得時者，左氏莊二十九年傳曰：『凡土功，龍見而畢務，戒事也。火見而致用，水昏正而栽，日至而畢。』勸，勉也。王制曰：『樂事勸功。』暍，傷暑也。年，周一年也。穀，謂五穀。成，備也。……道，路也。餓死爲殣。」

〔五八〕原注：大訓作「時」。

〔五九〕王聘珍曰：「時，是也。委，棄也。」

〔六〇〕王聘珍曰：「休，美也。」

〔六一〕王聘珍曰：「制，克也。」

〔六二〕孔廣森曰：「辟，偏也。僥，僞也。」

〔六三〕原注：大訓上有「咸」字。

〔六四〕原注：大訓作「居」。今案：王聘珍曰：「安，止也。安民，謂居止之民。」

〔六五〕孔廣森曰：「知通之，通其語言。信令之，信著於民，故足以使令之。」

〔六六〕王聘珍曰：「距，起也。封，土界也。……後利者，不盡地利以壞形勢。……慮，謀也。依，因也。……奥，深也。節四時之事，霜露時降者，言中國之休地也。」

〔六七〕「畜」，王聘珍本作「入」。王聘珍曰：「庶虞，謂山林川澤之官也。藏，收也。」

〔六八〕王聘珍曰：「蒸，衆也，冬物畢成，可祭者衆也。……息，休息也。國老，國之卿大夫致仕者。」

〔六九〕「失」，王聘珍本作「末」，蓋形近而譌。王聘珍曰：「末，薄也。孤寡不末者，朝孤子以成春事也。等謂等級。必進等者，夏爵士之有慶者也。用勞力必以時息者，秋食農夫，冬息國老也。」

〔七〇〕王聘珍曰：「回首曰顧。適讀曰敵。正者，治也。」

一〇·一七　大戴禮四代

公曰：「四代之政刑，論其明者〔一〕，可以爲法乎？」子曰：「何哉！四代之政刑，皆可法也。」

公曰：「以我行之，其可乎？」子曰：「否，不可。臣願君之立知而以觀聞〔二〕也。四代之政刑，君若用之，則緩急將有所不節，不節君將約之，約之卒將棄法〔三〕，棄法是無以爲國家也。」公曰：「巧匠輔繩而斲，胡爲其棄法也？」子曰：「心未之度，習未之狎，此以數踰而棄法也。夫規矩準繩鈞衡，此昔者先王之所以爲天下也。小以及大，近以知遠。今日行之，可以知古，可以察今，其此邪！水火金木土穀，此謂六府〔四〕，廢一不可，進二〔五〕不可，民並用之。今日行之，可以知古，可以察今，其此邪！昔夏、商之未興也，伯夷謂此二帝之眇〔六〕。」

公曰：「長國治民恒幹〔七〕；論政之大體，以教民辨〔八〕；歷大道，以時地性〔九〕；興民之陽德，以教民事；上服周室之典〔一〇〕，以順事天子；脩政勤禮，以交諸侯；大節無廢，小眇其後乎〔一一〕？」子曰：「否，不可後也。詩云『東有開明』，於時鷄三號，以興庶虞。庶虞動，蜚征作〔一二〕。嗇民執功，百草咸淳，地傾水流之〔一三〕。是以天子盛服朝日于東堂，以教敬示威于天下也。是以祭祀，昭有神明；燕食，昭有慈愛；宗廟之事，昭有義；率〔一四〕禮朝廷，昭有五官；無廢甲冑之戒，昭果毅〔一五〕以聽。天子曰崩，諸侯曰薨，大夫曰卒，士曰不祿，庶人曰死，昭哀。哀愛無失節，是以父慈子孝兄愛弟敬。此昔先王之所先施於民也，君而後此，則爲國家失本矣。」

公曰：「善哉，子察〔一六〕教我也。」子曰：「鄉也，君之言善，執國之節也。君先眇而後善，中備以君子言〔一七〕，可以知古，可以察今，奐然而興民壹始〔一八〕。」

公曰：「是非吾言也，吾一聞於師也。」子吁〔一九〕焉其色曰：「嘻，君行道矣。」公曰：「道邪？」子曰：「道也。」

公曰：「吾未能知人，未能取人。」子曰：「君何爲不觀器視才？」公曰：「視可明乎？」子曰：「可以表儀。」公曰：「願學之。」子曰：「平原大藪，瞻其草之高豐茂者，必有怪鳥獸居之。且草可財也，如艾而夷之，其地必宜五穀。高山多林，必有怪虎豹蕃孕焉；深淵大川，必有蛟龍焉。民亦如之，君察之，可以見器見才矣。」公曰：「吾猶未也。」子曰：「羣然，戚〔二〇〕然，頤然，罩然，踖然，柱然，抽然，首然，僉然，湛然，淵淵然，淑淑然，齊齊然，節節然，穆穆然，皇皇然〔二一〕。見才色脩聲不視聞，怪物恪命不改志，舌不更氣，君見之舉也。得之取也，有事事也。事必與食，食必與位，無相越踰。昔虞舜天德嗣堯，取相十有六人如此〔二二〕。」

公曰：「嘻，美哉！子道廣矣。」曰：「由德徑徑，吾恐惛而不能用也〔二三〕。何以哉？」

公曰：「請問圖德何尚？」子曰：「聖，知之華也；知，仁之實也；仁，信之器也；信，義之重〔二四〕也；義，利之本也。委利生孽〔二五〕。」

公曰：「嘻，言之至也。道天地以民輔之，聖人何尚？」子曰：「有天德，有地德，有人德，此謂三德。三德率行，乃有陰陽，陽曰德，陰曰刑。」

公曰：「善哉！再聞此矣！陽德何出？」子曰：「陽德出禮，禮出刑，刑出慮，慮則節事於近，而揚聲於遠。」

公曰：「善哉！載〔二六〕事何以？」子曰：「德以監位，位以充局〔二七〕，局以觀功，功以養民，民於此乎上。」

公曰：「禄不可後乎？」子曰：「食爲味，味爲氣，氣爲志，發志爲言，發言定名，名以出信，信載義而行之，禄不可後也。」

公曰：「所謂民與天地相參者，何謂也？」子曰：「天道以視，地道以履，人道以稽〔二八〕。廢一曰失統，恐不長饗國。」公愀然其色。子曰：「君藏玉，惟慎用之，雖慎敬而勿愛，民亦如之。執事無貳，五官有差，喜無並愛，卑無加尊，淺無測深，小無招大，此謂楣機。楣機賓薦不蒙。昔舜徵薦此道於堯〔二九〕，堯親用之，不亂上下。」

公曰：「請問民徵。」子曰：「無以爲也，難行。」公曰：「願學之，幾〔三〇〕必能。」子曰：「貪於〔三一〕味不讓，妨於政；願富不久〔三二〕，妨於政；慕寵假貴〔三三〕，妨於政；治民惡衆，妨於政；爲父不慈，妨於政；爲子不孝，妨於政；大縱耳目，妨於政；好色失志，妨於政；好見小利，妨於政；變從無節，撓弱不立，妨於政〔三四〕；剛毅犯神，妨於政；鬼神過節，妨於政。幼勿與衆〔三五〕，克勿與比〔三六〕，依勿與謀〔三七〕，放勿與游〔三八〕，徼勿與事〔三九〕。臣聞之弗慶〔四〇〕，非事君也。君聞之弗用，以亂厥德，臣將慶其簡者〔四一〕。蓋人有可知者焉：貌色聲衆〔四二〕有美焉，必有美質在其中者矣；貌色聲衆有惡焉，必有惡質在其中者矣。此者，伯夷之所後出〔四三〕也。」

子曰：「伯夷建國建政，脩〔四四〕國脩政。」公曰：「善哉。」

〔一〕楊簡曰：「四代，虞、夏、商、周也」王聘珍曰：「論，擇也。」

〔二〕王聘珍曰：「聞，謂所聞四代之政刑。」

〔三〕王聘珍曰：「緩急，謂事之輕重遲速異宜者。……約之者，以法約束之也。卒，終也。卒將棄法者，操之已切，事敝而法窮也。」

〔四〕王聘珍曰：「府，謂猶庫藏也。」

〔五〕「二」，王聘珍本作「一」，是也。王聘珍曰：「進，猶益也。」

〔六〕孔廣森曰：「伯夷，虞史也。二帝，堯、舜也。眇，小也。伯夷嘗言此六法六府爲堯、舜之小政。」王聘珍曰：「『謂』當作『爲』，此書『爲』『謂』二字多相亂。言爲此規矩、準繩、均衡及六府之屬。書曰：『伯夷降典，折民惟刑。』二帝謂堯、舜。董注説卦傳云：『眇，成也。』」

〔七〕王聘珍曰：「長，君也。恒，常也。幹，體也。」

〔八〕王聘珍曰：「辨，别也。教民辨者，易曰：『上天下澤，履，君子以辨上下，定民志。』」

〔九〕歷，王聘珍引爾雅曰：「相也。」洪頤煊曰：「大道，當爲『天道』，字之誤也。」時，與上句「教」相應，此處當用於動詞。「以時地性」，謂以季節運用地之性，與左傳「則天之明，因地之性」類似。

〔一〇〕「室」，一本作「德」。王聘珍曰：「服，從也。典，法也，常也。」

〔一一〕王聘珍曰：「小眇，猶小成也。」洪頤煊曰：「大節無廢，小眇其後乎，言公以小政爲可後也。」

〔一二〕王聘珍曰：「詩小雅大東篇『開』作『啓』，漢諱『啓』之字曰『開』。爾雅曰：『明星謂之啓明。』郭注云：『太白星也。晨見東方爲啓明，昏見西方爲太白。』雞，知時畜也。號，鳴也。庶虞，謂山澤林麓。蜚征，謂禽獸昆蟲。此言夜嚮晨而百物動作也。」

〔一三〕王聘珍曰：「嗇民，農夫。執功，持田功也。淳，和也。傾，覆也。地傾，謂農夫覆種也。水，謂雨水流灌也。」

〔一四〕率，循也。

〔一五〕王聘珍曰：「殺敵爲果，致果爲毅。」

〔一六〕王聘珍曰：「察，審也，明也。」

〔一七〕孔廣森曰：「能先慎其小者，而後以君所言備行之，則治興矣。」

〔一八〕孔廣森曰：「奐然，新貌。」「興」，戴震據方本校爲「與」。「與民壹始」，孫詒讓曰：「疑當作『與民更始』。」王樹枏曰：「壹，皆也。」王聘珍曰：「奐然，盛貌。興，起也。壹，專也。始，猶本也。爲國不失本，則民知務其本矣。」

〔一九〕王引之曰：「吁，喜貌。」戴禮據説文曰：「吁，驚也。」

〔二〇〕原注：大訓作「威」。

〔二一〕王聘珍曰：「羣然者，論語曰『羣而不黨』，學記曰『敬業樂羣』是也。戚，親也。詩曰『戚戚兄弟』，毛傳云：『戚戚，内相親也。』春秋元命苞云：『后稷岐頤。』宋注云：『頤，有土象也。』荀子解蔽云：『睪睪廣廣，孰知其德。』楊注云：『睪讀爲皞。皞皞，廣大貌。』爾雅曰：『踖踖，敏也。』柱讀若『砥柱』，言不從流俗也。廣雅曰：『抽，拔也。』孟子曰：『拔乎其萃。』郊特牲曰：『首也者，直也。』爾雅曰：『僉，皆也。』孟子曰：『油油然與之偕，而不自失也。』廣雅云：『湛，安也。』淵淵,深水貌。中庸曰:『淵淵其淵。』説文云:『淑,清湛也。』祭義曰:『齊齊乎其敬也。』釋名云:『節,有限節也。』少儀曰:『言語之美,穆穆皇皇。』爾雅曰:『穆穆、皇皇,美也。』羣然以下,並言人之表儀也。」

〔二二〕王聘珍曰:「見,顯示之也。才色,色之有才藝者。脩聲,聲之靡曼也。不視聞者,非禮勿視,非禮勿聽也。怪,異也。物,事也。『恪』當爲『怪』,形之誤也。怪命者,若後世符瑞之流。不改志,言不爲所惑也。陸賈新語云:『通於道者,不可驚以怪。』説文云:『舌,在口,所以言也。』更,改也。言不更其氣者,左氏昭九年傳曰:『氣以實志,志以定言。』有事事也者,以能詔事也。事必與食者,以功詔禄也。鄭注太宰云:『位,爵次也。』天德,玄德也。淮南原道云:『舜執玄德於心。』高注云:『玄,天也。』書曰:『玄德升聞,乃命以位。』左氏文十八年傳曰:『堯崩,天下如一,同心戴舜以爲天子,以其舉十六相。』」

〔二三〕王聘珍曰:「曰,孔子之言也。由,用也。徑徑者,疾趨邪行也。惛,亂也。德急則亂。」

〔二四〕黄懷信曰:「重,當作『鐘』。」又曰:「鐘,量器之大者,有聚義,猶府也。」

〔二五〕王聘珍曰:「委讀若『委積』。左氏昭十年傳曰『蘊利生孽』,杜注云:『蘊,畜也。孽,妖害也。』」

〔二六〕王聘珍曰:「載,成也。」

〔二七〕王聘珍曰:「爾雅曰:『局,分也。』郭注:『謂分部。』」

〔二八〕孔廣森曰：「稽，同也，同之天地。」王聘珍引廣雅曰：「稽，考也。」

〔二九〕孔廣森曰：「雖慎敬而弗愛。愛，吝也。民亦如之，用人亦當慎之，而弗愛爵禄。差，等也。貳，大訓作『貸』，古通用字。招，讀如招人之過之招。……楣，門上梁受樞者也。機，弩牙也。楣機賓薦不蒙，楣機既得，則賢者皆見賓禮薦用，無所蒙蔽。」王聘珍曰：「貳，疑也。……喜並愛者，左氏閔二年傳曰『内寵並後，嬖子配適』也。淺謂新進日淺，深謂故舊年深。測，意度也。淺測深者，新間舊也。招讀曰翹，危也。爾雅曰：『楣謂之梁。』釋文引呂伯雍云：『門樞之横梁。』機，樞機也。易曰：『樞機之發，榮辱之主也。』賓，敬也。薦，進也。蒙，冒亂也。徵，明也。此道，謂楣機之道。」洪頤煊曰：「徵，證也。」

〔三〇〕孔廣森曰：「行之惟艱，無以問爲。幾，期也。」王聘珍曰：「幾，望也。」

〔三一〕王樹枏曰：「『於』字衍，删之與下文一律。」

〔三二〕孫詒讓曰：「『久』疑當爲『以』，以、已字通。……謂願求富無終已時也。以、久形近而譌。」俞樾曰：「久，當讀爲『㝌』。説文宀部：『㝌，貧病也。』廣雅釋詁：『㝌，貧也。』是㝌有貧義，故與富爲對文。」

〔三三〕王聘珍曰：「説文云：『慕，習也。』寵，謂外寵。假，僭也。貴，爵位也。習狎外寵，僭與爵位。」

〔三四〕王念孫曰：「『從』當作『徙』。節，止也。言變遷無止，則害於政也。」王聘珍曰：「撓弱，屈弱也。」

〔三五〕孔廣森曰:「幼穉者勿使莅衆。」黄懷信曰:「『衆』疑『聚』字之誤。」
〔三六〕孔廣森曰:「忌克者勿與相親比。」王聘珍曰:「克,好勝也。比,校也。」
〔三七〕孔廣森曰:「依違者不足與謀。」王聘珍曰:「依,謂依違,言不專决也。」
〔三八〕孔廣森曰:「放縱者不可與游處。」
〔三九〕黄懷信曰:「徼,僥倖。心存僥倖者不與之共行事也。」
〔四〇〕原注:大訓作「薦」。今案:孔廣森曰:「聞,聞上觀人之法也。薦,謂陳於君。」
〔四一〕「慶」,原注:大訓作「薦」。今案:孔廣森曰:「更進言取人簡約之造。」于鬯曰:「簡雖無善訓,然有簡擇之義,凡所簡擇必其善者,則兩『之』字正指簡者而言,殆所謂没前見後之例也。」
〔四二〕孔廣森曰:「衆,皆也。」王聘珍曰:「衆,多也。」
〔四三〕孔廣森曰:「後出,似字誤。」黄懷信曰:「『所』下疑脱『以』字。」
〔四四〕原注:一作「循」。今案:王聘珍曰:「建,立也。脩,治也。」

一〇·一八　大戴禮小辯

公曰:「寡人欲學小辯〔一〕,以觀於政,其可乎?」子曰:「否,不可。社稷之主愛日,日不可得,學不可以辯〔二〕。是故昔者先王學齊大道〔三〕,以觀於政。天子學樂辯風,制禮以行政;諸侯學禮,辯官政以行事,以尊事天子;大夫學德别義,矜〔四〕行以事君;士學順，辯言以遂志〔五〕；庶人聽長辯禁〔六〕，農以行力。如此，猶恐不濟，奈何其小辯乎？」

公曰：「不辯則何以爲政？」子曰：「辯而不小〔七〕。夫小辯破言，小言破義〔八〕，小義破道，道小不通，通道必簡。是故循弦以觀於樂，足以辯風矣；爾雅以觀於古〔九〕，足以辯言矣。傳言以象，反舌皆至，可謂簡矣〔一〇〕。夫道不簡則不行，不行則不樂〔一一〕。夫亦固十棋之變，由不可既也，而況天下之言乎〔一二〕？」

曰：「微子之言，吾壹〔一三〕樂辯言。」子曰：「辯言之樂，不若治政之樂。辯言之樂，不下席；治政之樂，皇於四海〔一四〕。夫政善則民說，民說則歸之如流水，親之如父母；諸侯初入而後臣之〔一五〕，安用辯言？」

公曰：「然則吾何學而可？」子曰〔一六〕：「禮樂而力，忠信其君，其習可乎〔一七〕？」公曰：「多與我言忠信，而不可以入患。」子曰：「毋乃既明忠信之備，而口倦其君，則不可而有；明忠信之備，而又能行之，則可立待也〔一八〕。君朝而行忠信，百官承事，忠滿於中〔一九〕而發於外，刑於民而放〔二〇〕於四海，天下其孰能患之？」

公曰：「請學忠信之備。」子曰：「唯社稷之主，實知忠信。若丘也，綴學之徒〔二一〕，安知忠信？」公曰：「非吾子問之而焉也〔二二〕？」子三辭，將對。公曰：「彊避！」子曰：「彊侍！丘聞：大道不隱。丘言之君，發之於朝，行之於國，一國之人莫不知，何一之彊辟〔二三〕？丘聞之，忠有九知：知忠必知中〔二四〕，知中必知恕，知恕必知外〔二五〕，知外必知德，知德必知政，知政必知官，知官必知事，知事必知患，知患必知備。若動而無備，患而弗知，死亡而弗知〔二六〕，安與知忠信？内思畢必〔二七〕曰知中，中以應實曰知恕〔二八〕，内恕外度曰知外，外内參意曰知德，德以柔政曰知政，正義辯方曰知官〔二九〕，官治物則曰知事，事戒不虞曰知備，毋患〔三〇〕曰樂，樂義曰終〔三一〕。」

〔一〕「小辯」，王聘珍本作「小辨」，是也。下同。今案：小辨，盧辯曰：「爲小辨給也。」黄懷信曰：「辨，别也。小辨，謂辨别細小之法。」

〔二〕「辯」上戴震據楊本補「小」字。王聘珍曰：「愛，惜也。日不可得者，猶云『歲不我與』也。」

〔三〕王聘珍曰：「齊讀曰躋，升也。大道，謂大學之道。」洪頤煊曰：「齊，同也。」

〔四〕盧辯曰：「别猶辨也。矜猶厲也。」

〔五〕洪頤煊曰：「順，讀爲『慎』。」戴禮曰：「學順，即孝經忠順不失，以事其上。辨言，猶論語不以言舉人，不以人廢言。遂，成也。」

〔六〕王聘珍曰：「聽，從也。長，上也。盧注云：『辨禁，識刑憲也。』」

〔七〕洪頤煊曰：「言當知其大者。」

〔八〕王聘珍曰：「破言，猶析言破律也。破言爲小言。義爲名義。破義者，亂名改作也。」

〔九〕盧辯曰：「邇，近也。謂依於雅、頌。」孔廣森曰：「爾雅，即今爾雅書也。釋詁一篇，周公所作。詁者，古也，所以詁訓言語，通古今之殊異，故足以辨言。揚子雲云：『孔子教魯哀公學爾雅。』謂此記也。」今案：「爾雅」當非書名，「爾」當依盧辯訓「近」。「爾雅」與上句「循弦」相應，皆動賓結構。

〔一〇〕孔廣森曰：「象，周官象胥也，掌蠻夷閩貉戎狄之國，使傳王之言而諭説焉。反舌，南方國名，其人舌在本前。言四方之言有象譯存，非君所辨也。君將學之，則非簡易之道。」王聘珍引鄭玄曰：「象胥，譯官也。」黄懷信曰：「反舌，指異語者。」

〔一一〕王聘珍曰：「簡亦大也。道不大，小補而已，行之不遠也。大道之行也，君子樂得其道，小人樂得其欲。」

〔一二〕戴震校本改「亦」爲「弈」，删「固」字。「稘」一本作「祺」，戴震校本改爲「朞」，孔廣森改爲「棋」。盧辯曰：「公於十朞之中，變數尚不可盡，天下之言，其可窮乎？故至道以不言爲辨。」王聘珍曰：「説文云：『稘，復其時也。』虞書曰：稘，三百有六旬。』廣雅云：『稘，年也。』由讀曰猶。既，盡也。十年之中變故，尚不可盡，天下之言，其可窮乎，故至道不以小辨。」

〔一三〕王聘珍曰：「微，無也。壹，專壹也。」

〔一四〕孔廣森曰：「皇，大也。」王念孫曰：「皇，充也，謂充滿於四海也。」

〔一五〕洪頤煊曰：「言諸侯初入以敵禮，而後臣之者，心服也。」

〔一六〕原注：此下大訓有「行」字。

〔一七〕戴震校本删上「其」字。俞樾曰：「『君其習』三字當在『禮樂』之上，其文曰『君其習禮樂而力忠信，其可乎』。傳寫者奪『君其習』三字而誤補之『其』字之下，義不可通。」

〔一八〕孔廣森曰：「口倦，言之厭也。而有明忠信之備而又能行之則可立待也。『而有』舊屬上讀，非是。而，如也。如有能明忠信之備而行之者，則治效立見也。」王聘珍曰：「倦，勞也。君，謂心。荀子解蔽云：『心者，形之君也。』口倦其君，謂以口辨而勞其心。不可有，謂不能有其忠信也。待，猶給也。可立待者，施之則行，不必小辨而給也。」

〔一九〕孫詒讓曰：「當作『忠信滿於中』，與上文正相承貫，今本脱一字。」

〔二〇〕孔廣森曰：「刑，法也。放，至也。」

〔二一〕王聘珍曰：「説文云：『綴，合著也。』劉歆云：『綴學之士，不思廢絶之闕，因陋就寡，分文析字，煩言碎亂。』」洪頤煊曰：「綴，連也。漢書曰『往者綴學之士』。謙言簡編之學不足以知忠信。」

〔二二〕當作「非吾子而焉問之也」，傳寫之誤。

〔二三〕盧辯曰：「謂辟彊也。一曰：公以夫子三辭，欲避左右之彊者也。不隱，言不可隱蔽也。」孔廣森曰：「彊，人名，時侍公側，公疑子有隱言，恐聞於三家，故令避之。」王引之引陳觀樓曰：「『何一之彊辟』，當作『何一彊之辟』。」甚確。

〔二四〕盧辯曰：「能内思自盡也。」

〔二五〕盧辯曰：「内恕，故外能處於度物也。」

〔二六〕此句戴震校改爲注文。

〔二七〕原注：戴校作「心」。今案：王聘珍亦以爲「必」爲「心」之譌。孔廣森曰：「畢心，盡心也。」

〔二八〕王聘珍曰：「實者，誠也。恕者，忖度其義於人，必心誠求之。」

〔二九〕孫詒讓曰：「此上文九『知』文並首尾相銜接，『正義辨方』承上『知政』，此『正』疑當作『政』。」是也。黄懷信曰：「義，宜也。」今案：「義」或「以」字之誤。

〔三〇〕孫詒讓曰：「『毋患』承上『知備』，上疑闕『有備』二字。『毋患』即『無患』也。」

〔三一〕洪頤煊曰：「終，成也。」

一〇·一九　淮南子泰族訓

孔子曰：「小辯破言，小利破義，小藝破道，小見不達，達必簡〔一〕。河以逶蛇故能遠，山以陵遲〔二〕故能高，陰陽無爲故能和，道以優柔〔三〕故能化。」

〔一〕原注：一本「達」字不重，一本作「大禮必簡」。

〔二〕陵遲，斜坡緩延。

〔三〕「柔」，諸子集成本、百子全書本皆作「遊」。優柔，寬舒和諧。

一〇・二〇　魯語下

季康子欲以田賦〔一〕，使冉有訪諸仲尼。仲尼不對，私於冉有曰：「求，來！女不聞乎？先王制土，籍田以力，而砥其遠邇〔二〕；賦里以入，而量其有無〔三〕；任力以夫，而議其老幼〔四〕。於是乎有鰥、寡、孤、疾，有軍旅之出則徵之，無則已。其歲收，田一井出稯禾，秉芻、缶米〔五〕，不是過也。先王以爲足。若子季孫欲其法也，則有周公之籍矣；若〔六〕犯法，則苟而賦，又何訪焉！」

〔一〕韋昭注曰：「田賦，以田出賦也。」

〔二〕韋昭注曰：「制土，制其肥墝以爲差也。籍田，謂稅也。以力，謂三十者受田百畝，二十者受田五十畝，六十還田也。砥，平也。平遠邇，遠邇有差也。」

〔三〕韋昭注曰：「里，廛也，謂商賈所居之區域也。以入，計其利入多少而量其財業有無以爲差也。」

〔四〕韋昭注曰：「力，謂徭役。以夫，以夫家爲數也。議其老幼，老幼則有復除也。」

〔五〕韋昭注曰：「其歲，有軍旅之歲也。缶，庾也。聘禮曰：『六斗曰庾，十庾曰秉。秉，二百四十斤也。四秉曰筥，十筥曰稯。稯，二百四十斛也。』」

〔六〕四庫全書本、徐元誥本「若」下有「欲」字。

一〇·二一　春秋繁露王道

臧孫辰請糴于齊，孔子曰：「君子爲國，必有三年之積，一年不孰〔一〕乃請糴，失君之職也。」

〔一〕「孰」，四部叢刊本作「熟」。

一〇·二二　春秋繁露身之養重於義

仲尼曰：「國有道，雖加刑也，無刑〔一〕；國無道，雖殺之，不可勝也。」

〔一〕蘇輿本「無刑」下有「也」字。

一〇·二三　白虎通三教引樂稽燿嘉

顏回尚〔一〕三教變，虞、夏何如？曰：「教者，所以追補敗政、靡弊、溷濁〔二〕，謂之治也。舜之承堯，無爲易也。」

〔一〕原注：當作「問」。

〔二〕靡弊，殘破、凋敝。溷濁，混亂。

一〇·二四　漢書刑法志

孔子曰：「古之知法者能省刑，本也；今之知法者不失有罪，末矣。」又曰：「今之聽

獄者，求所以殺之；古之聽獄者，求所以生之。〔一〕

〔一〕原注：案「今之聽獄」四句即前尚書大傳文。今案：即前一〇・五條。

一〇・二五　晏子春秋問上

景公問於晏子曰：「爲政何患？」晏子對曰：「患善惡之不分。」公曰：「何以察之？」對曰：「審擇左右，左右善，則百僚各得其所宜，而善惡分。」孔子聞之曰：「此言也信矣！善進，則不善無由入矣；不善進，則善無由入矣。」

一〇・二六　説苑政理

齊侯問於晏子曰：「爲政何患？」對曰：「患善惡之不分。」公曰：「何以察之？」對曰：「審擇左右，左右善，則百僚各得其所宜，而善惡分。」孔子聞之曰：「此言也信矣。善言〔一〕進，則不善無由入矣；不進善言，則善無由入矣。」

〔一〕向宗魯本無「言」字。下同。

一〇・二七　荀子正論

孔子曰：「天下有道，盜其先變乎？」

一〇・二八　荀子宥坐

孔子爲魯司寇，有父子訟者，孔子拘之，三月不別〔一〕。其父請止，孔子舍之。季孫聞之，不悦，曰：「是老也欺予，語予曰：『爲國家必以孝。』今殺一人以戮不孝，又舍之。」冉子以告。孔子慨然歎曰：「嗚呼！上失之，下殺之，其可乎？不教其民，而聽其獄，殺不辜也。三軍大敗，不可斬也；獄犴不治〔二〕，不可刑也，罪不在民故也。嫚令謹誅，賊也〔三〕；今有時〔四〕，斂也無時，暴也；不教而責成功，虐也。已此三者，然後刑可即也〔五〕。書曰：『義刑義殺，勿庸以即，予維曰未有順事。』言先教也〔六〕。故先王既陳之以道，上先服之〔七〕；若不可，尚賢以綦之〔八〕；若不可，廢不能以單之〔九〕；綦三年而百姓往矣〔一〇〕。邪民不從，然後俟之以刑，則民知罪矣〔一一〕。詩曰：『尹氏太師，維周之氐；秉國之均，四方是維；天子是庳，卑民不迷。』〔一二〕是以威厲而不試，刑錯而不用〔一三〕，此之謂也。今之世則不然：亂其教，繁其刑，其民迷惑而陷焉〔一四〕，則從而制之，是以刑彌繁而邪不勝，三尺之岸而虛車不能登也，百仞之山任負登車〔一五〕焉，何則？陵遲故也〔一六〕。數仞之牆而民不踰也，百仞之山而豎子馮〔一七〕而游焉，陵遲故也。今夫世之陵遲亦久矣，而能使民勿踰乎！詩曰：『周道如砥，其直如矢。君子所履，小人所視。眷焉顧之，潸然出涕。』〔一八〕豈不哀哉！詩曰：『瞻彼日月，悠悠我思。道之云遠，曷云能來？』」〔一九〕子曰：「伊稽首，不其有來乎〔二〇〕！」

〔一〕楊倞注曰：「别，猶決也。謂不辨别其子之罪。」

〔二〕楊倞注曰：「獄犴不治，謂法令不當也。犴，亦獄也。詩曰：『宜犴宜獄。』『獄』字從二『犬』，象所以守者。犴，胡地野犬，亦善守，故獄謂之犴也。」

〔三〕楊倞注曰：「嫚與慢同。謹，嚴也。賊，賊害人也。」

〔四〕「令有時」，王先謙本作「今生也有時」，是也。今案：王念孫曰：「『今』字當在『嫚令謹誅』上，總下三事言之，文義方順。」

〔五〕楊倞注曰：「已，止。即，就。」

〔六〕楊倞注曰：「書康誥。言周公命康叔，使以義刑義殺，勿用以就汝之心，不使任其喜怒也。維刑殺皆以義，猶自謂未有使人可順守之事，故有抵犯者。自責其教之不至也。」

〔七〕楊倞注曰：「服，行也。謂先自行之，然後教之。」

〔八〕楊倞注曰：「綦，極也，謂優寵也。」

〔九〕楊倞注曰：「單，盡也。盡，謂黜削。『單』，或爲『殫』。」

〔一〇〕楊倞注曰：「百姓從化，極不過三年也。」盧文弨曰：「『往』乃『從』之誤，下注同。」王念孫曰：「案『從』下當有『風』字。今本無『風』字者，『從』誤爲『往』，則『往風』二字義不可通，後人因删

『風』字耳。」

〔一二〕楊倞注曰：「百姓既往，然後誅其姦邪也。」王念孫曰：「案『邪民』本作『躬行』。」

〔一三〕楊倞注曰：「詩小雅節南山之篇。氏，本也。庳，讀爲毗，輔也。卑，讀爲俾。」

〔一三〕楊倞注曰：「厲，抗也。試，亦用也。但抗其威而不用也。錯，置也。如置物於地不動也。」

〔一四〕原注：「陷」或作「墮」。

〔一五〕「登車」，百子全書本、王先謙本皆作「車登」。

〔一六〕楊倞注曰：「岸，崖也。負，重也。任負車，任重之車也。遲，慢也。淩遲，言丘陵之勢漸慢也。」盧文弨曰：「案淮南子泰族篇：『山以淩遲，故能高。』淩遲，猶迆邐、陂陀之謂。此注與匡謬正俗俱訓陵爲丘陵，似泥。」王念孫曰：「古無訓負爲重者。負，亦任也。魯語注曰：『任，負荷也。』楚辭九章注曰：『任，負也。』連言『任負』者，古人自有複語耳。倒言之，則曰『負任』，齊語『負任擔荷』是也。陵遲，盧説是也。説文：『夌，夌徲也。』其字本作『夌』，則非謂丘陵明矣。」

〔一七〕王念孫注曰：「馮者，登也。」

〔一八〕「潸然」，王先謙本作「潸焉」。楊倞注曰：「詩小雅大東之篇。言失其砥矢之道，所以淩遲，哀其法度墮壞。」

〔一九〕見詩邶風雄雉。

〔二〇〕楊倞注曰：「稽首，恭敬之至。有所不來者，爲上失其道而人散也。若施德化，使下人稽首歸向，雖道遠，能無來乎？」俞樾曰：「如楊注義，則『伊稽首』三字甚爲不詞，殆非也。首，當連讀爲道。周書芮良夫篇『予小臣良夫稽道』，羣書治要作『稽首』，是首、道古通用。……稽道，猶同道也。伊者，語詞，猶維也。……孔子言道苟同，則雖遠而亦來，故曰『伊稽道，不其有來乎』。」

一〇·二九　韓詩外傳三

傳曰：魯有父子訟者，康子欲殺之。孔子曰：「未可殺也。夫民〔一〕父子訟之爲不義久矣，是則上失其道。上有道，是人亡矣。」訟者聞之，請無訟。康子曰：「治民以孝，殺一不義以僇〔二〕不孝，不亦可乎？」孔子曰：「否。不教而聽其獄，殺不辜也；三軍大敗，不可誅也；獄讞不治〔三〕，不可刑也。上陳之教而先服之，則百姓從風矣；邪行〔四〕不從，然後俟之以刑，則民知罪矣。夫一仞之牆，民不能踰，百仞之山，童子登遊焉，陵遲故也。今其〔五〕仁義之陵遲久矣，能謂民無踰乎？詩曰：『俾民不迷。』〔六〕昔之君子，道其百姓不使迷，是以威厲而刑措不用也〔七〕。故形〔八〕其仁義，謹其教道，使民目晰焉而見之，使民耳晰焉而聞之，使民心晰焉而知之，則道不迷而民志不惑矣。詩曰：『示我顯德行。』〔九〕故道義不易，民不由也。禮樂不明，民不見也。詩曰：『周道如砥，其直如矢。』言其易也。『君子所履，小人所視。』言其明也。『睠言顧之，潸焉出涕。』〔一〇〕哀其不聞禮教而就刑誅也。夫散其本教而待之刑辟，猶決其牢而發以毒矢也，亦不哀乎！故曰：未可殺也。昔者先王使民以禮，譬之如御也。刑者，鞭策也，今猶無轡銜而鞭策以御也。欲馬之進，則策其後，欲馬之退，則策其前，御者以勞而馬亦多傷矣。今猶此也，上憂勞而民多罹刑。詩曰：『人而無禮，胡不遄死！』〔一一〕爲上無禮，則不免乎患；爲下無禮，則不免乎刑；上下無禮，胡不遄死！」康子避席再拜曰：「僕雖不敏，請承此語矣。」孔子退朝，門人子路難曰：「父子訟，道邪？」孔子曰：「非也。」子路曰：「然則夫子胡爲君子而免之也？」孔子曰：「不戒責成，害也〔一二〕；慢令致期，暴也；不教而誅，賊也。君子爲政，避此三者。且詩曰：『載色載笑，匪怒伊教。』〔一三〕」

〔一〕許維遹以爲「民」下脱「不知」二字，是也。

〔二〕「不義」，許維遹本作「人」。僇，使羞恥。

〔三〕讞，評議。「獄讞不治」，訴訟的裁決評議不當。

〔四〕「邪行」，許維遹本作「躬行」，是也。

〔五〕「其」，許維遹本作「世」，是也。

〔六〕見詩小雅節南山。

〔七〕「是以威厲而刑措不用也」,許維遹本作「是以威厲而不試,刑措而不用也」。

〔八〕原注:本或作「刑」。

〔九〕見詩周頌敬之。

〔一〇〕以上所引詩,均見詩小雅大東。「睠言」,許維遹本作「睠焉」。睠,回頭看。之,這裏指周道。潸,流淚貌。

〔一一〕見詩鄘風相鼠。遄,速也。

〔一二〕「害」,許維遹本作「虐」。

〔一三〕見詩魯頌泮水。載,猶則。色,和顏悦色。匪,同非。伊,是也。

一〇·三〇　説苑政理

魯有父子訟者,康子曰:「殺之。」孔子曰:「未可殺也。夫民不知子父訟之不善者久矣,是則上過也。上有道,是人亡矣。」康子曰:「夫治民以孝爲本,今殺一人以戮不孝,不亦可乎?」孔子曰:「不孝而誅之〔一〕,是虐殺不辜也。三軍大敗,不可誅也;獄訟不治,不可刑也;上陳之教而先服之,則百姓從風矣;躬行不從而後俟之以刑,則民知罪矣。夫一仞之牆,民不能踰,百仞之山,童子升而遊焉,陵遲故也!

今是仁義之陵遲久矣，能謂民弗踰乎？詩曰：『俾民不迷。』昔者君子導其百姓不使迷，是以威厲而不至〔二〕，刑錯而不用也。」於是訟者聞之，乃請無訟。

〔一〕原注：薛據集語引作「不孝者，不教而誅之」。今案：向宗魯本作「不教而誅之」。

〔二〕「至」，向宗魯本作「試」。

一〇·三一　長短經政體〔一〕

孔子曰：「上失其道，而殺其下，非禮也。故三軍大敗，不可斬；獄犴不知〔二〕，不可刑。何也？上教之不行，罪不在人故也。夫慢令謹誅，賊也；徵斂無時，暴也；不誡責成，虐也。政無此三者，然後刑即可也。陳道德以先服之，猶不可；則尚賢以勸之，又不可；則廢不能以憚之，而猶有邪人不從化者，然後待之以刑矣。」

〔一〕見長短經卷第一。

〔二〕「知」，叢書集成本作「治」，是也。獄犴，獄訟之事。

一〇·三二　御覽六百三十三引慎子

孔子云：「有虞氏不賞不罰，夏后氏賞而不罰，殷人罰而不賞，周人罰且賞〔一〕。罰，禁也；賞，使也。」

〔一〕「罰且賞」，中華書局影印本御覽、諸子集成本愼子佚文皆作「賞且罰」。

一〇・三三　羣書治要尸子發蒙

孔子曰：「臨事而懼，希不濟。」

一〇・三四　韓非子内儲説上七術

魯人燒積澤。天北風，火南倚，恐燒國。哀公懼，自將衆輒救火者〔一〕。左右無人，盡逐獸而火不救，乃召問仲尼。仲尼曰：「夫逐獸者樂而無罰，救火者苦而無賞，此火之所以無救也。」哀公曰：「善〔二〕。」仲尼曰：「事急，不及以賞；救火者盡賞之，則國不足以賞於人。請徒行賞〔三〕。」哀公曰：「善。」於是仲尼乃下令曰：「不救火者，比降北之罪；逐獸者，比入禁之罪。」令下未遍，而火已救矣。

〔一〕俞樾以爲「輒」當作「趣」，「火」下「者」字衍文。王先愼曰：「趙本『輒』作『趣』，藝文類聚八十、御覽八百六十九、初學記二十引並作『趣』，無『者』字，今據改。」陳奇猷同意王説。

〔二〕陳奇猷以爲「善」字誤，當作「爲之奈何」。

〔三〕原注：藝文類聚八十引作「請從行罰」。今案：顧廣圻曰：「行賞，當依馮氏舒校改作『行罰』。」王先愼曰：「藝文類聚、御覽引並作『請徒行罰』，今據改。」

一〇・三五　韓非子外儲説左下

孔子相衛，弟子子皋爲獄吏〔一〕，刖人足，所刖者守門。人有惡孔子於衛君者，曰：「尼欲作亂。」衛君欲執孔子。孔子走，弟子皆逃。子皋從出門〔二〕，跀危〔三〕引之，而逃之門下室中，吏追不得。夜半，子皋問跀危曰：「吾不能虧主之法令，而親刖子之足，是子報仇之時也，而子何故乃肎逃我？我何以得此於子？」跀危曰：「吾斷足也，固吾罪當之，不可奈何。然方公之獄治臣〔四〕也，公傾側法令，先後〔五〕臣以言，欲臣之免也甚〔六〕，而臣知之。及獄決罪定，公憱然不説，形于顔色，臣見〔七〕又知之。非私臣而然也，夫天性仁心固然也。此臣之所以説而德公也〔八〕。」

〔一〕傅佛崖曰：「子皋，即論語『子路使子羔爲費宰』之子羔。」

〔二〕顧廣圻以爲「從」當作「後」。王先慎認爲「從」字不誤，「出門」當作「後門」。陳奇猷同意顧説，曰：「顧説是。『出』字衍。下文『梁車爲鄴令』條『暮而後門』，吕氏春秋長利篇高注：『後門，日夕門已閉也。』今『後』形誤爲『從』，『子皋從門』不可解，後人遂增『出』字耳。王説改作『子皋從後門』，子皋既從，何得後門？且後、出二字形聲皆不近，亦無由致誤。」

〔三〕舊注：「跀者行步危，故曰跀危也。」俞樾以爲「危」乃「跪」之省文。王先慎曰：「荀子勸學篇『蟹六跪而二螯』，楊倞注曰：『跪，足也。』韓子以刖足爲跀跪。』據此，是楊所見韓子作『跪』也，跪訓爲足,又其一證。」

〔四〕陶鴻慶以爲「獄治臣」當作「治臣獄」。陳奇猷疑「獄」字因下文而衍。

〔五〕太田方曰:「周禮士師『以五戒先後刑罰,毋使罪麗於民』,注:『先後,猶左右也,助也。』尚書『和懌先後迷民』,孔傳:『先後,謂教訓也。』後漢伏湛傳『實足以先後王室』,注:『先後,相導也。』」

〔六〕陳奇猷疑「甚」字衍。今案:陳説誤,此「甚」字可修飾全句,意爲「甚欲臣之免」,可釋爲「極其希望我能够免於刑罰」。

〔七〕陶鴻慶以爲「見」字衍。陳奇猷同意陶説。

〔八〕王先慎曰:「『悦而德公也』,張榜本重『而』字。案此下當接『孔子曰:善爲吏者樹德,不能爲吏者樹怨。槩者平量者也,吏者平法者也,治國者不可失平也』。」陳奇猷同意王説。

一〇・三六　韓非子外儲説左下

孔子曰:「善爲吏者樹德,不能爲吏者樹怨。槩〔一〕者平量者也,吏者平法者也,治國者不可失平也〔二〕。」

〔一〕説文:「槩,杚斗斛。」槩爲一種容器。

〔二〕王先慎以爲此句當在「孔子相衛」之後,參見上文注釋〔八〕。

一〇·三七　説苑至公

子羔爲衛政，刖人之足。衛之君臣亂，子羔走郭門，郭門閉。刖者守門，曰：「於彼有缺。」子羔曰：「君子不踰。」曰：「於彼有竇。」子羔曰：「君子不遂〔一〕。」曰：「於此有室。」子羔入，追者罷。子羔將去，謂刖者曰：「吾不能虧損主之法令，而親刖子之足。吾在難中，此乃子之報怨時也，何故逃我？」刖者曰：「斷足，固我罪也，無可奈何。君之治臣也，傾側法令，先後臣以法，欲臣之免於法也，臣知之；獄決罪定，臨當論刑，君愀然不樂，見於顔色，臣又知之。君豈私臣哉？天生仁人之心，其固然也。此臣之所以脱君也。」孔子聞之曰：「善爲吏者樹德，不善爲吏者樹怨，公行之也，其子羔之謂歟！」

〔一〕盧文弨曰：「『遂』，家語『隧』。」王肅注曰：「隧，從竇出。」

一〇·三八　韓非子外儲説左下

仲尼曰：「與其使民諂〔一〕下也，寧使民諂上。」

〔一〕陳奇猷曰：「『諂』當據道藏本、張文鼎本改爲『諂』。」舊注：「諂下則朋黨，諂上則尊敬。」

一〇·三九　韓非子外儲説右上

季孫相魯，子路爲郈令。魯以五月起衆爲長溝。當此之時〔一〕，子路以其私秩粟爲漿飯，要作溝者於五父之衢〔二〕而飡之。孔子聞之，使子貢往覆其飯，擊毁其器，曰：「魯君有民，子奚爲乃飡之？」子路怫然怒，攘肱而入，請曰：「夫子疾由之爲仁義乎？所學於夫子者，仁義也；仁義者，與天下共其所有而同其利者也。今以由之秩粟而飡民，不可何也？」孔子曰：「由之野也！吾以女知之，女徒未及也。女故如是之不知禮也！女之飡之，爲愛之也。夫禮，天子愛天下，諸侯愛竟内，大夫愛官職，士愛其家，過其所愛曰侵。今魯君有民而子擅愛之，是子侵也，不亦誣乎？」言未卒，而季孫使者至，讓曰：「肥也起民而使之，先生使弟子令〔三〕徒役而飡之，將奪肥之民耶？」孔子駕而去魯〔四〕。

〔一〕「時」，百子全書本、陳奇猷本皆作「爲」，是也。太田方曰：「國策『陘山之爲』注：『爲，役也。』」陳奇猷曰：「猶言當此役之時。」

〔二〕太田方曰：「左傳注：『五父衢，道名，在魯國東南。』」

〔三〕陶鴻慶以爲「令」當爲「會」。王先慎改「令」爲「止」。

〔四〕原注：水經濟水注引韓子曰：「魯以仲夏起長溝，子路爲蒲宰，以私粟饋衆。孔子使子貢毁其器焉。」

一〇·四〇　説苑臣術

子路爲蒲令，備水災，與民春脩溝瀆，爲人煩苦，故予人一簞食，一壺漿。孔子聞之，使子貢復〔一〕之。子路忿然不悦，往見夫子，曰：「由也以暴雨將至，恐有水災，故與人脩溝瀆以備之，而民多匱於食，故與人〔二〕一簞食、一壺漿，而夫子使賜止之，何也？夫子止由之行仁也，夫子以仁教而禁其行仁也，由也不受。」子曰：「爾以民爲餓，何不告於君，發倉廩以給食之？而汝以私饋之〔三〕，是汝不明君之惠，見汝之德義也，速已則可矣，否則爾之受罪不久矣。」子路心服而退也。

〔一〕「復」，向宗魯以爲當讀爲「覆」。又御覽百九十引作「止」，亦通。

〔二〕「與人」，向宗魯本作「人予」。

〔三〕「而汝以私饋之」，百子全書本、向宗魯本皆作「而以爾私饋之」。

一〇·四一　韓非子難三

葉公子高問政於仲尼，仲尼曰：「政在説近而來遠。」哀公問政於仲尼，仲尼曰：「政在選賢。」齊景公問政於仲尼，仲尼曰：「政在節財。」三公出，子貢問曰：「三公問夫子政，一也，夫子對之不同，何也？」仲尼曰：「葉都大而國小，民有背心，故曰『政在説近而來遠』。魯哀公有大臣三人〔一〕，外障距諸侯四鄰之士，内比周而以愚其君，使宗廟不埽除，社稷不血食者，必是三臣也，故曰『政在選賢』。齊景公築雍門，爲路寢，一朝而以三百乘之家賜者三〔二〕，故曰『政在節財』。」

〔一〕松皋圓曰：「孟孫、叔孫、季孫三人。」

〔二〕舊注：「謂以大夫之業世賜與爲寢也。」王先慎曰：「注『世』，趙本作『也』。」盧文弨曰：「『業也』當作『菜地』，又『寢也』當作『寢者』。」松皋圓曰：「雍門，齊城門名。戰國時有雍門子周，蓋居此地，因以爲姓。晏子春秋：『景公爲路寢之臺，令吏挑其期日而不趣。』淮南子要略訓『齊景公作爲路寢之臺，一朝而以三千鍾贛』，注：『贛，賜也。』」陳奇猷曰：「路寢爲臺名，是。但雍門當非城門名，當亦爲臺榭之名，但無可考耳。」

一〇・四二　尚書大傳略説

子貢曰：「葉公問政于夫子，子曰：『政在附近而來遠。』魯哀公問政，子曰：『政在于論臣。』齊景公問政，子曰：『政在于節用。』三君問政，夫子應之不同，然則政有異乎？」夫〔一〕子曰：「荆之地廣而都狹，民有離志焉，故曰在于附近而來遠；哀公有臣三人，内比周以惑其君，外障距諸侯賓客以蔽其明，故曰政在論臣；齊景公奢于臺榭，淫于苑囿，五官之樂不解〔二〕，一旦〔三〕賜人百乘之家者三，故曰〔四〕

節用。」

〔一〕四庫全書本、叢書集成本、四部叢刊本皆無「夫」字。

〔二〕王闓運曰：「方伯五官，言卿大夫荒宴。」

〔三〕諸本「一旦」下有「而」字。

〔四〕諸本「故曰」下皆有「政在」二字。

一〇·四三　説苑政理

子貢曰：「葉公問政於夫子，夫子曰：『政在附近而來遠。』魯哀公問政於夫子，夫子曰：『政在於諭臣〔一〕。』齊景公問政於夫子，夫子曰：『政在於節用。』三君問政於夫子，夫子應之不同，然則政有異乎？」孔子曰：「夫荆之地廣而都狹，民有離志焉，故曰在於附近而來遠。哀公有臣三人，内比周公〔二〕以惑其君，外障〔三〕距諸侯賓客以蔽其明，故曰政在諭臣。齊景公奢於臺榭，淫於苑囿，五官之樂不解，一旦而賜人百乘之家者三，故曰政在於節用。此三者政也，詩不云乎：『亂離斯瘼，爰其適歸』〔四〕，此傷離散以爲亂者也；『匪其止共，惟王之邛』〔五〕，此傷姦臣蔽主以爲亂者也；『相亂蔑資，曾莫惠我師』〔六〕，此傷奢侈不節以爲亂者也。察此三者之所欲，政其同乎哉！」

〔一〕「諭」,尚書大傳、漢書皆作「論」,依俞樾等説當訓爲擇,乃討論選擇之義。
〔二〕向宗魯以爲「公」字衍。
〔三〕「障」,向宗魯依盧文弨、宋本、明本改爲「鄣」。
〔四〕見詩小雅四月。「亂離斯瘼」,今本詩經作「亂離瘼矣」。瘼,疾苦。爰,何也。
〔五〕見詩小雅巧言。止,禮也。共,借爲「恭」。止恭,猶禮敬。
〔六〕見詩大雅板。蔑,猶無也。資,財物。師,衆也。

一〇·四四　吕氏春秋先識覽察微

魯國之法,魯人爲人臣妾於諸侯,有能贖之者,取其金於府。子貢贖魯人於諸侯,來而讓〔一〕,不取其金。孔子曰:「賜失之矣。自今以往,魯人不贖人矣。取其金則無損於行,不取其金則不復贖人矣。」

〔一〕「讓」,文選引作「辭」。陳奇猷認爲辭、讓同義。

一〇·四五　吕氏春秋先識覽察微

子路撜〔一〕溺者,其人拜〔二〕之以牛,子路受之。孔子曰:「魯人必撜溺者矣。」孔子見之以細,觀化遠也〔三〕。

〔一〕「撜」,百子全書本、許維遹本皆作「拯」。下「撜」字同。

〔二〕拜，謝也。

〔三〕俞樾以爲「觀」下蓋脱「大以近觀」四字，「化」當在「遠」字下，而「化」上又脱「通於」二字，本作「以細觀大，以近觀遠，通於化也」。譚戒甫、陳奇猷認爲原文無誤。陳奇猷認爲，化即知接「告之以遠化」之化，謂日後必至之勢。「孔子見之以細，觀化遠也」，猶言孔子察事於細微，而推知日後必至之勢也。

一〇·四六　淮南子道應訓

魯國之法，魯人爲人妾〔一〕於諸侯，有能贖之者，取金於府。子貢〔二〕贖魯人於諸侯，來而辭不受金。孔子曰：「賜失之矣。夫聖人之舉事也，可以移風易俗，而受教順可施後世〔三〕，非獨以適身之行也。今國之富者寡，而貧者衆，贖而受金則爲不廉，不受金則不復贖人。自今以來，魯人不復贖於諸侯矣。」

〔一〕王念孫曰：「呂氏春秋察微篇、説苑政理篇、家語致思篇『妾』上俱有『臣』字，於義爲長。」

〔二〕「子貢」，劉文典本作「子贛」。

〔三〕王念孫曰：「『教順』上本無『受』字，此因上文『不受金』而誤衍也。『教順』即『教訓』（訓、順古多通用，不煩引證。）『教訓』上有『受』字，則與下四字義不相屬矣。説苑、家語並作『教導可施於百姓』，是其證。」

一〇・四七　淮南子齊俗訓

子路撜溺而受牛謝〔一〕。孔子曰：「魯國必好救人於患〔二〕。」子贛贖人而不受金於府。孔子曰：「魯國不復贖人矣。」子路受而勸德，子贛讓而止善。孔子之明，以小知大，以近知遠，通於論者也。

〔一〕高誘注曰：「撜，舉也。拼出溺人，主謝以牛也。」

〔二〕劉文典曰：「『救人於患』下當有『矣』字，與下文『孔子曰：魯國不復贖人矣』一律。羣書治要引此文，『患』下有『矣』字。」

一〇・四八　説苑政理

魯國之法，魯人有贖臣妾於諸侯者，取金於府。子貢贖人於諸侯，而還其金〔一〕。孔子聞之曰：「賜失之矣。聖人之舉事也，可以移風易俗，而教導可施於百姓，非獨適其身之行也。今魯國富者寡而貧者衆，贖而受金則爲不廉，不受則後莫復贖。自今以來，魯人不復贖〔二〕矣。」

〔一〕向宗魯曰：「句不明，吕氏作『來而讓不取其金』，淮南齊俗篇作『而不受金於府』，道應篇作『來而辭不受金』，家語作『辭而不取金』，此疑作『還而辭其金』，因脱『辭』字，故倒易『還而』二字耳。實未嘗受，何得言還其金也？」

〔二〕向宗魯曰：「『贖』下當有『人』字，呂氏、淮南、家語皆有。」

一〇・四九　呂氏春秋審行覽〔一〕具備

宓子賤治亶父，恐魯君之聽説〔二〕人，而令己不得行其術也。將辭而行，請近吏二人於魯君，與之俱至於亶父。邑吏皆朝，宓子賤令吏二人書。吏方將書，宓子賤從旁時掣摇其肘。吏書之不善，則宓子賤爲之怒。吏甚患之，辭而請歸。宓子賤曰：「子之書甚不善，子勉〔三〕歸矣。」二吏歸報於君，曰：「宓子不可爲書。」君曰：「何故？」吏對曰：「宓子使臣書，而〔四〕掣摇臣之肘，書惡而有〔五〕甚怒，吏皆笑宓子，此臣所以辭而去也。」魯君太息而歎曰：「宓子以此諫寡人之不肖也。寡人之亂子〔六〕，而令宓子不得行其術，必數有之矣。微二人，寡人幾過。」遂發〔七〕所愛，而令之亶父，告宓子曰：「自今以來，亶父非寡人之有也，子之有也。有便於亶父者，子決爲之矣。五歲而言其要〔八〕。」宓子敬諾，乃得行其術於亶父。三年，巫馬旗短褐衣敝裘〔九〕，而往觀化於亶父，見夜漁者，得則舍之。巫馬旗問之〔一〇〕，曰：「漁爲得也。今子得而舍之，何也？」對曰：「宓子不欲人之取小魚也〔一一〕。所舍者，小魚也。」巫馬旗歸，告孔子曰：「宓子之德至矣。使小民闇行〔一二〕，若有嚴刑於旁。敢問宓子何以至於此？」孔子曰：「丘嘗與之言曰：『誠乎此者刑乎彼。』宓子必行此術於亶父也。」

〔一〕當爲審應覽。

〔二〕「説」，畢沅以爲「諂」字之譌。

〔三〕高誘注曰：「勉猶趣也。」

〔四〕四庫全書本、許維遹本「而」下皆有「時」字。

〔五〕許維遹以爲「有」讀爲「又」。

〔六〕「亂子」，陶鴻慶以爲當作「亂宓子」。

〔七〕高誘注曰：「發，遣。」

〔八〕高誘注曰：「要，約最，簿書。」陳奇猷曰：「最、撮同，古今字。」

〔九〕許維遹曰：「巫馬旗，張本『旗』作『期』，與察賢篇、古今人表合。」

〔一〇〕「之」，四庫全書本、許維遹本皆作「焉」。

〔一一〕高誘注曰：「古者魚不尺不升於俎。宓子體聖人之化，爲盡類也，故不欲人取小魚。」陳奇猷以爲高注「盡」上當有「不」字。

〔一二〕四庫全書本、許維遹本皆無「小」字。高誘注曰：「闇，夜。」

一〇・五〇　新序雜事二

魯君使宓子賤爲單父宰。子賤辭去，因請借善書者二人，使書憲書教品〔一〕，魯君與〔二〕之。至單父，使書，子賤從旁引其肘。書醜則怒之，欲好書則又引之。書者患之，請辭而去。歸以告魯君。魯君曰：「子賤苦吾擾之，使不得施其善政也。」乃命有司，無得擅徵發單父。單父之化大治。故孔子曰：「君子哉，子賤！魯無君子者，斯安取斯？」美其德也。

〔一〕石光瑛曰：「憲書，法憲之書；教品，教令之品也。」

〔二〕「與」，百子全書本、石光瑛本皆作「予」。

一〇・五一　淮南子道應訓

季子〔一〕治亶父三年，而巫馬期絻衣短褐，易容貌，往觀化焉〔二〕，見夜魚釋之〔三〕。巫馬期問焉〔四〕，曰：「凡子所爲魚者，欲得也。今得而釋之，何也？」漁者對曰：「季子不欲人取小魚也。所得者小魚，是以釋之。」巫馬期歸，以報孔子曰：「季子之德至矣。使人闇行，若有嚴刑在其側者，季子何以至於此？」孔子曰：「丘嘗問〔五〕之以治言曰：『誠〔六〕於此者刑於彼。』季子必行此術也〔七〕。」

〔一〕王念孫曰：「羣書治要引此，季子作宓子。吕氏春秋具備篇同。案：諸書無宓子賤爲季子者，季當爲乎，字之誤也。」

〔二〕高誘注曰：「易服而往，微以視之。」

〔三〕「夜」，百子全書本、諸子集成本皆作「得」，是也。

〔四〕原注：一本無「焉」字。

〔五〕「問」，百子全書本作「聞」。

〔六〕「誠」，王念孫以爲「誠」字之譌。

〔七〕原注：薛據集語引此而節其文，云見韓非子，今韓非子無此文。

一〇·五二　水經泗水注

宓子賤之治也，孔子使巫馬期觀政。入其境，見夜漁者，問曰：「子得魚輒放，何也？」曰：「小者，吾大夫欲長育之故也。」子聞之曰：「誠彼刑此，子賤得之善矣。惜哉！不齊所治者小也。」

一〇·五三　鹽鐵論憂邊

孔子曰：「不通於論者難於言治，道不同者不相與謀。」

一〇・五四　新序雜事五

孔子北之山戎氏，有婦人哭於路者，其哭甚哀。孔子立輿而問曰：「曷爲哭哀至於此也？」婦人對曰：「往年虎食我夫，今虎食我子，是以哀也。」孔子曰：「嘻！若是則曷爲不去也？」曰：「其政平，其吏不苛，吾以是不能去也。」孔子顧子貢曰：「弟子記之：夫政之不平而吏苛，乃甚於虎狼矣。詩曰：『降喪饑饉，斬伐四國。』〔一〕夫政不平也〔二〕，乃斬伐四國，而況二人乎？其不去，宜哉！」

〔一〕見詩小雅雨無正。

〔二〕石光瑛本無「也」字。

一〇・五五　論衡遭虎

孔子行魯林中，婦人哭，甚哀，使子貢問之：「何以哭之哀也？」曰：「去年虎食吾夫，今年食吾子，是以哭哀也。」子貢曰：「若此，何不去也？」對曰：「吾善其政之不苛，吏之不暴也。」子貢還報孔子。孔子曰：「弟子識諸，苛政暴吏，甚於虎也。」

一〇・五六　說苑建本

子貢〔一〕問爲政，孔子曰：「富之，既富乃教之也，此治國之本也。」

〔一〕「子貢」,盧文弨以爲當爲「冉有」之譌。

一〇·五七　説苑政理

齊桓公出獵,逐鹿而走入山谷之中,見一老公而問之曰:「是爲何谷?」對曰:「爲愚公之谷。」桓公曰:「何故?」對曰:「以臣名之。」桓公曰:「今視公之儀狀,非愚人也,何爲以公名〔一〕?」對曰:「臣請陳之。臣故畜牸牛〔二〕,生子而大,賣之而買駒。少年曰:『牛不能生馬。』遂持駒去。傍鄰聞之,以臣爲愚,故名此谷爲愚公之谷。」桓公曰:「公誠愚矣,夫何爲而與之?」桓公遂歸。明日朝,以告管仲,管仲正衿再拜曰:「此夷吾之愚〔三〕也。使堯在上,咎繇爲理,安有取人之駒者乎?若有見暴如是叟者,又必不與也,公知獄訟之不正,故與之耳,請退而脩政。」孔子曰:「弟子記之:桓公,霸君也;管仲,賢佐也。猶有以智爲愚者也,況不及桓公、管仲者也!」

〔一〕向宗魯據治要及類聚於「名」下增「之」字。

〔二〕牸牛,母牛。

〔三〕「愚」,向宗魯據治要、類聚、御覽八百九十九改爲「過」。

一〇·五八　説苑政理

魯哀公問政於孔子〔一〕,對曰:「政有〔二〕使民富且壽。」哀公曰:「何謂也?」孔子曰:

「薄賦斂則民富，無事則遠罪，遠罪則民壽。」公曰：「若是則寡人貧矣。」孔子曰：「詩云：『凱悌君子，民之父母。』〔三〕未見其子富而父母貧者也。」

〔一〕盧文弨以爲「孔子」二字當重。

〔二〕「有」，向宗魯據俞樾之説改爲「在」。

〔三〕見詩大雅泂酌。「凱」，向宗魯本作「愷」。

一〇·五九　説苑政理

宓子賤爲單父宰，辭於夫子，夫子曰：「毋迎而距也，毋望而許也；許之則失守，距之則閉塞。譬如高山深淵，仰之不可極，度之不可測也。」子賤曰：「善，敢不承命乎。」

一〇·六〇　説苑政理

孔子弟〔一〕子有孔蔑者，與宓子賤皆仕，孔子往過孔蔑，問之曰：「自子之仕者，何得何亡？」孔蔑曰：「自吾仕者，未有所得，而有所亡者三。曰：王事若襲〔二〕，學焉得習，以是學不得明也，所亡者一也；奉禄少，鬻鬻〔三〕不足及親戚，親戚益疏矣，所亡者二也；公事多急，不得弔死視病，是以朋友益疏矣，所亡者三也。」孔子不説，而復往見子賤，曰：「自子之仕，何得何亡？」子賤曰：「自吾之仕，未有所亡，而所得者三：始誦之文，今履而行之,是學日益明也,所得者一也;奉禄雖少,鬻鬻得及親戚,是以親戚益親也,所得者二也;公事雖急,夜勤弔死視病〔四〕,是以朋友益親也,所得者三也。」孔子謂子賤曰:「君子哉若人!君子哉若人!魯無君子者,斯焉取斯?」

〔一〕「弟」,向宗魯據盧文弨改作「兄」,當從。
〔二〕向宗魯曰:「家語『襲』作『龍』,王云曰:『龍宜爲讋,前後相因也。』」
〔三〕「鬻鬻」,向宗魯本作「鬻鬻」。下同。盧文弨曰:「『鬻鬻』乃『鬻鬻』之譌。『鬻』即『饘』字。下同。子路初見篇作『饘粥』,古今字耳。」
〔四〕向宗魯曰:「『夜』,當爲『亦』。……家語作『兼以弔死問疾』。」

一〇·六一　説苑政理

子路治蒲,見於孔子,曰:「由願受教。」孔子曰:「蒲多壯士,又難治也。然吾語汝:恭以敬,可以攝勇;寬以正,可以容衆;恭以潔,可以親上〔一〕。」

〔一〕原注:按史記仲尼弟子傳作「恭以敬,可以執勇;寬以正,可以比衆;恭正以静,可以報上」。

一〇·六二　説苑政理

子貢爲信陽令,辭孔子而行,孔子曰:「力之順之,因子〔一〕之時,無奪無伐,無暴無盜。」子貢曰:「賜少日〔二〕事君子,君子固有盜者邪?」孔子曰:「夫以不肖伐〔三〕賢,是謂奪也；以賢伐不肖，是謂伐也〔四〕；緩其令，急其誅，是謂暴也；取人善以自爲己，是謂盜也；君子之盜，豈必當財幣乎？吾聞之曰：知爲吏者，奉法〔五〕利民；不知爲吏者，枉法以侵民，此皆怨之所由生也。臨官莫如平〔六〕，臨財莫如廉，廉平之守，不可攻也。匿人之善者〔七〕，是謂蔽賢也；揚人之惡者，是謂小人也；不内相教而外相謗者，是謂不足親也。言人之善者，有所得而無所傷也；言人之惡者，無所得而有所傷也。故君子慎言語矣，毋先己而後人，擇言出之，令口如耳。」〔八〕

〔一〕「子」，向宗魯本作「天」，是也。

〔二〕「日」，向宗魯本作「而」，是也。

〔三〕盧文弨曰：「『伐』，依家語當是『代』，下同。」向宗魯以爲「不肖」二字，當從新序、家語作「賢」。

〔四〕孫詒讓曰：「此似有譌，以賢伐不肖，安得謂之伐乎？家語作『以賢代賢，是謂之奪；以不肖代賢，是謂之伐』。」向宗魯曰：「意林引桓譚新論云：『以賢伐賢謂之煩，以不肖伐不肖謂之亂。』文與此相似，御覽四百二亦引之，『伐』皆作『代』。竊謂孔子誡子貢以無伐，如今本則以賢伐不肖，理之順者，又何誡焉？家語文爲長。新論文與以燕伐燕同意，亦通。」

〔五〕盧文弨曰：「『法』下，家語有『以』字。」今案：觀下句「枉法以侵民」，「以」字當補。

〔六〕盧文弨曰：「以下四句當别爲一條。」

〔七〕盧文弨曰：「此又是一條。」

〔八〕向宗魯曰：「家語辨政篇用此文。盧分此章爲三條，考家語已合爲一，盧説未敢從。」

一〇·六三　説苑政理

孔子見季康子，康子未説，孔子又見之。宰予曰：「吾聞之夫子曰：『王公不聘不動。』今吾子之見司寇也，少數矣。」孔子曰：「魯國以衆相陵、以兵相暴之日久矣，而有司不治，聘我者其孰大乎於是？」魯人聞之曰：「聖人將治，可以不先自爲刑罰乎〔一〕？」自是之後，國無争者。孔子謂弟子曰：「違山十里，蟪蛄之聲猶尚存耳。政事無如膺〔二〕之矣。」

〔一〕關嘉曰：「家語『可』作『何』。」盧文弨曰：「衍『以』字。（家語無。）」又曰：「『爲』，家語『遠』。」向宗魯曰：「『爲』讀爲『遠』，左傳『蔿氏』即『薳氏』，即二字音通之例。」

〔二〕膺，接受，承當。

一〇·六四　續博物志十

孔子曰：「違山十里，蟪蛄之聲猶在於耳。政事惡譁而善肅〔一〕。」

〔一〕原注：古微書引詩含神霧孔子歌云：「違山十里，蟪蛄之聲尚猶在耳。政尚静而惡譁也。」

一〇·六五　説苑尊賢

齊桓公使管仲治國，管仲對曰：「賤不能臨貴。」桓公以爲上卿，而國不治。桓公曰：「何故？」管仲對曰：「貧不能使富。」桓公賜之齊國市租一年，而國不治。桓公曰：「何故？」對曰：「疏不能制親。」桓公立以爲仲父。齊國大安，而遂霸天下。孔子曰：「管仲之賢，不得此三權者，亦不能使其君南面而霸矣。」

一〇·六六　説苑尊賢

子路問於孔子曰：「治國何如？」孔子曰：「在於尊賢而賤不肖。」子路曰：「范中行氏尊賢而賤不肖，其亡何也？」曰：「范中行氏尊賢而不能用也，賤不肖而不能去也；賢者知其不己用而怨之，不肖者知其賤己而讎之。賢者怨之，不肖者讎之，怨讎並前，中行氏雖欲無亡，得乎？」

一〇·六七　説苑指武

魯哀公問於仲尼曰：「吾欲小則守，大則攻，其道若何？」仲尼曰：「若朝廷有禮，上下有親，民之衆皆君之畜也，君將誰攻？若朝廷無禮，上下無親，民衆皆君之讎也，君將誰與守？」〔一〕

〔一〕原注：按薛據集語引此以爲見韓非子，今韓非子無此文。

一〇・六八　説苑雜言

孔子曰：「鞭朴之子，不從父之教；刑戮之民，不從君之政。言疾之難行。故君子不急斷，不意使，以爲亂源。」

一〇・六九　中論慎所從

孔子曰：「知不可由，斯知所由矣。」

一〇・七〇　金樓子立言下

子曰：「滌盃而食，洗爵而飲，可以養家客，未可以饗三軍。兕虎在後，隋珠在前，弗及掇珠，先避後患；聞雷掩耳，見電瞑目；耳聞所惡，不如無聞；目見所惡，不如無見；火可見而不可握，水可循而不可毁。故有象之屬，莫貴於火；有形之類，莫尊於水。身曲影直者，未之聞也。用百人之所能，則百人之力舉，譬若伐樹而引其本，千枝萬葉，莫能弗從也。」

一〇・七一　亢倉子農道

孔子之言，冬飽則身温，夏飽則身涼。

【補遺】

一〇・七二　書大傳周傳

子張曰："堯、舜之王，一人不刑而天下治，何則？教誠而愛深也。今一夫而被此五刑！子龍子曰：『未可謂能爲書。』"孔子曰："不然也，五刑有此教。"

一〇・七三　儀禮士相見禮疏引論語鄉黨

孔子與君圖事于庭，圖政〔一〕于堂。

〔一〕"政"，十三經注疏本作"事"。

一〇・七四　繹史孔子類記一引説苑

孔子生於亂世，莫之能容也。故言行於君，澤加於民，然後仕；言不行於君，澤不加於民，則處。孔子〔一〕天覆之心，挾仁聖之德，憫時俗之汙泥，傷紀綱之廢壞，服重歷遠，周流歷〔二〕聘，乃俟幸施道，以子百姓，而當世諸侯莫能任用。是以德積而不肆，大道屈而不伸，海内不蒙其化，羣生不被其恩。故喟然嘆曰："而有用我者，則吾其爲東周乎？"故孔子行説，非欲私身〔三〕。運德於一城，將欲舒之於天下，而建之於羣生者耳。

〔一〕四庫全書本繹史"孔子"下有"懷"字，當補。

〔二〕「歴」，四庫全書本繹史、向宗魯説苑校證作「應」。

〔三〕向宗魯説苑校證無「私」字，如此則「身」下不斷句。

一〇·七五　隋書刑法志

孔子曰：「刑德〔一〕及諸政，政亂及諸身。」

〔一〕「德」，中華書局點校本隋書作「亂」。

一〇·七六　杜牧罪言

孔子曰：「古之聽獄者求所以生之，今之聽獄求所以殺之。」〔一〕

〔一〕下句「聽獄」下，商正有「者」字。商正曰：此即節引下條漢書刑法志之文（整理者案：漢書刑法志文，補正有之，見下條。商正不具録），孫書已輯全文（又尚書大傳「今之聽民者求所以殺之，古之聽民者求所以生之」爲漢書刑法志所本，孫氏亦另輯專條）。元箸據杜牧罪言割裂後四句輯爲一條，不特重複孫書，即證以本書，下條亦蹈連文疊見之失。今案：查全唐文卷七五四杜牧罪言無此語。又，參閲本書凡例注。

一〇·七七　漢書刑法志

孔子曰：「古之知法者能省刑，本也；今之知法者不失有罪，末矣。」又曰：「今之聽

獄者求所以殺之，古之聽獄者求所以生之。」〔一〕

〔一〕此條孫書已采，見一〇·二四。又案：此條亦見商正一書，文同，不具録。

【商正】

一〇·七八　春秋繁露王道

孔子明得失，差貴賤，反王道之本，譏天王以致太平，刺惡譏微，不遺小大，善無細而不舉，惡無細而不去，進善誅惡，絶諸本而已矣。

【新補】

一〇·七九　史記殷本紀

孔子曰：「殷路車爲善，而色尚白。」〔一〕

〔一〕司馬貞曰：「論語孔子曰：『乘殷之輅。』禮記曰『殷人尚白』，太史公爲贊，不取成文，遂作此語，亦疏略也。」

一〇·八〇　史記魯周公世家

孔子稱曰：「甚矣魯道之衰也！洙、泗之間齗齗如也〔一〕。」

〔一〕裴駰引徐廣曰：「齗，魚斤反，東州語也。蓋幼者患若長者，長者忿愧自守，故齗齗争辭，所以爲道衰也。」司馬貞曰：「齗音魚斤反，讀如論語『誾誾如也』。言魯道雖微，而洙、泗之間尚誾誾如也。」

一〇・八一　**史記晉世家**

孔子讀史記至文公，曰「諸侯無召王」、「王狩河陽」者，春秋諱之也。

一〇・八二　**史記趙世家**

孔子聞趙簡子不請晉君而執邯鄲午，保晉陽，故書春秋曰「趙鞅以晉陽畔」。

一〇・八三　**漢書景帝紀**

孔子稱「斯民，三代之所以直道而行也」。

一〇・八四　**漢書律曆志**

周衰官失，孔子陳後王之法，曰：「謹權量，審法度，修廢官，舉逸民，四方之政行矣。」

一〇・八五　**越絶書越絶外傳計倪**

越王大媿，乃壞池填塹，開倉穀，貸貧乏，乃使羣臣身問疾病，躬視死喪，不厄窮僻，尊有德，與民同苦樂，激河泉井，示不獨食。行之六年，士民一心，不謀同辭，不呼自來，皆欲伐吴。遂有大功而霸諸侯。孔子曰：「寬則得衆。」此之謂也。

一〇·八六　尚書大傳

子曰：「參，女以爲明主爲勞乎？昔者舜左禹而右皋陶，不下席而天下治。」

一〇·八七　論衡佚文

孔子稱周：「唐、虞之際，於斯爲盛，周之德，其可謂至德已矣！」

一〇·八八　韓非子忠孝

記曰：「舜見瞽瞍，其容造焉。孔子曰：『當是時也，危哉！天下岌岌！有道者，父固不得而子，君固不得而臣也。』」

一〇·八九　春秋繁露玉杯

孔子曰：「政逮于大夫，四世矣。」蓋自文公以來之謂也。

一〇·九〇　春秋繁露度制

孔子曰：「君子不盡利以遺民。」

一〇·九一　金樓子戒子篇

高季羔爲衛之士師，刖人之足。俄而衛有蒯聵之亂，刖者守門焉。謂季羔曰：「於此有室！」季羔入焉。既追者罷，季羔將去，問刖者曰：「今吾在難，此正子報怨之時，而子逃我何？」曰：「曩君治臣以法，臣知之。獄決罪定，臨當論刑，君愀然不樂見於顔，臣又知之。君豈私於臣哉！天生君子，其道固然。此臣之所以待君子。」孔子聞之曰：「善哉爲吏，其用法一也。」

一〇·九二　帝王世紀

孔子所謂五世之錫命，疏可同名者也。

孔子集語卷十一

博物十

一一·一　魯語下

季桓子穿井，獲如土缶，其中有羊焉〔一〕。使問之仲尼曰：「吾穿井而獲狗，何也？」對曰：「以丘之所聞，羊也。丘聞之，木石之怪，曰夔、蝄蜽〔二〕；水之怪，曰龍、罔象〔三〕；土之怪，曰羵羊〔四〕。」

〔一〕「獲如土缶」，徐元誥本作「如獲土缶」。韋昭注曰：「或云，得土如瓦缶狀，中有土羊。昭謂：羊，生羊也，故謂之怪。」俞樾曰：「如韋說，則當云獲土如缶，不當云獲如土缶。託之或說，蓋亦有所未安耳。疑國語原文本作『如獲土缶』。『而』、『如』古通用。」

〔二〕韋昭注曰：「木石，謂山也。或云，夔，一足，越人謂之山繅（音騷）。蝄蜽，山精，好斆人聲而迷惑人也。」

〔三〕韋昭注曰：「龍，神獸也。非常見，故曰怪。或曰：『罔象食人，一名沐腫。』」

〔四〕淮南子：「井生羵羊。」高注云：「羵羊，土之精也。」

一一·二　説苑辨物

季桓子穿井，得土缶，中有羊。以問孔子，言得狗。孔子曰：「以吾所聞，非狗，乃羊也。木〔一〕之怪，夔、罔兩；水之怪，龍、罔象；土之怪，羵羊也，非狗也。」桓子曰：「善哉！」

〔一〕向宗魯本「木」下有「石」字。

一一·三　搜神記十二

季桓子穿井，獲如土缶，其中有羊焉。使問之仲尼曰：「吾穿井而獲狗，何邪？」對曰〔一〕：「以丘所聞，羊也。丘聞之，木石之怪，夔、蝄蜽；水〔二〕之怪，龍、罔象；土中之怪，曰賁羊。」

〔一〕「對曰」，百子全書本、中華書局本皆作「仲尼曰」。

〔二〕百子全書本、中華書局本「水」下皆有「中」字。

一一·四　初學記七引韓詩外傳

魯哀公使人穿井，三月不得泉，得一玉羊，哀公甚懼。孔子聞之曰〔一〕：「水之精爲玉，土之精爲羊。此羊肝乃土爾。」哀公使人殺羊，其肝即土也〔二〕。

〔一〕「孔子聞之曰」，中華書局本初學記作「孔子曰聞」。

〔二〕原注：今外傳無。

一一·五　文選齊故安陸王碑注引韓詩外傳

孔子曰：「水之精爲玉〔一〕，老蒲爲葦，願無怪之。」〔二〕

〔一〕「玉」，中華書局本文選作「土」，蓋誤。

〔二〕原注：今外傳無。

一一·六　御覽九百二引韓詩外傳

魯哀公使人穿井，三月不得泉，得一玉羊焉。公以爲祥〔一〕，使祝鼓舞之，欲上於天，羊不能上。孔子見公〔二〕曰：「水之精爲玉，土之精爲羊，願無怪之。此羊肝土也。」公使殺之，視肝即土矣〔三〕。

〔一〕「祥」，中華書局影印本御覽作「玉羊」，蓋誤。

〔二〕中華書局影印本御覽無「公」字。

〔三〕原注：今外傳無。

一一·七　魯語下

吴伐越，墮會稽，獲骨焉，節專車〔一〕。吴子使來好聘〔二〕，且問之仲尼，曰：「無以吾命〔三〕。」賓發幣於大夫，及仲尼，仲尼爵之〔四〕。既徹俎而宴，客執骨而問曰：「敢問骨何爲大？」仲尼曰：「丘聞之，昔禹致羣神〔五〕於會稽之山，防風氏〔六〕後至，禹殺而戮之，其骨節專車。此爲大矣。」客曰：「敢問誰守爲神？」仲尼曰：「山川之靈，足以紀綱天下者，其守爲神；社稷之守者，爲公侯，皆屬於王者。」客曰：「防風何守也？」仲尼曰：「汪芒氏之君也，守封、嵎之山者也，爲漆姓。在虞、夏、商爲汪芒氏，於周爲長狄，今爲大人。」客曰：「人長之極幾何？」仲尼曰：「僬僥氏長三尺，短之至也。長者不過十，數之極也。」

〔一〕韋昭注曰：「骨一節，其長專車。專，擅也。」吴曾祺曰：「專車，滿一車也。」

〔二〕韋昭注曰：「吴子，夫差。好聘，修舊好也。」

〔三〕吴曾祺曰：「使者自以意問，不言上所命也。」

〔四〕韋昭注曰：「爵之，飲之酒也。」

〔五〕韋昭注曰：「羣神，謂主山川之君，爲羣神之主，故謂之神也。」

〔六〕徐元誥本無「氏」字。韋昭注曰：「防風，汪芒氏君之名也。」

一一・八　説苑辨物

吴伐越，隳會稽，得骨專車，使使問孔子曰：「骨何者最大？」孔子曰：「禹致羣臣會稽山，防風氏後至，禹殺而戮之，其骨節專車，此爲大矣。」使者曰：「誰爲神？」孔子曰：「山川之靈，足以紀綱天下者，其守爲神。社稷爲公侯，山川之祀爲諸侯，皆屬於王者。」曰：「防風氏何守？」孔子曰：「汪芒氏之君，守封、嵎之山者也，其神爲釐姓，在虞、夏爲防風氏，商爲汪芒氏，於周爲長狄氏，今謂〔一〕大人。」使者曰：「人長幾何？」孔子曰：「僬僥氏三尺，短之至也；長者不過十，數之極也。」使者曰：「善哉！聖人也。」

〔一〕向宗魯本「謂」下有「之」字。

一一・九　魯語下

仲尼在陳，有隼集于陳侯之庭而死，楛矢貫之，石砮，其長尺有咫〔一〕。陳惠公使人以隼如仲尼之館問之。仲尼曰：「隼之來也遠矣！此肅慎氏〔二〕之矢也。昔武王克商，通道于九夷百蠻〔三〕，使各以其方賄來貢〔四〕，使無忘職業。於是肅慎氏貢楛矢石砮，其長尺有咫。先王欲昭其令德之致遠也，以示後人，使永監焉，故銘其栝〔五〕曰「肅慎氏之貢矢」，以分大姬，配虞胡公而封諸陳〔六〕。古者，分同姓以珍玉，展親也〔七〕；分異姓以遠方之職貢，使無忘服也〔八〕。故分陳以肅慎氏之貢。君若使有司求諸故府，其可得也。」使求，得之金櫝，如之〔九〕。

〔一〕韋昭注曰：「隼，鷙鳥也。楛，木名。砮，鏃也，以石爲之。八寸曰咫。楛矢貫之，墜而死也。」

〔二〕韋昭注曰：「肅慎，北夷之國，故隼來遠矣。傳曰：『肅慎、燕、亳，吾北土也。』」吴曾祺曰：「肅慎，後音轉爲女真，在今甯古塔。」

〔三〕韋昭注曰：「九夷，東夷九國也。百蠻，蠻有百邑也。」

〔四〕韋昭注曰：「各以所居之方所出貨賄爲貢也。」

〔五〕韋昭注曰：「刻曰銘。栝，箭、羽之間也。」

〔六〕韋昭注曰：「分，予也。大姬，武王元女。胡公，舜後，虞遏父之子胡公滿也。諸，之也。」

〔七〕韋昭注曰：「展，重也。玉，謂若夏后氏之璜也。」

〔八〕徐元誥曰：「服，謂要服。周語曰：『要服者貢。』」

〔九〕韋昭注曰：「櫝，匱也。金，以金帶其外也。如之，如孔子之言也。」

一一·一〇 説苑辨物

仲尼在陳，有隼集于陳侯之廷而死，楛矢貫之，石砮，矢長尺而咫。陳侯使問孔子，孔子曰：「隼之來也遠矣，此肅慎氏之矢也。昔武王克商，通道九夷百蠻，使各以其方賄來貢，思無忘職業。於是肅慎氏貢楛矢石砮，長尺而咫。先王欲昭其令德之致，故銘其栝曰『肅慎氏貢楛矢』，以勞大姬，配虞胡公而封諸陳。分同姓以珍玉，展親也；分別姓以遠方職貢，使無忘服也。故分陳以肅慎氏之矢。」試求之故府，果得焉。

一一·一一 初學記十六引晏子春秋

齊景公爲大鐘，將懸之。仲尼、伯常騫、晏子三人俱來朝，皆曰鐘將毁。撞之，果毁。公召三子問之。晏子曰：「鐘大非禮〔一〕，是以曰將毁〔二〕。」仲尼曰：「鐘大懸下，其氣不得上薄〔三〕，是以曰將毁。」伯常騫曰：「今日庚申，雷日也。陰莫勝於雷，是以曰將毁。」〔四〕

〔一〕原注：御覽五百七十五引作「鐘大不以禮」。

〔二〕原注：御覽作「故曰將毁」，下皆作「故曰」。
〔三〕原注：御覽無「不得」。
〔四〕原注：按今本晏子無。

一一·一二　説苑辨物

楚昭王渡江，有物大如斗，直觸王舟，止於舟中。昭王大怪之，使聘問孔子。孔子曰：「此名萍實，令〔一〕剖而食之。惟霸者能獲之，此吉祥也。」其後，齊有飛鳥，一足，來下，止于殿前，舒翅而跳。齊侯大怪之，又使聘問孔子。孔子曰：「此名商羊，急告民趣治溝渠，天將大雨。」於是如之，天果大雨，諸國皆水，齊獨以安。孔子歸，弟子請問，孔子曰：「異哉〔二〕！小兒謡曰：『楚王渡江，得萍實，大如拳，赤如日，剖而食之，美如蜜。』此楚之應也。兒又有兩兩相牽，屈一足而跳，曰：『天將大雨，商羊起舞。』今齊獲之，亦其應也。」夫謡之後，未嘗不有應隨者也，故聖人非獨守道而已也，睹物記也，即得其應矣。

〔一〕「令」，向宗魯依家語以爲當作「可」。
〔二〕原注：薛據集語引作「異時」。

一一一三　論衡明雩

孔子出，使子路齎〔一〕雨具。有頃，天果大雨。子路問其故，孔子曰：「昨暮月離于畢。」後日月復離畢。孔子出，子路請齎雨具，孔子不聽，出，果無雨。子路問其故，孔子曰：「昔日月離其陰，故雨。昨暮月離其陽，故不雨。」

〔一〕齎，持，帶。

一一一四　論衡卜筮

魯將伐越，筮之，得「鼎折足」，子貢占之以爲凶。何則？鼎而折足，行用足，故謂之凶。孔子占之以爲吉，曰：「越人水居，行用舟，不用足，故謂之吉。」魯伐越，果克之。

一一一五　論衡實知

孔子未嘗見狌狌〔一〕，至輒能名之；然而孔子名狌狌，聞昭人之歌。

〔一〕狌狌，即猩猩。

一一一六　繹史孔子類記四引衝波傳

有鳥九尾，孔子與子夏見之，人以問，孔子曰：「鶬也。」子夏曰：「何以知之？」孔子曰：「河上之歌云：『鶬兮鶬兮，逆毛衰兮，一身九尾長兮。』」

一一·一七　廣韻十三末䳒字注引韓詩〔一〕

孔子渡江,見之,異,衆莫能名。孔子嘗聞河上人歌曰:「䳒兮䳒〔二〕兮,逆毛衰兮,一身九尾長兮。」鴮,䳒也。

〔一〕見廣韻入聲十三。
〔二〕第二個「䳒」字,宋本廣韻作「鶻」。

一一·一八　北户録上引白澤圖〔一〕

鬼車,昔孔子、子夏所見,故歌之,其圖九首。

〔一〕見北户録卷第一。

一一·一九　虞世南撰夫子廟堂碑〔一〕

辨飛龜於石函〔二〕。

〔一〕見金石萃編卷四十一。
〔二〕原注:事詳雜事篇、抱朴子辨問。

【補遺】

一一・二〇　劉子卷九禍福章

昔〔一〕人有白犢之祥，而有失明之禍；雖有失明之禍，以至獲全之福。袁注：宋國人家有黑牛，生白犢，往問孔子。孔子曰：「是祥也。」後乃殺之，將祭祀，牛主兒失右眼。後更生白犢，又往問孔子。孔子曰：「祥也。」又殺之，其牛主兒復失左眼。後楚攻宋，宋人盡投作兵戰死並盡，惟有其人父子目盲，並得存於命也〔二〕。

〔一〕諸本「昔」下皆有「宋」字，當補。

〔二〕原注：按「盲」，宋本作「育」，誤。商正曰：此襲用列子説符之文而略有省易（説符原本「宋人有好行仁義者，三世不懈。家無故黑牛生白犢，以問孔子。孔子曰：『此吉祥也，以薦上帝。』居一年，其父無故而盲。其牛又復生白犢，其父又復令其子問孔子。其子曰：『前問之而失明，又何問乎？』父曰：『聖人之言，先迕後合，其事未究，姑復問之。』其子又復問孔子，孔子曰：『吉祥也。』復教以祭。其子歸，致命。其父曰：『行孔子之言也。』居一年，其子又無故而盲。其後楚攻宋，圍其城，民易子而食之，析骸而炊之，丁壯者皆乘城，而戰死者大半。此人以父子有疾皆免，及圍解而疾俱復」）。孫書已據列子輯入雜事篇，其不附列此條而疏證其異同者，孫書之例，專搜古籍遺文，其唐、宋以後疏釋正義非援引古書者，概不濫及。今考全書采録劉子者凡四事，從無一語兼及袁注者，至謹嚴也。今案：請參閲本書凡例注。

一一·二一　桓譚新論

孔子名牲牲，聞野人而知之。

一一·二二　玉燭寶典五引禮稽命徵

孔子謂子夏曰：「鸜鴒至，非中國之禽也。」〔一〕

〔一〕商正曰：孫書已輯。今案：請參閲本書凡例注。

一一·二三　師曠禽經

而〔一〕舞則雨。注曰：一足鳥，一名商羊〔二〕，一名雨。天將雨，則飛鳴。孔子辨之於齊廷也。

〔一〕「而」，百川學海本作「雨」，是也。

〔二〕百川學海本下有「字統曰商羊」五字。

一一·二四　大戴禮十二盧注引韓詩傳

鶬鴰胎生。孔子渡江，見而異之〔一〕。

〔一〕屈守元韓詩外傳箋疏曰：「大戴禮記易本命篇盧注引作内傳，廣韻入聲十三末但引作韓詩。

是史記正義稱韓詩外傳，疑爲誤文也。」

【商正】

一一·二五　史記孔子世家集解引春秋左傳服虔解誼

麟，非時常所見，故怪之，以爲不祥也。仲尼命之曰「麟」，然後魯人乃取之也。明麟爲孔子至也。

【新補】

一一·二六　風俗通義怪神

孔子稱土之怪爲墳羊，論語：「子不語怪、力、亂、神。」

孔子集語卷十二

事譜十一上

一二·一　詩商頌序疏引世本

宋湣公生弗甫何，弗甫何生宋父，宋父生正考甫，正考甫生孔父嘉，爲宋司馬，華督殺之，而絶其世。其子木金父降爲士。木金父生祁父，祁父生防叔，爲華氏所逼，奔魯，爲防大夫，故曰防叔〔一〕。防叔生伯夏，伯夏生叔梁紇，叔梁紇生仲尼〔二〕。

〔一〕十三經注疏本下有「則正考甫是孔子七世之祖」十一字。

〔二〕原注：左傳桓元年疏引作「孔父嘉生木金父，木金父生祁父，其子奔魯爲防叔，防叔生伯夏，伯夏生叔梁紇，叔梁紇生仲尼」，省文。

一二·二　潛夫論志氏姓

閔公子弗父何生宋父，宋父生世子，世子生正考父，正考父生孔父嘉，孔父嘉生子木金父。木金父降爲士，故曰滅於宋。金父生祁父，祁父生防叔。防叔爲華氏所偪，出奔魯，爲防大夫，故曰防叔。防叔生伯夏，伯夏生叔梁紇，爲鄹大夫，故曰鄹叔。紇生孔子。

一二·三　續博物志二

孔子生於魯襄公二十二年〔一〕。

〔一〕原注：按公羊、穀梁皆謂「生於襄二十一年」。此本史記孔子世家。

一二·四　韓詩外傳二

孔子遭齊程本子於郯之間〔一〕，傾蓋而語終日。有間〔二〕，顧子路曰：「由，來，取〔三〕束帛十匹〔四〕，以贈先生。」子路不對。有間，又顧謂曰：「取〔五〕束帛十匹，以贈先生。」子路率爾而對曰：「昔者，由也聞之於夫子，士不中道相見〔六〕，女無媒而嫁者，君子不行也。」孔子曰：「夫詩不云乎：『野有蔓草，零露漙兮。有美一人，青揚宛兮。邂逅相遇，適我願兮。』〔七〕且夫齊程本子，天下之賢士也，吾於是而不贈，終身不之見也。大德不踰閑，小德出入可也。」

〔一〕原注：初學記十七引作「孔子過齊，遇程本子於郯郊之間」；御覽八百十八引作「孔子之齊，遇程本子於譚郯之間」。

〔二〕原注：初學記引作「甚説」。

〔三〕原注：二字本脱，從初學記補。

〔四〕許維遹本無「十匹」二字。下同。

〔五〕原注：「謂」字、「取」字本脱，從趙本補。

〔六〕許維遹曰：「『道』與『導』同。導，引也。卷三第十八章『四方之士相導而至矣』，相導者言相引薦也。然則中導猶中間耳。家語致思篇作『中間』，御覽四百二引説苑尊賢篇作『士不中間而見』，注云：『中間，謂紹介也。』紹介與引薦義同。今本説苑脱『間』字。」

〔七〕見詩鄭風野有蔓草。

一二·五　説苑尊賢

孔子之郯，遭程子於塗，傾蓋而語終日。有間，顧〔一〕子路曰：「取束帛一，以贈先生。」子路不對。有間，又顧〔二〕曰：「取束帛一，以贈先生。」子路屑然對曰：「由聞之也，士不中而見〔三〕，女無媒而嫁，君子不行也。」孔子曰：「由，詩不云乎：『野有蔓草,零露溥兮。有美一人,清揚〔四〕婉兮。邂逅相遇,適我願兮。』今程子,天下之賢士也,於是不贈,終身不見〔五〕。大德毋踰閑,小德出入可也。」

〔一〕向宗魯據御覽四百二於「顧」下補「謂」字。
〔二〕向宗魯據盧文弨之説於「顧」下補「謂」字。
〔三〕原注:御覽四百二引作「士不中間而見」,注云:「中間謂紹介也。」
〔四〕「揚」,向宗魯依盧文弨之説改爲「陽」。
〔五〕向宗魯據盧文弨之説於「見」下補「也」字。

一二·六　子華子〔一〕

子華子反自郯,遭孔子於塗,傾蓋相〔二〕顧,相語終日,甚相懽〔三〕也。孔子命子路曰:「取束帛以贈先生。」子路屑然而對曰:「由聞之:士不中間見,女嫁無媒,君子不以交,禮也〔四〕。」子曰:「固哉,由也!詩不云乎:『有美一人,清揚〔五〕婉兮。邂逅相遇,適我願兮。』今程子,天下之賢士也,於斯不贈,則終身弗能見也,小子行之。」

〔一〕見子華子孔子贈第二。
〔二〕「相」,四庫全書本、百子全書本皆作「而」。
〔三〕「懽」,四庫全書本、百子全書本皆作「親」。

〔四〕四庫全書本、百子全書本其下有「有間，又顧子路，子路又對如初，孔」十三字。

〔五〕「揚」，四庫全書本、百子全書本皆作「風」，誤。

一二·七　高士傳

孔子年十七，遂適周，見老聃〔一〕。

〔一〕原注：水經渭水注引同。按：莊子天運：「孔子行年五十有一，南之沛，見老聃。」史記孔子世家載適周事在年三十之前，索隱引莊子下復再言十七。諸説不同，宜從史記。

一二·八　莊子外篇天道

孔子西藏書於周室。子路謀曰：「由聞周之徵藏〔一〕史，有老聃者，免而歸居，夫子欲藏書，則試往因焉。」孔子曰：「善。」往見老聃，而老聃不許，於是繙十二經以説〔二〕。老聃中其説〔三〕，曰：「大謾〔四〕，願聞其要。」孔子曰：「要在仁義。」老聃曰：「請問，仁義，人之性邪？」孔子曰：「然。君子不仁則不成，不義則不生。仁義，真人之性也，又將奚爲矣〔五〕？」老聃曰：「請問何謂仁義？」孔子曰：「中心物愷〔六〕，兼愛無私，此仁義之情〔七〕也。」

〔一〕司馬貞曰：「徵藏，藏名。一云：徵，典也。」

〔二〕釋文：「説者云：詩、書、易、禮、樂、春秋六經，加六緯，合爲十二經也。一説云：易上下經并十翼爲十二。又一云：春秋十二公經也。」今案：「十二」或爲「六」字之訛。

〔三〕釋文：「中，丁仲反。」成玄英曰：「許其有理也。」宣穎曰：「語未盡也。」王先謙曰：「下云『太謾』，是未許，成説未晰。中其説者，當是觀其説甫及半，故下云然。」

〔四〕成玄英曰：「嫌其繁謾太多。」宣穎曰：「謾，欺也，音滿，平聲。」王先謙曰：「繁則近謾，恐多無實之詞。」

〔五〕王先謙曰：「舍是奚爲。」

〔六〕宣穎曰：「與物同樂。」

〔七〕王先謙曰：「情，實也。」

一二·九　説苑敬慎

孔子之周，觀於太廟。右陛之前，有金人焉，三緘其口，而銘其背曰：「古之慎言人也，戒之哉！戒之哉！無多言，多言多敗；無多事，多事多患。安樂必戒，無行所悔。勿謂何傷，其禍將長；勿謂何害，其禍將大；勿謂何殘，其禍將然；勿謂莫聞，天妖伺人。熒熒不滅，炎炎奈何；涓涓不壅，將成江河；緜緜不絶，將成網羅；青青不伐，將尋〔一〕斧柯。誠不能慎之，禍之根也；曰是何傷，禍之門也。强梁者不得其死，好勝者必遇其敵，盜怨主人，民害其貴。君子知天下之不可蓋也，故後之下之，使人慕之，執雌持下，莫能與之爭者。人皆趨彼，我獨守此；衆人惑惑，我獨不從；内藏我知，不與人論技；我雖尊高，人莫害我〔二〕。夫江河長百谷者，以其卑下也。天道無親，常與善人。戒之哉！戒之哉！」孔子顧謂弟子曰：「記之！此言雖鄙，而中事情。詩曰：『戰戰兢兢，如臨深淵，如履薄冰。』〔三〕行身如此，豈以口遇禍哉！」

〔一〕關嘉曰：「王肅曰：『尋，用也。』」

〔二〕「害我」，向宗魯本作「我害」，是也。

〔三〕見詩小雅小旻。

一二·一〇　説苑雜言

孔子曰：「自季孫之賜我千鍾而友益親，自南宮項叔〔一〕之乘我車也而道加行。故道，有時而後重，有勢而後行，微夫二子之賜，丘之道幾於廢也。」

〔一〕「項」，向宗魯本作「頊」。盧文弨據家語以爲當作「敬」，是也。

一二·一一　荀子宥坐

孔子觀於魯桓公之廟，有欹器焉〔一〕。孔子問於守廟者曰：「此爲何器？」守廟者曰:「此蓋爲宥〔二〕坐之器。」孔子曰:「吾聞宥坐之器者,虚則欹,中則正,滿則覆。」孔子顧謂弟子曰:「注水焉。」弟子挹〔三〕水而注之。中而正,滿而覆,虚而欹。孔子喟然而歎曰:「吁!惡有滿而不覆者哉!」子路曰:「敢問持滿有道乎?」孔子曰:「聰明聖知,守之以愚;功被天下,守之以讓;勇力撫世〔四〕,守之以怯;富有四海,守之以謙。此所謂挹而損之〔五〕之道也。」

〔一〕楊倞注曰:「春秋哀公三年『桓宫、僖宫災』,公羊傳曰:『此皆毁廟也。其言災何?復立也。』或曰:三桓之祖廟欹器傾。欹,易覆之器。」

〔二〕楊倞注曰:「宥與右同。言人君可置於坐右,以爲戒也。」

〔三〕楊倞注曰:「挹,酌。」

〔四〕楊倞注曰:「撫,掩也。猶言蓋世矣。」

〔五〕楊倞注曰:「挹,亦退也。挹而損之,猶言損之又損。」

一二·一二　韓詩外傳三

孔子觀於周廟,有欹器焉。孔子問於守廟者曰:「此謂何器也?」對曰:「此蓋爲宥坐〔一〕之器。」孔子曰:「聞宥坐〔二〕器,滿則覆,虚則欹,中則正,有之乎?」對曰:「然。」孔子使子路取水試之,滿則覆,中則正,虚則欹。孔子喟然而嘆曰:「嗚呼!

惡有滿而不覆者哉！」子路曰：「敢問持滿有道乎？」孔子曰：「持滿之道，抑而損之。」子路曰：「損之有道乎？」孔子曰：「德行寬裕者，守之以恭；土地廣大者，守之以儉；禄位尊盛者，守之以卑；人衆兵强者，守之以畏；聰明睿知者，守之以愚；博聞强記者，守之以淺。夫是之謂抑而損之。」

〔一〕「坐」，許維遹本作「座」。下同。

〔二〕許維遹本「座」下有「之」字。

一二・一三　淮南子道應訓

孔子觀桓公之廟，有器焉，謂之宥巵。孔子曰：「善哉！予〔一〕得見此器。」顧曰：「弟子取水。」水至，灌之，其中則正，其盈則覆。孔子造然革容曰：「善哉，持盈者乎！」子貢在側曰：「請問持盈。」曰：「益〔二〕而損之。」曰：「何謂益而損之？」曰：「夫物盛而衰，樂極而悲，日中而移，月盈而虧。是故聰明睿知，守之以愚；多聞博辯，守之以陋〔三〕；武力毅勇，守之以畏；富貴廣大，守之以儉〔四〕；德施天下，守之以讓。此五者，先王所以守天下而弗失也；反此五者，未嘗不危也。」

〔一〕原注：一本作「乎」。

〔二〕原注：一本作「揖」。

〔三〕原注：一本作「儉」。

〔四〕原注：一本作「陋」。

一二·一四　説苑敬慎

孔子觀於周廟而有欹器焉，孔子問守廟者曰：「此爲何器？」對曰：「蓋爲宥〔一〕坐之器。」孔子曰：「吾聞宥坐之器，滿則覆，虚則欹，中則正，有之乎？」對曰：「然。」孔子使子路取水而試之，滿則覆，中則正，虚則欹。孔子喟然嘆曰：「嗚呼！惡有滿而不覆者哉！」子路曰：「敢問持滿有道乎？」孔子曰：「持滿之道，挹而損之。」子路曰：「損之有道乎？」孔子曰：「高而能下，滿而能虚，富而能儉，貴而能卑，智而能愚，勇而能怯，辯而能訥，博而能淺，明而能闇，是謂損而不極。能行此道，唯至德者及之。易曰：『不損而益之，故損；自損而終，故益。』」

〔一〕「宥」，百子全書本、向宗魯本皆作「右」。下同。

一二·一五　吕氏春秋離俗覽舉難

季孫氏劫公家，孔子欲諭術則見外〔一〕，於是受養而便説〔二〕，魯國以訾。孔子〔三〕曰：「龍食乎清而游乎清，螭〔四〕食乎清而游乎濁，魚食乎濁而游乎濁。今丘上不及龍，下不若魚，丘其螭邪。」

〔一〕高誘注曰：「季孫氏，武子，季文子子也。劫奪公家政事而自專之也。孔子欲以道而見遠外。」畢沅曰：「注誤，當云『桓子，季平子子也』。末疑有文脱，似當云『孔子欲以道術諭之而慮見遠外也』。」陳奇猷曰：「諭，曉也。謂孔子欲曉道術於季孫氏則見遠外也。……畢謂注末當云『孔子欲以道術諭之而慮見遠外也』，是，但謂上段當作『桓子，季平子子也』則非。考史記孔子世家云『桓子使人召孔子，子路止，卒不行』，明孔子無受養於桓子事。孔子世家『季武子卒，平子代立。孔子貧且賤，及長，嘗爲季氏史』，則孔子嘗受養於季平子。據此，則此注當云『季孫氏，武子子平子也』。」

〔二〕高誘注曰：「孔子受其養，而季氏便之。」畢沅曰：「注非也。受其養則不見遠外，於以諭道術則便矣。」陳奇猷同意畢説。

〔三〕原注：御覽九百三十引重「孔子」二字。

〔四〕高誘注曰：「螭，龍之別名也。」陳奇猷曰：「説文：『螭，若龍而黄，北方謂之地螻。或云無角曰螭。』」

一二·一六　論衡龍虚

孔子曰：「龍食於清，游於清；龜食於清，游於濁；魚食於濁，游於清。丘上不及龍，下不爲魚，中止其龜與！」

一二·一七　説苑脩文

孔子至齊郭門之外，遇一嬰兒挈一壺，相與俱行，其視精，其心正，其行端。孔子謂御曰：「趣驅之，趣驅之。」韶樂方作，孔子至彼聞韶，三月不知肉味。

一二·一八　晏子春秋外篇下

仲尼游齊，見景公。景公曰：「先生奚不見寡人宰乎？」仲尼對曰：「臣聞晏子事三君而得順焉，是有三心，所以不見也。」仲尼出，景公以其言告晏子，晏子對曰：「不然！嬰爲三心，三君爲一心故〔一〕，三君皆欲其國之安，是以嬰得順也。嬰聞之，是而非之，非而是之，猶非也〔二〕。孔丘必據處此一心矣〔三〕。」

〔一〕王念孫曰：「案『嬰』上當有『非』字，言嬰所以事三君而得順者，非嬰爲三心，乃三君爲一心故也。上篇曰『嬰之心，非三心也』是其證。今本脱『非』字，則義不可通。」

〔二〕陶鴻慶曰：「『猶非』之『非』，當爲誹謗也。」

〔三〕蘇時學曰：「此句有誤，『據』字屬衍。」于鬯云：「『據』字即涉『處』字而衍，『心』字涉上文而衍，『孔丘必據此一矣』，猶孟子梁惠王篇云：『夫子必居一於此矣。』」

一二・一九　晏子春秋外篇下

仲尼之齊，見景公而不見晏子。子貢曰：「見君不見其從政者，可乎？」仲尼曰：「吾聞晏子事三君而順焉，吾疑其爲人。」晏子聞之，曰：「嬰則齊之世民也〔一〕，不維其行，不識其過，不能自立也。嬰聞之，有幸見愛，無幸見惡，誹譽〔二〕爲類，聲響相應，見行而從之者也。嬰聞之，以一心事三君者，所以順焉；以三心事一君者，不順焉。今未見嬰之行，而非其順也。嬰聞之，君子獨立不慚于影〔三〕，獨寢不慚于魂。孔子拔樹削跡，不自以爲辱；窮陳、蔡，不自以爲約；非人不得其故，是猶澤人之非斤斧，山人之非網罟也。出之其口，不知其困也。始吾望儒〔四〕而貴之，今吾望儒而疑之。」仲尼聞之，曰：「語有之，言發于爾〔五〕，不可止于遠也；行存于身，不可掩于衆也。吾竊議晏子而不中夫人之過，吾罪幾矣！丘聞君子過人以爲友，不及人以爲師。今丘失言于夫子，譏之〔六〕，是吾師也。」因宰我而謝焉，然仲尼見之〔七〕。

〔一〕于鬯曰：「春秋時，齊晏氏爲齊世民。嬰父弱，謚桓子，桓子以上無聞。管子大匡篇有『晏子』，房玄齡注：『但謂平仲之先，不能實其人。』其家世之微，亦可見矣。」

〔二〕原注：一本作「謗」。

〔三〕孫星衍曰：「當爲『景』。」

〔四〕原注：一本作「儒」，下同。

〔五〕「爾」，同「邇」。

〔六〕王念孫曰：「案『譏之』上當更有『夫子』二字，而今本脱之，則文義不明。上文曰『君子不及人以爲師』，故此曰『夫子譏之，是吾師也』。」

〔七〕蘇時學曰：「據上文義，當云『然後晏子見之』。」

一二·二〇　説苑權謀

孔子與齊景公坐，左右白曰：「周使來，言『周廟熢』。」齊景公出，問曰：「何廟也？」孔子曰：「是釐王廟也。」景公曰：「何以知之？」孔子曰：「詩云：『皇皇上帝，其命不忒。天之與人，必報有德。』禍亦如之。夫釐王變文、武之制而作玄黄宫室，輿馬奢侈，不可振也〔一〕。故天殃其廟。是以知之。」景公曰：「天何不殃其身〔二〕？」曰：「天以文王之故也。若殃其身，文王之祀，無乃絶乎？故殃其廟以章其過也。」左右入報曰：「周釐王廟也。」景公大驚，起再拜曰：「善哉！聖人之智，豈不大乎！」

〔一〕玄，黑色。玄黄，指色彩華麗。本句孔子家語作「夫釐王變文、武之制，而作玄黄華麗之飾，宫室崇峻，輿馬奢侈，而弗可振也」。王肅注曰：「振，救也。」

〔二〕盧元駿本下有「而殃其廟乎？子」六字。

一二·二一　晏子春秋外篇下

仲尼之齊，見景公，景公説之，欲封之以爾稽〔一〕，以告晏子。晏子對曰：「不可。彼浩裾自順〔二〕，不可以教下；好樂綏〔三〕于民，不可使親治；立命而建事〔四〕，不可使守職；厚葬破民貧國，久喪道〔五〕哀費日，不可使子民〔六〕；行之難者在内，而傳者無其外，故異于服，勉于行〔七〕，不可以道衆而馴〔八〕百姓。自大賢之滅，周室之卑也，威儀加多，而民行滋薄；聲樂繁充，而世德滋衰。今孔丘盛聲樂以侈世，飾弦歌鼓舞以聚徒，繁登降之禮〔九〕，趨翔〔一〇〕之節以觀衆，博學不可以儀世，勞思不可以補民，兼壽不能殫其教，當年不能究其禮〔一一〕，積財不能贍其樂，繁飾邪術以營〔一二〕世君，盛爲聲樂以淫愚其民。其道也，不可以示世；其教也，不可以導民。今欲封之，以移齊國之俗，非所以道衆存民也。」公曰：「善。」於是厚其禮而留其封，敬〔一三〕見不問其道。仲尼乃行。

〔一〕孫星衍曰：「墨子作『尼谿』。『尼』、『爾』，『稽』、『谿』，聲皆相近。」

〔二〕孫星衍曰：「墨子作『浩居』，史記作『倨傲』。」洪頤煊云：「『浩裾』，即『傲居』假借字。」吴則虞云：「孫詒讓墨子閒詁云：『家語三恕篇浩倨者則不親，王肅注云：浩倨，簡略不恭之貌。大戴禮文王官人篇云自順而不讓，又云有道而自順。孔廣森云：自順，謂順非也。』」

〔三〕原注：一作「緩」。

〔四〕孫星衍曰：「墨子作『怠事』，是言侍命而怠于事也。『建』或『逮』譌，『逮』亦爲『怠』叚音與？」孫詒讓札迻云：「孫説未塙。『建』與『券』聲近字通，『建事』，謂厭倦於事也。」

〔五〕王念孫曰：「案『道』當爲『遁』，字之誤也。『遁』與『循』同。墨子非儒篇云『宗喪循哀，不可使慈民』，文義正與此同。」

〔六〕孫星衍曰：「墨子作『慈民』，『子』當讀爲『慈』。」

〔七〕原注：一作「容」。今案：吴則虞曰：「『異於服』者，如儒行所謂『衣逢掖』之衣、『冠章甫』之冠也。……『勉于容』，即儒行所謂坐起恭敬。」

〔八〕孫星衍曰：「『道』，墨子作『導』。」文廷式云：「『馴』通作『訓』。」

〔九〕孫星衍曰：「墨子下有『以示儀』三字。」吴則虞以爲當補。

〔一〇〕文廷式曰：「趨翔，即趨蹌也。」

〔一一〕孫星衍曰：「『究』，墨子作『行』。」蘇輿曰：「爾雅云：『丁，當也。』『丁』『當』一聲之轉。此云當年者，丁年也；丁年者，壯年也。」

〔一二〕孫星衍曰：「説文：『營，惑也。』高誘注淮南：『營，惑也。』二通。」

〔一三〕「敬」，俞樾以爲當作「苟」。

一二・二二　墨子非儒下

孔丘〔一〕之齊，見景公，景公説，欲封之以尼谿。以告晏子，晏子曰：「不可。夫儒，浩居而自順者也，不可以教下；好樂而淫人，不可使親治；立命而怠事，不可使守職；宗〔二〕喪循哀，不可使慈民；機服勉容〔三〕，不可使導衆；孔丘盛容修飾以蠱世，弦歌鼓舞以聚徒，繁登降之禮以示儀，務趨翔之節以勸衆，儒〔四〕學不可使議世，勞思不可以補民，絫壽不能盡其學，當年不能行其禮，積財不能贍其樂。繁飾邪術，以營世君；盛爲聲樂，以淫遇民。其道不可以期世，其學不可以導衆。今君封之，以利〔五〕齊俗，非所以導國先衆。」公曰：「善。」於是厚其禮，留其封，敬見而不問其道。孔丘乃恚，怒於景公與晏子，乃樹鴟夷子皮於田常之門〔六〕，告南郭惠子以所欲爲。歸於魯〔七〕。

〔一〕他本墨子「孔丘」皆作「孔某」，下同。

〔二〕原注：史記、孔叢作「崇」。

〔三〕孫詒讓曰：「大戴禮記本命篇盧注云：『機，危也。』危服，蓋猶言危冠。勉，『俛』之借字。考工記矢人『前弱則俛』，唐石經『俛』作『勉』，是其證也。機服勉容，言其冠高而容俛也。」

〔四〕「儒」，孫詒讓閒詁本作「博」，是也。

〔五〕「利」，孫詒讓以爲當據晏子春秋和史記作「移」。

〔六〕畢沅曰：「即范蠡也。」蘇輿曰：「據史記，范蠡亡吴後，乃變易姓名適齊，爲鴟夷子皮。然亡吴之歲，乃孔子卒後六年，景公卒後十七年，又安知蠡之適齊而樹之田氏之門乎？此與莊周所言孔子見盜跖無異，真齊東野人之語也。」孫啓治曰：「據史記，田常殺簡公在周敬王三十九年，魯哀公十四年。其時越未滅吳，范蠡尚在越。此鴟夷子皮助田常作亂，當别爲一人，非范蠡也。」

〔七〕原注：孔叢子詰墨：夫樹人爲信己也。記曰：孔子適齊，惡陳常而終不見。常病之，亦惡孔子。交相惡而又任事其然矣。記又曰：陳常弑其君，孔子齋戒沐浴而朝，請討之。觀其終不樹子皮，審矣。

一二·二三　吕氏春秋離俗覽高義

孔子見齊景公，景公致廪丘以爲養，孔子辭不受。入謂弟子曰：「吾聞君子當功以受禄。今説景公，景公未之行而賜之廪丘〔一〕，其不知丘亦甚矣。」令弟子趣駕〔二〕而行。

〔一〕陳奇猷曰：「廪丘，齊邑。」

〔二〕四庫全書本、陳奇猷本「駕」下皆有「辭」字。

一二·二四　淮南子氾論訓下

孔子辭廪丘，終不盜刀鉤。

一二·二五　説苑立節

孔子見齊景公，景公致廩丘以爲養，孔子辭不受，出，謂弟子曰：「吾聞君子當功以受禄，今説景公，景公未之行而賜我廩丘，其不知丘亦甚矣！」遂辭而行。

一二·二六　韓詩外傳八

傳曰：予小子使爾繼邵公之後〔一〕，受命者必以其祖命之〔二〕。孔子爲魯司寇，命之曰：「宋公之子弗甫有〔三〕孫魯孔丘，命爾爲司寇。」孔子曰：「弗甫敦及厥辟〔四〕，將不堪〔五〕。」公曰：「不妄〔六〕。」

〔一〕予小子，天子自稱。邵公，即召公奭。召公之後，指召公的後代穆公虎。
〔二〕指君主在任命文辭中，一定稱述受命人的祖先，以期他遵循祖先的傳統。
〔三〕「有」，許維遹本作「何」。
〔四〕敦，敦厚。厥，其。辟，君。這裏指弗甫何把君位讓給弟弟宋厲公，厚待君主。
〔五〕堪，堪任，勝任。這裏指孔子自謙不能勝任。
〔六〕妄，虚誣不實。本句是説孔子無此毛病，故可以勝任。

一二·二七　御覽二百八引符子〔一〕

魯侯欲以孔丘〔二〕爲司徒，將召三桓〔三〕議之。乃謂左丘明曰：「寡人欲以孔子爲司徒，而授以魯政焉。寡人將欲詢諸三子。」左丘明曰：「孔丘其〔四〕聖人與！夫聖人任〔五〕政，過者離位焉。君雖欲謀，其將〔六〕弗合乎？」魯侯曰：「吾子奚以知之？」丘明曰：「周人有愛裘而好珍羞，欲爲千金之裘，而與狐謀其皮；欲具少牢之珍，而與羊謀其羞。言未卒，狐相率逃於重邱之下，羊相呼藏於深林之中。故周人十年不製一裘，五年不具一牢。何者？周人之謀，失之矣！今君欲以孔丘爲司徒，召三桓而議之，亦與狐謀裘，與羊謀羞哉！」於是魯侯遂不與三桓謀，而召孔丘爲司徒。

〔一〕此條底本下移一字，誤。其内容與上條不同，當爲獨立一條。

〔二〕「孔丘」，玉函山房輯佚書本符子作「孔子」。

〔三〕玉函山房輯佚書本符子、中華書局影印本御覽「三桓」下皆有「而」字。

〔四〕玉函山房輯佚書本符子、中華書局影印本御覽皆無「其」字。

〔五〕「任」，玉函山房輯佚書本符子、中華書局影印本御覽皆作「在」。

〔六〕「將」，中華書局影印本御覽作「罪」，玉函山房輯佚書本符子作「遂」。

一二·二八　吕氏春秋孝行覽遇合

孔子周流海内，再干〔一〕世主，如齊至衛，所見八十餘君，委質於〔二〕弟子者三千人，達徒七十人〔三〕，萬乘之主得一人用可爲師，不於〔四〕無人。以此游，僅至於魯司寇。

〔一〕陳昌濟以爲「再干」當作「稱于」，孫人和以爲陳説非也，「再」猶「更」也。

〔二〕「於」，一本作「爲」，據經傳釋詞，「於」「爲」通也。

〔三〕四庫全書本、陳奇猷本下皆有「七十人者」四字。

〔四〕「於」，一本作「爲」。

一二·二九　荀子儒效

仲尼將爲司寇，沈猶氏不敢朝飲其羊，公慎氏出其妻，慎潰氏踰境而徙。魯之粥牛馬者不豫賈，必蚤正以待之者也〔一〕。居於闕黨，闕黨之子弟罔不分，有親者取多，孝悌以化之也。

〔一〕楊倞注曰：「豫賈，定爲高價也。粥牛馬者不敢高價，言仲尼必先正其身以待物，故得從化如此。賈，讀爲價。」王念孫曰：「『蚤正以待之』，與下文『孝弟以先之』，皆指孔子而言。」王引之釋「豫」爲「誑」。俞樾以爲「必」字衍，「蚤」字無義，疑爲「脩」字之誤。

一二·三〇　新序雜事一

魯有沈猶氏者，旦飲羊，飽之，以欺市人〔一〕。公慎氏有妻而淫，慎潰氏奢侈驕佚〔二〕，魯市之鬻牛馬，善豫賈。孔子將爲魯司寇，沈猶氏不敢朝飲其羊，公慎氏出其妻，慎潰氏踰境而徙，魯之鬻馬牛不豫賈，布正〔三〕以待之也。既爲司寇，季、孟墮郈、費〔四〕之城，齊人歸所侵魯之地，由積正之所致也。

〔一〕「欺」，石光瑛本作「鬻」。石光瑛曰：「飲羊飽之，使羊身重，可多取值。今俗宰牛羊豕者，噀水，輸入牛羊豕身中，食之損人，蓋即此類。」

〔二〕「佚」，石光瑛以爲當作「泆」，「泆」與「淫」同義。

〔三〕「布正」，石光瑛據俞樾之説以爲當作「脩正」，意爲「脩身正行」。

〔四〕郈，叔孫氏邑。費，季氏之邑。

一二·三一　吕氏春秋先識覽樂成

孔子始用於魯。魯人鷖〔一〕誦之曰：「麛裘而韠，投之無戾；韠而麛裘，投之無郵〔二〕。」用三年，男子行乎塗右，女子行乎塗左，財物之遺者，民莫之舉〔三〕。

〔一〕畢沅以爲「鷖」蓋魯人名。孫詒讓以爲「鷖」當讀爲「緊」，「緊」，釋爲「發聲」。章炳麟以爲「鷖」當讀爲「瘢」，説文云「勮聲也」。又通作「殹」，説文「殹」下云「一曰病聲也」。陳奇猷認爲「鷖」

即「翳」之異文，釋爲「密」。

〔二〕高誘注曰：「孔子衣黂裘。投，棄也。『郵』字與『尤』同。言投棄孔子無罪尤也。」今案：黂裘與韠均爲衣服。

〔三〕高誘注曰：「舉，取也。」

一二·三二　淮南子泰俗訓〔一〕

孔子爲魯司寇，道不拾遺，市賈〔二〕不豫賈，田漁皆讓長，而斑白不負戴〔三〕，非法之所能致也。

〔一〕應爲「泰族訓」。

〔二〕「賈」，百子全書本、劉文典本均作「買」。王念孫曰：「買字即賈字之誤而衍者也。『市不豫賈』，謂市之鬻物者不高其價以相誑豫，非謂買者也。」

〔三〕「斑」，劉文典本作「辬」。「負戴」，百子全書本、劉文典本均作「戴負」。

一二·三三　公羊定十年解詁

頰谷之會，齊侯作侏儒之樂，欲以執定公。孔子曰：「匹夫而熒惑於諸侯者誅。」於是誅侏儒，首足異處。齊侯大懼，曲節從教〔一〕。

〔一〕原注：疏云晏子春秋文。按今本晏子無。

一二・三四　穀梁定十年傳

頰谷之會，孔子相焉。兩君就壇，兩相相揖。齊人鼓譟而起，欲以執魯君。孔子歷階而上，不盡一等，而視歸乎齊侯，曰：「兩君合好，夷狄之民何爲來爲？」命司馬止之。齊侯逡巡而謝曰：「寡人之過也。」退而屬其二三大夫曰：「夫人率其君與之行古人之道，二三子獨率我而入夷狄之俗，何爲？」罷會，齊人使優施舞於魯君之幕下〔一〕。孔子曰：「笑君者罪當死。」使司馬行法焉，首足異門而出。齊人來歸鄆、讙、龜陰之田者，蓋爲此也。

〔一〕范寧注曰：「優，俳。施，其名也。幕，帳。欲嗤笑魯君。」

一二・三五　陸賈新語辨惑

魯定公之時，與齊侯會於夾谷，孔子行相事。兩君升壇，兩相處下，而相〔一〕揖，君臣之禮，濟濟備焉。齊人鼓譟而起，欲執魯公，孔子歷階而上，不盡一等而立，謂齊侯曰：「兩君合好，以禮相率，以樂相化。臣聞嘉樂不野合，犧象之薦不下堂〔二〕，夷狄之民何求爲〔三〕？」命司馬請止之。定公曰：「諾。」齊侯逡巡〔四〕而避席曰：「寡人之過。」退而自責大夫。罷會，齊人使優旃儛於魯公之幕下，傲戲欲候魯君之隙以執定公。孔子嘆曰：「君辱，臣當死〔五〕。」使司馬行法，斬焉，首足異門〔六〕而出。於是齊人瞿〔七〕然而恐，君臣易操，不安其故行，乃歸魯四邑之侵地，終無乘魯之心。

〔一〕百子全書本、叢書集成本「相」下皆有「欲」字，蓋衍。

〔二〕左傳作「犧象不出門，嘉樂不野合」。杜注：「犧象，酒器，犧尊象尊也。嘉樂，鐘磬也。」孔氏正義：「此言不出門、不野合者，謂享燕正禮，當設於宮内，不得違禮而行，妄作於野耳，非謂祭祀之大禮也。」

〔三〕宋翔鳳曰：「『求』，當依穀梁作『來』。」范寧注云：「兩君合會，以結親好，而齊人欲執魯君，此爲無禮之甚，故謂夷狄之民。」

〔四〕文選上林賦注、雪賦注引廣雅：「逡巡，卻退也。」

〔五〕唐晏曰：「按『君辱，臣當死』，穀梁作『笑君者罪當死』；詳此文義，當作『臣辱君，當死』，爲後人妄改。」

〔六〕宋翔鳳曰：「『門』本作『河』，依子彙本改，穀梁傳亦作『門』。」俞樾主張作「河」，「河」通「何」，「何，儋也」。蓋今人所用負荷字。「異何而出」，謂使一人何其首，又使一人何其身，則首足異何矣。

〔七〕「瞿」，百子全書本、叢書集成本皆作「懼」。宋翔鳳曰：「『懼』『瞿』通。」

一二・三六　公羊定十二年解詁

郈，叔孫氏所食邑；費，季氏所食邑。二大夫宰吏數叛，患之，以問孔子。孔子曰：

「陪臣執國命，采長數叛者，坐邑有城池之固、家有甲兵之藏故也。」季氏説其言而墮之〔一〕。

〔一〕原注：疏云春秋説。

一二·三七　春秋繁露五行相勝

火者，司馬也〔一〕。司馬爲讒，反言易辭以譖愬人。内離骨肉之親，外疏忠臣，賢聖旋亡，讒邪日昌，魯上大夫季孫是也。專權擅勢，薄國威德〔二〕，反以怠〔三〕惡，譖愬其羣臣，劫惑其君。孔子爲魯司寇，據義行法，季孫自消，墮費、郈城，兵甲有差。夫火者，大朝有讒邪〔四〕熒惑其君，執法誅之。執法者水也，故曰水勝火。

〔一〕凌曙曰：「白虎通：『司馬主兵。言馬者，馬陽物，乾之所爲，行兵用焉，不以傷害爲度，故言馬也。』」

〔二〕「專權擅勢」，蘇輿本作「專權擅政」。蘇輿曰：「自張其威德，以牢籠民心，是薄國之威德。」

〔三〕蘇輿疑「怠」誤。

〔四〕「大朝」，盧文弨疑當作「本朝」。「讒邪」，蘇輿本作「邪讒」。

一二·三八　春秋繁露五行相生

北方者水，執法司寇也。司寇尚禮，君臣有位，長幼有序，朝廷有爵〔一〕，鄉黨以齒，升降揖讓，般伏拜謁，折旋中矩，立而磬〔二〕折，拱則抱鼓〔三〕，執衡而藏〔四〕，至清廉平，賂遺不受，請謁不聽，據法聽訟，無有所阿，孔子是也。爲魯司寇，斷獄屯屯〔五〕，與衆共之，不敢自專。是死者不恨，生者不怨。

〔一〕「有爵」，蘇輿疑作「以爵」。

〔二〕「磬」，蘇輿本作「罄」。

〔三〕凌曙曰：「考工一『柯有半謂之磬折』，注：『人帶以下四尺五寸，磬折立則上俛。』新書：『顧頤正視，正肩正背，臂如抱鼓，足閒二寸，端面攝纓，端股整足，體不搖肘曰經立，因以微磬曰共立，因以磬折曰肅立，因以垂佩曰卑立。立容也。』」

〔四〕蘇輿曰：「文選五十二、五十五並引鄭云：『稱上曰衡。』鄒陽傳『懸衡天下』，如淳注：『衡，稱之衡，懸法度於其上是也。』」

〔五〕盧文弨曰：「屯屯，疑是肫肫。」

一二·三九　鹽鐵論備胡〔一〕

孔子仕於魯，前仕三月及齊平，後仕三月及鄭平。務以德，安近而綏遠。當此之時，魯無敵國之謀〔二〕、鄰境之患，彊臣變節而忠順，故季柏〔三〕隳其都城。大國畏義而合好，齊人來歸鄆、讙、龜陰之田。

〔一〕此條底本低一字排，誤。此條與上條内容不同，當爲獨立一條。下條同。

〔二〕「謀」，百子全書本、王利器本皆作「難」。

〔三〕原注：「柏」、「伯」古字通。今案：百子全書本、王利器本皆作「桓」，近是。

一二·四〇　説苑至公〔一〕

孔子爲魯司寇，聽獄必師〔二〕斷，敦敦〔三〕然皆立，然後君子〔三〕進曰：「某子以爲何若？」某子以爲云云〔四〕。又曰：「某子以爲何若？」某子曰云云。辯矣。然後君子幾當從某子云云乎〔五〕？以君子之知，豈必待某子之云云，然後知所以斷獄哉？君子之敬讓也。文辭有可與人共之者，君子不獨有也。

〔一〕向宗魯曰：「師，衆也。」

〔二〕劉臺拱曰：「行葦傳：『敦，聚貌。』釋文：『音徒端反。』此讀當如之。」

〔三〕盧文弨曰：「君子即孔子。」

〔四〕向宗魯曰：「依下文例，當作『某子曰云云』，此某子答孔子語也。」

〔五〕向宗魯曰：「家語作『當從某子云云幾是』，王注云：『幾，近也。』」

一二·四一　荀子宥坐

孔子爲魯攝相，朝〔一〕七日而誅少正卯。門人進問曰：「夫少正卯，魯之聞人也，夫子爲政而始誅之〔二〕，得無失乎？」孔子曰：「居！吾語汝〔三〕其故。人有惡者五，而盜竊不與焉。一曰心達而險，二曰行辟而堅，三曰言僞而辯，四曰記醜而博，五曰順非而澤〔四〕。此五者，有一於人，則不得免於君子之誅，而少正卯兼有之。故居處足以聚徒成羣，言談足以飾邪營衆，彊足以反是獨立〔五〕，此小人之桀雄也，不可不誅也。是以湯誅尹諧，文王誅潘止，周公誅管叔，太公誅華仕，管仲誅付里乙，子産誅鄧析、史付。此七子者，皆異世同心，不可不誅也。詩曰：『憂心悄悄，愠于羣小。』〔六〕小人成羣，斯足憂矣。」

〔一〕楊倞注曰：「爲司寇而攝相也。朝，謂聽朝也。」
〔二〕楊倞注曰：「聞人，謂有名，爲人所聞知者也。始誅，先誅之也。」
〔三〕「汝」，王先謙本作「女」。
〔四〕楊倞注曰：「心達而險，謂心通達於事而凶險也。辟，讀曰僻。醜，謂怪異之事。澤，有潤澤也。」
〔五〕楊倞注曰：「營，讀爲熒。熒衆，惑衆也。强，剛愎也。反是，以非爲是也。獨立，人不能傾之也。」

〔六〕見詩邶風柏舟篇。楊倞注曰：「悄悄，憂貌。慍，怒也。」

一二·四二　尹文子聖人〔一〕

孔丘攝魯相，七日而誅少正卯。門人進問曰：「夫少正卯，魯之聞人也，夫子爲政而先誅，得無失乎？」孔子曰：「居！吾語汝其故。人有惡者五，而竊盜、姦私不與焉。一曰心達而險，二曰行僻而堅，三曰言僞而辨，四曰彊記而博，五曰順非而澤。此五者，有一於人，則不免君子之誅，而少正卯兼有之。故居處足以聚徒成羣，言談足以飾邪熒衆，彊記足以反是獨立。此小人〔二〕雄桀也，不可不誅也。是以湯誅尹諧，文王誅潘正，太公誅華士〔三〕，管仲誅付里乙，子產誅鄧析、史付。此六子者，異世而同心，不可不誅也。詩曰：『憂心悄悄，慍于羣小。』小人成羣，斯足畏也。」

〔一〕應爲尹文子大道下。

〔二〕上海人民出版社所出尹文子「人」下補「之」字。

〔三〕太公誅華士事，見韓非子外儲説右上。

一二·四三　淮南子氾論訓下

孔子誅少正卯，而魯國之邪塞。

一二·四四　説苑指武

孔子爲魯司寇，七日而誅少正卯於東觀之下。門人聞之，趨而進，至者不言，其意皆一也。子貢後至，趨而進，曰：「夫少正卯者，魯國之聞人矣，夫子始爲政，何以先誅之？」孔子曰：「賜也，非爾所及也。夫王者之誅有五，而盜竊不與焉。一曰心辨而險，二曰言僞而辯，三曰行辟而堅，四曰志愚而博，五曰順非而澤。此五者，皆有辨知聰達之名，而非其真也。苟行以僞，則其知足以移衆，强足以獨立，此姦人之雄也，不可不誅。夫有五者之一，則不免於誅，今少正卯兼之，是以先誅之也。昔者湯誅蠋沐，太公誅潘阯，管仲誅史附里，子産誅鄧析，此五子未有不誅也。所謂誅之者，非爲其晝則攻盜，暮則穿窬也，皆傾覆之徒也！此固君子之所疑，愚者之所惑也。詩云：『憂心悄悄，慍于羣小。』此之謂矣。」

一二·四五　論衡講瑞

子貢事孔子，一年，自謂過孔子；二年，自謂與孔子同；三年，自知不及孔子。當一年二年之時，未知孔子聖也；三年之後，然乃知之。以子貢知孔子，三年乃定，世儒無子貢之才，其見聖人，不從之學，任倉卒之視，無三年之接，自謂知聖，誤矣。

少正卯在魯，與孔子並。孔子之門，三盈三虚，唯顔淵不去，顔淵獨知孔子聖也。夫門人去孔子，歸少正卯，不徒不能知孔子之聖，又不能知少正卯，門人皆惑。子貢曰：「夫少正卯，魯之聞人也，子爲政，何以先〔一〕之？」孔子曰：「賜退，非爾所及。」

〔一〕「先」下當據上條説苑指武補「誅」字。下條劉子心隱同。

一二·四六　劉子心隱

少正卯在魯，與孔子同時，孔子門人三盈三虚，唯顔淵不去，獨知聖人之德也。夫門人去仲尼而皈少正卯，非不知仲尼之聖，亦不知少正卯之佞。子貢曰：「少正卯，魯之聞〔一〕人也，夫子爲政，何以先之？」子曰：「賜也還〔二〕，非爾所及也。夫少正卯，心逆〔三〕而險，行辟〔四〕而堅，言僞而辯，詞鄙而博，順非而澤。有此五僞〔五〕，而亂聖人。」以子貢之明而不能見，知人之難也。

〔一〕原注：程本作「文」。

〔二〕原注：程本無「還」字。

〔三〕「逆」，傅亞庶本作「達」。

〔四〕百子全書本、四庫全書本「辟」皆作「僻」。

〔五〕原注：程本作「爲」。

一二·四七　韓非子内儲説下

仲尼爲政於魯，道不拾遺，齊景公患之。黎且謂景公曰：「去仲尼猶吹毛耳。君何不迎之以重禄高位，遺哀公〔一〕以女樂，以驕榮〔二〕其意？哀公新樂之，必怠於政，仲尼必諫，諫而不聽〔三〕，必輕絶於魯。」景公曰：「善。」乃令黎且以女樂六〔四〕遺哀公，哀公樂之，果怠於政。仲尼諫，不聽，去而之楚。

〔一〕原注：後漢書馮衍傳注引作「魯公」。今案：盧文弨以爲「哀」字譌，此事發生在定公時。王先慎曰：「哀公，後漢注引同，明此韓非子傳聞偶誤，非字譌也。後漢注上作『定』，下作『哀』，不足爲據。」又百子全書本下無「以」字。

〔二〕王渭曰：「『榮』當作『熒』，下文『以榮其意』同。」陳奇猷以爲是，並曰：「熒通營，惑也。」

〔三〕百子全書本無「而不聽」三字，蓋脱。今案：後漢書馮衍傳注引「諫」下亦有「而不聽」三字。

〔四〕盧文弨疑「六」爲「二八」之譌，王先慎改「六」爲「二八」，陳奇猷同意王改。

一二·四八　晏子春秋外篇下

仲尼相魯，景公患之，謂晏子曰：「鄰國有聖人，敵國之憂也。今孔子相魯，若何〔一〕？」晏子對曰：「君其勿憂。彼魯君，弱主也，孔子，聖相也，君不如陰重孔子。

設〔二〕以相齊，孔子强諫而不聽，必驕〔三〕魯而有齊，君勿納也。夫絶于魯，無主于齊，孔子困矣。」居朞年，孔子去魯之齊，景公不納，故困于陳、蔡之間。

〔一〕吴則虞以爲當據詰墨篇於「若何」上補「爲之」二字。

〔二〕蘇時學曰：「『設』疑當作『許』。」

〔三〕「驕」，于鬯疑讀爲「撟拂」之「撟」。

一二·四九　陸賈新語辨惑

孔子遭君暗臣亂，衆邪在位，政道隔於三〔一〕家，仁義閉於公門，故作公陵之歌，傷無權力於世。

〔一〕「三」，百子全書本、諸子集成本皆作「王」，形近而訛。

一二·五〇　琴操〔一〕

龜山操者，孔子所作也。齊人饋女樂，季桓子受之，魯君閉門不聽朝。當此之時，季氏專政，上僭天子，下畔大夫，賢聖斥逐，讒邪滿朝。孔子欲諫不得，退而望魯。魯有龜山蔽之，辟季氏於龜山，託勢位於斧柯，季氏專政，猶龜山蔽魯也。傷政道之陵遲〔二〕，閔百姓不得其所，欲誅季氏，而力不能，於是援琴而歌云〔三〕：「予欲望魯兮，龜山蔽之；手無斧柯，奈龜山河〔四〕？」

〔一〕見琴操卷上。

〔二〕馬瑞辰注曰：「『陵遲』，本作『不用』，從水經注汶水、北堂書鈔樂部引改。」

〔三〕馬瑞辰注曰：「北堂書鈔樂部引作『於是鼓琴塵落，九動其鳴』。」

〔四〕「河」，馬瑞辰校本作「何」，是也。

孔子集語卷十三

事譜十一下

一三·一　韓詩外傳五

孔子抱聖人之心，彷徨乎道德之域，逍遥乎無形之鄉。倚天理，觀人情，明終始，知得失，故興仁義，厭勢利，以持養之。于時周室微，王道絶，諸侯力政〔一〕，强劫弱，衆暴寡，百姓靡安，莫之紀綱，禮儀〔二〕廢壞，人倫不理，於是孔子自東自西，自南自北，匍匐救之。

〔一〕許維遹曰：「『政』與『征』通。大戴禮用兵篇『諸侯力征』，盧注：『言以威力侵争。』」

〔二〕許維遹曰：「元本、沈本、程本同，鍾本、黄本、楊本、毛本、劉本『儀』作『義』。」

一三·二　韓詩外傳六

孔子行，簡子將殺陽虎〔一〕，孔子似之，帶甲以圍孔子舍。子路愠怒，奮戟將下〔二〕，孔子止之曰:「由,何仁義之寡裕也! 夫詩書之不習,禮樂之不講,是丘之罪也。若吾〔三〕非陽虎而以我爲陽虎,則非丘之罪也,命也! 我歌,子和若〔四〕。」子路歌,孔子和之,三終而圍罷。

〔一〕許維遹曰:「此句脱誤,當依説苑作『孔子之衛,匡簡子將殺陽虎』。『行』即『衛』字之壞,説苑『宋』字亦當作『衛』。」

〔二〕説苑雜言「下」下有「鬭」字,當補。

〔三〕「吾」,許維遹本作「我」。

〔四〕許維遹據元本、趙本校作「命也夫! 歌,予和若」。

一三·三　莊子外篇秋水

孔子遊於匡,宋人圍之數匝,而弦歌不輟〔一〕。子路入見,曰:「何夫子之娱也?」孔子曰:「來! 吾語女。我諱〔二〕窮久矣,而不免,命也;求通久矣,而不得,時也。當堯、舜〔三〕而天下無窮人,非知得也;當桀、紂而天下無通人,非知失也,時勢適然。夫水行不避蛟龍者,漁父之勇也;陸行不避兕虎者,獵夫之勇也;白刃交於前,視死若生者,烈士之勇也;知窮之有命,知通之有時,臨大難而不懼者,聖人之勇也。由處矣! 吾命有所制矣。」無幾何,將甲〔四〕者進,辭曰:「以爲陽虎也,故圍之。今非也，請辭而退。」

〔一〕「輟」，王先謙本作「惙」。釋文云：「司馬云：『宋當作衛。衛人誤圍孔子，以爲陽虎，虎嘗暴於匡人也。』」

〔二〕成玄英疏曰：「諱，忌也。」

〔三〕陳鼓應據陳碧虛說於「堯舜」下補「之時」二字。下「桀紂」同。

〔四〕釋文曰：「將甲，本亦作『持甲』。」

一三・四　説苑雜言

孔子之宋，匡簡子將殺陽虎，孔子似之，甲士以〔一〕圍孔子之舍。子路怒，奮戟將下鬬。孔子止之，曰：「何仁義之不免俗也？夫詩書之不習，禮樂之不脩也，是丘之過也。若似陽虎，則非丘之罪也，命也夫。由，歌，吾〔二〕和汝。」子路歌，孔子和之，三終而甲罷。

〔一〕北堂書鈔一百二十四無「以」字。向宗魯以爲「以」字似當在「甲」字上。

〔二〕「吾」，百子全書本作「予」。

一三・五　琴操〔一〕

孔子戹者，孔子使顏淵執轡，到匡郭外，顏淵舉策指匡穿垣曰：「往與陽虎〔二〕，正從此入。」匡人聞其言，孔子貌似陽虎，告匡君曰：「往者陽虎，今復來至。」乃率衆圍孔子〔三〕，數日不解。弟子皆有飢色，於是孔子仰天而嘆曰：「君子固亦窮乎！」子路聞孔子之言悲感，悖然大怒，張目奮劒，聲如鐘鼓，顧謂二三子曰：「使吾有此戹也。」孔子曰：「由，來！今汝欲鬬，名爲戮我於天下〔四〕，爲汝悲歌而感之，汝皆和我。」由等唯唯。孔子乃引琴而歌〔五〕，音曲甚哀，有暴風擊拒〔六〕，軍士僵仆，於是匡人乃知孔子聖人，瓦解而去〔七〕。

〔一〕見琴操卷下。

〔二〕馬瑞辰曰：「史記孔子世家正義引作『陽貨』。」

〔三〕馬瑞辰曰：「今本作『乃令桓魋圍孔子』。太平御覽人事部引同。考史記孔子世家，桓魋欲殺孔子，在去曹適宋。與此別一時事，今從正義引改。」

〔四〕馬瑞辰曰：「今本作『孔子顧謂二三子曰』。『無曰由來』以下十四字，今從太平御覽人事部引補。」

〔五〕馬瑞辰曰：「史記孔子世家正義引作『和琴』。」

〔六〕馬瑞辰曰：「『拒』本作『拖』，從太平御覽人事部引改。史記孔子世家正義引無『拒』字。」

〔七〕馬瑞辰曰：「一云陳、蔡時作。案史記孔子世家正義引作『自解』。」

一三·六　吕氏春秋慎大覽貴因

孔子道彌子瑕見釐夫人，因也。

一三·七　淮南子泰族訓

孔子欲行王道，東西南北，七十説而無所偶。故因衛夫人、彌子瑕而欲通其道。

一三·八　鹽鐵論論儒

孔子適衛，因嬖臣彌子瑕以見衛夫人，子路不説。

一三·九　藝文類聚六十七引典略

孔子返衛，衛夫人南子使人謂之曰：「四方君子之來者，必見寡小君。」孔子不得已見之。夫人在錦帷中，孔子北面稽首，夫人自帷中〔一〕再拜，環珮之聲璆然〔二〕。

〔一〕原注：御覽七百作「幕中」。

〔二〕原注：御覽作「璆璆然」。今案：璆，美玉也。

一三·一〇　吕氏春秋恃君覽召類

趙簡子將襲衛，使史默往睹〔一〕之，期以一月，六月而後返。趙簡子曰：「何其久也？」史默曰：「謀利而得害，猶弗察〔二〕也。今蘧伯玉爲相，史鰌佐焉，孔子爲客，子貢使令於君前，甚聽〔三〕。易曰：『渙其羣，元吉。』渙者，賢也；羣者，衆也；元者，吉之始也；『渙其羣，元吉』者，其佐多賢也〔四〕。」簡子〔五〕按兵而不動。

〔一〕「睹」，王念孫疑爲「瞶」之訛。陳奇猷以爲「睹」字不誤，「睹」本有視義。

〔二〕高誘注曰：「察，知。」

〔三〕高誘注曰：「君從其言。」

〔四〕高誘注曰：「謂孔子、子貢之客也。吴公子季札適衛，説蘧瑗、史鰌、公子荆、公叔發、公子朝曰：『衛多君子，未有患也。』故曰其佐多賢也。」畢沅曰：「左傳『蘧瑗』下有『史狗』，陸德明作『史朝』，此公子鼂疑是『鼂』之譌，即『朝』也。但公子朝通於宣姜，懼而作亂，不得爲賢。梁伯子云：『或是公孫朝。』」梁玉繩曰：「左襄二十九注『史狗，史朝之子文子』，故釋文云『史朝如字』，非以史狗爲史朝也。又案：『鼂』字必『鼂』之譌。余初疑爲公孫朝，非也。公子朝作亂在後，不得以難季札。又文選東征賦注引傳『公子朝』上有『謂』字，甚精，恐是今本左傳脱之。」陳奇猷以爲梁後説是。

〔五〕「簡子」，百子全書本、陳奇猷本皆作「趙簡子」。

一三·一一　鹽鐵論論儒

孔子能方不能圓，故飢于黎丘。

一三·一二　藝文類聚三十〔一〕引典略

孔子過宋，與弟子習禮於樹下〔二〕，宋司馬桓魋使人拔其樹，去適於野〔三〕。

〔一〕應爲藝文類聚三十八。

〔二〕原注：御覽五百二十三引典略作「於大樹下」。今案：宋本藝文類聚無「禮」字。

〔三〕原注：御覽作「去適鄭」。

一三·一三　韓詩外傳九

孔子出衛〔一〕之東門，逆姑布子卿，曰：「二三子引車避，有人將來，必相我者也，志之。」姑布子卿亦曰：「二三子引車避，有聖人將來。」孔子下，步。姑布子卿迎而視之五十步，從而望之五十步。顧子貢曰：「是何爲者也？」子貢曰：「賜之師也，所謂魯孔丘也。」姑布子卿曰：「是魯孔丘歟？吾固聞之。」子貢曰：「賜之師何如？」姑布子卿曰：「得堯之顙，舜之目，禹之頸，皋陶之喙。從前視之，盎盎乎似有王者〔二〕；從後視之，高肩弱脊〔三〕。此惟不及四聖者也。」子貢吁然。姑布子卿曰：「子何患焉？汙面而不惡，葭喙而不藉〔四〕,遠而望之,羸〔五〕乎若喪家之狗,子何患焉?」子貢以告孔子。孔子無所辭,獨辭喪家之狗耳,曰:「丘何敢乎?」子貢曰:「汙面而不惡,葭喙而不藉,賜以〔六〕知之矣。不知喪家狗,何足辭也?」子曰:「賜,汝獨不見夫喪家之狗歟?既斂而椁,布器〔七〕而祭。顧望無人,意欲施之。上無明王,下無賢士〔八〕方伯,王道衰,政教失,强陵弱,衆暴寡,百姓縱心,莫之綱紀。是以〔九〕固以丘爲欲當之者也。丘何敢乎!」

〔一〕原注:疑當作「鄭」。

〔二〕「王」,許維遹據趙善詒之説改爲「士」字。

〔三〕許維遹以爲「高肩弱脊」下舊脱「循循固得之轉廣一尺四寸」十一字。

〔四〕郝懿行曰:「汙面者,黑也。葭喙者,長也。皋陶鳥喙,孔子得皋陶之喙,故曰有喙三尺也。」

〔五〕許維遹曰:「『羸』與『纍』聲同。史記孔子世家作『纍纍』。家語困誓篇作『纍然』,王肅注:『纍然是不得意之貌也。』」

〔六〕「以」,周廷寀本作「已」。許維遹以爲「以」「已」古通。

〔七〕「器」,許維遹以爲當作「席」。

〔八〕許維遹以爲「士」字衍。

〔九〕「以」,許維遹本作「人」,是也。

一三・一四　白虎通壽命

夫子過鄭，與弟子相失，獨立郭門外。或謂子貢曰：「東門有一人，其頭似堯，其頸似臯繇，其肩似子産，然自要以下，不及禹三寸，傴傴如喪家之狗。」子貢以告孔子，孔子喟然而笑曰：「形狀未也，如喪家之狗，然哉乎！然哉乎！」

一三・一五　論衡骨相

孔子適鄭，與弟子相失，孔子獨立鄭東門。鄭人或問子貢曰：「東門有人，其頭似堯，其項若臯陶，肩類子産，然自腰以下，不及禹三寸，儽儽若喪家之狗。」子貢以告孔子，孔子欣然笑曰：「形狀未也，如喪家狗，然哉！然哉！」

一三・一六　三國魏劉廙傳注引新序

趙簡子欲專天下，謂其相曰：「趙有犢犨，晉有鐸鳴，魯有孔丘，吾殺三人者，天下可王也。」於是乃召犢犨、鐸鳴而問政焉，已，即殺之。使使者聘孔子於魯，以胖牛肉迎於河上。使者謂船人曰：「孔子即上船，中河必流〔一〕而殺之。」孔子至，使者致命，進胖牛之肉。孔子仰天而歎曰：「美哉水乎，洋洋乎，使丘不濟此水者，命也夫！」子路趨而進曰：「敢問何謂也？」孔子曰：「夫犢犨、鐸鳴，晉國之賢大夫也，趙簡子未得意之時，須而後從政，及其得意也，殺之。黄龍不反於涸澤，鳳凰不離其罻羅。故刳胎焚林，則麒麟不臻；覆巢破卵，則鳳皇不翔；竭澤而漁，則龜龍不見。鳥獸之於不仁，猶知避之，況丘乎？故虎嘯而谷風起，龍興而景雲見，擊庭鐘於外，而黄鐘應於内。夫物類之相感，精神之相應，若響之應聲，影之象形，故君子違傷其類者。今彼已殺吾類矣，何爲之此乎？」於是遂回車，不渡而還〔二〕。

〔一〕原注：御覽八百六十三引作「安流」。

〔二〕原注：按今本新序無。

一三·一七　説苑權謀

趙簡子曰：「晉有澤鳴、犢犨，魯有孔丘，吾殺此三人，則天下可圖也。」於是乃召澤鳴、犢犨，任之以政而殺之。使人聘孔子於魯。孔子至河，臨水而觀，曰：「美哉水！洋洋乎！丘之不濟於此，命也夫！」子路趨進曰：「敢問奚謂也？」孔子曰：「夫澤鳴、犢犨，晉國之賢大夫也。趙簡子之未得志也，與之同聞見，及其得志也，殺之而後從政。故丘聞之，刳胎焚夭，則麒麟不至；乾澤而漁，蛟龍〔一〕不游；覆巢毁卵，則鳳凰不翔。丘聞之：君子重傷其類者也。」

〔一〕向宗魯依上下文例於「蛟龍」之上補「則」字，是也。

一三·一八　琴操〔一〕

將歸操者，孔子之所作也。趙簡子循執玉帛，以聘孔子。孔子將往，未至，渡狄水，聞趙殺其賢大夫竇鳴犢，喟然而嘆之，曰：「夫趙之所以治者，鳴犢之力也，殺鳴犢而聘余，何丘之往也？夫燔林而田，則麒麟不至；覆巢破卵，則鳳凰不翔。鳥獸尚惡傷類，而況君子哉！」於是援琴而鼓之，云：「翱翔於衛，復我舊居，從吾所好，其樂只且。」

〔一〕見琴操卷上。

一三·一九　水經河水注五

昔趙鞅〔一〕殺鳴犢，仲尼臨河而歎，自是而返曰：「丘之不濟，命也夫。」琴操以爲孔子臨狄水而歌矣，曰：「狄水衍兮風揚波，船楫顛倒更相加。」〔二〕

〔一〕世界書局本水經注無「鞅」字。

〔二〕原注：又見續博物志八。繹史孔子類記一引水經注：「孔子適趙，臨河不濟，歎而作歌曰：『秋風衍兮風揚波，舟楫顛倒更相加，歸來歸來胡爲斯？』」

一三·二〇　莊子雜篇寓言

莊子謂惠子曰：「孔子行年六十而六十化，始時所是，卒而非之，未知今之所謂是之非五十九非也〔一〕。」惠子曰：「孔子勤志服知也〔二〕。」莊子曰：「孔子謝之矣，而其未之嘗言〔三〕。孔子云：『夫受才乎大本，復靈以生〔四〕。鳴而當律，言而當法，利義陳乎前，而好惡是非直服人之口而已矣。使〔五〕人乃以心服而不敢蘁立，定天下之定〔六〕。』已乎！已乎！吾且不得及彼乎！」

〔一〕成玄英疏曰：「夫人之壽命，依年而數，年既不定，數豈有耶！是以去年之是，於今非矣。故知今年之是，還是去歲之非；今歲之非，即是來年之是。故容成氏曰，除日無歲也。」

〔二〕宣穎曰：「疑孔子勤勞心志，從事於多知，未得爲化也。」

〔三〕宣穎曰：「言孔子已謝去勤勞之迹而進於道，但口未之言耳。」

〔四〕王先謙曰：「大本，天也。人受才於天，而復其性靈以生。」

〔五〕曹礎基曰：「高山寺本『使』下旁注『衆』字。按郭注、成疏似亦有『衆』字。」

〔六〕釋文曰：「蘁音悟，逆也。」王先謙曰：「言但取服人口而已。而能使人心服，自不敢迕，如此者，斯足以立定天下之定理也。子言如此。」

一三・二一　墨子耕柱

葉公子高問政於仲尼曰：「善爲政者若之何？」仲尼對曰：「善爲政者，遠者近之，而舊者新之。」

一三・二二　莊子内篇人間世

葉公子高將使於齊，問於仲尼曰：「王使諸梁也甚重〔一〕，齊之待使者，蓋將甚敬而不急。匹夫猶未可動也，而況諸侯乎！吾甚慄之。子嘗語諸梁也，曰：『凡事若小若大，寡不道以懽成〔二〕。事若不成，則必有人道之患〔三〕；事若成，則必有陰陽之患〔四〕。若成若不成而後無患者，唯有德者能之〔五〕。』吾食也，執粗而不臧〔六〕，爨無欲清之人〔七〕。今吾朝受命而夕飲冰，我其内熱與！吾未至乎事之情〔八〕，而既有陰陽之患矣；事若不成，必有人道之患。是兩也，爲人臣者不足以任之，子其有以語我來！」仲尼曰：「天下有大戒〔九〕二：其一，命也；其一，義也。子之愛親，命也，不可解於心〔一〇〕；臣之事君，義也，無適而非君也，無所逃於天地之間〔一一〕。是之謂大戒。是以夫事其親者，不擇地而安之〔一二〕，孝之至也；夫事其君者，不擇事而安之〔一三〕，忠之盛也；自事其心者，哀樂不易施乎前〔一四〕，知其不可奈何，而安之若命，德之至也。爲人臣子者，固有所不得已。行事之情〔一五〕而忘其身，何暇至於悦生而惡死！夫子其行可矣。丘請復以所聞：凡交〔一六〕近則必相靡以信，遠則必忠之以言，言必或傳之。夫傳兩喜兩怒之言，天下之難者也。夫兩喜必多溢美之言，兩怒必多溢惡之言。凡溢之類妄〔一七〕，妄則其信之也莫〔一八〕，莫則傳言者殃。故法言曰：『傳其常情，無傳其溢言，則幾乎全。』且以巧鬭力者，始乎陽，常卒乎陰，泰至則多奇巧〔一九〕；以禮飲酒者，始乎治，常卒乎亂，泰至則多奇樂〔二〇〕。凡事亦然。始乎諒，常卒乎鄙〔二一〕。其作始也簡，其將畢也必巨。言者，風波也〔二二〕；行者，實喪也〔二三〕。夫風波易以動，實喪易以危。故忿設無由，巧言偏辭〔二四〕。獸死不擇音，氣息茀然，於是並生心厲〔二五〕。剋核太至，則必有不肖之心應之，而不知其然也〔二六〕。苟爲不知其然也，孰知其所終！故法言曰：『無遷令，無勸成。』過度，益也〔二七〕。遷令勸成殆事，美成在久，惡成不及改〔二八〕，可不慎與？且夫乘物以遊心，託不得已以養中，至矣〔二九〕。何作爲報也〔三〇〕！莫若爲致命，此其難者〔三一〕。」

〔一〕成玄英曰：「委寄甚重。」

〔二〕王先謙曰：「事無大小，鮮不由道而以懽然成遂者。」

〔三〕王先謙曰：「王必降罪。」

〔四〕宣穎曰：「喜懼交戰，陰陽二氣將受傷而疾作。」

〔五〕成玄英曰：「任成敗於前塗，不以憂喜累心者，唯盛德之人。」蘇輿云：「謂事無成敗，而卒可無患者，唯盛德爲能。」王先謙以爲蘇説是。

〔六〕宣穎曰：「甘守粗糲，不求精善。」

〔七〕成玄英曰：「清，涼也。然火不多，無熱可避。」

〔八〕宣穎曰：「未到行事實處。」今案：情，實也。

〔九〕成玄英曰：「戒，法也。」

〔一〇〕王先謙曰：「受之於天，自然固結。」

〔一一〕成玄英曰：「天下未有無君之國。」

〔一二〕王先謙曰：「不論境地何若，惟求安適其親。」

〔一三〕成玄英曰：「事無夷險，安之若命。」

〔一四〕王念孫曰：「施讀爲移。此猶言不移易。」

〔一五〕王先謙曰：「情，實也。」

〔一六〕王先謙曰：「交，交鄰。」

〔一七〕成玄英曰：「類，似也。似使人妄構。」

〔一八〕成玄英曰：「莫，致疑貌。」

〔一九〕王先謙曰：「鬬力屬陽，求勝則終於陰謀，欲勝之至，則奇譎百出矣。」

〔二〇〕王先謙曰：「禮飲象治，既醉則終於迷亂，昏醉之至，則樂無不極矣。」

〔二一〕宣穎曰：「諒，信。鄙，詐。」俞樾云：「諒與鄙，文不相對。諒蓋諸之誤。諸讀爲都。」

〔二二〕王先謙本「言者」前有「夫」字。王先謙曰：「如風之來，如波之起。」

〔二三〕郭嵩燾曰：「實者，有而存之；喪者，縱而舍之。實喪，猶得失也。」

〔二四〕王先謙曰：「忿怒之設端，無他由也，常由巧言過實，偏辭失中之故。」

〔二五〕「心厲」，陳鼓應據武延緒説改作「厲心」。王先謙曰：「獸困而就死，鳴不擇音，而忿氣有餘。於其時，且生於心而爲惡厲，欲噬人也。以獸之心厲，譬下人有不肖之心。」

〔二六〕王先謙曰：「剋求精核太過，則人以不肖之心起而相應，不知其然而然。」

〔二七〕王先謙曰：「若過於本度，則是增益語言。」

〔二八〕王先謙曰：「成而善，不在一時；成而惡，必有不及改者。」

〔二九〕宣穎曰：「隨物以遊寄吾心，託於不得已而應，而毫無造端，以養吾心不動之中，此道之極則也。」

〔三〇〕郭嵩燾曰：「任齊所報，何必爲齊作意於其間！」

〔三一〕王先謙曰：「但致君命，而不以己與，即此爲難。若人道之患，非患也。」

一三・二三　荀子宥坐

孔子南適楚，戹於陳、蔡之閒，七日不火食，藜羹不糂〔一〕，弟子皆有飢色。子路進問之曰：「由聞之：爲善者天報之以福，爲不善者天報之以禍，今夫子累德、積義、懷美，行之日久矣，奚居之隱〔二〕也？」孔子曰：「由不識，吾語汝〔三〕。汝以知者爲必用邪？王子比干不見剖心乎！汝以忠者爲必用邪？關龍逢不見刑乎？汝以諫者爲必用邪？伍子胥不磔姑蘇[四]東門外乎！夫遇不遇者，時也；賢不肖者，材也。君子博學深謀，不遇時者多矣！由是觀之，不遇世者衆矣，何獨丘也哉！夫[五]芷蘭生於深林，非以無人而不芳。君子之學，非爲通也，爲窮而不困，憂而意不衰也，知禍福終始而心不惑也。夫賢不肖者，材也；爲不爲者，人也；遇不遇者，時也；死生者，命也。今有其人，不遇其時，雖賢，其能行乎？苟遇其時，何難之有！故君子博學、深謀、脩身、端行以俟其時。」孔子曰：「由！居，吾語汝。昔晉公子重耳霸心生於曹，越王句踐霸心生於會稽，齊桓公小白霸心生於莒。故居不隱者思不遠，身不佚者[六]志不廣。女庸安知吾不得之桑落之下[七]？」

〔一〕楊倞注曰：「糂與糝同，蘇覽反。」今案：説文米部云：「糂，以米和羹也。糝，古文糂。」

〔二〕楊倞注曰：「隱，謂窮約。」

〔三〕「汝」，王先謙本作「女」。下同。

〔四〕「伍子胥」，王先謙本作「吴子胥」。楊倞注曰：「磔，車裂也。姑蘇，吴都名也。」俞樾曰：「案子胥不被車裂之刑，楊注非是。漢書景帝紀『改磔曰棄市』，師古注曰：『磔，謂張其尸也。』當從此訓。」今案：趙懷玉云：「當時説士所爲，每不細考前後。」趙善詒云：「趙校是也。孔子困陳蔡在哀六年,伍子胥被殺在哀十一年。」所載史事既不可靠,則楊注亦可從。

〔五〕王先謙本「夫」上有「且」字。

〔六〕楊倞注曰:「佚與逸通,謂奔竄也。家語作『常逸者』。」

〔七〕楊倞注曰:「桑落,九月時也。夫子當時蓋暴露居此樹下。」盧文弨曰:「正文『桑落之下』下,宋本有『乎哉』二字。今案:可省。」郝懿行曰:「桑落,『索郎』反語也。索,言蕭索;郎,言郎當,皆謂困窮之貌。時孔子當阸,子路愠恚,故作隱語發其志意。楊注説固可通,而與上言曹、莒、會稽等義差遠。」

一三·二四　韓詩外傳七

孔子困於陳、蔡之閒,即三經之席〔一〕,七日不食,藜羹不糝,弟子有飢色,讀書〔二〕習禮樂不休。子路進諫曰:「爲善者,天報之以福;爲不善者,天報之以賊〔三〕。今夫子積德累仁,爲善久矣,意者尚有遺行乎〔四〕?奚居之隱也?」孔子曰:「由,來!汝小人也,未講於論也。居,吾語汝:子以知者爲無罪乎,則王子比干何爲刳心而死?子以義〔五〕者爲聽乎,則伍子胥何爲抉目而縣吴東門?子以廉者爲用乎,則伯夷、叔齊何爲餓於首陽之山?子以忠者爲用乎,則鮑叔何爲而不用,葉公子高終身不仕,鮑焦抱木而泣〔六〕,子推登山而燔?故君子博學深謀,不遇時者衆矣,豈獨丘哉！賢不肖者，材也；遇不遇者，時也。今無有時，賢安所用哉？故虞舜耕於歷山之陽，立爲天子，其遇堯也；傅説負土而版築，以爲大夫，其遇武丁也；伊尹固〔七〕有莘氏僮也，負鼎操俎，調五味，而立爲相，其遇湯也；吕望行年五十，賣食棘津，年七十屠於朝歌，九十乃爲天子師，則遇文王也；管夷吾束縛自檻車以爲仲父〔八〕，則遇齊桓公也；百里奚自賣五羊之皮，爲秦伯牧牛〔九〕，舉爲大夫，則遇秦繆公也；虞丘於天下〔一〇〕以爲令尹，讓於孫叔敖，則遇楚莊王也；伍子胥前功多，後戮死，非知有盛衰也，前遇闔閭，後遇夫差也。夫驥罷鹽車，此非無形容也，莫〔一一〕知之也。使驥不得伯樂，安得千里之足？造父亦無千里之手矣。夫蘭茝生於茂林之中，深山之閒，人〔一二〕莫見之故不芬。夫學者非爲通也。爲窮而不困，憂而志不衰，先知禍福之始〔一三〕，而心無惑焉。故聖人隱居深念，獨聞獨見。夫舜亦賢聖矣，南面而治天下，惟其遇堯也。使舜居桀、紂之世，能自免於刑戮之中，則爲善矣，亦何位之有？桀殺關龍逢，紂殺王子比干，當此之時，豈關龍逢無知而王子比干不慧乎哉？此皆不遇時也。故君子務學，脩身端行而須其時者也。子無惑焉。」

〔一〕「即」，元本作「席」。許維遹曰：本或作「席」，與説苑雜言篇合。日本關嘉曰：「三經，詩、書、禮也。席三經之席者，下所謂席讀詩書治禮之席也。」

〔二〕「書」，許維遹本作「詩書」。

〔三〕「賊」，許維遹本作「禍」。

〔四〕原注：本作「意者當遺行乎」，據文選對楚王問、辯命論兩注引改。今案：遺，亡也，即過也。

〔五〕「義」，許維遹以爲當讀爲「議」。

〔六〕「泣」，許維遹以爲當作「立」。今案：作「立」是也。説苑雜言篇曰：「鮑焦抱木而立枯。」莊子雜篇盜跖：「鮑焦飾行非世，抱木而死。」均無鮑焦「抱木而泣」之事。

〔七〕「固」，許維遹本作「故」。

〔八〕趙懷玉云：「『自』，説苑雜言篇作『膠目』，此脱誤。」許維遹以爲本書若有「膠目」之文，據説苑，當云「管夷吾束縛膠目，居檻車以爲仲父」，或「自檻車」作「自檻車起」，不加「膠目」亦通。據呂氏春秋，則「自檻車」當作「置檻車」。

〔九〕許維遹曰：「説苑雜言篇『牧牛』作『牧羊』。據孟子萬章篇，則『牛』是而『羊』非。」

〔一〇〕原注：「於」上有脱文。今案：許維遹據説苑補「名聞」二字。

〔一一〕許維遹以爲「非」上「此」字衍，「莫」上脱「世」字，或「世」誤爲「此」。

〔一二〕許維遹據元本於「人」上補「不爲」二字。

〔一三〕許維遹本「始」上有「終」字。

一三·二五　説苑雜言

孔子困於陳、蔡之閒，居環堵之内，席三經之席，七日不食，藜羹不糝，弟子皆有飢色，讀詩書治禮不休。子路進諫曰：「凡人爲善者，天報以福；爲不善者，天報以禍。今先生積德行，爲善久矣，意者尚有遺行乎？奚居〔一〕隱也！」孔子曰：「由，來！汝不知。坐，吾語汝：子以夫知者爲無不知乎，則王子比干何爲剖心而死？以諫者爲必聽邪，伍子胥何爲抉目於吴東門？子以廉者爲必用乎，伯夷、叔齊何爲餓死於首陽山之下？子以忠者爲必用乎，則鮑莊何爲而肉枯？荆公子高終身不顯，鮑焦抱木而立枯，介子推登山焚死，故夫君子博學深謀，不遇時者衆矣，豈獨丘哉！賢不肖者，才也；爲不爲者，人也；遇不遇者，時也；死生者，命也。有其才不遇其時，雖才不用。苟遇其時，何難之有？故舜耕歷山而逃〔二〕於河畔，立爲天子，則其遇堯也。傅説負壤土，釋版築，而立佐天子，則其遇武丁也。伊尹，有莘氏媵臣也，負鼎俎，調五味而佐天子，則其遇成湯也。吕望行年五十，賣食於棘津，行年七十，屠牛朝歌，行年九十，爲天子師，則其遇文王也。管夷吾束縛膠目，居檻車中，自車中起爲仲父，則其遇齊桓公也。百里奚〔三〕自賣取五羊皮，伯氏牧羊以爲卿大夫，則其遇秦穆公也。沈尹名聞天下，以爲令尹，而讓孫叔敖，則其遇楚莊王也。伍子胥前多功，後戮死，非其智益衰也，前遇闔閭〔四〕，後遇夫差也。夫驥厄罷鹽車，非無驥狀也，夫世莫能知也。使驥得王良、造父，驥無千里之足乎？芝蘭生深林，非爲無人而不香。故學者非爲通也，爲窮而不困也，憂而〔五〕不衰也，此〔六〕知禍福之始而心不惑也。聖人之深念，獨知獨見。舜亦賢聖矣，南面治天下，唯其遇堯也；使舜居桀、紂之世，能自免刑戮固可也，又何官得治乎？夫桀殺關龍逄而紂殺王子比干，當是時，豈關龍逄無知而比干無惠哉？此桀、紂無道之世然也。故君子疾學，脩身端行，以須其時也。」

〔一〕向宗魯以爲「居」下當增「之」字。

〔二〕「逃」，向宗魯本作「陶」，是也。

〔三〕「百里夷」，向宗魯本作「百里奚」。

〔四〕「閭」，百子全書本作「廬」。

〔五〕向宗魯於「而」下增一「志」字。

〔六〕「此」，向宗魯本作「先」。

一三·二六　説苑雜言

孔子遭難陳、蔡之境，絶糧。弟子皆有飢色。孔子歌兩柱之間。子路入見曰：「夫子之歌，禮乎？」孔子不應，曲終而曰：「由，君子好樂爲無驕也，小人好樂爲無懾也，其誰知之？子不我知而從我者乎？」子路不説，授〔一〕干而舞，三終而出。及至七日，孔子脩樂不休，子路愠，見曰：「夫子之脩樂，時乎？」孔子不應，樂終而曰：「由，昔者齊桓霸心生于莒，句踐霸心生于會稽，晉文霸心生于驪氏，故居不幽則思不遠，身不約則智不廣，庸知而不遇之？」於是興。明日免於戹。子貢執轡曰：「二三子從夫子而遇此難也，其不可忘已！」孔子曰：「惡！是何〔二〕也？語不云乎？三折肱而成良醫。夫陳、蔡之閒，丘之幸也。二三子從丘者，皆幸人也。吾聞人君不困不成王，列士不困不成行。昔者，湯困於吕，文王困於羑里，秦穆公困於殽，齊桓困於長勺，勾踐困於會稽，晉文困於驪氏。夫困之爲道，從寒之及煖，煖之及寒也，唯賢者獨知，而難言之也。」易曰：「困，亨，貞，大人吉，無咎。有言不信。」聖人所與人難言，信也。

〔一〕「授」，百子全書本作「援」，是也。

〔二〕向宗魯於「何」下增一「言」字。

一三·二七　莊子雜篇讓王

孔子窮於陳、蔡之間，七日不火食，藜羹不糝，顔色甚憊，而〔一〕弦歌於室，顔回釋菜〔二〕。子路、子貢相與言曰：「夫子再逐於魯，削迹於衛，伐樹於宋，窮於商、周，圍於陳、蔡，殺夫子者無罪，藉〔三〕夫子者無禁，弦歌鼓琴，未嘗絶音，君子之無恥也若此乎？」顔回無以應，入告孔子。孔子推琴，喟然而嘆曰：「由與賜，細人也。召而來，吾語之。」子路、子貢入。子路曰：「如此者，可謂窮矣！」孔子曰：「是何言也？君子通於道之謂通，窮於道之謂窮。今丘抱仁義之道以遭亂世之患，其何窮之爲？故内省而不窮〔四〕於道，臨難而不失其德。天〔五〕寒既至，霜雪既降，吾是以知松柏之茂也〔六〕。陳、蔡之隘〔七〕，於丘其幸乎！」孔子削然反琴而弦歌，子路扢然執干而舞。子貢曰：「吾不知天之高也，地之下也。古之得道者，窮亦樂，通亦樂，所樂非窮通也，道德〔八〕於此，則窮通爲寒暑風雨之序矣。故許由娱於潁陽，而共伯得乎共首〔九〕。」

〔一〕陳鼓應據王叔岷之説於「而」下補「猶」字。

〔二〕「釋」，百子全書本、王先謙本作「擇」，是也。陳鼓應於「菜」下補「于外」二字。

〔三〕釋文曰：「藉，陵藉也。」

〔四〕「窮」，陳鼓應依奚侗、王叔岷據呂氏春秋慎人篇校作「疚」。

〔五〕「天」，陳鼓應校作「大」。

〔六〕劉文典據江南古藏本、呂覽、風俗通以爲「茂也」下當補「桓公得之莒，文公得之曹，越王得之會稽」。

〔七〕釋文曰：「隘音厄。」

〔八〕曹礎基曰：「道德，高山寺本、呂氏春秋慎人篇均作『道得』。」

〔九〕「得乎共首」，中華書局點校本南華真經注疏作「得志乎丘首」。

一三·二八　呂氏春秋孝行覽慎人

孔子窮於陳、蔡之間，七日不嘗食，藜羹不糝。宰予備〔一〕矣，孔子弦歌於室，顏回擇菜於外。子路與子貢相與而言曰：「夫子逐於魯，削迹於衛，伐〔二〕樹於宋，窮於陳、蔡，殺夫子者無罪，藉夫子者不禁，夫子弦歌鼓舞，未嘗絶音，蓋君子之無所醜〔三〕也若此乎？」顏回無以對，入以告孔子。孔子憱〔四〕然推琴，喟然而嘆曰：「由與賜，小人也。召〔五〕，吾語之。」子路與子貢入。子貢曰〔六〕：「如此者可謂窮矣。」孔子曰：「是何言也？君子達於道之謂達，窮於道之謂窮。今丘也，拘仁義之道，以遭亂世之患，其所也，何窮之謂？故内省而不疚於道，臨難而不失其德。大寒既至，霜雪既降，吾是以知松柏之茂也。昔桓公得之莒，文公得之曹，越王得之會稽，陳、蔡之戹，於丘其幸乎！」孔子烈然返瑟而弦〔七〕，子路抗然執干〔八〕而舞。子貢曰：「吾不知天之高也，不知地之下也。古之得道者，窮亦樂，達亦樂。所樂非窮達也，道得於此，則窮達一也〔九〕，爲寒暑風雨之序矣〔一〇〕。故許由虞乎潁陽，而共伯得乎共首。」

〔一〕「備」，高誘以爲當作「憊」。「憊」，極也。陳奇猷同意此説。

〔二〕原注：一作「拔」。

〔三〕孫人和以爲無「所」字，於義爲長。高誘注曰：「醜，猶恥也。」

〔四〕「慽」，楊樹達以爲當讀爲「愀」，釋作「憂」；于省吾以爲當讀爲「蹵」，釋爲「改容之貌」。陳奇猷同意于説。

〔五〕陳奇猷以爲「召」下當據莊子讓王補「而來」二字。

〔六〕畢沅曰：「莊子讓王篇及風俗通俱作『子路曰』。」

〔七〕高誘注曰：「返，更也。更取瑟而弦歌。」

〔八〕高誘注曰：「干，楯也。」

〔九〕高誘注曰：「此，近，喻身也。言得道之人，不爲窮極，故一之也。」

〔一〇〕高誘注曰：「寒暑，陰陽也。陰陽和，風雨序也。聖人法天地，順陰陽，故能不爲窮達變其節也。」

一三·二九　風俗通七

孔子困〔一〕於陳、蔡之間，七日不嘗粒，藜羹不糝，而猶絃琴於室，顔回擇菜於户外。子路、子貢相與言曰：「夫子逐於魯，削迹於衛，拔樹於宋，今復見戹於此。殺夫子者無罪，籍夫子者不禁，夫子絃歌鼓儛，未嘗絶音，蓋君子之無恥也若此乎！」顔淵無以對，以告孔子。孔子恬然推琴，喟然而嘆曰：「由與賜，小人也。召，吾語之。」子路與子貢入，子路曰：「如此可謂窮矣。」夫子曰：「由，是何言也！君子通於道之謂通，窮於道之謂窮。今丘抱仁義之道，以遭亂世之患，其何窮之爲？故内省不疚於道，臨難而不失其德。大寒既至，霜雪既降，吾是以知松柏之茂也。昔者桓公得之莒，文公得之曹，越得之會稽，陳、蔡之戹，於丘其幸乎！」

〔一〕「困」，原訛作「囷」，蓋形近而誤。

一三·三〇　莊子外篇山木

孔子窮於陳、蔡之閒，七日不火食。左據槁木，右擊槁枝，而歌猋氏〔一〕之風，有其具而無其數〔二〕，有其聲而無宫角〔三〕，木聲與人聲，犂然〔四〕有當於人之心。顔回端拱還目而窺之。仲尼恐其廣己而造大也，愛己而造哀也〔五〕，曰：「回，無受天損易〔六〕，無受人益難〔七〕。無始而非卒也〔八〕，人與天，一也。夫今之歌者，其誰乎？」回曰：「敢問無受天損易。」仲尼曰：「飢渴寒暑，窮桎不行。天地之行也，運物之泄也，言與之偕遊〔九〕之謂也。爲人臣者，不敢去之。執臣之道猶若是，而況乎所以待天乎！」「何謂無受人益難？」仲尼曰：「始用四達，爵禄並至而不窮，物之所利，乃非己也，吾命有〔一〇〕在外者也。君子不爲盜，賢人不爲竊。吾若取之，何哉！故曰，鳥莫知於鷾鴯〔一一〕，目之所不宜處，不給視，雖落其實，棄之而走。其畏人也，而襲〔一二〕諸人間，社稷存焉爾。」「何謂無始而非卒？」仲尼曰：「化其萬物而不知其禪之者〔一三〕，焉知其所終？焉知其所始？正而待之而已耳。」「何謂人與天一邪？」仲尼曰：「有人，天也；有天，亦天也。人之不能有天，性也，聖人晏然體逝而終矣！」

〔一〕「猋氏」，王先謙本作「焱氏」。

〔二〕宣穎曰：「有枝擊木而無節奏。」

〔三〕宣穎曰：「有歌聲而無音律。」

〔四〕宣穎曰：「犁然，猶釋然，如犁田者其土釋然也。」

〔五〕王先謙曰：「造，至也。自廣而至於自大，自愛而至於自傷，皆非所以處窮。」

〔六〕郭象曰：「唯安之故易。」

〔七〕成玄英曰：「儻來而寄，推之即難。」

〔八〕郭象曰：「於今爲始者，於昨爲卒，則所謂始者即是卒矣。言變化之無窮。」

〔九〕「遊」，百子全書本、王先謙本皆作「逝」。

〔一〇〕「有」，陳鼓應本作「其」。

〔一一〕釋文曰：「知音智。或曰：鷾鴯，燕也。」

〔一二〕成玄英曰：「襲，入也。」

〔一三〕王先謙曰：「天化生萬物，日新不窮，而不知誰爲禪代之者。」

一三·三一　墨子非儒

孔丘窮於陳、蔡之閒，藜羹不糂〔一〕。十日，子路爲享豚，孔丘不問肉之所由來而食；號〔二〕人衣以酤酒，孔丘不問酒之所由來而飲。哀公迎孔丘，席不端弗坐，割不正弗食。子路進請曰：「何其與陳、蔡反也？」孔丘曰：「來！吾語汝。曩與女爲苟生，今與女爲苟義。」

〔一〕説文曰：「糂，以米和羹也。一曰粒也。」

〔二〕原注：「褫」字之誤。孔叢作「剥」。

一三・三二　吕氏春秋審分覽任數

孔子窮乎陳、蔡之閒，藜羹不斟〔一〕，七日不嘗粒。晝寢，顔回索米，得而爨之，幾熟，孔子望見顔回攫其甑中而食之。選閒〔二〕，食熟，謁孔子而進食。孔子佯爲不見之〔三〕。孔子起曰：「今者夢見先君，食潔而後〔四〕饋。」顔回對曰：「不可。嚮者煤室〔五〕入甑中，棄食不祥，回攫而飯之。」孔子歎曰：「所信者目也，而目猶不可信；所恃者心也，而心猶不足恃。弟子記之，知人固不易矣。」

〔一〕許維遹引畢沅之説以爲「斟」當作「糂」。

〔二〕高誘注曰：「選閒，須臾。」

〔三〕俞樾以爲「孔子佯爲不見之」七字當在「選閒，食熟」之上。陳奇猷同意俞説。

〔四〕據許維遹，「後」，一本作「欲」，一本作「故」。

〔五〕原注：御覽八百三十八引作「炲煤」。今案：畢沅改「煤室」爲「煤炱」，王引之以爲當作「炱煤」，陳奇猷以爲「室」當爲「實」之假字。

一三・三三　論衡知實

顔淵炊飯，塵落甑中，欲置之則不清，投地則棄飯，掇而食之。孔子望見，以爲竊食。

一三・三四　説苑貴德

孔子之楚，有漁者獻魚甚强〔一〕，孔子不受。獻魚者曰：「天暑遠市〔二〕，賣之不售，思欲棄之，不若獻之君子。」孔子再拜受，使弟子埽除，將祭之。弟子曰：「夫人將棄之，今吾子〔三〕將祭之，何也？」孔子曰：「吾聞之，務施而不腐餘財者，聖人也。今受聖人之賜，可無祭乎？」

〔一〕盧文弨曰：「『甚强』二字，御覽四百七十八無。」向宗魯曰：「事類賦二十九注引亦無。」

〔二〕「遠市」，向宗魯本作「市遠」。

〔三〕「吾子」，御覽引作「夫子」。

一三・三五　説苑雜言

楚昭王召孔子，將使執政，而封以書社七百。子西謂楚王曰：「王之臣，用兵有如子路者乎？使諸侯有如宰予者乎？長官五官有如〔一〕子貢者乎？昔文王處酆，武王處鎬，酆、鎬之間，百乘之地，伐上殺主，立爲天子，世皆曰聖王。今以孔子之賢，而有書社七百里之地，而三子佐之，非楚之利也。」楚王遂止。

〔一〕「官」，向宗魯本作「管」。向宗魯本無「如」字。

一三·三六　莊子内篇人間世

孔子適楚,楚狂接輿遊其門曰:「鳳兮鳳兮,何如德之衰也! 來世不可待,往世不可追也。天下有道,聖人成焉;天下無道,聖人生焉。方今之時,僅免刑焉。福輕乎羽,莫之知載;禍重乎地,莫之知避。已乎已乎,臨人以德! 殆乎殆乎,畫地而趨〔一〕! 迷陽迷陽〔二〕,無傷吾行! 吾行郤曲〔三〕,無傷吾足!」山木自寇也,膏火自煎也。桂可食,故伐之;漆可用,故割之。人皆知有用之用,而莫知無用之用也。

〔一〕宣穎曰:「最可危者,拘守自苦之人。」

〔二〕王先謙曰:「謂棘刺也,生於山野,踐之傷足。至今吾楚與夫遇之,猶呼『迷陽踢』也。迷音讀如麻。」

〔三〕此「吾行」,陳鼓應校作「郤曲」。王孝魚曰:「闕誤引張君房本『吾行』作『郤曲』。」成玄英曰:「郤,空也。曲,從順也。隨順物性,則凡稱吾者自足也。」

一三·三七　琴操〔一〕

猗蘭操者,孔子所作也。孔子歷〔二〕聘諸侯,諸侯莫能任。自衛反魯,過隱谷之中,見薌蘭獨茂,喟然嘆曰:「夫蘭當爲王者香,今乃獨茂,與衆草爲伍,譬猶賢者不逢時,與鄙夫爲倫也。」乃止車援琴鼓之云：「習習谷風，以陰以雨；之子于歸，遠送于野；何彼蒼天，不得其所；逍遥九州，無所定處；世人闇蔽，不知賢者；年紀逝邁，一身將老。」自傷不逢時，託辭於薌〔三〕蘭云。

〔一〕見琴操卷上。

〔二〕馬瑞辰曰：「太平御覽香部引無『歷』字。」

〔三〕馬瑞辰曰：「太平御覽香部引『薌』作『香』。」

一三·三八　越絶書七

昔者陳成恒相齊簡公，欲爲亂，憚齊邦鮑、晏，故徙其兵而伐魯，魯君憂也。孔子患之，乃召門人弟子而謂之曰：「諸侯有相伐者尚恥之。今魯，父母之邦也，丘墓存焉，今齊將伐之，可無一出乎？」顔淵辭出，孔子止之；子路辭出，孔子止之；子貢辭出，孔子遣之。

一三·三九　吴越春秋夫差内傳

十三年，齊大夫陳成恒欲弑簡公，陰憚齊〔一〕國、鮑、晏，故前興兵伐魯，魯君憂之，孔子患之，召門人而謂之曰：「諸侯有相伐者，丘嘗〔二〕恥之。夫魯，父母之國也，丘墓在焉，今齊將伐之，子無意一出邪？」子路辭出，孔子止之；子張、子石請行，孔子弗許；子貢辭出，孔子遣之。

〔一〕「齊」，四部叢刊本、四庫全書本皆作「高」。

〔二〕「嘗」，四部叢刊本、四庫全書本皆作「常」。

一三·四〇　越絶書外傳本事

子貢與夫子坐，告夫子曰：「太宰死。」夫子曰：「不死也。」如是者再。子貢再拜而問：「何以知之？」夫子曰：「天生宰嚭者，欲以亡吴，吴今未亡，宰何病乎？」後，人來言不死。

一三·四一　淮南子人間訓

昔者衛君朝於吴，吴王囚之，欲流之於海，説者冠蓋相望而弗能止。魯君聞之，撤鐘鼓之縣，縞素而朝。仲尼入見曰：「君胡爲有憂色？」魯君曰：「諸侯無親，以諸侯爲親；大夫無黨，以大夫爲黨。今衛君朝於吴王〔一〕，吴王囚之而欲流之於海，孰〔二〕衛君之仁義，而遭此難也。吾欲免之而不能，爲奈何？」仲尼曰：「若欲免之，則請子貢行。」魯君召子貢，授之將軍之印，子貢辭曰：「貴〔三〕無益於解患，在所由之道。」斂躬而行，至於吴，見太宰嚭，太宰嚭甚説之，欲薦之於王。子貢曰：「子不能行説于王，奈何吾因子也？」太宰嚭曰：「子焉知予〔四〕之不能也？」子貢曰：「衛君之來也，衛國之半曰不若朝於晉，其半曰不若朝於吴。然衛君以爲吴可以歸骸骨也，故束身以受命。今子受衛君而囚之，又欲流之於海，是賞言朝於晉者，而罰言朝於吴也。且衛君之來也，諸侯皆以爲耆〔五〕龜兆。今朝於吴而不利，則皆移心於晉矣。子欲成伯王之業〔六〕，不亦難乎？」太宰嚭入，復之於王，王報出令於百官，曰：「比十日，而衛君之禮不具者死。」子貢可謂知所以説矣。

〔一〕王念孫以爲「王」字涉下句而衍。

〔二〕「執」，劉文典本作「孰意」。

〔三〕「貴」，百子全書本作「賞」。

〔四〕原注：一作「嚭」。

〔五〕「耆」，劉文典本作「蓍」。

〔六〕「子欲成伯王之業」，百子全書本、諸子集成本、劉文典本均作「子之欲成霸王之業」。

一三·四二　史記衛世家

孔子聞衛亂，曰：「嗟乎！柴也其來乎？由也其死矣。」

一三·四三　御覽八百六十五引風俗通

子路感雷精而生，尚剛好勇。死，衛人醢之，孔子覆醢，每聞雷聲，惻怛〔一〕耳。

〔一〕王利器風俗通義校注引此文無「聲」字，「惻怛」前多一「心」字。

一三·四四　拾遺記二

孔子相魯之時，有神鳳游集。至哀公之末，不復來翔，故云：「鳳鳥不至。」可爲悲矣！

一三·四五　初學記二十九引孝經右契〔一〕

孔子夜夢豐、沛邦有赤烟氣起，顔回、子夏侣往觀之。驅車到楚西北范氏之廟，見芻兒捶麟，傷其前左足，束薪而覆之。孔子曰：「兒，來！汝姓爲誰？」曰：「吾姓爲赤松，子時橋〔二〕，名受紀。」孔子曰：「汝豈有所見乎？」「吾所見一禽〔三〕，如麕，羊頭，頭上有角，其末有肉，方以是西走。」孔子發薪下，麟視孔子而往〔四〕。麟蒙其耳，吐三卷書，孔子精而讀之。

〔一〕原注：御覽八百八十九引作「左契」。

〔二〕原注：事類賦二十注引孝經援神契作「字時僑」。

〔三〕「禽」，中華書局本初學記作「獸」。

〔四〕原注：事類賦注作「孔子發薪下麟視之」，無「孔子而往」四字。今案：中華書局本初學記「孔子」下有「趨」字。

一三·四六　搜神記八

魯哀公十四年，孔子夜夢三槐之間，豐、沛之邦，有赤氤氣起，乃呼顏淵〔一〕、子夏同往觀之。驅車到楚西北范氏街，見芻兒打麟，傷其左前足，束薪而覆之。孔子曰：「兒，來！汝姓爲誰？」兒曰：「吾姓爲赤松，名時喬，字受紀。」孔子曰：「汝豈有所見乎？」兒曰：「吾所見一禽，如麕，羊頭，頭上有角，其末有肉，方以是西走。」孔子曰：「天下已有主也，爲赤劉，陳、項爲輔。五星入井，從歲星。」兒發薪下麟，示孔子。孔子趨而往。麟向孔子，蒙其耳，吐三卷圖，廣三寸，長八寸，每卷二十四字。其言赤劉當起，曰：「周亡，赤氣起，火曜興，玄丘制命，帝卯金。」

〔一〕「顏淵」，中華書局本搜神記作「顏回」。

一三·四七　拾遺記三

周靈王立二十一年，孔子生於魯襄公之世。夜有二蒼龍自天而下，來附徵在之房，因夢而生夫子。有二神女，擎香露於空中而來，以沐浴徵在。天帝下，奏鈞天之樂，列於顏氏之房。空中有聲，言天感生聖子，故降以和樂笙鏞之音，異於俗世也。

又有五老列於徵在之庭,則五星之精也。夫子未生時,有麟吐玉書於闕里人家,文云:「水精之子孫〔一〕,衰周而素王。」故二龍繞室,五星降庭。徵在賢明,知爲神異,乃以繡紱繫麟角,信宿而麟去。相者云:「夫子係殷湯,水德而素王。」至敬王之末,魯定公十四年〔二〕,魯人鉏商田〔三〕,得麟,以示夫子,繫角之紱,尚猶在焉。夫子知命之將終,乃抱麟解紱,涕泗滂沲。且〔四〕麟出之時,及解紱之歲,垂百年矣。

〔一〕「孫」,中華書局本拾遺記校爲「係」。

〔二〕「十四年」,百子全書本、中華書局本拾遺記皆作「二十四年」,誤。今案:魯定公在位共十五年。

〔三〕百子全書本、中華書局本拾遺記「田」下有「於大澤」三字。

〔四〕齊治平曰:「且」疑「自」之誤。

一三·四八　藝文類聚十引琴操

魯哀公十四年,西狩,薪者獲麟,繫之,傷其左足,將以示孔子。孔子道與相逢見,俛而泣,抱麟曰:「爾孰爲來哉!孰爲來哉!」反袂拭面,乃歌曰:「唐虞世兮麟鳳遊,今非其時來何求?麟兮麟兮我心憂。」〔一〕仰視其人,龍顔日月〔二〕。夫子奉麟之口,須臾,取〔三〕三卷圖。一爲赤伏,劉季興爲王;二爲周滅,夫子將終;三爲漢制造,作孝經。夫子還，謂子夏曰：「新主將起，其〔四〕如得麟者。」

〔一〕「乃歌曰」至「我心憂」，宋本藝文類聚無，而漢學堂叢書本琴操有。

〔二〕原注：當作「角」。

〔三〕「取」，宋本藝文類聚、漢學堂叢書本琴操皆作「吐」，是也。

〔四〕宋本藝文類聚「其」下有「人」字。

一三·四九　御覽二十一又七百二十四引公孫尼子

孔子有疾，哀公使醫視之。醫曰：「子居處飲食何如？」孔子曰：「丘春居葛室〔一〕，夏居密陽〔二〕，秋不風，冬不煬；飲食不造〔三〕，飲酒不勸。」醫曰：「是良藥也。」

〔一〕「室」，中華書局影印本御覽、玉函山房輯佚書本公孫尼子皆作「籠」。

〔二〕「陽」，玉函山房輯佚書本公孫尼子作「楊」。

〔三〕「造」，中華書局影印本御覽、玉函山房輯佚書本公孫尼子作「饋」。

一三·五〇　繹史孔子類記四引莊子

孔子病，子貢出，卜。孔子曰〔一〕：「吾坐席不敢先，居處若齋，飲食若祭，吾卜之久矣。」

〔一〕四庫全書本繹史下有「子侍也」三字。

一三・五一　論衡别通

孔子病，商瞿卜，期日中。孔子曰：「取書來，比至日中何事乎？」

一三・五二　劉子崇學

宣尼臨没，手不釋卷。

一三・五三　水經注二十五引春秋説題辭〔一〕

孔子卒，以所受黄玉，葬魯城北〔二〕。

〔一〕見泗水下注。

〔二〕原注：御覽八百四引同。又白虎通崩薨引檀弓曰：「孔子卒，以所受魯君之璜玉葬魯城北。」今檀弓無此文。

一三・五四　論衡紀妖

孔子當泗水而葬，泗水却流。

一三・五五　御覽五百六十引皇覽冢墓記

魯大夫叔梁紇冢，在魯國東陽聚安泉東北八十五〔一〕步，名曰防冢。民傳曰：防墳，于防地微高〔二〕。孔子冢，魯城北便門外，南去城十〔三〕里。冢塋〔四〕方百畝，冢南北廣十步，東西十步〔五〕，高丈二尺。冢爲祠壇〔六〕，方六尺，與地方平，無祠堂〔七〕。冢塋中樹以百數，皆異種，魯人世世皆無能名其樹者。民傳云：孔子弟子異國人，各持其國樹來種之〔八〕。孔子塋中不生荆棘及刺人草。伯魚冢〔九〕，孔子冢東邊〔一〇〕，與孔子並，大小相望。子思冢，在孔子冢南，亦大小相望〔一一〕。

〔一〕「五」，中華書局影印本御覽、叢書集成本皇覽皆作「四」。

〔二〕「防」，中華書局影印本御覽作「墳」，叢書集成本皇覽連下句作「於地微高」。

〔三〕「十」，中華書局影印本御覽、叢書集成本皇覽皆作「一」。

〔四〕「營」，中華書局影印本御覽、叢書集成本皇覽皆作「塋」。

〔五〕原注：繹史引作「十三步」。

〔六〕原注：繹史作「冢前以瓴甓爲祠壇」。

〔七〕原注：繹史作「與地平，本無祠堂」。

〔八〕原注：繹史此下有「其樹柞枌、雒離、女貞、五味、毚檀之樹」。

〔九〕中華書局影印本御覽、叢書集成本皇覽「冢」下有「在」字。

〔一〇〕中華書局影印本御覽、叢書集成本皇覽無「邊」字。

〔二〕原注：水經注二十五泗水引皇覽云：「弟子各以四方奇木來植，故多異樹，不生棘木刺草。」今案：「亦大小相望」，中華書局影印本御覽、叢書集成本皇覽無「亦」字。

一三·五六　金樓子志怪

孔子冢在魯城北，塋中樹以百數，皆異種，魯人世世無能名者。傳言：孔子弟子，既皆異國之人，各持其國樹來種之。孔子塋中，至今不生荆棘草木。

一三·五七　漢書魯恭王傳

恭王初好治宮室，壞孔子舊宅以廣其宮，聞鐘磬琴瑟之音，遂不敢復壞，於其壁中得古文經傳。

一三·五八　水經注二十五泗水

廟屋三間，夫子在西間，東向；顏母在中間，南向；夫人隔東一間，東向。夫人〔一〕牀前，有石硯一枚，作甚朴，云平生時物也。

〔一〕原注：當作「夫子」。

一三·五九　初學記二十一引從征記

魯國孔子廟中，夫子床前有石硯一枚，作甚古朴，蓋夫子平生時物〔一〕。

〔一〕原注：案叙事、事對兩引。又見御覽六百五。今案：初學記兩引從征記，前引無「夫子牀前」、「作甚古朴」二句；後引無「魯國孔子廟中」一句，與御覽六百五同。御覽「夫子」作「孔子」。

一三·六〇　御覽五十四引輿地志

贊皇縣有孔子嶺，上有石堂，寬博，其石相拒若楹柱；有石人像，執卷之狀。

【補遺】

一三·六一　劉子卷七慎隟章〔一〕

昔仲尼觀欹器而革容。袁注：周公廟中有祭器，常傾欹不正，號之欹器。太滿則傾，不滿亦欹，惟平則正矣。孔子於周公廟見之，問主器曰：「此器何名？」曰：「欹器。」孔子曰：「吾聞欹器，太滿則傾，不滿亦欹，惟平則正。」〔二〕

〔一〕應爲誡盈章。

〔二〕商正曰：荀子宥坐篇、淮南子道應訓、韓詩外傳三、説苑敬慎篇均述孔子觀欹器一事，而文加詳。四篇孫氏均采輯，袁注劉子不過就四篇而略有省易，非别有見本也。元著據袁注以輯爲專條，意似補孫書之闕，實則拾孫書所棄耳。今案：依海甯陳氏影印劉子袁注，此後當補「孔子於是發嘆改其心,噓曰:『古人制之,以約後代人慎傾滿,使各得其分也』」一段。又案:請參閲本書凡例注。

一三·六二　宋唐庚三國雜事卷下

孫盛評曰:「子路私饋,仲尼毁其食器。」

一三·六三　公羊定十二年傳

曷爲帥師墮費〔一〕?孔子行乎季孫,三月不違,曰:「家不藏甲,邑無百仞〔二〕之城。」於是帥師墮郈,帥師墮費。

〔一〕十三經注疏本重「帥師墮費」四字。
〔二〕「仞」,十三經注疏本作「雉」。

一三·六四　劉子心隱

若子貢始事孔子,一年自謂勝之,二年以爲同德,三年方知不及。

一三·六五　劉子心隱袁注

孔子爲魯司寇,語魯定公曰:「勇而有謀,此亂天下也,君可殺之。」定公誅少正卯也〔一〕。

〔一〕商正曰：孔子誅少正卯事，荀子宥坐、尹文子聖人、淮南子氾論訓、説苑指武、論衡講瑞等五編均記述甚詳，劉子心隱亦采録其事。其數少正卯之罪，荀子曰：「心達而險，行辟而堅，言僞而辯，記醜而博，順非而澤。」尹文子曰：「心達而險，行僻而堅，言僞而辯，彊記而博，順非而澤。」説苑曰：「心辨而險，言僞而辯，行辟而堅，志愚而博，順非而澤。」又云：「苟行以僞，則其知足以移衆，强足以獨立。此姦人之雄也，不可不誅。」劉子心隱亦云：「心逆而憸，行辟而堅，言僞而辯，詞鄙而博，順非而澤。」袁注之「勇而有謀，此亂天下也，君可殺之」之語，即襲取説苑「强足以獨立，此姦人之雄也，不可不誅」數語，而變易其文，非別有所據也。諸篇及劉子，孫氏均已采輯，元箸僅據袁注，羼改説苑之文，另立專條，其疏失與上條同。今案：參閲本書凡例注。

一三·六六　繹史孔子類記一引琴操

猗蘭操，孔子所作也。孔子歷聘諸侯，諸侯莫能任。自衛反魯，幽谷之中，見幽〔一〕蘭獨秀，喟然嘆曰：「夫蘭當爲王者香，今乃與衆艸爲伍！」乃止車援琴鼓之，自傷不逢時，託辭於香蘭。云：「習習谷風，以陰以雨；之子于歸，遠送于野；從如蒼天，不得其所；逍遥九州，無所定處；時人闇蔽，不知賢者；年紀逝邁，一身將老。」〔一〕

〔一〕商正曰：此條孫書已輯。琴操原本「衆艸爲伍」下有「譬猶賢者不逢時，與鄙夫爲倫也」十三字，至「自傷不逢時，託辭於薌蘭」二句在「一身將老」之末，校繹史所引文理爲順。此篇文字乃繹史引琴操，又譌脱顛倒耳，非另有異本（既曰「援琴鼓之」云，以下當人操辭矣。乃又言「自傷不逢時，託辭於香蘭」，豈孔子鼓操而自表明託辭乎？「自傷不逢時」二句非猗蘭操辭，乃後儒之按語也。必如琴操原文，讀之曰「乃止車援琴鼓之，云：『習習谷風，以陰以雨；之子於歸，遠送于野；何彼蒼天，不得其所；逍遥九州，無所定處；世人闇被，不知賢者；年紀逝邁，一身將老。』自傷不逢時，託辭於薌蘭」云，其詞乃順。繹史删去一「云」字，而厠此二句於「習習谷風」之上，詞意不順，恐亦轉寫譌誤耳）。當以孫輯爲正，不宜再爲重列。

一三・六七　繹史孔子類記一引琴操

琴操又名息陬操，其辭曰：「乾澤而魚，蛟龍不游；覆巢毁卵，鳳不翔留；慘予心悲，還轅息陬。」〔一〕

〔一〕今本繹史無此文。

一三・六八　古詩源一琴操逸文槃操

乾澤而漁，蛟龍不遊；覆巢毁卵，鳳不翔留；慘予心悲，還轅息陬〔一〕。

〔一〕原注：按息陬操爲竇鳴犢、舜華而作也，史記可證。家語云：「作槃操以哀之。」

商正曰：按此與上條繹史孔子類記一引琴操「琴操又名息陬操，其辭曰：『乾澤而魚，蛟龍不游；覆巢毁卵，鳳不翔留；慘予心悲，還原息陬』」之語全同（「原」、「轅」音同，轉寫偶别，不得謂之異本），宜依孫書附列之例，不宜與繹史另分一條（按兩篇所引，雖有息陬、槃操之别，不過一操二名，非孔子當日有二操也。究嫌重複，宜删去此條爲妥），元箸以一琴操而區分二條，與孫書附列之例不合。

一三·六九　水經沁水

又東過野王縣北。注云：又〔一〕東南徑孔子廟東。述舊記〔二〕仲尼傷道不行，欲北從趙鞅。聞殺鳴犢，遂旋車而反。及其後也，晉人思之，于太行嶺南爲之立廟，蓋當〔三〕時回轅處也。

〔一〕世界書局本水經注「又」上有「邘水」二字。

〔二〕世界書局本水經注無「述舊記」三字。

〔三〕「當」，世界書局本水經注作「往」。

一三·七〇　御覽八百四十九飲食部引莊子

孔子病，子貢出，卜。孔子曰：「汝待也。吾坐席不敢先，居處若齋，食飲若祭。吾卜之久矣。」〔一〕

〔一〕原注：按困學紀聞入莊子逸文。

一三・七一　明沈德符野獲編

孔子履在晉武庫中，與〔一〕斬蛇劍同焚矣。至宋靖康，金人擄去古物，又有女媧琴。孔子履何邪？豈宣尼行縢尚留二編〔二〕邪？又唐宣宗令有司倣孔子履名魯風鞋，宰相以下俱效之，號遵王履，則似孔子履未焚也。

〔一〕中華書局本萬曆野獲編「與」上有「元康中已」四字。

〔二〕「二編」，中華書局本萬曆野獲編作「兩緉」。

一三・七二　元楊瑀山居新話

大都鐘樓街，家藏宣聖履。

一三・七三　北堂書鈔一百四十三引班固幽通賦注

孔子在陳、蔡，七日而九食，門人有飢。

【商正】

一三・七四　公羊哀十四年傳〔一〕

顔淵死，子曰：「噫，天喪予！」子路死，子曰：「噫，天祝予！」西狩獲麟，孔子曰：

「吾道窮矣。」

〔一〕原注：按春秋繁露隨本消息：「顔淵死，子曰：『天喪予！』子路死，子曰：『天祝予！』西狩獲麟，曰：『吾道窮！吾道窮！』三年身隨而卒。」説本公羊傳，而略有異文。應依孫書載入附見之例，故不立專條。

一三·七五　史記孔子世家索隱引賈逵左氏傳解詁

仲尼〔一〕時年三十五矣。

〔一〕據史記索隱，「仲尼」上當補「至二十四年，僖子卒。賈逵云」十一字。

一三·七六　公羊傳正義引公羊嚴氏記〔一〕

從襄二十一年之後孔子生訖，即爲所見之世。又：孔子在襄二十一年生，從生以後，理不得謂之所聞也。

〔一〕據公羊傳正義，此爲顔安樂語，當作顔氏記。

一三·七七　王肅聖證論〔一〕

祥之日，鼓素琴。孔子彈琴笙歌，乃省哀樂非正樂也。

〔一〕原注：通典卷八十七引。

一三·七八　史記孔子世家集解引孔安國論語訓解

孔子去衛如曹,曹不容。又之宋,遭匡人之難。又之陳,會吴伐陳。陳亂,故乏食也。

一三·七九　劉向七録列子書論

尼父生在鄭穆之年〔一〕。

〔一〕查玉函山房輯佚書本七略、别録,無此語。

一三·八〇　李康運命論〔一〕

仲尼見忌於子西。

〔一〕見文選。

一三·八一　羅泌路史餘論五行書論

孔子以庚戌年二月二十三日庚子甲申時生。

一三·八二　南齊書引藏〔一〕榮緒説

宣尼庚子日生,每以是日,〔二〕陳五經而拜之。

〔一〕據南齊書,「藏」當作「臧」,蓋音同而誤。

〔二〕「宣尼庚子日生」，中華書局點校本南齊書作「常以宣尼生庚子日」，無「每以是日」四字，「拜」上無「而」字。

一三·八三　皇侃論語集解義疏卷一引梁冀説

凡人求聞見乃知耳，夫子觀化以知之，與凡人異也。

一三·八四　皇侃論語集解義疏疏〔一〕九引王弼説

孔子機發後應，事形乃視，擇地以處身，資教以全度者也，故不入亂人之邦。聖人通遠慮微，應變神化，濁亂不能污其潔，凶惡不能害其性，所以避難不藏身，絶物不以形也。

〔一〕此「疏」字，蓋「卷」字之訛。

【新補】

一三·八五　史記周本紀

四十一年，楚滅陳，孔子卒。

一三·八六　史記秦本紀

惠公元年，孔子行魯相事。

一三・八七　史記秦始皇本紀

孔子以悼公十二年卒。

一三・八八　史記三代世表

五帝、三代之記,尚矣。自殷以前,諸侯不可得而譜,周以來乃頗可著。孔子因史文次春秋,紀元年,正時日月,蓋其詳哉。至於序尚書則略,無年月,或頗有,然多闕,不可録,故疑則傳疑,蓋其慎也。

一三・八九　史記十二諸侯年表

孔子明王道,干七十餘君,莫能用,故西觀周室,論史記舊聞,興於魯而次春秋,上記隱,下至哀之獲麟,約其辭文,去其煩重,以制義法,王道備,人事浹。七十子之徒口受其傳指,爲有所刺譏褒諱挹損之文辭不可以書見也。魯君子左丘明懼弟子人人異端,各安其意,失其真,故因孔子史記具論其語,成左氏春秋。

一三・九〇　史記禮書

自子夏,門人之高弟也,猶云「出見紛華盛麗而説,入聞夫子之道而樂,二者心戰,未能自決」，而況中庸以下，漸漬於失教，被服于成俗乎？孔子曰「必也正名」，於衛所居不合。仲尼没後，受業之徒沈湮而不舉，或適齊、楚，或入河海，豈不痛哉！

一三·九一　史記吴太伯世家

十五年，孔子相魯。

一三·九二　史記齊太公世家

四十八年，與魯定公好會夾谷。犂鉏曰：「孔丘知禮而怯，請令萊人爲樂，因執魯君，可得志。」景公害孔丘相魯，懼其霸，故從犂鉏之計。方會，進萊樂，孔子歷階上，使有司執萊人斬之，以禮讓景公。景公慙，乃歸魯侵地以謝，而罷去。是歲，晏嬰卒。

一三·九三　史記魯周公世家

十年，定公與齊景公會於夾谷，孔子行相事。齊欲襲魯君，孔子以禮歷階，誅齊淫樂，齊侯懼，乃止，歸魯侵地而謝過。十二年，使仲由毁三桓城，收其甲兵。孟氏不肯墮城，伐之，不克而止。季桓子受齊女樂，孔子去。

一三・九四　史記魯周公世家

十一年,齊伐魯。季氏用冉有有功,思孔子,孔子自衛歸魯。

一三・九五　史記魯周公世家

十四年,齊田常弑其君簡公於徐州。孔子請伐之,哀公不聽。十五年,使子服景伯、子貢爲介,適齊,齊歸我侵地。田常初相,欲親諸侯。

一三・九六　史記魯周公世家

十六年,孔子卒。

一三・九七　史記陳杞世家

湣公六年,孔子適陳。吴王夫差伐陳,取三邑而去。十三年,吴復來伐陳,陳告急楚,楚昭王來救,軍於城父,吴師去。是年,楚昭王卒於城父。時孔子在陳。十五年,宋滅曹。十六年,吴王夫差伐齊,敗之艾陵,使人召陳侯。陳侯恐,如吴。楚伐陳。

一三·九八　史記陳杞世家

二十四年，楚惠王復國，以兵北伐，殺陳湣公，遂滅陳而有之。是歲，孔子卒。

一三·九九　史記衛康叔世家

三十八年，孔子來，禄之如魯。後有隙，孔子去。後復來。

一三·一〇〇　史記衛康叔世家

孔子自陳入衛。九年，孔文子問兵於仲尼，仲尼不對。其後魯迎仲尼，仲尼反魯。

一三·一〇一　史記衛康叔世家

二年，魯孔丘卒。

一三·一〇二　史記宋微子世家

二十五年，孔子過宋，宋司馬桓魋惡之，欲殺孔子，孔子微服去。

一三·一〇三　史記儒林列傳

孔子閔王路廢而邪道興，於是論次詩書，修起禮樂。適齊聞韶，三月不知肉味。自衛返魯，然後樂正，雅、頌各得其所。世以混濁莫能用，是以仲尼干七十餘君無所遇，曰「苟有用我者，期月而已矣」。西狩獲麟，曰「吾道窮矣」。故因史記作春秋，以當王法。其辭微而指博，後世學者多録焉。

一三·一〇四　漢書楊胡朱梅雲傳

此言孔子故殷之後也。雖不正統，封其子孫以爲殷後，禮亦宜之。

一三·一〇五　漢書楊胡朱梅雲傳

禮記孔子曰：「丘，殷人也。」先師所共傳，宜以孔子世爲湯後。

一三·一〇六　漢書蓋諸葛劉鄭孫毋將何傳

趙簡子殺其大夫鳴犢，孔子臨河而還。

一三·一〇七　漢書趙尹韓張兩王傳

孔子治魯，七日誅少正卯。

一三·一〇八　漢書傳常鄭甘陳段傳

春秋夾谷之會，優施笑君，孔子誅之，方盛夏，首足異門而出。

一三・一〇九　漢書楚元王傳

孔子與季、孟偕仕於魯。

一三・一一〇　漢書楚元王傳

孔子葬母于防，稱古墓而不墳，曰：「丘，東西南北之人也，不可不識也。」爲四尺墳，遇雨而崩。弟子修之，以告孔子，孔子流涕曰：「吾聞之，古者不修墓。」

一三・一一一　漢書楚元王傳

季子不歸葬。孔子往觀曰：「延陵季子於禮合矣。」

一三・一一二　風俗通義正失

孔子葬魯城之北。

一三・一一三　風俗通義十反

孔丘周流以應聘。

一三・一一四　新序雜事

昔魯聽季孫之説逐孔子。

一三·一一五　新序善謀

孔子,賢人也,逐於魯,而是人不隨也。

一三·一一六　説苑貴德

孔子歷七十二君,冀道之一行,而得施其德,使民生於全育,烝庶安土,萬物熙熙,各樂其終。卒不遇,故睹麟而泣,哀道不行,德澤不洽,於是退作春秋,明素王之道,以示後人,思施其惠,未嘗輟忘。

一三·一一七　説苑善説

趙襄子謂仲尼曰:「先生委質以見人主,七十君矣,而無所通,不識,世無明君乎?意先生之道固不通乎?」仲尼不對。異日,襄子見子路,曰:「嘗問先生以道,先生不對。知而不對,則隱也,隱則安得爲仁?若信不知,安得爲聖?」子路曰:「建天下之鳴鐘而撞之以梃,豈能發其聲乎哉?君問先生,無乃猶以梃撞乎?」

一三·一一八　説苑雜言

孔子爲魯司寇而不用;從祭,膰肉不至;不脱冕而行。其不善者以爲爲肉也,其善者以爲爲禮也。

一三·一一九　吕氏春秋仲春紀當染

子貢、子夏、曾子學於孔子，田子方學於子貢，段干木學於子夏，吴起學於曾子。

一三·一二〇　鹽鐵論論儒

孔子脩道魯、衛之間，教化洙、泗之上，弟子不爲變，當世不爲治，魯國之削滋甚。

一三·一二一　鹽鐵論散不足

孔子栖栖〔一〕，疾固也。

〔一〕栖栖，不安也。

一三·一二二　金樓子著書

老聃貴弱，孔子貴仁，陳駢貴齊，楊朱貴己，而終爲令德。

一三·一二三　水經注卷八濟水二

濮水又東徑匡城北，孔子去衛適陳，遇難于匡者也。

一三·一二四　水經注卷八濟水二

濮渠又東逕蒲城北，故衛之蒲邑。孔子將之衛，子路出於蒲者也。

一三·一二五　高士傳陸通

陸通，字接輿，楚人也。好養姓，躬耕以爲食。楚昭王時，通見楚政無常，乃佯狂不仕，故時人謂之楚狂。孔子適楚，楚狂接輿遊其門，曰：「鳳兮鳳兮，何如德之衰也？來世不可待，往世不可追也。天下有道，聖人成焉；天下無道，聖人生焉。方今之時，僅免刑焉。福輕乎羽，莫之知載；禍重乎地，莫之知避。已乎已乎，臨人以德；殆乎殆乎，畫地而趨。迷陽迷陽，無傷吾行；卻曲卻曲，無傷吾足。山木自寇也，膏火自煎也。桂可食，故伐之；漆可用，故割之。人皆知有用之用，而不知無用之用也。」孔子下車，欲與之言，趨而避之，不得與之言。

孔子集語卷十四

雜事十二

一四·一　禮記檀弓疏引論語撰考讖

叔梁紇與徵在禱尼丘山，感黑龍之精以生仲尼。

一四·二　藝文類聚八十八引春秋演孔圖〔一〕

孔子母徵在游大冢〔二〕之陂，睡，夢黑帝使請與己交，語曰：「女乳必於空桑之中。」覺則若感，生丘於空桑之中。

〔一〕此與下條，與「一四·一」所述内容相同，附列於後，應低一字排列。原頂格排齊，誤。

〔二〕原注：事類賦注二十五、御覽九百五十五與此同，三百六十一作「大澤」。

一四·三　後漢班固傳下注引演孔圖

孔子,母徵在夢感黑帝而生,故曰玄聖。

一四·四　論衡實知

孔子生不知其父,若母匿之,吹律自知殷宋大夫子氏之世也〔一〕。

〔一〕原注:御覽十六引論衡曰:「孔子吹律,自知殷之苗裔。」

一四·五　御覽三百七十一引演孔圖

孔胸文曰:「制作定世符運。」

一四·六　御覽三百七十七引演孔圖

孔子長十尺,大九圍。坐如蹲龍,立如牽牛,就之如昴,望之如斗。

一四·七　御覽三百六十七引孝經援神契

孔子海口,言若含澤〔一〕。

〔一〕又見於論語摘輔象。

一四·八　御覽三百六十七引孝經鉤命決

仲尼舌理七重，陳重〔一〕授度。

〔一〕「重」，中華書局影印本御覽作「机」。

一四·九　御覽三百六十八引鉤命決

仲尼斗脣，吐教，陳机授度。

一四·一〇　御覽三百六十八引鉤命決

夫子駢齒。注：象鉤星也。

一四·一一　御覽三百六十八引鉤命決

夫子輔喉。

一四·一二　御覽三百七十引鉤命決

仲尼虎掌，是謂威射。

一四·一三　御覽三百七十一引鉤命決

仲尼龜脊。

一四·一四　御覽三百七十一引論語摘輔象

孔子胷應矩，是謂儀古。

一四·一五　荀子非相

仲尼長。

一四·一六　荀子非相

仲尼之狀，面如蒙倛〔一〕。

〔一〕蒙，戴。倛，假面具，這裏指古時驅逐疫鬼或出喪開路所用的假面具。

一四·一七　白虎通姓名

孔子首類魯國尼丘山，故名爲丘。

一四·一八　論衡骨相

孔子反羽〔一〕。

〔一〕原注：又講瑞篇：「孔子反宇。」又劉子命相篇：「孔子返宇。」

一四·一九　御覽六百九十八引論語隱義注

孔子至蔡，解於客舍。夜有人取孔子乙〔一〕隻屐去，盜者置屐于受盜家。孔子屐長一尺四寸，與凡人屐異。

〔一〕「乙」蓋爲「一」字之誤。

一四·二〇　路史後紀十注引世本

圩頂，反首張面。

一四·二一　路史後紀十

生而頨頂，故名丘，而字仲尼。四十有九表：隄眉、谷竅、參臂、駢脅，要大十圍，長九尺有六寸，時謂長人。

一四·二二　戰國策七

甘羅曰：「夫項槖生七歲而爲孔子師。」

一四·二三　淮南子修務訓

夫項託七歲爲孔子師，孔子有以聽其言也。

一四·二四　淮南子説林訓高誘注

項託年七歲，窮難孔子，而爲之作師。

一四·二五　論衡實知

夫項託年七歲教孔子。

一四·二六　御覽四百四引春秋後語

甘羅曰：「夫項橐十〔一〕歲爲孔子師。」

〔一〕「十」，中華書局影印本御覽作「七」。

一四·二七　吕氏春秋仲春紀當染

孔子學於老聃、孟蘇、夔靖叔〔一〕。

〔一〕「孟蘇」、「夔靖叔」，史籍未見。

一四·二八　白虎通辟雍

孔子師老聃〔一〕。

〔一〕原注：又見潛夫論讚學。

一四·二九　説苑尊賢

鮑龍跪石而登嵯〔一〕，孔子爲之下車。

〔一〕嵯，山屈曲貌。

一四·三〇　劉子知人

鮑龍跪石而吟，仲尼爲之下車。

一四·三一　晏子春秋問上

故臣聞仲尼居處惰倦，廉隅不正，則季次〔一〕、原憲侍；氣鬱〔二〕而疾，志意不通，則仲由、卜商侍；德不盛，行不厚，則顔回、騫、雍〔三〕侍。

〔一〕季次，史記仲尼弟子列傳曰：「公晳哀字季次。」

〔二〕詩秦風晨風曰：「鬱彼北林。」毛傳曰：「鬱，積也。」

〔三〕騫即閔子騫，雍即冉雍。

一四·三二　聖賢羣輔録廣博物志二十引尸子

仲尼志意不立，子路侍；儀服不修，公西華侍；禮不習，子貢〔一〕侍；辭不辨，宰我侍；亡忽古今，顔回侍；節小物，冉伯牛侍。曰：「吾以夫六子自勵也。」

〔一〕「子貢」，百子全書本尸子作「子游」，二十二子本尸子作「子貢」。

一四·三三　韓詩外傳九

傳曰：孔子過康子，子張、子夏從。孔子入坐。二子相與論，終日不決。子夏辭氣甚溢〔一〕，顔色甚變。子張曰：「子亦聞夫子之議論邪？徐言誾誾，威儀翼翼〔二〕，後言先默，得之推讓，巍巍乎！蕩蕩乎！道有歸矣。小人之論也，專意自是，言人之非，瞋目搤腕，疾言噴噴〔三〕，口沸目赤，一幸得勝，疾笑嗌嗌〔四〕，威儀固陋，辭氣鄙俗，是以君子賤之也。」

〔一〕「溢」，許維遹本作「隘」。賴炎元曰：「隘，窮急。」

〔二〕賴炎元曰：「誾誾，和悦正直的樣子。翼翼，恭敬的樣子。」

〔三〕賴炎元曰：「噴噴，説話急速的樣子。」

〔四〕賴炎元曰：「嗌嗌，笑聲。」

一四·三四　賈子容經

子路見孔子之背，磬折舉哀〔一〕，曰：「唯由也見。」孔子聞之，曰：「由也，何以遺亡〔二〕也。」

〔一〕「哀」，百子全書本、上海人民出版社本賈誼集皆作「褭」，是也。

〔二〕「亡」，上海人民出版社本賈誼集作「忘」。

一四·三五　列子説符

孔子之勁，能拓國門之關，而不肎以力聞。

一四·三六　吕氏春秋慎大覽慎大

孔子之勁，舉國門之關，而不肎以力聞〔一〕。

〔一〕原注：薛據集語引作「孔子之勁，能拓國門之關，勇復孟諸，足蹀狄兔，不以力聞」。

一四·三七　淮南子道應訓

孔子勁杓〔一〕國門之關，而不肎以力聞。

〔一〕杓，引也。

一四·三八　淮南子主術訓下

孔子之通，智過於萇宏，勇服於孟賁，足躡於〔一〕郊菟，力招城關，能亦多矣〔二〕；然而勇力不聞，伎巧不知，專行孝〔三〕道，以成素王，事亦鮮矣。春秋二百四十二年，亡國五十二，弒君三十六，采善鉏〔四〕醜，以成王道，論亦博矣。然而圍於匡，顏色不變，弦歌不徹〔五〕，臨死亡之地，犯患難之危，據義行理，而志不懾〔六〕，分亦明矣。然而〔七〕爲魯司寇，聽獄必爲斷，作爲春秋，不道鬼神，不敢專己。

〔一〕百子全書本、諸子集成本皆無「於」字。

〔二〕高誘注曰：「萇弘，周大夫，敬王臣也，號知大道。孟賁，勇士也。孔子皆能。招，舉也。」陶方琦曰：「羣書治要引許注：『萇弘，周景王之史，行通天下鬼方之術也。』」劉文典曰：「春秋文曜鉤云：『高辛受命，重黎説天，成周改號，萇弘分官。』又羣書治要、後漢書鄭太傅傳注引許注：『孟賁，衛人。』按：漢書淮南王傳『奮諸、賁之勇』，應劭曰：『吴專諸、衛孟賁也。』與許説同。」

〔三〕原注：一作「教」。

〔四〕鉏同鋤。

〔五〕「徹」，百子全書本、諸子集成本作「輟」。

〔六〕原注：一作「攝」。今案：高誘注曰：「犯，猶遭也。懾，猶懼也。」

〔七〕百子全書本、諸子集成本無「而」字。

一四·三九　呂氏春秋審分覽不二

孔子貴仁。

一四·四〇　淮南子修務訓

孔子無黔突〔一〕。

〔一〕「突」，劉文典本作「㷈」。高誘注曰：「黔言其㷈竈不至於黑……汲汲於行道也。」莊逵吉曰：「㷈音深，俗本作突字，誤。」

一四·四一　劉子惜時

仲尼㤥㤥〔一〕，突不暇黔。

〔一〕「㤥㤥」，百子全書本、四庫全書本作「栖栖」，校釋作「棲棲」。「㤥」、「栖」、「棲」通用，均指不安之意。

一四·四二　論衡須頌

孔子顯三累之行〔一〕。

〔一〕劉盼遂曰：「何休公羊傳注：累累從君而死，齊人語也。漢世謂罪臣曰累，故漢代稱屈平爲湘累。荀子成相云：『比干見刳，箕子累。』三累亦三臣之罪也。」

一四·四三　論衡幸遇〔一〕

魯城門久朽欲頓，孔子過之，趨而疾行。左右曰：「久矣。」孔子曰：「惡其久也。」孔子戒慎已甚，如過遭壞，可謂不幸也。故孔子曰：「君子有不幸而無有幸，小人有幸而無不幸。」

〔一〕應爲幸偶篇。

一四·四四　論衡言毒

孔子見陽虎,却行,白汗交流。

一四·四五　御覽六十三引論語比考讖

水名盜泉,仲尼不漱。注曰:「夫子教于洙、泗之閒。今于城北二水之中,即夫子領徒之所也。」

一四·四六　文選陸機猛虎行注引尸子

孔子至於勝母,暮矣,而不宿;過於盜泉,渴矣,而不飲,惡其名也。

一四·四七　説苑説叢〔一〕

水名盜泉,孔子不飲。

〔一〕應爲「談叢」。

一四·四八　後漢鍾離意傳

孔子忍渴於盜泉之水。

一四·四九　吕氏春秋孝行覽遇合

文王嗜昌蒲菹〔一〕，孔子聞而服〔二〕之，縮頞而食之，三年然後勝之〔三〕。

〔一〕高誘注曰：「昌本之菹。」陳奇猷曰：「周禮天官醢人注：『昌本，昌蒲根，切之四六爲菹。』説文：『菹，酢菜也。』葅、菹同，舊本作俎，誤。」

〔二〕許維遹引孫人和之説疑無「而服」二字，陳奇猷亦同意孫説。

〔三〕高誘注曰：「勝，服。」陸繼輅曰：「孟子『舉疾首蹙頞而相告』，説文『頞，鼻莖也』，故可云蹙。蹙頞猶言縐眉也。蹙、縮古今字。縮頞即蹙頞也。」陳奇猷曰：「説文：『勝，任也。』此高注『服』字讀如長攻『義兵不攻服』之服，即屈服。能勝任其事即有屈服其事之意，故高訓勝爲服也。又案：陸説是。説文：『縮，蹴也。』蹴、蹙同。」

一四·五〇　論衡語增

傳語曰：「文王飲酒千鍾，孔子百觚。」

一四·五一　列子説符

宋人有好行仁義者，三世不懈。家無故黑牛生白犢，以問孔子。孔子曰：「此吉祥也，以薦上帝。」居一年，其父無故而盲。其牛又復生白犢，其父又復令其子問孔子。其子曰：「前問之而失明，又何問乎？」父曰：「聖人之言，先迕後合。其事未究，姑復問之。」其子又復問孔子。孔子曰：「吉祥也。」復教以祭。其子歸致命。其父曰：「行孔子之言也。」居一年，其子又無故而盲。其後楚攻宋，圍其城；民易子而食之，析骸而炊之；丁壯者皆乘城而戰，死者大半。此人以父子有疾皆免。及圍解，而疾俱復。

一四·五二　北堂書鈔百三十七引韓詩外傳

孔子使子貢，爲其不來，孔子占之，遇鼎，謂弟子曰：「占之。」遇鼎，皆言：「無足而不來。」顔回掩口而笑。孔子曰：「回也何哂乎？」曰：「回謂賜必來。」孔子曰：「何如也？」回對曰：「乘〔一〕舟而來矣。」賜果至矣〔二〕。

〔一〕光緒本北堂書鈔「乘」上有「無足者」三字。

〔二〕光緒本北堂書鈔無「矣」字。原注：陳禹謨本作「孔子使子貢適齊，久而未回。孔子占之，遇鼎。謂弟子曰：『占之。』遇鼎，無足而不來。顔回掩口而笑。孔子曰：『回也何哂？』曰：『回謂賜必來。』孔子曰：『如何？』對曰：『卜而鼎無足，必乘舟而來矣。』賜果至」。按今本外傳無此文。

一四·五三　藝文類聚七十一引衝波傳

孔子使子貢，久而不來。孔子謂弟子：「占之。」遇鼎，皆言：「無足，不來。」顏回掩口而笑。子曰：「回也哂，謂賜來也？」曰：「無足者，乘舟而來至矣。」清旦朝，子貢果至，驗如顏回之言〔一〕。

〔一〕原注：御覽七百二十八引衝波傳略同。按薛據集語引呂氏春秋亦載此事，今本無之，薛蓋誤。

一四·五四　説苑辨物

孔子晨立堂上，聞哭者聲音甚悲，孔子援琴而鼓之，其音同也。孔子出，而弟子有吒者，問：「誰也？」曰：「回也。」孔子曰：「回何爲而吒？」回曰：「今者有哭者，其音甚悲，非獨哭死，又哭生離者。」孔子曰：「何以知之？」回曰：「似完山之鳥。」孔子曰：「何如？」回曰：「完山之鳥生四子，羽翼已成，乃離四海，哀鳴送之，爲是往而不復返也。」孔子使人問哭者，哭者曰：「父死家貧，賣子以葬之，將與其別也。」孔子曰：「善哉！聖人也。」

一四·五五　莊子雜篇外物

宋元君夜半而夢人被髮闚阿門〔一〕，曰：「予自宰路之淵〔二〕，予爲清江使河伯之所，漁者余且得予。」元君覺，使人占之，曰：「此神龜也。」君曰：「漁者有余且乎？」左右曰：「有。」君曰：「令余且會朝。」明日，余且朝。君曰：「漁何得？」對曰：「且之網得白龜焉，箕〔三〕圓五尺。」君曰：「獻若之龜。」龜至，君再欲殺之，再欲活之，心疑，卜之，曰：「殺龜以卜，吉。」乃刳龜，七十二鑽而無遺筴〔四〕。仲尼曰：「神龜能見夢於元君，而不能避余且之網；知能七十二鑽而無遺筴，而〔五〕不能避刳腸之患。如是，則知有所困，神有所不及也。」

〔一〕釋文曰：「李云：『元公也。』」王先謙云：「宋元公名佐，平公之子。阿門，司馬云：『阿，屋曲簷也。』」

〔二〕李頤曰：「淵，名龜所居。」

〔三〕「箕」，王先謙本作「其」，近是。

〔四〕王先謙曰：「每占必鑽龜，凡七十二次皆驗。」

〔五〕百子全書本、王先謙本無「而」字。

一四·五六　史記褚少孫補龜筴傳

孔子聞之曰：「神龜知吉凶，而骨直空枯，日爲陽〔一〕德而君於天下，辱於三足之烏。月爲刑而相佐，見食於蝦蟆。蝟辱於鵲，騰蛇之神而殆於即且。竹外有節理，中直空虛；

松柏爲百木長，而守門閭。日辰不全，故有孤虚。黄金有疵，白玉有瑕。事有所疾，亦有所徐。物有所拘，亦有所據。罔有所數，亦有所踈。人有所貴，亦有所不如。何可而適乎？物安可全乎？天尚不全，故世爲屋，不成三瓦而居〔二〕之，以應之天。天下有階，物不全乃生也。」

〔一〕中華書局點校本史記無「陽」字。

〔二〕「居」，中華書局點校本史記作「陳」。

一四·五七　春秋繁露山川頌

孔子曰：「山川〔一〕神祇立，寶藏殖，器用資，曲直含〔二〕，大者可以爲宫室臺榭，小者可以爲舟輿浮灄〔三〕。大者無不中，小者無不入。持斧則斫，折鐮〔四〕則艾。生人立，禽獸伏，死人入，多其功而不言，是以君子取譬也。」

〔一〕盧文弨曰：「川字疑衍。」

〔二〕「含」，蘇輿本作「合」，是也。

〔三〕「浮灄」，盧文弨疑爲「桴楫」之譌。蘇輿曰：「淮南主術訓：『大者以爲舟航柱梁，小者以爲楫楔。』王念孫云：『楫楔，集韻引作椄槢，小梁也。亦見莊子在宥篇。』案：浮灄，無義，疑亦椄槢之譌。桴楫則與『舟』複矣。」

〔四〕原注：疑當作「持鐮」。古文苑作「折鑠」。

一四・五八　説苑脩文

孔子見子桑伯子，子桑伯子不衣冠而處。弟子曰：「夫子何爲見此人乎？」曰：「其質美而無文，吾欲説而文之。」孔子去，子桑伯子門人不説，曰：「何爲見孔子乎？」曰：「其質美而文繁，吾欲説而去其文。」

一四・五九　説苑反質

仲尼問於〔一〕老聃曰：「甚矣！道之於今難行也！吾比執道委質以〔二〕當世之君，而不我受也。道之於今難行也。」老子曰：「夫説者流於聽，言者亂於辭，如此二者，則道不可委矣。」

〔一〕百子全書本、向宗魯本皆無「於」字。

〔二〕盧文弨據家語觀周篇以爲「以」下當增一「求」字，是也。

一四・六〇　中論審大臣

魯人見仲尼之好讓而不争也，亦謂之無能。

一四·六一　韓詩外傳一

孔子南遊，適楚，至於阿谷之隧，有處子佩瑱〔一〕而浣者。孔子曰：「彼婦人其可與言矣乎？」抽觴以授子貢，曰：「善爲之辭，以觀其語。」子貢曰：「吾，北鄙之人也，將南之楚，逢天之暑，思心潭潭〔二〕，願乞一飲，以表我心。」婦人對曰：「阿谷之隧，隱曲之汜，其水載清載濁，流而趨海，欲飲則飲，何問婦人乎〔三〕？」受子貢觴，迎流而挹之，奂然而棄之；促〔四〕流而挹之，奂然而溢之。坐，置之沙上，曰：「禮固不親授。」子貢以告。孔子曰：「丘知之矣。」抽琴去其軫，以授子貢，曰：「善爲之辭，以觀其語。」子貢曰：「嚮子之言，穆如清風，不悖我語，和暢我心。於此有琴而無軫，願借子以調其音。」婦人對曰：「吾，鄙野之人也，僻陋而無心，五音不知，安能調琴？」子貢以告。孔子曰：「丘知之矣。」抽絺綌五兩〔五〕以授子貢，曰：「善爲之辭，以觀其語。」子貢曰：「吾，北鄙之人也，將南之楚。於此有絺綌五兩，吾不敢以當子身，敢置之水浦〔六〕。」婦人對曰：「客之行，差遲乖人〔七〕，分其資財，棄之野鄙。吾年甚少，何敢受子？子不早去，今竊有狂夫守之者矣。」

〔一〕「瑱」，許維遹據梁端之説改作「璜」。梁端認爲「瑱」，充耳也，非佩玉，從詩女曰雞鳴疏引校改。

〔二〕「潭」，列女傳作「譚」。王照圓疑「潭」「譚」均爲「燂」之借字。「燂」，説文云：「火熱也。」

〔三〕原注：御覽七十四引作「何問於婢子」。今案：許瀚云：「御覽引是也。『子』與上文『汜』『海』

韻，如今本則失其韻矣。蓋『婢』譌爲『婦』，『子』譌爲『乎』，『人』乃『於』之爛字也。讀者覺『何問人婦乎』不可通而乙轉之，益失其真。」

〔四〕「促」，許維遹本作「從」，是也。

〔五〕「紿」，許維遹本作「絺」，下同。許維遹曰：「『五兩』猶言『五匹』。古之布帛，每匹兩端對卷，故謂之兩。」

〔六〕許維遹曰：「列女傳辯通篇作『願注之水旁』。説文水部：『浦，水瀕也。』吕氏春秋召類篇『堯戰於丹水之浦』，高注：『浦，岸也，一曰崖也。』『浦』『旁』聲轉義同。」

〔七〕原注：御覽八百十九作「行客之人，嗟然永久」。今案：趙懷玉、許瀚、許維遹均以爲當作「行客之人，嗟然永久」。

一四・六二　列女傳辯通

阿谷處女者，阿谷之隧浣者也。孔子南遊，過阿谷之隧，見處子佩瑱而浣。孔子謂子貢曰：「彼浣者，其可與言乎？」抽觴以授子貢，曰：「爲之辭，以觀其志。」子貢曰：「我，北鄙之人也，自北徂南，將欲之楚，逢天之暑，我思譚譚，願乞一飲，以伏我心。」處子曰：「阿谷之隧，隱曲之地，其水一清一濁，流入於海，欲飲則飲，何問乎婢子？」授子貢觴，迎流而挹之，投而棄之；從流而挹之，滿而溢之。跪，置沙上，曰：

「禮不親授。」子貢還報其辭。孔子曰：「丘已知之矣。」抽琴去其軫，以授子貢，曰：「爲之辭。」子貢往曰：「嚮者聞子之言，穆如清風，不拂不寤，私復我心。有琴無軫，願借子調其音。」處子曰：「我，鄙野之人也，陋固無心，五音不知，安能調琴？」子貢以報孔子，孔子曰：「丘已知之矣，過賢則賓。」抽絺綌五兩以授子貢，曰：「爲之辭。」子貢往曰：「我〔一〕，北鄙之人也，自北徂南，將欲之楚，有絺綌五兩，非敢以當子之身也，願注之水旁。」處子曰：「行客之人，嗟然永久，分其資財，棄於野鄙。妾年甚少，何敢受子？子不早命，竊有狂夫名之者矣。」子貢以告孔子，孔子曰：「丘已知之矣。斯婦人，達於人情而知禮。」

〔一〕「我」，四部叢刊本、叢書集成本皆作「吾」。

一四·六三　楚辭七諫〔一〕

路室之女〔二〕方桑兮，孔子過之以自侍。王逸注：言孔子出遊，過於客舍，其女方采桑，一心不視，喜其貞信，故以自侍。

〔一〕見沈江篇。

〔二〕「之女」，四部叢刊本楚辭作「女之」，是也。七諫篇凡上句爲七字者，第四字皆爲虚詞。

一四·六四　北堂書鈔一百六引琴操

孔子遊於騶山，見取薪而哭，長梓上有孤鶵，乃承而歌之〔一〕。

〔一〕原注：陳禹謨本作「孔子遊於山隅，見梓樹上有孤鶵，乃承而歌之」。

一四·六五　藝文類聚三十四引琴操

孔子遊於泰山，見薪者哭，甚哀。孔子問之，薪者曰：「吾自傷，故哀爾。」

一四·六六　繹史孔子類記四引吴越春秋

夫差聞孔子至吴，微服觀之。或人傷其指，王怒欲索，或而誅之。子胥諫，乃止〔一〕。

〔一〕原注：今本無。

一四·六七　吴越春秋句踐伐吴外傳十

越王既已誅忠臣，霸於關東。從瑯琊起觀臺，周七里，以望東海；死士八千人，戈船三百艘。居無幾，躬〔一〕求賢士。孔子聞之，從弟子奉先王雅琴禮樂奏於越。越王乃被唐夷之甲，帶步光之劍，杖屈盧之矛，出死士以三百人爲陳關下。孔子有頃到，越王曰：「唯唯，夫子何以教之？」孔子曰：「丘能述五帝、三王之道，故奏雅琴以獻之大王。」越王喟然嘆曰：「越性脆而愚，水行山處，以船爲車，以檝爲馬，往若飄風〔二〕，去則難從，説〔三〕兵敢死，越之常也。夫子何説而欲教之？」孔子不答，因辭而去。

〔一〕「躬」，四部叢刊本、四庫全書本皆作「射」，蓋孫氏依下條越絶書校改。

〔二〕「風」，四部叢刊本、四庫全書本皆作「飄」。

〔三〕「説」，四部叢刊本、四庫全書本皆作「悦」。今案：疑當如下條越絶書作「鋭」。

一四・六八　越絶書八

句踐伐吴，霸關東，從〔一〕瑯琊起觀臺，周九〔二〕里，以望東海。死士八千人，戈船三百艘。居無幾，躬求賢聖。孔子從弟子七十人，奉先王雅琴，治禮往奏。句踐乃身被賜〔三〕夷之甲，帶步光之劒，杖物盧之矛，出死士三百人爲陣關下。孔子有頃〔四〕到越，越王曰：「唯唯，夫子何以教之？」孔子對曰：「丘能述五帝、三王之道，故奏〔五〕雅琴，至大王所。」句踐喟然嘆曰：「夫越性脆而愚，水行而山處，以船爲車，以楫爲馬，往若飄風，去則難從，鋭兵任死，越之常性也。夫子異，則不可。」於是孔子辭，弟子莫能從乎。

〔一〕「從」，李步嘉據錢培名之説校作「徙」，是也。

〔二〕四部叢刊本、四庫全書本「周」上有「臺」字。「九」，四部叢刊本、四庫全書本皆作「七」，與上條吴越春秋同，疑孫氏引誤。

〔三〕原注：一作「陽」，又音唐。

〔四〕四部叢刊本、四庫全書本下皆有「姚稽」二字，疑爲衍文，上條吴越春秋無。

〔五〕「奏」，四部叢刊本、四庫全書本皆作「奉」。

一四·六九　繹史孔子類記一引衝波傳

孔子去衛適陳，塗中見二女采桑。子曰：「南枝窈窕北枝長。」答曰：「夫子游陳必絶糧，九曲明珠穿不得，著來問我采桑娘。」夫子至陳，大夫發兵圍之，令穿九曲珠乃釋其戹。夫子不能，使回、賜返問之。其家謬言女出外，以一瓜獻二子。子貢曰：「瓜子在内也。」女乃出，語曰：「用蜜塗珠，絲將繫蟻，蟻將繫絲，如不肎過，用烟熏之。」子依其言，乃能穿之，於是絶糧七日。

一四·七〇　搜神記十九

孔子戹於陳，弦歌於館中。夜有一人，長九尺餘，著皂衣，高冠，大咤〔一〕，聲動左右。子貢進，問：「何人邪〔二〕？」便提子貢而挾之。子路引出，與戰於庭。有頃，未勝。孔子察之，見其甲車閒時時開如掌。孔子曰：「何不探其甲車，引而奮登？」子路引之，没手仆於地，乃是大鯷魚也，長九尺餘。孔子曰〔三〕：「此物也，胡〔四〕爲來哉？吾聞物老則羣精依之，因衰而至。此其來也，豈以吾遇戹絶糧，從者病乎？夫六畜之物，及龜、蛇、魚、鼈、草、木之屬，久者神皆馮依，能爲妖怪，故謂之『五酉』。五酉者，五行之方，皆有其物。酉者老也，物老則爲怪〔五〕，殺之則已，夫何患焉？或者天之未喪斯文，以是繫予之命乎？不然，何爲至於斯也？」弦歌不輟。子路烹之，其味滋，病者興。明日遂行。

〔一〕「咤」，中華書局本搜神記作「吒」。

〔二〕「邪」，中華書局本搜神記作「耶」。

〔三〕原注：法苑珠林變化篇、太平廣記四百六十八引作「孔子歎曰」。

〔四〕「胡」，中華書局本搜神記作「何」。

〔五〕原注：珠林及廣記引「物老」上有「故」字。

一四·七一　金樓子雜記上

孔子出游〔一〕於山，使子路取水。逢虎於水，與戰，攬尾得之，納〔二〕於懷中。取水還，問孔子曰：「上士殺虎如之何？」子曰：「上士殺虎持虎頭。」「中士殺虎如之何？」子曰：「中士殺虎持虎耳。」又問：「下士殺虎如之何？」子曰：「下士殺虎捉虎尾。」子路出尾棄之，復懷石盤，曰：「夫子知虎在水，而使我取水，是欲殺我也。」乃欲殺夫子。問：「上士殺人如之何？」曰：「用筆端。」「中士殺人如之何？」曰：「用語言。」「下士殺人如之何？」

曰:「用石盤。」子路乃棄盤而去〔三〕。

〔一〕「出游」,百子全書本、四庫全書本皆作「游舍」。

〔二〕「納」,中華書局本金樓子作「内」。今案:「納」、「内」古通。

〔三〕原注:御覽八百九十二引作「乃棄石盤而行」。

一四·七二　繹史孔子類記四引吴越春秋

禹治洪水,至牧德之山,見神人焉。謂禹曰:「勞子之形,役子之慮,以治洪水,無乃怠乎。我有靈寶五符,以役蛟龍水豹。」因授禹而誡之曰:「事畢可祕於靈山。」禹成功後,藏于洞庭苞山之穴。至吴王闔閭之時,有龍威丈人得符,獻之。吴王以示羣臣,皆莫能識。乃令齎符以問孔子。孔子曰:「吴王閑居,有赤烏銜此書以至王所,莫辨其文,故令遠問。」孔子曰:「昔禹治水於牧德之山,遇神人,授以靈寶五符,後藏洞庭之苞山。君王所得,無乃是乎?赤烏之事,丘所未聞。」〔一〕

〔一〕原注:今本所無,恐馬氏誤引。

一四·七三　抱朴子内篇辨問

靈寶經有正機、平衡、飛龜授袟三〔一〕篇,皆仙術也。吴王伐石以治宫室,而於合石之中，得紫文金簡之書，不能讀之，使使者持以問仲尼，而欺仲尼曰：「吴王閑居，有赤雀銜書以置殿上，不知其義，故遠諮呈。」仲尼以視之，曰：「此乃靈寶之方，長生之法，禹之所服，隱在水邦，年齊天地，朝於紫庭者也。禹將仙化，封之名山石函之中，乃今赤雀銜之，殆天授也。」

〔一〕百子全書本、王明本「三」上有「凡」字。

一四·七四　繹史孔子類記四引靈寶要略

昔太上以靈寶五篇真文以授帝嚳，帝嚳將仙，封之於鍾山。至夏禹巡狩，度弱水，登鍾山，遂得是文，後復封之包山洞庭之室。吴王闔閭出游包山，見一人，自言姓山名隱居，闔閭扣之，乃入洞庭，取素書一卷，呈闔閭。其文不可識，令人齎之問孔子。孔子曰：「丘聞童謡曰：『吴王出游觀震湖，龍威丈人山隱居，北上包山入雲墟，乃入洞庭竊禹書。天地大文不可舒，此文長傳百六初，若强取出喪國廬。』」闔閭乃尊事之。

一四·七五　御覽四十六引吴地記

包山在縣西一百三十里，中有洞庭，深遠，世莫能測。吴王使靈威丈人入洞穴，十七日不能盡。因得玉葉，上刻靈寶〔一〕二卷，使示〔二〕。孔子云：「禹之書也。」

〔一〕「靈寶」，中華書局影印本御覽作「靈寶經」。

〔二〕「示」下疑脱「孔子」二字。

一四・七六　御覽一百五十七引東觀漢記

鮑永，字君長，爲魯郡太守。時彭豐等不肎降。後，孔子闕里無故荆棘自闢，從講室埽除至孔里。永異之，召郡府丞，謂曰：「方今戹急，而闕里無故自滌，意豈夫子欲令太守大行饗，誅無狀也？」乃修學校理〔一〕，請豐等會，手格殺之。

〔一〕「理」，中華書局影印本御覽、四庫本東觀漢記皆作「禮」。

一四・七七　御覽九百二十二引崔鴻十六國春秋北涼録

昔魯人有浮海而失津者，至於亶州，見仲尼及七十〔一〕子游于海中。與魯人一體〔二〕杖，令閉目乘之，使歸告魯侯築城以備寇〔三〕。魯人出海，投杖水中，乃龍也。具以狀告，魯侯不信。俄而，羣燕數萬，銜土培城。魯侯乃〔四〕大城曲阜。迄，而齊寇至，攻魯，不克而還。

〔一〕「七十」，中華書局十六國春秋纂録校本作「七十二」。

〔二〕「體」，中華書局影印本御覽、四庫本十六國春秋皆作「木」。

〔三〕「備寇」，中華書局十六國春秋纂録校本作「避客」。

〔四〕「魯侯乃」，中華書局影印本御覽、四庫本十六國春秋作「魯侯信之」。

【補遺】

一四·七八　北堂書鈔武功部九引越地傳

孔子奉先王雅琴，語治禮，句踐乃身被啄禹之甲，帶步光之劍。

一四·七九　北齊書辛術傳邢邵遺辛術書

昔鍾離意云「孔子忍渴于盜泉」，便以珠璣委地。足下今能如此，可謂異代一時〔一〕。

〔一〕見北史卷三十八辛術傳。商正曰：後漢書鍾離意傳：「孔子忍渴於盜泉之水。」邢邵蓋據班固書之語而增厠其文，非別有古本。孫氏已據漢書輯入，故不采辛術傳也。今案：參閱本書凡例注。

一四·八〇　御覽九百四十四蛇類引小説

顏回、子路共坐于夫子之門，有鬼魅求見。孔子、子路失魄，口噤不得言。顏淵乃納

履杖劍，捲握其腰，於是形化爲蛇。孔子歎曰：「勇者不懼，智者不惑；智者必勇，勇〔一〕者不必有智。」〔二〕

〔一〕此「勇」字原脱，據文義補。

〔二〕此條，御覽卷九四四無，卷九三三、九三四蛇部亦無。

一四・八一　劉子卷六〔一〕

仲尼見人一善，而忘其百非。

〔一〕見卷六妄瑕章。

一四・八二　書序

魯共王升孔子堂，聞金石絲竹之音〔一〕。

〔一〕商正曰：考漢書魯恭王傳：「恭王好治宫室，壞孔子舊宅，以廣其宫。聞鍾磬琴瑟之音，遂不敢復壞。」孫書已采輯。書序本僞撰，蓋梅賾據漢書之文而譯改，非别有所依據也，故孫本不附列書序。今案：參閲本書凡例注。

一四・八三　劉子命相章

顔徵感黑帝而生孔子。

一四·八四　劉子卷十措時章〔一〕

仲尼棲棲，突不暇黔。

〔一〕當爲惜時章。與「一四·四一」重複。

一四·八五　劉子正賞章

昔仲尼先飯黍，侍者掩口笑。袁注：人送黍飯米餉孔子，孔子不喫諸食，先飯黍，侍者掩口笑。孔子曰：「黍是五穀之長，故先飯黍。」

一四·八六　干寶三日記〔一〕

徵在生孔子空桑之地。

〔一〕史記孔子世家正義引括地志云：「女陵山在曲阜縣南二十八里。干寶三日記云：『徵在生孔子空桑之地。』今名空竇，在魯南山之空竇中。無水，當祭時灑掃以告，輒有清泉自石門出，足以周用，祭訖泉枯。今俗名女陵山。」

一四·八七　白虎通奇表〔一〕

孔子反字，是謂尼甫，德降所興，藏元通流〔二〕。

〔一〕當爲白虎通聖人異表。

〔二〕原注：按史記孔子世家：「生而首上圩頂。」今案：此條叢書集成本作「孔子反宇，是謂尼丘，德澤所興，藏元通流」。

一四・八八　玉燭寶典五

史記甘羅云：大項橐七歲爲孔子師。論語「達巷黨人」者鄭注：達巷，黨名〔一〕。

〔一〕商正曰：戰國策七：「甘羅曰：『夫項橐七歲爲孔子師。』」又淮南子修務訓：「夫項橐七歲爲孔子師，孔子有以聽其言也。」又淮南子説林訓高誘注：「項託七歲窮難孔子而爲之作師。」又論衡實知：「夫項橐年七歲教孔子。」又御覽四百四引春秋後語：「甘羅曰：『夫項橐十歲爲孔子師。』」孫書以戰國策爲綱，淮南以下四條均歸附列。元作所引寶典仍係國策原文，孫書正附條列最爲詳贍，似不應再據寶典一書緟複登入。今案：參閲本書凡例注。

一四・八九　玉燭寶典五

董仲舒對册云：良玉不瑑，無異於大巷黨人，不學而自知。注云：大項橐也〔一〕。

〔一〕商正曰：黨人即項橐，見董仲舒傳注引孟康説，此非孔子軼事而誤輯者也。今案：參閲本書凡例注。

一四・九〇　玉燭寶典五

嵇康高士傳乃言：大項橐與孔子俱學於老子，俄而，大項爲童子推蒲車而戲，孔子候之，過〔一〕而不識。問：「大項居何在？」曰：「萬流屋是。」到家，而知向是項子也。交之，與之談〔二〕。

〔一〕「過」，叢書集成本作「遇」。

〔二〕原注：按淮南説林訓：「項託使嬰兒矜。」今案：參閲本書凡例注。

一四·九一　葛洪枕中書

孔子〔一〕門徒三千，不逕北酆之門。

〔一〕「孔子」，中華書局本作「孔丘」。

一四·九二　顔氏家訓誡兵篇

孔子力翹招〔一〕關，不以力聞。

〔一〕「招」，一作「門」。

一四·九三　古微書河圖緯絳象〔一〕

吴王闔閭登包山之上，命龍威丈人入包山，得書一卷，凡一百七十四字，而還。吴王不識，使問仲尼，詭云赤鳥銜書以授王。仲尼曰：「昔吾游西海之上，聞童謡曰：『吴王出游觀震湖，龍威丈人名隱居，北上包山入靈墟，乃造洞庭竊禹書，天帝大文不可舒，此文長傳六百初,今强取出喪國廬。』丘按謡言乃龍威丈人洞中得之;赤烏所銜,非丘所知也。」吴王懼,乃復歸其書〔二〕。

〔一〕見卷三十二。

〔二〕原注:按越絶書作「禹治洪水得五符,藏之洞庭之包山。龍威丈人竊禹書。得吾圖者喪國廬」。

一四·九四　震澤編卷二〔一〕古蹟

昔闔閭使靈威丈人入洞,秉燭,晝夜行,七十日不窮而返。啓王曰:「初入洞口,甚隘,傴僂而入約數里,忽遇一石室,高可二丈,嘗垂津液,内有石床枕研石几,上有素書三卷,持回。」上於闔閭,不識。使人問於孔子,孔子曰:「此禹石函文,並神僊之事,言大道也。」王又令再入,經二十日,卻反。云:「不似前也。唯上聞風浪聲,又有異蟲撓人、撲火,石燕、蝙蝠大如烏,前去不得,穴中高處照不見顛,多人馬跡。」昔禹治水,過會稽,夢人衣玄纁。告云:「治水法在山北鈿函中,並不死方。」禹得之,藏於包山石室,靈威丈人所得是也。

〔一〕應爲卷一。

一四・九五　白虎通辟雍篇引論語讖

孔子師老聃。

一四・九六　史記孝武本紀索隱引韓詩

自古封泰山、禪梁父者，萬有餘家，仲尼觀之，不能盡録。

一四・九七　術數拾遺記引藝經

三不比兩者，孔子所造也。布十千〔一〕於其方，戊己西南，維其文曰：火爲木生甲呼丁，夫婦義重己隨壬，貴遺則，統領辛，參南丙，妻則循〔二〕，守乙後火，戊子天，癸就庚。

〔一〕「千」，玉函山房輯佚書本藝經作「干」，是也。

〔二〕「循」，玉函山房輯佚書本藝經作「須」。

【商正】

一四・九八　禮檀弓孔子少孤不知其墓鄭注

孔子之父鄹叔梁紇與顔氏女徵在野合而生孔子，徵在恥焉，不告〔一〕。

〔一〕原注：按鄭注本史記孔子世家「叔梁紇與顔氏女野合而生孔子」，孔疏注言：「野合，不備於禮也。若論語『先進於禮樂，野人也』及『野哉！由也』，非謂草野而合也。但徵在恥與其夫不備禮爲妻，見孔子知禮，故不告。」通典卷百三引聖證論王肅難鄭云：「聖人而不知其父死之與生。生不求養，死不奉祭，斯不然矣。」張融評曰：「孔子既得合葬於防，言既得明未葬時未知墓處也。雖仲由之言，亦孔子不知其墓。若徵在見娉，則當言墓以告，孔子何得不知其墓？」按孔子三歲喪父，年方幼穉，即使徵在告之，不過指其大略。古無墓祭，身未親歷，又無封識，焉能埆知其所在？徵在既没，爲時更久，雖有聞於徵在，亦必待再問曼父之母，然後合葬，蓋慎之也。鄭氏望文生義，牽合史遷謬説；孔疏曲事調停，終涉牽强。王肅難鄭、張融評王，詰異黨同，各分門户，證以經文，終匙定解。今特爲辨(整理者案：當作「辨」)正之。

一四·九九　禮緯稽命徵〔一〕

夫子墳方一里，弟子各以四方奇木植之。

〔一〕原注：藝文類聚卷八十八引。

一四·一〇〇　酉陽雜俎卷二玉格

孔子爲元宫仙，佛爲三十三天仙。

一四·一〇一　意林卷三引王充論衡

孔子遊説七十餘國。按孔子自衛返魯，在陳絶糧，削迹于衛，有志于齊，伐樹于宋，不過十國。

一四·一〇二　禮記禮運正義引五經異義左氏説並穀梁尹更始章句

麟，西方毛蟲。孔子作春秋，有立言，西方兑，兑爲口，故麟來。許慎謹按：公議郎尹更始、待詔劉更生等議石渠，以爲吉凶不並，瑞災不兼。今麟爲周亡天下之異，則不得爲瑞以應孔子，至玄之閭也〔一〕。

〔一〕原注：按「麟西方毛蟲」上，許慎五經異義原本有「麟是中央軒轅大角獸。孔子脩春秋者，禮脩以致其子，故麟來爲孔子瑞，陳欽説」三十一字，孝經援神契、孫穀古微書具載，已另列專條，附録之以備參考。

一四·一〇三　孝經邢昺正義引梁武帝孝經義疏

丘爲聚〔一〕，尼爲和。

〔一〕「聚」，一作「娶」。

一四·一〇四　春秋演孔圖〔一〕

首類尼丘，故名丘。

〔一〕原注：孫轂古微書引。今案：古微書作「首類尼丘山，故名」。

一四·一〇五　春秋左傳西狩於大野正義引服氏春秋左氏傳解誼

言西者〔一〕，明夫子有立言，立言之位在西方。

〔一〕玉函山房輯佚書本解誼下有「有意於西」四字。

一四·一〇六　春秋左傳正義引賈逵解詁

周在西，明夫子道繫周。

一四·一〇七　初學記卷三十引論語摘裦聖〔一〕

子欲居九夷，從鳳嬉。

〔一〕原注：太平御覽卷九百十五引論語摘襄聖。「裦」、「襄」形近致譌，當以「裦」爲正字。按上句已著論語，因輯「從鳳嬉」句並録。

一四·一〇八　論語比考讖

子路感雷精而生，尚剛好勇，親涉衛難，結纓而死。孔子聞而覆醢，每聞雷鳴，乃中心惻怛〔一〕。故後人忌焉，以爲常也〔二〕。

〔一〕御覽下有「亦復如之」四字。

〔二〕原注：太平御覽卷十三引。王充論衡、虞世南北堂書鈔卷一百五十二引上二句，陳耀文天中記卷二引全節，並作論語説。古微書收入比考讖。又案御覽八百六十五引風俗通云「子路感雷精而生，尚剛好勇。死，衛人醢之，孔子覆醢。每聞雷聲，惻怛耳」，與此文互有異同。孫本附著於衛世家「孔子聞衛亂」條後，援書各别，詳略不同，故輯之。

一四·一〇九　春秋演孔圖〔一〕

聖人不空生，必有所制，以顯天心。丘爲木鐸，制天下法。

〔一〕原注：禮記中庸正義引，馬氏輯入春秋演孔圖。

一四·一一〇　春秋繁露玉杯篇

孔子立新王之道，明其貴志以反和，見其好誠以滅僞，其有繼周之弊，故若此也。

一四·一一一　意林卷三引揚子法言〔一〕

孔子文足，老君玄足。

〔一〕原注：按今法言無此文，故以意林標目。

一四·一一二　意林卷三引桓譚新論

昔仲尼豈〔一〕是魯孔子？亦齊、楚聖人也。

〔一〕四部叢刊本、四部備要本「豈」下皆有「獨」，當補。

一四·一一三　意林卷三引王充論衡

后稷作兒，以種樹爲戲；孔子能行，以俎豆而弄。

【新補】

一四·一一四　韓非子内儲説上七術

仲尼説隕霜，而殷法刑放棄灰。

一四·一一五　世本

孔子後數世皆一子〔一〕。

〔一〕鄭志引，今見檀弓正義。

一四·一一六　鹽鐵論大論

孔子以禮説跖。

一四·一一七　風俗通義正失

孔子稱：「封泰山，禪梁父，可得而數者七十有二。」

一四·一一八　風俗通義愆禮

孔子疾時貪昧，退思狂狷；狷者有所不爲，亦其介也。

一四·一一九　風俗通過譽

孔子以匹夫，朋徒無幾，習射矍相之圃，三哲而去者過半。

一四·一二〇　劉子薦賢

仲尼在衛，趙鞅折謀。

一四·一二一　論衡幸偶

書傳言：「孔子當泗水之葬，泗水爲之卻流。」

一四·一二二　論衡幸偶

孔子生時，推排不容，故歎曰：「鳳鳥不至，河不出圖，吾已矣夫！」

一四·一二三　論衡效力

孔子,山中巨木之類也。

一四·一二四　論衡效力

孔子能舉北門之關,不以力自章。

一四·一二五　論衡知實

孔子母死,不知其父墓,殯於五甫之衢。人見之者以爲葬也。蓋以無所合葬,殯之謹,故人以爲葬也。鄰人郰曼甫之母告之,然後得合葬於防。

一四·一二六　論衡知實

既得合葬,孔子反,門人後,雨甚。至,孔子問曰:「何遲也?」曰:「防墓崩。」孔子不應,三,孔子泫然流涕曰:「吾聞之,古不修墓。」

一四·一二七　論衡知實

晏子聘於魯,堂上不趨,晏子趨;授玉不跪,晏子跪。門人怪而問於孔子,孔子不知。問於晏子,晏子解之,孔子乃曉。

一四・一二八　高士傳老子李耳

仲尼至周，見老子，知其聖人，乃師之〔一〕。

〔一〕此條見於今本高士傳，已爲孫書所采（參見一二・七），文字不同，蓋傳抄過程中形成異文。

一四・一二九　高士傳老萊子

仲尼嘗聞其論而蹙然改容焉。

一四・一三〇　高士傳林類〔一〕

林類者，魏人也，年且百歲。底春夜裘，拾遺穗於故畦，並歌並進。孔子適衛，望之於野，顧謂弟子曰：「彼叟可與言者，試往訊之。」子貢請行，逆之隴端，面之而歎曰：「先生曾不悔乎，而行歌拾穗？」林類行不留，歌不輟。子貢叩之不已，乃仰而應曰：「吾何悔邪？」子貢曰：「先生少不勤行，長不競時，老無妻子，死期將至，亦有何樂，而拾穗行歌乎？」林類笑曰：「吾之所以爲樂，人皆有之，而反以爲憂。少不勤行，長不競時，故能壽若此。老無妻子，死期將至，故能樂若此。」子貢曰：「壽者，人之情。死者，人之惡。子以死爲樂，何也？」林類曰：「死之與生，一往一反。故死於是者，安知不生於彼。故吾知其不相若矣。吾又安知營營而求生非惑乎？亦又安知吾今之死不愈昔之生乎？」子貢聞之，不喻其意。還，以告夫子。夫子曰：「吾知其可與言，果然。」

〔一〕此條内容，又見於列子天瑞。

一四·一三一　高士傳荷蕢

荷蕢者，衛人也。避亂不仕，自匿姓名。孔子擊磬於衛，乃荷蕢而過孔氏之門，曰：「有心哉擊磬乎？」既而曰：「硜硜乎莫己知也，斯己而已矣。深則厲，淺則揭。」孔子聞之曰：「果哉，末之難矣。」

一四·一三二　高士傳長沮桀溺

長沮、桀溺者，不知何許人也。耦而耕。孔子過之，使子路問津焉。長沮曰：「夫執輿者爲誰？」子路曰：「是孔丘。」曰：「是魯孔丘歟？」曰：「是也。」「是知津矣。」問於桀溺。曰：「子爲誰？」曰：「爲仲由。」曰：「是魯孔丘之徒與？」對曰：「然。」曰：「滔滔者天下皆是也，而誰與易之？且而與其從避人之士，豈若從避世之士哉！」櫌而不輟。子路以告孔子，孔子憮然曰：「鳥獸不可與同羣，吾非斯人之徒而誰與？天下有道，丘不與易也。」

一四·一三三　高士傳石門守

石門守者，魯人也，亦避世不仕，自隱姓名，爲魯守石門，主晨夜開閉。子路從孔子，石門而宿。問子路曰：「奚自？」子路曰：「自孔氏。」遂譏孔子曰：「是知其不可爲而爲之者與？」時人賢焉。

一四·一三四　高士傳荷篠丈人

荷篠丈人，不知何許人也。子路從而後，問曰：「子見夫子乎？」丈人曰：「四體不勤，五穀不分，孰爲夫子？」植其杖而芸。子路拱而立。止子路宿，且享焉，而見其二子。明日，子路行以告。夫子曰：「隱者也。」使子路反見之，至則行矣。

一四·一三五　博物志卷四

仲尼四友：顏淵、子夏、子路、子張。

孔子集語卷十五

遺讖十三

一五·一　周易乾鑿度〔一〕

孔子曰：「洛書摘亡辟〔二〕曰：『建紀者，歲也。成姬倉，有命在河，聖。孔表雄，德庶人受命，握麟徵〔三〕。』」

〔一〕見周易乾鑿度卷下。本卷所引此書，除注明者外，皆爲卷下。

〔二〕「亡」，四庫全書本、叢書集成本作「六」。

〔三〕鄭玄注曰：「建紀者，謂大易爻六七八九之數，此道成於文王聖也。孔表雄，著漢當興，以庶人之有仁德，受命爲天子，此謂使以獲麟爲應。」

一五・二　周易乾鑿度

孔子曰：「推即位之術，乾、坤三：上、中、下。坤變初六復，曰正陽在下，爲聖人。故一聖，二庸，三君子，四庸，五聖，六庸，七小人，八君子，九小人，十君子，十一小人，十二君子，十三聖人，十四庸人，十五君子，十六庸人，十七聖人，十八庸人，十九小人，二十君子，二十一小人，二十二君子，二十三小人，二十四君子，二十五聖人，二十六庸人，二十七君子，二十八庸人，二十九聖人，三十庸人，三十一小人，三十二君子，三十三小人，三十四君子，三十五小人，三十六君子，三十七聖人，三十八庸人，三十九君子，四十小人，四十一聖人，四十二庸人〔一〕。」孔子曰：「極至德之世，不過此。乾三十二世消，坤三十六世消〔二〕。代聖人者仁，繼之者庸人，仁世淫，庸世貇〔三〕。二陰之精射三陽，當卦自埽〔四〕。知命守録，其可防，鈎鈐解，命圖興。」孔子曰：「丘文以候，授明之出，莫能雍。」

〔一〕鄭玄注曰：「三已上者三變，乾坤之體，上極三，從下起如是。至有消息卦三十，六子，坎、離、震、巽、艮、兑，以次承之，故録圖受命，易姓者三十二，而一終也，六子之坤坎靈圖也。」

〔二〕鄭玄注曰：「乾坤之君，德之至盛，爲其子孫相承之，如此而已，數之已消也。」

〔三〕鄭玄注曰：「三十二君之率，陽得正爲聖人，失正爲庸人；陰失正爲小人，得正爲君子。今此之言似誤，三十二君子，又無仁人，此宜言小人。上云繼聖人者庸，言仁者，是相發耳。既其字非小辟字，又易若代聖人者庸，繼之者小人，相協，其然乎！小人之世淫，庸則其世貇，會其性矣。」

〔四〕鄭玄注曰：「二陰，金、水也；三陽，火、土、木。其王也，末也，皆失其德，陰則起，大而强，陽則柔，劣而弱，當各以所宜八卦之德掃，更正其正也。」

一五·三　周易乾鑿度

孔子曰：「復十八世消，以三六也；臨十二世消，以二六也；泰三十世消，以二九二六也；大壯二十四世消，以二九一六〔一〕也；夬三十二世消，以三九一四也〔二〕。」

〔一〕「六」，四庫全書本、叢書集成本作「五」。

〔二〕鄭玄注曰：「皆以爻正爲之世數也。復反臨，不以一九數者，復初九無據。二正，正數中自泰以上卦數，則壯矣。坤靈圖云：『孔子以位三不正，是謂興也。』」

一五·四　周易乾鑿度

孔子曰：「姤一世消，無所據也；遁一世消，據不正也；否十世消，以二五也；觀二十世消，以二五四六也〔一〕；剥十二世消，以三四也。」

〔一〕原注：當有誤。

一五・五　周易乾鑿度

孔子軌以七百六十爲世軌者，堯以甲子受天元爲推術〔一〕。七〔二〕往六來八、往九來七爲世軌者文王，推爻四，乃術數〔三〕。

〔一〕鄭玄注曰：「甲子爲部，起十一月朔日，每一部者七十六歲，如是世積一千五百二十歲後復。然則七十六歲之時，十一月朔旦甲子，堯既以此爲一陰一陽，而中分，推以爲軌度也。」

〔二〕「七」，四庫全書本、叢書集成本皆作「以」。

〔三〕鄭玄注曰：「易有四象，文王用之焉。往布六於北方，以象水；布八於東方，以象木；布九於西方，以象金；布七於南方，以象火。如是備爲一爻，而正爲四營而成，由是故生四八、四九、四七、四六之數，爻倍之，則每卦率得七百六十歲。言往來者，外陽内陰也。」

一五・六　周易乾鑿度

孔子曰：「以爻正月，爲享國數，存六期者天子〔一〕。欲求水旱之厄，以位入軌年數，除軌竿盡，則厄所遭也。甲乙爲饑，丙丁爲旱，戊己爲中興，庚辛爲兵，壬癸爲水。卧筭爲年，立筭爲日〔二〕。必除先入軌年數，水旱兵饑得矣〔三〕。如是，乃救災度戹矣。陽之法〔四〕。」

〔一〕鄭玄注曰：「正月誤字，當正云一軌，國之法，其術意如此。乃終存六期者，謂與符厄所遭者。

言天子者，不爲四位之人也。」

〔二〕鄭玄注曰：「此術謂之意，先置今所復值軌卦消息。君六，天子之軌數。乾也則七百六十八，復也六百八十八，坎則七百。以作入軌年數，除之者，陽爻則除其十四，陰爻則除五十六。從初至上，如是再如軌意矣。每除識其數於側，至於求時，而上則厄之所遭耳。竿者爲軌，餘年不足，復除所識。卧竿與立，皆年數也。今所求者，主於日不用，故分别之。」

〔三〕鄭玄注曰：「先入軌數，前代值之。軌除其入年數者七百二十歲，四十二歲者大周，萬三百四十歲。以除滅上九，上九咸自處，其餘一。欲得除一帝卦者，以次除之，數有多少。欲得除日，求之也。」

〔四〕鄭玄注曰：「言陽，推法術之將有，求厄而爲之備也。」

一五·七　周易乾鑿度

孔子曰：「天之將降嘉瑞應〔一〕，河水清三日。青四日，青變爲赤〔二〕，赤變爲黑，黑變爲黄，各各三日。河中水安井，天乃清明，圖乃見。見必南向，仰天言〔三〕。見三日以三日，見六日以六日，見九日以九日，見十二日以十二日，見十五日以十五日，見皆言其餘日〔四〕。」

〔一〕原注：文選李康運命論注引作「聖人受命瑞，應先見於河」。

〔二〕原注：御覽八百七十三引作「河水清變爲白，白變爲赤」。

〔三〕鄭玄注曰：「嘉，善、美也。應者，聖王爲政，治平之所致。水色每變，其爲所長一明，時治平，無相勝害之者。乾爲水爲寒，河圖將出，故先清。南之向天者，龍也。圖有受而言，謂乎興者也。」

〔四〕鄭玄注曰：「誤餘字也，當爲陵之。聖王聞河，如天必下美德於己，前齊往受焉，龍乃以圖受之。其時不聞，則不知往期，龍則至陵而授焉。陵，平地，河水變日，以備龍圖，當以月三日，時無受之，則後三日龍至陵。當以一月六日，龍見日，無受之者，則後六日龍至陵。自此爲期驗，故著之。云陵日，皆言就者於陵受之時，亦狀同。」

一五·八　周易乾鑿度

孔子曰：「帝德之應洛水，先温九日，後五日變爲五色玄黄，天地之静，書見矣，負圖出午〔一〕。聖人見五日以五日，見十日以十日，見十五日以十五日，見二十日以二十日，見二十五日以二十五日，見三十日以三十日〔二〕。」

〔一〕鄭玄注曰：「坤主處置之氣，洛水出焉，後寒俱降嘉應，效乾也。安静由安井，午者龜，畏人，今而一人，故以午言。」

〔二〕鄭玄注曰：「亦謂洛水辛日，以備而無受之者，龜六□見，就龍陵而受焉。期之意，與上同也。」

一五·九　周易乾鑿度

孔子曰：「君子亦於静，若龍而无角〔一〕。河一日清，二日白，三日赤，四日黑，五日黄。虵見水中，用日也，一日辰爲法，以一辰二辰，以三辰，以四五辰，以六七辰，以八九辰，以十辰，以十一辰，以十二辰〔二〕。夜不可見，水中赤，煌煌如火英，圖書虵皆然也。」

〔一〕鄭玄注曰：「君子，次聖德者。由降嘉瑞，應河水，亦爲變其日，從其應之與見於清浄。若龍無角，神虵也。」

〔二〕鄭玄注曰：「以言河水爲虵，將出而變，變而已備，而無受之者，虵不出水，就陵而受之。君子之德，不能不致於此期，從不用日十二爲數者，不累日也。而當見而無受者，以一日辰爲法，謂用其明日期也。辰當爲期也，一日十二辰，爲一丑辰，而無受者，期日丑辰見，虵亦見水中，此有其期明驗也。」

一五·一〇　周易乾鑿度

孔子曰：「復，表日角〔一〕；臨，表龍顔〔二〕；泰，表載干〔三〕；大壯，表握訴，龍角大展〔四〕；夬，表升骨履文〔五〕；姤，表耳參漏，足履王，知多權〔六〕；遯，表日角連理〔七〕；否，表二好文〔八〕；觀，表出準虎〔九〕；剥，表重童，明曆元〔一〇〕。此皆律曆運期相，一匡之神也，欲所按合誠〔一一〕。洛書靈準聽曰：氣五，機七，八合提，九爻結；八九七十二，録、圖起〔一二〕。

初世者戲也，姬通紀，河圖龍出，洛書龜予。演亦八者，七九也〔一三〕。始倉甄節，五七受命〔一四〕，數〔一五〕運不俗，守録以次第，相改七九度，變命失寶〔一六〕。合七八，八名畢升，漸喜，六十四精，聖性象有録第，以所變，畢動動〔一七〕。日者提，不者殆，易物之慎命不在〔一八〕。仵者霸，横者距命，暦掘執并。投者上，契輔摘，推失排絀者，咸名紀，所錯中，與用材毁苴〔一九〕。五行旋代出，輔運相拒，與更用事，終始相討，期有從至。有餘運，有託除，要有知衒，合七八以視旋機，審矣。」

〔一〕鄭玄注曰：「表者，人形體之章誠也。名復者，初震爻也。震之體在卯，日於出焉。又初應在六四，於辰在丑，爲牛，牛有角，復人表象。」

〔二〕鄭玄注曰：「名臨者，二爻，而互體震，震爲龍，應在六五，六五離爻也，體南方爲上，故臨人表在顔也。」

〔三〕鄭玄注曰：「干，楯也。名泰者，三爻也，而體艮，艮爲山，山爲石體，有以行懼難之器云，應在上六，於人體俱須參人表，載於干上。」

〔四〕「展」，四庫全書本、叢書集成本皆作「辰」。鄭玄注曰：「艮卦至大壯而立體，此爲乾，其四則艮爻，井艮爲手，握訴者艮也。井而則坎，爲水，有脣。詩云：『寘之河之脣。』四名卦而震爲龍，故大壯人之表其象也。」

〔五〕鄭玄注曰：「名夬者，五立於辰，在斗魁所指者。又五於人體當艮卦，於夬亦手，體成其四，則震爻也。爲足，其三猶艮爻，於十十次，值本於析，七耀之行起焉。七者屬文，北斗在骨，足履文，夬人之表象明也。」

〔六〕鄭玄注曰：「姤初爻在巽，巽爲風，風有聲而無形也。九竅之分，目視形，耳聽聲。八卦屬坎，坎爲水，水爲孔穴象，消卦，其道五事，曰聽耳而三漏，聽之至。巽爲股，初爻最在下，足象，消卦其姤，離爲明人君南面而治焉，足行於其上，姤人表覆王，是由然。王，人君最尊者。離又爲火，火者土寄位焉。土數五，當如姤氣於其上，故八，兼更得性耳。巽爲進退，又爲近利，有知而以進退求利，此謂之姤焉者，陰氣之始，故因其逐表見其情。」

〔七〕鄭玄注曰：「名遯者，以離爻也。離爲日，消卦，遯主六月，於辰未，未爲羊，有角。離，南方之卦也，五均南方，爲衡，人之眉上曰衡。衡者，平地。連理，或謂連珠者，其骨起。衡之遯人表亦少少，然詩含神霧云：『四角主張，熒惑司過也。』」

〔八〕鄭玄注曰：「細或爲之時，名否卦者三也。三在五，體艮之中，艮爲木多節。否人之表，二時象之，與三艮卦，體五坤，坤爲文，故性亦好文也。」

〔九〕鄭玄注曰：「名觀者，亦在五艮之中而位上，艮爲山，澤山通氣，其於人體則鼻也。艮又門闕。觀謂之闕，準在鼻上而高顯，觀人表出之象。艮爲禽喙之屬，而當兑之上，兑爲口，虎唇又象焉。」

〔一〇〕鄭玄注曰：「名剥者，五色也。五離爻，離爲日。童，目子。六五於辰又在卯，酉屬也。剥離人表重焉，五月卦，體在艮，終萬物，始萬物，莫盛乎艮，曆數以有終始，剥人兼之，性自然表象參差，神實爲之，難得縷耳，所聞差也。」

〔一一〕鄭玄注曰：「主正月不三者，此人心之合誠，春秋讖卷名也。」

〔一二〕鄭玄注曰：「氣五，禺之五行。機七，二十七里也，二十八宿以存焉。二者用事，以卦相提，得一歲俱終。而太一行九宫，及位遊相結，每宫如卦之日，則參差矣。八九相乘七十二歲，而七百二十歲，復於冬至甲子生，象其數以爲軌焉，故曰録圖起之。」

〔一三〕鄭玄注曰：「初世也。周禮曰：『凡日行水逆，地功爲之不行，或勒伏羲初遺十言之教，而畫八卦。至文王，乃通其教，演著陰陽入象之言者也。』」

〔一四〕鄭玄注曰：「伏羲、文王，皆倉精也。始次言易之法度，而五七三十五，君位在後，爻受文，始甄紀也。」

〔一五〕緯書集成本「數」上有「德」字。

〔一六〕鄭玄注曰：「俗，猶從也，順之。後世之君子，不順行易道，次第有名録也者，將起代變，滿七九六千三百，則其王命也。」

〔一七〕「畢動動」，緯書集成本作「承運動」。鄭玄注曰：「畢，猶悉，令也。八八六十四之人，於有天命也者，即悉喜於將升進也，其性各有象，謂若復表日角之屬，録次以象所變，如其世數。姤復去遯臨起，此謂君臣，則不然，王命臣位俱列也。」

〔一八〕鄭玄注曰：「殆於正也，此言卦也。雖有録圖，所當王，必待日旁有氣提之者，乃復可起也。無此氣者，且當止。雖有録圖，第且勿順，天命在今。春秋元命包曰：精出於天，提日而西北之也。」

〔一九〕鄭玄注曰：「仵乃横與錯者三，皆旁氣名。投摘亡排絀，蓋爲夋氣投夭役力之屬。摘亡，微也。排絀，納也。伯者，齊桓、晉文者。距之，若秦始皇者。契輔，推契而輔之也，若夏太康之昆弟。苴始毁者，當任用賢才之臣。毁者，八風之時，所行之見異，皆有云爲，下行則此毁。直，或改作苴也。」

一五·一一　周易乾鑿度

孔子曰：「至德之數，先立木、金、水、火、土德，合三百四歲。五德備，凡一千五百二十歲，大終復初。其求金木水火土德日名之法，道一紀七十六歲，因而四之，爲三百四歲。以一歲三百六十五日四分乘之，凡爲十一萬一千三十六。以甲爲法除之，餘三十六，以三十六甲子始數立，立算皆爲甲，旁算亦爲甲，以日次次之，母算者，乃木金火水土德之日也。德益三十六，五德而止。六日名：甲子木德，主春春生，三百四歲；庚子金德，主秋成收，三百四歲；丙子火德，主夏長，三百四歲；壬子水德，主冬藏，三百四歲；戊子土德，主季夏致養，三百四歲。六子德四正，四正子午卯酉也，而期四時，凡一千五百二十歲，終一紀。五德者，所以立尊號，論天弗志長久〔一〕。」

〔一〕鄭玄注曰：「六日名甲子，謂五德，竟至於六，其號名爲甲子，故林德後，是六甲子故。弗，誤字，當作常。志，古字與識同，今時受作職者也。」

一五·一二　周易乾鑿度

孔子曰：「丘按録讖，論國定符，以春秋西狩，題釗表命，予亦握嬉，帝之十二當興平嗣，出妃妾，妾得亂。不勤竭乘，維表循符，當至者塞，政在樞，害時失命鉠壽。以符瑞伏代災，七録握藉，成年剟衺〔一〕。期凶勑候，脩身練鉠郵，專兑，兑德始剋，免延期〔二〕。自然之讖，推引相拘，沮思愈知命不或世，帝思圖也。夫天道三微而成一著，三著而體成〔三〕。」

〔一〕「衺」，叢書集成本作「衰」。鄭玄注曰：「當至寒林微之應，閉不來也，爲政如此，塞必在樞，謂不用七政則害四時之氣，既元年命以當致瑞，反代，或爲佐之也。」

〔二〕鄭玄注曰：「上以至深道之，故以此言勸協掖之，言聖人承天意也。殷勤然練，猶澤郵過也。兑或爲説也。」

〔三〕鄭玄注曰：「三微而成一著，自冬至至正月中，爲泰卦。三著成體，則四月爲乾卦。以三微一著之義，則與三著成體不協，蓋寫之誤也。原經之義，三而成一著，一爻也，三著成體，乃泰卦也。是則十日爲微，一月爲著矣。十有八變而成卦之數，恐未盡注意，故不改，隨上六，拘繫之，乃從維之。言六二欲九五拘之，推六既爲政應，又非其事，六二蓋當作上六，先師不改，故亦不改。主歲之卦，注以爲泰否之卦，宜貞戌亥，蓋據屯蒙推之也。爲其圖者，以爲貞戌酉，按注則違圖，按圖違經，則失圖之矣，而注亦又錯。今以經義推之，同位陰陽，退一辰相避也。按圖位無同時，又何避焉，不合一也。又屯蒙之貞，違經失義，不合二也。否泰不以及用，不合三也。經曰：乾貞於子，坤貞於未。乾坤，陰陽之主也，陰退一辰，故貞於未，至於屯蒙，則各貞其日，言歲終則各從卦次，是也。且屯蒙爲法也，泰否言獨各貞於辰，中孚小過，言法乾坤，蓋諸異者，否泰於卦位，屬爲衡，法宜相避，故言獨貞辰也。北辰共者，否貞申，右行則三陰在西，三陽在北。泰貞寅，左行則三陽在東，三陰在南。是則陰陽相比，共復乾坤之體也。中孚貞於十一月子，小過正月之卦也，宜貞於母二月卯，而貞於六月，非其次，故言象法乾坤。其餘衆卦，則自貞於其同位，仍相避可知也。謹撰所聞，其餘君子爲肬贅而非之，問其餘君子庸人，求乎免也。」

一五·一三　易緯通卦驗〔一〕

孔子曰：「太皇之先，與燿合元，精五帝期，以序七神〔二〕。天地成位，君臣道生。君五期，輔三名，以建德，通萬靈〔三〕。遂皇始出，握機矩，表計宜，其刻曰〔四〕，蒼牙〔五〕通靈，昌之成，孔演命，明道經〔六〕。燧人之皇没，虙戲生本，尚芒芒，開矩聽八，蒼靈唯精，不慎明之，害類遠振〔七〕。擿度出表，挺後名知，命陳效睹。三萬一千，一終一名，虙方牙，蒼精作易，無書以盡序〔八〕。」

〔一〕見卷上。

〔二〕鄭玄注曰：「皇，君也。先，猶本也。燿者，燿魄寶。北辰，帝名也。此言太微之帝，本與北辰之帝同元。元，天之始也。其精有五，謂蒼帝靈威仰之屬也。其布列用事各有期，期各七十二日，主叙十神二十八舍北斗也。」

〔三〕鄭玄注曰：「成，猶定也。言天地尊卑已定，乃後有君臣也。君之用事五行，代王亦有期，如太微之言。輔臣三名：公、卿、大夫。主氣者人君，亦以此主其德於天下，通於萬物之靈，因之致其符，長爲瑞應。」

〔四〕「曰」，緯書集成本作「白」。

〔五〕原注：古微書引作「蒼渠」。

〔六〕鄭玄注曰：「矩，法也。遂皇，謂燧人，在虙羲前，始王天下，但持斗機運之法，指天以施教令，作其圖緯之計，演時無書，刻白。蒼精牙肩之人，能通神靈之意，謂虙羲將作易也。昌，文王名也。又將成之，謂觀象而繫辭也。」

〔七〕鄭玄注曰：「聽，猶慎也。虙羲作八本，尚芒芒然，闓燧皇握機矩，所作計演之圖。思其所言，作八卦之象，倉渠即巳也，當通靈。唯之言專也。觀象於天地，取鳥獸萬物之具，專精於此，而作八卦，卦既成，令以行，惡類遠去，唯善者存也。」

〔八〕孫詒讓認爲「虙」下當有「戲」字，御覽七十八引作「伏犧」可證。盡，御覽作畫，與注義合，當據正。鄭玄注曰：「虙戲時質道樸，作易以爲政令而不書，但以畫見其事之形象而已矣。」

一五·一四 易緯通卦驗〔一〕

孔子表洛書摘亡辟曰：「亡秦者，胡也。丘以推秦，白精也。其先星感，河出圖，挺白以胡誰亡。胡之名，行之名，行之萌。秦爲赤軀，非命王，故帝表有七五命，七以永慶王，以火代黑，黑畏黄精之起，因威萌。虙羲作易仲，仲命德，維紀衡〔二〕。周文增通八八之節，轉序三百八十四爻，以繫王命之瑞，謀三十五君，常其一也，興亡殊方，各有其祥〔三〕。封于泰山，禪于梁陰，易姓之起，刻石明號〔四〕。丘表大命，謀天皇，巽奎坤艮，出亡興之街。仲者帝命所保，行文出加政撥臣，陽候七，陰候八，皆行子午，視卯酉相違，遠期衝六千三百變，非摘亡據興，盡在文昌所會，增卦爻，可以先知珍瑞之類，妭孽之將，審其繫象，通神明〔五〕。明者類視七若九〔六〕。八卦以推七九之微，録、圖準命，略爲世題萌表試。故十二月十二日，政八風、二十四炁，其相應之驗，猶響之應人動作言語也〔七〕。故正其本而萬物理，失之毫釐〔八〕，差以千里。」

〔一〕見卷上。

〔二〕鄭玄注曰:「仲,謂四仲之卦,震、兑、坎、離也。命德者,震也,則命之曰木德;兑也,則命之曰金德;坎也,則命之曰水德;離也,則命之曰火德。維者,四角之卦,艮、巽、坤、乾也。紀,猶數也。衡,猶當也。維卦起數之所當,謂若艮於四時之數當上春。」

〔三〕鄭玄注曰:「八八之節,六十四卦,於節氣各有王也。以繫王命之瑞,此乾鑿度迹蚑所生。每卦六爻,爻曰一日之術也。」

〔四〕「泰山」,叢書集成本作「太山」。鄭玄注曰:「封壇,皆謂祭之時築土爲其神位。孝經鉤命決曰:『封太山考績,燔燎於梁父。』刻石紀號,此亦王者易姓而興之一方,故承上言而云。然梁陰,梁父也,山名字誤。」

〔五〕鄭玄注曰:「此言文王推演卦爻之象,而嘉瑞應,變怪諸物,備字於其中焉。」

〔六〕鄭玄注曰:「撰撥。」

〔七〕「響」上,緯書集成本有「影」字。

〔八〕鄭玄注曰:「鼇,馬尾也。」

一五·一五　易緯辨終備

孔子表河圖皇參持曰:「天以斗視,日發明皇,以戲招始掛八卦談。」〔一〕

〔一〕鄭玄注曰：「皇參持，河圖名也。言以北斗之星視聽，而以日月發其明，以昭示天地三皇。伏戲始卦，以示後世之人，謂使觀見之矣。」

一五・一六　易緯是類謀

孔子演曰：「天子亡徵九，聖人起有八符〔一〕。運之以斗，稅之以昴，五七布舒，河出錄、圖，雒授變書〔二〕。」

〔一〕鄭玄注曰：「九、八，亦陽爻、陰象之數也。」

〔二〕鄭玄注曰：「運之以斗，則上類萌樞，及機衡准時也。稅之以昴，則上所謂視在捒星。七五三十五，有名以第錄，王受命之時，亦河出圖，洛出書，受之以王錄。」

一五・一七　文選漢高祖功臣頌注引尚書琁璣鈐

孔子曰：「五帝出，受錄、圖〔一〕。」

〔一〕原注：又齊安陸王碑文注引作「籙圖」。

一五・一八　隸釋史晨祠孔廟碑引尚書考靈燿〔一〕

丘生倉際觸期，稽度爲赤制，故作春秋以明文命，綴紀撰書，修定禮義。

〔一〕見隸釋卷一。

一五·一九　文選齊安陸王碑文注引春秋元命包

孔子曰:「扶桑者,日所出,房所立,其耀盛,蒼神用事,精感姜原〔一〕,卦得震,震者動而光,故知周蒼,代殷者,爲姬昌,人形、龍顔、長大,精翼日,衣青光〔二〕。」

〔一〕「姜原」,緯書集成本作「姜嫄」。

〔二〕宋衷曰:「爲日精所羽翼,故以爲名,木神以其方色衣之。」

一五·二〇　公羊哀十四年解詁

得麟之後,天下血書魯端門曰:「趨作法,孔聖没,周姬亡,彗東出,秦政起,胡破術,書紀散,孔不絶。」子夏明日往視之,血書飛爲赤烏,化爲白書,署曰「演孔圖」,中有作圖制法之狀〔一〕。

〔一〕原注:疏云演孔圖文。今案:宋均注曰:「哀公十有三年己未,冬十一月,有星孛于大辰。」

一五·二一　御覽八百四又九百十四引春秋演孔圖〔一〕

孔子論經,有鳥化爲書。孔子奉以告天,赤爵集〔二〕書上,化爲黄〔三〕玉,刻曰:「孔提命,作應法,爲赤制〔四〕。」

〔一〕中華書局影印本御覽與此文字稍異,漢學堂叢書本孔子演孔圖與此同。

〔二〕原注：水經注二十五泗水引作「銜」。

〔三〕緯書集成本無「黄」字。

〔四〕原注：藝文類聚九十引此下有「雀集」二字。

一五·二三　藝文類聚九十八引演孔圖

「趣作法，聖〔一〕没，周姬亡，彗東出，秦政〔二〕，胡破術，書記〔三〕散，孔不絶。」此魯端門血書〔四〕。十三年冬，有星孛〔五〕東方，説題曰：「麟德〔六〕之月，天當有血書端門。」子夏至期往視，逢一即〔七〕，言門有血書，往寫之。血蜚鳥化爲帛，鳥消書出，署曰「演孔圖」。

〔一〕漢學堂叢書本演孔圖「聖」上有「孔」字。

〔二〕諸本「政」下皆有「起」字，是也。

〔三〕「記」，緯書集成本作「紀」。

〔四〕「此魯端門血書」下至「往寫之」，宋本藝文類聚作注文，是也。

〔五〕「孛」，宋本藝文類聚作「勃」。

〔六〕「德」，宋本藝文類聚作「得」。

〔七〕「即」，諸本皆作「郎」，是也。

一五·二二三　御覽六百六引演孔圖

孔子曰：「丘作春秋，天授演孔圖，中有大玉，刻一版曰：琁璣，一低一昂，是七期驗敗毁滅之徵也。」

一五·二二四　御覽八十四引春秋感精符

孔子按録書含觀五常英人，知姬昌爲蒼帝精。

一五·二二五　北堂書鈔八十五拜揖引孝經右契

制作孝經，道備，使七十二〔一〕弟子向北辰星而磬折，使曾子抱河、洛，事北面〔二〕，孔子衣絳單衣，向北辰星而拜者也〔三〕。

〔一〕「二」，緯書集成本誤作「人」。

〔二〕「面」，緯書集成本作「向」。

〔三〕光緒本北堂書鈔無「者也」二字，當删。今案：緯書集成本作「向星而拜」。

一五·二二六　事類賦十五注引孝經援神契

孔子制作孝經，使七十二子向北辰磬折，使曾子抱河、洛，事北向，孔子搢〔一〕縹筆，衣絳單衣，向北辰而拜〔二〕。

〔一〕「搢」，緯書集成本作「簪」。

〔二〕嘉靖本事類賦與此文字有異，漢學堂叢書本孝經援神契與此同。

一五·二七　搜神記八

孔子修春秋，制孝經，既成，齋戒，向北辰而拜，告備於天〔一〕。乃洪鬱，起白霧，摩地〔二〕，赤虹自上而下〔三〕，化爲黄玉，長三尺，上有刻文。孔子跪受而讀之，曰：「寳文出，劉季握，卯金刀，在軫北，字禾子，天下服。」

〔一〕百子全書本、中華書局本搜神記皆重「天」字。

〔二〕黄滌明注曰：洪鬱，非常滯結。洪，大。鬱，滯，閉結。摩地，迫近地面。

〔三〕原注：舊作「白虹」，從初學記二、御覽十四、又八百八、事類賦九引改。

一五·二八　宋書符瑞志

孔子作春秋，制孝經，既成，使七十二弟子向北辰星磬折而立，使曾子抱河、洛，事北向。孔子齋戒，向北辰而拜，告備於天曰：「孝經四卷，春秋、河、洛凡八十一卷，謹已備。」天乃洪鬱，起白霧，摩地，赤虹自上下，化爲黄玉，長三尺，上有刻文。孔子跪受而讀之，曰：「寳文出，劉季握，卯金刀，在軫北，字禾子，天下服。」

一五・二九　隸釋史晨祠孔廟碑引孝經援神挈〔一〕

丘立〔二〕制命，帝卯行。

〔一〕「挈」，當作「契」。
〔二〕「丘立」，四部叢刊本隸釋、漢學堂叢書本孝經援神契、緯書集成本作「玄邱」。

一五・三〇　御覽六百十引孝經中契

丘學〔一〕孝經，文成道立，齊以白天，則玄雲踊〔二〕，紫宫開北門，角、亢〔三〕星北落，司命天使書題，號孝經篇，雲神星裳，孔丘知元，今使陽衢乘紫麟，下告地主要道之君。後年麟至，口吐圖文，北落郎服，書魯端門，隱形不見。子夏往觀，寫得十七字，餘字滅消文，其餘飛爲赤鳥，翔靡〔四〕青雲。

〔一〕「學」，諸本皆作「作」，是也。
〔二〕「踊」下諸本皆有「北」。
〔三〕「亢」，緯書集成本作「元」。
〔四〕「靡」，諸本皆作「摩」，近是。

一五・三一　文選曹顔遠思友人詩注又劉歆移書讓太常博士注引論語崇爵讖

子夏六十四人，共撰仲尼微言，以當素王〔一〕。

〔一〕中華書局本文選思友人注無「六十四人」四字，讓太常博士注無「以當素王」四字。

一五·三二　御覽二百七引論語摘輔像

仲尼爲素王，顔淵爲司徒。

一五·三三　御覽五引論語讖

仲尼曰：「吾聞堯率舜等遊首山，觀河渚。有五老遊河渚，一老曰：『河圖將來告帝期。』二老曰：『河圖將來告帝謀。』三老曰：『河圖將來告帝書。』四老曰：『河圖將來告帝圖。』五老曰：『河圖將來告帝符〔一〕。』龍銜玉苞，金泥玉檢封盛書。五老飛爲流星，上入昴〔二〕。」

〔一〕原注：一作「符」。

〔二〕原注：文選宣德皇后令注引作「龍銜玉苞，刻版題命可卷，金泥玉檢封書成，知我者重瞳黄姚。視五老飛爲流星，上入昴」。

一五·三四　御覽八十一引論語撰考讖〔一〕

堯舜〔二〕昇登首山，觀河渚。有五老遊於河渚，相謂曰：「河圖將來告帝期。」五老流星上〔三〕昴。有須，赤龍負玉苞舒圖出，堯與大舜等共發。曰：「帝當樞百則禪虞。」堯喟然嘆曰：「咨爾舜，天之歷數在爾躬。」

〔一〕當作論語比考讖。

〔二〕中華書局影印本御覽、漢學堂叢書本論語比考讖「舜」下有「等」字。

〔三〕諸本「上」下有「入」字。

一五·三五　論衡實知

孔子將死，遺讖書曰：「不知何一男子，自謂秦始皇，上我之堂，踞我之牀，顛倒我衣裳，至沙丘而亡。」又曰：「董仲舒，亂我書。」又書曰：「亡秦者，胡也。」

一五·三六　後漢郎顗傳顗對尚書曰

孔子曰：「漢三百載，計歷改憲〔一〕。」

〔一〕原注：劉攽曰：「計」當作「斗」。

一五·三七　三國志魏文紀注引孔子玉版

定天下者，魏公子桓〔一〕。

〔一〕原注：許芝奏引春秋玉版讖曰：「代赤眉者，魏公子。」今案：中華書局點校本三國志無「眉」字。

一五・三八　後漢鍾離意傳注引意别傳

意爲魯相，到官，出私錢萬三千文，付户曹孔訢，修夫子車。身入廟，拭机席劍履。男子張伯除堂下草，土中得玉璧七枚，伯懷其一，以六枚白意，意令主簿安置几前。孔子教授堂下牀首有懸甕，意召孔訢問：「此何甕也？」對曰：「夫子甕也。背有丹書，人莫敢發也。」意曰：「夫子，聖人。所以遺甕，欲以懸示後賢。」因發之，中得素書。文曰：「後世修吾書，董仲舒；護吾車，拭吾履，發吾笥〔一〕，會稽鍾離意；璧有七，張伯藏其一。」意即召問伯，果服焉〔二〕。

〔一〕説文曰：「笥，飯及衣之器也。」即盛飯或衣物的器皿。

〔二〕原注：御覽八百七引及搜神記三作「意即召問伯：『璧有七，何藏一邪？』伯叩頭出之」。上文皆同。

一五・三九　續漢郡國志注補引鍾離意别傳〔一〕

意省堂，有孔子小車乘，皆朽敗，意自糴俸雇漆膠之直，請魯民治之，及護几席劍履。後得甕中素書曰：「護吾履，鍾離意。」

〔一〕見續漢書郡國志二豫州魯國。

一五·四〇　續漢郡國志補引漢晉春秋〔一〕

鍾離意相魯，見仲尼廟頹毁，會諸生於廟中，慨然嘆曰：「『蔽芾甘棠，勿翦勿伐』，況見聖人廟乎？」遂躬留治之。周觀輿服之在焉。自仲尼以來，莫之開也。意發視之，得古文策書曰：「亂吾書，董仲舒；治吾堂，鍾離意；璧有七，張伯懷其一〔二〕。」意尋案，未了而卒。張伯者，治中庭。治地得六璧，上之。意曰：「此有七，何以不遂？」伯懼，探璧懷中。魯咸以爲神。

〔一〕見續漢書郡國志二豫州魯國。

〔二〕「懷其一」，汲古閣本續漢志作「盜一」。

一五·四一　水經注二十五泗水

魯人藏孔子所乘車於廟中，是顔路所請者也。獻帝時，遇〔一〕火燒之。永平中，鍾離〔二〕意爲魯相，到官，出私錢萬三千文，付户曹孔訢，治夫子車。身入廟，拭几席、劒履。男子張伯除堂下草，土中得玉璧七枚。伯懷其一，以六枚白意，意令主簿安置几前。孔子寢堂牀首有懸甕，意召孔訢問：「何等甕也？」對曰：「夫子甕也。背有丹書，人勿敢發也。」意曰：「夫子，聖人。所以遺甕，欲以懸示後賢耳。」發之，中得素書。文曰：「後世修吾書，董仲舒；護吾車，拭吾履，發吾笥，會稽鍾離意；璧有七，張伯藏其一。」意即召問伯，果服焉。

〔一〕浙江古籍本「遇」上有「廟」字。

〔二〕「鍾離」，世界書局本水經注作「鍾離意」。

【補遺】

一五·四二　文選短歌行注引素王受命讖

河授圖，天下歸心〔一〕。

〔一〕原注：按漢高祖功臣頌注引同。

一五·四三　太平廣記一百四十一引説題辭

孔子謂子夏曰：「得麟之月，天當有血書魯端門：『孔聖没，周室亡。』」子夏往觀，逢一郎云「門有血，飛爲赤烏，化而爲書」云〔一〕。

〔一〕原注：按公羊哀十四年解詁：得麟之後，天下血書魯端門曰「孔聖没，周姬亡」云云。子夏明日往視之，血書飛爲赤烏，化爲白書云云。疏云演孔圖文。彼文孫書已采。

【商正】

一五·四四　易緯是類謀

備命者孔丘。

一五·四五　鄭康成六藝論〔一〕

孔子既西狩獲麟，自號素王，爲後世受命之君制明王之法。

〔一〕原注：春秋左傳弟一正義引。

一五·四六　春秋緯漢含孳〔一〕

丘水精，制法，爲赤制方。

〔一〕原注：公羊隱元年傳徐彦疏引，又徐彦疏引演孔圖文：「丘水精，治法，爲赤制功。」古微書收入漢含孳。

一五·四七　春秋緯漢含孳〔一〕

孔子曰：「丘覽史記，援引古圖，推集天變，爲漢帝制法，陳叙圖録。」〔二〕

〔一〕原注：公羊隱元年傳徐彦疏引春秋説。孫穀古微書輯入漢含孳。

〔二〕此段文字又見於春秋演孔圖。

一五·四八　春秋演孔圖〔一〕

玄丘制命，帝卯行也。

〔一〕原注：文選班孟堅典引注引。按孫書輯有「丘立制命，帝卯行」，係隸釋晨祠孔廟碑所引作孝經援神契文，與選注所引略有異同，附録備考。

一五·四九　春秋緯演孔圖〔一〕

孔子作法五經，運〔二〕之天地，稽之圖象，質於三王，施於四海。

〔一〕原注：初學記卷十六引。太平御覽卷六百八引並同。

〔二〕「運」，御覽作「束」。

一五·五〇　孝經緯援神契〔一〕

麟，中央也，軒轅大角獸也。孔子備春秋〔二〕，修禮以致其子，故麟來爲孔子瑞。

〔一〕原注：孫穀古微書引。

〔二〕一本「春秋」下有「者」字。

一五·五一　孝經緯援神契〔一〕

丘爲制法，主黑緑，不代蒼黄。

〔一〕原注：禮記中庸正義引。宋均注言：「孔子，黑龍之精，不合代周家，木德之蒼也。」附録備考。

一五·五二　孝經緯鉤命訣〔一〕

丘乃授帝圖，掇祕文。

〔一〕原注：文選顏延年三月三日曲水詩序注引。又西都賦注、後漢書班固傳引「丘掇祕文」句。均附録之，以備參考。

一五·五三　尚書中候〔一〕

夫子素按圖、録，知庶〔二〕劉季當代周，見薪采者獲麟，知爲其出。何者？麟者木精，薪采者庶人，燃火之意，此赤帝將代周。

〔一〕見尚書中候日角。原注：春秋哀十四年公羊傳何休注徐彦疏云蓋見中侯（整理者案：當爲「候」字之誤）。馬氏國翰謂候言圖録，當是此篇，據以補入。

〔二〕「庶」，叢書集成本作「庶姓」。

【新補】

一五·五四　越絶書越絶篇敘外傳記

孔子感精，知後有彊秦喪其世，而漢興也〔一〕。賜權齊、晉、越，入吴。孔子推類，知後有蘇秦也。權衡相動，衡五相發。道獲麟，周盡證也，故作春秋以繼周也。此時天地暴清，日月一明，弟子欣然，相與太平。孔子懷聖承弊，無尺土所有，一民所子〔二〕，覩麟垂涕〔三〕，傷民不得其所，非聖人孰能痛世若此！

〔一〕錢培名曰：「『喪其世，而漢興也』，『而』字原空，依漢魏叢書本補。」

〔二〕樂祖謀曰：「『一民所子』，張本『子』作『主』。」

〔三〕錢培名曰：「『覩麟垂涕』，『垂』原誤作『乘』，依漢魏叢書、逸史本改。」樂祖謀曰：「『覩麟垂涕』，『垂』字原本及正德本、陳本誤作『乘』，據孔本等改。」

一五·五五　論衡超奇

文王之文在孔子，孔子之文在仲舒。

一五·五六　易緯稽覽圖

孔子曰：「終始之義，在外内焉。進退在二年，觀其政，以别知其泰延與否也。」

一五·五七　易緯坤靈圖

孔子曰：「雷之始發大壯始，君弱臣强從解起。」

一五·五八　易緯坤靈圖

蒼牙通靈,昌之成運,孔演命,明道經。

一五·五九　易緯坤靈圖

孔子以位三不正。

一五·六〇　尚書考靈曜

卯金出軫,握命孔符。

一五·六一　禮稽命徵

孔子謂子夏曰:「禮以脩外,樂以脩内,丘已矣夫!」

一五·六二　春秋演孔圖

孔子曰:「丘作春秋,王道成。」

一五·六三　春秋元命包

孔子曰:「皇象元,逍遥術,無文字,德明謚。言行王之德象合元矣。逍遥猶動行其術,未有文字之教,其德盛明者,爲其謚矣。」德。

一五·六四　春秋感精符

墨、孔生，爲赤制。

一五·六五　春秋保乾圖

孔子曰：「三百年斗曆改憲。」

一五·六六　春秋握誠圖

孔子作春秋，陳天之際，記異考符。

一五·六七　春秋説題辭

孔子卒，以所受黄玉葬魯城北。

一五·六八　春秋説題辭

孔子言曰：「七變八臼米出甲，謂磑之爲糲米也，春之則粺米也，師之則鑿米也，䈢之則榖米也，又導擇之，暘暛則爲晶米。」

一五·六九　春秋緯

孔子坐元扈洛水之上，赤雀銜丹書隨至。

一五·七〇　春秋緯

孔子親仕定、哀，故以定、哀爲己時。

一五·七一　孝經緯鉤命訣

孔子謂顔淵曰：「吾終身與汝交臂而失之，可不哀與？」

一五·七二　論語比考讖

叔孫、武孫毁孔子譬若堯民曰：「我耕田而食，穿井而飲，堯何力功？」

一五·七三　論語摘輔象

仲尼淑明清理。

一五·七四　論語讖

孔子讀易，韋編三絶，鐵鏑三折，漆書三滅。

一五·七五　春秋握誠圖

孔子明天文，占妖祥，若告非其人，則雖言之不著。

一五・七六　洛書録運法

孔子曰：「逢氏抱小女未喜觀帝，孔甲悦之，以爲太子履癸妃。」

一五・七七　金樓子興王篇

昔孔子夢三槐間，豐沛邦有赤蛇，化爲黄玉，上有文曰「卯金刀」字，此其瑞矣。

一五・七八　搜神記卷三

漢永平中，會稽鍾離意字子阿，爲魯相。到官，出私錢萬三千文，付户曹孔訢，修夫子車。身入廟，拭几席劍履。男子張伯除堂下草，土中得玉璧七枚，伯懷其一，以六枚白意。意令主簿安置几前。孔子教授堂下牀首有懸甕，意召孔訢問：「此何甕也？」對曰：「夫子甕也。背有丹書，人莫敢發也。」意曰：「夫子，聖人。所以遺甕，欲以懸示後賢。」因發之，中得素書，文曰：「後世修吾書，董仲舒。護吾車，拭吾履，發吾笥，會稽鍾離意。璧有七，張伯藏其一。」意即召問：「璧有七，何藏一耶？」伯叩頭出之。

孔子集語卷十六

寓言十四上

一六・一　御覽八百十八引韓詩外傳

孔子、顏淵登魯泰山〔一〕，望吴閶門。淵曰：「見一匹練，前有生藍。」子曰：「白馬、藍芻也。」〔二〕

〔一〕「泰」，中華書局影印本御覽作「東」。

〔二〕原注：今外傳無。今案：「藍」，中華書局影印本御覽作「蘆」。

一六・二　御覽八百九十七引論衡

儒書稱孔子與顏淵俱登魯東山，望吴閶門，謂曰：「爾何見〔一〕？」「一匹練，前生藍。」孔子曰：「噫！此白馬、蘆芻。」使人視之，果然。

〔一〕中華書局影印本御覽「何見」下有「曰見」二字。

一六・三　論衡書虚

傳書或言：顔淵與孔子俱上魯太山。孔子東南望吴閶門外，有繫白馬，引顔淵，指以示之，曰：「若見吴閶門乎？」顔淵曰：「見之。」孔子曰：「門外何有？」曰：「有如繫練之狀。」孔子撫其目而止〔一〕之，因與俱下。下而顔淵髮白齒落，遂以病死。蓋以精神不能若孔子，彊力自極，精華竭盡，故〔二〕夭死。

〔一〕「止」，百子全書本作「正」。

〔二〕百子全書本「故」下有「早」字。

一六・四　續博物志七

顔淵與孔子俱上泰山，東南望吴昌門外。孔子見白馬，引顔淵指之：「若見吴昌門乎？」顔淵曰：「見之，有繫練之狀。」孔子撫其目而止之。顔淵髮白齒落，遂以病死。蓋精力不及聖人，而强役之也。

一六・五　列子天瑞

林類年且〔一〕百歲，底〔二〕春被裘，拾遺穗於故畦〔三〕，並歌並進。孔子適衛，望之於野。

顧謂弟子曰：「彼叟可與言者，試往訊之〔四〕！」子貢請行。逆之壠端，面之而歎曰：「先生曾不悔乎，而行歌拾穗？」林類行不留，歌不輟。子貢叩之不已，乃仰而應曰：「吾何悔邪？」子貢曰：「先生少不勤行，長不競時，老無妻子，死期將至，亦有何樂而拾穗行歌乎？」林類笑曰：「吾之所以爲樂，人皆有之，而反以爲憂〔五〕。少不勤行，長不競時，故能壽若此〔六〕。老無妻子，死期將至，故能樂若此。」子貢曰：「壽者人之情，死者人之惡。子以死爲樂，何也？」林類曰：「死之與生，一往一反。故死於是者，安知不生於彼？故吾知共〔七〕不相若矣。吾又安知營營而求生〔八〕非惑乎？亦又安知吾今之死不愈昔之生乎？」子貢聞之，不喻其意，還以告夫子。夫子曰：「吾知其可與言，果然；然彼得之而不盡者也〔九〕。」

〔一〕楊伯峻曰：「且，將也。」

〔二〕張湛注曰：「底，當也。」

〔三〕張湛注曰：「收刈後田中棄穀捃之也。」

〔四〕楊伯峻曰：「釋文作『有試往訊之』，云：訊音信，一本無『有』字。」

〔五〕張湛注曰：「我所以爲樂者，人人皆同，但未能觸事而夷，故無蹔歡。」

〔六〕張湛注曰：「不勤行，則遺名譽；不競時，則無利欲。二者不存於胸中，則百年之壽不祈而自獲也。」

〔七〕「共」,列子集釋、百子全書本皆作「其」,是也。

〔八〕王叔岷以爲「求生」下當有「之」字。

〔九〕張湛注曰:「卒然聞林類之言,盛以爲已造極矣;而夫子方謂未盡。夫盡者,無所不盡,亦無所盡,然後盡理都全耳。今方對無於有,去彼取此,則不得不覺内外之異。然所不盡者,亦少許處耳。若夫萬變玄一,彼我兩忘,即理自夷,而實無所遺。夫冥内遊外、同於人羣者,豈有盡與不盡者乎?」

一六・六　列子黄帝

范氏有子曰子華,善養私名,舉國服之;有寵於晉君,不仕而居三卿之右。目所偏視,晉國爵之;口所偏肥〔一〕,晉國黜之。游其庭者侔〔二〕於朝。子華使其俠客以智鄙相攻,彊弱相凌。雖傷破於前,不用介〔三〕意。終日夜以此爲戲樂,國殆成俗。禾生、子伯,范氏之上客,出行,經坰〔四〕外,宿於田更商丘開之舍。中夜,禾生、子伯二人相與言子華之名勢,能使存者亡,亡者存;富者貧,貧者富〔五〕。商丘開先窘於飢寒,潛於牖北聽之。因假糧荷畚之子華之門。子華之門徒皆世族也,縞衣乘軒,緩步闊視。顧見商丘開年老力弱,面目黎黑,衣冠不檢,莫不眲〔六〕之。既而狎侮欺詒〔七〕,攩挨抌〔八〕,亡所不爲。商丘開常無愠容，而諸客之技單，憊於戲笑。遂與商丘開俱乘〔九〕高臺，於衆中漫言曰：「有能自投下者賞百金。」衆皆競應。商丘開以爲信然，遂先投下，形若飛鳥，揚於地，骪骨無碼〔一〇〕。范氏之黨以爲偶然，未詎怪也。因復指河曲之淫隈〔一一〕曰：「彼中有寶珠，泳可得也。」商丘開復從而泳之。既出，果得珠焉。衆昉〔一二〕同疑。子華昉令豫肉食衣帛之次。俄而范氏之藏大火。子華曰：「若能入火取錦者，從所得多少賞若。」商丘開往，無難色，入火往還，埃不漫，身不焦。范氏之黨以爲有道，乃共謝之曰：「吾不知子之有道而誕〔一三〕子，吾不知子之神人而辱子。子其愚我也，子其聾我也，子其盲我也。敢問其道。」商丘開曰：「吾亡道。雖吾之心，亦不知所以。雖然，有一於此，試與子言之。曩子二客之宿吾舍也，聞譽范氏之勢，能使存者亡，亡者存；富者貧，貧者富。吾誠之無二心，故不遠而來。及來，以子黨之言皆實也，唯恐誠之之不至，行之之不及，不知形體之所措，利害之所存也。心一而已。物無〔一四〕迕者，如斯而已。今昉知子黨之誕我，我內藏猜慮，外矜觀聽，追幸昔日之不焦溺也，怛然內熱，惕然震悸矣。水火豈復可近哉？」自此之後，范氏門徒〔一五〕遇乞兒馬醫，弗敢辱也，必下車而揖之。宰我聞之，以告仲尼。仲尼曰：「汝弗知乎？夫至信之人，可以感物也。動天地，感鬼神，横六合，而無逆者，豈但履危險、入水火而已哉〔一六〕？商丘開信僞物猶不逆，況彼我皆誠哉！小子識之！」

〔一〕張湛曰：「肥，薄也。」段玉裁曰：「古肥與非通。口所偏肥，猶云口所偏非也。」洪頤煊以爲「肥」通「腓」，當釋爲「避」，口所偏避，謂不齒之人。

〔二〕釋文曰：「侔音謀，齊也。」

〔三〕釋文曰：「介音界，副也，稱也。」

〔四〕張湛注曰：「坰，郊野之外也。」

〔五〕盧重玄解曰：「存者亡，毀之也；亡者存，譽之也。富者貧，奪之也；貧者富，施之也。而商丘開下里不達，將謂聖力所成之也。」

〔六〕中華大字典曰：「眲，輕視也。」

〔七〕説文曰：「詒，相欺語也。」

〔八〕張湛注曰：「攩音晃。抭音扶閉。挨音烏待。抌音都感切。」釋文云：「攩，胡廣切。方言，今江東人亦名推爲攩。又音晃，槌打也。抭，蒲結切。方言，凡相推搏曰抭。又扶畢切，推擊也。挨，烏骸切，推也。抌，丁感切。方言，擊背也。一本作抗，遠拒也。」

〔九〕「俱乘」，釋文作「俱升」，並云：「俱升」，一本作「俱乘」。乘，登也。

〔一〇〕「骫」，釋文作「骩」，説文云：骨曲直也。碨音毀。

〔一一〕釋文曰：「淫音深。隈，烏恢切，水曲也，一本作隅。」

〔一二〕「昉」，張湛注曰：「始也。」

〔一三〕誕，張湛注曰：「欺也。」

〔一四〕「無」，百子全書本、楊伯峻本均作「亡」。

〔一五〕百子全書本、楊伯峻本「徒」下均有「路」字。

〔一六〕盧重玄解曰：「乞兒馬醫皆下人也，遇之不敢輕。夫子言其至信之感理盡矣。」

一六·七　列子黄帝

顔回問乎仲尼曰：「吾嘗濟乎觴深之淵矣，津人〔一〕操舟若神。吾問焉，曰：『操舟可學邪？』曰：『可。能游者可教也，善游者數能〔二〕。乃若夫没人，則未嘗見舟而謖操之〔三〕也。』吾問焉而不告，敢問何謂也？」仲尼曰：「譆！吾與若玩其文也久矣〔四〕，而未達其實，而固且道與〔五〕。能游者可教也，輕水也；善游者之數能也，忘水也。乃若夫没人之未嘗見舟〔六〕而謖操之也，彼視淵若陵，視舟之覆猶其車卻也。覆卻萬物方陳乎前而不得入其舍〔七〕，惡往而不暇？以瓦摳者巧〔八〕，以鉤摳者憚，以黄金摳者惛。巧一也〔九〕，而有所矜，則重外也。凡重外者拙〔一〇〕内。」

〔一〕孫詒讓曰：「説文水部云：『津，水渡也。』津人蓋掌渡之吏士。」

〔二〕張湛注曰：「向秀曰：其數自能也，言其道數必能不懼舟也。」

〔三〕百子全書本、楊伯峻本「之」下有「者」字。張湛注曰：「謖，起也。向秀曰：能鶩没之人也。」

〔四〕釋文曰："玩，五貫切，習也。"
〔五〕張湛注曰："見操舟之可學，則是玩其文；未悟没者之自能，則是未至其實，今且爲汝説之也。"
〔六〕楊伯峻本"舟"下有"也"字。
〔七〕張湛注曰："神明所居，故謂之舍。"俞樾曰："方，並也。"奚侗以爲方猶爲道。
〔八〕釋文曰："摳，探也，以手藏物探而取之曰摳，亦曰藏彄。"
〔九〕許維遹疑"巧"上有"其"字。
〔一〇〕"拱"，一本作"拙"，盧文弨以爲然。

一六·八　莊子外篇達生

顏回問仲尼曰："吾嘗濟乎觴深之淵，津人操舟若神。吾問焉，曰：『操舟可學邪？』曰：『可。善游者數能〔一〕，若乃夫没人，則未嘗見舟而便操之也〔二〕。』吾問焉而不吾告，敢問何謂也？"仲尼曰："善游者數能，忘水也。若乃夫没人之未嘗見舟而便操之也，彼視淵若陵，視舟之覆猶其車却也。覆怯萬方陳乎前而不得入其舍〔三〕，惡往而不暇？以瓦注者巧，以鉤注者憚，以黄金注者殙〔四〕。其巧一也，而有所矜，則重外也。凡外重者内拙。"

〔一〕曹礎基據補正、校釋等補爲「數習而後能」。郭象注曰：「言物雖有性，亦須數習而後能耳。」

〔二〕郭象注曰：「没人，謂能鶩没於水底。」成玄英疏曰：「鶩，鴨子也。謂津人便水，没入水下，猶如鴨鳥没水，因而捉舟。」

〔三〕「怯」，百子全書本作「卻」。郭象注曰：「覆卻雖多而猶不以經懷，以其性便故也。」

〔四〕郭象注曰：「所要愈重，則其心愈矜也。」成玄英疏曰：「注，射也。用瓦器賤物而戲賭射者，既心無矜惜，故巧而中也。以鉤帶賭者，以其物稍貴，恐不中投，故心生怖懼而不著也。用黄金賭，既是極貴之物，矜而惜之，故心智昏亂而不中也。是以津人以忘遺故若神，射者以矜物故昏亂。是以矜之則拙，忘之則巧，勗諸學者，幸志之焉。」

一六·九　列子黄帝

孔子觀於吕梁，懸水三十仞，流沫三十里，黿鼉魚鼈之所不能游也。見一丈夫游之，以爲有苦而欲死者也，使弟子並流而承之。數百步而出，被髮行歌，而游於棠行〔一〕。孔子從而問之，曰：「吕梁懸水三十仞，流沫三十里，黿鼉魚鼈所不能游，向吾見子蹈〔二〕之，以爲有苦而欲死者，使弟子並流將承子。子出而被髮行歌，吾以子爲鬼也。察子，則人也。請問蹈水有道乎？」曰：「亡，吾無道。吾始乎故，長乎性，成乎命，與齎俱入，與汨皆出〔三〕，從水之道而不爲私焉，此吾所以蹈之也。」孔子曰：「何謂始乎故，長乎性，成乎命也?」曰:「吾生於陵而安於陵,故〔四〕也;長於水而安於水,性也;不知吾所以然而然,命也。」

〔一〕原注:「棠行」一本作「塘下」。今案:張湛注曰:「棠當作塘,行當作下。」

〔二〕「蹈」,一本作「道」。下同。

〔三〕張湛注曰:「齎、汩者,水迴入湧出之貌。」

〔四〕張湛注曰:「故猶素也。任其真素,則所遇而安也。」

一六·一〇　莊子外篇達生

孔子觀於吕梁,縣水三十仞,流沫四十里〔一〕,黿鼉魚鼈之所不能游也。見一丈夫游之,以爲有苦而欲死〔二〕也,使弟子並流而拯之。數百步而出,被髮行歌而游於塘下〔三〕。孔子從而問焉,曰:「吾以子爲鬼,察子,則人也。請問蹈水有道乎?」曰:「亡,吾無道。吾始乎故,長乎性,成乎命。與齊俱入,與汩偕出〔四〕,從水之道而不爲私焉,此吾所以蹈之也。」孔子曰:「何謂始乎故,長乎性,成乎命?」曰:「吾生於陵而安於陵,故也;長於水而安於水,性也;不知吾所以然而然,命也。」

〔一〕曹礎基曰:「四十里,校釋謂:唐寫本、白帖二、御覽五八、三九五、九三二引並作『三十里』,列子黃帝篇同。」

〔二〕曹礎基據唐寫本以爲「死」下當補入「者」字。

〔三〕成玄英疏曰：「塘，岸也。既安於水，故散髮而行歌，自得逍遥，遨游岸下。」

〔四〕郭象注曰：「磨翁而旋入者，齊也；回伏而湧出者，汩也。」

一六・一一　列子黄帝

仲尼適楚，出於林中，見痀僂者承蜩，猶掇之也。仲尼曰：「子巧乎！有道邪？」曰：「我有道也。五六月，纍垸二而不墜，則失者錙銖〔一〕；纍三而不墜，則失者十一；纍五而不墜，猶掇之也〔二〕。吾處也，若橜株駒〔三〕；吾執臂〔四〕，若槁木之枝。雖天地之大，萬物之多，而唯蜩翼之知。吾不反〔五〕側，不以萬物易蜩之翼，何爲而不得？」孔子顧謂弟子曰：「用志不分，乃凝於神〔六〕，其痀僂丈人之謂乎！」丈人曰：「汝逢衣〔七〕徒也，亦何知問是乎？脩汝所以，而後載言其上〔八〕。」

〔一〕張湛注曰：「向秀曰：累二丸而不墜，是用手之停審也，故承蜩所失者不過錙銖之間耳。」

〔二〕張湛注曰：「用手轉審，則無所失也。」

〔三〕崔譔曰：「橜株駒，斷樹也。」

〔四〕王叔岷以爲「執臂」下當有「也」字。

〔五〕百子全書本、楊伯峻本「反」下有「不」字。

〔六〕張湛注曰:「分猶數。意專則與神相似者也。」

〔七〕孫詒讓曰:「逢衣即禮經侈袂之衣。」

〔八〕張湛注曰:「修,治也。言治汝所用仁義之術,反於自然之道,然後可載此言於身上也。」

一六·一二　莊子外篇達生

仲尼適楚,出於林中,見痀僂者承蜩,猶掇之也〔一〕。仲尼曰:「子巧乎!有道邪?」曰:「我有道也。五六月,累丸二而不墜,則失者錙銖〔二〕;累三而不墜,則失者十一;累五而不墜,猶掇之也。吾處身也,若厥株拘;吾執臂也,若槁木之枝〔三〕;雖天地之大,萬物之多,而唯蜩翼之知。吾不反不側,不以萬物易蜩之翼,何爲而不得?」孔子顧謂弟子曰:「用志不分,乃凝於神,其痀僂丈人之謂乎!」

〔一〕成玄英疏曰:「痀僂,老人曲腰之貌。承蜩,取蟬也。掇,拾也。」

〔二〕郭象注曰:「累二丸於竿頭,是用手之停審也。故其承蜩,所失者不過錙銖之間也。」

〔三〕「拘」,陳鼓應校爲「枸」。成玄英疏曰:「拘,謂斫殘枯樹枝也。執,用也。我安處身心,猶如枯樹,用臂執竿,若槁木之枝,凝寂停審,不動之至。斯言有道,此之謂也。」

一六·一三　列子黄帝

趙襄子率徒十萬狩〔一〕於中山,藉仍燔林〔二〕,扇赫百里。有一人從石壁中出,隨烟燼上下。衆謂鬼物。火過，徐行而出，若無所經涉者。襄子怪而留〔三〕之。徐而察之：形色七竅，人也；氣息聲音〔四〕，人也。問奚道而處石？奚道而入火？其人曰：「奚物而謂石？奚物而謂火？」襄子曰：「而嚮之所出者，石也；而嚮之所入〔五〕者，火也。」其人曰：「不知也。」魏文侯聞之，問子夏曰：「彼何人哉？」子夏曰：「以商所聞夫子之言，和者大同於物，物無得傷閡者，游金石，蹈水火，皆可也。」文侯曰：「吾子奚不爲之？」子夏曰：「刳心去智，商未之能。雖然，試語之有暇矣〔六〕。」文侯曰：「夫子奚不爲之？」子夏曰：「夫子能之而能不爲者也。」文侯大説。

〔一〕張湛注曰：「火畋曰狩。」

〔二〕「仍」，百子全書本、楊伯峻本作「艿」。釋文曰：「在下曰藉，草不剪曰艿。燔音煩，燒也。」

〔三〕釋文曰：「留，力救切，謂宿留而視之也。」

〔四〕「聲音」，百子全書本、楊伯峻本皆作「音聲」。

〔五〕「入」，百子全書本、楊伯峻本皆作「涉」。

〔六〕張湛注曰：「夫因心以刳心，借智以去智；心智之累誠盡，然所遺心智之跡猶存。明夫至理非用心之所體忘，言之則有餘暇矣。」

一六·一四　列子周穆王

宋陽里華子中年病忘，朝取而夕忘，夕與而朝忘；在塗則忘行，在室則忘坐；今不識先，後不識今〔一〕。闔室毒〔二〕之。謁史而卜之，弗占〔三〕；謁巫而禱之，弗禁；謁醫而攻之，弗已。魯有儒生，自媒能治之，華子之妻子以居〔四〕産之半請其方。儒生曰：「此固非卦兆之所占，非祈請之所禱，非藥石之所攻。吾試化其心，變其慮，庶幾其瘳乎！」於是試露之，而求衣；饑之，而求食；幽之，而求明。儒生欣然告其子曰：「疾可已也。然吾之方密，傳世不以告人。試屏左右，獨與居室七日。」從之〔五〕。莫知其所施爲也，而積年之疾一朝都除。華子既悟，迺大怒，黜妻罰子，操戈逐儒生。宋人執而問其以。華子曰：「曩吾忘也，蕩蕩然不覺天地之有無。今頓識既往，數十年來存亡、得失、哀樂、好惡，擾擾萬緒起矣。吾恐將來之存亡、得失、哀樂、好惡之亂吾心如此也，須臾之亡〔六〕，可復得乎？」子貢聞而怪之，以告孔子。孔子曰：「此非汝所及乎！」顧謂顔回記〔七〕之。

〔一〕王重民曰：「今不識先後，不識今」二句有誤，御覽七三八引作「不識先後，不識今古」，近是。

〔二〕毒，苦也。

〔三〕吴闓生曰：「弗占，弗驗也。」

〔四〕陶鴻慶曰：「居猶蓄也，謂其素所蓄積也。」

〔五〕釋文曰：從音縱。楊伯峻以爲「從」當讀如字，謂依之也，釋文誤。

〔六〕「亡」，百子全書本、楊伯峻本皆作「忘」。

〔七〕「記」，楊伯峻本作「紀」。

一六·一五　列子仲尼

仲尼閒居，子貢入侍，而有憂色。子貢不敢問，出告顏回。顏回援琴而歌。孔子聞之，果召回入，問曰：「若奚獨〔一〕樂？」回曰：「夫子奚獨憂？」孔子曰：「先言爾志。」曰：「吾昔聞之夫子曰：『樂天知命故不憂。』回所以樂也。」孔子愀然。有閒，曰：「有是言哉？汝之意失〔二〕矣。此吾昔日之言爾，請以今言爲正也。汝徒知樂天知命之無憂，未知樂天知命有〔三〕憂之大也。今告若其實：脩一身，任窮達，知去來之非我，亡變亂於心慮，爾之所謂樂天知命之無憂也。曩吾修詩書，正禮樂，將以治天下，遺來世；非但脩一身，治魯國而已。而魯之君臣日失其序，仁義益衰，情性益薄。此道不行一國與當年，其如天下與來世矣？吾始知詩書禮樂無救於治亂，而未知所以革之之方。此樂天知命者之所憂。雖然，吾得之矣。夫樂而知者，非古人之〔四〕謂樂知也。無樂無知，是真樂真知；故無所不樂，無所不知，無所不憂，無所不爲。詩書禮樂，何棄之有？革之何爲？」顏回北面拜手曰：「回亦得之矣。」出告子貢。子貢茫然自失，歸家淫思七日，不寢不食，以至骨立。顔回重往喻之，乃反丘門，弦歌誦書，終身不輟。

〔一〕王重民曰：「御覽四百六十八、又四百六十九引『獨』上並有『敢』字。」

〔二〕「失」，釋文作「夾」，云：夾音狹。

〔三〕王重民曰：御覽四百六十八引「有」上有「之」字。

〔四〕百子全書本、楊伯峻本「之」下有「所」字。

一六·一六　列子仲尼

陳大夫聘魯，私見叔孫氏。叔孫〔一〕曰：「吾國有聖人。」曰：「非孔丘耶？」曰：「是也。」「何以知其聖乎？」叔孫氏曰：「吾常聞之顔回曰：『孔丘能廢心而用形〔二〕。』」陳大夫曰：「吾國亦有聖人，子弗知乎？」曰：「聖人孰謂？」曰：「老聃之弟子有亢倉子者，得聃之道，能以耳視而目聽。」魯侯聞之大驚，使上卿厚禮而致之。亢倉子應聘而至。魯侯卑辭請問之。亢倉子曰：「傳之者妄。我能視聽不用耳目，不能易耳目之用。」魯侯曰：「此增異矣。其道奈何？寡人終願聞之。」亢倉子曰：「我體合於心，心合於氣，氣合於神，神合於無。其有介然之有，唯然之音〔三〕，雖遠在八荒之外，近在眉睫之内，來干我者，我必知之。乃不知是我七孔四支之所覺，心腹六藏之所知〔四〕，其自知而已矣。」魯侯大悦。他日以告仲尼，仲尼笑而不答。商太宰見孔子曰：「丘聖者歟？」孔子曰：「聖則丘何敢？然則丘博學多識者也。」商太宰曰：「三王聖者歟？」孔子曰：「三王善任智勇者，聖則丘不〔五〕知。」曰：「五帝聖者歟？」孔子曰：「五帝善任仁義者，聖則丘弗知。」曰：「三皇聖者歟？」孔子曰：「三皇善任因時者，聖則丘弗知。」商太宰太〔六〕駭，曰：「然則孰者爲聖〔七〕？」孔子動容。有閒，曰：「西方之人，有聖者焉，不治而不亂〔八〕，不言而自信，不化而自行，蕩蕩乎民無能名焉。丘疑其爲聖。弗知真爲聖歟？真不聖歟？」商太宰嘿然心計曰：「孔丘欺我哉。」

〔一〕百子全書本、楊伯峻本「叔」下有「氏」字。

〔二〕張湛注曰：「此顔回之辭。夫聖人既無所廢，亦無所用。廢用之辭，亦因事而生耳。故俯仰萬機，對接世務，皆形跡之事耳。冥絶而灰寂者，固泊然而不動矣。」

〔三〕孫詒讓曰：此文以「有」與「音」相儷，「有」疑當作「形」。

〔四〕釋文曰：心、肺、肝、脾、腎謂之五藏。今六藏者，爲腎有兩藏：其左爲腎，右爲命門。命門者，謂神之所舍也。

〔五〕「不」，楊伯峻本作「弗」。

〔六〕「太」，百子全書本、楊伯峻本皆作「大」，是也。

〔七〕楊伯峻疑「者」當在「聖」字下，本作「孰爲聖者」。

〔八〕俞樾認爲此本作「不治而自亂」，亂，治也，謂不治而自治也，正與下文「不言而自信，不化而自行」文義一律。

一六・一七　韓非子説林上〔一〕

子圉見孔子於商〔二〕太宰。孔子出，子圉入，請問客。太宰曰：「吾已見孔子，則視子猶蚤虱之細者也。吾今見之於君。」子圉恐孔子貴於君也，因請〔三〕太宰曰：「君〔四〕已見孔子，孔子〔五〕亦將視子猶蚤虱也。」太宰因弗復見也。

〔一〕此條原附列於上條，低一字排，不當，今改。

〔二〕陳奇猷曰：商，即宋也，詳見日知録卷二。

〔三〕「請」，陳奇猷校爲「謂」。

〔四〕原注：本作「已」，從宋本改。

〔五〕顧廣圻、王先慎、陳奇猷均認爲「孔子」二字不當重，後「孔子」二字當删。

一六・一八　列子湯問

孔子東游，見兩小兒辯鬭。問其故。一兒曰：「我以日始出時去人近而日中時遠也。」一兒〔一〕以日初出遠而日中時近也。一兒曰：「日初出大如車蓋，及日中則如盤盂，此不爲遠者小而近者大乎？」一兒曰：「日初出滄滄〔二〕涼涼，及其日〔三〕中如探湯，此不爲近者熱而遠者涼乎？」孔子不能決也。兩小兒笑曰：「孰爲〔四〕汝多知乎？」

〔一〕事類賦、御覽引「兒」下有「曰我」二字，似當補。

〔二〕滄，寒也。

〔三〕王重民以爲「日」字衍。

〔四〕王重民曰：類聚一、初學記一、御覽三引「爲」作「謂」。「爲」「謂」古字通用。

一六・一九　金樓子立言上

孔子東游，見兩小兒相鬭。一兒曰：「我以日初出去人近。」一兒曰：「日中近。」一兒曰：「日初出如車蓋，至中裁如盤盂，豈不近者大，遠者小？」一兒曰：「日初出滄滄涼涼，至日中有如探湯，此非遠者涼，近者熱邪？」孔子亦不知。日中天而小，落扶桑而大。

一六・二〇　列子説符

孔子自衛反魯，息駕乎河梁而觀焉。有懸水三十仞，圜流九十里，魚鼈弗能游，黿鼉弗能居，有一丈夫方將厲〔一〕之。孔子使人並涯止之，曰：「此懸水三十仞，圜流九十里，魚鼈弗能游，黿鼉弗能居也，意者難可以濟乎？」丈夫不以錯意，遂度而出。孔子問之曰：「巧乎〔二〕？有道術乎？所以能入而出者，何也？」丈夫對曰：「始吾之入也，先以忠信；及吾之出也，又從以忠信。忠信〔三〕錯吾軀於波流，而吾不敢用私，所以能入而復出者，以此也。」孔子謂弟子曰：「二三子識〔四〕之！水且猶可以忠信誠身親之，而況人乎？」

〔一〕釋文曰：「厲，涉水也。」

〔二〕王叔岷曰：家語致思篇、説苑雜言篇「巧乎」上並有「子」字，文意較完，當從之。

〔三〕俞樾以爲「忠信」二字衍，王叔岷同意此説。

〔四〕釋文曰：識音志。

一六·二一　説苑雜言

孔子觀於呂梁，懸水四十仞，環流九十里，魚鼈不能過，黿鼉不敢居，有一丈夫方將涉之。孔子使人並崖而止之，曰：「此懸水四十仞，圜流九十里，魚鼈不敢過，黿鼉不敢居，意者難可濟也！」丈夫不以錯意，遂渡而出。孔子問：「子巧乎？且有道術乎？所以能入而出者何也？」丈夫對曰：「始吾入，先以忠信，吾之出也，又從以忠信，忠信錯吾軀於波流，而吾不敢用私，吾所以能入而復出也。」孔子謂弟子曰：「水而尚可以忠信義久而身親之，況於人乎？」

一六·二三　列子説符

白公問〔一〕孔子曰：「人可與微言乎？」孔子不應〔二〕。白公問〔三〕曰：「若以石投水，何如？」孔子曰：「吴之善没者能取之〔四〕。」曰：「若以水投水何如？」孔子曰：「淄、澠之合，易牙嘗而知之〔五〕。」白公曰：「人故〔六〕不可與微言乎？」孔子曰：「何爲不可？唯知言之謂者乎！夫知言之謂者，不以言言也。争魚者濡，逐獸者趨，非樂之也。故至言去言，至爲無爲。夫淺知之所争者末矣。」白公不得已，遂死於浴室。

〔一〕王重民曰：吕覽精諭篇、淮南道應篇「問」下並有「於」字，御覽五十八引「問」下亦有「於」字，今本脱誤。

〔二〕張湛注曰：「白公，楚平王之孫，太子建之子也。其父爲費無極所譖，出奔鄭，鄭人殺之。勝欲令尹子西、司馬子期伐鄭，許而未行。晉伐鄭，子西、子期將救鄭。勝怒曰：鄭人在此，讐不遠矣。欲殺子西、子期，故問孔子。孔子知之，故不應。微言猶密謀也。」

〔三〕王叔岷以爲「問」字衍。

〔四〕張湛注曰：「石之投水則没，喻其微言不可覺，故孔子答以善没者能得之，明物不可隱者也。」

〔五〕盧重玄解曰：「以石投水，喻跡不可見；以水投水，喻合不可隱也。味者分淄、澠，不可合也，唯神契理會然後得也。」

〔六〕「故」，百子全書本、楊伯峻本皆作「固」，是也。

一六·二三　吕氏春秋審應覽精諭

白公問於孔子曰：「人可與微言乎？」孔子不應。白公曰：「若以石投水，奚若？」孔子曰：「没人能取之。」白公曰：「若以水投水，奚若？」孔子曰：「淄、澠之合者，易牙嘗而知之。」白公曰：「然則人不可與微言乎？」孔子曰：「胡爲不可？唯知言之謂者爲可耳。」

一六·二四　淮南子道應訓

白公問於孔子曰：「人可以微言？」孔子不應。白公曰：「若以石投水中，何如？」曰：「吴、越之善没者能取之矣。」曰：「若以水投水，何如？」孔子曰：「菑、澠之水合，易牙嘗而知之。」白公曰：「然則人固不可與微言乎？」孔子曰：「何謂不可？誰知言之謂者乎？夫知言之謂者，不以言言也。争魚者濡，逐獸者趍〔一〕，非樂之者也〔二〕。故至言去言，至爲無爲。夫淺知之所争者末矣。」白公不得也，故死於浴室。

〔一〕「趍」，同「趨」。

〔二〕原注：一本無「者」字。

一六・二五　莊子内篇人間世

顏回見仲尼，請行。曰：「奚之〔一〕？」曰：「將之衛。」曰：「奚爲焉？」曰：「回聞衛君，其年壯，其行獨，輕用其國而不見其過；輕用民死，死者以國量乎澤，若蕉〔二〕，民其無如矣。回嘗聞之夫子曰：『治國去之，亂國就之，醫門多疾。』願以所聞，思其所行〔三〕，則庶幾其國有瘳乎〔四〕！」仲尼曰：「譆！若往而殆刑耳〔五〕！夫道不欲雜，雜則多，多則擾，擾則憂，憂而不救。古之至人，先存諸己而後存諸人。所存於己者未定，何暇至於暴人之所行！且若亦知夫德之所蕩而知之所爲出乎哉？德蕩乎名，知出乎争。名也者，相軋也；知也者，争之器也。二者凶器，非所以盡行也。且德厚信矼，未達人氣；名聞不争，未達人心〔六〕。而彊以仁義繩墨之言衒〔七〕暴人之前者，是以人惡有其美也，命之曰菑人。菑人者，人必反菑之，若殆爲人菑夫！且苟爲悦賢而惡不肖，惡用而求有以異？若唯無詔，王公必將乘人而鬬〔八〕其捷。而目將熒之，而色將平之，口將營之，容將形之，心且成之。是以火救火，以水救水，名之曰益多。順始無窮，若殆以不信厚言，必死於暴人之前矣！且昔者桀殺關龍逢，紂殺王子比干，是皆脩其身以下傴拊人之民，以下拂其上者也。故其君因其脩以擠之，是好名者也。昔者堯攻叢枝、胥敖，禹攻有扈，國爲虚厲，身爲刑戮，其用兵不止，其求實無已，是皆求名實者也，而獨不聞之乎？名實者，聖人之〔九〕所不能勝也，而況若乎？雖然，若必有以也，嘗以語我來！」顔回曰：「端而虚〔一〇〕，勉而一〔一一〕，則可乎？」曰：「惡！惡可！夫以陽爲充孔揚〔一二〕，采色不定，常人之所不違，因案人之所感，以求容與其心。名之曰日漸之德不成，而況大德乎！將執而不化，外合而内不訾，其庸詎可乎！」「然則我内直而外曲，成而上比。内直者，與天爲徒；與天爲徒者，知天子之與己，皆天之所子〔一三〕，而獨以己言蘄乎而人善之，蘄乎而人不善之邪？若然者，人謂之童子，是之謂與天爲徒。外曲者，與人之〔一四〕爲徒也。擎跽曲拳，人臣之禮也。人皆爲之，吾敢不爲邪？爲人之所爲者，人亦無疵焉，是之謂與人爲徒。成而上比者，與古爲徒。其言雖教，讁之實也。古之有也，非吾有也。若然者，雖直不爲〔一五〕病，是之謂與古爲徒。若是則可乎？」仲尼曰：「惡！惡可！大多政，法而不諜〔一六〕，雖固亦無罪。雖然，止是耳矣，夫胡可以及化！猶師心者也。」顔回曰：「吾無以進矣，敢問其方。」仲尼曰：「齋，吾將語若！有〔一七〕而爲之，其易邪？易之者，皡天不宜。」顔回曰：「回之家貧，唯不飲酒、不茹葷者數月矣，若〔一八〕此則可以爲齋乎？」曰：「是祭祀之齋，非心齋也。」回曰：「敢問心齋。」仲尼曰：「若一志，無聽之以耳，而聽之以心；無聽之以心，而聽之以氣。聽止於耳〔一九〕，心止於符。氣也者，虛而待物者也。唯道集虛。虛者，心齋也。」顏回曰：「回之未始得使，實自〔二〇〕回也；得使之也，未始有回也，可謂虛乎？」夫子曰：「盡矣。吾語若：若能入遊其樊而無感其名〔二一〕，入則鳴，不入則止。無門無毒〔二二〕，一宅而寓於不得已，則幾矣。絶迹易，無行地難。爲人使易以僞，爲天使難以僞。聞以有翼飛者矣，未聞以無翼飛者也；聞以有知知者矣，未聞以無知知者也。瞻彼闋者〔二三〕，虛室生白〔二四〕，吉祥止止。夫且不止，是之謂坐馳。夫徇耳目内通而外於心知，鬼神將來舍，而況人乎！是萬物之化也，禹舜之所紐也，伏羲、几蘧〔二五〕之所行終，而況散焉者乎！」

〔一〕成玄英疏曰：「奚，何也。之，適也。質問顏回欲往何處耳。」

〔二〕奚侗莊子補注曰：「『國』字涉上文『輕用其國』而衍，當斷『死者以量乎澤』爲句，『以』猶『已』也。呂覽期賢篇『死者量乎澤矣』，高誘注：『量，猶滿也。』」成玄英疏曰：「蕉，草芥也。」

〔三〕原注：明本無「所行」二字。

〔四〕成玄英疏曰：「庶，冀也。幾，近也。瘳，愈也。」

〔五〕原注：明本作「若殆往而行耳」。今案：成玄英疏曰：「譆，怪笑聲也。若，汝也。殆，近也。孔子哂其術淺，未足化他，汝若往於衛，必遭刑戮者也。」

〔六〕成玄英疏曰：「矼，確實也。假且道德純厚，信行確實，芳名令聞，不與物争，而衛君素性頑愚，凶悖少鑿，既未達顔回之意氣，豈識匡扶之心乎！」

〔七〕原注：明本作「術」。

〔八〕「鬭」，中華書局本南華真經注疏作「鬭」。

〔九〕曹礎基曰：「趙諫議本『聖人』下無『之』字。」

〔一〇〕郭象注曰：「正其形而虚其心也。」

〔一一〕郭象注曰：「言遜而不二也。」

〔一二〕成玄英疏曰：「陽，剛猛也。充，滿也。孔，甚也。言衛君以剛猛之性滿實内心，强暴之甚，彰揚外迹。」

〔一三〕曹礎基引于鬯之説，以爲「子」字疑爲「予」字之誤。

〔一四〕曹礎基曰：「趙諫議本『人』下無『之』字。」

〔一五〕中華書局本南華真經注疏無「爲」字。

〔一六〕成玄英疏曰：「諜，條理也，當也。法苟當理，不俟多端，政設三條，大傷繁冗。於理不當，亦不安恬，故於何而可也。」

〔一七〕陳鼓應本「有」下有「心」字。

〔一八〕「若」，中華書局本南華真經注疏作「如」。

〔一九〕「聽止於耳」，俞樾以爲當作「耳止於聽」。

〔二〇〕「自」，陳鼓應本作「有」。

〔二一〕成玄英疏曰：「夫子語顏生化衛之要，慎莫據其傴要，且復遊於蕃傍，亦宜晦跡消聲，不可以名智感物。樊，蕃也。」

〔二二〕郭象注曰：「毒，治也。」

〔二三〕原注：明本作「闋者」。

〔二四〕郭象注曰：「夫視有若無，虛室者也。虛室而純白獨生矣。」

〔二五〕成玄英疏曰：「几蘧者，三皇已前無文字之君也。」

一六・二六　莊子內篇德充符

魯有兀〔一〕者王駘，從之遊者，與仲尼相若，常季問於仲尼曰：「王駘，兀者也，從之遊者，與夫子中分魯。立不教，坐不議，虛而往，實而歸，固有不言之教，無形而心成者邪？是何人也？」仲尼曰：「夫子，聖人也。丘也直〔二〕後而未往耳。丘將以爲師，而況不若丘者乎！奚假魯國？丘將引天下而與從之。」常季曰：「彼兀者也，而王先生，其與庸〔三〕亦遠矣。若然者，其用心也，獨若之何？」仲尼曰：「死生亦大矣，而不得與之變，雖天地覆墜，亦將不與之遺〔四〕。審乎無假〔五〕而不與物遷，命物之化而守其宗者〔六〕也。」常季曰：「何謂也？」仲尼曰：「自其異者視之，肝膽楚越也；自其同者視之，萬物皆一也。夫若然者，且不知耳目之所宜，而遊心乎德之和；物視其所一而不見其所喪，視喪其足猶遺土也。」常季曰：「彼爲己以其知〔七〕，得其心以其心〔八〕，得其常心，物何爲最之哉〔九〕？」仲尼曰：「人莫鑑於流水，而鑑於止水〔一〇〕，唯止能止衆止。受命於地，唯松柏獨也〔一一〕在冬夏青青；受命於天，唯〔一二〕舜獨也正，在萬物之首〔一三〕。幸能正生，以正衆生。夫保始之徵，不懼之實。勇士一人，雄入於九軍。將求名而能自要者，而猶若是，而況官天地、府萬物，直寓六骸，象耳目，一知之所知，而心未嘗死者乎！彼且擇日而登假，人則從是也。彼且何肎以物爲事乎！」

〔一〕成玄英疏曰：「刖一足曰兀。」

〔二〕郭慶藩認爲「直」之爲言「特」也。

〔三〕成玄英疏曰：「王，盛也。庸，常也。」

〔四〕成玄英疏曰：「遺，失也。雖復圜天顛覆，方地墜陷，既冥於安危，故未嘗喪我也。」

〔五〕「無假」，郭慶藩以爲當爲「無瑕」之誤。

〔六〕百子全書本、陳鼓應本皆無「者」字。

〔七〕成玄英疏曰：「彼，王駘也。謂王駘修善修己，猶用心知。」

〔八〕成玄英疏曰：「嫌王駘不能忘懷任致，猶用心以得心也。」

〔九〕成玄英疏曰：「最，聚也。若能虚忘平淡，得真常之心者，固當和光匿耀，不殊於俗，豈可獨異於物，使衆歸之者也！」

〔一〇〕成玄英疏曰：「鑑，照也。夫止水所以留鑑者，爲其澄清故也；王駘所以聚衆者，爲其凝寂故也。止水本無情於鑑物，物自照之；王駘豈有意於招携，而衆自來歸湊者也。」

〔一一〕陳鼓應於「也」下補「正」字。

〔一二〕曹礎基據闕誤引張君房本於「唯」下補「堯」字。

〔一三〕原注：明本無「在萬物之首」五字。

一六・二七　莊子内篇德充符

魯有兀者叔山無趾，踵〔一〕見仲尼，仲尼曰：「子不謹前，既犯患若是矣。雖今來，何及矣！」無趾曰：「吾唯不知務而輕用吾身，吾以是亡足。今吾來也，猶有尊足者存〔二〕，吾是以務全之也。夫天無不覆，地無不載，吾以夫子爲天地，安知夫子之猶若是也！」孔子曰：「丘則陋矣。夫子胡不入乎？請講以所聞！」無趾出，孔子曰：「弟子勉之！夫無趾，兀者也，猶務學以復補前行之惡，而况全德之人乎！」無趾語老聃曰：「孔丘之於至人，其未邪？彼何賓賓〔三〕以學子爲？彼且蘄以諔詭幻怪之名聞，不知至人之以是爲己桎梏邪〔四〕？」老聃曰：「胡不直使彼以死生爲一條，以可不可爲一貫者？解其桎梏〔五〕，其可乎？」無趾曰：「天刑之，安可解！」

〔一〕成玄英疏曰：「踵，頻也。」

〔二〕陳鼓應於「存」下補「焉」字。

〔三〕成玄英疏曰：「賓賓，恭勤貌也。」俞樾以爲「賓賓」即「頻頻」。

〔四〕成玄英疏曰：「蘄，求也。諔詭，猶奇譎也。」俞樾以爲「諔詭」當讀作「弔詭」。

〔五〕「桎桎」，百子全書本、郭慶藩本均作「桎梏」，是也。

一六·二八　莊子内篇德充符

魯哀公問於仲尼曰：「衛有惡人焉，曰哀駘它。丈夫與之處者，思而不能去也。婦人見之，請於父母曰『與人爲妻，寧爲夫子妾』者，十數〔一〕而未止也。未嘗有聞其唱者也，常和人而已矣〔二〕。無君人之位以濟乎人之死，無聚禄以望人之腹。又以惡駭天下，和而不唱，知不出乎四域，且而雌雄合乎前。是必有異乎人者也。寡人召而觀之，果以惡駭天下。與寡人處，不至以月數，而寡人有意乎其爲人也；不至乎期年，而寡人信之。國無宰〔三〕，寡人傳國焉。悶然〔四〕而後應，氾〔五〕而若辭。寡人醜乎，卒授之國。無幾何也，去寡人而行。寡人卹〔六〕焉若有亡也，若無與樂是國也，是何人者也？」仲尼曰：「丘也嘗使於楚矣，適見㹠〔七〕子食於其死母者，少焉眴若〔八〕，皆棄之而走。不見己焉爾，不得類焉爾。所愛其母者，非愛其形也，愛使其形者也。戰而死者，其人之葬也不以翣資〔九〕；刖者之屨，無爲愛之。皆無其本矣。爲天子之諸御，不爪翦，不穿耳；取妻者止於外，不得復使〔一〇〕。形全猶足以爲爾，而況全德之人乎！今哀駘它未言而信，無功而親，使人授己國，唯恐其不受也，是必才全而德不形者也。」哀公曰：「何謂才全？」仲尼曰：「死生存亡，窮達貧富，賢與不肖，毀譽，飢渴寒暑，是事之變，命之行也。日夜相代乎前，而知不能規乎其始者也。故不足以滑和〔一一〕，不可入於靈府〔一二〕。使之和豫，通而不失於兑〔一三〕。使日夜無郤〔一四〕而與物爲春，是接而生時乎〔一五〕心者也。是之謂才全。」「何謂德不形？」曰：「平者，水停之盛也〔一六〕。其可以爲法也，内保之而外不蕩也。德者，成和之脩也。德不形者，物不能離也。」哀公異日以告閔子〔一七〕曰：「始也吾以南面而君天下，執民之紀而憂其死，吾自以爲至通矣。今吾聞至人之言，恐吾無其實，輕用吾身而亡吾國。吾與孔丘，非君臣也，德友而已矣。」

〔一〕原注：明本作「數十」。

〔二〕原注：明本無「人」字。

〔三〕曹礎基曰：「世德堂本『宰』下有『而』字。」

〔四〕釋文曰：「『悶然』音『門』。李云：不覺貌。崔云：有頃之間也。」

〔五〕陳鼓應於「氾」下補「然」字。

〔六〕釋文曰:「李云:醜,慙也。崔云:愧也。」成玄英注曰:「愧,慙也。卒,終也。幾何,俄頃也。衂,憂也。」

〔七〕原注:明本作「犯」。今案:中華書局本南華真經注疏作「豚」,郭慶藩本作「犯」。

〔八〕釋文曰:「眴若本亦作瞬,音舜。司馬云:驚貌。崔云:目動也。謂死母目動。」俞樾以爲「眴若」猶「眴然」,釋爲驚貌。

〔九〕郭象注曰:「翣者,武所資也。戰而死者無武也,翣將安施?」釋文曰:「翣資,所甲反,扇也,武王所造。宋均云:武飾也。李云:資,送也。崔本作翣枚,音坎,謂先人墳墓也。」

〔一〇〕爪翦,陳鼓應校作「翦爪」。郭嵩燾曰:「不爪翦,不穿耳,謂不加修飾而後本質見。止於外不復使,謂不交涉他事而後精神專一。」

〔一一〕成玄英疏曰:「滑,亂也。雖復事變命遷,而隨形任化,淡然自若,不亂於中和之道也。」

〔一二〕郭象注曰:「靈府,精神之宅也。」

〔一三〕成玄英疏曰:「兑,徧悦也。體窮通,達生死,遂使所遇和樂,中心逸豫,經涉夷險,兑然自得,不失其適悦也。」

〔一四〕成玄英疏曰:「郤,間也。駘它流轉,日夜不停,心心相係,亦無間斷也。」

〔一五〕原注:明本作「於」。今案:作「於」是。

〔一六〕成玄英疏曰："停，止也。而天下均平，莫盛於止水。故上文云人莫鑒於流水而必鑒於止水。此舉爲譬，以彰德不形義故也。"

〔一七〕閔子即孔子弟子閔子騫也。

一六·二九　莊子内篇大宗師

子桑户、孟子反、子琴張三人相與友〔一〕，曰："孰能相與於無相與，相爲於無相爲？孰能登天遊霧，撓挑〔二〕無極；相忘以生，無所終窮〔三〕？"三人相視而笑，莫逆於心，遂相與爲友。莫然有閒〔四〕，而子桑户死，未葬。孔子聞之，使子貢往待〔五〕事焉。或編曲〔六〕，或鼓琴，相和而歌曰："嗟來桑户兮〔七〕！嗟來桑户乎！而已反其真，而我猶爲人猗〔八〕！"子貢趨而進曰："敢問臨尸而歌，禮乎？"二人相視而笑曰："是惡知禮意！"子貢反，以告孔子，曰："彼何人者邪？脩行無有，而外其形骸，臨尸而歌，顔色不變，無以命〔九〕之。彼何人者邪？"孔子曰："彼遊方之外者也，而丘遊方之内者也。外内不相及，而丘使汝往弔之，丘則陋矣。彼方且與造物者爲人，而遊乎天地之一氣。彼以生爲附贅縣疣，以死爲決疣潰癰，夫若然者，又惡知死生先後之所在！假〔一〇〕於異物，託於同體；忘其肝膽，遺其耳目；反覆終始，不知端倪〔一一〕。芒然彷徨乎塵垢之外，逍遥乎無爲之業。彼又惡能憒憒然爲世俗之禮，以觀衆人之耳目哉！"子貢曰："然則夫子何方之依？"

曰〔一三〕:「丘,天之戮民也。雖然,吾與汝共之。」子貢曰:「敢問其方。」孔子曰:「魚相造乎水,人相造乎道。相造乎水者,穿池而養給;相造乎道者,無事而生定〔一三〕。故曰:魚相忘乎江湖,人相忘乎道術。」子貢曰:「敢問畸人。」曰:「畸人者,畸於人而侔〔一四〕於天。故曰,天之小人,人之君子;人之君子,天之小人也〔一五〕。」

〔一〕「友」,陳鼓應校作「語」。

〔二〕成玄英疏曰:「撓挑,猶宛轉也。」

〔三〕成玄英疏曰:「終窮,死也。相與忘生復忘死,死生混一,故順化而無窮也。」

〔四〕釋文曰:「『莫然』如字。崔云:定也。『有間』如字。崔、李云:頃也。本亦作『爲間』。」郭慶藩認爲「爲間」即「有間」,古「爲」「有」義通。

〔五〕「待」,中華書局本南華真經注疏作「侍」。

〔六〕成玄英以爲「曲」即「薄」,編曲即編薄織簾。

〔七〕「兮」,百子全書本、郭慶藩本作「乎」。

〔八〕成玄英疏曰:「猗,相和聲也。」

〔九〕成玄英疏曰:「命,名也。」

〔一〇〕郭象注曰:「假,因也。」

〔一一〕成玄英疏曰:「端,緒也。倪,畔也。反覆,猶往來也。終始,猶生死也。既忘其形質,隳體絀聽，故能去來生死，與化俱往。化又無極，故莫知端倪。」

〔一二〕「曰」上，中華書局本南華真經注疏有「孔子」二字。

〔一三〕「定」，俞樾疑爲「足」字之誤。

〔一四〕成玄英疏曰：「侔者，等也，同也。」

〔一五〕「人之君子，天之小人也」，陳鼓應校爲「天之君子，人之小人」。

一六・三〇　莊子内篇大宗師

顔回問仲尼曰：「孟孫才，其母死，哭泣無涕，中心不慼〔一〕，居喪不哀。無是三者，以善處喪〔二〕。蓋魯國固有無其實而得其名者乎？回壹怪之。」仲尼曰：「夫孟孫氏盡之矣，進於知矣。唯簡之而不得，夫已有所簡矣。孟孫氏不知所以生，不知所以死；不知就先，不知就後〔三〕；若化爲物，以待其所不知之化已乎！且方將化，惡知不化哉？方將不化，惡知已化哉？吾特與汝，其夢未始覺者邪！且彼有駭形而無損心，有旦宅而無情死〔四〕。孟孫氏特覺，人哭亦哭，是自其所以乃〔五〕。且也相與『吾之』耳矣，庸詎知吾所謂『吾之』〔六〕乎？且汝夢爲鳥而厲乎天，夢爲魚而没於淵。不識今之言者，其覺者乎？其夢者乎？造適不及笑，獻笑不及排，安排而去化，乃入於寥天一〔七〕。」

〔一〕「慼」，百子全書本、郭慶藩本作「戚」。

〔二〕原注：明本無「處」字。

〔三〕兩「就」字，陳鼓應本皆作「孰」，是也。成玄英疏曰：「先，生也。後，死也。若，順也。既一於死生，故無去無就；冥於變化，故順化爲物也。」

〔四〕「情死」，陳鼓應校作「耗精」。成玄英疏曰：「旦，日新也。宅者，神之舍也。」

〔五〕原注：崔本作「惡」。今案：中華書局本南華真經注疏作「宜」。

〔六〕陳鼓應本「之」下有「非吾」二字，當補。

〔七〕「二」，中華書局本南華真經注疏作「弍」。

一六·三一　莊子内篇大宗師

顏回曰：「回益矣。」仲尼曰：「何謂也？」曰：「回忘仁義〔一〕矣。」曰：「可矣，猶未也。」它日，復見，曰：「回益矣。」曰：「何謂也？」曰：「回忘禮樂〔二〕矣。」曰：「可矣，猶未也。」它日，復見，曰：「回益矣。」曰：「何謂也？」曰：「回坐忘矣。」仲尼蹵然曰：「何謂坐忘？」顏回曰：「墮〔三〕枝體，黜聰明，離形去知，同於大通，此謂坐忘。」仲尼曰：「同則無好也，化則無常也，而果其賢乎！丘也請從而後也。」

〔一〕「仁義」，陳鼓應校作「禮樂」，與下條淮南子同。

〔二〕「禮樂」，陳鼓應校作「仁義」，與下條淮南子同。

〔三〕「墮」，中華書局本南華真經注疏作「隳」。

一六·三二　淮南子道應訓

顏回謂仲尼曰：「回益矣。」仲尼曰：「何謂也？」曰：「回忘禮樂矣。」仲尼曰：「可矣，猶未也。」異日，復見，曰：「回益矣。」仲尼曰：「何謂也？」曰：「回忘仁義矣。」仲尼曰：「可矣，猶未也。」異日，復見，曰：「回坐忘矣。」仲尼造〔一〕然曰：「何謂坐忘？」顏回曰：「隳支體，黜聰明，離形去知，洞於化通，是謂坐忘。」仲尼曰：「洞則無善也，化則無常矣，而夫子薦賢，丘請從之後。」

〔一〕「造」，劉文典本作「遽」。

一六·三三　莊子外篇天地

夫子問于老聃曰：「有人治道若相放，可不可，然不然〔一〕。辯者有言曰：『離堅白若縣寓〔二〕。』若是則可謂聖人乎？」老聃曰：「是胥易技係，勞形怵心者也〔三〕。執狸之狗成思〔四〕，猨狙之便自山林來〔五〕。丘，予告若，而所不能聞與而所不能言。凡有首有趾無心無耳者衆，有形者與無形無狀而皆存者盡無。其動止也，其死生也，其廢起也，此又非其所以也。有治在人，忘乎物，忘乎天，其名爲忘己。忘己之人，是之謂入〔六〕於天。」

〔一〕郭象注曰：「若相放效，强以不可爲可，不然爲然，斯矯其性情也。」

〔二〕「寓」，一本作「宇」。

〔三〕成玄英疏曰：「胥，相也。言以是非更易奪，用此技藝係縛其身，所以疲勞形體，怵惕心慮也。此答前問意。技，有本或作枝字者，言是非易奪，枝分葉派也。」

〔四〕原注：「狸」，一作「留」。今案：司馬彪云：「貍，竹鼠也。」一云：執留之狗，謂有能故被留係，成愁思也。」郭嵩燾認爲狸不應爲竹鼠，同意司馬彪後説。「成思」，陳鼓應本作「來田」。

〔五〕「自山林來」，陳鼓應本作「來藉」。

〔六〕成玄英疏曰：「入，會也。」

一六·三四　莊子外篇天地

子貢南遊於楚，反於晉，過漢陰，見一丈人方將爲圃畦，鑿隧而入井，抱甕而出灌，搰搰然用力甚多而見功寡〔一〕。子貢曰：「有械於此，一日浸百畦，用力甚寡而見功多，夫子不欲乎？」爲圃者仰〔二〕而視之曰：「奈何？」曰：「鑿木爲機，後重前輕，挈水若抽，數如泆湯，其名爲槔。」爲圃者忿然作色而笑曰：「吾聞之吾師，有機械者必有機事，有機事者必有機心。機心存於胷中，則純白不備；純白不備，則神生不定；神生不定者，道之所不載也。吾非不知，羞而不爲也。」子貢瞞〔三〕然慙，俯而不對。有閒，爲圃者曰：「子奚爲者邪？」曰：「孔丘之徒也。」爲圃者曰：「子非夫博學以擬聖，於于〔四〕以蓋衆，獨弦哀歌以賣〔五〕名聲於天下者乎？汝方將忘汝神氣，墮〔六〕汝形骸，而庶幾乎？而身之不能治，而何暇治天下乎？子往矣，無乏吾事！」子貢卑陬失色，頊頊〔七〕然不自得，行三十里而後愈。其弟子曰：「向之人何爲者邪？夫子何故見之變容失色，終日不自反邪？」曰：「始吾以〔八〕爲天下一人耳，不知復有夫人也。吾聞之夫子，事求可，功求成。用力少，見功多者，聖人之道。今徒不然。執道者德全，德全者形全，形全者神全。神全者，聖人之道也。託生與民並行而不知其所之，汒乎淳備哉！功利機巧必忘夫人之心。若夫人者，非其志不之，非其心不爲。雖以天下譽之，得其所謂，謷然不顧；以天下非之，失其所謂，儻然不受。天下之非譽，無益損焉，是謂全德之人哉！我之謂風波之民〔九〕。」反於魯，以告孔子，孔子曰：「彼假脩渾沌氏之術者也。識其一，不知其二；治其內，而不治其外。夫明白入〔一〇〕素，無爲復朴，體性抱神，以遊世俗之閒者，汝將固驚邪？且渾沌氏之術，予與汝何足以識之哉！」

〔一〕成玄英疏曰：「水南曰陰，種蔬曰圃，埒中曰畦。隧，地道也。搰搰，用力貌也。丈人，長者之稱也。」

〔二〕「仰」，郭慶藩本作「卬」。

〔三〕成玄英疏曰：「瞞，羞怍之貌也。」

〔四〕成玄英疏曰：「於于，佞媚之謂也。」

〔五〕「賣」，王叔岷疑爲「買」字。

〔六〕「墮」，中華書局本南華真經注疏作「隳」。

〔七〕成玄英疏曰：「卑陬，慙怍之貌。頊頊，自失之貌。」

〔八〕陳鼓應本「以」下有「夫子」二字。

〔九〕成玄英疏曰：「謷是誕慢之容，儻是無心之貌。丈人志氣淳素，不任機巧，心懷寡欲，不務有爲。縱令舉世贊譽，稱爲有德，知爲無益，曾不顧盼；舉世非毀，聲名喪失，達其無損，都不領受；既毀譽不動，可謂全德之人。夫水性雖澄，逢風波起，我心不定，類彼波蘭，故謂之風波之民也。」

〔一〇〕「入」，陳鼓應校作「太」。

一六・三五　莊子外篇天運

孔子西遊於衛。顏淵問師金〔一〕曰：「以夫子之行爲奚如？」師金曰：「惜乎！而夫子其窮哉！」顏淵曰：「何也？」師金曰：「夫芻狗之未陳也，盛以篋衍，巾以文繡，尸祝齋戒以將之〔二〕。及其已陳也，行者踐其首脊，蘇者取而爨之而已。將復取而盛以篋衍，巾以文繡，遊居寢卧其下，彼不得夢，必且數眯焉〔三〕。今而夫子，亦取先王已陳芻狗，取〔四〕弟子遊居寢卧其下。故伐樹於宋，削迹於衛，窮於商周，是非其夢邪？圍於陳蔡〔五〕，七日不火食，死生相與鄰，是非其眯邪？夫水行莫如用舟，而陸行莫如用車，以舟之可行於水也而求推之於陸，則没世不行尋常。古今非水陸與？周魯非舟車與？今蘄行周於魯，是猶推舟於陸也。勞而無功，身必有殃。彼未知夫無方之傳，應物而不窮者也〔六〕。且子獨不見夫桔槔者乎？引之則俯，舍之則仰。彼，人之所引，非引人〔七〕也，故俯仰而不得罪於人。故夫三皇五帝之禮義〔八〕法度，不矜〔九〕於同而矜於治，故譬三皇五帝之禮義法度，其猶柤梨橘柚邪！其味相反而皆可於口。故禮義法度者，應時而變者也。今取猨狚而衣以周公之服，彼必齕齧挽裂，盡去而後慊。觀古今之異，猶猨狚之異乎周公也。故西施病心而矉其里，其里之醜人見而美之，歸亦捧心而矉其里，其里之富人見之，堅閉門而不出；貧人見之，挈妻子而去之走。彼知美矉〔一〇〕，而不知矉之所以美。惜乎，而夫子其窮哉！」

〔一〕成玄英疏曰：「師金，魯太師，名金也。」

〔二〕成玄英疏曰：「芻狗，草也，謂結草爲狗以解除也。衍，笥也。尸祝，巫師也。將，送也。言芻狗未陳，盛以篋笥之器，覆以文繡之巾，致齊絜以表誠，展如在之將送，庶其福祉，貴之如是。」

〔三〕成玄英疏曰：「踐，履也。首，頭也。脊，背也。取草曰蘇。爨，炊也。眯，魘也。」

〔四〕「取」，郭慶藩本作「聚」，是也。

〔五〕百子全書本、陳鼓應本「蔡」下皆有「之間」二字。

〔六〕成玄英疏曰：「方，猶常也。傳，轉也。言夫子執先王之跡，行衰周之世，徒勞心力，卒不成功，故削跡伐樹，身遭殃禍也。夫聖人之智，接濟無方，千轉萬變，隨機應物。未知此道，故嬰斯禍也。」

〔七〕曹礎基依唐寫本於「人」下補「者」字。

〔八〕「義」，曹礎基依唐寫本以爲當作「儀」，下同。

〔九〕成玄英疏曰：「矜，美也。」

〔一〇〕「美矉」，陳鼓應本作「矉美」，近是。

孔子集語卷十七

寓言十四下

一七·一　莊子外篇天運

孔子行年五十有一而不聞道，乃南之沛見老聃。老聃曰：「子來乎？吾聞子，北方之賢者也，子亦得道乎？」孔子曰：「未得也。」老子曰：「子惡乎求之哉？」曰：「吾求之於度數，五年而未得也〔一〕。」老子曰：「子又惡乎求之哉？」曰：「吾求之於陰陽，十有二年而未得〔二〕。」老子曰：「然。使道而可獻，則人莫不獻之於其君；使道而可進，則人莫不進之於其親；使道而可以告人，則人莫不告其兄弟；使道而可以與人，則人莫不與其子孫。然而不可者，無他〔三〕也，中無主而不止，外無正而不行。由中出者，不受於外，聖人不出；由外入者，無主於中，聖人不隱。名〔四〕，公器也，不可多取。仁義，先王之蘧廬也，止可以一宿而不可久處，覯而多責〔五〕。古之至人，假道於仁，託宿於義，以遊逍遥之墟，食於苟簡之田，立於不貸之圃〔六〕。逍遥，無爲也；苟簡，易養也；不貸，無出也。古者謂是采真之遊。以富爲是者，不能讓禄；以顯爲是者，不能讓名；親權者，不能與人柄。操之則慄，舍之則悲，而一無所鑒，以闚其所不〔七〕休者，是天之戮民也。怨、恩、取、與、諫、教、生、殺，八者，正之器也，唯循大變無所湮者爲能用之。故曰：正者，正也。其心以爲不然者，天門弗開矣。」

孔子見老聃而語仁義，老聃曰：「夫播糠眯目，則天地四方易位矣；蚊虻噆膚，則通昔不寐矣。夫仁義憯然，乃憤吾心，亂莫大焉。吾子使天下無失其朴，吾子亦放風而動〔八〕，揔〔九〕德而立矣，又奚傑然若負建鼓而求亡子者邪〔一〇〕？夫鵠不日浴而白，烏不日黔而黑。黑白之朴，不足以爲辯；名譽之觀，不足以爲廣。泉涸，魚相與處於陸，相呴以濕，相濡以沫，不若相忘於江湖。」

孔子見老聃歸，三日不談，弟子問曰：「夫子見老聃，亦將何規哉？」孔子曰〔一一〕：「吾乃今於是乎見龍。龍，合而成體，散而成章，乘乎雲氣而養乎陰陽。予口張而不能嗋〔一二〕，予又何規老聃哉！」子貢曰：「然則人〔一三〕固有尸居而龍見，雷聲而淵默〔一四〕，發動如天地者乎？賜亦可得而觀乎？」遂以孔子聲見老聃〔一五〕。

老聃方將倨堂而應，微曰：「予年運而往矣〔一六〕，子將何以戒我乎？」子貢曰：「夫三王、五帝之治天下〔一七〕不同，其係聲名一也，而先生獨以爲非聖人，如何哉？」老聃曰：「小子少進！子何以謂不同？」對曰：「堯授舜，舜授禹，禹用力而湯用兵，文王順紂而不敢逆，武王逆紂而不肎順，故曰不同。」老聃曰：「小子少進！余語汝三王〔一八〕、五帝之治天下。黄帝〔一九〕之治天下，使民心一，民有其親死不哭而民不非也。堯之治天下，使民心親，民有爲其親殺其殺〔二〇〕而民不非也。舜之治天下，使民心競，民〔二一〕孕婦十月生子，子生五月而能言，不至乎孩而始誰，則人始有夭矣。禹之治天下，使民心變，人有心而兵有順，殺盜非殺人〔二二〕，自爲種而天下耳，是以天下大駭，儒墨皆起。其作始有倫，而今乎婦〔二三〕，女何言哉？余語汝，三皇、五帝〔二四〕之治天下，名曰治之，而亂莫甚焉。三皇之知，上悖日月之明，下睽山川之精，中墮〔二五〕四時之施。其知憯於蠣蠆之尾，鮮規之獸〔二六〕，莫得安其性命之情者，而猶自以爲聖人，不〔二七〕可恥乎？其無恥也！」子貢蹵蹵然立不安。

孔子謂老聃曰：「丘治詩、書、禮、樂、易、春秋六經，自以爲久矣，孰知其故矣。以奸者七十二君，論先王之道而明周、召之迹，一君無所鉤用，甚矣！夫人之難説也，道之難明邪！」老子曰：「幸矣，子之不遇治世之君也！夫六經，先王之陳迹也，豈其所以迹哉！今子之所言，猶迹也。夫迹〔二八〕，履之所出，而迹豈履哉！夫白鶂之相視，眸子不運而風化；蟲，雄鳴於上風，雌應於下風而化〔二九〕；類自爲雌雄，故〔三〇〕風化。性不可易，命不可變，時不可止，道不可壅。苟得於道，無自而不可；失焉者，無自而可。」孔子不出三月，復見曰：「丘得之矣。烏鵲孺，魚傅〔三一〕沫，細要者化〔三二〕，有弟而兄啼〔三三〕。久矣，夫丘不與化爲人！不與化爲人，安能化人！」老子曰：「可。丘得之矣。」

〔一〕成玄英疏曰：「數，算數也。三年一閏，天道小成，五年再閏，天道大成，故言五年也。道非術數，故未得之也。」

〔二〕曹礎基據唐寫本於「未得」下增一「也」字。

〔三〕「他」，中華書局本南華真經注疏作「佗」。

〔四〕闕誤引張君房本「名」下有「者」字，曹礎基據此以爲當補「者」字。

〔五〕「貴」，百子全書本、郭慶藩本皆作「責」。成玄英疏曰：「蘧廬，逆旅傳舍也。覯，見也，亦久也。夫蘧廬客舍，不可久停；仁義禮智，用訖宜廢。客停久，疵釁生；聖跡留，過責起。」

〔六〕成玄英疏曰：「苟，且也。簡，略也。貸，施與也。知止知足，食於苟簡之田；不損己物，立於不貸之圃。而言田圃者，明聖人養生之地。」

〔七〕曹礎基以爲當依唐寫本及成疏删去「不」字，當從。

〔八〕司馬彪曰：「放，依也。依無爲之風而動也。」

〔九〕「揔」，中華書局本南華真經注疏作「總」。

〔一〇〕陳鼓應據他本以爲當重「傑」字，又據劉師培説於「傑然」下補「揭仁義」三字。成玄英疏曰：「建，擊。傑然，用力貌。夫揭仁義以趍道德之鄉，何異乎打大鼓以求逃亡之子！故鼓聲大而亡子遠，仁義彰而道德廢也。」

〔一一〕曹礎基以爲「『曰』下蓋有脱文，而各書所引多差異」。王叔岷以爲當脱「吾與汝處於魯之時，人用意如飛鴻者，吾爲弓弩而射之；用意如遊鹿者，吾爲走狗而逐之；用意如井魚者，吾爲鈎繳以投之」四十八字。

〔一二〕曹礎基據王叔岷之説以爲「不能嗋」之下當補「舌舉而不能訒」六字。成玄英疏曰：「嗋，合也。」

〔一三〕曹礎基據闕誤引江南古藏本於「人」上補「至」字。

〔一四〕陳鼓應據在宥篇以爲「淵默」二字當在「雷聲」前。

〔一五〕成玄英疏曰：「子貢欲觀至人龍德之相，遂以孔子聲教而往見之。」

〔一六〕成玄英疏曰：「倨，踞也。運，時也。」

〔一七〕「王」，百子全書本、陳鼓應本作「皇」。曹礎基據唐寫本、闕誤引江南古藏本以爲「天下」下有「也」字。

〔一八〕「王」，中華書局本南華真經注疏作「皇」。

〔一九〕曹礎基曰：「闕誤引江南古藏本『黄帝』上有『昔』字。道藏羅勉道循本『下』下有『也』字。」

〔二〇〕「殺」，曹礎基引劉文典及王叔岷之説以爲當作「服」。郭象注曰：「殺，降也。言親疏者降殺。」

〔二一〕一本無「民」字，蓋因上而衍。

〔二二〕曹礎基曰：「王叔岷據墨子小取篇及孫詒讓之説，從『人』絶句，故將下句『人』字屬此句。」當從此説。

〔二三〕「婦」，陳鼓應本作「歸」。

〔二四〕曹礎基曰：「唐寫本『三皇』下無『五帝』二字，成疏亦無。」今案：從下句「三皇之知」，可知此處衍「五帝」二字。

〔二五〕「墮」，中華書局本南華真經注疏作「𨻶」。

〔二六〕「蠆蠆」，曹礎基據唐寫本、輯要本以爲當作「蠆蠆」。成玄英疏曰：「憯，毒也。蠆蠆，尾端有毒也。鮮規，小貌。」

〔二七〕一本「不」下有「亦」字。

〔二八〕曹礎基據王叔岷於「迹」下補「者」字。

〔二九〕「風而化」，一本作「而風化」。郭象注曰：「鶂以眸子相視，蟲以鳴聲相應，俱不待合便生子，故曰風化。」

〔三〇〕曹礎基據闕誤引張君房本於「故」下補「曰」字。

〔三一〕曹礎基曰：「傳，續古逸本作『傳』。」今案：觀文意，當作「傳」。

〔三二〕釋文曰：「『鳥鵲孺』，如喻反。李云：孚乳而生也。『魚傅』音附，又音付。本亦作傅，直專反。『沫』音末。司馬云：傳沫者，以沫相育也。亦云：傳口中沫，相與而生子也。『細要』，一遥反。『者化』，蜂之屬也。司馬云：取桑蟲祝使似己也。案即詩所謂『螟蛉有子，果蠃負之』是。」

〔三三〕成玄英疏曰：「有弟而兄失愛，舍長憐幼，故啼。是知陳跡不可執留，但當順之，物我無累。〔郭云〕言人性舍長視幼，故啼也。」

一七・二　史記老莊申韓列傳

孔子適周，將問禮於老子。老子曰：「子所言者，其人與骨皆已朽矣，獨其言在耳。且君子得其時則駕，不得其時則蓬累而行〔一〕。吾聞之，良賈深藏若虛，君子盛德，容貌若愚。去子之驕氣與多欲，態色與淫志，是皆無益於子之身。吾所以告子，若是而已。」孔子去，謂弟子曰：「鳥，吾知其能飛；魚，吾知其能游；獸，吾知其能走。走者可以爲罔〔二〕，游者可以爲綸〔三〕，飛者可以爲矰〔四〕。至於龍，吾不能知，其乘風雲而上天。吾今日見老子，其猶龍邪！」

〔一〕司馬貞曰：「劉氏云：蓬累猶扶持也。……案蓬者，蓋也；累者，隨也。以言若得明君則駕車服冕，不遭時則自覆蓋相隨而去耳。」張守節曰：「蓬，沙磧上轉蓬也。累，轉行貌也。言君子得明主則駕車而事,不遭時則若蓬轉流移而行,可止則止也。蓬,其狀若皤蒿,細葉,蔓生於澤中,風吹則根斷,隨風轉移也。皤蒿,江東呼爲斜蒿云。」

〔二〕罔同網。

〔三〕説文曰:「綸,青絲綬也。」

〔四〕廣雅曰:「矰,箭也。」

一七·三　論衡龍虚

孔子曰:「游者可爲綱,飛者可爲矰。至於龍也,吾不知,其乘風雲上升。今日見老子,其猶龍乎!」

一七·四　論衡知實

孔子曰:「游者可爲綸,走〔一〕者可爲矰。至於龍,吾不知,乘〔二〕雲風上升。今日見老子,其猶龍邪!」

〔一〕「走」,黄暉以爲當作「飛」。

〔二〕黄暉本「乘」上有「其」字。

一七·五　莊子外篇至樂

顔淵東之齊,孔子有憂色,子貢下席而問曰:「小子敢問,回東之齊,夫子有憂色,何耶？」孔子曰：「善哉汝問！昔者管子有言，丘甚善之，曰：『褚小者不可以懷大，綆短者不可以汲深〔一〕。』夫若是者，以爲命有所成而形有所適〔二〕也，夫不可損益。吾恐回與齊侯言堯、舜、黄帝之道，而重以燧人、神農之言。彼將内求於己而不得，不得則惑，人惑則死。且汝獨不聞邪？昔者海鳥止於魯郊，魯侯御而觴之于廟，奏九韶以爲樂，具太牢以爲膳〔三〕。鳥乃眩視憂悲，不敢食一臠，不敢飲一杯，三日而死。此以己養養鳥也，非以鳥養養鳥也。夫以鳥養養鳥者，宜栖之深林，遊之壇陸，浮之江湖，食之鰌鰷，隨行列而止，委蛇而處〔四〕。彼惟人言之惡聞，奚以夫譊譊〔五〕爲乎！咸池、九韶之樂，張之洞庭之野，鳥聞之而飛，獸聞之而走，魚聞之而下入，人卒聞之，相與還而觀之〔六〕。魚處水而生，人處水而死，彼必相與異，其好惡故異也。故先聖不一其能，不同其事。名止於實，義設於適，是之謂條達而福持。」

〔一〕成玄英疏曰：「褚，容受也。懷，句藏也。綆，汲索也。夫容小之器，不可以藏大物；短促之繩，不可以引深井。此出管子之書，孔丘善之，故引以爲譬也。」

〔二〕釋文曰：「適或作通。」

〔三〕成玄英疏曰：「郭外曰郊。御，迎也。九韶，舜樂名也。太牢，牛羊豕也。」

〔四〕成玄英疏曰：「壇陸，湖渚也。鰌，泥鰌也。鰷，白魚子也。逶迤，寬舒自得也。」

〔五〕成玄英疏曰：「譊，喧聒也。」

〔六〕王先謙曰：「卒、猝同。還，繞。唯人好觀樂。」

一七·六　莊子外篇達生

仲尼曰：「無入而藏〔一〕，無出而陽〔二〕，柴立其中央〔三〕。三者若得，其名必極〔四〕。夫畏塗者，十殺一人，則父子兄弟相戒也，必盛卒徒而後敢出焉，不亦知乎〔五〕！人之所取〔六〕畏者，衽席之上，飲食之間，而不知爲之戒者，過也〔七〕！」

〔一〕郭象注曰：「藏既内矣，而又入之，此過於入也。」

〔二〕郭象注曰：「陽既外矣，而又出之，是過於出也。」

〔三〕郭象注曰：「若槁木之無心而中適，是立也。」

〔四〕郭象注曰：「名極而實當也。」

〔五〕成玄英疏曰：「塗，道路也。夫路有劫賊，險難可畏，十人同行，一人被殺，則親情相戒，不敢輕行，彊盛卒伍，多結徒伴，斟量平安，然後敢去。豈不知全身遠害乎？」

〔六〕曹礎基曰：「取，闕誤引江南古藏本作『罪』。」

〔七〕成玄英疏曰：「衽，衣服也。夫塗路患難，十殺其一，猶相戒慎，不敢輕行，況飲食之間，不能將節，衽席之上，恣其淫蕩，動之死地，萬無一全。舉世皆然，深爲罪過。」

一七·七　莊子外篇山木

孔子圍於陳、蔡之閒，七日不火食。太公任往弔之曰：「子幾死乎？」曰：「然。」〔一〕「子惡死乎？」曰：「然。」任曰：「予嘗言不死之道。東海有鳥焉，名曰意怠。其爲鳥也，翂翂翐翐，而似無能；引援而飛，迫脅而棲〔二〕；進不敢爲前，退不敢爲後；食不敢先嘗，必取其緒〔三〕。是故其行列不斥，而外人卒不得害，是以免於患。直木先伐，甘井先竭。子其意者飾知以驚愚，脩身以明汙，昭昭乎如揭日月而行，故不免也〔四〕。昔吾聞之大成之人曰：『自伐者無功，功成者墮〔五〕，名成者虧。』孰能去功與名而還與衆人！道流而不明居，得行而不名處；純純常常，乃比於狂；削迹捐勢，不爲功名，是故無責於人，人亦無責焉。至人不聞，子何喜哉？」孔子曰：「善哉！」辭其交遊，去其弟子，逃於大澤；衣裘褐，食杼栗；入獸不亂羣，入鳥不亂行。鳥獸不惡，而況人乎！

〔一〕成玄英疏曰：「太公，老者稱也。任，名也。幾，近也。然，猶如是也。」

〔二〕釋文曰：「司馬云：翂翂翐翐，舒遲貌。一云：飛不高貌。李云：羽翼聲。迫脅而棲，李云：不敢獨棲，迫脅在衆鳥中，纔足容身而宿，辟害之至也。」

〔三〕王念孫曰：「釋文曰：緒，次緒也。案陸説非也。緒者，餘也，言食不敢先嘗，而但取其餘也。」

〔四〕成玄英疏曰：「謂仲尼意在裝飾才智，驚異愚俗；修瑩身心，顯他汙染；昭昭明察，炫耀己能；猶如揭日月而行，故不免於禍患也。」

〔五〕「墮」，中華書局本南華真經注疏作「隳」。

一七・八　莊子外篇山木

孔子問子桑虖〔一〕曰：「吾再逐於魯，伐樹於宋，削迹於衛，窮於商、周，圍於陳、蔡之閒。吾犯此數患，親交益疏，徒友益散，何與？」子桑虖曰：「子獨不聞假人之亡與？林回棄千金之璧，負赤子而趨〔二〕。或曰：『爲其布〔三〕與？赤子之布寡矣；爲其累與？赤子之累多矣；棄千金之璧，負赤子而趨，何也？』林回曰：『彼以利合，此以天屬也。』夫以利合者，迫窮禍患害相棄也；以天屬者，迫窮禍患害相收也。夫相收之與相棄亦遠矣〔四〕。且君子之交淡若水，小人之交甘若醴；君子淡以親，小人甘以絶。彼無故以合者，則無故以離。」孔子曰：「敬聞命矣！」徐行翔佯而歸，絶學捐書，弟子無益〔五〕於前，其愛益加進〔六〕。

〔一〕「虖」，中華書局本南華真經注疏作「雩」，郭慶藩本作「雽」。釋文云：「李云：桑，姓；雽，其名；隱人也。或云：姓桑雽，名隱。」俞樾疑即大宗師之子桑户。

〔二〕「璧」，百子全書本、郭慶藩本皆作「璧」，近是。下同。釋文云：「假，李云：國名。」林回，司馬彪云：「殷之逃民之姓名。」俞樾曰：「上文假人之亡，李注：假，國名。然則林回當是假之逃民。蓋假亡而其民逃，故林回負赤子而趨也。殷乃假字之誤。」

〔三〕郭象注曰：「布，謂財帛也。」

〔四〕成玄英疏曰：「寶璧，利合也。赤子，親屬也。親屬，急迫猶相收；利合，窮禍則相棄。棄收之情，相去遠耳。」

〔五〕「益」，百子全書本、郭慶藩本、陳鼓應本皆作「挹」。

〔六〕成玄英疏曰：「的聞高命，徐步而歸，翱翔閒放，逍遥自得，絶有爲之學，棄聖跡之書，不行華藻之教，故無揖讓之禮，徒有敬愛，日加進益焉。」

一七·九　莊子外篇田子方

温伯雪子適齊，舍於魯。魯人有請見之者，温伯雪子曰：「不可。吾聞中國之君子，明乎禮義而陋於知人心〔一〕，吾不欲見也。」至於齊，反舍於魯，是人也又請見。温伯雪子曰：「往也蘄見我，今也又蘄見我，是必有以振我也〔二〕。」出而見客，入而歎。明日見客，又入而歎。其僕曰：「每見之客也，必入而歎，何邪？」曰：「吾固告子矣。中國之民〔三〕，明乎禮義而陋乎知人心。昔之見我者，進退一成規一成矩，從容一若龍一若虎，其諫我也似子，其道我也似父，是以歎也。」仲尼見之而不言。子路〔四〕曰：「吾子〔五〕欲見温伯雪子久矣，見之而不言，何邪？」仲尼曰：「若夫人者，目擊而道存矣，亦不可以容聲矣〔六〕。」

〔一〕成玄英疏曰：「姓温，名伯，字雪子，楚之懷道人也。中國，魯國也。陋，拙也。」

〔二〕成玄英疏曰：「蘄，求也。振，動也。」

〔三〕曹礎基曰：「民，唐寫本作『君子』。」

〔四〕曹礎基據王叔岷之説以爲「子路」下當有「怪而問」三字。

〔五〕「吾子」，王叔岷以爲當作「夫子」，是也。

〔六〕成玄英疏曰：「擊，動也。夫體悟之人，忘言得理，目裁運動而玄道存焉，無勞更事辭費，容其聲説也。」

一七·一〇　吕氏春秋審應覽精諭

孔子見温伯雪子，不言而出。子貢曰：「夫子之欲見温伯雪子好矣〔一〕，今也見之而不言，其故何也？」孔子曰：「若夫人者，目擊而道存矣，不可以容聲矣。」

〔一〕「好矣」，畢沅以爲當作「久矣」。「好」，吴承仕以爲當讀爲「孔」，「孔」，甚也，「好矣」即「甚矣」。

一七·一一　莊子外篇田子方

顔淵問於仲尼曰：「夫子步亦步，夫子趨亦趨，夫子馳亦馳，夫子奔逸絶塵，而回瞠若乎後矣！」夫子曰：「回，何謂邪？」曰：「夫子步，亦步也〔一〕；夫子言，亦言也；夫子趨，亦趨也；夫子辯，亦辯也；夫子馳，亦馳也；夫子言道，回亦言道也；及奔逸絶塵，而回瞠若乎後者〔二〕。夫子不言而信，不比而周，無器而民滔乎前，而不知所以然而已矣。」仲尼曰：「惡！可不察與？夫哀莫大於心死，而人死亦次之。日出東方而入於西極，萬物莫不比方〔三〕，有目有趾者，待是而後成功，是出則存，是入則亡。萬物亦然，有待也而死，有待也而生。吾一受其成形，而不化以待盡，效物而動，日夜無隙，而不知其所終；薰然其成形〔四〕，知命不能規乎其前，丘以是日徂〔五〕。吾終身與汝交一〔六〕臂而失之，可不哀與！汝殆著乎吾所以著也。彼已盡矣，而汝求之以爲〔七〕有，是求馬於唐肆也〔八〕。吾服汝也甚忘〔九〕，汝服吾也亦甚忘〔一〇〕。雖然，汝奚患焉！雖忘乎故吾，吾有不忘者存〔一一〕。」

〔一〕曹礎基據唐寫本於「也」下補「者」字，下同。

〔二〕曹礎基據唐寫本於「者」上補「也」字。

〔三〕成玄英疏曰：「夫夜暗晝明，東出西入，亦猶人入幽出顯，死去生來。故知人之死生，譬天之晝夜，以斯寓比，亦何惜哉！」

〔四〕成玄英疏曰：「薰然，自動之貌。薰然稟氣成形，無物使之然也。」

〔五〕成玄英疏曰：「徂，往也。達於時變，不能預作規模，體於日新，是故與化俱往也。」

〔六〕曹礎基曰：「御覽三六九無『一』字。」

〔七〕曹礎基曰：「唐寫本『以』下無『爲』字。」

〔八〕郭象注曰：「唐肆，非停馬處也。言求向者之有，不可復得也。人之生，若馬之過肆耳，恒無駐須臾，新故之相續，不舍晝夜也。著，見也，言女殆見吾所以見者耳。吾所以見者，日新也，故已盡矣，汝安得有之！」

〔九〕郭象注曰：「服者，思存之謂也。甚忘，謂過去之速也。言汝去忽然，思之恒欲不反。」

〔一〇〕郭象注曰：「俱爾耳，不問賢之與聖，未有得停者。」

〔一一〕郭象注曰：「不忘者存，謂繼之以日新也。雖忘故吾，而新吾已至，未始非吾，吾何患焉！故能離俗絶塵而與物無不冥也。」

一七・一二　淮南子齊俗訓

孔子謂顔回曰：「吾服汝也忘，而汝服於我也亦忘。雖然，汝雖忘乎吾，猶有不忘者存。」

一七・一三　論衡自然

孔子謂顔淵曰：「吾服汝，忘也；汝之服於我，亦忘也。」

一七・一四　莊子外篇田子方

孔子見老聃，老聃新沐，方將被髮而乾，慹〔一〕然似非人。孔子便而待〔二〕之，少焉見，曰：「丘也眩與，其信然與？向者先生形體掘若槁木，似遺物離人而立於獨也。」老聃曰：「吾遊於物之初〔三〕。」孔子曰：「何謂邪？」曰：「心困焉而不能知，口辟焉而不能言〔四〕。嘗爲汝議乎其將〔五〕：至陰肅肅，至陽赫赫〔六〕；肅肅出乎天，赫赫發乎地；兩者交通成和而物生焉，或爲之紀而莫見其形。消息滿虛，一晦一明，日改月化，日有所爲，而莫見其功。生有所乎萌，死有所乎歸，始終相反乎無端而莫知乎其所窮。非是也，且孰爲之宗！」孔子曰：「請問遊是。」老聃曰：「夫得是，至美至樂也，得至美而遊乎至樂，謂之至人。」孔子曰：「願聞其方。」曰：「草食之獸不疾易藪，水生之蟲不疾易水，行小變而不失其大常也〔七〕，喜怒哀樂不入於胷次〔八〕。夫天下也者，萬物之所一也。得其所一而同焉，則四支百體將爲塵垢，而死生終始將爲晝夜而莫之能滑，而況得喪禍福之所介乎！棄隸者若棄泥塗，知身貴於隸也，貴在於我而不失於變。且萬化而未始有極也，夫孰足以患心！已爲道者解乎此。」孔子曰：「夫子德配天地，而猶假〔九〕至言以脩心，古之君子，孰能脫焉？」老聃曰：「不然。夫水之於汋〔一〇〕也，無爲而才自然矣。至人之於德也，不脩而物不能離焉。若天之自高，地之自厚，日月之自明，夫何脩焉！」孔子出，以告顏回曰：「丘之於道也，其猶醯雞〔一一〕與！微夫子之發吾覆也，吾不知天地之大全也。」

〔一〕「慹」，司馬彪曰：「不動貌。」

〔二〕釋文曰:「待,或作侍。」

〔三〕陳鼓應於「遊」下補「心」字。成玄英疏曰:「初,本也。夫道通生萬物,故名道爲物之初也。遊心物初,則是凝神妙本,所以形同槁木,心若死灰也。」

〔四〕成玄英疏曰:「辟者,口開不合也。夫聖心非不能知,爲其無法可知;口非不能辯,爲其無法可辯。辯之則乖其體,知之則喪其真,是知至道深玄,超言意之表,故困焉辟焉。」

〔五〕成玄英疏曰:「夫至理玄妙,非言意能詳。試爲汝議論陰陽,將擬議大道,雖即仿象,未即是真矣。」

〔六〕成玄英疏曰:「肅肅,陰氣寒也;赫赫,陽氣熱也;近陰中之陽,陽中之陰,言其交泰也。」

〔七〕成玄英疏曰:「疾,患也。易,移也。夫食草之獸,不患移易藪澤;水生之蟲,不患改易池沼;但有草有水,則不失大常;從東從西,蓋小變耳。亦猶人處於大道之中,隨變任化,未始非我,此則不失大常。生死之變,蓋亦小耳。」

〔八〕成玄英疏曰:「喜順,怒逆,樂生,哀死,夫四者生崖之事也。而死生無變於己,喜怒豈入於懷中也。」釋文曰:「李云:次,中也。」

〔九〕原注:明本作「偃」。

〔一〇〕成玄英疏曰:「汋,水澄湛也。」「汋」,釋文引李頤曰:「取也。」郭嵩燾反對李説,並引説文曰:「汋,激水聲也。」

〔一二〕釋文曰：「郭云：醯雞，甕中之蠛蠓也。司馬云：若酒上蠛蠓也。」

一七·一五　莊子外篇田子方

文王觀於臧，見一丈夫釣〔一〕，而其釣莫釣；非持其釣有釣者也，常釣也。文王欲舉而授之政，而恐大臣父兄之弗安也；欲終而釋之，而不忍百姓之無天也。於是旦而屬諸〔二〕大夫曰：「昔者寡人夢見良人，黑色而頓，乘駁馬而偏朱蹄，號曰：『寓而政於臧丈人，庶幾乎民有瘳乎！』」諸大夫蹵然曰：「先君王也〔三〕。」文王曰：「然則卜之。」諸大夫曰：「先君之命，王其無它，又何卜焉！」遂迎臧丈人而授之政。典法無更，偏令無出。三年，文王觀於國，則列士壞植散羣，長官者不成德，斔斛不敢入於四境〔四〕。列士壞植散羣，則尚同也；長官者不成德，則同務也；斔斛不敢入於四境，則諸侯無二心也。文王於是焉以爲太師，北面而問曰：「政可以及天下乎？」臧丈人昧然而不應，泛然而辭，朝令而夜遁，終身無聞。顏淵問於仲尼曰：「文王其猶未邪？又何以夢爲乎？」仲尼曰：「默，汝無言！夫文王盡之也〔五〕，而又何論刺焉！彼直以循斯須也〔六〕。」

〔一〕成玄英疏曰：「臧者，近渭水地名也。丈夫者，寓言於太公也。」

〔二〕「諸」，百子全書本、郭慶藩本、陳鼓應本皆作「之」。

〔三〕釋文引司馬彪曰：「言先君王靈神之所致。」俞樾疑「先君」下奪「命」字。

〔四〕「境」,百子全書本、郭慶藩本、陳鼓應本皆作「竟」,下同。釋文云:「司馬云:植,行列也。散羣,言不養徒衆也。一云:植者,疆界頭造羣屋以待諫者也。」俞樾曰:「司馬兩説,並未得『植』字之義。宣二年左傳華元爲植,杜注曰:植,將主也。列士必先有主而後得有徒衆,故欲散其羣,必先壞其植也。長,丁丈反,下同。官者不成德,司馬云:不利功名也。斔斛,音庾。李云:六斛四斗曰斔。司馬本作斔斞,云:斔讀曰鍾,斞讀曰臾。四竟音境。下同。」

〔五〕郭象注曰:「任諸大夫而不自任,斯盡之也。」

〔六〕成玄英疏曰:「斯須猶須臾也。循,順也。夫文王聖人,盡於妙理,汝宜寢默,不勞譏刺。彼直隨任物性,順蒼生之望,欲悟未悟之頃,進退須臾之間,故託夢以發其性耳,未足怪也。」

一七・一六　莊子外篇田子方

肩吾問於孫叔敖曰:「子三爲令尹而不榮華,三去之而無憂色。吾始也疑子,今視子之鼻間栩栩然〔一〕,子之用心獨奈何?」孫叔敖曰:「吾何以過人哉!吾以其來不可卻也,其去不可止也,吾以爲得失之非我也,而無憂色而已矣,我何以過人哉!且不知其在彼乎?其在我乎?其在彼邪亡乎我,在我邪亡乎彼。方將躊躇,方將四顧,何暇至乎人貴人賤哉〔二〕!」仲尼聞之,曰:「古之真人,知者不得説,美人不得濫,盜人不得刦,伏戲、黄帝不得友。死生亦大矣,而無變乎己,況爵禄乎!若然者,其神經乎大山而無介,入乎淵泉而不濡，處卑細而不憊，充滿天地〔三〕，既以與人，己愈有〔四〕。」

〔一〕成玄英疏曰：「肩吾，隱者也。叔敖，楚之賢人也。栩栩，歡暢之貌也。」

〔二〕成玄英疏曰：「躊躇是逸豫自得，四顧是高視八方。方將磅礴萬物，揮斥宇宙，有何容暇至於人世，留心貴賤之間乎！故去之而無憂色也。」

〔三〕王叔岷據淮南子疑「天地」下脱「而不窕」三字。

〔四〕成玄英疏曰：「介，礙也。既，盡也。夫真人入火不熱，入水不濡，經乎大山而神無障礙，屈處卑賤，其道不虧，德合二儀，故充滿天地，不損己爲物，故愈有也。」

一七·一七 莊子外篇知北遊

孔子問於老聃曰：「今日晏閒，敢問至道〔一〕。」老聃曰：「汝齋戒，疏瀹而心，澡雪而精神，掊擊而知。夫道，窅然難言哉！將爲汝言其崖略〔二〕。夫昭昭生於冥冥，有倫生於無形，精神生於道，形本生於精，而萬物以形相生，故九竅者胎生，八竅者卵生。其來無迹，其往無崖，無門無房，四達之皇皇也。邀於此者，四枝彊，思慮恂達，耳目聰明。其用心不勞，其應物無方〔三〕。天不得不高，地不得不廣，日月不得不行，萬物不得不昌，此其道與！且夫博之不必知，辯之不必慧，聖人以斷之矣。若夫益之而不加益，損之而不加損者，聖人之所保也。淵淵乎其若海，巍巍乎其〔四〕終則復始也，運量萬物而不匱，則君子之道，彼其外與！萬物皆往資焉而不匱，此其道與！中國有人焉，非陰非陽，處於天地之閒，直且爲人，將反於宗。自本觀之，生者，喑醷物也〔五〕。雖有壽夭，相去幾何？須臾之説也，奚足以爲堯、桀之是非！果蓏有理，人倫雖難，所以相齒〔六〕。聖人遭之而不違，過之而不守。調而應之，德也；偶而應之，道也。帝之所興，王之所起也。人生天地之閒，若白駒之過郤，忽然而已。注然勃然，莫不出焉；油然漻然，莫不入焉〔七〕。已化而生，又化而死，生物哀之，人類悲之。解其天弢，墮其天袠〔八〕，紛乎宛乎，魂魄將往，乃身從之，乃大歸乎！不形之形，形之不形，是人之所同知也，非將至之所務也，此衆人之所同論也。彼至則不論，論則不至。明見無值〔九〕，辯不若默。道不可聞，聞不若塞。此之謂大得。」

〔一〕成玄英疏曰：「晏，安也。孔子師於老子，故承安居閒暇而詢問玄道也。」

〔二〕「瀹」，郭慶藩本作「瀹」。成玄英疏曰：「疏瀹，猶洒濯也。澡雪，猶精潔也。而，汝也。掊擊，打破也。崖，分也。汝欲問道，先須齋戒汝心跡，戒慎專誠，洒濯身心，清淨神識，打破聖智，滌蕩虚夷。然玄道窅冥，難可言辯，將爲汝舉其崖分，粗略言之。」

〔三〕成玄英疏曰：「邀，遇也。恂，通也。遇於道而會於真理者，則百體安康，四肢强健，思慮通達，視聽聰明，無心之心，用而不勞，不應之應，無應方所也。」俞樾以爲「邀」即「順」。

〔四〕陳鼓應本「其」下有「若山」二字。

〔五〕成玄英疏曰：「本，道也。喑醷，氣聚也。從道理而觀之，故知生者聚氣之物也，奚足以惜之哉！」

〔六〕成玄英疏曰：「在樹曰果，在地曰蓏。桃李之屬，瓜蓏之徒，木生藤生，皆有其理。人之處世，險阻艱難，而貴賤尊卑，更相齒次，但當任之，自合夫道，譬彼果蓏，有理存焉。」

〔七〕成玄英疏曰：「注勃是生出之容，油漻是入死之狀。言世間萬物，相與無恒，莫不從變而生，順化而死。」

〔八〕「袠」，郭慶藩本作「袞」。成玄英疏曰：「弢，囊藏也。袞，束囊也。言人執是競非，欣生惡死，故爲生死束縛也。今既一於是非，忘於生死，故墮解天然之弢袞也。」

〔九〕成玄英疏曰：「值，會遇也。夫能閉智塞聰，〔故〕冥契玄理，若顯明聞見，則不會真也。」

一七·一八 莊子外篇知北遊

冉求問於仲尼曰：「未有天地可知邪？」仲尼曰：「可。古猶今也。」冉求失問而退。明日復見，曰：「昔者吾問『未有天地可知乎』，夫子曰：『可。古猶今也。』昔者〔一〕吾昭然，今日吾昧然，敢問何謂也？」仲尼曰：「昔之昭然也，神者先受之；今之昧然也，且又不爲神者求邪〔二〕！無古無今，無始無終。未有子孫而有子孫，可乎？」冉求未對，仲尼曰：「已矣，未應矣！不以生生死，不以死死生。死生有待邪？皆有所一體。有先天地生者物邪？物物者非物，物出不得先物也，猶其有物也〔三〕無已。聖人之愛人也終無已者，亦乃取於是者也。」

〔一〕「者」，百子全書本、郭慶藩本、陳鼓應本皆作「日」。

〔二〕「不爲」，百子全書本、郭慶藩本、陳鼓應本皆作「爲不」。成玄英疏曰：「先來未悟，鋭彼精神，用心求受，故昭然明白也。後時領解，不復運用精神，直置任真，無所求請，故昧然闇塞也。求邪者，言不求也。」

〔三〕百子全書本、陳鼓應本重「猶其有物也」五字，當補。

一七・一九　莊子外篇知北遊

顏淵問乎仲尼曰：「回嘗聞諸夫子曰：『無有所將，無有所迎。』回敢問其遊〔一〕。」仲尼曰：「古之人，外化而内不化；今之人，内化而外不化。與物化者，一不化者也。安化安不化〔二〕，安與之相靡〔三〕，必與之莫多。狶韋氏之囿，黄帝之圃，有虞氏之宫，湯武之室〔四〕。君子之人，若儒墨者師，故以是非相鳌也，而況今之人乎〔五〕？聖人處物不傷物。不傷物者，物亦不能傷也。唯無所傷者，爲能與人相將迎。山林與！臯壤與！使我欣欣然而樂與！樂未畢也，哀又繼之。哀樂之來，吾不能禦，其去弗能止。悲夫，世人直謂物逆旅耳〔六〕！夫知遇而不知所不遇，知能能而不能所不能。無知無能者，固人之所不免也。夫務免乎人之所不免者，豈不亦悲哉！至言去言，至爲去爲。齊知之，所知則淺矣。」

〔一〕「遊」，曹礎基據奚侗及成玄英疏以爲當作「由」。成玄英疏曰：「請夫子言。將，送也。夫聖人如鏡，不送不迎，顔回聞之日未曉其理，故詢諸尼父，問其所由。」

〔二〕成玄英疏曰：「安，任也。夫聖人無心，隨物流轉，故化與不化，斯安任之，既無分別，曾不概意也。」

〔三〕成玄英疏曰：「靡，順也。所以化與不化悉安任者，爲不忤蒼生，更相靡順。」

〔四〕成玄英疏曰：「狶韋、軒轅、虞舜、殷湯、周武，並是聖明王也。言無心順物之道，乃是狶韋彷徨之苑囿，軒轅遨遊之園圃，虞舜養德之宫闈，湯武怡神之虚室，斯乃羣聖之所遊而處之也。」

〔五〕郭象注曰：「䪡，和也。夫儒墨之師，天下之難和者，而無心者猶故和之，而況其凡乎！」

〔六〕「謂」，陳鼓應本作「爲」。成玄英注曰：「逆旅，客舍也。窮達之來，不能禦扞，哀樂之去，不能禁止。而凡俗之人，不閑斯趣，譬彼客舍，爲物所停，以妄爲真，深可悲歎也。」

一七・二〇　莊子雜篇徐無鬼

仲尼之楚，楚王觴之，孫叔敖執爵而立，市南宜僚受酒而祭曰：「古之人乎！於此言已〔一〕。」曰：「丘也聞不言之言矣，未之嘗言，於此乎言之。市南宜僚弄丸而兩家之難解，孫叔敖甘寢秉羽而郢人投兵〔二〕。丘願有喙三尺〔三〕！彼之謂不道之道，此之謂不言之辯〔四〕，故德總乎道之所一，而言休乎知之所不知，至矣。道之所一者，德不能同也；知之所不能知者，辯不能舉也；名若儒墨而凶矣。故海不辭東流，大之至也；聖人併包天地，澤及天下，而不知其誰氏。是故生無爵，死無謚，實不聚，名不立，此之謂大人。狗不以善吠爲良，人不以善言爲賢，而況爲大乎！夫爲大不足以爲大，而況爲德乎！夫大備矣，莫大〔五〕天地，然奚求焉而大備矣。知大備者，無求、無失、無棄，不以物易己也。反己而不窮，循古而不摩〔六〕，大人之誠〔七〕。」

〔一〕成玄英疏曰：「觴，酒器之總名，謂以酒燕之也。爵亦酒器，受一升。古人欲飲，必祭其先，宜僚瀝酒祭，故祝聖人，願與孔子於此言論也。」

〔二〕成玄英疏曰：「姓熊，字宜僚，楚之賢人，亦是勇士沈默者也。居於市南，因號曰市南子焉。楚白公勝欲因作亂，將殺令尹子西。司馬子綦言熊宜勇士也，若得，敵五百人，遂遣使屈之。宜僚正上下弄丸而戲，不與使者言。使因以劍乘之，宜僚曾不驚懼，既不從命，亦不言佗。白公不得宜僚，反事不成，故曰兩家難解。姓孫，字叔敖，楚之令尹，甚有賢德者也。郢，楚都也。投，息也。叔敖蘊藉實知，高枕而逍遥，會理忘言，執羽扇而自得，遂使敵國不侵，折衝千里之外，楚人無事，脩文德，息其武略。彰二子有此功能，故可與仲尼晤言，贊揚玄道也。」

〔三〕成玄英疏曰：「喙，口也。苟其言當，即此無言。假余喙長三尺，與閉口何異？故願有之也。」

〔四〕郭象注曰：「彼，謂二子。此，謂仲尼。」

〔五〕「大」，郭慶藩本作「若」。

〔六〕成玄英疏曰：「循，順也。順於物性，無心改作，豈復摩飾而矜之！」

〔七〕成玄英疏曰：「誠，實也。夫反本還原，因循萬物者，斯乃大聖之人自實之德也。」

一七·二一　莊子雜篇則陽

孔子之楚，舍於蟻丘之漿。其鄰有夫妻臣妾登極者，子路曰：「是稯稯何爲者邪？」〔一〕仲尼曰：「是聖人僕也。是自埋於民，自藏於畔〔二〕。其聲銷〔三〕，其志無窮，其口雖言，其心未嘗言，方且與世違而心不屑〔四〕與之俱。是陸沈〔五〕者也，是其市南宜僚邪？」子路請往召之，孔子曰：「已矣！彼知丘之著於己也，知丘之適楚也，以丘爲必使楚王之召己也，彼且以丘爲佞人也〔六〕。夫若然者，其於佞人也羞聞其言，而況親見其身乎！而何以爲存〔七〕？」子路往視之，其室虛矣〔八〕。

〔一〕釋文曰：「司馬云：極，屋棟也。升之以觀也。一云：極，平頭屋也。稯稯音總，字亦作總。李云：聚貌。本又作稷。一本作稯，初力反。」

〔二〕釋文曰："王云：脩田農之業，是隱藏於壠畔。"

〔三〕釋文曰："銷音消。司馬云：小也。"

〔四〕釋文曰："屑，絜也，不絜世也。本或作肯。"

〔五〕釋文曰："陸沈，司馬云：當顯而反隱，如無水而沈也。"

〔六〕成玄英疏曰："彼，宜僚也。著，明也。知丘明識宜僚是陸沈賢士，又知適楚必向楚王薦召之，如是則用丘爲諂佞之人也。"

〔七〕成玄英疏曰："而，汝也。存，在也。匿影銷聲，久當逃避，汝何爲請召，謂其猶在？"

〔八〕郭象注曰："果逃去也。"

一七·二三　莊子雜篇則陽

仲尼問於太史大弢、伯常騫、狶韋〔一〕曰："夫衛靈公飲酒湛樂，不聽國家之政；田獵畢弋，不應諸侯之際，其所以爲靈公者何邪〔二〕？"大弢曰："是因是也〔三〕。"伯常騫曰："夫靈公有妻三人，同濫〔四〕而浴。史鰌奉御而進所，搏幣而扶翼〔五〕。其慢若彼之甚也，見賢人若此其肅也，是其所以爲靈公也〔六〕。"狶韋曰："夫靈公也死，卜葬於故墓，不吉，卜葬於沙丘而吉。掘之數仞，得石槨焉，洗而視之，有銘焉，曰：『不馮其子，靈公奪而埋之〔七〕。』夫靈公之爲靈也久矣〔八〕。之二人，何足以識之！"

〔一〕成玄英疏曰：「太史，官號也。下三人，皆史官之姓名也。所問之事，次列下文。」

〔二〕成玄英疏曰：「畢，大網也。弋，繩繫箭而射也。庸猥之君，淫聲嗜酒，捕獵禽獸，不聽國政，會盟交際，不赴諸侯。汝等史官，應須定謚，無道如此，何爲謚靈？」

〔三〕郭象注曰：「靈即無道之謚也。」

〔四〕成玄英疏曰：「濫，浴器也。」

〔五〕成玄英疏曰：「姓史，字魚，衛之賢大夫也。幣，帛也。又謚法：德之精明曰靈。男女同浴，使賢人進御。公見史魚良臣，深懷愧悚，假遣人搏捉幣帛，令扶將羽翼，慰而送之，使不終其禮。敬賢如此，便是明君，故謚爲靈。靈則有道之謚。」

〔六〕郭象注曰：「欲以肅賢補其私慢。靈有二義，亦可謂善，故仲尼問焉。」

〔七〕原注：一本作「奪而里之」。

〔八〕郭象注曰：「子，謂蒯聵也。言不馮其子，靈公將奪女處也。夫物皆先有其命，故來事可知也。是以凡所爲者，不得不爲；凡所不爲者，不可得爲；而愚者以爲之在己，不亦妄乎！」

一七·二三　莊子雜篇外物

老萊子之弟子出〔一〕薪，遇仲尼，反以告，曰：「有人於彼，脩上而趍下，末僂而後耳，視若營四海，不知其誰氏之子？」老萊子曰：「是丘也，召而來。」仲尼至，曰：「丘，去汝躬矜與汝容知，斯爲君子矣。」仲尼揖而退，蹙然改容而問曰：「業可得進乎？」老萊子曰：「夫不忍一世之傷而驁萬世之患，抑固窶邪，亡其略弗及邪？惠以歡爲驁，終身之醜，中民之行〔二〕進焉耳，相引以名，相結以隱。與其譽堯而非桀，不如兩忘而閉其所譽〔三〕。反無非傷也，動無非邪也。聖人躊躇以興事，以每成功。奈何哉其載焉終矜爾！」

〔一〕陳鼓應本「出」下有「取」字。

〔二〕曹礎基據闕誤引張君房本、成玄英本以爲「行」下有「易」字。

〔三〕馬叙倫曰：「『所』蓋『非』字之譌也。」陳鼓應曰：當作「閉其所非譽」。

一七·二四　莊子雜篇盜跖

孔子與柳下季爲友，柳下季之弟，名曰盜跖。盜跖從卒九千人，横行天下，侵暴諸侯，穴室樞户，驅人牛馬〔一〕，取人婦女，貪得忘親，不顧父母兄弟，不祭先祖，所過之邑，大國守城，小國入保〔二〕，萬民苦之。

孔子謂柳下季曰：「夫爲人父者，必能詔〔三〕其子；爲人兄者，必能教其弟。若父不能詔其子，兄不能教其弟，則無貴父子兄弟之親矣。今先生，世之才士也，弟爲盜跖，爲天下害，而弗能教也，丘竊爲先生羞之。丘請爲先生往説之。」柳下季曰：「先生言爲人父者必能詔其子，爲人兄者必能教其弟，若子不聽父之詔，弟不受兄之教，雖今先生之辯，將奈之何哉！且跖之爲人也，心如涌泉，意如飄風，强足以距敵，辯足以飾非，順其心則喜，逆其心則怒，易辱人以言。先生必無往。」

孔子不聽，顔回爲馭，子貢爲右，往見盜跖。盜跖乃方休卒徒大山之陽，膾人肝而餔〔四〕之。孔子下車而前，見謁者曰：「魯人孔丘，聞將軍高義，敬再拜謁者。」謁者入通。盜跖聞之大怒，目如明星，髮上指冠，曰：「此夫魯國之巧僞人孔丘非邪？爲我告之：『爾作言造語，妄稱文武，冠枝木之冠，帶死牛之脅〔五〕，多辭謬説，不耕而食，不織而衣，摇脣鼓舌，擅生是非，以迷天下之主，使天下學士不反其本，妄作孝弟而徼倖〔六〕於封侯富貴者也。子之罪大極重，疾走歸！不然，我將以子肝益晝餔之膳！』」孔子復通曰：「丘得幸於季，願望履幕下〔七〕。」謁者復通，盜跖曰：「使來前！」

孔子趨而進，避席反走，再拜盜跖。盜跖大怒，兩展其足〔八〕，案劒瞋目，聲如乳虎，曰：「丘來前！若所言，順吾意則生，逆吾心則死。」孔子曰：「丘聞之，凡天下〔九〕有三德：生而長大，美好無雙，少長貴賤見而皆悦〔一〇〕之，此上德也；知維天地，能辯諸物，此中德也；勇悍果敢，聚衆率兵，此下德也。凡人有此一德者，足以南面稱孤矣。今將軍兼此三者，身長八尺二寸，面目有光，脣如激丹，齒如齊貝，音中黄鍾〔一一〕，而名曰盜跖，丘竊爲將軍耻不取焉。將軍有意聽臣，臣請南使吴越，北使齊魯，東使宋衛，西使晉楚，使爲將軍造大城數百里，立數十萬户之邑，尊將軍爲諸侯，與天下更始，罷兵休卒，收養昆弟，共祭先祖。此聖人才士之行，而天下之願也。」盗跖大怒曰：「丘來前！夫可規以利而可諫以言者，皆愚陋恒民之謂耳。今長大美好，人見而悦之者，此吾父母之遺德也。丘雖不吾譽，吾獨不自知邪？且吾聞之，好面譽人者，亦好背而毁之。今丘告我以大城衆民，是欲規我以利而恒民畜我也，安可長久也！城之大者，莫大乎天下矣。堯舜有天下，子孫無置錐之地；湯武立爲天子，而後世絶滅，非以其利大故邪？且吾聞之，古者禽獸多而人民少〔一二〕，於是〔一三〕皆巢居以避之，晝拾橡栗，暮棲木上，故命之曰有巢氏之民。古者民不知衣服，夏多積薪，冬則煬之，故命之曰知生之民。神農之世，卧則居居，起則于于〔一四〕，民知其母，不知其父，與麋鹿共處，耕而食，織而衣，無有相害之心，此至德之隆也。然而黄帝不能致德，與蚩尤戰於涿鹿之野，流血百里。堯舜作，立羣臣，湯放其主，武王殺紂。自是之後，以强陵弱，以衆暴寡。湯武以來，皆亂人之徒也。今子脩文武之道，掌天下之辯，以教後世。縫衣淺帶〔一五〕，矯言僞行，以迷惑天下之主，而欲求富貴焉。盗莫大於子，天下何故不謂子爲盗丘，而乃謂我爲盗跖？子以甘辭説子路而使從之，使子路去其危〔一六〕冠，解其長劍，而受教於子，天下皆曰孔丘能止暴禁非。其卒之也，子路欲殺衛君而事不成，身菹於衛東門之上，是子教之不至也。子自謂才士聖人邪，則再逐於魯，削蹟於衛，窮於齊，圍於陳蔡，不容身於天下。子教子路菹此患，上無以爲身，下無以爲人〔一七〕，子之道豈足貴邪？世之所高，莫若黄帝，黄帝尚不能全德，而戰涿鹿之野，流血百里。堯不慈〔一八〕，舜不孝〔一九〕，禹偏枯〔二〇〕，湯放其主，武王伐紂，文王拘羑里〔二一〕，此六〔二二〕子者，世之所高也，孰論之，皆以利惑其真而强反其情性，其行乃甚可羞也。世之所謂賢士，伯夷、叔齊〔二三〕。伯夷、叔齊辭孤竹之君而餓死於首陽之山，骨肉不葬；鮑焦飾行非世，抱木而死〔二四〕；申徒狄諫而不聽，負石自投於河，爲魚鼈所食；介子推至忠也，自割其股以食文公，文公後背之，子推怒而去，抱木而燔死；尾生與女子期於梁下，女子不來，水至不去，抱梁柱而死。此四者無異於磔犬流豕、操瓢而乞者〔二五〕，皆離名輕死，不念本養壽命者也。世之所謂忠臣者，莫若王子比干、伍子胥。子胥沈江，比干剖心，此二子者，世謂忠臣也，然卒爲天下笑。自上觀之，至于子胥、比干，皆不足貴也。丘之所以説我者，若告我以鬼事，則我不能知也；若告我以人事者，不過此矣，皆吾所聞知也。今吾告子以人之情：目欲視色，耳欲聽聲，口欲察味，志氣欲盈；人上壽百歲，中壽八十，下壽六十，除病瘦〔二六〕死喪憂患，其中開口而笑者，一月之中不過四五日而已矣。天與地無窮，人死者有時，操有時之具而託於無窮之間，忽然無異騏驥之馳過隙也。不能悦〔二七〕其志意、養其壽命者，皆非通道者也。丘之所言，皆吾之所棄也。亟去走歸，無復言之！子之道，狂狂伋伋〔二八〕，詐巧虚僞事也，非可以全真也，奚足論哉！」

孔子再拜趨走，出門上車，執轡三失，目芒然無見，色若死灰，據軾低頭，不能出氣。歸到魯東門外，適遇柳下季。柳下季曰：「今者闕然，數日不見，車馬有行色，得微往見跖邪？」孔子仰天而歎曰：「然。」柳下季曰：「跖得無逆汝意若前乎？」孔子曰：「然。丘所謂無病而自灸也，疾走料虎頭，編虎須，幾不免虎口哉！」

〔一〕曹礎基曰：「『樞』，闕誤引劉得一本作『摳』。」成玄英疏曰：「穿穴屋室，解脱門樞，而取人牛馬也。」

〔二〕成玄英疏曰：「保，小城也。」

〔三〕釋文曰：「詔，教也。」

〔四〕成玄英疏曰：「餔，食也。」

〔五〕成玄英疏曰：「脅，肋也。言尼父所戴冕，浮華雕飾，華葉繁茂，有類樹枝。又將牛皮用爲革帶，既闊且堅，有如牛肋也。」

〔六〕成玄英疏曰：「儌倖，冀望也。」

〔七〕成玄英疏曰：「言丘幸其得與賢兄朋友，不敢正覩儀容，願履帳幕之下。亦有作綦字者。綦，履跡也。願履綦跡，猶看足下。」

〔八〕成玄英疏曰：「趨，疾行也。反走，卻退。兩展其足，伸兩腳也。」

〔九〕一本「下」下有「人」字。

〔一〇〕「悦」，百子全書本、郭慶藩本、陳鼓應本皆作「説」。

〔一一〕成玄英疏曰：「激，明也。貝，珠也。黄鍾，六律聲也。」

〔一二〕郭慶藩本、中華書局本南華真經注疏無「民」字。今案：當作「人民」，韓非子五蠹篇亦云：「上古之世，人民少而禽獸衆。」

〔一三〕百子全書本、陳鼓應本「於是」下皆有「民」字，當補。

〔一四〕成玄英疏曰：「居居，安静之容。于于，自得之貌。」郭慶藩釋「于于」爲廣大之意。

〔一五〕「縫衣」，釋文作「摓衣」。郭慶藩案曰：「摓衣淺帶，向秀注曰：儒服寬而長大。（見列子黄帝篇注。）釋文：摓，又作縫。縫衣，大衣也。或作逢，書洪範『子孫其逢吉』，馬注曰：逢，大也。」

〔一六〕危，高也。

〔一七〕「子教子路菹此患，上無以爲身，下無以爲人」，馬叙倫以爲衍文。

〔一八〕成玄英疏曰：「謂不與丹朱天下。」

〔一九〕成玄英疏曰：「爲父所疾也。」

〔二〇〕成玄英疏曰：「治水勤勞，風櫛雨沐，致偏枯之疾，半身不遂也。」

〔二一〕「文王拘羑里」，李勉以爲衍文。

〔二三〕曹礎基曰：「六，闕誤引江南古藏本作『七』。」

〔二三〕陳鼓應本於「伯夷、叔齊」上有「莫若」二字。

〔二四〕成玄英疏曰：「姓鮑，名焦，周時隱者也。節行非世，廉潔自守，荷擔采樵，拾橡充食，故無子胤，不臣天子，不友諸侯。」

〔二五〕「四」，郭慶藩本、陳鼓應本作「六」，是也。釋文曰：「磔，竹客反。廣雅云：張也。……而乞者，李云：言上四人不得其死，猶豬狗乞兒流轉溝中者也。乞，或作走。」

〔二六〕曹礎基曰：「瘦，王念孫謂當爲『痍』，意林正引作『痍』。」痍，病也。

〔二七〕「悅」，百子全書本、郭慶藩本、陳鼓應本均作「説」。

〔二八〕「伋」，一本作「汲」。成玄英疏曰：「狂狂，失性也。伋伋，不足也。」

一七·二五　莊子雜篇漁父

孔子遊乎緇帷之林，休坐乎杏壇之上。弟子讀書，孔子弦歌鼓琴，奏曲未半〔一〕。有漁父者，下船而來，須〔二〕眉交白，被髮揄袂，行原以上，距陸而止〔三〕，左手據膝，右手持頤以聽。

曲終而招子貢、子路，二人俱對。客指孔子曰：「彼何爲者也？」子路對曰：「魯之君子也。」客問其族。子路對曰：「族孔氏。」客曰：「孔氏者，何治也？」子路未應，子貢對曰：「孔氏者，性服忠信，身行仁義，飾禮樂，選人倫。上以忠於世主，下以化於齊民〔四〕，將以利天下。此孔氏之所治也。」又問曰：「有土之君與？」子貢曰：「非也。」「侯王之佐與？」子貢曰：「非也。」客乃笑而還行，言曰：「仁則仁矣，恐不免其身；苦心勞形以危其真。嗚呼，遠哉其分於道也！」

子貢還，報孔子。孔子推琴而起曰：「其聖人與！」乃下求之。至於澤畔，方將杖拏而引其船，顧見孔子，還鄉而立。孔子反走，再拜而進〔五〕。

客曰：「子將何求？」孔子曰：「曩者先生有緒言而去，丘不肖，未知所謂，竊待於下風，幸聞咳唾之音以卒相丘也〔六〕。」客曰：「嘻！甚矣子之好學也！」

孔子再拜而起曰：「丘少而脩學，以至于今，六十九歲矣，無所得聞至教，敢不虛心！」客曰：「同類相從，同聲相應，固天之理也。吾請釋吾之所有而經〔七〕子之所以。子之所以者，人事也。天子、諸侯、大夫、庶人，此四者自正，治之美也，四者離位，而亂莫大焉。官治其職，人憂〔八〕其事，乃無所陵〔九〕。故田荒室露〔一〇〕，衣食不足，徵賦不屬，妻妾不和，長少〔一一〕無序，庶人之憂也；能不勝任，官事不治，行不清白，羣下荒怠，功美不有〔一二〕，爵禄不持，大夫之憂也；廷無忠臣，國家昏亂，工技不巧，貢職不美，春秋後倫，不順天子，諸侯之憂也；陰陽不和，寒暑不時，以傷庶物，諸侯暴亂，擅相攘伐，以殘民人，禮樂不節，財用窮匱，人倫不飭，百姓淫亂，天子有司〔一三〕之憂也。今子既上無君侯有司之勢，而下無大臣職事之官，而擅飾禮樂，選人倫，以化齊民，不泰多事乎？且人有八疵，事有四患，不可不察也。非其事而事之，謂之總〔一四〕；莫之顧而進之，謂之佞；希意道言，謂之諂；不擇是非而言，謂之諛；好言人之惡，謂之讒；析交離親，謂之賊；稱譽詐僞以敗惡人〔一五〕，謂之慝；不擇善否，兩容顔〔一六〕適，偷拔其所欲，謂之險。此八疵者，外以亂人，内以傷身，君子不友，明君不臣。所謂四患者：好經大事，變更易常，以挂功名，謂之叨；專知擅事，侵人自用，謂之貪；見過不更，聞諫愈甚，謂之很〔一七〕；人同於己則可，不同於己，雖善不善，謂之矜。此四患也。能去八疵，無行四患，而始可教已。」

孔子愀然而歎，再拜而起曰：「丘再逐於魯，削迹於衛，伐樹於宋，圍於陳蔡。丘不知所失，而離此四謗者，何也？」客悽然變容曰：「甚矣，子之難悟也！人有畏影惡迹而去之走者，舉足愈數而迹愈多，走愈疾而影不離身〔一八〕，自以爲尚遲，疾走不休，絶力而死。不知處陰以休影，處静以息迹，愚亦甚矣！子審仁義之閒，察同異之際，觀動静之變，適受與之度，理好惡之情，和喜怒之節，而幾於不免矣。謹脩而身，慎守其真，還以物與人，則無所累矣。今不脩之身而求之人〔一九〕，不亦外乎？」

孔子愀然曰：「請問何謂真？」客曰：「真者，精誠之至也。不精不誠，不能動人。故强哭者，雖悲〔二〇〕不哀；强怒者，雖嚴不威；强親者，雖笑不和。真悲無聲而哀，真怒未發〔二一〕而威，真親未笑而和。真在内者，神動於外，是所以貴真也。其用於人理也，事親則慈孝，事君則忠貞，飲酒則歡樂，處喪則悲哀。忠貞以功爲主，飲酒以樂爲主，處喪以哀爲主，事親以適爲主。功成之美，無一其迹矣。事親以適，不論〔二二〕所以矣；飲酒以樂，不選其具矣；處喪以哀，無問其禮矣。禮者，世俗之所爲也；真者，所以受於天也，自然不可易也。故聖人法天貴真，不拘於俗。愚者反此。不能法天而恤於人，不知貴真，禄禄而受變於俗，故不足。惜哉，子之早湛於人僞〔二三〕而晚聞大道也！」

孔子又再拜而起曰：「今者丘得遇〔二四〕也，若天幸然。先生不〔二五〕羞而比之服役，而身教之。敢問舍所在，請因受業而卒學大道。」客曰：「吾聞之，可與往者，與之至於妙道；不可與往者，不知其道，慎勿與之，身乃無咎。子勉之！吾去子矣，吾去子矣！」乃刺船而去，延緣葦閒。

顔淵還車，子路受〔二六〕綏，孔子不顧，待水波定，不聞拏音而後敢乘。子路旁車而問曰：「由得爲役久矣，未嘗見夫子遇人如此其威也。萬乘之主，千乘之君，見夫子未嘗不分庭伉禮，夫子猶有倨傲之容。今漁父杖拏逆立，而夫子曲要磬折，言拜而應，得無太甚乎？門人皆怪夫子矣，漁父何以得此乎？」孔子伏軾而歎曰：「甚矣，由之難化也！湛於禮義有間矣，而樸鄙之心至今未去。進，吾語汝：夫遇長不敬，失禮也；見賢不尊，不仁也。彼非至仁〔二七〕，不能下人。下人不精，不得其真，故長傷身。惜哉！不仁之於人也，禍莫大焉，而由獨擅之。且道者，萬物之所由也，庶物失之者死，得之者生，爲事逆之則敗，順之則成。故道之所在，聖人尊之。今漁父之於道，可謂有矣，吾敢不敬乎！」

〔一〕成玄英疏曰：「緇，黑也。尼父遊行天下，讀講詩書，時於江濱，休息林籟。其林鬱茂，蔽日陰沈，布葉垂條，又如帷幕，故謂之緇帷之林也。壇，澤中之高處也。其處多杏，謂之杏壇也。琴者，和也，可以和心養性，故奏之。」

〔二〕「須」，中華書局本南華真經注疏作「鬚」。

〔三〕成玄英疏曰：「揄，揮也。袂，袖也。原，高平也。距，至也。」

〔四〕釋文曰：「下以化齊民，李云：齊，等也。許慎云：齊等之民也。如淳云：齊民，猶平民。元嘉本作化於齊民後。」

〔五〕「拏」，中華書局本南華真經注疏、郭慶藩本作「拏」。成玄英注曰：「拏，橈也。反走前進，是虔敬之容也。」

〔六〕釋文曰：「緒言猶先言也。」成玄英疏曰：「曩，向也。緒言，餘論也。卒，終也。相，助也。」俞樾以爲緒言即餘言也。

〔七〕釋文曰：「司馬云：經，理也。」

〔八〕「憂」，一作「處」。于省吾曰：作「處」是也。

〔九〕成玄英疏曰：「陵，亦亂也。」

〔一〇〕郭慶藩曰：「荒露，謂荒蕪敗露。」

〔一一〕曹礎基曰：「少，高山寺本作『幼』，成疏同。」

〔一二〕曹礎基曰：「不有，高山寺本作『無有』。」

〔一三〕「有司」二字，馬叙倫以爲衍文。

〔一四〕「總」，百子全書本、郭慶藩本、陳鼓應本均作「摠」。成玄英疏曰：「摠，濫也。」

〔一五〕曹礎基曰：「惡人，闕誤引張君房本作『德人』。」

〔一六〕「顔」，百子全書本、郭慶藩本均作「頮」。

〔一七〕「很」，中華書局本南華真經注疏作「狠」。

〔一八〕曹礎基曰：「高山寺本『離』下無『身』字。」

〔一九〕曹礎基曰：「高山寺本『之』下有『於』字。」

〔二〇〕「悲」，曹礎基曰：「高山寺本作『疾』。」

〔二一〕王孝魚曰：「又『未發』作『不嚴』。」

〔二二〕曹礎基據高山寺本於「不論」下補「其」字。

〔二三〕原注：明本無「人」字。

〔二四〕原注：一作「過」。

〔二五〕王孝魚曰：「高山寺本『不』下有『爲』字。」

〔二六〕「受」，百子全書本、郭慶藩本、陳鼓應本均作「授」。

〔二七〕「仁」，郭慶藩本、陳鼓應本均作「人」。

一七·二六　莊子雜篇列禦寇

魯哀公問於顏闔曰：「吾以仲尼爲貞幹，國其有瘳乎〔一〕？」曰：「殆哉圾乎〔二〕仲尼！方且飾羽而畫，從事華辭。以支爲旨，忍性以視民而不知不信，受乎心，宰乎神，夫何足以上民！彼宜女與〔三〕？予頤與〔四〕？誤而可矣〔五〕。今使民離實學僞，非所以視民也，爲後世慮，不若休之，難治也。施於人而不忘，非天布也。商賈不齒，雖以士〔六〕齒之，神者弗齒。爲外刑者，金與木也〔七〕；爲内刑者，動與過也〔八〕。宵人之離外刑者，金木訊之〔九〕；離内刑者，陰陽食之〔一〇〕。夫免乎外内之刑者，唯真人能之。」

〔一〕成玄英疏曰：「言仲尼有忠貞幹濟之德，欲命爲卿相，魯邦亂病庶瘳差矣。」

〔二〕原注：明本作「圾乎」。今案：成玄英疏曰：「殆，近也。圾，危也。」

〔三〕郭象注曰：「彼，百姓也。女，哀公也。彼與女各自有所宜，相效則失真，此即今之見驗。」

〔四〕成玄英疏曰：「予，我也。頤，養也。」

〔五〕郭象注曰：「正不可也。」

〔六〕「士」，郭慶藩本、陳鼓應本均作「事」。

〔七〕郭象注曰：「金，謂刀鋸斧鉞；木，謂捶楚桎梏。」

〔八〕郭象注曰：「静而當，則外内無刑。」

〔九〕原注：注同，又作「訊」。今案：郭慶藩本作「訊」。郭象注曰：「不由明坦之塗者，謂之宵人。」釋文曰：「『宵人』，王云：非明正之徒，謂之宵夜之人也。」成玄英疏曰：「宵，闇夜也。離，罹也。訊，問也。闇惑之人，罹於憲網，身遭枷杻斧鉞之刑也。」俞樾以爲「宵人」即小人也。

〔一〇〕郭象注曰：「動而過分，則性氣傷於内，金木訊於外也。」

一七·二七　繹史孔子類記四引莊子

孔子舍於沙丘，見主人，曰：「辯士也。」子路曰：「夫子何以識之？」曰：「其口窮踦，其鼻空大，其服博，其睫流，其舉足也高，其踐地也深，鹿合而牛舍。」〔一〕

〔一〕原注：今本無。

一七·二八　韓非子内儲説上

殷之法，刑棄灰於街者〔一〕，子貢以爲重，問之仲尼。仲尼曰：「知治之道也。夫棄灰於街必掩〔二〕人，掩人，人必怒，怒則鬬，鬬必三族相殘也，此殘三族之道也，雖刑之可也。

且夫重罰者，人之所惡也；而無棄灰，人之所易也，使人行之所易，而無離所惡〔三〕，此治之道。」

一曰：殷之法，棄灰于公道者斷其手。子貢曰：「棄灰之罪輕，斷手之罰重，古人何太毅〔四〕也？」曰：「無棄灰，所易也；斷手，所惡也。行所易，不關所惡〔五〕，故〔六〕人以爲易，故行之。」

〔一〕王先慎曰：「初學記二十引『刑』字在『者』字下。」

〔二〕原注：史記李斯傳正義引作「必燔」。

〔三〕王先慎曰：「行之所易，即去其疾所易也。行，猶去也。之，猶其也。……離讀爲罹。」孫子書以爲王説非，認爲「行其所易」即指無棄灰言之。陳奇猷同意孫説。

〔四〕舊注：毅，酷也。

〔五〕王先慎曰：「不關所惡，謂不入斷手之法也。」

〔六〕「故」，百子全書本、王先慎本皆作「古」。

一七・二九　公孫龍子跡府

楚王張繁弱之弓，載忘歸之矢，以射蛟兕於雲夢之圃，而喪其弓。左右請求之。王曰：「止。楚人〔一〕遺弓，楚人得之，又何求焉〔二〕？」仲尼聞之曰：「楚王仁義而未遂也，亦曰『人亡弓，人得之』而已，何必楚？」

〔一〕「人」，吴毓江本作「王」。

〔二〕「焉」，四庫全書本、百子全書本皆作「乎」。

一七·三〇　吕氏春秋孟春紀貴公

荆人有遺弓者，而不肎索，曰：「荆人遺之，荆人得之，又何索焉？」孔子聞之曰：「去其荆，而可矣。」

一七·三一　説苑至公

楚共王出獵而遺其弓，左右請求之，共王曰：「止，楚人遺弓，楚人得之，又何求焉？」仲尼聞之曰：「惜乎其不大，亦曰『人遺弓，人得之』而已，何必楚也？」

一七·三二　吕氏春秋孝行覽必己

孔子行道而息〔一〕，馬逸，食人之稼，野人取其馬。子貢請往説之，畢辭，野人不聽。有鄙人始事孔子者曰〔二〕：「請往説之。」因謂野人曰：「子不耕於東海，吾不耕於西海也，吾馬何得不食子之禾〔三〕？」其〔四〕野人大説，相謂曰：「説亦皆如此其辯也，獨如嚮之人？」解馬而與之。

〔一〕王念孫以爲當據文選陸士衡演連珠李善注作「孔子行於東野」，陳奇猷以爲王説非。

〔二〕陶鴻慶以爲「曰」字衍，陳奇猷從之。

〔三〕畢沅曰：「選注引作『子耕東海，至於西海』。」俞樾據此以爲「吾不」二字衍文也。譚戒甫以爲原文不誤。高亨曰：「此言設子耕於東海，吾耕於西海，則吾與子無相遇之機會，吾馬自不能食子之禾矣。今子不耕於東海，吾不耕於西海，則吾與子有相遇之機會，吾馬何得不食子之禾哉？」陳奇猷同意高説。

〔四〕「其」，許維遹以爲當作「也」，屬上爲句。陳奇猷以爲「其」字爲誤字無疑，但不同意許維遹改爲「也」字，疑此文原作「吾馬何得不食子之苗，野人大説」，「苗」字譌爲「其」。

一七·三三　淮南子人間訓

孔子行遊〔一〕，馬失，食農夫之稼。野人怒，取馬而繫之。子貢往説之，卑辭而不能得也〔二〕。孔子曰：「夫以人之所不能聽説人，譬以太牢享野獸，以九韶樂飛鳥也。予之罪也，非彼人之過也。」乃使馬圉〔三〕往説之。至，見野人曰：「子耕於東海，至於西海，吾馬之失，安得不食子之苗？」野人大喜，解馬而與之。

〔一〕王念孫以爲此本作「孔子行於東野」。

〔二〕王念孫以爲「子貢」上脱「使」字，「卑」當爲「畢」，字之誤也。畢辭，謂竟其辭也。

〔三〕劉文典曰：「圉，養馬者。」

一七·三四　論衡自然

宋人或刻木爲楮葉〔一〕，三年乃成。孔子曰：「使地三年乃成一葉，則萬物之有葉者寡矣。」〔二〕

〔一〕百子全書本「葉」下有「者」字。

〔二〕原注：案列子說符亦有此語。

一七·三五　御覽六百十六引神仙傳

孔子讀書，老子見而問曰：「是何書也？」曰：「禮也，聖人亦讀之。」老子云：「聖人可也，汝曷爲復讀之？」

【補遺】

一七·三六　劉子六通〔一〕才章

昔野人棄子貢之辨〔二〕，而悦馬圉之辭。袁注云：孔子游於太山，馬佚，犯食野人禾。野人捉馬不還，夫子乃令子貢往取。子貢以文藻之辭取馬，野人不用此語。後令馬圉往取，乃用直言取之，語野人曰：「東海至西海之禾，並是君禾，馬若不食，還食何物？」野人聞之，乃還馬。馬圉是掌馬人也〔三〕。

〔一〕「通」，傅亞庶據宋本、明鈔本、影道藏本、子彙本、吉府本、程榮本、龍川本改爲「適」。

〔二〕「辨」，林其錟、陳鳳金劉子集校、傅亞庶本作「辯」，是也。

〔三〕原注：按此段與列子説符大約相合。

商正曰：此乃袁注引列子説符篇文，孫書漏輯。元箸既謂此段與列子説符大約相合（按吕氏春秋孝行覽必己云：「孔子行道而息，馬逸，食人之稼，野人取其馬。子貢請往説之，畢辭，野人不聽。有鄙人始事孔子者曰：『請往説之。』因謂野人曰：『子不耕於東海，吾不耕於西海也，吾馬何得不食子之禾？』其野人大説，相謂曰：『説亦皆如此其辯也，獨如嚮之人？』解馬而與之。」又淮南子人間訓：「孔子行遊，馬失，食農夫之稼。野人怒，取馬而繫之。子貢往説之，卑辭，而不能得也。孔子曰：『夫以人之所不能聽説人，譬以太牢享野獸，以九韶樂飛鳥也。予之罪也，非彼人之過也。』乃使馬圉往説之。至，見野人曰：『子耕於東海，至於西海，吾馬之失，安得不食子之苗？』野人大喜，解馬而與之。」孫書已標吕氏春秋爲綱，淮南人間訓亦附録，是孫所漏輯者，僅列子説符一條耳），則應以列子爲綱，而附録袁注劉子於後加以疏證，始與孫本義例相符。乃以劉子袁注爲綱，而列子古書轉歸附見，按語中吕氏春秋、淮南子分引二條竟置不録，指例違矣。今案：請參閲本書凡例注。

一七·三七　御覽八百二十二引論語比考緯

叔孫〔一〕毀孔子，譬若堯民。

〔一〕中華書局影印本御覽「叔孫」下有「武叔」二字，當補。

一七·三八　莊子内篇德充符第五〔一〕

仲尼曰：「人莫鑑於流水，而鑑於止水。」

〔一〕孫書已輯，内容更詳，見「一六·二六」條。

一七·三九　劉子卷一專學〔一〕篇

夫蟬之難取，而黏之如掇。唐袁孝政注曰：掇，急也。仲尼適楚，見傴僂者捕蟬，黏如掇。孔子曰：「巧哉！巧哉！」

〔一〕「學」，傅亞庶據法藏敦煌本改爲「務」。

一七·四〇　唐李石續博物志卷八

孔子臨狄水而歌曰：「狄水衍兮風揚波，船楫顛倒更相加。」

一七·四一　真誥引孔子福地記

崗山之間有伏龍之鄉，可以避水避病長生。〔一〕

〔一〕原注：按俞氏茶香室三鈔曰：「此即謂句曲山也。」俊（整理者案：即王仁俊）謂：此寓言耳。寶典十二曰：「夏禹不苑，而仲尼知之，安知仲尼不密脩其道？」與此同，不足深據。

一七·四二　博物志卷八〔一〕

孔子東遊，見二小兒辯鬬。問其故，一小兒〔二〕曰：「我以日始出時去人近而日中時遠也。」一小兒曰：「以日出而遠而日中時近〔三〕。」一小兒〔四〕曰：「日初出時大如車蓋，及日中時如盤盂。此不爲遠者小而大者近乎？」一小〔五〕兒曰：「日初出滄滄涼涼，及其中而〔六〕探湯，此不爲近者熱而遠者涼乎？」孔子不能決，謂兩小兒曰：「孰謂汝多知乎？」〔七〕

〔一〕應爲卷五。此條「一六·一八」列子湯問亦引，文字略有不同。商正引之，加注説明。

〔二〕商正原注：列子作「一兒曰」，無「小」字。

〔三〕商正原注：列子作「一兒以日初出遠而日中時近也」。

〔四〕商正原注：列子無「小」字。

〔五〕商正原注：列子無「小」字。

〔六〕商正原注：列子作「如」。

〔七〕商正原注：列子作「孔子不能決也。兩小兒笑曰：『孰謂汝多知乎』」。補遺原注：按，博物志本列子，列子孫書已采。金王寂拙軒集有小兒難夫子辨詩，其序云：「予奉朝命之□門，道過太行，路左有二石像，詢其父老，云：此小兒難夫子之故地。予惡其虚名而無實，作是詩辨之。詩中述田舍爲之言曰：『昔東家某歷聘入吾境，偶此值小兒難詰豪穎某也，不能對，驅車近天井。』」

商正曰：金樓子亦有此文，末二句云「孔子亦不知中天而小，落扶桑而大」，爲文小異。元箸既云博物志本於列子，列子孫書已采，又因金王寂拙軒集小兒難夫子詩再行羼入（元箸按：博物志本列子，列子孫書已采，金王寂拙軒集有小兒難夫子辨詩，其序云：「予奉朝命之□門，道過太行，路左有二石像，詢其父老，云：此小兒難夫子之故地。予惡其虚名而無實，作是詩辨之。詩中述田舍爲之言曰：『昔東家某歷聘入吾境，偶此值小兒難詰豪穎某也，不能對，驅車近天井。』」）須知孫輯孔語鉤考雖甚博洽，而抉擇亦極謹嚴。今考全書，除羣經傳注祕緯子史及唐、宋以前類書外，概不濫及。元箸苦心蒐采再補孫本之遺，采及劉子袁注已嫌取例過寬，若並據宋、元以後詩文別集，偶有牽合，遽爾列入，不避重複，於補遺之例似不甚符，此尤急宜裁汰無待計決者。今案：請參閲本書凡例注。

【商正】

一七·四三　王逸正部論

仲尼門人餔道醇，飲道宗〔一〕。

〔一〕原注：御覽四百三引。

【新補】

一七·四四　墨子非儒下

孔某爲魯司寇，舍公家而奉季孫。季孫相魯君而走〔一〕，季孫與邑人争門關〔二〕，決植〔三〕。

〔一〕孫詒讓曰：「經傳無此事，亦謾語也。」

〔二〕説文云：「關，以木横持門户也。」

〔三〕孫詒讓疑「決植」上有脱文。

一七·四五　墨子非儒下

孔某與其門弟子閒坐，曰：「夫舜見瞽叟就然〔一〕，此時天下圾乎〔二〕！周公旦非其人也邪〔三〕？何爲舍亣〔四〕家室而託寓也？」孔某所行，心術所至也。其徒屬〔五〕弟子皆效孔某，子貢、季路輔孔悝亂乎衛，陽貨亂乎齊，佛肸以中牟叛，桼雕刑〔六〕殘，莫〔七〕大焉。夫爲弟子後生，其〔八〕師，必脩其言，法其行，力不足、知弗及而後已。今孔某之行如此，儒士則可以疑矣。

〔一〕「就然」，舊作「然就」，畢沅以意改。孫詒讓認爲「就然」即蹴然。
〔二〕畢沅云：「圾，舊作坡，以意改。」孫詒讓認爲「圾」當釋爲危。
〔三〕「非其人」，孫詒讓疑作「其非人」，人與仁通，言周公不足爲仁。
〔四〕「舍亣」，舊作「舍亦」，盧文弨校爲「亦舍」，王念孫校爲「舍亣」，孫詒讓同意王説。
〔五〕孫詒讓以爲「徒屬」即黨友。
〔六〕孫詒讓曰：「桼正字，經典多叚『漆』字爲之。刑，吴鈔本校改『形』。」
〔七〕畢沅曰：「『莫』上當脱一字。」
〔八〕孫詒讓以爲「其」上有脱字。

新編諸子集成續編

孔子集語校注

（附補録）

下

郭沂 撰

中華書局

補録十二種

一　左傳

本次整理，以阮刻本爲底本，在校勘和注釋過程中，參考了楊伯峻春秋左傳注（中華書局一九九〇年修訂本）、李夢生左傳譯注（上海古籍出版社二〇〇四年版）、李宗侗春秋左傳今注今譯（臺灣商務印書館一九八四年第六版）等。

隱公

宋穆公疾，召大司馬孔父而屬殤公焉〔一〕。（三年）

〔一〕宋穆公爲宋宣公之弟，殤公爲宋宣公之子。大司馬，宋國官名。孔父即孔父嘉，孔子之六世祖。

桓公

宋華父督見孔父〔一〕之妻于路，目逆而送之，曰：「美而豔。」（元年）

〔一〕杜預注曰：「華父督，宋戴公孫也。孔父嘉，孔子六世祖。」

二年春，宋督攻孔氏，殺孔父而取其妻。公怒，督懼，遂弑殤公。……宋殤公立，十年十一戰，民不堪命。孔父嘉爲司馬，督爲太宰，故因民之不堪命，先宣言曰：「司馬則然〔一〕。」（二年）

〔一〕杜預注曰：「言公之數戰則司馬使爾。」

僖公

冬，會于温，討不服也〔一〕。衛侯與元咺訟〔二〕，甯武子爲輔，鍼莊子爲坐〔三〕，士榮爲大士〔四〕。衛侯不勝。殺士榮，刖鍼莊子，謂甯俞忠而免之。執衛侯，歸之于京師，寘諸深室〔五〕。甯子職納橐饘〔六〕焉。元咺歸于衛，立公子瑕〔七〕。是會也，晉侯召王，以諸侯見，且使王狩。仲尼曰：「以臣召君，不可以訓。故書曰『天王狩于河陽』，言非其地也，且明德也。」（二十八年）

〔一〕杜預注曰：「討衛、許。」

〔二〕杜預注曰：「争殺叔武事。」

〔三〕坐，替代，這裏指替代衛侯。因當時君不可與臣打官司，故而使鍼莊子替代衛侯打官司。

〔四〕俞樾茶香室經説曰：「爲大士與爲輔爲坐，一律皆當時所爲，非舉其平日之官也。竊疑鍼莊子爲坐，不過代衛侯坐訟耳；至其反辯論，與晉獄官對理，則皆士榮爲之；名之曰大士，蓋當時有此名目也。」

〔五〕深室，囚室。

〔六〕橐，衣囊。饘，稠粥，代指食物。橐饘，此處當釋爲「供給衣食」。

〔七〕杜預注曰：「瑕謂公子適也。」

文公

仲尼曰：「臧文仲，其不仁者三，不知者三。下展禽〔一〕，廢六關〔二〕，妾織蒲〔三〕，三不仁也。作虚器〔四〕，縱逆祀〔五〕，祀爰居〔六〕，三不知也。」（二年）

〔一〕下，謂使之居於下位。展禽，即柳下惠。

〔二〕楊伯峻曰：「廢六關有兩解：杜注云『塞關、陽關之屬凡六，關所以禁絶末游，而廢之』，則以廢爲廢棄。此一解也。然孔子家語『廢』作『置』，王肅注云『六關，關名，魯本無此關，文仲置之以税行者，故爲不仁』，則以廢爲置立。此又一解。兩義正相反。惠棟補注、洪亮吉詁均主後説，或近是。」

〔三〕妾織蒲席販賣，言與民争利。

〔四〕楊伯峻曰：「作，家語作『設』。虚器指臧文仲私蓄大蔡之龜，作室以居之之事。」

〔五〕縱逆祀，楊伯峻曰：「縱容夏父弗忌之主張也。禮記禮器云：『孔子曰：臧文仲安知禮，夏父弗忌逆祀而弗止也。』」

〔六〕爰居，海鳥之名。止於魯東門外，文仲命人祭之。

宣公

乙丑，趙穿攻靈公於桃園。宣子未出山〔一〕而復。大史書曰「趙盾弑其君」，以示於朝。宣子曰：「不然。」對曰：「子爲正卿，亡不越竟，反不討賊，非子而誰？」宣子曰：「烏呼！詩曰〔二〕：『我之懷矣，自詒伊慼。』其我之謂矣。」孔子曰：「董狐，古之良史也，書法不隱。趙宣子，古之良大夫也，爲法受惡。惜也，越竟乃免。」（二年）

〔一〕山，晉國邊境之山。

〔二〕「詩曰」二字據楊伯峻增。楊伯峻曰：「各本無『詩曰』二字，杜注云『逸詩也』，則杜所據本有『詩曰』二字，今從金澤文庫本增。杜注以此二句爲逸詩，今詩邶風雄雉有句云『我之懷矣，自詒伊阻』，與引詩僅一字之異，故王肅以爲此即引雄雉之詩。」

陳靈公與孔寧、儀行父通於夏姬〔一〕，皆衷其衵服〔二〕，以戲于朝。泄冶〔三〕諫曰：「公卿宣淫，民無效〔四〕焉，且聞不令〔五〕。君其納之！」公曰：「吾能改矣。」公告二子。二子請殺之，公弗禁，遂殺泄冶。孔子曰：「詩云：『民之多辟，無自立辟。』〔六〕其泄冶之謂乎！」（九年）

〔一〕孔寧、儀行父，陳大夫。夏姬，鄭穆公之女，陳大夫御叔之妻，陳大夫夏徵之母。

〔二〕衷，内也，這裏指穿衣於内。衵服，内衣，這裏指夏姬的内衣。

〔三〕泄冶，陳大夫。

〔四〕宣，宣示。民無效，民衆無所效法。

〔五〕聞，名聲。令，善。

〔六〕所引詩，見詩大雅板。多辟，即多邪僻。立辟，立爲法度。下「辟」字，法也。

成公

衛侯使孫良夫、石稷、甯相〔一〕、向禽將侵齊，與齊師遇。石子欲還。孫子曰：「不可。以師伐人，遇其師而還，將謂君何？若知不能，則如無出。今既遇矣，不如戰也。」夏，有……〔二〕石成子曰：「師敗矣，子不少須〔三〕，衆懼盡。子喪師徒，何以復命？」皆不對。又曰：「子，國卿也，隕〔四〕子，辱矣。子以衆退，我此乃止。」且告車來甚衆。齊師乃止，次于鞫居。新築人仲叔于奚救孫桓子〔五〕，桓子是以免。既，衛人賞之以邑，辭，請曲縣、繁纓以朝〔六〕。許之。仲尼聞之曰：「惜也，不如多與之邑。唯器與名，不可以假人，君之所司也。名以出信，信以守器，器以藏禮，禮以行義，義以生利，利以平民，政之大節也。若以假人，與人政也。政亡，則國家從之，弗可止也已。」(二年)

〔一〕孫良夫，孫林父之父。石稷，即石成子，石碏四世孫。甯相，甯俞之子。

〔二〕楊伯峻曰：「原文有闕脱。此段應爲叙述新築戰事。新築戰事在夏四月，故知『夏』字爲讀。」

〔三〕須，等待。

〔四〕隕，損失。

〔五〕孫桓子，即孫良夫。

〔六〕楊伯峻曰：「『縣』同『懸』，指鐘、磬等樂器懸掛於架。古代，天子樂器，四面懸掛，象宫室四面有牆，謂之『宫懸』；諸侯去其南面樂器，三面懸掛，曰『軒縣』，亦曰『曲縣』；大夫僅左右兩面懸掛，曰『判縣』；士僅於東面或階間懸掛，曰『特縣』。仲叔于奚請『曲縣』，是以大夫而僭越用諸侯之禮。餘詳周禮春官小胥孫詒讓正義。繁音盤，説文作『緐』，馬鬣毛前裝飾，亦諸侯之禮。詳周禮春官巾車孫詒讓正義。」

齊慶克〔一〕通于聲孟子，與婦人蒙衣乘輦而入于閎〔二〕。鮑牽見之，以告國武子。武子召慶克而謂〔三〕之。慶克久不出，而告夫人曰：「國子謫〔四〕我。」夫人怒。國子相靈公以會，高、鮑處守。及還，將至，閉門而索客。孟子訴之曰：「高、鮑將不納君，而立公子角，國子知之。」秋七月壬寅，刖鮑牽而逐高無咎。……仲尼曰：「鮑莊子之知不如葵〔五〕，葵猶能衛其足。」（十七年）

〔一〕慶克，齊大夫，慶封之父。

〔二〕蒙衣，穿婦女衣服。閎，宫中巷門。

〔三〕謂，告。

〔四〕杜預注曰：「謫，譴責也。」

〔五〕楊伯峻曰：「葵非向日葵，向日葵傳入中國甚晚也。……此葵或是金錢紫花葵或秋葵。古代以葵爲蔬菜，不待其老便掐，而不傷其根，欲其再長嫩葉，故古詩云『采葵不傷根，傷根葵不生』。『不傷根』始合『衛其足』之意。」

襄公

偪陽人啓門，諸侯之士門焉〔一〕。縣門發，郰人紇抉之，以出門者〔二〕。（十年）

〔一〕杜預注曰：「見門開，故攻之。」

〔二〕杜預注曰：「門者，諸侯之士在門内者。紇，郰邑大夫，仲尼父叔梁紇也。」縣，通「懸」。抉，高舉。

孟獻子以秦堇父爲右，生秦丕兹〔一〕，事仲尼。（十年）

〔一〕楊伯峻曰：「齊召南以爲秦丕兹即仲尼弟子列傳之秦商。」

高厚圍臧紇于防。師自陽關逆臧孫，至于旅松。郰叔紇、臧疇、臧賈帥甲三百，宵犯齊師，送之而復〔一〕。（十七年）

〔一〕杜預注曰：「郰叔紇，叔梁紇。臧疇、臧賈，臧紇之昆弟也。三子與臧紇共在防，故夜送臧紇於旅松而復還守防。」

齊侯將爲臧紇田〔一〕。臧孫聞之，見齊侯，與之言伐晉，對曰：「多則多矣，抑〔二〕君似鼠。夫鼠，晝伏夜動，不穴於寢廟，畏人故也。今君聞晉之亂而後作焉〔三〕，寧將事之，非鼠如何？」乃弗與田。仲尼曰：「知之難也。有臧武仲之知，而不容於魯國，抑有由也，作不順而施不恕也〔四〕。夏書曰『念兹在兹』，順事恕施也。」（二十三年）

〔一〕杜預注曰：「與之田邑。」

〔二〕抑，轉折連詞，但是。

〔三〕杜預注曰：「作，起兵也。」

〔四〕楊伯峻曰：「作事不順無適則立長之禮，施爲不恕被廢者之心。」

冬十月，子展相鄭伯如晉，拜陳之功。子西復伐陳，陳及鄭平。仲尼曰：「志〔一〕有之：『言以足志，文以足言。』不言，誰知其志？言之無文，行而不遠。晉爲伯，鄭入陳，非文辭不爲功。慎辭哉！」（二十五年）

〔一〕杜預注曰：「志，古書。」

五月甲辰〔一〕，晉趙武至於宋。丙午〔二〕，鄭良霄至。六月丁未朔，宋人享趙文子，叔向爲介〔三〕。司馬置折俎〔四〕，禮也。仲尼使舉是禮也，以爲多文辭〔五〕。（二十七年）

〔一〕楊伯峻曰：「甲辰，二十七日。」

〔二〕楊伯峻曰：「丙午，二十九日。」

〔三〕介，賓之副。

〔四〕折俎，即將牲體斬爲一節一段，置於俎中。

〔五〕杜預注曰：「宋向戌自美弭兵之意，敬逆趙武，趙武、叔向因享宴之會，展賓主之辭，故仲尼以爲多文辭。」釋文引沈云：「舉謂記録之也。」

鄭人游于鄉校〔一〕，以論執政。然明謂子産曰：「毁鄉校何如？」子産曰：「何爲？

夫人朝夕退而游焉，以議執政之善否。其所善者，吾則行之；其所惡者，吾則改之，是吾師也。若之何毀之？我聞忠善以損怨，不聞作威以防怨，豈不遽止〔二〕？然猶防川，大決所犯，傷人必多，吾不克救也，不如小決使道〔三〕。不如吾聞而藥之也〔四〕。」然明曰：「蔑也今而後知吾子之信可事也。小人實不才，若果行此，其鄭國實賴之，豈唯二三臣？」仲尼聞是語也，曰：「以是觀之，人謂子產不仁，吾不信也。」（三十一年）

〔一〕杜預注曰：「鄉之學校。」

〔二〕遽止，立即制止。

〔三〕道，通「導」，指引導。

〔四〕杜預注曰：「以爲己藥石。」

昭公

昭子即位，朝其家衆，曰：「豎牛禍叔孫氏，使亂大從〔一〕，殺適立庶；又披〔二〕其邑，將以赦罪，罪莫大焉，必速殺之。」豎牛懼，奔齊。孟、仲之子殺諸塞關〔三〕之外，投其首於寧風〔四〕之棘上。仲尼曰：「叔孫昭子之不勞〔五〕，不可能〔六〕也。周任有言曰〔七〕：『爲政者不賞私勞，不罰私怨。』詩云：『有覺德行，四國順之。』」〔八〕（五年）

〔一〕楊伯峻曰：「從，順也。謂其亂重要之順道也。」

〔二〕批，分割。
〔三〕塞關，爲齊、魯邊界上關塞。
〔四〕杜預注曰：「寧風，齊地。」
〔五〕楊伯峻曰：「勞謂酬勞，蓋昭子爲豎牛所立，不酬其立己之功，而反殺之。」
〔六〕不可能，難能。
〔七〕周任，古之良史。
〔八〕所引詩，見詩大雅抑。覺，直也。

九月，公至自楚。孟僖子病不能相〔一〕禮，乃講學之，苟能禮者從之。及其將死也，召其大夫，曰：「禮，人之幹也。無禮，無以立。吾聞將有達者曰孔丘，聖人之後也，而滅於宋。其祖弗父何以有宋而授厲公。及正考父，佐戴、武、宣，三命茲益共〔二〕，故其鼎〔三〕銘云：『一命而僂，再命而傴，三命而俯〔四〕，循牆而走〔五〕，亦莫余敢侮。饘於是，鬻於是〔六〕，以餬余口。』其共也如是。臧孫紇有言曰：『聖人有明德者，若不當世〔七〕，其後必有達人。』今其將在孔丘乎！我若獲没，必屬説與何忌〔八〕於夫子，使事之，而學禮焉，以定其位。」故孟懿子與南宮敬叔師事仲尼。仲尼曰：「能補過者，君子也。詩曰『君子是則是效』〔九〕，孟僖子可則效已矣。」（七年）

〔一〕釋文、惠士奇、臧琳、王引之、楊伯峻均以爲「相」爲衍文。
〔二〕共,即恭。
〔三〕杜預注曰:「考父廟之鼎。」
〔四〕杜預注曰:「俯共於傴,傴共於僂。」
〔五〕楊伯峻曰:「循牆,避道中央。急趨曰走,示恭敬。」
〔六〕饘,稠粥。鬻,稀粥。
〔七〕當世,指爲國君。
〔八〕説,即南宫敬叔。何忌,即孟懿子。
〔九〕所引詩,見詩小雅鹿鳴。

楚子狩于州來〔一〕,次于潁尾〔二〕,使蕩侯、潘子、司馬督、囂尹午、陵尹喜〔三〕帥師圍徐以懼吴。楚子次于乾谿〔四〕,以爲之援。雨雪,王皮冠,秦復陶〔五〕,翠被〔六〕,豹舄,執鞭以出。僕析父從。右尹子革夕〔七〕,王見之,去冠、被,舍鞭,與之語,曰:「昔我先王熊繹與吕級、王孫牟、燮父、禽父並事康王〔八〕,四國皆有分〔九〕,我獨無有。今吾使人於周,求鼎以爲分,王其與我乎?」對曰:「與君王哉!昔我先王熊繹辟在荆山,篳路藍縷以處草莽,跋涉山林以事天子,唯是桃弧、棘矢以共禦〔一〇〕王事。齊,王舅也;晉及魯、衛,王母弟也。

楚是以無分，而彼皆有。今周與四國服事君王，將唯命是從，豈其愛鼎？」王曰：「昔我皇祖伯父昆吾，舊許是宅。今鄭人貪賴〔一一〕其田，而不我與。我若求之，其與我乎？」對曰：「與君王哉！周不愛鼎，鄭敢愛田？」王曰：「昔諸侯遠我〔一二〕而畏晉，今我大城陳、蔡、不羹，賦皆千乘，子與有勞焉，諸侯其畏我乎！」對曰：「畏君王哉！是四國者，專〔一三〕足畏也。又加之以楚，敢不畏君王哉！」工尹路請曰：「君王命剝圭以爲鏚柲〔一四〕，敢請命〔一五〕。」王入視之。析父謂子革：「吾子，楚國之望也。今與王言如響〔一六〕，國其若之何？」子革曰：「摩厲〔一七〕以須，王出，吾刃將斬矣。」王出，復語。左史倚相趨過，王曰：「是良史也，子善視之！是能讀三墳、五典、八索、九丘〔一八〕。」對曰：「臣嘗問焉，昔穆王欲肆〔一九〕其心，周行天下，將皆必有車轍馬跡焉。祭公謀父作祈招之詩以止王心，王是以獲没於祗宮。臣問其詩而不知也。若問遠焉，其焉能知之？」王曰：「子能乎？」對曰：「能。其詩曰：『祈招之愔愔〔二〇〕，式〔二一〕昭德音。思我王度，式如玉，式如金〔二二〕。形民之力，而無醉飽之心〔二三〕。』」王揖而入，饋不食，寢不寐，數日，不能自克，以及於難。仲尼曰：「古也有志：『克己復禮，仁也。』信善哉！楚靈王若能如是，豈其辱於乾谿？」（十二年）

〔一〕州來，地名，在今安徽鳳臺縣。

〔二〕潁尾，地名，在今安徽潁上縣東南。

〔三〕蕩侯、潘子、司馬督、囂尹午、陵尹喜,五人均爲楚大夫。

〔四〕乾谿,今安徽亳縣東南。

〔五〕秦復陶,秦國所送的羽製外衣。

〔六〕翠被,用翠羽做的披風。

〔七〕夕,即夜,這裏指夜晚來見。

〔八〕熊繹,楚國第一個君主。吕級,齊太公之子。王孫牟,衛康叔之子康伯。燮父,晉唐叔之子。禽父,魯伯禽,周公之子。康王,周康王,周成王之子。

〔九〕杜預注曰:「四國,齊、晉、魯、衛。分,珍寶之器。」

〔一〇〕共,通「供」。「禦」,通「御」。供御即供奉。

〔一一〕賴,利。

〔一二〕遠我,以我爲僻遠。

〔一三〕杜預注曰:「四國,陳、蔡、二不羹。」專,獨。

〔一四〕杜預注曰:「鏚,斧也。柲,柄也。破圭玉以飾斧柄。」

〔一五〕杜預注曰:「請制度之命。」

〔一六〕如響,即如同回聲。

〔一七〕摩厲,即磨礪。

〔一八〕杜預注曰：「皆古書名。」

〔一九〕穆王，周穆王。肆，放縱。

〔二〇〕杜預注曰：「愔愔，安和貌。」

〔二一〕式，語助詞。

〔二二〕杜預注曰：「金玉取其堅重。」顧炎武曰：「猶言如金如錫，如圭如璧，謂令德也。」

〔二三〕王引之曰：「形當爲刑，刑猶成也，言惟成民是務，而無縱慾之心也」。段玉裁説文解字注「型」字下注云：「詩毛傳屢云：『刑，法也。』又或假『形』爲之。左傳引詩『形民之力，而無醉飽之心』，謂程量其力之所能爲而不過也。」

甲戌，同盟于平丘，齊服也。令諸侯日中造于除〔一〕。癸酉〔二〕，退朝。子産命外僕速張〔三〕於除，子大叔止之，使待明日。及夕，子産聞其未張也，使速往，乃無所張矣。及盟，子産争承〔四〕，曰：「昔天子班貢，輕重以列〔五〕。列尊貢重，周之制也。卑而貢重者，甸服〔六〕也。鄭伯，男也，而使從公侯之貢，懼弗給也，敢以爲請。諸侯靖〔七〕兵，好以爲事。行理〔八〕之命，無月不至。貢之無藝〔九〕，小國有闕，所以得罪也。諸侯脩盟，存小國也。貢獻無極，亡可待也。存亡之制，將在今矣。」自日中以争，至于昏，晉人許之。既盟，子大叔咎之曰：「諸侯若討，其可瀆乎〔一〇〕？」子産曰：「晉政多門，貳偷〔一一〕之不暇，何暇討？國不競亦陵，何國之爲？」公不與盟。晉人執季孫意如，以幕〔一二〕蒙之，使狄人守之。司鐸射懷錦，奉壺飲冰，以蒲伏焉〔一三〕。守者御之，乃與之錦而入。晉人以平子歸，子服湫從。子産歸，未至，聞子皮卒，哭，且曰：「吾已！無爲爲善矣〔一四〕。唯夫子知我。」仲尼謂子産：「於是行也，足以爲國基矣。詩曰：『樂只君子，邦家之基。』〔一五〕子産，君子之求樂者也。」且曰：「合諸侯，藝貢事〔一六〕，禮也。」（十三年）

〔一〕杜預注曰：「除地爲壇，盟會處。」

〔二〕楊伯峻曰：「癸酉，六日。」

〔三〕張，這裏指張帷幕。

〔四〕杜預注曰：「承，貢賦之次。」

〔五〕楊伯峻曰：「班貢，定貢獻之次序。班，次也，序也。杜注：『列，位也。』謂依位爲次。」

〔六〕杜預注曰：「甸服謂天子畿内共職貢者。」

〔七〕杜預注曰：「靖，息也。」

〔八〕行理，使者。

〔九〕楊伯峻曰：「服虔云：『藝，極也。』即下文『貢獻無極』。」

〔一〇〕「其」，楊伯峻以爲即「豈」。「瀆」，杜預釋爲「易也」，孔穎達以「輕易」解之，章炳麟以爲「瀆」借爲「贖」，楊樹達以爲「瀆」謂數而不敬。楊伯峻以杜預、孔穎達之説爲長。

〔一一〕貳偷，苟且偷安。

〔一二〕杜預注曰：「蒙，裹也。」

〔一三〕楊伯峻曰：「司鐸射，杜注：『魯大夫。』蓋司鐸爲官名，其官署亦曰司鐸。」又曰：冰有二説，一爲杜注「冰，箭筩蓋，可以取飲」，實則冰即矢筩，即掤之借字；一爲郭沫若之説，認爲「掤」與「冰」實「莆」之音變。又曰：蒲伏即匍匐，謂爬行，懼人見而阻之也。

〔一四〕沈彤曰：「無爲，無助也。言無人助我爲善矣。」

〔一五〕所引詩，見詩小雅南山有臺。

〔一六〕藝，極也。藝貢事，即確定貢賦的極限。

仲尼曰：「叔向，古之遺直也。治國制刑，不隱於親。三數叔魚之惡，不爲末減〔一〕。曰義也夫〔二〕，可謂直矣！平丘之會，數其賄也〔三〕，以寬衛國，晉不爲暴。歸魯季孫，稱其詐也，以寬魯國，晉不爲虐。邢侯之獄，言其貪也，以正刑書，晉不爲頗〔四〕。三言而除三惡，加三利〔五〕。殺親益榮，猶義也夫〔六〕！」（十四年）

〔一〕杜預注曰：「末，薄也。減，輕也。」

〔二〕「曰」，王引之以爲「由」字之譌。由義，即行義。

〔三〕數，指責。數其賄，指責其貪瀆。

〔四〕頗，偏。

〔五〕杜預注曰：「三惡，暴、虐、頗也。三惡除則三利加。」

〔六〕猶，通「由」。猶義，即由義，行義。

秋，郯子來朝，公與之宴。昭子問焉，曰：「少皞氏鳥名官，何故也〔一〕？」郯子曰：「吾祖也，我知之。昔者黄帝氏以雲紀，故爲雲師而雲名〔二〕；炎帝氏以火紀，故爲火師而火名〔三〕；共工氏以水紀，故爲水師而水名〔四〕；大皞氏以龍紀，故爲龍師而龍名〔五〕。我高祖少皞摯之立也，鳳鳥適至，故紀於鳥，爲鳥師而鳥名：鳳鳥氏，曆正也〔六〕；玄鳥氏，司分〔七〕者也；伯趙氏，司至〔八〕者也；青鳥氏，司啓〔九〕者也；丹鳥氏，司閉〔一〇〕者也；祝鳩氏，司徒也〔一一〕；鴡鳩氏，司馬也〔一二〕；鳲鳩氏，司空也〔一三〕；爽鳩氏，司寇也〔一四〕；鶻鳩氏，司事也〔一五〕。五鳩，鳩民者也〔一六〕。五雉爲五工正〔一七〕，利器用，正度量，夷〔一八〕民者也。九扈爲九農正〔一九〕，扈民無淫者也〔二〇〕。自顓頊以來，不能紀遠，乃紀於近。爲民師而命以民事，則不能故也。」仲尼聞之，見於郯子而學之。既而告人曰：「吾聞之，『天子失官，學在四夷』，猶信。」（十七年）

〔一〕杜預注曰：「少皞，金天氏，黄帝之子，己姓之祖也。問何故以鳥名官。」

〔二〕杜預注曰：「黄帝，軒轅氏，姬姓之祖也。黄帝受命有雲瑞，故以雲紀事。百官師長皆以雲爲名，號縉雲氏，蓋其一官也。」

〔三〕杜預注曰：「炎帝，神農氏，姜姓之祖也。亦有火瑞，以火紀事，名百官。」

〔四〕杜預注曰：「共公，以諸侯霸有九州者，在神農前，大皞後。亦受水瑞，以水名官。」

〔五〕杜預注曰：「大皞，伏犧氏，風姓之祖也。有龍瑞，故以龍命官。」

〔六〕杜預注曰：「鳳鳥知天時，故以名曆正之官。」

〔七〕司分，掌管春分、秋分。

〔八〕司至，掌管夏至、冬至。

〔九〕司啓，掌管立春、立夏。

〔一〇〕司閉，掌管立秋、立冬。

〔一一〕杜預注曰：「祝鳩，雛鳩也。雛鳩孝，故爲司徒，主教民。」

〔一二〕杜預注曰：「鴡鳩，王鴡也。鷙而有别，故爲司馬，主法制。」

〔一三〕杜預注曰：「鳲鳩，鴶鵴也。鳲鳩平均，故爲司空，平水土。」

〔一四〕杜預注曰：「爽鳩，鷹也。鷙，故爲司寇，主盜賊。」

〔一五〕杜預注曰：「鶻鳩，鶻鵰也。春來冬去，故爲司事。」

〔一六〕杜預注曰：「鳩，聚也。治民上聚，故以鳩爲名。」

〔一七〕杜預注曰:「五雉,雉有五種。西方曰鷷雉,東方曰鶅雉,南方曰翟雉,北方曰鵗雉,伊洛之南曰翬雉。」

〔一八〕杜預注曰:「夷,平也。」

〔一九〕九扈,九種扈鳥,杜預以爲即春、夏、秋、冬、棘、行、宵、桑、老九種,掌管九種農事。

〔二〇〕杜預注曰:「扈,止也。止民使不淫放。」

衛公孟縶狎齊豹〔一〕,奪之司寇與鄄。有役則反之,無則取之。公孟惡北宮喜、褚師圃,欲去之。公子朝通于襄夫人宣姜〔二〕,懼,而欲以作亂。故齊豹、北宮喜、褚師圃、公子朝作亂。初,齊豹見〔三〕宗魯於公孟,爲驂乘焉。將作亂,而謂之曰:「公孟之不善,子所知也,勿與乘,吾將殺之。」對曰:「吾由子事公孟,子假吾名焉〔四〕,故不吾遠也。雖其不善,吾亦知之;抑以利故,不能去,是吾過也。今聞難而逃,是僭〔五〕子也。子行事乎,吾將死之,以周〔六〕事子;而歸死於公孟,其可也。」丙辰〔七〕,衛侯在平壽。公孟有事於蓋獲之門外,齊子氏帷於門外,而伏甲焉。使祝鼃寘戈於車薪以當門,使一乘從公孟以出;使華齊御公孟,宗魯驂乘。及閎〔八〕中,齊氏用戈擊公孟,宗魯以背蔽之,斷肱,以中公孟之肩。皆殺之。……琴張聞宗魯死,將往弔之。仲尼曰:「齊豹之盜,而孟縶之賊〔九〕,女何弔焉?君子不食姦〔一〇〕,不受亂〔一一〕,不爲利疚於回〔一二〕,不以回待人〔一三〕,不蓋〔一四〕不義,不

犯非禮〔一五〕。」（二十年）

〔一〕杜預注曰：「公孟，靈公兄也。齊豹，齊惡之子，爲衛司寇。狎，輕也。」

〔二〕杜預注曰：「宣姜，靈公嫡母。」

〔三〕楊伯峻曰：「見音現，推薦也，介紹也。」

〔四〕假吾名，假借吾名，此處指「爲我宣揚好名聲」。

〔五〕僭，不信。

〔六〕杜預注曰：「周，猶終竟也。」楊伯峻曰：「謂使殺公孟事成功。俞樾平議引説文，解『周』爲密，不泄言，亦通。」

〔七〕楊伯峻曰：「丙辰，二十九日。」

〔八〕杜預注曰：「閎，曲門中。」

〔九〕杜預注曰：「言齊豹所以爲盜，孟縶所以見賊，皆由宗魯。」

〔一〇〕杜預注曰：「如公孟不善而受其禄，是食姦也。」

〔一一〕杜預注曰：「許豹行事，是受亂也。」

〔一二〕杜預注曰：「疚，病；回，邪也。以利故不能去，是病身於邪。」

〔一三〕楊伯峻引陶鴻慶之説曰：「宗魯知死公孟，而不能諫阻齊豹使不爲難；以公孟之不善爲可殺，是以邪待公孟也。知齊豹將殺公孟而聽之，是以邪待齊豹也。皆所謂以回待人。」

〔四〕蓋，掩蓋。

〔五〕杜預注曰：「以二心事縶，是非禮。」

十二月，齊侯田于沛，招虞人〔一〕以弓，不進。公使執之。辭曰：「昔我先君之田也，旃以招大夫，弓以招士，皮冠以招虞人〔二〕。臣不見皮冠，故不敢進。」乃舍之。仲尼曰：「守道不如守官。」君子韙之〔三〕。（二十年）

〔一〕杜預注曰：「虞人，掌山澤之官。」

〔二〕孔穎達疏曰：「周禮，孤卿建旃，大夫尊，故麾旃以招之也。逸詩：『翹翹車乘，招我以弓。』古者聘士以弓，故弓以招士也。諸侯服皮冠以田，虞人掌田獵，故皮冠以招虞人也。」

〔三〕楊伯峻曰：「此句有兩解。如此用引號，則孔丘僅云『守道不如守官』，君子以其言爲是。若引號在『韙之』下，則孔丘引『守道不如守官』，而又謂『君子韙之』。」

鄭子産有疾，謂子大叔曰：「我死，子必爲政。唯有德者能以寬服民，其次莫如猛。夫火烈，民望而畏之，故鮮死焉；水懦弱，民狎而翫〔一〕之，則多死焉，故寬難。」疾數月而卒。大叔爲政，不忍猛而寬。鄭國多盜，取人於萑苻之澤〔二〕。大叔悔之，曰：「吾早從夫子，不及此。」興徒兵以攻萑苻之盜，盡殺之，盜少止。仲尼曰：「善哉！政寬則民慢，慢則糾之以猛。猛則民殘，殘則施之以寬。寬以濟猛，猛以濟寬，政是以和。詩曰『民亦勞止，汔可小康；惠此中國，以綏四方』〔三〕，施之以寬也。『毋從詭隨〔四〕，以謹〔五〕無良；式遏寇虐，慘不畏明〔六〕』，糾之以猛也。『柔〔七〕遠能邇，以定我王』，平之以和也。又曰『不競不絿，不剛不柔，布政優優，百禄是遒』〔八〕，和之至也。」及子産卒，仲尼聞之，出涕曰：「古之遺愛也。」（二十年）

〔一〕杜預注曰：「狎，輕也。」翫即玩，玩弄。

〔二〕取，讀爲聚。萑苻，即萑蒲，蘆葦。萑苻之澤，即蘆葦叢生的水澤。楊樹達讀左傳云：「疑傳文本作『聚於萑苻之澤』，『聚』下半字壞，故誤分爲『取人』二字耳。」

〔三〕此句及下句所引之詩，均見詩大雅民勞。止，助詞。汔，庶幾，差不多。

〔四〕楊伯峻曰：「『從』，毛詩作『縱』。詭隨，不顧是非而妄隨人者。」

〔五〕楊伯峻引吴闓生曰：「謹者，約敕之意。」

〔六〕楊伯峻曰：「式，助動詞，應也。遏，止也。『慘』，毛詩作『憯』，曾也。句謂寇虐不畏明法者，則應遏止之。」

〔七〕「柔」，楊伯峻以爲與「能」同義。

〔八〕楊伯峻曰：「詩商頌長發。競，强也。絿，音求，緩也。詩毛傳、説文俱謂『絿，急也』，則競與絿義近。然下文『不剛不柔』，剛柔相反，則競絿義亦當相反。……優優，寬裕之貌。遒，聚也。」

秋，晉韓宣子卒，魏獻子爲政，分祁氏之田以爲七縣，分羊舌氏之田以爲三縣。司馬彌牟爲鄔大夫，賈辛爲祁大夫，司馬烏爲平陵大夫，魏戊爲梗陽大夫，知徐吾爲塗水大夫，韓固爲馬首大夫，孟丙爲盂大夫，樂霄爲銅鞮大夫，趙朝爲平陽大夫，僚安爲楊氏大夫。謂賈辛、司馬烏爲有力於王室，故舉之；謂知徐吾、趙朝、韓固、魏戊，餘子之不失職、能守業者也；其四人者，皆受縣而後見於魏子，以賢舉也。魏子謂成鱄：「吾與戊也縣，人其以我爲黨乎？」對曰：「何也？戊之爲人也，遠不忘君，近不偪同〔一〕；居利思義，在約思純，有守心而無淫行，雖與之縣，不亦可乎！昔武王克商，光〔二〕有天下，其兄弟之國者十有五人，姬姓之國者四十人，皆舉親也。夫舉無他，唯善所在，親疏一也。詩曰：『惟此文王〔三〕，帝度其心。莫〔四〕其德音，其德克明。克明克類，克長克君。王此大國〔五〕，克順克比。比于文王，其德靡悔。既受帝祉，施于孫子〔六〕。』心能制義曰度，德正應和曰莫〔七〕，照臨四方曰明，勤施無私曰類，教誨不倦曰長，賞慶刑威曰君，慈和偏服曰順，擇善而從之曰比〔八〕，經緯天地曰文。九德不愆，作事無悔，故襲天禄，子孫賴〔九〕之。主之舉也，近文德矣，所及其遠哉！」賈辛將適其縣，見於魏子。魏子曰：「辛來！昔叔向適鄭，鬷蔑惡〔一〇〕，欲觀叔向，從使之收器者〔一一〕，而往，立於堂下，一言而善。叔向將飲酒，聞之，曰：『必鬷明也！』下，執其手以上，曰：『昔賈大夫惡，娶妻而美，三年不言不笑。御以如皋，射雉，獲之，其妻始笑而言。賈大夫曰：「才之不可以已。我不能射，女遂不言不笑夫！」今子少不颺〔二二〕，子若無言，吾幾失子矣。言不可以已也如是！』遂如故知。今女有力於王室，吾是以舉女。行乎！敬之哉！毋墮乃力！」仲尼聞魏子之舉也，以爲義，曰：「近不失親，遠不失舉，可謂義矣。」又聞其命賈辛也，以爲忠：「詩曰『永言配命，自求多福』〔二三〕，忠也。魏子之舉也義，其命也忠，其長有後於晉國乎！」（二十八年）

〔一〕杜預注曰：「不逼同位。」

〔二〕光，通「廣」。

〔三〕楊伯峻曰：「詩大雅皇矣。今本毛詩作『維此王季』，陳啓源毛詩稽古篇、陳奂毛詩傳疏皆以傳作『文王』爲是。韓詩亦作『文王』。」

〔四〕楊伯峻曰：「莫，今毛詩作『貊』，静也。禮記樂記、韓詩外傳皆作『莫』，與左傳同。」

〔五〕楊伯峻曰：「毛詩及樂記引詩『國』均作『邦』。敦煌唐寫本殘卷亦作『邦』。」

〔六〕孫子即子孫。

〔七〕杜預注曰：「莫然清净。」楊伯峻以爲「莫然」即「漠然」。

〔八〕杜預注曰：「比方善事，使相從也。」

〔九〕杜預注曰：「襲，受也。」

〔一〇〕杜預注曰:「惡,貌醜。」

〔一一〕杜預注曰:「從,隨也。隨使人應斂俎豆者。」

〔一二〕杜預注曰:「顔貌不揚顯。」

〔一三〕所引詩,見詩大雅文王。言,助詞,無義。配,合。命,天命。

冬,晉趙鞅、荀寅帥師城汝濱,遂賦晉國一鼓〔一〕鐵,以鑄刑鼎,著范宣子所爲刑書焉。仲尼曰:「晉其亡乎! 失其度矣。夫晉國將守唐叔〔二〕之所受法度,以經緯其民,卿大夫以序〔三〕守之,民是以能尊其貴,貴是以能守其業。貴賤不愆,所謂度也。文公是以作執秩之官,爲被廬之法,以爲盟主。今棄是度也,而爲刑鼎,民在鼎矣〔四〕,何以尊貴? 貴何業之守? 貴賤無序,何以爲國? 且夫宣子之刑,夷之蒐也,晉國之亂制也〔五〕,若之何以爲法?」(二十九年)

〔一〕鼓既可指重量名,又可指容量名。

〔二〕唐叔,晉開國之君。

〔三〕杜預注曰:「序,位次也。」

〔四〕楊伯峻曰:「在讀爲察,謂民察鼎以知刑。」

〔五〕杜預注曰:「范宣子所用刑,乃夷蒐之法也。夷蒐在文六年,一蒐而三易中軍帥,賈季、箕鄭之徒遂作亂，故曰亂制。」

定公

秋七月癸巳，葬昭公於墓道南。孔子之爲司寇也，溝而合諸墓。（元年）

六月，伐陽關〔一〕。陽虎使焚萊門〔二〕。師驚，犯之而出，奔齊，請師以伐魯，曰：「三加，必取之。」齊侯將許之。鮑文子諫曰：「臣嘗爲隸於施氏矣〔三〕，魯未可取也。上下猶和，衆庶猶睦，能事大國，而無天菑，若之何取之？陽虎欲勤〔四〕齊師也，齊師罷，大臣必多死亡，己於是乎奮其詐謀。夫陽虎有寵於季氏，而將殺季孫，以不利魯國，而求容〔五〕焉。親富不親仁，君焉用之？君富於季氏，而大於魯國，茲陽虎所欲傾覆也。魯免其疾，而君又收之，無乃害乎？」齊侯執陽虎，將東之。陽虎願東，乃囚諸西鄙。盡借邑人之車，鍥其軸，麻約〔六〕而歸之。載葱靈〔七〕，寢於其中而逃。追而得之，囚於齊。又以葱靈逃，奔晉，適趙氏。仲尼曰：「趙氏其世有亂乎！」（九年）

〔一〕杜預注曰：「討陽虎也。」

〔二〕萊門，陽關城門。

〔三〕爲隸即爲臣。施氏，魯大夫。

〔四〕勤，勞也。

〔五〕求容，即博取笑容、歡心。

〔六〕鍥，刻。麻約，用麻束之。

〔七〕葱靈，裝載衣物之車。

夏，公會齊侯于祝其，實夾谷〔一〕。孔丘相〔二〕，犁彌言於齊侯曰：「孔丘知禮而無勇，若使萊人以兵劫魯侯，必得志焉。」齊侯從之。孔丘以公退，曰：「士兵之！兩君合好，而裔夷之俘以兵亂之〔三〕，非齊君所以命諸侯也。裔不謀夏，夷不亂華，俘不干〔四〕盟，兵不偪好，於神爲不祥，於德爲愆義，於人爲失禮，君必不然。」齊侯聞之，遽辟之。將盟，齊人加於載書曰：「齊師出竟而不以甲車三百乘從我者，有如此盟！」孔丘使茲無還揖對，曰：「而不反我汶陽之田，吾以共命者，亦如之！」齊侯將享公。孔丘謂梁丘據曰：「齊、魯之故〔五〕，吾子何不聞焉？事既成矣，而又享之，是勤執事也。且犧、象不出門，嘉樂〔六〕不野合。饗而既〔七〕具，是棄禮也；若其不具，用秕稗也〔八〕。用秕稗，君辱；棄禮，名惡。子盍圖之！夫享，所以昭德也。不昭，不如其已也。」乃不果享。（十年）

〔一〕杜預注曰：「夾谷即祝其也。」

〔二〕杜預注曰：「相會儀也。」

〔三〕楊伯峻引范文瀾之説曰：「裔指夏以外的地，夷指華以外的人。」
〔四〕干，犯也。
〔五〕杜預注曰：「故，舊典。」
〔六〕杜預注曰：「犧、象，酒器，犧尊、象尊也。嘉樂，鐘、磬也。」
〔七〕既，盡也。
〔八〕杜預注曰：「秕，穀不成者。稗，草之似穀者。言享不具禮，穢薄若秕稗。」

仲由爲季氏宰，將墮三都，於是叔孫氏墮郈。季氏將墮費，公山不狃、叔孫輒帥費人以襲魯。公與三子入于季氏之宫，登武子之臺。費人攻之，弗克。入及公側〔一〕，仲尼命申句須、樂頎下，伐之，費人北。國人追之，敗諸姑蔑。二子奔齊，遂墮費。將墮成，公斂處父謂孟孫：「墮成，齊人必至于北門。且成，孟氏之保障也。無成，是無孟氏也。子僞不知，我將不墮。」冬十二月，公圍成，弗克。（十二年）

〔一〕杜預注曰：「至臺下。」俞樾疑「入」乃「矢」字之譌，言費人自臺下仰攻，故矢及公側也。

十五年春，邾隱公來朝。子貢觀焉。邾子執玉〔一〕高，其容仰；公受玉卑，其容俯。子貢曰：「以禮觀之，二君者，皆有死亡焉。夫禮，死生存亡之體也，將左右、周旋、進退、俯仰，於是乎取之；朝、祀、喪、戎，於是乎觀之。今正月相朝，而皆不度〔二〕，心已亡矣。

嘉事不體〔三〕,何以能久?高、仰,驕也;卑、俯,替〔四〕也。驕近亂,替近疾,君爲主,其先亡乎!」……夏五月壬申,公薨。仲尼曰:「賜不幸言而中,是使賜多言者也。」(十五年)

〔一〕杜預注曰:「玉,朝者之贄。」

〔二〕杜預注曰:「不合法度。」

〔三〕杜預注曰:「嘉事,朝禮。」楊伯峻以爲「體」通「禮」。

〔四〕楊伯峻引漢書顏師古注曰:「替,廢惰也。」

哀公

夏五月辛卯,司鐸火〔一〕。火踰公宫,桓、僖災。……孔子在陳,聞火,曰:「其桓、僖乎!」(三年)

〔一〕杜預以「司鐸」爲宫名,章炳麟認爲是官署之在宫城中者也。

初,昭王有疾,卜曰:「河爲祟。」王弗祭。大夫請祭諸郊。王曰:「三代命祀,祭不越望〔一〕。江、漢、睢、章,楚之望也。禍福之至,不是過也。不穀〔二〕雖不德,河非所獲罪也。」遂弗祭。孔子曰:「楚昭王知大道矣。其不失國也,宜哉!夏書曰:『惟彼陶唐,帥〔三〕彼天常,有此冀方〔四〕。今失其行,亂其紀綱,乃滅而亡。』又曰:『允出兹在兹。』由己率

常，可矣。」（六年）

〔一〕望，指境内的名山大川。對這些名山大川的祭祀也叫望。

〔二〕不穀，楚昭王自稱也。

〔三〕帥，通「率」，遵行，循行。

〔四〕冀方，即中國。

十一年春，齊爲鄎故，國書、高無平帥師伐我，及清。……師及齊師戰于郊。……公爲與其嬖僮汪錡乘，皆死，皆殯。孔子曰：「能執干戈以衛社稷，可無殤也。」冉有用矛於齊師，故能入其軍。孔子曰：「義也。」（十一年）

冬，衛大叔疾出奔宋。初，疾娶于宋子朝，其娣嬖。子朝出，孔文子使疾出其妻，而妻之。疾使侍人誘其初妻之娣寘於犁，而爲之一宫，如二妻。文子怒，欲攻之，仲尼止之。……孔文子之將攻大叔也，訪於仲尼。仲尼曰：「胡簋之事〔一〕，則嘗學之矣；甲兵之事，未之聞也。」退，命駕而行，曰：「鳥則擇木，木豈能擇鳥？」文子遽止之，曰：「圉豈敢度〔二〕其私，訪〔三〕衛國之難也。」將止，魯人以幣召之，乃歸。（十一年）

〔一〕胡簋即簠簋，祭祀之器。胡簋之事，即有關祭祀之事。

〔二〕杜預注曰：「圉，文子名。度，謀也。」

〔三〕楊伯峻曰：「孔子家語『訪』作『防』，于文義爲順。」

季孫欲以田賦〔一〕，使冉有訪諸仲尼。仲尼曰：「丘不識也。」三發〔二〕。卒曰：「子爲國老，待子而行，若之何子之不言也？」仲尼不對，而私於冉有曰：「君子之行也，度於禮：施取其厚，事舉其中，斂從其薄。如是，則以丘亦足矣。若不度於禮，而貪冒無厭，則雖以田賦，將又不足。且子季孫若欲行而法，則周公之典在；若欲苟而行，又何訪焉？」弗聽。（十一年）

〔一〕楊伯峻曰：「『以田賦』即下年之『用田賦』。宣十五年初税畝，乃田畝税之改革，成元年之作丘甲，乃兵役法之改革，此則兩者皆有之。」

〔二〕杜預注曰：「三發問。」

夏五月，昭夫人孟子卒。昭公娶于吴，故不書姓〔一〕。死不赴，故不稱夫人。不反哭，故不言葬小君。孔子與弔，適季氏。季氏不絻〔二〕，放絰〔三〕而拜。（十二年）

〔一〕吴、魯同姓，依禮同姓不婚，故不書姓。

〔二〕據楊伯峻，絻乃始發喪之禮，季氏不絻者，不行喪夫人之禮。

〔三〕絰，葛麻製成的喪服。

冬十二月，螽〔一〕。季孫問諸仲尼。仲尼曰：「丘聞之，火伏而後蟄者畢〔二〕。今火猶西流，司曆過也〔三〕。」（十二年）

〔一〕楊伯峻曰：「螽，公羊例作『蟓』，即今蝗蟲爲災。」

〔二〕楊伯峻曰：「火爲心宿二，一般夏正十月即不見于天空，此時天已寒冷，昆蟲盡蟄入地下。」

〔三〕楊伯峻曰：「孔丘之意，謂時已十月，天空應不見心宿二，昆蟲應皆蟄伏，然心宿二猶遥見于西方天空，遂見沉没，乃司曆者之誤。」

十四年春，西狩於大野，叔孫氏之車子鉏商〔一〕獲麟，以爲不祥，以賜虞人〔二〕。仲尼觀之曰：「麟也。」然後取之。（十四年）

〔一〕楊伯峻曰：「杜注以『車子』連文，『鉏商』爲人名。服虔以『車』爲御車者，『子』爲姓，『鉏商』爲名。王肅孔子家語用服説。王引之述聞則以『子鉏』爲氏，『商』爲名。王説有據有理，可從。」

〔二〕杜預注曰：「虞人，掌山澤之官。」

甲午，齊陳恒弑其君壬于舒州。孔丘三日齊〔一〕，而請伐齊三。公曰：「魯爲齊弱久矣，子之伐之，將若之何？」對曰：「陳恒弑其君，民之不與者半。以魯之衆加齊之半，可克也。」公曰：「子告季孫。」孔子辭，退而告人曰：「吾以從大夫之後也，故不敢不言。」（十四年）

〔一〕齊，通「齋」，齋戒。

閏月，良夫與大子入，舍於孔氏之外圃。昏，二人蒙衣而乘，寺人羅御，如孔氏。孔氏之老欒寧問之，稱姻妾以告，遂入，適伯姬氏。既食，孔伯姬杖戈而先，大子與五人介〔一〕，輿豭從之。迫孔悝於厠〔二〕，强盟之，遂劫以登臺。欒寧將飲酒，炙未熟，聞亂，使告季子；召獲駕乘車，行爵食炙，奉衛侯輒來奔。季子將入，遇子羔將出，曰：「門已閉矣。」季子曰：「吾姑至焉。」子羔曰：「弗及，不踐其難！」季子曰：「食焉，不辟其難。」子羔遂出，子路入。及門，公孫敢門焉〔三〕，曰：「無入爲也。」季子曰：「是公孫，求利焉，而逃其難。由不然，利其禄，必救其患。」有使者出，乃入，曰：「大子焉用孔悝？雖殺之，必或繼之。」且曰：「大子無勇，若燔臺，半，必舍孔叔〔四〕。」大子聞之，懼，下石乞、盂黶敵子路，以戈擊之，斷纓。子路曰：「君子死，冠不免。」結纓而死。孔子聞衛亂，曰：「柴也其來，由〔五〕也死矣。」（十五年）

〔一〕賈逵曰：「介，被甲也。」
〔二〕厠，側。
〔三〕杜預注曰：「守門。」
〔四〕孔叔，即孔悝。

〔五〕柴，子羔名。由，子路名。

夏四月己丑，孔丘卒。公誄〔一〕之曰：「旻天不弔〔二〕，不憖〔三〕遺一老，俾屏〔四〕余一人以在位，煢煢余在疚。嗚呼哀哉！尼父，無自律〔五〕。」子贛曰：「君其不没於魯乎！夫子之言曰：『禮失則昬，名失則愆。』失志爲昬，失所爲愆。生不能用，死而誄之，非禮也；稱一人〔六〕，非名也。君兩失之。」（十六年）

〔一〕楊伯峻曰：「孔疏引鄭衆周禮大祝注：『誄謂積累生時德行以賜之，命主爲其辭。』誄猶今之致悼辭。」

〔二〕不弔，不善。

〔三〕憖，姑且。

〔四〕杜預注曰：「俾，使也。屏，蔽也。」

〔五〕杜預注曰：「律，法也。言喪尼父，無以自爲法。」

〔六〕一人，即「余一人」，天子自稱之詞。

二　孝經

本次整理以嘉慶二十年江西南昌府學重栞宋本孝經注疏爲底本，參閲了胡平生孝經

譯注（中華書局一九九六年版）、黄得時孝經今注今譯（臺灣商務印書館一九七九年版）等進行校勘注釋。

開宗明義章第一〔一〕

仲尼居，曾子侍。子曰：「先王有至德要道，以順天下，民用〔二〕和睦，上下無怨。汝知之乎？」曾子避席曰：「參不敏，何足以知之？」子曰：「夫孝，德之本也，教之所由生也。復坐，吾語汝。身體髮膚，受之父母，不敢毁傷，孝之始也。立身行道，揚名於後世，以顯父母，孝之終也。夫孝，始於事親，中於事君，終於立身。大雅云：『無念爾祖，聿脩厥德。』」〔三〕

〔一〕邢昺曰：「開，張也。宗，本也。明，顯也。義，理也。言此章開張一經之宗本，顯明五孝之義理，故曰『開宗明義章』也。」

〔二〕用，因而。

〔三〕唐玄宗曰：「詩大雅也。無念，念也。聿，述也。厥，其也。義取恒念先祖，述脩其德。」今案：詩大雅文王也。

天子章第二

子曰：「愛親者，不敢惡於人；敬親者，不敢慢於人。愛敬盡於事親，而德教加於百姓，刑〔一〕於四海。蓋天子之孝也。甫刑云：『一人有慶，兆民賴之。』〔二〕」

〔一〕刑，通「型」，範型，典範，這裏用爲動詞，謂樹立典範。

〔二〕唐玄宗曰：「甫刑即尚書呂刑也。一人，天子也。慶，善也。十億曰兆。義取天子行孝，兆人皆賴其善。」

諸侯章第三

在上不驕，高而不危；制節謹度〔一〕，滿而不溢。高而不危，所以長守貴也。滿而不溢，所以長守富也。富貴不離其身，然後能保其社稷，而和其民人。蓋諸侯之孝也。詩曰：「戰戰兢兢，如臨深淵，如履薄冰。」〔二〕

〔一〕制節，約束花費。謹度，謹守法度。

〔二〕見詩小雅小旻。

卿大夫章第四

非先王之法服〔一〕不敢服，非先王之法言〔二〕不敢道，非先王之德行不敢行。是故非法不言，非道不行；口無擇言，身無擇行。言滿天下無口過〔三〕，行滿天下無怨惡，三者備矣，然後能守其宗廟。蓋卿、大夫之孝也。詩云：「夙夜匪懈，以事一人。」〔四〕

〔一〕法服，合乎禮法的衣服。

〔二〕法言，合乎禮法的言語。

〔三〕口過，猶言錯話。

〔四〕見詩大雅烝民。

士章第五

資於事父以事母，而愛同；資於事父以事君，而敬同〔一〕。故母取其愛，而君取其敬，兼之者父也。故以孝事君則忠，以敬事長則順。忠順不失，以事其上，然後能保其禄位而守其祭祀。蓋士之孝也。詩云：「夙興夜寐，無忝爾所生。」〔二〕

〔一〕唐玄宗曰：「資，取也。言愛父與母同，敬父與君同。」

〔二〕見詩小雅小宛。唐玄宗曰：「忝，辱也。『所生』謂父母也。義取早起夜寐，無辱其親也。」

庶人章第六

用天之道，分地之利〔一〕，謹身節用，以養父母，此庶人之孝也。故自天子至於庶人，孝無終始〔二〕，而患不及〔三〕者，未之有也。

〔一〕唐玄宗曰：「分别五土，視其高下，各盡所宜，此分地利也。」

〔二〕無終始，謂無始無終，永恒存在。

〔三〕患不及，擔心做不到（孝道）。

三才章第七〔一〕

曾子曰：「甚哉，孝之大也！」子曰：「夫孝，天之經也，地之義也，民之行也〔二〕。天地之經，而民是則〔三〕之。則天之明，因〔四〕地之利，以順天下。是以其教不肅而成，其政不嚴而治。先王見教之可以化民也，是故先之以博愛，而民莫遺其親；陳之於德義〔五〕，而民興行〔六〕；先之以敬讓，而民不争；導之以禮樂，而民和睦；示之以好惡，而民知禁。詩云：『赫赫師尹，民具爾瞻。』〔七〕」

〔一〕三才，指天、地、人。

〔二〕唐玄宗曰：「經，常也。利物爲義。孝爲百行之首，人之常德，若三辰運天而有常，五土分地而爲義也。」

〔三〕是，乃，於是。則，以爲準則，效法。

〔四〕因，順應。

〔五〕「於」，當作「以」。

〔六〕興行，興起實行。

〔七〕見詩小雅節南山。唐玄宗注曰：「赫赫，明盛貌也。尹氏爲太師，周之三公也。義取大臣助君行化，人皆瞻之也。」

孝治章第八

子曰：「昔者明王之以孝治天下也，不敢遺小國之臣，而況於公、侯、伯、子、男乎？故得萬國之懽心，以事其先王〔一〕。治國者不敢侮於鰥寡，而況於士民乎？故得百姓之懽心，以事其先君。治家者不敢失於臣妾〔二〕，而況於妻子乎？故得人之懽心，以事其親。夫然，故生則親安之，祭則鬼享之，是以天下和平，災害不生，禍亂不作。故明王之以孝治天下也如此。詩云：『有覺德行，四國順之。』〔三〕」

〔一〕懽，同「歡」。唐玄宗曰：「萬國，舉其多也。言行孝道以理天下，皆得歡心，則各以其職來祭也。」

〔二〕臣妾，家奴，男曰臣，女曰妾。

〔三〕見詩大雅抑。唐玄宗曰：「覺，大也。義取天子有大德行，則四方之國順而行之。」

聖治章第九

曾子曰：「敢問聖人之德，無以加於〔一〕孝乎？」子曰：「天地之性，人爲貴。人之行莫大於孝，孝莫大於嚴父〔二〕，嚴父莫大於配天，則周公其人也。昔者，周公郊祀后稷以配天〔三〕，宗祀文王於明堂以配上帝〔四〕。是以四海之内，各以其職來祭〔五〕。夫聖人之德，又何以加於孝乎？故親生之膝下，以養父母日嚴〔六〕。聖人因嚴以教敬，因親以教愛。聖人之教，不肅而成，其政不嚴而治，其所因者本〔七〕也。父子之道，天性也，君臣之義也。父母生之，續莫大焉〔八〕。君親臨之〔九〕，厚莫重焉。故不愛其親而愛他人者，謂之悖德〔一〇〕；不敬其親而敬他人者，謂之悖禮〔一一〕。以順則逆〔一二〕，民無則焉。不在於善〔一三〕，而皆在於凶德〔一四〕，雖得之，君子不貴也。君子則不然，言思可道，行思可樂〔一五〕，德義可尊，作事可法，容止可觀，進退可度〔一六〕。以臨其民，是以其民畏而愛之，則而象之。故能成其德教，而行其政令。詩云：『淑人君子，其儀不忒。』〔一七〕

〔一〕加於，超過。

〔二〕唐玄宗曰：「萬物資始於乾，人倫資父爲天，故孝行之大，莫過於尊嚴其父也。」

〔三〕郊祀，在國都郊外築圜丘祭天。天子冬至祭於南郊，夏至祭於北郊。唐玄宗曰：「后稷，周之始祖也。郊謂圜丘祀天也。周公攝政，因行郊天之祭，乃尊始祖以配之也。」

〔四〕宗祀，或謂在宗廟祭祀，或謂聚宗族而祭。唐玄宗曰：「明堂，天子布政之宫也。周公因祀五方上帝於明堂，乃尊文王以配之也。」

〔五〕唐玄宗曰：「君行嚴配之禮，則德教刑於四海，海内諸侯各脩其職來助祭也。」

〔六〕唐玄宗曰：「親猶愛也。『膝下』謂孩幼之時也。言親愛之心生於孩幼，比及年長，漸識義方，則日加尊嚴，能致敬於父母也。」

〔七〕唐玄宗曰：「本，謂孝也。」

〔八〕唐玄宗曰：「父母生子，傳體相續，人倫之道莫大於斯。」

〔九〕君親臨之，人君之愛和人父之情同時降臨。

〔一〇〕悖德，悖亂之德。

〔一一〕悖禮，悖亂之禮。

〔一二〕以順則逆，謂順從悖德、悖禮，就會悖逆常德、常禮。

〔一三〕不在於善，謂不用心於善行。「在」，古文本作「宅」。宅，謂宅心，居心。

〔一四〕凶德，這裏指悖德、悖禮。

〔一五〕言思可道，行思可樂，説話要想着爲人所稱道，行爲舉止要想着讓人高興。

〔一六〕唐玄宗曰：「容止，威儀也，必合規矩則可觀也；進退，動静也，不越禮法則可度也。」

〔一七〕見詩曹風鳲鳩。唐玄宗曰：「淑，善也；忒，差也。義取君子威儀不差，爲人法則。」

紀孝行章第十

子曰：「孝子之事親也，居則致〔一〕其敬，養則致其樂，病則致其憂，喪則致其哀，祭則致其嚴。五者備矣，然後能事親。事親者，居上不驕，爲下不亂，在醜不争〔二〕。居上而驕則亡，爲下而亂則刑，在醜而争則兵〔三〕。三者不除，雖日用三牲〔四〕之養，猶爲不孝也。」

〔一〕致，盡。

〔二〕唐玄宗曰：「醜，衆也。争，競也。當和順以從衆也。」

〔三〕兵，兵器，武器，這裏指兵刃相加，互相殘殺。

〔四〕三牲，一般指牛、羊、豕。

五刑章第十一

子曰：「五刑之屬三千〔一〕，而罪莫大於不孝。要君者無上〔二〕，非聖人者無法〔三〕，非孝者無親〔四〕，此大亂之道也。」

〔一〕五刑之屬三千，應該處以五刑的罪有三千條。唐玄宗曰：「五刑謂墨、劓、剕、宫、大辟也。」剕，斷腳。

〔二〕要，要挾。無上，目無君上。

〔三〕無法，目無法律。

〔四〕無親，目無雙親。

廣要道章第十二〔一〕

子曰:「教民親愛,莫善於孝。教民禮順,莫善於悌。移風易俗,莫善於樂。安上治民,莫善於禮。禮者,敬而已矣。故敬其父,則子悦;敬其兄,則弟悦;敬其君,則臣悦;敬一人,而千萬人悦〔二〕。所敬者寡,而悦者衆,此之謂要道也。」

〔一〕廣,弘揚、闡釋。

〔二〕一人,指父兄君王。千萬人,指子弟臣下。

廣至德章第十三

子曰:「君子之教以孝也,非家至而日見之也〔一〕。教以孝,所以敬天下之爲人父者也。教以悌,所以敬天下之爲人兄者也。教以臣,所以敬天下之爲人君者也。詩云:『愷悌君子,民之父母。』〔二〕非至德,其孰能順民如此其大者乎!」

〔一〕唐玄宗曰:「言教不必家到户至,日見而語之,但行孝於内,其化自流於外。」

〔二〕見詩大雅洞酌。唐玄宗曰:「愷,樂也。悌,易也。義取君以樂易之道化人,則爲天下蒼生之父母也。」

廣揚名章第十四

子曰:「君子之事親孝,故忠可移於君;事兄悌,故順可移於長;居家理,故治可移於官。是以行成於内〔一〕，而名立於後世矣。」

〔一〕行，指事親孝、事兄悌、居家理三種優良品行。内，謂家内。

諫諍章第十五

曾子曰：「若夫慈愛、恭敬、安親、揚名，則聞命矣。敢問子從父之令，可謂孝乎？」子曰：「是何言與！是何言與！昔者，天子有争臣七人〔一〕，雖無道，不失其天下；諸侯有争臣五人〔二〕，雖無道，不失其國；大夫有争臣三人〔三〕，雖無道，不失其家；士有争友，則身不離於令〔四〕名；父有争子，則身不陷於不義。故當不義，則子不可以不争於父，臣不可以不争於君，故當不義則争之。從父之令，又焉得爲孝乎？」

〔一〕争，同「諍」。争臣，諫諍之臣。七人，謂太師、太傅、太保三公和前疑、後丞、左輔、右弼四輔。

〔二〕五人，或謂司馬、司空、司徒三卿和内史、外史。

〔三〕三人，孔穎達説指家相（管家）、室老（家臣之長）、側室（家臣）。王肅以邑宰代側室。

〔四〕唐玄宗曰：「令，善也。」

感應章第十六〔一〕

子曰：「昔者，明王事父孝，故事天明〔二〕；事母孝，故事地察〔三〕；長幼順，故上下治。

天地明察，神明彰矣。故雖天子，必有尊也，言有父也；必有先也，言有兄也。宗廟致敬，不忘親也。脩身慎行，恐辱先也。宗廟致敬，鬼神著矣。孝悌之至，通於神明，光於四海，無所不通。詩云：『自西自東，自南自北，無思不服。』〔四〕

〔一〕感應，本指陰陽二氣交感相應，這裏指孝悌之道，通於神明，光於四海。

〔二〕明，謂明白上天覆庇萬物的道理。

〔三〕察，謂詳察大地承載萬物的道理。

〔四〕見詩大雅文王有聲。唐玄宗曰：「義取德教流行，莫不服義從化也。」

事君章第十七

子曰：「君子之事上也，進思盡忠，退思補過〔一〕，將順其美〔二〕，匡救其惡，故上下能相親也。詩云：『心乎愛矣，遐不謂矣。中心藏之，何日忘之？』〔三〕」

〔一〕進、退，可以理解爲上朝和退朝，也可以理解爲出仕和辭職。

〔二〕唐玄宗曰：「將，行也。君有美善，則順而行之。」

〔三〕見詩小雅隰桑。唐玄宗曰：「遐，遠也。義取臣心愛君，雖離左右不謂爲遠，愛君之志恒藏心中，無日蹔忘也。」

喪親章第十八

子曰：「孝子之喪親也，哭不偯〔一〕，禮無容〔二〕，言不文〔三〕，服美不安，聞樂不樂，食旨〔四〕不甘，此哀戚之情也。三日而食〔五〕，教民無以死傷生。毁不滅性，此聖人之政也。喪不過三年，示民有終也。爲之棺、椁、衣、衾而舉之；陳其簠、簋而哀慼之〔六〕；擗踊〔七〕哭泣，哀以送之；卜其宅兆〔八〕，而安措之；爲之宗廟，以鬼享之；春秋祭祀，以時思之。生事愛敬，死事哀慼，生民之本〔九〕盡矣，死生之義備矣，孝子之事親終矣。」

〔一〕偯，哭時拉長腔調。

〔二〕容，這裏指端正的儀態容貌。

〔三〕唐玄宗曰：「不爲文飾。」

〔四〕唐玄宗曰：「旨，美也。」

〔五〕三日不食，依喪禮，親喪三天之内不進食。

〔六〕唐玄宗曰：「簠、簋，祭器也。陳奠素器而不見親，故哀慼也。」

〔七〕擗，捶胸。踊，頓足。

〔八〕唐玄宗曰：「宅，墓穴也。兆，塋域也。」

〔九〕生民之本，這裏指孝道。

【附古文孝經】

據鮑廷博所輯知不足齋叢書本輯録。

開宗明誼章第一

仲尼閒居，曾子侍坐。子曰：「參！先王有至德要道，以訓天下，民用和睦，上下亡怨，女知之乎？」曾子辟席曰：「參不敏，何足以知之乎？」子曰：「夫孝，德之本也，教之所繇生也。復坐，吾語女。身體髮膚，受之父母，不敢毀傷，孝之始也；立身行道，揚名於後世，以顯父母，孝之終也。夫孝，始於事親，中於事君，終於立身。大雅云：『亡念爾祖，聿脩其德。』」

天子章第二

子曰：「愛親者，不敢惡於人；敬親者，不敢慢於人。愛敬盡於事親，然後德教加於百姓，刑於四海。蓋天子之孝也。呂刑云：『一人有慶，兆民賴之。』」

諸侯章第三

子曰：「居上不驕，高而不危；制節謹度，滿而不溢。高而不危，所以長守貴也；滿而不溢，所以長守富也。富貴不離其身，然後能保其社稷而和其民人。蓋諸侯之孝也。〈詩〉云：『戰戰兢兢，如臨深淵，如履薄冰。』」

卿大夫章第四

子曰：「非先王之法服不敢服，非先王之法言不敢道，非先王之德行不敢行。是故非法不言，非道不行；口亡擇言，身亡擇行。言滿天下亡口過，行滿天下亡怨惡。三者備矣，然後能保其禄位而守其宗廟。蓋卿、大夫之孝也。〈詩〉云：『夙夜匪解，以事一人。』」

士章第五

子曰：「資於事父以事母，其愛同；資於事父以事君，其敬同。故母取其愛而君取其敬，兼之者父也。故以孝事君則忠，以弟事長則順，忠順不失，以事其上，然後能保其爵禄而守其祭祀。蓋士之孝也。〈詩〉云：『夙興夜寐，亡忝爾所生。』」

庶人章第六

子曰：「因天之時，就地之利。謹身節用，以養父母。此庶人之孝也。」

孝平章第七

子曰：「故自天子以下，至於庶人，孝亡終始而患不及者，未之有也。」

三才章第八

曾子曰：「甚哉，孝之大也！」子曰：「夫孝，天之經也，地之誼也，民之行也。天地之經而民是則之。則天之明，因地之利，以訓天下。是以其教不肅而成，其政不嚴而治。先王見教之可以化民也，是故先之以博愛，而民莫遺其親；陳之以德誼，而民興行；先之以敬讓，而民不争；道之以禮樂，而民和睦；示之以好惡，而民知禁。詩云：『赫赫師尹，民具爾瞻。』」

孝治章第九

子曰：「昔者，明王之以孝治天下也，不敢遺小國之臣，而況於公、侯、伯、子、男乎？故得萬國之歡心，以事其先王。治國者，不敢侮於鰥寡，而況於士民乎？故得百姓之歡心，以事其先君。治家者不敢失於臣妾之心，而況於妻子乎？故得人之歡心，以事其親。夫然，故生則親安之，祭則鬼享之，是以天下和平，災害不生，禍亂不作。故明王之以孝治天下也如此。詩云：『有覺德行，四國順之。』」

聖治章第十

曾子曰：「敢問聖人之德，亡以加於孝乎？」子曰：「天地之性，人爲貴。人之行，莫大於孝。孝莫大於嚴父，嚴父莫大於配天，則周公其人也。昔者，周公郊祀后稷以配天，宗祀文王於明堂以配上帝，是以四海之内，各以其職來助祭。夫聖人之德，又何以加於孝乎？是故親生毓之，以養父母日嚴。聖人因嚴以教敬，因親以教愛。聖人之教，不肅而成，其政不嚴而治，其所因者本也。」

父母生績章第十一

子曰：「父子之道，天性也，君臣之誼也。父母生之，績莫大焉。君親臨之，厚莫重焉。」

孝優劣章第十二

子曰：「不愛其親而愛他人者，謂之悖德；不敬其親而敬他人者，謂之悖禮。以訓則昏，民亡則焉。不宅於善，而皆在於凶德。雖得志，君子弗從也。君子則不然，言思可道，行思可樂，德誼可尊，作事可法，容止可觀，進退可度，以臨其民。是以其民畏而愛之，則而象之。故能成其德教，而行其政令。詩云：『淑人君子，其儀不忒。』」

紀孝行章第十三

子曰：「孝子之事親也，居則致其敬，養則致其樂，疾則致其憂，喪則致其哀，祭則致其嚴。五者備矣，然後能事其親。事親者，居上不驕，爲下不亂，在醜不争。居上而驕則亡，爲下而亂則刑，在醜而争則兵。此三者不除，雖日用三牲之養，猶爲不孝也。」

五刑章第十四

子曰：「五刑之屬三千，而辠莫大於不孝。要君者亡上，非聖人者亡法，非孝者亡親。此大亂之道也。」

廣要道章第十五

子曰：「教民親愛，莫善於孝。教民禮順，莫善於弟。移風易俗，莫善於樂。安上治民，莫善於禮。禮者，敬而已矣。故敬其父，則子説；敬其兄，則弟説；敬其君，則臣説；敬一人，而千萬人説。所敬者寡，而説者衆。此之謂要道也。」

廣至德章第十六

子曰：「君子之教以孝也，非家至而日見之也。教以孝，所以敬天下之爲人父者也。

教以弟，所以敬天下之爲人兄者也。教以臣，所以敬天下之爲人君者也。詩云：『愷悌君子，民之父母。』非至德，其孰能訓民？如此其大者乎！」

感應章第十七

子曰：「昔者，明王事父孝，故事天明；事母孝，故事地察；長幼順，故上下治。天地明察，鬼神章矣。故雖天子，必有尊也，言有父也；必有先也，言有兄也；必有長也。宗廟致敬，不忘親也。修身慎行，恐辱先也。宗廟致敬，鬼神著矣。孝弟之至，通於神明，光於四海，亡所不暨。詩云：『自東自西，自南自北，亡思不服。』」

廣揚名章第十八

子曰：「君子事親孝，故忠可移於君；事兄弟，故順可移於長；居家理，故治可移於官。是以行成於内，而名立於後世矣。」

閨門章第十九

子曰：「閨門之内，具禮矣乎！嚴親嚴兄。妻子臣妾，繇百姓徒役也。」

諫争章第二十

曾子曰：「若夫慈愛、龔敬、安親、揚名，參聞命矣。敢問子從父之命，可謂孝乎？」子曰：「參！是何言與，是何言與！言之不通邪！昔者天子有争臣七人，雖亡道，不失天下；諸侯有争臣五人，雖亡道，不失其國；大夫有争臣三人，雖亡道，不失其家；士有争友，則身不離於令名；父有争子，則身不陷於不誼。故當不誼，則子不可以不争於父，臣不可以不争於君，故當不誼則争之。從父之命，又安得爲孝乎？」

事君章第二十一

子曰：「君子之事上也，進思盡忠，退思補過，將順其美，匡救其惡，故上下能相親也。詩云：『心乎愛矣，遐不謂矣。忠心臧之，何日忘之？』」

喪親章第二十二

子曰：「孝子之喪親也，哭不依，禮亡容，言不文，服美不安，聞樂不樂，食旨不甘，此哀戚之情也。三日而食，教民亡以死傷生也。毁不滅性，此聖人之正也。喪不過三年，示民有終也。爲之棺、椁、衣、衾以舉之，陳其簠、簋而哀戚之；哭泣擗踊，哀以送之；卜其宅兆，而安措之；爲之宗廟，以鬼亨之；春秋祭祀，以時思之。生事愛敬，死事哀戚，生民之本盡矣，死生之誼備矣，孝子之事終矣。」

三　易傳

經考證，在今本易傳中，乾文言除第一節之外的部分、坤文言全部、繫辭（除極少數漢人雜入的文字）和説卦前三章，皆爲孔子易説（見郭沂從早期易傳到孔子易説——重新檢討易傳成書問題，載國際易學研究第三輯，華夏出版社一九九七年版）。本次整理，以阮刻本周易正義爲底本，在校勘和注釋過程中，還參考了高亨周易大傳今注（清華大學出版社二〇〇四年版）、朱熹周易本義（中華書局二〇〇九年版）和周振甫周易譯注（中華書局一九九一年版）。

乾文言

初九曰：「潛龍勿用。」何謂也？子曰：「龍，德而隱者也。不易乎世〔一〕，不成乎名〔二〕。遯世无悶〔三〕，不見是而无悶，樂則行之，憂則違之，確乎其不可拔〔四〕，潛龍也。」

〔一〕不易乎世，謂不爲世俗所移。易，移也。
〔二〕不成乎名，不求成名。
〔三〕遯世，避世隱居。悶，煩悶。

〔四〕確，堅定。拔，移也。

九二曰：「見龍在田，利見大人。」何謂也？子曰：「龍，德而正中者也。庸言之信，庸行之謹〔一〕，閑邪存其誠，善世而不伐〔二〕，德博而化。易曰：『見龍在田，利見大人。』君德也。」

〔一〕高亨曰：「李鼎祚曰：『庸，常也。』按庸由正中而來。正中者，無過，無不及，無偏，無邪也。正中之言乃爲庸言。正中之行乃爲庸行。之猶是也。此二句猶云庸言是信，庸行是謹，即信於庸言，謹於庸行。」

〔二〕閑，防止。善世，改善社會。伐，自誇。

九三曰：「君子終日乾乾，夕惕若，厲无咎。」何謂也？子曰：「君子進德脩業。忠信所以進德也。脩辭立其誠，所以居業也。知至至之，可與幾也〔一〕。知終終之〔二〕，可與存義也。是故居上位而不驕，在下位而不憂。故乾乾因其時而惕，雖危无咎矣。」

〔一〕知至至之，謂九三初下體之終，又臨上體之始，陽剛仍有繼續增長之趨勢，故君子知陽剛之所至和其所將至。

〔二〕知終終之，謂知其所終止和其所當止。

九四曰：「或躍在淵，无咎。」何謂也？子曰：「上下无常，非爲邪也。進退无恒，非離羣也。君子進德脩業，欲及時也，故无咎。」

九五曰：「飛龍在天，利見大人。」何謂也？子曰：「同聲相應，同氣相求。水流濕，火就燥。雲從龍，風從虎。聖人作而萬物覩〔一〕。本乎天者親上，本乎地者親下，則各從其類也。」

〔一〕高亨以爲「覩」當讀爲「著」，著，附也，言聖人作起，則萬人皆親附之。

上九曰：「亢龍有悔。」何謂也？子曰：「貴而无位，高而无民，賢人在下位而无輔，是以動而有悔也。」

「潛龍勿用」，下也。「見龍在田」，時舍〔一〕也。「終日乾乾」，行事也。「或躍在淵」，自試也。「飛龍在天」，上治也。「亢龍有悔」，窮之災也。乾元「用九」，天下治也。

〔一〕時舍，暫時居住於民間。

「潛龍勿用」，陽氣潛藏。「見龍在田」，天下文明。「終日乾乾」，與時偕行。「或躍在淵」，乾道乃革。「飛龍在天」，乃位〔一〕乎天德。「亢龍有悔」，與時偕極。乾元「用九」，乃見天則。

〔一〕高亨以爲「位」當讀爲「立」。立，成也。

乾「元」者，始而亨者也。「利貞」者，性情也。乾始能以美利利天下，不言所利，大矣哉！大哉乾乎！剛健中正，純粹精也〔一〕。六爻發揮，旁〔二〕通情也。時乘六龍，以御天也。雲行雨施，天下平也。

〔一〕俞琰曰：「純則無雜，粹則無疵，精則純粹之至。」

〔二〕揮，動也。旁，廣也。

君子以成德爲行，日可見之行也。「潛」之爲言也，隱而未見，行而未成，是以君子弗「用」也。

君子學以聚之，問以辯〔一〕之，寬以居之，仁以行之。易曰：「見龍在田，利見大人。」君德也。

〔一〕辯，通「辨」。

九三重剛而不中，上不在天，下不在田，故「乾乾」因其時而「惕」，雖危「无咎」矣。

九四重剛而不中，上不在天，下不在田，中不在人，故「或」之。或之者，疑之也，故「无咎」。

夫「大人」者，與〔一〕天地合其德，與日月合其明，與四時合其序，與鬼神合其吉凶。先天而天弗違，後天〔二〕而奉天時。天且弗違，而況於人乎？況於鬼神乎？

〔一〕姚配中曰：「與，偕也。」

〔三〕先天、後天，先於或後於天道規律而動。

「亢」之爲言也，知進而不知退，知存而不知亡，知得而不知喪。其唯聖人乎？知進退存亡而不失其正者，其唯聖人乎？

坤文言

坤至柔而動也剛，至静而德方，後得主而有常，含萬物而化光〔一〕。坤道其順乎，承天而時行。

〔一〕干寶曰：「光，大也。」

積善之家，必有餘慶。積不善之家，必有餘殃。臣弑其君，子弑其父，非一朝一夕之故，其所由來者漸矣，由辯〔一〕之不早辯也。易曰：「履霜，堅冰至。」蓋言順也。

〔一〕辯，通「辨」，察也。下同。

「直」，其正也。「方」，其義也〔一〕。君子敬以直内，義以方外，敬義立而德不孤。「直方〔二〕大，不習，无不利」，則不疑其所行也。

〔一〕高亨曰：「其猶乃也（經傳釋詞有此例）。『直』乃存心之正，『方』乃行事之義。」

〔二〕惠棟曰：「陽動而陰應之，故直。」方，方域。

陰雖有美，「含」〔一〕之以從王事，弗敢成也。地道也，妻道也，臣道也。地道「无成」而代〔二〕「有終」也。

〔一〕含，含藏。

〔二〕俞琰曰：「代，繼也。」

天地變化，草木蕃。天地閉，賢人隱。易曰：「括囊，无咎无譽。」蓋言謹也。

君子「黄」中通理〔一〕，正位居體〔二〕，美在其中，而暢〔三〕於四支，發於事業，美之至也。

〔一〕高亨曰：「黄爲美麗之色，故黄裳比喻人美其内心，此是德之黄中。通理，通達事理。」

〔二〕高亨疑「體」借爲「禮」，居體即居禮，猶言守禮。

〔三〕高亨曰：「暢，達也。」

陰疑於陽必「戰」〔一〕，爲其嫌於无陽也〔二〕，故稱「龍」焉。猶未離其類也，故稱「血」焉。夫「玄黄」者，天地之雜也〔三〕。天玄而地黄〔四〕。

〔一〕高亨曰：「此下數句釋上六爻辭『龍戰於野，其血玄黄』。朱熹曰：『疑，謂鈞（均）敵而無小大之差也。』王引之曰：『疑之言擬也。』皆是也。疑當讀爲擬，擬猶比也。……坤之六爻皆爲陰爻，上六居一卦之上位，乃象陰達於極盛之地位，與陽勢均力敵，即陰擬於陽矣。陰陽勢均力敵，則必相與鬥争，正如人或物兩方矛盾對立，勢均力敵，則必相與鬥争。故曰：『陰疑於陽必戰。』」

〔二〕高亨曰：「集解無『无』字，乃據荀爽本也。王引之曰：『荀本爲長。説文：嫌，疑也。嫌於陽即上文之疑於陽也。疑之言擬也。……』」

〔三〕高亨曰：「阮元曰：『古本雜下有色字。』按：雜下當有色字。説文：『五采相合也。』五色相配合爲雜，五色相混合亦爲雜。此云『雜色』，即混合之色。」

〔四〕朱熹曰：「血，陰屬。蓋氣陽而血陰也。玄、黄，天地之正色，言陰陽皆傷也。」

繫辭上

天尊地卑，乾坤定矣。卑高以陳，貴賤位矣〔一〕。動静有常，剛柔斷〔二〕矣。方〔三〕以類聚，物以羣分，吉凶生矣。在天成象，在地成形，變化見矣。是故剛柔相摩，八卦相盪〔四〕。鼓之以雷霆〔五〕，潤之以風雨。日月運行，一寒一暑。乾道成男，坤道成女。乾知〔六〕大始，坤作成物。乾以易知，坤以簡能〔七〕。易則易知，簡則易從。易知則有親，易從則有功。有親則可久，有功則可大。可久則賢人之德，可大則賢人之業。易簡而天下之理得矣。天下之理得，而成位乎其中矣。

〔一〕高亨曰：「以與已同。陳，列也。位猶立也。」

〔二〕李鼎祚引虞翻曰：「斷，分也。」

〔三〕高亨以爲「方」當作「人」。

〔四〕八卦，這裏指八卦所代表的天、地、雷、風、水、火、山、澤等八種事物。盪，激蕩。

〔五〕鼓，鼓動。雷霆，雷電。

〔六〕朱熹曰：「知猶主也。」高亨引王念孫曰：「知猶爲也，爲亦作也。」

〔七〕高亨曰：「此易乃平易之易，平易猶平常也。此知字當讀爲智，智猶巧也。天創始萬物，可謂巧矣；然其應時而變化，皆有規律，不是神秘，而是平常。天以平常成其巧，故曰：『乾以易知。』地養成萬物，可謂能矣；然其順天以生育，亦有規律，不是複雜，而是簡單。地以簡單成其能，故曰：『坤以簡能。』」

聖人設卦觀象，繫辭焉而明吉凶，剛柔相推而生變化。是故吉凶者，失得之象也。悔吝者，憂虞之象也〔一〕。變化者，進退之象也。剛柔者，晝夜之象也。六爻之動，三極之道也〔二〕。是故君子所居而安者，易之象也〔三〕。所樂而玩者〔四〕，爻之辭也。是故君子居則觀其象而玩其辭，動則觀其變而玩其占。是以自天祐之，吉无不利。

〔一〕高亨曰：「悔，小不幸也。吝，難也。俞樾曰：『廣雅釋詁曰：「虞，驚也。」然則憂虞猶言憂驚也。』易經所謂悔吝，乃人遇悔吝之事而心中憂驚之象也。」

〔二〕三極之道，即天道、地道、人道。

〔三〕高亨曰：「安讀爲按或案，觀察也。象原作序，釋文引虞翻本作象，集解本同，今據改。此言君子平居而觀察者，乃易之卦爻象也。」

〔四〕朱熹曰：「玩者，觀之詳。」

象者，言乎象者也。爻者，言乎變者也〔一〕。吉凶者，言乎其失得也。悔吝者，言乎其小疵也。无咎者，善補過也。是故列貴賤者存乎位，齊小大者存乎卦〔二〕，辯吉凶者存乎辭〔三〕，憂悔吝者存乎介，震无咎者存乎悔〔四〕。是故卦有小大，辭有險易〔五〕。辭也者，各指其所之〔六〕。

〔一〕朱熹曰：「象，謂卦辭……爻，謂爻辭……象，指全體而言；變，指一節而言。」

〔二〕朱熹曰：「位，謂六爻之位。齊，猶定也。小謂陰，大謂陽。」

〔三〕高亨曰：「辯借爲辨，別也。辭指卦爻辭。」

〔四〕朱熹曰：「介，辯別之端，蓋善惡已動而未形之時也。……震，動也。知悔則有以動其補過之心，而可以無咎矣。」高亨曰：「介當讀爲忿。説文：『忿，忽也。』此謂人遇悔吝而憂之者，在於對事忽略而不警惕。」

〔五〕易，平易。

〔六〕之，往。

易與天地準，故能彌綸〔一〕天地之道。仰以觀於天文，俯以察於地理，是故知幽明之故。原始反終〔二〕，故知死生之説。精氣爲物，遊魂爲變，是故知鬼神之情狀。與天地相似，故不違。知周乎萬物而道濟〔三〕天下，故不過。旁行而不流〔四〕，樂天知命，故不憂。安土敦〔五〕乎仁，故能愛。範圍〔六〕天地之化而不過，曲成萬物而不遺〔七〕，通乎晝夜之道而知，故神无方而易无體〔八〕。

〔一〕準，齊準。彌綸，普遍包括。

〔二〕朱熹曰：「原者，推之於前；反者，要之於後。」

〔三〕知，智也。濟，成也。

〔四〕旁，廣也。侯果曰：「應變旁行。」流，流弊。焦循曰：「流，讀如樂勝則流之流。」

〔五〕敦，厚也。

〔六〕範圍，包括。

〔七〕高亨曰：「曲猶俱也。成讀爲盛，用器納物爲盛……遺，漏也。此言易經普遍容納萬物而不遺漏。」

〔八〕方，方向。體，形體。

一陰一陽之謂道，繼之者善也，成之者性也。仁者見之謂之仁，知者見之謂之知，百姓日用而不知，故君子之道鮮矣。顯諸仁，藏諸用，鼓萬物而不與聖人同憂。盛德大業，至矣哉！富有之謂大業，日新之謂盛德，生生之謂易，成象之謂乾，效法之謂坤，極〔一〕數知來之謂占，通變之謂事，陰陽不測之謂神。夫易，廣矣大矣，以言乎遠則不禦，以言乎邇則静而正，以言乎天地之間則備矣〔二〕。夫乾，其静也專，其動也直，是以大生焉〔三〕。夫坤，其静也翕，其動也闢，是以廣生焉〔四〕。廣大配天地，變通配四時，陰陽之義配日月，易簡之善配至德。

〔一〕極，盡也。

〔二〕朱熹曰：「不御，言無盡。静而正，言即物而理存。備，言無所不有。」

〔三〕高亨曰：「乾，天也。專借爲團。説文：『團，圓也。』天静而晴明，其形爲圓；天動而降雨雪，其勢直下。圓形則無不包，直下則無不至，是以能大生。」

〔四〕高亨曰：「坤，地也。集解引宋衷曰：『翕猶閉也。』陸德明曰：『辟，開也。』地静而不生草木，則土閉；地動而生草木，則土開。唯其能閉能開，是以能廣生。」

子曰：「易其至矣乎！夫易，聖人所以崇德而廣業也。知〔一〕崇禮卑，崇效天，卑法地。天地設位，而易行乎其中矣。成性存存，道義之門。」聖人有以見天下之賾，而擬諸其形容，象其物宜〔二〕，是故謂之象。聖人有以見天下之動，而觀其會通，以行其典禮，繫辭焉以斷其吉凶，是故謂之爻。言天下之至賾而不可惡〔三〕也，言天下之至動而不可亂也。擬之而後言，議之而後動，擬議以成其變化。

〔一〕知，通「智」。

〔二〕高亨曰：「賾，雜也。擬，比擬也。諸猶乎也。萬物之性各有其宜，故曰『物宜』。」

〔三〕朱熹曰：「惡猶厭也。」高亨疑「惡」借爲「謣」，謣，妄言也。

「鳴鶴在陰，其子和之。我有好爵，吾與爾靡之。」〔一〕子曰：「君子居其室，出其言善，則千里之外應之，況其邇者乎？居其室，出其言不善，則千里之外違之，況其邇者乎？言出乎身，加乎民。行發乎邇，見乎遠。言行，君子之樞機〔二〕。樞機之發，榮辱之主也。言行，君子之所以動天地也，可不慎乎？」

〔一〕引文爲中孚九二爻辭。爵，飲酒器，形制如雀，這裏指酒。李光地曰：「好爵，謂酒也。靡，醉也。」

〔二〕樞機，弩弓之樞機也，即關鍵之處。

「同人：先號咷而後笑。」〔一〕子曰：「君子之道，或出或處，或默或語，二人同心，其利斷金。同心之言，其臭如蘭。」

〔一〕引文爲同人九五爻辭，謂起初未能與人同心同行，故號咷大哭。後來能同心同行，便破涕爲笑。

初六：「藉用白茅，无咎。」〔一〕子曰：「苟錯〔二〕諸地而可矣，藉之用茅，何咎之有？慎之至也。夫茅之爲物薄，而用可重也。愼斯術也以往，其无所失矣〔三〕。」

〔一〕引文爲大過初六爻辭。藉，襯墊。這裏是説用白茅襯墊祭品，使之潔净。

〔二〕錯，通「措」，放置。

〔三〕高亨曰：「『愼斯術』之愼，釋文云：『一本作順。』此愼字當讀爲順，遵循也。釋文又引鄭云：『術，道也。』此言用茅墊祭品，使祭品潔净，是對祭事愼重之至。遵循愼重之道以行事，則無過失矣。」

「勞謙，君子有終，吉。」〔一〕子曰：「勞而不伐，有功而不德〔二〕，厚之至也。語以其功下人者也。德言〔三〕盛，禮言恭。謙也者，致恭以存其位者也。」

〔一〕引文爲謙九三爻辭。勞謙，有功勞而謙也。終，好的結果。

〔二〕伐，自誇。德，自以爲有功德。

〔三〕高亨曰：「言讀爲焉，猶則也。」下同。

「亢龍有悔。」〔一〕子曰：「貴而无位，高而无民，賢人在下位而无輔，是以動而有悔也。」

〔一〕引文爲乾上九爻辭。

「不出户庭，无咎。」〔一〕子曰：「亂之所生也，則言語以爲階。君不密則失臣，臣不密則失身，幾事不密則害成，是以君子愼密而不出也。」

〔一〕引文爲節初九爻辭。

子曰：「作易者，其知盜乎？易曰：『負且乘，致寇至。』〔一〕負也者，小人之事也。乘也者，君子之器也。小人而乘君子之器，盜思奪之矣。上慢〔二〕下暴，盜思伐之矣。慢藏誨〔三〕盜，冶容誨淫〔四〕。易曰『負且乘，致寇至』，盜之招也〔五〕。」

〔一〕引文爲解六三爻辭。高亨曰：「且猶而也。人負物而乘車，是以其物之珍貴示人，將招賊寇來劫。」

〔二〕慢，惰也。

〔三〕慢藏，懶於收藏財物。誨，引誘。

〔四〕冶容，妖冶的容貌。誨淫，引誘淫者來淫亂。

〔五〕以下原有「大衍之數」一章，蓋爲漢人京房雜入，今略去。參見郭沂從早期易傳到孔子易説——重新檢討易傳成書問題，載國際易學研究第三輯，華夏出版社一九九七年版。

子曰：「知變化之道者，其知神之所爲乎？易有聖人之道四焉：以言者尚其辭〔一〕，以動者尚其變，以制器者尚其象，以卜筮者尚其占。」是以君子將有爲也，將有行也，問焉而以言。其受命也如嚮〔二〕，无有遠近幽深，遂知來物〔三〕。非天下之至精，其孰能與〔四〕於此？參伍以變，錯綜其數〔五〕，通其變，遂成天下之文。極其數，遂定天下之象。非天下之至變，其孰能與於此？易无思也，无爲也，寂然不動，感而遂通天下之故〔六〕。非天下之至神，其孰能與於此？夫易，聖人之所以極深而研幾〔七〕也。唯深也，故能通天下之志。唯幾也，故能成天下之務。唯神也，故不疾而速，不行而至。

〔一〕辭，卦爻辭。

〔二〕孔穎達曰：「謂蓍受人命，報人吉凶，如嚮之應聲也。」

〔三〕來物，未來之事。

〔四〕與，及，至。

〔五〕朱熹曰：「參者，三數之也。伍者，五數之也。既參以變，又伍以變，一先一後，更相考覈，以審其多寡之實也。錯者，交而互之，一左一右之謂也。綜者，總而挈之，一低一昂之謂也。」

〔六〕故，事也。

〔七〕朱熹曰：「研，猶審也；幾，微也。」

子曰：「易有聖人之道四焉者，此之謂也〔一〕：『天一，地二；天三，地四；天五，地六；天七，地八；天九，地十。』〔二〕」

〔一〕「此」下當據帛書繫辭補「言」字。

〔二〕「天一，地二」等二十字，有些注本移至「大衍之數」章，今據帛書繫辭復原。

子曰：「夫易，何爲者也？夫易，開物成務，冒天下之道〔一〕，如斯而已者也。」是故聖人以通天下之志，以定天下之業，以斷天下之疑。是故蓍之德圓而神，卦之德方以知，六爻之義易以貢〔二〕。聖人以此洗心〔三〕，退藏於密〔四〕，吉凶與民同患。神以知來，知以藏往〔五〕。其孰能與此哉！古之聰明叡知神武而不殺者夫！是以明於天之道，而察於民之故，是興神物以前民用〔六〕。聖人以此齋戒，以神明其德夫。是故闔户謂之坤；闢户謂之乾〔七〕；一闔一闢謂之變；往來不窮謂之通；見〔八〕乃謂之象；形乃謂之器；制而用之謂之法；利用出入，民咸用之謂之神。是故易有太極，是生兩儀。兩儀生四象，四象生八卦，八卦定吉凶，吉凶生大業。是故法象莫大乎天地；變通莫大乎四時；縣象著〔九〕明莫大乎日月；崇高莫大乎富貴；備物致用，立成器，以爲天下利，莫大乎聖人；探賾索隱，鉤深致遠，以定天下之吉凶，成天下之亹亹〔一〇〕者，莫大乎蓍龜。是故天生神物，聖人則之。天地變化，聖人效之。天垂象，見吉凶，聖人象之。河出圖，洛出書，聖人則之。易有四象，所以示也〔一一〕。繫辭焉，所以告也。定之以吉凶，所以斷也。

〔一〕朱熹曰：「開物成務，謂使人卜筮以知吉凶而成事業。冒天下之道，謂卦爻既設，而天下之道皆在其中。」冒，覆也，涵蓋。

〔二〕朱熹曰：「圓神，謂變化無方；方知，謂事有定理；易以貢，謂變易以告人。」

〔三〕高亨曰：「洗借爲先。此句言聖人以易經啓導其心也。」洗心亦可解釋爲滌除思慮。

〔四〕高亨曰：「集解引陸績曰：『而退藏之於心也。』可通。亨按：此謂占筮之後，記其事，退而藏之於密處，以爲來日之借鑒也。」

〔五〕高亨曰：「下知字讀爲智。藏往謂記其往事而藏之，以爲來日之借鑒也。」

〔六〕高亨曰：「廣雅釋詁：『興，舉也。』神物指蓍草。前，先導也。」

〔七〕闔，閉也。辟，開也。

〔八〕見，通「現」。

〔九〕縣，同「懸」。

〔一〇〕朱熹曰：「亹亹，猶勉勉也。」連斗山曰：「人因吉凶之理昭然而勉勉於趨避，是天下之勉勉，易有以成之也。」

〔一一〕朱熹曰：「四象，謂陰陽老少。示，謂示人以所值之卦爻。」

易曰：「自天祐之，吉无不利。」〔一〕子曰：「祐者，助也。天之所助者，順也；人之所助者，信也。履信，思乎順，又以尚賢也。是以自天祐之，吉无不利也。」

〔一〕此引大有上九爻辭。祐，同「佑」。

子曰：「書不盡言，言不盡意。」然則聖人之意，其不可見乎？子曰：「聖人立象以盡意，設卦以盡情僞，繫辭焉以盡其言，變而通之以盡利，鼓之舞之以盡神。乾坤，其易之緼〔一〕邪？乾坤成列，而易立乎其中矣。乾坤毁，則無以見易；易不可見，則乾坤或幾乎息矣。是故形而上者謂之道，形而下者謂之器，化而裁之謂之變，推而行之謂之通，舉而錯〔二〕之天下之民謂之事業。是故夫〔三〕象，聖人有以見天下之賾，而擬諸其形容，象其物宜，是故謂之象。聖人有以見天下之動，而觀其會通，以行其典禮，繫辭焉以斷其吉凶，是故謂之爻。極天下之賾者存乎卦；鼓天下之動者存乎辭；化而裁之存乎變；推而行之存乎通；神而明之存乎其人；默而成之，不言而信，存乎德行。」

〔一〕緼，通「藴」，藴藏也。

〔二〕錯，通「措」，施也。

〔三〕高亨以爲「夫」當作「爻」。

繫辭下

八卦成列，象在其中矣。因而重之，爻在其中矣。剛柔相推，變在其中矣。繫辭焉而命之，動在其中矣。吉凶悔吝者，生乎動者也。剛柔者，立本者也。變通者，趣時者也。吉凶者，貞〔一〕勝者也。天地之道，貞觀〔二〕者也。日月之道，貞明者也。天下之動，貞夫一者也〔三〕。夫乾確然，示人易矣。夫坤隤然，示人簡矣〔四〕。爻也者，效此者也。象也者，像此者也。爻象動乎内，吉凶見乎外，功業見乎變，聖人之情見乎辭。天地之大德曰生；聖人之大寶曰位；何以守位曰仁〔五〕；何以聚人曰財；理財正辭〔六〕，禁民爲非曰義。

〔三〕高亨曰：「校勘記曰：『古本夫作于。』裴學海曰：『夫猶于也。』（古書虛字集釋）貞夫一，正於一也。」

〔一〕朱熹曰：「貞，正也，常也。」

〔二〕朱熹曰：「觀，示也。」貞觀，以正示人也。

〔四〕朱熹曰：「確然，健貌；隤然，順貌，所謂『貞觀者也』。」

〔五〕高亨曰：「釋文仁作人。……作人是也。」

〔六〕正辭，端正制度法令的條文。

古者包犧氏〔一〕之王天下也，仰則觀象於天，俯則觀法於地，觀鳥獸之文與地之宜，近取諸身，遠取諸物，於是始作八卦，以通神明之德，以類萬物之情。作結繩而爲罔罟〔二〕，以佃以漁〔三〕，蓋取諸離。包犧氏没，神農氏作，斲木爲耜，揉木爲耒〔四〕，耒耨〔五〕之利，以教天下，蓋取諸益。日中爲市，致天下之民，聚天下之貨，交易而退，各得其所，蓋取諸噬嗑。神農氏没，黄帝、堯、舜氏作，通其變，使民不倦；神而化之，使民宜之。易，窮則變，變則通，通則久。是以自天祐之，吉无不利。黄帝、堯、舜垂〔六〕衣裳而天下治，蓋取諸乾坤。刳木爲舟，剡木爲楫〔七〕，舟楫之利，以濟不通致遠，以利天下，蓋取諸渙。服牛乘馬〔八〕，引重致遠，以利天下，蓋取諸隨。重門擊柝，以待暴客〔九〕，蓋取諸豫。斷木爲杵，掘地爲臼，臼杵之利，萬民以濟〔一〇〕，蓋取諸小過。弦木爲弧，剡〔一一〕木爲矢，弧矢之利，以威天下，蓋取諸睽。上古穴居而野處，後世聖人易之以宫室，上棟下宇，以待風雨，蓋取諸大壯。古之葬者，厚衣之以薪〔一二〕，葬之中野，不封不樹〔一三〕，喪期无數〔一四〕，後世聖人易之以棺椁，蓋取諸大過。上古結繩而治，後世聖人易之以書契〔一五〕，百官以治，萬民以察，蓋取諸夬。

〔一〕包犧氏，即伏羲氏。

〔二〕高亨曰：「古書引此句多無作字。王念孫曰：『作字涉上文「作八卦」而衍。』是也。罔，古網字。釋文引馬、姚云：『罟猶網也。』」

〔三〕高亨曰：「釋文：『佃本亦作田。』集解本作田。田佃古通用，獵也，捕鳥獸也。」

〔四〕高亨曰：「説文：『斲，斫也。』即砍削也。耜，説文作相，云：『臿，鍬也。』古之木鋤形似鍬，此文之耜即鋤也。……揉，揉之使曲也。説文：『耒，手耕曲木也。』耒即犁，耒與犁一聲之轉。」

〔五〕高亨以爲「耨」當爲「相」之譌，當從。

〔六〕高亨以爲「垂」當借爲「綴」，綴，縫也。

〔七〕高亨曰：「説文：『刳，判也。剡，鋭利也。』按：刳，劈開也，亦剜空也。剡，削尖也。楫，撥船長竿也。」

〔八〕服、乘，均指駕車。

〔九〕暴客，盜賊。

〔一〇〕高亨曰：「爾雅釋言曰：『濟，益也。』言萬民得其益。」

〔一一〕剡，削也。

〔一二〕高亨曰：「衣，包裹之也。薪，草柴也。」

〔一三〕高亨曰：「中野，野中也。禮記王制記葬禮曰：『庶人……不封不樹。』鄭注：『封謂聚土爲墳。』樹，植樹也。」

〔一四〕喪期无數，服喪之期無一定之期。

〔一五〕書契，文字。

是故易者，象也。象也者，像也。彖者，材也〔一〕。爻也者，效〔二〕天下之動者也。是故吉凶生而悔吝著也。陽卦多陰，陰卦多陽，其故何也？陽卦奇，陰卦耦〔三〕。其德行何也？陽一君而二民，君子之道也。陰二君而一民，小人之道也。

〔一〕高亨曰：「繫辭稱卦辭爲彖。彖，斷也。……材讀爲裁，裁亦斷也。」

〔二〕朱熹曰：「效，倣也。」效，即仿造。

〔三〕耦，即「偶」。

易曰：「憧憧往來，朋從爾思。」〔一〕子曰：「天下何思何慮？天下同歸而殊塗，一致而百慮。天下何思何慮？日往則月來，月往則日來，日月相推而明生焉。寒往則暑來，暑往則寒來，寒暑相推而歲成焉。往者屈也，來者信〔二〕也，屈信相感而利生焉。尺蠖之屈，以求信也〔三〕。龍蛇之蟄，以存身也。精義入神，以致用也。利用安身，以崇德也〔四〕。過此以往，未之或知也。窮神知化，德之盛也。」

〔一〕引文爲咸九四爻辭。咸卦彖傳：「咸，感也。」憧憧，心神不定貌。朋，朋友，這裏指相感的兩方面。

〔二〕高亨曰：「釋文：『信本又作伸。』按：信借爲伸。」

〔三〕高亨曰：「説文：『蠖，尺蠖，屈申蟲也。』爾雅翼曰：『尺蠖，狀如蠶而細小，行則促其腰，使首尾相就，乃能進步，屈中有申，故曰屈申蟲。』」

〔四〕朱熹曰：「精研其義，至於入神，屈之至也。然乃所以爲出而致用之本，利其施用，無適不安，信之極也。然乃所以爲入神而崇德之資，内外交相養，互相發也。」

易曰：「困于石，據于蒺藜，入于其宮，不見其妻，凶。」〔一〕子曰：「非所困而困焉，名必辱。非所據而據焉，身必危。既辱且危，死期將至，妻其〔二〕可得見耶？」

〔一〕此引困九三爻辭。據，手抓。蒺藜，刺木。

〔二〕其，通「豈」。

易曰：「公用射隼于高墉之上，獲之，无不利。」〔一〕子曰：「隼者，禽也。弓矢者，器也。射之者，人也。君子藏器於身，待時而動，何不利之有？動而不括，是以出而有獲，語成器而動者也〔二〕。」

〔一〕引文爲解上六爻辭。隼，鷹也。墉，城牆。

〔二〕高亨曰：「姚配中：『括，閉也。』方言十二：『括，閉也。』廣雅釋詁：『括，塞也。』動而不括，謂其行通而無阻也。出而有獲，謂其出有所得也。語成器而動，謂易經所云是言人挾有成器而後動也。要之，易傳認爲：易經所云『公射隼獲之』，乃由於有弓矢之器，比喻人行動有成功，乃由於有才能也。」

子曰：「小人不耻不仁，不畏不義，不見利不勸〔一〕，不威不懲。小懲而大誡，此小人之福也。易曰：『屨校滅趾，无咎。』〔二〕此之謂也。善不積，不足以成名。惡不積，不足以滅身。小人以小善爲无益而弗爲也，以小惡爲无傷而弗去也，故惡積而不可揜，罪大而不可解。易曰：『何校滅耳，凶。』〔三〕」

〔一〕勸，勉力。

〔二〕引文爲噬嗑初九爻辭。高亨曰:「屨今本作履,本卦經文作屨,釋文及集解本與經文同。按:履字誤,今據改。屨,曳也。校,加於足上之刑具。滅,掩蓋也。趾,足也。屨校滅趾,刑之輕者,故傳曰『小懲』。」

〔三〕引文爲噬嗑上九爻辭。高亨曰:「何,今通用荷字,負荷也。校,枷也,加於頸上之刑具。何校滅耳,刑之重者。受此重刑是凶矣。」

子曰:「危者,安其位者也;亡者,保其存者也;亂者,有其治者也。是故君子安而不忘危,存而不忘亡,治而不忘亂,是以身安而國家可保也。易曰:『其亡!其亡!繫于苞桑。』〔一〕」

〔一〕引文爲否九五爻辭。高亨曰:「其猶將也。繫疑借爲礊,堅固也。苞,茂也。」

子曰:「德薄而位尊,知小而謀大,力小而任重〔一〕,鮮不及矣〔二〕。易曰:『鼎折足,覆公餗,其形渥,凶。』〔三〕言不勝其任也。」

〔一〕高亨曰:「知讀爲智。謀大,計謀大事。力少原作力小,集解本、唐石經、潛夫論等書引均作力少。力少與知小相對爲文,作力少是也。今據改。」

〔二〕高亨曰:「鮮,少也。及,及於禍難也。及於禍難,古語祇曰及。免於禍難,古語祇曰免。語之簡省也。」

〔三〕引文爲鼎九四爻辭。高亨曰：「覆，傾倒也。餗，米粥或菜湯也。渥，汁液濡地之貌（其形渥有異文異説，見本卦）。」

子曰：「知幾，其神乎。君子上交不諂，下交不瀆〔一〕，其知幾乎。幾者，動之微，吉凶之先見者也〔二〕。君子見幾而作，不俟〔三〕終日。易曰：『介于石，不終日，貞吉。』〔四〕介如石焉，寧用終日，斷可識矣〔五〕。君子知微知彰，知柔知剛，萬夫之望。」

〔一〕高亨曰：「諂，甘言媚人曰諂。瀆借爲嬻，輕侮人曰嬻。」

〔二〕高亨曰：「幾，微也。今本無凶字。……按：幾字兼括吉凶而言，有凶字是也。今據補。」

〔三〕高亨曰：「作猶行也。俟，待也。」

〔四〕引文爲豫六二爻辭。高亨曰：「介借爲砎，堅也。王引之曰：『於猶如也。』貞，占問也。」

〔五〕高亨曰：「王引之曰：『寧猶何也。』此言堅剛如石，何可用之終日，斷然可知也。」

子曰：「顔氏之子，其殆庶幾乎？有不善未嘗不知，知之未嘗復行也。易曰：『不遠復，无祇悔，元吉。』〔一〕天地絪緼，萬物化醇。男女構精，萬物化生。易曰：『三人行，則損一人；一人行，則得其友。』言致一也〔二〕。」

〔一〕引文爲復初九爻辭。高亨曰：「祇，大也。元吉，大吉也。爻辭言：出行不遠而還，則無大悔且大吉，蓋古人認爲在家千日好，出門百事難也。易傳釋爲及時改過，非經意也。」

〔二〕朱熹曰：「絪緼，交密之狀。醇，謂厚而凝也，言氣化者也。化生，形化者也。此釋損六三爻義。」

子曰：「君子安其身而後動，易〔一〕其心而後語，定其交而後求。君子脩此三者，故全也〔二〕。危以動，則民不與也。懼以語，則民不應也。无交而求，則民不與也〔三〕。莫之與，則傷之者至矣。易曰：『莫益之，或擊之，立心勿恒，凶。』〔四〕」

〔一〕易，平易。

〔二〕高亨曰：「脩借爲修，集解本正作修。全，安全也。」

〔三〕高亨曰：「民猶人也。上與字，助也。下與字，予也。」

〔四〕引文爲益上九爻辭。高亨曰：「無人助益之，有人攻擊之，不可堅持己見，因其爲凶也。」

子曰：「乾坤，其易之門邪？乾，陽物也。坤，陰物也。陰陽合德〔一〕，而剛柔有體〔二〕，以體天地之撰〔三〕，以通神明之德。其稱名也，雜而不越。於稽其類〔四〕，其衰世之意邪？夫易，彰往而察來，而微顯闡幽〔五〕。開而當名辨物，正言斷辭，則備矣。其稱名也小，其取類也大。其旨遠，其辭文。其言曲而中，其事肆而隱〔六〕。因貳以濟〔七〕民行，以明失得之報。

〔一〕陽爲乾之德，陰爲坤之德。陰陽合德，謂乾之陽德與坤之陰德相合。

〔二〕體，形體，這裏指乾坤二卦的剛柔兩種爻畫。

〔三〕高亨曰：「周禮天官序官：『體國經野。』鄭注：『體猶分也。』此體字即劃分之義。廣雅釋詁：『撰，具也。』天地之撰，謂天地所具有之一切事物也。」

〔四〕王引之曰：「於，語助也。」虞翻曰：「稽，考也。」孔穎達曰：「類謂事類。」

〔五〕朱熹曰：「而微顯恐當作微顯而。」高亨曰：「此句似當作『顯微而闡幽』。廣雅釋詁：『彰，明也。』韓康伯曰：『闡，明也。』彰往，表明往事也。察來，觀察來事也。顯微，顯示微細之事也。闡幽，闡明幽隱之事也。」

〔六〕肆而隱，直而隱蔽。

〔七〕朱熹曰：「貳，疑也。」濟，成也。

易之興也，其於中古乎？作易者，其有憂患乎？是故履，德之基也；謙，德之柄也；復，德之本也；恒，德之固也；損，德之脩也；益，德之裕也；困，德之辨也；井，德之地也；巽，德之制也。履，和而至；謙，尊而光；復，小而辨於物；恒，雜而不厭〔一〕；損，先難而後易；益，長裕而不設〔二〕；困，窮而通；井，居其所而遷；巽，稱而隱。履以和行，謙以制禮，復以自知，恒以一德，損以遠害，益以興利，困以寡怨，井以辯義，巽以行權。

〔一〕朱熹曰：「恒，處雜而常德不厭。」陸九淵曰：「設者，侈張也，又侈大不實之意。」高亨引王引之曰：「雜當讀爲帀。帀，周也，一終之謂也。恒之爲道，終始相巡，而無已時，故曰：『帀而不厭。』」

〔二〕朱熹曰：「益，但充長而不造作。」高亨曰：「設字殊不易解，疑當讀爲蓺，困頓也。」

易之爲書也不可遠，爲道也屢遷〔一〕，變動不居，周流六虚〔二〕，上下无常，剛柔相易，不可爲典要〔三〕，唯變所適。其出入以度外内，使知懼，又明於憂患與故〔四〕。无有師保，如臨父母〔五〕。初率其辭而揆其方，既有典常〔六〕。苟非其人，道不虚行。

〔一〕「易」有「爲書」和「爲道」兩種含義，前者指易這本書，後者指「易」這個哲學概念。

〔二〕朱熹曰：「周流六虚，謂陰陽流行於卦之六位。」

〔三〕高亨曰：「爾雅釋言：『典，經也。』又釋詁：『典，常也。』六爻之變或在上位，或在下位，或剛變爲柔，或柔變爲剛，不可提出經常之綱要。」

〔四〕高亨引韓康伯曰：「故，事故也。」

〔五〕朱熹曰：「雖無師保，而常若父母臨之，戒懼之至。」高亨曰：「无當作尤，形似而誤。尤讀爲猶，似也。古代貴族之子弟皆有師保。禮記文王世子曰：『入則有保，出則有師。』師保負教育輔導之責。」

〔六〕高亨曰：「爾雅釋詁：『率，循也。』説文：『揆，度也。』廣雅釋詁：『方，義也。』此言尋索易經卦爻辭而度其義理，則有其典常（至於其卦爻之變化則不可爲典要，如上文所云）。」

易之爲書也，原始要終，以爲質也〔一〕。六爻相雜，唯其時物也。其初難知，其上易知〔二〕，本末也。初辭擬之，卒成之終〔三〕。若夫雜物撰德，辯是與非，則非其中爻不備〔四〕。噫亦要存亡吉凶，則居可知矣〔五〕。知者觀其彖辭〔六〕，則思過半矣。

〔一〕高亨曰：「原，察也。要，求也。」韓康伯曰：「質，體也。」

〔二〕高亨曰：「初指初爻。上指上爻。」

〔三〕高亨曰：「初辭，初爻之辭也。卒下承上句省辭字。卒，終也。卒辭，上爻之辭也。成猶定也。」

〔四〕高亨曰：「撰，具列也。辯借爲辨，集解本正作辨。中爻指二、三、四、五諸爻也。此言錯雜其事物，具列其德性，辨別其是非，則非中間四爻不能完備也。」

〔五〕王引之曰：「噫與抑通。」高亨曰：「此言用易經求人事之存亡吉凶，則安坐可知矣。」

〔六〕朱熹曰：「彖，統論一卦六爻之體。」知，音智。

二與四同功而異位，其善不同，二多譽，四多懼，近也〔一〕。柔之爲道不利遠者。其要无咎，其用柔中也〔二〕。三與五同功而異位。三多凶，五多功，貴賤之等也。其柔危，其剛勝邪〔三〕？

〔一〕高亨曰：「二指第二爻。四指第四爻。小爾雅廣詁：『功，事也。』位，爻位也。」朱熹曰：「同功，謂皆陰位。異位，謂遠近不同。四近君，故多懼。」

〔二〕朱熹曰：「柔不利遠，而二多譽者，以其柔中也。」

〔三〕朱熹曰：「三、五同陽位，而貴賤不同，然以柔居之則危，唯剛則能勝之。」

易之爲書也，廣大悉備，有天道焉，有人道焉，有地道焉。兼三材而兩之，故六。六者非它也，三材之道也。道有變動，故曰爻。爻有等，故曰物。物相雜，故曰文。文不當，故吉凶生焉〔一〕。

〔一〕朱熹曰：「道有變動，謂卦之一體。等，謂遠近貴賤之差。相雜，謂剛柔之位相間。不當，謂爻不當位。」高亨曰：「『文不當』祇爲凶不爲吉，何得云『吉凶生』哉？『文不當』疑本作『文當不』，轉寫誤倒。不否古通用，當不即當否也。」

易之興也，其當殷之末世、周之盛德邪？當文王與紂之事邪？是故其辭危。危者使平，易者使傾。其道甚大，百物不廢。懼以終始，其要无咎。此之謂易之道也。

夫乾，天下之至健也，德行恒易，以知〔一〕險。夫坤，天下之至順也，德行恒簡，以知阻。能說諸心〔二〕，能研諸侯之慮，定天下之吉凶，成天下之亹亹者〔三〕。是故變化云爲，吉事有祥〔四〕。象事知器，占事知來〔五〕。天地設位，聖人成能。人謀鬼謀，百姓與能〔六〕。八卦以象告，爻象以情言〔七〕。剛柔雜居，而吉凶可見矣。變動以利言，吉凶以情遷，是故愛惡相攻〔八〕，而吉凶生；遠近相取〔九〕，而悔吝生；情僞相感〔一〇〕，而利害生。凡易之情，近而不相得則凶，或害之〔一一〕，悔且吝。將叛者，其辭慙〔一二〕。中心疑者，其辭枝〔一三〕。吉〔一四〕人之辭寡，躁人之辭多，誣善之人其辭游，失其守者其辭屈。

〔一〕高亨曰：「知猶爲也。」下同。

〔二〕高亨曰：「説乃借爲閲。説文：『閲，具數於門中也。』物具列於前，覽而數之，是爲閲。」

〔三〕高亨曰：「司馬光、朱熹並謂『侯之』二字是衍文。亨按：此文當作『能研諸慮，侯之，定天下之吉凶……』，乃侯之二字誤竄入上句，非無端而衍也。侯借爲候。説文：『候，伺望也。』引申爲預占之義。列子周穆王篇：『夢有六候。』張注：『候，占也。』然則侯之即占之也。亹亹，奮勉前進也。此四句言：能將天地之道研究之於思慮中，因而占筮之，以定天下之吉凶，以促成天下人之奮勉前進者。」

〔四〕高亨曰：「云爲，孔穎達曰：『或口之所云，或身之所爲也。』」

〔五〕高亨曰：「用易經象事，則知製器之方法。用易經占事，則知來日之結果。」

〔六〕朱熹曰：「與，音預。天地設位，而聖人作易以成其功，於是『人謀鬼謀』，雖百姓之愚，皆得以與其能。」

〔七〕朱熹曰：「象謂卦畫，爻象謂卦爻辭。」

〔八〕尚秉和曰：「攻，摩也。」

〔九〕連斗山曰：「取，求也。」

〔一〇〕毛奇齡曰：「情僞，虚實也。」感，感應。高亨曰：「情，感情也。僞讀爲爲，行爲也。」

〔一一〕高亨曰：「或害之謂有人害之。」

〔一二〕高亨曰：「慙即慚字。亨按：慙當讀爲漸。漸，詐也。」

〔一三〕高亨曰：「枝當讀爲歧，分歧也。中心疑者，對於事物不敢論定孰是孰非，模棱兩可，故其辭分歧。」

〔一四〕高亨曰：「説文：『吉，善也。』」

説卦

昔者聖人之作易也，幽贊〔一〕於神明而生蓍，參天兩地而倚數〔二〕，觀變於陰陽而立卦，發揮於剛柔而生爻，和順於道德而理於義，窮理盡性以至於命。

〔一〕朱熹曰：「幽贊神明，猶言贊化育。」幽，隱也。贊，助也。幽贊，謂神靈在幽隱之處相助。

〔二〕虞翻曰：「倚，立也。」朱熹曰：「天圓地方，圓者一而圍三，三各一奇，故參天而爲三。方者一而圍四，四合二偶，故兩地而爲二。」

昔者聖人之作易也，將以順性命之理，是以立天之道曰陰與陽，立地之道曰柔與剛，立人之道曰仁與義。兼三才而兩之，故易六畫而成卦。分陰分陽，迭用柔剛，故易六位而成章。

天地定位，山澤通氣。雷風相薄，水火不相射〔一〕。八卦相錯。數往者順，知來者逆，是故易逆數也〔二〕。

〔一〕高亨曰：「不字疑衍。射即射箭之射。射以殺傷對方，故相射猶言相剋也。」薄，通「迫」，迫近。

〔二〕高亨曰：「易卦六爻，其順序如自上而下數之，是順數也；今自下而上數之，是逆數也。六爻何爲逆數哉？因用易卦以占知來事也。人之數往者皆自遠而近，如云『夏、商、周、秦、漢』是也。自遠而近，是順數也，故曰：『數往者順。』人之知來者皆自近而遠，如云『今後一年、二年、三年、四年』是也。自近而遠，是逆數也，故曰：『知來者逆。』用易經占事，在於知來，所以六爻逆數。亨按：此三句當在前文『故易六位而成章』句下，蓋斷簡誤置此處。」

四　帛書易傳

經考證，馬王堆出土的帛書易傳六篇全部爲孔子易説（見郭沂：從早期易傳到孔子易説——重新檢討易傳成書問題，載國際易學研究第三輯，華夏出版社一九九七年版）。

本部分以裘錫圭主編長沙馬王堆漢簡墓帛集成（中華書局二〇一四年版）之周易經傳（陳

劍整理）爲底本，參校以張政烺張政烺論易叢稿（中華書局二〇一〇年版）進行輯録整理，並適當吸收其他研究成果。

（一）二三子問

■二三子〔一〕問曰：「易屢稱於龍，龍之德何如？」孔子曰：「龍大矣。龍形罨（遷）叚（徦/假/格）賓〔二〕于帝，俔神聖之德也〔三〕。高尚（上）齊乎【九四上】星辰日月而不眺（曜/烑）〔四〕，能陽也；下綸（淪）竈（竆/窮）深潚之潚〈淵〉而不沫（昧）〔五〕，能陰也。上則風雨奉之，下綸（淪）則有天下□□□。竈（竆/窮）【九四下】乎深潚〈淵〉，則魚蛟先後之，水流之物莫不隋（隨）從。陵處則雷神（電）養之〔六〕，風雨辟（避）鄉（嚮/向），鳥守（獸）弗干〔七〕。」

〔一〕張政烺注曰：「二三子指從學之弟子。」

〔二〕張政烺注曰：「罨，説文：『升高也。』叚讀爲假，説文『至也』。亦作假，淮南子齊俗『乘雲升假』，注：『假，上也。』賓，讀爲儐，導也。賓，服也，從也。」

〔三〕張政烺注曰：「俔，説文：『俔，諭也。一曰聞見。』此猶言竟是神聖之德或偶現神聖之德。」

〔四〕張政烺注曰：「眺讀爲曜，亦作烑。淮南要略『挾日月而不烑』，高注：『烑，光也。』」

〔五〕張政烺注曰：「説文：『潚，深情也。从水，肅聲。』下潚字當作淵，形近致誤。沫讀作昧，小爾雅廣詁：『昧，冥也。』」

〔六〕張政烺注曰：「帛書陵讀爲陸，老子甲乙本『陵行不避兕虎』，通行本作陸。繫辭『鼓之以雷霆，潤之以風雨』，帛書本作『□□雷甸，沂之風雨』，甸、神、霆音近通假。」

〔七〕張政烺注曰：「干，犯也。」

曰：「龍大矣。【九五上】龍既能雲變，又能蛇變，又能魚變，飛鳥正（征）虫（蟲）〔一〕，唯所欲化，而不失本形，神能之至也。□〔二〕〔□□□□□【九五下】□〔三〕□□□□〕□焉，又弗能察也。知（智）者不能察其變，辯者不能察其美，至巧不能象其文，明目弗【九六上】能察視也〔四〕。□□焉＝〔五〕。化官（昆／蚰）虫（蟲），神貴之容也，天下之貴物也。」

〔一〕張政烺曰：「正虫，讀爲貞蟲。貞蟲，見淮南原道『夫舉天下萬物，蚑蟯貞蟲』，高注：『貞蟲，細腰之屬也。』」

〔二〕「□」，丁四新補作「唯」。

〔三〕陳劍曰：「此殘字所載帛書原倒裱於本頁左上角，今改綴於此。」

〔四〕張政烺注曰：「察下當有其字，原脱。」此句張政烺下有批注：「殘字絶非視字，查補。」

〔五〕陳劍曰：「『焉』字右下角有重文號或合文號，讀法不明。」

曰：「龍大矣。商之馴（？）德也〔一〕，曰稱（？）身〔二〕□□□【九六下】易□和（？），爵〔三〕之曰君子。戒事敬命，精白柔和而不諱〔四〕賢，爵之曰夫子。或大或小，其方〔五〕一也。至周【九七上】〔□〕也，而名之曰君子。兼，『黄常（裳）』〔六〕近之矣。尊威精白堅强，行之不可撓也，『不習』〔七〕近之矣。」

〔一〕張政烺注曰：「史記五帝本紀『能明馴德』，集解引徐庶曰：『馴，古順字。』堯典作『俊德』。」

〔二〕「稱（?·）身」，丁四新釋作「利見」。

〔三〕張政烺注曰：「爵，假借爲『尊號』二字。」

〔四〕張政烺注曰：「楚辭橘頌『精色内白』，注：『精，明也。』諱，忌也。」

〔五〕張政烺注曰：「方，道也。」

〔六〕張政烺注曰：「坤六五：『黄裳元吉。』」

〔七〕張政烺注曰：「坤六五：『直方大，不習，无不利。』」

·易曰：「潛龍勿【九七下】用。」孔子曰：「龍潛矣而不陽，時至矣而不出，可謂潛矣。大人安佚矣而不朝，⿰言苟〔一〕厭在廷，亦猷龍之【九八上】潛也。其行滅而不可用也，故曰『潛龍勿用』。」

〔一〕張政烺注曰：「⿰言苟，从言，苟（?·）聲，疑是詬之異體，在此讀爲苟，苟且。」

·易曰：「亢龍有悔。」孔子曰：「此言爲上而驕下，驕下而不殆者，未【九八下】之有也。聖人之立（蒞）正（政）〔一〕也，若遁（循）木，愈高愈畏下〔二〕，故曰『抗龍有悔』。」

〔一〕張政烺注曰：「史記范雎傳『明主立政』，索隱：『戰國策立作泣。』」

〔三〕張政烺注曰：「大戴禮記子張問入官：『故上者辟如緣木者，務高而畏下者滋甚。』家語卷五入官略同。」

·易曰：「龍戰于野，其血玄黃。」孔子曰：【九九上】「此言大人之廣德而柂〈施〉教於民也。夫文之理，彩物畢存者，其唯龍乎？德義廣大，瀍物備具者〔一〕，【九九下】〔其〕唯聖人乎？『龍戰于野』者，言大人之廣德而下接〔二〕民也。『其血玄黃』者，見文也。聖人出瀍教以【一〇〇上】導民，亦猷龍之文也，可謂『玄黃』矣，故曰『龍』。見龍而稱莫大焉。」

〔一〕張政烺注曰：「管子七法：『尺寸也，繩墨也，規矩也，衡石也，斗斛也，角量也，謂之法。』注：『角亦器量之名，凡此十二事，皆立政者所以爲法也。』」

〔二〕張政烺注曰：「接，交也，合也。」

·易曰：「王臣蹇蹇，非今之故。」孔子【一〇〇下】曰：「王臣蹇蹇者，言其難也。夫唯知其難也，故重言之，以戒今也。君子知難而備之，則不難矣。見幾而務〔一〕之，【一〇一上】則有功矣。故備難者易，務幾者成。存其人，不言吉凶焉。『非今之故』者，非言獨今也，古以狀〈肰（然）〉也〔二〕。」

〔一〕張政烺注曰：「務，說文：『趣也。』下文『君子務時』義同。」

〔二〕張政烺曰：「古以狀也，狀疑爲然字之誤。」陳劍曰：「準確説是『肰』字之形近而誤，『肰』讀爲『然』。」

・易曰：「鼎折【一〇二下】足，復（覆）公莡（餗），其刑屋（渥），凶。」孔子曰：「此言下不勝任也。非其任也而任之，能毋折乎？下不用〔一〕則城不守，師不戰，内亂【一〇二上】反上，謂『折足』。路其國〔二〕，〔蕪其〕地，五種不收，謂『復（覆）公莡（餗）』。口養不至，飢餓不得食，謂『刑屋（渥）』。」二三子問曰：「人君至於飢【一〇二下】乎？」孔子曰：「昔者晉厲公路其國，蕪其地，出田七月不歸，民反諸雲夢〔三〕，無車而獨行，□〔□□〕□□武（？）公〔□〕【一〇三上】☐焉，不得食其肉，此『其刑屋（渥）』也。故曰：『德義無小，失宗〔四〕無大。』此之謂也。」

〔一〕張政烺注曰：「疑脱命字。」

〔二〕張政烺注曰：「管子四時：『國家乃路。』注：『失其常居也。』」

〔三〕張政烺注曰：「按，晉厲公事迹與此所述不合，雲夢是楚地，疑當作楚靈王。史記楚世家記『楚靈王樂乾谿，不能去也。國人苦役』。因此引起叛亂，『靈王於是獨彷徨山中，野人莫敢入王。王行遇其故鋗人，謂曰：「爲我求食，我已不食三日矣。」鋗人曰：「新王下法，有敢饟王從王者，罪及三族，且又無所得食。」……遂飢弗能起』。此正所謂『内亂反上』之事。頗疑此卷書是楚人所傳，爲尊者諱，故改爲晉厲公。」

〔四〕張政烺注曰：「宗，本也。」

·易曰：「鼎王〈玉〉呈（璧—鼏）〔一〕大吉。【一〇三下】無不利。」孔子曰：「鼎大矣！鼎之遷也，不自往，必人〈入〉舉之，大人之貞也。鼎之舉也，不以其止（趾），以▨【一〇四上】▨賢以舉忌（己）也。明君立政，賢輔弫（呈/璧—辟）之，將何爲而不利？故曰『大吉』。」

〔一〕「呈」，張政烺釋爲「弫」，並注曰：「鼎上九『鼎玉鉉』。此處玉字中横近上誤爲王，由此推測下一字亦从玉。弫疑即璧字，从玉，辟省聲。説文：『鉉，所以舉鼎也，从金，玄聲。易謂之鉉，禮謂之鼏。』又『鼏，以木横貫鼎耳舉之，从鼎，冖聲。周禮「廟門容大鼏七箇」，即易「玉鉉，大吉」也』。按鼏音密。鉉鼎同義異字，蓋易古亦有作鼏者，傳寫者遂假璧字爲之。下文『賢輔弫之』，弫假爲弼。」

·易曰：「康侯用錫馬番（蕃）【一〇四下】庶，晝日三接〔一〕。」孔子曰：「此言聖王之安世者也。聖王之政，牛參〔二〕弗服，馬恒弗駕，不夏乘牝馬，□□〔□□【一〇五上】□□□□〕粟時至，芻稿不重，故曰『錫馬』。聖人之立正（政）也，必尊天而敬衆，理順五行，天地無災，民□不【一〇五下】傷，甘露時雨聚降，飄風苦雨不至，民悤（總）〔三〕相觴以壽，故曰『番（蕃）庶』。聖王各有三公、三卿，『晝日三〔接〕』【一〇六上】者，言□□□者也。」

〔一〕張政烺注曰：「晉卦辭『康侯用錫馬蕃庶，晝日三接』。」
〔二〕張政烺注曰：「參讀爲犙，説文：『犙，三歲牛也。』」
〔三〕張政烺注曰：「恖，假爲總，聚也，合也，皆也。」

•易曰：「括囊，無咎無譽〔一〕。」孔子曰：「此言緘小人之口也。小人多言多過，多事多患〔二〕，〔□□〕【一〇六下】可以衍〔三〕矣，而不可以言。緘之，其猶『括囊』也，莫出莫入，故曰『無咎無譽』。」二三子問曰：「獨無緘於聖人〔之〕口乎？」【一〇七上】孔子〔曰〕：「聖人之言也，德之首也。聖人之有口也，猶地之有川谷也，財用所由出也；猶山林陵澤也，衣食庶【一〇七下】物〔所〕繇生也。聖人壹言，萬世用之。唯恐其不言也，又何緘焉？」

〔一〕張政烺注曰：「坤六四：『括囊，无咎无譽。』」
〔二〕張政烺注曰：「説苑敬慎：『戒之哉！無多言，多言多敗；無多事，多事多患。』」
〔三〕張政烺注曰：「荀子賦篇『暴人衍矣』，注：『衍，饒也。』」

•卦曰：「見龍在田，利見大人〔一〕。」孔子曰：「此〔言□□〕【一〇八上】婢（卑）嗛（謙）就民。卑嗛（謙），易告也；就民，易遇也。聖人君子之貞也，度民宜之，故曰『利以見大人』。」

〔一〕張政烺注曰：「乾九二爻辭。」

・卦曰：「君子終日鍵鍵（乾乾），【一〇八下】夕沂〈泥〉若，厲，无咎〔一〕。」孔子曰：「此言君子務時，時至而動，〔□□□□□〕，屈〔二〕力以成功。夫日中而不止，時年至而不【一〇九上】淹〔三〕。君子之務時，猷馳驅也，故曰『君子終日鍵鍵（乾乾）』。時盡而止之，以置身，置身而静，故曰『夕沂〈泥〉若，厲，无咎〔四〕』。」【一〇九下】

〔一〕張政烺注曰：「乾九三爻辭。」

〔二〕張政烺注曰：「屈，竭也，窮也，盡也。」

〔三〕張政烺注曰：「淹，廢淹，蓋假爲厭，困迫也。左傳襄公二十六年：『君淹恤在外十二年矣。』」

〔四〕張政烺注曰：「按，此行下空三格無字，似此章已完。尋繹文義，前後銜接，不應至此中止，蓋抄寫者不明文義，誤另起行。」

〔・〕卦〔曰：「飛龍〕在天，利見大人〔一〕。」孔子曰：「此言君子〔□□□□□〕□君子在上，則民被其利，賢者不蔽，故【一一〇上】曰『飛龍在天，利見大人』。」

〔一〕張政烺注曰：「乾九五爻辭。」

・卦曰：「見羣龍无首，吉〔一〕。」孔子曰：「龍神威而精，處□而上通其德，『无首』

〔者，□□□【一一〇下】□〕。『見羣龍无首』者，〔□〕□君子〼，□見君子之吉也。」

〔一〕張政烺注曰：「乾曰『用九見羣龍無首吉』。」

•卦曰：「履霜，堅冰至〔一〕。」【一一一上】孔子曰：「此言天時譖（漸），戒葆（保）常也。歲始於〔東北〕，□於西南。温始於□，寒始於〔二〕〼【一一一下】〼德，與天道始，必順五行，其孫貴而【一一二上】宗不傰（崩）。」

〔一〕張政烺注曰：「坤初六爻辭。」

〔二〕張政烺注曰：「『西南温始』、『寒始於』下行『或也直者』、『自避也方者』，位置皆不能確定。」陳劍曰：「『西南温始』小片可與右方上行拼合，其帛片形狀相合且補足『而』字左上角，其位置可定。」

•卦曰：「直方大，不習，无不利〔一〕。」孔子曰：「〔□□□□□□〕或也。直者，□避也；方者〼【一一二下】大者，言其直或之容焉（？）。〼□也，置无不□〔□〕【一一三上】故曰『无不利』。」

〔一〕張政烺注曰：「坤六二爻辭。」

•卦曰：「含章可貞〔一〕，〔或從王〕事，無成〔有終〕。」孔子曰：「含章〔□□□〕□□

□⧄【一一三下】含亦美，貞之可也。亦□⧄□□⧄無□【一一四上】〔或〕從王事矣。□⧄」

〔一〕張政烺注曰：「坤六三『含章可貞，或從王事，無成有終』。」

·卦曰：「黄裳元〔吉。〕」孔子曰〔二〕：「⧄【一一四下】元（？）者也。元，善之始也。⧄不入□⧄□下□⧄色〔三〕之徒□⧄。」

〔二〕張政烺注曰：「此釋坤六五『黄裳元吉』。此上闕文當有『卦曰黄常元吉孔子曰』等字，今不可見。」

〔三〕丁四新「色」上補有「黄」字。

〔·卦曰〕：「屯其膏，〔小【一一五上】貞吉〕，大貞凶〔一〕。」孔子曰：「屯輪〔二〕⧄【一一五下】小民家息以綏（接）衣食，有＝（又有）饑〔□〕□□時□□⧄屯輪之，其『吉』亦宜矣。『大貞凶』〔者【一一六上】□〕川流下而貨留高，年穀十壹〔三〕□⧄□〔□□〕□〔□□　□□□〕大人患〔□□□□□〕〔二〕【一一六下】貨，守財弗施則□□□〔□〕□□□。」

〔一〕張政烺注曰：「屯九五『屯其膏，小貞吉，大貞凶』。」

〔二〕張政烺注曰：「輪字殘缺，右旁隱約可見，下文有『屯輪之』，知此亦是輪字。輪在此是動詞，蓋即象傳『雲雷屯，君子以經綸』之『綸』字。淮南子覽冥『純温以淪，鈍悶以終，若未始出其宗，是謂大通』，注：『純，一也。温，和也。淪，没也，喻潛伏也。』」

〔三〕張政烺注曰：「屯六二：『女子貞不字，十年乃字。』」

・卦曰：「同人于〔野，亨，利〕涉大川〔一〕。」孔子曰：「此言大德之好遠也。所行【一一七上】〔者〕遠，和同者衆，以濟大事，故曰〔利涉大川。」

〔一〕張政烺注曰：「同人卦辭：『同人于野，亨，利涉大川，利君子貞。』」

・〕卦曰：「同人于門，无咎〔一〕。」〔孔子曰：「此言〕其所同唯〔□□□□□〕〔二〕【一一七下】而已矣，小德也，□□之☐故曰『无咎』。」

〔一〕張政烺注曰：「同人初九：『同人于門，无咎。』」

〔二〕廖名春、丁四新「唯」下補有「其門人」三字。陳劍認爲與此所缺字數不合。

〔・卦曰〕：「同人于宗，貞藺（吝）〔一〕。」孔子曰：「此言其所同唯其室人而已矣【一一八上】□□也，故曰『貞藺（吝）』。」

〔一〕張政烺注曰：「同人六二：『同人于宗，吝。』無貞字。」

・卦曰：「絞（交）如，委（威）如，吉〔一〕。」孔〔子〕曰：「絞（交—皎），白也。委（威），老也。老白之行〔□□□〕，故曰吉。」

〔一〕張政烺注曰：「大有六五：『厥孚交如威如吉。』帛書六十四卦作『闕復交如委如終吉』。」

・卦曰：「嗛（謙），亨。君子有【一一八下】終，吉〔一〕。」孔子曰：「嗛（謙），□卑之□□□吉者〼巳（已）。其卦上川（坤）下根（艮）。川（坤）也〔二〕。根（艮），精質也。君子之行也，故□□〔三〕【一一九上】□者四吉焉。吉，嗛（謙）也。凶，驕也。天亂驕而成嗛（謙），地勶驕而實嗛（謙），鬼神禍〔驕而〕福嗛（謙），人亞（惡）驕而好嗛＝（謙，謙）一事而〔四〕【一一九下】四吉，驕一事而四凶〔五〕。」

〔一〕張政烺注曰：「謙卦辭『謙亨君子有終』，帛書六十四卦同，皆無吉字。」

〔二〕張政烺注曰：「按下文『根，精質也』，則『川』下當有脱文。」

〔三〕陳劍曰：「『故□□』三字原已殘失，此據反印文。」

〔四〕張政烺注曰：「易謙卦彖傳：『天道虧盈而益謙，地道變盈而流謙，鬼神害盈而福謙，人道惡盈而好謙。』與此四句意近。『鬼神禍福嗛』，禍下當脱『驕而』二字。」

〔五〕陳劍曰：「『一』字原尚略存其形，『事而四凶』四字已完全殘失，此據反印文。」

卦曰：「〔勞〕嗛（謙），〔君〕子有終。〔吉。〕」孔子曰：「〔此言〕好善不伐也〔一〕。夫不伐德者，君子也。其盈如不□□〔二〕【一二〇上】是壹舉而再説。其『有終』也，亦宜也。」

〔一〕陳劍曰：「『好善』以上諸字原已殘失，諸家釋文皆全作缺文號。反印文。」

〔二〕張政烺注曰：「盈，與謙對言，滿也。」陳劍曰：「『不□□』三字原已完全殘失，反印文。」

・卦曰：「盱予(豫)，悔[一]。」孔子曰：「此言鼓樂而不戒患也，夫忘亡者必亡，忘民【一二〇下】必憂[二]。□□之□樂□者，所以□，不可□也，故樂至者，其病亦至，不可辟(避)。禍福或牽之，□□□□【一二一上】(□□□□□□)方行，禍福襍(雜)至，知(智)者知之，故嚴客恐懼，日慎一日，猷有詖行卒至之患[三]，盱予而不【一二一下】□□□也，故曰『悔』[四]。」

[一] 張政烺注曰：「豫六三：『盱豫悔，遲有悔。』」

[二] 陳劍曰：「『必憂』二字原略存右側殘形，結合文意可定。」

[三] 張政烺注曰：「楚辭靈懷『不從俗而詖行兮』，注：『詖猶傾也。』」

[四] 陳劍曰：「『□□□也故曰悔』諸字原已完全殘失，張釋作六字缺文。此據反印文。」

(・)卦曰：「鳴鶴在陰，其子和之。我有好爵，與爾贏(靡)之[一]。」孔子曰：「鳥(?)〼【一二二上】〼其子隨之，通也。唱而和之，和也。曰：和同至矣。好爵者，言耆(旨)酒也。我有一爵，與衆【一二二下】共(?)之，德之□者也。□□□□來吉(?)會(?)□之德，唯飲與食，絶甘分少，(□□□)。」

[一] 張政烺注曰：「中孚九二『鳴鶴在陰，其子和之。我有好爵，吾與爾靡之』，帛書六十四卦靡作贏，與此相同。」

〔•卦曰：「密雲不雨，自我西【一二三上】郊，公射彼在穴。」孔〕子曰：「此言聖君之下舉乎山林畎畝之中也〔一〕，故曰『公射取彼在穴』〔二〕。」

〔一〕張政烺注曰：「按此上蓋脱『卦曰』等字，小過卦辭。」

〔二〕張政烺注曰：「小過六五『公弋取彼在穴』，帛書六十四卦與此同。」

〔•〕卦曰：「恒，亨，无【一二三下】〔咎〕，利貞也。」孔子曰〔一〕：「恒者，〔□□□□〔□□〕者恒其=德=（其德，其德）□長〔二〕，故曰利貞。」其占曰：好善不留（？）〔三〕，〔□□□□。其〕亨亦【一二四上】〔宜矣。〔四〕

〔一〕張政烺注曰：「恒卦辭：『恒亨無咎利貞。』」「咎利貞也孔子曰」數字，陳劍據反印文釋。

〔二〕恒其=德=，陳劍從廖名春之説綴入此處。

〔三〕「其占曰」下原有「豐大」，陳劍以爲當删。「好善不留（？）」，陳劍據反印文釋出。

〔四〕亨亦，依陳劍綴於此。

•卦〕曰：「不〔恒其德〕，或承之憂（羞），貞藺（吝）〔一〕。」孔子曰：此言小人知善而弗爲，方進而无止〔二〕，損（捐）幾則擇（釋）矣〔三〕，能【一二四下】毋憂（羞）乎？故曰〔四〕『貞藺』。」

〔一〕張政烺注曰：「恒九五：『不恒其德，或承之羞，貞吝。』憂假借爲羞。」

〔二〕張政烺注曰：「方字似已抹去。」

〔三〕張政烺注曰：「捐，棄也。幾，微也。釋，消失解。殬，敗也。」

〔四〕「毋憂乎故曰」，陳劍據反印文釋出。

・卦曰：「大蹇朋來。」孔子曰：「此言〔一〕□□也。飭（飭）行以後民者謂大蹇〔二〕，遠人偕至，謂朋【一二五上】〔來。」

〔一〕「曰此言」，陳劍據反印文釋出。

〔二〕張政烺注曰：「按蹇九五『大蹇朋來』。『飭行』上當有『卦曰大蹇朋來，孔子曰』等字，位置不能確定，暫補入。」

・卦〕曰：「公用射鵻（隼）于高〔墉之上〕，无不利〔一〕。」孔子曰：「此言人君高志求賢，賢者在上，則因尊用之，故曰射鵻（隼）于【一二五下】高墉之上。」

〔一〕張政烺注曰：「解上六：『公用射隼于高墉之上，獲之，无不利。』此無『獲之』二字。鵻即隼之異體，見說文。」丁四新「无不利」上補「獲之」二字。

・卦曰：「艮其背，不獲其身；行其庭，不見其人。」孔子曰：「『艮其背』〔一〕者，言任事也。『不獲其身』者，精白〔□□〕【一二六上】□也，敬宮〈官〉任事，身〔不〕得者鮮矣。其占曰：『能精能白，必爲上客，能白能精，必爲古（？）正〔二〕。』以精白長衆者，難得也。【一二六下】故曰：『行其庭，不見其人。』」

〔一〕張政烺注曰：「按，艮卦辭：『艮其背，不獲其身。行其庭，不見其人，无咎。』『孔子曰』上當脱『卦曰根其北不獲其身行其庭不見其人』等字。」

〔二〕古（？）正，丁四新釋作「古世」。陳劍認爲古正即大政。

•卦曰：「根其吺（輔），言有序〔一〕。」孔〔子〕曰：「慎言也。吉凶之至也，必皆於言語。擇（釋）善而言【一二七上】〔不〕善〔二〕，擇（釋）利而言害，寒〈塞〉人之美，陽（揚）人之過〔三〕，可謂无德，其凶亦宜矣。君子慮之内，發之口，言義不言不【一二七下】〔義〕，言利不言害〔四〕，塞人之惡，陽（揚）人之〔五〕美，可謂『有序』矣。」

〔一〕張政烺注曰：「艮六五『艮其輔言有序悔亡』，帛書六十四卦作『胶』。」陳劍以爲此字據反印文當釋作「吺」。

〔二〕「而言不」，陳劍據反印文釋出「而言」，據文意補出「不」字。

〔三〕張政烺注曰：「塞，隔也，蔽也，掩也，遏止。陽，讀爲揚，舉也，宣揚。」

〔四〕「言利不言害」，陳劍據反印文及文意釋出。

〔五〕「人之」，陳劍據反印文釋出。

•卦曰：「豐，亨。王叚（假/格）之，勿憂，宜日中〔一〕。」孔子曰：「豐〔二〕，大【一二八上】□也。勿憂，用賢弗害也。日中而盛，用賢弗害，其亨亦宜矣。黄帝四輔〔三〕，堯立三卿〔四〕，帝王者之處盛也長，【一二八下】故曰『宜日中』。」

〔一〕「憂」，張政烺釋爲「亨憂」，丁四新釋爲「自憂」，陳劍認爲「亨憂」、「自憂」均爲「憂」一字誤分。張政烺注曰：「豐卦辭：『豐亨王假之勿憂宜日中。』帛書六十四卦同。『勿』下『亨』字涉『憂』字而衍。」

〔二〕「豐」，陳劍據反印文釋出。

〔三〕張政烺注曰：「史記五帝本紀黄帝『舉風后、力牧、常光、大鴻以治民』。」

〔四〕張政烺注曰：「三卿即三公。堯時置四輔，不立三卿，此説有誤。」

•卦曰：「奐其肝，大號〔一〕。」孔子曰：「奐，大美也。肝，言其内。其内大美，其外必有大聲問（聞）〔二〕。」

〔一〕張政烺注曰：「渙九五：『渙汗其大號渙王居无咎。』帛書六十四卦作『渙其肝大號渙王居无咎』，與此同。」

〔二〕張政烺注曰：「聲問，猶聲聞、名譽。」

•卦曰：「未濟，亨，〔小〕【一二九上】狐涉川，幾濟，濡其尾，无迺〈逌（攸）〉利〔一〕。」孔子

曰：「此言始易而終難也，小人之貞也。」【一二九下】

〔一〕張政烺注曰：「未濟卦辭『未濟亨小狐汔濟濡其尾无攸利』，釋文：『汔，鄭云：幾也。』帛書六十四卦作『未濟亨小狐氣涉濡其尾无攸利』。按，濟、涉意同，汔、氣皆讀爲幾。此多『涉川』二字。史記春申君傳引作『狐涉水，濡其尾』。」

（二）繫辭

■天尊地卑，乾坤定矣。卑高已陳，貴賤位矣。動静有常，剛柔斷矣。方以類聚，物以羣分，吉凶生〔矣。在〕天成馬〈象〉，【一上】在地成形，〔變〕化見矣。是故剛柔相靡（摩），八卦〔相盪（蕩），鼓之〕雷甸（電）〔一〕，淳（潤）之風雨。〔日月〕運行，一寒〔一暑〕。【一下】乾道成男，坤道成女。乾知大始，坤作成物。乾以易〔二〕，坤以簡能。易則易知，簡則易從，易知則有親，易從則有【二上】功。有親則可久，有功則可大也。可久則賢人之德也，可大則〔賢人之業〕也。〈閒〉易簡而〔天〓〕【二下】理〓得〓（天理得，〔天〕理得）而成位乎其中〔三〕。

〔一〕張政烺注曰：「韓康伯注本作『鼓之以雷霆，潤之以風雨』。甸、霆聲近通假。」

〔二〕張政烺注曰：「韓本『易』字下有『知』字，此脱。」

〔三〕「〈閒〉易簡而〔天〓〕理〓得〓（天理得，〔天〕理得）而成位乎其中」，張政烺釋爲「〈閒〉易簡而天〓下〓之〓理〓得〓（天下之理得，天下之理得）而成位乎其中」。張政烺注曰：「韓本無上一『閒』

字，此衍。」

聖人詆（設）卦觀馬〈象〉〔一〕，繫辭焉而明吉凶。剛柔相遂（推）〔二〕而生變化。是故吉凶也者，得失〔三〕之馬〈象〉也。【三上】悔吝也者，憂虞之馬〈象〉也。○變〔四〕化也者，進退之馬〈象〉也。剛柔也者，晝夜之馬〈象〉也。六肴（爻）之【三下】動，三極之道也。是故君子之所居而安者，易之尊〔五〕也。所樂而妧（玩）〔六〕，教（爻）之始（辭）也〔七〕。君子〔八〕居則觀其馬〈象〉而妧（玩）其辭，【四上】動則觀其變而沅（玩）〔九〕其占。是以「自天祐之，吉无不利」也。

〔一〕張政烺注曰：「詆，韓本作設。詆與設形音相近，故假爲設。馬，韓本作象。按韓本繫辭象字，帛書本皆作馬，馬與象除形近外，其音、其義俱無相通之理，知帛書本寫者是一文理不通之人，致有此誤。」

〔二〕張政烺注曰：「遂，韓本作推。遂、推音近假借，義皆可通。」

〔三〕張政烺注曰：「得失，韓本作失得。按下文『吉凶也者，言其失得也』，帛書、韓本同作失得，此處帛書似誤。」

〔四〕張政烺注曰：「『變』上原有一『廢』字，似通字誤寫，已抹去。」

〔五〕「尊」，張政烺未釋出，陳劍據于豪亮之説釋出。

〔六〕張政烺注曰：「妧，韓本作『玩』，下有者字。廣韻『妧，好貌』，此假爲『玩』。按文例當有『者』字。」

〔七〕張政烺注曰：「韓本作『爻之辭也』。按老子第二章『萬物作而不辭』，帛書老子乙本『辭』作『始』，古『始』、『辭』聲同通假。」

〔八〕張政烺注曰：「韓本『君子』上有『是故』二字，與上文重複，當是誤衍。」

〔九〕張政烺注曰：「沅，韓本作『玩』。釋文云：『玩，研玩也。馬云：貪也。鄭作翫。』古字從心從言常無別，沅疑是忨字異體，説文云：『忨，貪也。』」

象者，言如〔一〕馬〈象〉者也。爻者，言如【四下】變者也。吉凶也者，言其失得也。悔吝也者，言如小〔二〕疵也。無咎也者，言〔三〕補過也。是故列貴賤者存乎位，極【五上】大小〔四〕者存乎卦，辯（辨）吉凶者存乎辭，憂悔吝者存乎分〔五〕，震无咎存乎悔。是故卦有大【五下】小，辭有險易。辭者，各指其所之也。

〔一〕張政烺注曰：「如，韓本作乎。如是假借字，下句同。」

〔二〕張政烺注曰：「韓本『小』上有『其』字。」

〔三〕張政烺注曰：「言，韓本作『善』。言、善形音俱近致異。案前五句均作『言』，不應此處作『善』，當以帛書作『言』爲是。」

〔四〕張政烺注曰：「極，韓本作『齊』。管子弟子職『所受是極』，注：『極，謂盡其本原。』大小，韓本作『小大』。下文『是故卦有大小』同。」

〔五〕張政烺注曰：「分，韓本作『介』。案分與介形近易訛，荀子非十二子『見瑞不如見本分』，注：『分，上下貴賤之分。』」

易與天地準，故能彌綸天下〔一〕之道。仰以觀於天文，蘔（俛）以觀〔二〕於地理。是【六上】故知幽明之故，觀始反終，故知死生之説。精氣爲物，游魂爲變，故知鬼神之情狀。與天【六下】〔地〕相枝，故不違。知周乎萬物，道濟乎天下，故不過。方（旁）行不遺〔三〕，樂天知命，故不憂。安地厚〔四〕乎仁，故能愛。犯（範）【七上】回（圍）天地之化而不過〔五〕，曲〔成〕萬物而不遺〔六〕，達〔七〕諸晝夜之道而知，古（故）神无方，易无體。

〔一〕張政烺注曰：「天下，韓本作『天地』。釋文、周易集解並作『天下』。」

〔二〕張政烺注曰：「蘔，疑是『頫』之異體字。觀，韓本作『察』。釋文：『察，一本作觀。』説文序引作『觀』。」

〔三〕張政烺注曰：「韓本作『旁行而不流』。」

〔四〕張政烺注曰：「地，韓本作『土』。『土』、『地』義同。厚，韓本作『敦』。『敦』、『厚』義同。」

〔五〕張政烺注曰：「犯回，韓本作『範圍』。釋文云：『馬、王肅、張作「犯違」，張云：犯違，猶裁成也。』」

〔六〕張政烺注曰：「『曲』下韓本有『成』字，此脱。」

〔七〕張政烺注曰：「達，韓本作『通』。」

一陰一陽【七下】之謂道，係（繼）〔一〕之者善也，成之者生（性）也。仁者見之謂之仁，知者見之謂〔之〕〔二〕知，百姓日用而弗知也，故君子之道【八上】鮮。聖者仁，壯者勇〔三〕，鼓萬物而不與衆〔四〕人同憂，盛德大業，至矣幾〈哉〉〔五〕。富有之謂大業，日新之謂【八下】盛德。生〔六〕之謂馬〈象〉，成馬〈象〉之謂乾，效法之謂坤，極數知來之謂占，通變之謂事，陰陽〔七〕之謂神。

〔一〕張政烺注曰：「係，韓本作『繼』。係與繼通，爾雅釋詁：『係，繼也。』」

〔二〕張政烺注曰：「『謂』下韓本有『之』字。」

〔三〕張政烺注曰：「韓本作『顯諸仁，藏諸用』。」

〔四〕張政烺注曰：「衆，韓本作『聖』。帛書本作『衆』，義長。」

〔五〕張政烺注曰：「幾，韓本作『哉』。哉、幾形近致誤。疑帛書之寫者誤以『幾』字爲從戌、兹聲（讀白字），遂以『幾』爲『哉』。」

〔六〕張政烺注曰：「生，韓本作『生生』。」

〔七〕張政烺注曰：「『陰陽』下韓本有『不測』二字。」

夫易廣矣，大【九上】矣。以言乎遠則不過〔一〕，以言乎近〔二〕則精而正，以言乎天地之間則備。夫乾，其静也圈，其【九下】動也榣（摇）〔三〕，是以大生焉。夫坤，其静也斂，其動也闢，是以廣生焉。廣大配天地，變通配四時，陰陽之合〔四〕配【一〇上】日月，易簡之善配至德。

〔一〕張政烺注曰：「過，韓本作『禦』。過，即過度。」

〔二〕張政烺注曰：「近，韓本作『邇』。近、邇音義俱近致異。」

〔三〕張政烺注曰：「榣，韓本作『直』。榣，疑誤爲『遥』。」

〔四〕張政烺注曰：「合，韓本作『義』。」

子曰：「易其至乎？夫易，聖人之所崇德而廣業也。知崇禮卑，【一〇下】崇效天，卑法地。天地設位，易行乎其中。成性□=〔一〕，道義之門。聖人具（有）以見天〖下〗之業〔二〕，而〔不〕〔三〕疑者（諸）其刑（形）容，以【一一上】馬〈象〉其物宜，〔是〕故謂之馬〈象〉。聖人有以見天下之動，而觀其會通，以行其挨（等）體（禮）〔四〕。繫辭焉以【一一下】斷其吉凶，是故謂之爻。言天下之至業而不可亞（惡）〔五〕也，言天下之至業而不亂〔六〕。知〈擬〉之而後言，議之而【一二上】後動，矣（擬）議以成其變化。」

〔一〕張政烺注曰：「韓本作『成性存存』，漢爾衡魯夫子碑有『情性存存』。帛書缺文不似『存』字，亦有重文號。」

〔二〕張政烺注曰：「具，韓本作『有』。下文『聖人俱以見天下之動』句同。『具』、『有』通假。『天』字下韓本有『下』字。按下文屢言『天下』，此處蓋脱『下』字。業，韓本作『賾』。釋文云：『賾，九家作册。』按帛書『業』字與漢碑『策』字形體極近，疑『業』即『策』字之誤。賾、策、册音同通假，策、册尤混用不別，九家作『册』，即『策』字也。」

〔三〕張政烺注曰：「『而』下缺一字……知所缺者當是『不』字。韓本無此『不』字。」

〔四〕張政烺注曰：「挨，韓本作『典』。釋文：『典禮，京作「等禮」，姚作「典體」。』」

〔五〕張政烺注曰：「業，韓本作『賾』。亞，韓本作『惡』。釋文云：『惡，於嫁反，荀作亞。亞，次也。又烏路反，馬、鄭烏洛反，並通。』」

〔六〕張政烺注曰：「業，韓本作『動』。釋文云：『鄭本作至賾，云賾當爲動，九家亦作册。』按業即策字之誤，策、册、賾通假，已見前注。是鄭及九家本與帛書合。韓本不下有可字。許慎説文叙『知天下之至嘖而不可亂也』，其所用周易嘖亦不作動，有可字。」

• 鳴鶴在陰，其子和之。我有好爵，吾與爾靡之。〖子〗曰〔一〕：「君子居【一二下】其室，言〔二〕善則千里之外應之，況乎其近者乎。出言而不善〔三〕，則千里之外違之，況乎其近者乎。言出【一三上】乎身，加於〔四〕民。行發乎近，見乎遠。言行君子之樞機，樞機之發，榮辰〈辱〉之主也。言行，君子之【一三下】所以動天地也〔五〕。」

〔一〕張政烺注曰：「韓本『曰』上有『子』字，此脱。」

〔二〕張政烺注曰：「韓本『言』上有『出其』二字。」

〔三〕張政烺注曰：「韓本作『居其室出其言而不善』。」

〔四〕張政烺注曰：「於，韓本作『乎』。」

〔五〕張政烺注曰：「韓本下有『可不慎乎』一句。」

「同人先號逃（咷）而後哭〈笑〉。」子曰：「君子之道，或出或居，或謀（默）或語，二人同心，其利斷金，同人〔一〕之【一四上】言，其臭如蘭。」

〔一〕張政烺注曰：「人，韓本作『心』。心字義長。」

「初六，籍（藉）用白茅，无咎。」子曰：「苟錯諸地而可矣，籍（藉）之用茅，何咎之有？慎之至【一四下】也。夫〇茅之爲述也薄〔一〕，用也而可重也〔二〕。慎此術也以往，其毋所失之。」

〔一〕張政烺注曰：「『夫』下一字似『矛』字誤書抹去。韓本無。述，韓本作『物』。述、物音近致誤。」

〔二〕張政烺注曰：「韓本作『而用可重也』。」

「勞謙，君子有終，吉。」子曰：「勞而不代〈伐〉，【一五上】有功而不○〔一〕德，厚之至也。語以其功下人者也。德言盛，禮言恭也。謙也者，致恭以存其位者【一五下】也。」

〔一〕○，張政烺補作「聽」。

「亢龍有悔。」子曰：「貴而无位，高〔□□〕〔一〕，賢人在其下，失位而无輔〔二〕，是以動而有悔也。」

〔一〕張政烺注曰：「『高』下僅空兩格，韓本作『高而無民』，疑帛書原有脱字。」

〔二〕張政烺注曰：「韓本無『其』字，『下位』之間不缺字。帛書殘字似失字，左旁損。」

「不出户牖〔一〕，无咎。」子【一六上】曰：「亂之所生，言語以爲階。君不密則失臣，臣不密則失身，幾事不密則害盈（成）〔二〕。是以君子【一六下】慎密而弗出也。」

〔一〕張政烺注曰：「牖，帛書六十四卦節初九同，韓本作庭。」

〔二〕張政烺注曰：「盈，韓本作『成』。」

子曰：「爲易者〔一〕，〔其知盜〕乎〔二〕？易曰：負〔□□〕之事也者〔三〕，小人之事也。乘者，君子之器也。小人【一七上】而乘君子之器，盜思奪之矣。上慢下暴，盜思伐之。慢暴謀（誨）盜，思奪之〔四〕。易曰：負且乘【一七下】，致寇至，盜之招也〔五〕。」

〔一〕張政烺注曰：「爲，韓本作『作』。釋文作『爲易者』，周易集解同。」

〔二〕張政烺注曰：「『乎』上約缺三字，韓本作『其知盜』。」

〔三〕張政烺注曰：「韓本作『易曰：負且乘，致寇至。負也者小人之事也』，與缺字空格不合。帛書六十四卦解六三、漢石經皆作『負且乘致寇至』，無異文。疑帛書此處原作『負者小人之事也』，其『者小人之事也』六字是『且乘致寇至負』六字之誤。」

〔四〕張政烺注曰：「韓本作『慢藏誨盜，冶容誨淫』。帛書誤藏爲暴，涉上文重出『思奪之』三字，而脱『冶容誨淫』一句。釋文云：『冶容，鄭、陸、虞、姚、王肅作「野」，言妖野容儀教誨淫泆也。』野與思形近，疑帛書當作『野容謀淫』。」

〔五〕張政烺注曰：「又此下韓本有『大衍之數五十』一段，二百零四字，帛書本無。」

易有聖人〔之道四〕焉：以言〔者尚其辭〕，以動者尚其變，以〔制器者尚其象，以卜筮者〕【一八上】尚其占。是故君子將有爲，將有行者，問焉〔而〕□言，其受命也如錯〈嚮〉〔一〕。无有遠近幽險（深）〔二〕，遂【一八下】知來物，非天〖下〗〔三〕之至精，其誰〔四〕能〔與於此〕？參（三）五以變〔五〕，〔錯綜其數。通〕其變，遂定天地之文。〔極其數，遂定〕【一九上】天〔下之〕馬〈象〉，〔非天下〕之至變，誰能與於此？易〔无思〕也，无爲也，〔寂〕然不動，感而遂達〔六〕，天

【一九下】下之故。非天下之至神，誰能〔與於〕此？夫易，聖人〔之所以〕極深達幾也〔七〕。唯深，故達天下之請（情）〔八〕，唯幾，故【二〇上】定天下之務。唯神，故不疾而數（速），不行〔而〕至〔九〕。子〔曰「易有〕聖人之道〔四〕焉」者，此言〔一〇〕之謂也。

〔一〕張政烺注曰：「錯，韓本作『響』。」
〔二〕張政烺注曰：「險，韓本作『深』。」
〔三〕張政烺注曰：「韓本『天』下有『下』字，此脫。」
〔四〕張政烺注曰：「誰，韓本作『孰』。下文『誰能』同。」
〔五〕張政烺注曰：「五，韓本作『伍』。周易集解作『五』。」
〔六〕張政烺注曰：「韓本作『感而遂通』。」
〔七〕張政烺注曰：「韓本作『而研幾也』。此處殘字从辵，或是達字。」
〔八〕「請」，陳劍據反印文釋出。
〔九〕張政烺注曰：「數，韓本作『速』。禮記祭義『其行也趨趨以數』，注：『數之言速也。』韓本作『不行而至』，帛書脫『而』字。」
〔一〇〕張政烺注曰：「韓本無『言』字。」

天【二〇下】一地二，天三地四，天五地六，天七地八，天九地十。子曰：「夫易何爲者也？夫易古物定命〔一〕，樂〔二〕天下之道，如此【二一上】而已者也。是故聖人以達天下之志，以達〔三〕天〔下之業〕，以斷〔天下之〕疑。故蓍之德圓而神，卦【二一下】之德方以知，六爻之義易以工〔四〕。聖人以此佚〔五〕心，退藏於密，吉凶與民同願〔六〕。神以知來，知以將往。其誰能爲【二二上】此哉？古之聰明睿知，神武而不恙〔七〕者也夫。是其〔明〕於天□，察於民故〔八〕。是闔神物以前民【二二下】〔民〕用〔九〕，聖人以此齋戒，以神明其德夫。是故闔户謂之坤，闢門〔一〇〕謂之乾，一闔一闢謂之變，往來不窮謂之【二三上】通，見之謂之馬〈象〉，形謂之器〔一一〕，製而用之謂之法，利用出入，民一用之〔一二〕，謂之神。是故易有太恒（極），是【二三下】生兩儀，兩儀生四馬〈象〉，四馬〈象〉生八卦，八卦生吉凶〔一三〕，吉凶生六業〔一四〕。是故法馬〈象〉莫大乎天地，變通莫大乎四時。垂〔一五〕馬〈象〉著明莫大【二四上】乎日月，榮莫大乎富貴〔一六〕。備物致用，立成器以爲天下利，莫大乎聖人。深（探）備錯（索）根（隱）〔一七〕，鉤深致遠，【二四下】定天下吉凶，定天下之勿勿（亹亹）者〔一八〕，莫善〔一九〕乎蓍龜。是故天生神物，聖人則之；天〔二〇〕變化，聖人效之；天垂馬〈象〉，見吉凶，而【二五上】聖人馬〈象〉之。河出圖，雒（洛）〔二一〕出書，而聖人則之。易有四馬〈象〉，所以見〔二二〕也。繫辭焉，所以告也。定之以吉【二五下】凶，所以斷也。」

〔一〕張政烺注曰：「韓本作『開物成務』。廣雅釋詁一：『古，始也。』古與開義同。」

〔二〕張政烺注曰：「樂，韓本作『冒』。樂、冒音近通假。」

〔三〕張政烺注曰：「達，韓本作『定』。帛書涉上文筆誤。」

〔四〕張政烺注曰：「工，韓本作『貢』。釋文云：『貢，京、陸、虞作工。』」

〔五〕張政烺注曰：「佚，韓本作『洗』。」

〔六〕張政烺注曰：「韓本『願』作『患』。願，思也。患，憂也。二字音義俱近。」

〔七〕張政烺注曰：「恙，韓本作『殺』。『恙』假爲『傷』，不恙，不能傷害。」

〔八〕張政烺注曰：「韓本『夫』字屬上句，『其』作『以』，『之（？）』下有『道而』二字，『民』下有『之』字。」

〔九〕張政烺注曰：「闔，韓本作『興』。帛書蓋涉下文『闔户』而誤。『民』字下作重文符號自是衍文，韓本無。」

〔一〇〕張政烺注曰：「門，韓本作『户』。」

〔一一〕張政烺注曰：「韓本作『見乃謂之象，形乃謂之器』。」

〔一二〕張政烺注曰：「一，韓本作『咸』。左傳昭公十年『而壹用之』，注：『同也。』」

〔一三〕張政烺注曰：「生，韓本作『定』。」

〔一四〕張政烺注曰：「六，韓本作『大』。『業』疑是『策』字之誤。六策即六爻（六畫）。」

〔一五〕張政烺注曰：「垂，韓本作『縣』。」

〔一六〕張政烺注曰：「榮，韓本作『崇高』二字。」

〔一七〕張政烺注曰：「韓本作『探賾索隱』。深、探，錯、索，根、隱，皆音近假借。備與賾音義不相近，蓋誤賾爲頤，又寫爲備。」

〔一八〕張政烺注曰：「定，韓本作『成』。帛書涉上句而誤。勿勿，勉也。」

〔一九〕張政烺注曰：「善，韓本作『大』。釋文、周易集解作『善』。」

〔二〇〕張政烺注曰：「韓本『天』下有『地』字，此脱。」

〔二一〕張政烺注曰：「雒，韓本作『洛』。釋文云：『王肅作雒。』」

〔二二〕張政烺注曰：「見，韓本作『示』。見與示義近。」

易曰：「自天祐之，吉无不利。」祐之者，助之也〔一〕。天之所助者，順也。人之所助也者，信也。履信思乎順，【二六上】□上賢〔二〕，是以「自天祐之，吉无不利」也。

〔一〕張政烺注曰：「韓本此句上有『子曰』二字，此脱。」

〔二〕張政烺注曰：「韓本作『又以尚賢也』。『上』字之上僅缺一字，不似又或『以』字。」

子曰：「書不盡言，言不盡意。」然則聖人之意，其義可見已〔一〕乎？【二六下】

〔一〕張政烺注曰：「義，韓本作『不』，無『已』字。」

子曰：「聖人之立馬〈象〉以盡意，設卦以盡情僞，繫辭焉以盡其〖言〗〔一〕，變而通之以盡利，鼓之舞之以〔盡〕神。」

〔一〕張政烺注曰：「韓本『其』下有『言』字，此脱。」

乾坤其易【二七上】之經與（歟）〔一〕？ 乾坤成列，易立乎其中。 乾坤毁，則无以見易矣。易不可〇見，則乾坤不可見〔二〕。乾坤不可見，則【二七下】乾坤或幾乎息矣。

〔一〕張政烺注曰：「經與，韓本作『緼邪』。」

〔二〕張政烺注曰：「『見』上原有『則』字，係誤書，已鈎去。韓本無『則鍵川不可見鍵川不可見』十一字。」

是故形而上者謂之道，形而下者謂之器，爲（化）而施〔一〕之謂之變，推而行之謂之迵（通）〔二〕，□而錯諸天下之民【二八上】謂之事業。 是故夫馬〈象〉，聖人具以見天下之請（情）〔三〕，而不〔四〕擬諸其形容，以馬〈象〉其物宜，是故謂之【二八下】馬〈象〉。 聖人有以見天下之動，而觀其會通，以行其族〈挨（等）〉醴（禮），繫辭焉以斷其吉凶，是故謂之爻。 極天下之請（情）【二九上】存乎卦，鼓天下之動者存乎辭，化而制之存乎變，推而行之存乎通，神而化〔六〕之存乎其【二九下】人，謀（默）而成〔七〕，不言而信，存乎德行。

〔一〕張政烺注曰：「韓本『爲』作『化』，『施』作『裁』，並音近通假。」

〔二〕張政烺注曰：「自上句末變字起帛書脱字，另寫一條，上有『變誰而行之胃之迵』八字，粘於行間字上，今已脱落，裱於本版之末。」

〔四〕張政烺注曰：「請，韓本作『賾』。請、賾形近致誤。下文『極天下之請』者同。一説請讀爲情。」

〔五〕張政烺注曰：「韓本無『不』字。」

〔六〕張政烺注曰：「化，韓本作『明』。」

〔七〕張政烺注曰：「韓本『成』下有『之』字。釋文作『默而成』，周易集解同，皆與帛書合。」

八卦成列〔一〕，馬〈象〉在其中矣。因而重之，爻在其中矣。剛柔相推，變在其中【三〇上】矣。繫辭而齊〔二〕之，動在其中矣。吉凶悔吝也者，生乎動者也。剛柔也者，立本者也。變通【三〇下】也者，聚（趣）〖時〗者也〔三〕。吉凶者，上〔四〕朕（勝）者也。天地之道，上觀者。日月之行〔五〕，上明者。天下之動，上觀天者也〔六〕。夫乾，確然【三一上】示人易；坤，隤然示人簡。爻也者，效此者也。馬〈象〉也者，像此者也。爻馬〈象〉動乎内，吉凶見乎外，功業【三一下】見乎變，聖人之請（情）見乎辭。天地之大思〔七〕曰生，聖人之大費曰立〔三〕位，何以守位曰人〔八〕，何以聚人曰材（財），理材（財）正【三二上】辭、愛民安行〔九〕曰義。

〔一〕張政烺注曰：「韓本自此下爲繫辭下，帛書不分上下。」

〔二〕張政烺注曰：「韓本『辤』下有『焉』字，『齊』作『命』，釋文：『命，孟作明。』齊、命形近致誤。」

〔三〕張政烺注曰：「韓本作『趣時者也』，聚、趣通假，此脱『時』字。」

〔四〕張政烺注曰：「上，韓本作『貞』，下文『上觀』、『上明』同。上、貞音近通假。」

〔五〕張政烺注曰：「行，韓本作『道』。行、道同意，帛書本義長。」

〔六〕張政烺注曰：「韓本作『貞夫一者也』。按後漢書范升傳：『易曰：天下之動，貞夫一者也。』與韓本合。帛書『觀』字涉上文而衍，『天』是『夫』字之誤。」

〔七〕張政烺注曰：「思，韓本作『德』。此『思』字疑是『悳』字之誤。」

〔八〕張政烺注曰：「人，韓本作『仁』。釋文作『人』，與帛書同。文選東京賦『守位以人，不恃隘害』，薛綜注云：『人，謂衆庶也。』」

〔九〕張政烺注曰：「韓本作『禁民爲非』，帛書本義勝。禁、爲、非皆形近致誤。」

古者〔庖/伏〕戲氏〔一〕之王天下也，仰則觀馬〈象〉於天，俯則觀法於地。觀鳥獸之文，與【三二下】地之宜，近取諸身，遠取諸物，於是始作八卦，以達神明之德，以類萬物之情，作結繩而爲罟，以田〔二〕以漁，【三三上】蓋取諸離也。庖戲氏没，神農氏作，斲木爲枱（耜/耜），楺（揉/煣）木爲耒槈，槈耒之利〔三〕以教天下，蓋取【三三下】諸益也。日中爲族〈挨（市）〉，致天下之民，聚天下之貨，交易而退，各得其所欲〔四〕，蓋取諸噬嗑也。神農氏没，黄帝、【三四上】堯、舜氏作，通其變，使民不亂〔五〕，神而化之，使民宜之。易，終則變，通則久〔六〕，是以「自天祐之，【三四下】吉无不利」也。黄帝、堯、舜垂衣裳而天下治，蓋取諸乾坤也。刳木爲舟，剡木而爲楫，濟不達〔七〕，致遠以利【三五上】天下，蓋取諸涣也。服牛乘馬，〔引〕重行〔八〕遠，以利天下，蓋取諸隨也。重門擊柝，以族〈挨（俟）〉旅客〔九〕，蓋取【三五下】〔諸〕豫也。斷木爲杵，棳（掘）〔一〇〕地爲臼，臼杵之利，萬民以次（濟）〔一一〕，蓋取諸小過也。弦木爲弧，剡木爲矢，弧矢之利，以威天〔下〕，【三六上】蓋取諸睽也。上古穴居而野處，後世聖人易之以宫室，上練〈棟〉下楣，以待風雨，蓋取諸大壯也。【三六下】古之葬者，厚裹之以薪〔一二〕，葬諸〔一三〕中野，不封不樹，葬〈喪〉期无數。後世聖人易之以棺椁，蓋取諸大過也。上〔古【三七上】結〕繩以〔一四〕治，後世聖人易之以書契，百官以治，萬民以察，蓋取諸大有也〔一五〕。

〔一〕張政烺注曰：「韓本『戲』上有『包』字，此脱。按下文『戲是没』，知此所缺是字。」

〔二〕張政烺注曰：「田，韓本作『佃』。釋文云『本亦作田』，周易集解作『田』。」

〔三〕張政烺注曰：「韓本作『揉木爲耒，耒槈之利』。釋文云：『爲耒，本或作揉木爲之耒槈，非。』按耒槈二者皆木製農具。原文當是『揉木爲耒槈，耒槈之利』，帛書上耒字脱重文，乃加一耒字於槈字之下。韓本槈字是動詞。」

〔四〕張政烺注曰：「韓本無『欲』字。」

〔五〕張政烺注曰：「亂，韓本作『倦』。」

〔六〕張政烺注曰：「韓本作『易窮則變，變則通，通則久』。釋文云：『一本作「易窮則變，通則久」。』」

〔七〕張政烺注曰：「韓本作『剡木爲楫，舟楫之利，以濟不通』。」

〔八〕張政烺並注曰：「行，韓本作『致』。」

〔九〕張政烺注曰：「韓本作『以待暴客』。帛書挨字似誤書抹去，又寫旅字，蓋脱暴字。」

〔一〇〕張政烺注曰：「棳，韓本作『掘』。」

〔一一〕張政烺注曰：「次，韓本作『濟』。」

〔一二〕張政烺注曰：「裹，韓本作『衣』。裹假爲蘣。古人作墳覆以柴，衣、蘣皆覆之意。」

〔一三〕張政烺注曰：「諸，韓本作『之』。」

〔一四〕張政烺注曰：「以，韓本作『而』。」

〔一五〕張政烺注曰：「大有，韓本作『夬』。漢書藝文志：『易曰：上古結繩而治，後世聖人易之以書契，百官以治，萬民以察，蓋取諸夬。』説文解字叙同，皆本劉歆七略，知易孟氏、費氏皆作夬。大有乾上離下，據説卦，乾爲金，離於木爲科上槁，是契刻竹木之象，此所謂『易之以書契也』；大有之彖曰『柔得尊位大中，而上下應之，曰大有』，此所謂『百官以治，萬民以察』也。似以帛書作大有爲是。」

是故易也者，馬〈象〉。馬〈象〉也者，【三七下】馬〈象（像）〉也。彖也者，制〔一〕也；爻也者，效天下之動者也。是故吉凶生而悔吝著也。

〔一〕張政烺注曰：「制，韓本作『材』。制、材音近通假，猶上文『化而制之存乎變』，韓本『制』作『裁』。」

陽卦多陰，陰卦多〔陽，其〕故何也？〔陽〕【三八上】卦奇，陰卦〔耦〕也。〔其〕德行何也？陽一君二民，君子之道也〔一〕。易曰：「憧憧往〔來〕，朋從爾思。」

〔一〕張政烺注曰：「韓本此下有『陰二君而一民，小人之道也』，後漢書仲長統傳引有，此脱。」

子曰：天下【三八下】〔何思何慮？天〕下〔□□〕一致而百〔慮〕。天下何思何慮？日往〔則月來，月往則日來，日月相推而明生焉。【三九上】寒往則暑來，暑往則寒來，寒暑〕相推而歲〔成焉。往者屈也，來〕者〔信（伸）也〕，訁□〔一〕（詘/屈）〔信（伸）相〕欽（感）而物生焉。〔尺蠖【三九下】之屈，以求信（伸）也。龍蛇〕之積（靜？），以存身也。精義入神以致用，利用安身〔二〕以崇〔德也。過此以往，未之或知也。窮〕【四〇上】神知化〔三〕，〔德之盛也。

〔一〕張政烺注曰：「韓本『者訁□』作『往者屈也，來者信也，屈信相感而利生焉』，帛書此處僅存者『者訁□』二字，按缺字計算，『者』字下疑原脱『信也』二字，『訁□』蓋『詘』字之殘，假借爲『屈』。」

〔二〕張政烺注曰：「『利用』二字原脱寫，用小字補寫於『安』字上。」

〔三〕神知化，陳劍據反印文釋出。

易曰：「困于石，據〕于疾（蒺）利（藜），入于其宮，不見其妻，凶。」子曰：「非其所困而困焉〔一〕，名【四〇下】必辱，非其所據而據焉〔二〕，身必危，既辱且危，死其將至〔三〕，妻可得見〔歟？

〔一〕張政烺注曰：「非其所困而困焉，韓本無『其』字。」

〔二〕張政烺注曰：「非其所據而據焉，韓本無『其』字。」

〔三〕張政烺注曰：「死其將至，其，韓本作『期』。釋文作『其』。」

易曰：「公用射隼于〕高墉〔之上，獲〕【四一上】之，无不利。」子曰：「隼者，禽也。弓矢者，器也。射之者，人也。君子藏器於身，待時而動，何【四一下】不利之有？動而不矰〔一〕，是以出而有獲也。言舉成器〔二〕而動者也。」

〔一〕張政烺注曰：「矰，韓本作『括』，注：『括，結也。』釋文：『括，古活反。』按矰當是『擓』字之誤，廣雅釋詁三：『擓，收也。』『擓』與『括』音義相同，蓋即『括』之異體字。」

〔二〕張政烺注曰：「韓本作『語成器』。語、言同意，脱舉字。按言、舉二字合音與語近。」

子曰：「小人〔不恥不仁，不畏不義〕，不見〔利不〕【四二上】勸，不威不諫（懲）〔一〕，小諫（懲）而大誡，小人之福也。易曰『屨校滅趾，无咎』也者，此之謂也。善不積，不足以【四二下】成名。惡不積，不足以滅身。小人以小善爲无益也，而弗爲也；以小惡〔爲无傷而弗

去也。故惡積而不」【四三上】可蓋〔二〕也，罪大而不可解也。易曰：『何校滅耳，凶。』〔三〕

〔一〕張政烺注曰：「誎，韓本作『懲』。誎，从言，承聲，字書不見。从心之字古多从言，誎或是懲之異體。」

〔二〕張政烺注曰：「蓋字殘，僅存左部，韓本作『掩』。掩、蓋義同。」

〔三〕張政烺注曰：「此下，韓本有一百三十三字（自「子曰危者」至「吉之先見者也」）。」

君子見幾而作，不位〈俟〉終日〔一〕。易曰：『介如石，【四三下】不終〔日，貞〕吉。』介如石，毋〔二〕用終日，斷可識矣。君子知物（微）知章（彰）〔三〕，知柔知剛，〔萬夫之望〕〔四〕。

〔一〕張政烺注曰：「不位終日，韓本作『俟』。位應爲俟字之誤。」

〔二〕毋，張政烺釋爲「安」。

〔三〕張政烺注曰：「物，韓本作微。物當讀爲忽，言絲之微也。漢書律曆志上『無有忽微』，注：『忽微，若有若無，細於髮者也。』忽與微義同音近，故得通假。」

〔四〕張政烺注曰：「此下，韓本有五百三十七字（自「子曰顔氏之子」至「卒成之終」），帛書本不在此處。」

若夫雜物撰德」，【四四上】辯是與非則下〔一〕，中爻不備。初大要〔二〕，存亡吉凶則將可知矣〔三〕。

〔一〕張政烺注曰：「下，韓本作『非』，『非』與『下』皆否定語，字異而義同。」

〔二〕張政烺注曰：「韓本作『則非其中爻不備。噫！亦要存亡吉凶』。釋文云：『亦要，一妙反，絶句；又一遥反，則句至吉凶。』按『初大要』韓本誤爲『噫亦要』，遂讀上下文皆破句。此謂『六爻相雜，唯其時物』，『其初難知，其上易知』，『初辭擬之，卒成之終』，故言『初大要』，作『噫亦要』則不可解矣。」

〔三〕張政烺注曰：「將，韓本作『居』。又韓本此下有一百九十九字，帛書本不在此處。」

乾〔一〕，德行恒易以知險。夫坤【四四下】魋（隤）然〔二〕天下之至順也，德行恒簡以知□。能説之〔三〕心，能數〔四〕諸侯之慮，〔定天下之吉凶，成天下之亹亹者，是故〕【四五上】變化具〔五〕爲，吉事有祥。馬〈象〉事知器，業（？）〔六〕事知來。天地設馬〈象〉，聖人成能，人謀鬼謀，百姓與能。八【四五下】卦以馬〈象〉告也，爻象以論語〔七〕，剛柔雜居，吉凶可識〔八〕。動作〔九〕以利言，吉凶以情遷，是故愛惡相攻而吉凶〔生〕，【四六上】遠近相取而悔吝生，情僞相欽（感）〔一〇〕而利害生。凡易之情，近而不相得則凶，或害之則悔【四六下】且吝，將反則其辭亂〔一一〕。吉人〈人〉之辭寡，躁人之辭多，誣善之人其辭游，失其所守其辭屈〔一二〕。」□〔□□□□□〕【四七上】□〔一三〕【四七下】

〔一〕張政烺注曰：「韓本『乾』下有『天下之至健也』一句，此脱。」

〔二〕張政烺注曰：「韓本無『魋然』二字。」

〔三〕張政烺注曰：「之，韓本作『諸』。」

〔四〕張政烺注曰：「數，韓本作『研』。數，疑假爲足，成也。」

〔五〕張政烺注曰：「具，韓本作『云』。疑由具、員形近，員、云音同，致誤。」

〔六〕「業（？）」，張政烺疑是「策」，丁四新釋爲「筭」。

〔七〕張政烺注曰：「韓本作『爻象以情言』，漢石經存『以情言』三字，與韓本同。帛書寫時蓋論語已大行，遂致此謬。」

〔八〕張政烺注曰：「識，韓本作『見』。見、識同意。」

〔九〕張政烺注曰：「動作，韓本作『變動』。」

〔一〇〕張政烺注曰：「欽，韓本作『感』。感、欽音近通假。」

〔一一〕張政烺注曰：「韓本『反』作『叛』，『則』作『者』，『亂』作『慙』，皆音近致異。又此下有『中心疑其辭枝』一句，漢石經存『中心疑者其』五字，與韓本合，帛書本無。」

〔一二〕張政烺注曰：「所守，韓本作『守者』。又『屈』字下空一格，以下又有字跡似『毄』字，當是繫辭之尾題及字數，惟已殘損，不能復原。」

〔一三〕「□」，張政烺釋爲「十」。

（三）衷〔一〕

■子曰：易之義〔二〕，誶（萃）〔三〕陰與陽，六畫而成章。㕣句〔四〕焉柔，正直焉剛。六剛无柔，是謂大陽，此天〔之義也。□□〕【一上】▨□□□方，六柔无剛，此地之義也。天地相率〔五〕，氣味相取，陰陽流荆（刑—形）〔六〕，剛【一下】柔成禮（體），萬物莫不欲長生而惡死。會三者而台（始？）〔七〕作易，和之至也。

〔一〕本篇舊稱「易之義」，廖名春將篇尾「衷」所在殘片綴入，改稱此篇爲「衷」，現已爲學術界廣泛接受。

〔二〕張政烺注曰：「自此以下另是一篇，與前篇不相連接。」

〔三〕張政烺注曰：「誶，假爲萃，聚也。」

〔四〕㕣，張政烺釋爲「九」，並注曰：「九假爲糾，九句即糾結。焉義猶乃。」丁四新釋作「曲」。陳劍認爲諸家釋文與字形不合，當釋爲「㕣」，疑讀爲「朻」，朻句即下句。

〔五〕張政烺注曰：「率，率導。」

〔六〕張政烺注曰：「彖傳：『品物流形。』」

〔七〕台，于豪亮讀爲「以」，張政烺讀爲「始」。

是故乾〔□□〕□九，其義高尚□〔一〕【二上】▨義沾下就，地之道也。用六，坎也。用九，盈也。盈而剛，故易曰「直【二下】方大，不習。吉」〔二〕也。因不習而備，故易曰「見羣龍无首，吉」也。

〔一〕「□九其義高尚□」，陳劍據殘形釋出，丁四新釋爲「□九□友高尚□□」。

〔二〕張政烺注曰：「見坤六二。直方即正。」

是故乾者，得之陽〔也；坤者〕，得之陰也；屯者【三上】，〔得〕之隋也；〔嬬（需）者，得〕之畏也；訟者，得之疑也；師者，得之救〔一〕也；比者，得□也。

〔一〕廖名春曰：「救，當讀爲『鳩』，訓爲『聚』。」

小畜者，□之【三下】未□也；履者，誘之巳（已）〔一〕行也；益〈泰〉者，上下交矣〔二〕；否者，陰陽姦（干）矣，下多陰而紑〔□〕。

〔一〕「巳（已）」，張政烺未釋，丁四新釋爲「力」，陳劍據殘形釋出。

〔二〕張政烺注曰：「益當是泰字之誤。王弼本履後爲泰，泰乾上坤下，故曰上下交也。」

□之卦□〔□〕□辨，女請〔一〕〔□【四上】也〕。復之卦留□〔□〕□而周，所以人翏（？）〔二〕也。无妄之卦，有罪而死，无功而賞，所以嗇（？）故【四下】也。余（豫）之卦〔三〕，歸而强，士詩也。

〔一〕陳劍曰：「女請，疑即古書多見的『女謁』。」

〔二〕「人」，陳劍疑爲「入」之誤字。「絮」，張政烺釋爲「絶」，廖名春疑讀爲「背」。

〔三〕張政烺注曰：「余之卦，即六十四卦之『餘』，王弼本作『豫』。」

嬬（需）〔一〕，成（？·）西已而〔□〕〔二〕□，見台（始）而知，未騰朕也。（訟），失諸已〔□□□□□□□〕□〔□□【五上】□〕奇心而動，既〔□〕昭（？·）遠也。大有之卦，孫（遜／愻）位也。大壯，小膧（動）而大從。余（豫），知患也。大畜，兌而誨【五下】〔也〕。隨之卦，相而能戒〔三〕也。恒，〔□〕財而无□。〔□〕，順從而知畏。晉，先争而後☒【六上】〔□□□〕能害未□。説（兑），和説〔四〕而知畏。

〔一〕張政烺注曰：「嬬，六十四卦之『襦』，王弼本作『需』。」

〔二〕陳劍曰：「『而已西』和六上『財而无□』所在小片原裱於本頁此處左上方……今將其新綴於此，西、而兩字筆劃密合相接。」

〔三〕張政烺注曰：「相，助也。戒即誡。」

〔四〕張政烺注曰：「説，即通行本之兑。」

謹（艮）者，得之代邯也〔一〕。家人者，得處也。井者，得之微〔二〕【六下】也。姤者，〔得〕☒慧（？·）也。訟者，得辨也。升者，得〔□〕□於☒【七上】瞿（懼？·）也。

〔一〕陳劍曰：「邯字不識，張釋摹原形未釋。……張釋不以『謹』爲『艮』卦，連讀爲『説(兑)』，和説而知畏謹者，得之……』。陳松長、廖名春作『☐説，和説而知畏。謹(艮)者，得之代邦也』，廖名春亦已指出『謹』讀爲艮卦之『艮』。」

〔三〕「微」，丁四新釋作「徹」。

謙之卦，共而從於不登(?)。姤之卦，足而之余(餘)。臨之卦，自誰不先瞿(懼)?觀之卦，盈而能平。【七下】〖未〗齎(濟)〔一〕之卦，善近而☐剥之卦，草□〔□〕其善(?)富(?)於(?)正誘而□於(?)〔□□□□□〕【八上】□至，學而好□，吱乎□□也。大過之卦，不忠身失量，故曰慎而待(待)也。

〔一〕張政烺注曰：「按下文有『既齎』，則此當是『未濟』，脱未字。」

噬嗑槩(?)紀，恒言不【八下】巳(已)，訟獄凶得也。

勞之☐列誘也〔一〕。〔□□□□〕也。□者，得之守也。〔□□□□〕【九上】是故〔□〕，以□□也；□，以法行也；損，以□〔□〕也；〔□〕，以□□也；大壯，以卑□也；歸妹，以正女也。【九下】既濟者高，豫、比貧☐□也，此易之〔□□□□□〕能誨也。師(?)之卦，□〔□□□□〕【一〇上】也。大過「過涉」，所以問垛(塗)也。

〔一〕勞，諸家多以爲坎卦。

子曰：師之長子，⧄也。□之〔□□，所〕【一〇下】以禁咎也。子曰〔一〕：⧄〔□多陰而寡陽，□〕多陽而寡陰，二者同，女有夫，士（？）□〔□□□□□〕【一一上】所以教誨也。「晉如秋（愁）如」，所以避怒〔也〕。⧄□〔□□□〕【一一下】⧄□也。

〔一〕陳劍曰：「張釋易之義（前半）之正文至此結束（不計釋文中置於原位的小片）。張注：『以下殘缺，不知所缺爲若干行、若干字。』」

子〔曰〕：蹇之「王臣」，反古也。中〔復（？·孚）之□□，□□也。【一二上】嬬（需）〕之「不速」，修□也。易曰「辰（震）驚百〔里〕」，⧄【一二下】⧄所以爲戒也。□□「改日」者，所〔以〕□復也。⧄【一三上】〔□□□〕聖（？）君⧄【一三下】⧄〔所〕以知民也。易曰頤之「虎視」、〔屯之〕「毋虞」者，皆⧄【一四上】⧄【一四下】⧄其（？）賞也。〔鼎〕之「折足」，〔□□□□〕所以⧄【一五上】⧄【一五下】⧄□□【一六上】⧄【一六下】

〔□□〕吉，此之謂也〔一〕。□〔□〕□〔□〕□□〔□□□□〕爲物辯⧄【一七上】⧄□以容人之隱（？）壯而不能〔□□□□〕。易曰：【一七下】「高上（尚）其德，不事王公，凶。」〔二〕此之謂也。不來則不足以難□⧄【一八上】〔□□〕□〔□□〕弘□〔□□〕□仁〔□□〕□〔□芳

（享）〕于西山而吉，此之謂也。不□〔□□□□〕難。勇【一八下】而不□言□則危，親傷亻□〔□〕。易曰「何校則凶，屢校則吉」〔三〕，此之謂也。

〔一〕陳劍曰：「張釋將此行作爲『易之義（後半）』的首行，釋文僅有原連於大帛片的幾個殘字。『吉此之謂也』諸字諸家釋文皆無，今將其所在殘片自帛書帛畫殘片——十四新綴入於此，可補足下行數字。其下尚有數字殘點，均已難以釋讀。後文十八上『不事王公』張注：『以上殘缺，今不能定所缺爲若干行，與易之義篇是否同是一篇，亦不能定。』今按：現釋文的十六行與十七行之間也不知是否有缺行、缺幾行（從帛片寬度來看即使有缺行也不會太多）。今行號暫連編。自此行以下，帛書已無缺行，各行之間均緊接。又研究者皆將此前與後文視爲同一篇，雖從帛書本身看，確如張注所説没有證據能確定，但同樣亦無證據表明應分爲兩篇；再考慮到此前文字如係獨立一篇，則恐嫌篇幅過短，故此仍將其同定爲衷篇。」

〔二〕張政烺注曰：「何校則凶屢校則吉，王弼本噬嗑初九爻辭，屢作屨。」

子曰：五行者辶□〔□□□□□□□【一九上】□□〕□□用，不可學者也，唯其人而已矣。易其和〔一〕□，此五言之本也。

〔一〕「和」，諸家釋爲「利」，陳劍據新綴入殘片釋出。

聖〔人〕之〔作易也〕，□【一九下】贊於神明而生占也〔一〕，參天兩地而義（倚）數也〔二〕，觀變於陰陽而立卦也，發揮於剛柔而〔生爻也〕，和【二〇上】順於道德而理於義也，窮理盡性而至於命也。〔聖人之作易，將以〕□性命〔之〕理也。是故立【二〇下】天之道〔三〕曰陰與陽，立地之道曰柔與剛，立人之道曰仁與義。兼三才兩之，六畫而成卦。分陰分陽，〔迭〕【二一上】用〔柔〕剛，故易六畫而爲〔四〕章也。天地定位，山澤〔通氣〕，火水相射，雷風相薄〔五〕，八卦相錯，數【二一下】往者順，知來者逆〔六〕，故易達〔七〕數也。

〔一〕張政烺注曰：「自此以下至『故易達數也』，韓本作説卦之前三章，起句爲『昔者聖人之作易也』，帛書適缺，僅存一之字，位置相合，據以填補空位，以便閲讀。占，韓本説卦作蓍，占、蓍義同。後漢書方術傳上云：『占也者，先王所以定禍福，決嫌疑，幽贊於神明，遂知來物者也。』疑范曄所見本亦作占。」

〔二〕張政烺注曰：「義，韓本作『倚』。此下韓本作『而至於命也』。『昔者聖人之作易也將以順性命之理』與原缺位置不合，約多四字。按『昔者聖人之作易也』一句與上章重複，疑此處或僅『聖人作易』四字，然漢石經已如此，不敢妄改。」

〔三〕張政烺注曰：「故，韓本作『以』。位，韓本作『立』。按帛書周易常以位爲立（動詞），以立爲位（名詞），與今日通行漢字用法正相顛倒。」

〔四〕張政烺注曰：「畫，漢石經同，韓本作『位』。釋文云：『本又作六畫。』周易集解亦作『六畫』。

爲，韓本作『成』。爲、成義同。」

〔五〕張政烺注曰：「韓本作『雷風相薄，水火不相射』。二句顛倒，又多一『不』字。漢石經『薄』字以上與韓本同，以下殘缺。按易卦坎水離火，罕言離坎者，帛書『火水』二字顛倒，當從韓本乙正。帛書八卦順序爲乾（天）、坤（地）、艮（山）、兑（澤）、坎（水）、離（火）、震（雷）、巽（風），韓本震、巽移在坎、離之前，『相射』上又增一『不』字，皆與文例不合，然似學者有意爲之，非一般偶然筆誤也。」

〔六〕逆，張政烺釋爲「德」，並注曰：「德，韓本作『逆』。德、逆音近致異。德，得也。」

〔七〕張政烺注曰：「達，韓本作『逆』。達、逆形近致異。似帛書爲長。」

子曰：萬物之義（宜）〔一〕，不剛則不能動，不動則无功，恒動而弗中〔二〕則亡，【二二上】〔此〕剛之失也。不柔則不静，不静則不安，久静不動則沈，此柔之失也。是故乾之「亢龍」〔三〕，〖大〗壯之「觸藩」〔四〕，【二二下】姤之「离（離）角」〔五〕，鼎之「折足」〔六〕，豐之「虚盈」〔七〕，五繇〔八〕者，剛之失也，動而不能静者也。坤之「牝馬」，小畜之「密雲」，姤之「含【二三上】章」〔九〕，漸之「孕婦」〔一〇〕，屯之「泣血」〔一一〕，五繇者，陰之失也，静而不能動者也。是故天之義，剛健動發【二三下】而不息，其吉保功也。無柔救之，不死必亡。重陽者亡，故火不吉也。地之義，柔弱沈静不動，其吉〔保〕【二四上】安也。无剛文之，則窮賤遺亡。重陰者沈，故水不吉也。故武之義，保功而恒死；文之義，【二四下】保安而恒窮。是故柔而不玏〔二〕，然后（後）文而能勝也。剛而不折，然〔而〕〔三〕后（後）武而能安也。易曰「直方大，不〔習〕，【二五上】吉」，言聖〔四〕〔人〕之屯於文武也，此易贊也。

〔一〕張政烺注曰：「自此以下至『神明之德也』，字爲韓本繫辭所無。」

〔二〕張政烺注曰：「按淮南子原道『動静不能中』，注：『中，適也。』此言常動而不得其宜。」

〔三〕張政烺注曰：「帛書六十四卦鍵之尚九『抗龍有悔』。」

〔四〕張政烺注曰：「六十四卦泰壯之九三『羝羊觸藩羸其角』，尚六『羝羊觸藩，不能退，不能遂，无攸利，根則吉』。」

〔五〕張政烺注曰：「六十四卦狗之尚九『狗其角，閵，无咎』。狗（姤）讀爲遘，遇也。离字假爲離，義爲遭遇。离角即狗其角。」

〔六〕張政烺注曰：「六十四卦鼎之九四：『〔鼎折足，覆〕公莡，其刑剭，凶。』」

〔七〕張政烺注曰：「六十四卦豐之尚六：『豐其屋，剖其家，閨其户。哭其无人，三歲不遂，兇。』」

〔八〕張政烺注曰：「繇，卦兆之占辭。」

〔九〕含章，張政烺疑釋爲「女壯」，並曰：「『之』下二字殘損，疑是『女壯』二字。六十四卦狗之卦辭：『（狗）女壯，勿用娶女。』」陳劍據新綴入帛片釋出。

〔一〇〕張政烺注曰：「六十四卦漸之九三：『鳿漸于陸，夫征不復，婦繩不育，凶，利所寇。』九五：『鳿漸于陸，婦三歲不繩，終莫之勝，吉。」」

〔一一〕張政烺注曰：「六十四卦屯之尚六『乘馬煩如，汲血連如』。」

〔一二〕張政烺注曰：「玥，讀爲『朋』。管子地員：『五粟之狀，淖而不肕。』通俗文：『柔堅曰肕。』」

〔一三〕張政烺注曰：「而，衍文。」

〔一四〕張政烺注曰：「易曰直方大不習，坤六二爻辭。」「吉」、「言聖」諸字，陳劍據新綴入帛片釋出。

子曰：乾六剛能方，湯武之德也。「潛龍勿用」者，匿也。【二五下】「見龍在田」也者，德〔一〕也。「君子終日乾乾」，用也。「夕沂〈泥〉若，厲，无咎」，息也。「或躍在淵」，隱〔而〕能靜也。「飛龍【二六上】在天」，見〔二〕於（？）上也。「亢龍有悔」，高而争也。「羣龍无首」，文而聖也。坤六柔相從順，文之至也。「君【二六下】子先迷後得主」，學人之謂也。「東北喪朋，西南得朋」，求賢也。「履霜，堅冰至」，豫〔□〕□也。「直方大〔不〕【二七上】習」，語□〔□□也〕。「含章可貞」，言美情也。「括囊，无咎」，語无聲也。「黄裳，元吉」，有而弗發也。【二七下】「龍戰于野」，文而能達也。「或從王事，无成有終」，學而能發也。易曰「何校」，剛而折也。『鳴謙』也者，柔而〔三〕〔□【二八上】也。遯之「用黄牛」〔四〕，文而知勝矣。渙之緣（彖）辭〔五〕，武而知安矣。坤之至德，柔而反於方。鍵之至德，【二八下】剛而能讓。此乾坤之厽〔六〕説也。

〔一〕張政烺注曰：「説文：『德，升也。』」

〔二〕「在天見」，陳劍據新綴入帛片釋出。

〔三〕張政烺注曰：「六十四卦嗛之尚六：『鳴謙，利用行師征邑國。』按上下文例推之，『柔而』下缺『㓞也』二字。」

〔四〕張政烺注曰：「六十四卦掾之六二『共之用黄牛之勒，莫之勝奪』，此處疑缺『掾之用』三字。」

〔五〕張政烺注曰：「緣假爲彖。渙之彖辭即『彖曰：渙，亨。剛來而不窮，柔得位乎外而上同。王假有廟，王乃在中也。利涉大川，乘木有功也』。」

〔六〕「厽」，張政烺釋爲「品」，並注曰：「品，性質，法式。」李學勤訓爲「分」，其他諸家多訓爲「三」。

子曰：易之用也，段〈殷〉之无道，周之盛德也〔一〕。恐以守位，敬以承事，知以辟（避）患。〔□【二九上】□□□〕□□□文王之危，知史説之數書，孰能辯焉？

〔一〕張政烺注曰：「子曰易之用也段之无道周之盛德也，韓本繫辭下：『易之興也，其當殷之末世，周之勝德耶。』用、興音近致異，段、殷形近致誤，皆以韓本爲優。」

易〈子〉曰〔一〕：〖易〗有名焉曰乾。乾也者，八卦【二九下】之長也。九也者，六爻之大也。爲九之狀，浮（俯？）首兆（頫？）下，蛇身僂曲，其爲龍類也。夫蠪，下居而上達者〔也（？）〕。【三〇上】〼〔□□□〕□□而成章。在下爲「潛」，在上爲「亢」，人之陰德不行者，其陽必失類。易【三〇下】曰「潛龍勿用」，其義潛清勿使之謂也。

〔一〕張政烺注曰：「按下文『子曰又名曰川』，疑此處亦當作『子曰』。」

子曰：廢則不可入於謀，勝則不可與戒，忌者不可與親，繳（絞）〔者〕【三一上】不可予（與）事。易〔一〕曰「潛龍勿用」、「亢龍有悔」，言其過也。物之上擳（即？）〔二〕而下絶者，不久六位〔三〕，必多其【三一下】咎。易曰：「亢龘有悔。」

〔一〕「不可予事易」，陳劍據廖名春綴入於此。徼，丁四新讀爲徼幸之徼，陳劍以爲當讀爲「絞」，義爲偏激、急切。

〔二〕張政烺注曰：「擳，讀爲即，就也。」

〔三〕張政烺注曰：「乾『上九，亢龍有悔』，六位即上九之位。」

大人之義，不實於心則不見於德，不單（亶）〔一〕於口則不澤於面。能威能澤，謂之龍。易〔曰〕：【三二上】「見龍在田，〔利〕見大人。」子曰：「君子之德也。」

〔一〕張政烺注曰：「單，誠。」于豪亮認爲單即亶，亶，厚也。

君子齊明好道，日自見以待用也。見用則【三二下】動，不見用則静。易曰：「君子終日乾乾，夕沂〈泥〉若，厲，无咎。」・子曰：「知息也，何咎之有？」

人不淵不躍，則不見〔□，□〕【三三上】淵不錮〔一〕，不用而反，居□〔□□〕。易曰：「或躍在淵，无咎。」

〔一〕「錮」，陳劍據新綴入帛片釋出。

·子曰：「恒躍則凶。」君子躍以自見，道以自【三三下】成。君子窮不忘達，安不忘亡，靜居而成章，首福又（有）皇〔一〕。易曰：「飛龍在天，利見大人。」子曰：天之助（？·）□〔□□〕【三四上】□□何有其□〔□□□□□〕人尉文而薄（溥），齊明而達矣。此以剸名，孰能及之〔二〕。

〔一〕張政烺注曰：「首，讀爲受。又，即有。皇，美也。」

〔二〕「之」，廖名春、丁四新均釋爲「乎」，陳劍據反印文釋出。

易曰：「見羣【三四下】龍无首。」子曰：讓善之謂也。君子羣居，莫敢首善而治，何誒（疾/嫉（？·））其和也？龍不待光而動，无階而登，〔□〕【三五上】□人與龍相以，何〔不〕吉之有？

此乾之羊〔一〕說也。

〔一〕「羊」，張政烺釋爲「逆」，其他諸家均釋爲「羊」，讀爲「詳」。

子曰：易有名曰坤，雌道也。故曰「牝馬之貞」。【三五下】童獸也，坤之類也。是故良馬之類，廣前而圓後遂臧〔一〕。上受而順，下安而静，外又美形，則中又（有）〔□□〕【三六上】臧壽以□□乎畀以來羣，文德也。是故文人之義，不待人以不善，見惡，默然弗【三六下】反〔二〕，是謂以前戒後。武夫倡慮，文人緣（循）序（緒）〔三〕。易曰：「先迷，後得主。」學人〖之〗謂也，何无主之有？

〔一〕張政烺注曰：「按齊民要術引相馬經：『臆欲廣……膺下要廣一尺以上，名曰挾尺，能久長。……尻欲多肉。』臧，善也。」

〔二〕張政烺注曰：「反，復。」

〔三〕丁四新曰：「緣，通『循』。序，通『緒』。緣序，即『循緒』。又，武夫、文人是從陰陽、柔剛之義而言，非從職業角度論之。」

天氣作〔□〕，【三七上】寒暑不暴。其寒不凍，其暑不暍。易曰：「履霜，堅冰至。」子曰：遜從之謂也。

歲之義，【三七下】始於東北，成於西南。君子見始弗逆，順而保瑴（穀）〔一〕。易曰：「東北喪朋，西南得朋〔二〕，吉。」子曰：非吉石也。其〔□〕【三八上】□要，誠與賢之謂也。

〔武〕人有弼，文人有輔。弼不橈，輔不絶，何不吉之有？

〔一〕于豪亮曰：「瞉，作瞉，善也。」

〔二〕張政烺注曰：「帛書六十四卦坤卦辭作『西南得朋，東北亡朋』。」

易曰：「直方大，不習，【三八下】吉。」子曰：生文武也，雖强學是，弗能及之矣。

易曰：「含章可貞，吉。」言美情之謂也。

文人動，小事時説，大〔事〕【三九上】順成，知毋過數而務柔和。易曰：「或從〖〔王〕事〔一〕，无成有終。」子曰：言詩書之謂也。君子苟得其【三九下】終，可必可盡也〔二〕。

〔一〕張政烺注曰：「坤六三『或從王事』，此脱『王』字。」

〔二〕張政烺注曰：「衍一可字。」

君子言於无罪之外，不言於有罪之内，又（有）口能斂之〔一〕，无舌罪，言不當其時，則閉慎而觀。易曰：「括囊，无咎。」子曰：不言之謂也。夫【四一上】〔□〕□□，〔何〕咎之有？默亦毋譽。

〔一〕陳劍曰：「又口能斂之，原在後文四一上，張注曰：『又口能斂之，按此與上文不連讀，當是錯簡。』」

君子美其慎而不自著也，淵深而内其華。易曰：「黄裳元吉。」子【四一下】曰：蔚文而不發之謂也。文人内其光，外其龍（尨）〔一〕，不以其白陽〔二〕人之黑，故其文滋彰。

〔一〕張政烺注曰：「龍，假作尨。通行本説卦『震爲龍』，鄭注：『尨取日出時色雜也。』考工記玉人『上公用龍』，司農注：『尨謂雜色。』」

〔二〕張政烺注曰：「陽，顯也。」

易曰：〔□〕人既没，有爵□〔□〕【四二上】行雖静〔□〕居，其德不忘。「龍戰于野，其血玄黄。」子曰：聖人信哉！隱文且静，必見之謂也。【四二下】龍卄（七十）變而不能去其文，則文其信于〔一〕。是謂重福。易曰：「利〔永〕貞〔二〕。」

〔一〕卄，張政烺釋爲「才」，斷句爲「龍才變，而不能去，其文則文，其信于」。

〔二〕張政烺注曰：「坤用六爻辭。」

此坤之逆説也。

子曰：【四〇上】夫易之要，可得而知矣。乾坤也者，易之門户也〔一〕。乾，陽物也。坤，陰物也。陰陽合德，而剛柔有體（體），【四〇下】以體（體）天地之化〔二〕，而達神明之德也〔三〕。其辯〔四〕名也，襍（雜）而不越於指，易〔其〕衰世之僮興〔五〕？易【四三上】之事，彰

〔往而察〕來者也〔六〕。微顯贊絶〔七〕，巽而恒當，當名辯物，正言巽辭而備。本生仁義，所【四三下】以義，剛柔之制也〔八〕。其稱名也少〔九〕，其取類也多〔一〇〕。其指閒〔一一〕，其辭文，其言曲而中，其事隱而單〔一二〕。因濟人行，明〔失〕【四四上】得之〔報〕〔一三〕。

〔一〕張政烺注曰：「韓本作『子曰：乾坤其易之門户邪』。釋文：『門邪，本又作門户邪。』」

〔二〕張政烺注曰：「化，韓本作撰。按自『鍵川（即乾坤）也者』至此卅二字，當在下文，錯簡誤置於此。」

〔三〕張政烺注曰：「按此句上接『以體天地之化』，『而達』，韓本作『以通』，義同。」

〔四〕張政烺注曰：「辯，韓本作『稱』。」

〔五〕張政烺注曰：「韓本作『於稽其類其衰世之意邪』。『稽』、『指』音同致異。帛書無『其』字，『類』與『易』字相當（兩字音比較接近），『意』、『僮』形近致異。一説，『於指』屬上讀，韓本『其類』二字與『易』相當。」

〔六〕張政烺注曰：「韓本無『者也』二字。」

〔七〕張政烺注曰：「贊絶，韓本作『闡微』。上文『〔幽〕贊於神明』，見韓本説卦注：『幽，深也。贊，明也。』『闡微』與『贊絶』義近。」

〔八〕張政烺注曰：「韓本作『開而當名，辯物正言，斷辭則備矣』。巽，讀爲譔（亦作撰、篹），與開義近。韓本脱『恒當』二字。巽、斷音近。『巽辭』，韓本作『斷辭』。『本生』以下十二字韓本無，當是衍文。廣雅釋詁四：『撰，定也。』」

〔九〕張政烺注曰：「少，韓本作『小』。少、小義近。」

〔一〇〕張政烺注曰：「多，韓本作『大』。多、大義近。」

〔一一〕張政烺注曰：「韓本作『其旨遠』。閒，疏遠，與遠義同。」

〔一二〕張政烺注曰：「韓本作『其事肆而隱』，説文：『肆，極陳也。』『單，大也。』單，古或讀同寘，與肆音義俱近。又按古者曲與肆對言，此處當依韓本作『其事單而隱』。」

〔一三〕張政烺注曰：「韓本作『因貳以濟民行以明得失之報』。帛書脱『貳以』二字。」

易之〕興也，於中古乎？作易者，其有患憂與〔一〕？上卦九者，贊以德而占以義者【四四下】也〔二〕。履也者，德之基也〔三〕。謙也者，德之柄也。復也者，德之本也。恒也者，德之固也。損也者，德之脩也。益〔也〕【四五上】者，德之裕也。困也者，德之欲也〔四〕。井〖也〗者，德之地也。渙也者，德〖之〗制也〔五〕。是故占曰〔六〕：履，和而至；【四五下】謙，尊而光；復，少（小）而辨於物；恒，久而弗厭〔七〕；損，先難而後易；益，長裕而與〔八〕；宋〈困〉，窮而達〔九〕；井，居其所而遷；【四六上】渙，〔比〕而救〔一〇〕。是故履以果行也〔一一〕，謙以制禮也，復以自知也，恒以一德也，損以遠害也，益以與〈興〉【四六下】禮也〔一二〕，困以辟（避）咎也〔一三〕，井以辯義也，渙以行權也。子曰：「渙而不救，則比矣〔一四〕。」

〔一〕張政烺注曰：「韓本作『其有憂患乎』。」

〔二〕張政烺注曰：「韓本無此十三字，而有『是故』二字以啓下文。」

〔三〕張政烺注曰：「韓本無『也者』二字，以下數句同。按此言『德之基』即所謂『贊以德』，下數句同。」

〔四〕張政烺注曰：「欲，韓本作『辯』。」

〔五〕張政烺注曰：「韓本作『巽，德之制也』。帛書脱『之』字。」

〔六〕張政烺注曰：「韓本無此四字。按以下數句是『占以義』。」

〔七〕張政烺注曰：「久，韓本作『雜』，帛書義長。」

〔八〕張政烺注曰：「韓本作『益長裕而不設』。按上文言『益（也者），德之譽也』，則此處『與』當讀爲『譽』，韓本『設』字當是『詆』字之誤（見繫辭「聖人設卦觀象繫辭焉」，帛書「設」作「詆」，是詆、設互假之證）。不詆即譽也。」

〔九〕張政烺注曰：「韓本作『困窮而通』，朿即困字之誤。」

〔一〇〕張政烺注曰：「韓本作『巽稱而隱』，此段『巽』皆作『涣』，帛書缺字當作『涣比』。」

〔一一〕張政烺注曰：「韓本無『是故』二字，『果』作『和』。果、和音近致異。」

〔一二〕張政烺注曰：「韓本作『益以興利』，與、興形近，履、利音同，致異。韓本義長。」

〔一三〕張政烺注曰：「辟咎，韓本作『寡怨』。辟咎與寡怨義近。」

〔一四〕張政烺注曰:「韓本作『巽以行權』,無以下十字。按上文『巽德之制也』、『巽稱而隱』,帛書作『涣也者德制也』、『□□而救』。由此可見,原文『蓋』作『涣』,韓本改爲『巽』,並删末一句。」

易之爲書也難前〔一〕,爲道就〈屢〉與〈遷〉〔二〕,【四七上】變動而不居,周流六虚,上下无常,剛柔相易也。不可爲典要,唯變所次〔三〕。出入有度,外内【四七下】{内}皆懼〔四〕。又知患故〔五〕,无有師保,而親若父母〔六〕。印〔七〕率其辭,揆度其方〔八〕,无有典常〔九〕。苟非其人,則道不虚{行}。【四八上】无德而占,則易亦不當〔一〇〕。

〔一〕張政烺注曰:「難前,韓本作『不可遠』。兩者義近,蓋有意改。」

〔二〕張政烺注曰:「就與,韓本作『屢遷』。就、屢音近,與、遷形近,致異。韓本優。」

〔三〕陳劍曰:「張釋『次』字注『適』,張注:『唯變所次,次,韓本作適。音近假借。』今按:次與適難稱音近假借,次字義本通。于豪亮(一九九八):『帛書「唯變所次」,書泰誓中:「王次于河朔。」僞孔傳:「次,止也。」』」

〔四〕張政烺注曰:「衍一『内』字。韓本作『使知懼』。」

〔五〕張政烺注曰:「韓本作『又明於憂患與故』。」

〔六〕張政烺注曰:「韓本作『如臨父母』。」

〔七〕「印」,張政烺未釋出,並注曰:「殘字,韓本作『初』。」其他諸家皆釋爲「印」。

〔八〕張政烺注曰：「韓本作『而揆其方』。」

〔九〕張政烺注曰：「无，韓本作『既』。上文『上下无常，剛柔相易，不可爲典要，唯變所適』，則作『无』字是。」

〔一〇〕張政烺注曰：「韓本無此九字。」

易之義〔一〕，贊〔二〕始要終以爲質，六爻相襍（雜），唯時物也。是故其下【四八下】難知〔三〕，而上易知也；本難知也，而末易知也。本則初如疑（擬）之，敬以成之，終而无咎〔四〕。易〔曰□□□□□【四九上】□〕修道，鄉物巽（撰）德，大明在上，正其是非，則□人不〔□□〕與□□〔□□〕疑占，危哉〔五〕！〔□〕□不【四九下】當，疑德占之，則易可用矣〔六〕。

〔一〕張政烺注曰：「義，韓本作『爲書』二字。」

〔二〕陳劍曰：「贊，韓本作『原』，張釋據此注『原』，似不必。」

〔三〕張政烺注曰：「韓本作『其初難知』，無『是故』二字。」「難知」上，諸家多補「其初」二字，陳劍據反印文釋爲「其下」。

〔四〕張政烺注曰：「韓本作『本末也，初辭擬之，卒成之終』。脱字太多，句讀亦誤。『辭』與『始』古音音近通假，如老子道經第二章『萬物作焉而不辭』，帛書老子乙本『辭』作『始』，疑帛書『如』是『始』字之誤，當從韓本作『初辭擬之』。」

〔五〕陳劍曰：「『則』與『危哉』間，張釋作『□人不□與□筮占』。……此略從張釋，並據文字位置在『不』跟『與』之間添加一缺文號，『與』跟『筮』之間添加三個缺文號。『人』字上殘字疑爲『无』字。『疑』字，張釋作『筮』，與殘筆不合。其他諸家釋文皆作缺文號。下行新綴入一小片略補出其左下角筆劃後，結合文意可定爲『疑』字。」

〔六〕張政烺注曰：「以上『易曰』至此，約五十字，韓本無。」

子曰：知（智）者觀其彖辭，而説〔一〕過半矣。易曰〔二〕：「二與四同〔功異位，其善不同。二〕【五〇上】多譽，四多懼，近也。」近也者，謙之謂也。易〈子〉曰〔三〕：「柔之爲道也，不利遠〔者〕，其要无咎，用柔若〔四〕〖中〗也。」易【五〇下】曰〔五〕：「三與五同功異位，其過〔不同〔六〕，三〕多凶，五多功，□之等〔七〕。要危剛□□▨〔八〕【五一上】衷　二千【五一下】

〔一〕張政烺注曰：「説，韓本作『思』。」

〔二〕張政烺注曰：「韓本無『易曰』二字。」

〔三〕張政烺注曰：「韓本無『近也者嗛之胃也易曰』九字。」「易曰」，陳劍認爲當是「子曰」之誤。

〔四〕張政烺注曰：「韓本作『其用柔中』。」

〔五〕張政烺注曰：「韓本無『易曰』二字。」

〔六〕張政烺注曰：「過字左部缺，下一字僅存横畫微末，疑是『其過也』三字，韓本無，或是缺二字。」

「不同」，陳劍從廖名春補。

〔七〕張政烺注曰：「韓本作『貴賤之等也』，與此缺字位置不合。」

〔八〕張政烺注曰：「韓本作『其柔危其剛勝邪』。按帛書此行下部無字，蓋此篇止於此，原當有尾題及字數，因殘破已無可考。」

（四）要

■〔一〕有天道〔焉〕，有地道焉，有人道〔焉〕。察天之道〔二〕，天之□也。地之道，地〔之□也。人之道，人之□也。兼三才而兩【一上】之，故〕六。六者非〔它也，三才之道也。□□□□〕，剛柔〕之相遂（推）而成變。道□□道（？），〔故曰〕爻。有等〔三〕，而【一下】名諸義，義錯〼【二上】〼其要〔无咎〕，此【二下】之謂易〔之道也〕。〼【三上】〼【三下】〼【四上】〼【四下】〼【五上】〼【五下】〼【六上】至（致）命者也。易〼【六下】明而甚不〼【七上】〼行其義，長其慮，修其〼〔則知〕易矣。若夫祝巫【七下】卜筮，龜〼巫（？筮？）贊（？）〔四〕〔□□□□〕巫之師〔□□□□【八上】□□〕無（？）德，則不能知易。故君子尊〼。

〔一〕張政烺注曰：「■，按此行欄上有此標記，知是另起一篇。」

〔二〕張政烺注曰：「韓本此處作『有天道焉，有人道焉，有地道焉』。帛書文字稍繁，殘缺不能句讀，『天之道』與『地之道』相次，『人之道』在後。」

〔三〕張政烺注曰：「韓本作『故曰爻，爻有等』，帛書爻下當有重文號。」

〔四〕「巫（？筮？）贊（？）」，陳劍據殘形釋出。

子曰：吾好學而纔【八下】聞要，安得益吾年乎〔一〕？吾☐

〔一〕「吾好學而纔聞要安得益吾年乎」，當與論語述而「子曰：『加我數年，五十以學易，可以無大過矣』」一段相關。要篇之「聞要」與論語之「學易」説的是一回事。「要」乃易之「要」，「聞要」實爲「學易」之結果。「安得益吾年乎」與「加我數年」説的也是一回事，意思是如何能够增益我的年壽啊！也就是説，如果老天增益給我一些年壽，讓我年輕一些時「學易」、「聞要」就好了！兩處所表達的都是孔子「學易」、「聞要」恨晚之心情，估計孔子説這兩段話的時間也相去不遠。

〔夫子曰〕：「危者，安其位者也；亡者，保〔其存者也〕〔一〕；【九上】是故〕君子安不忘危，存不忘亡，治不忘〔亂。是〕以身安而〔國〕家可保也。易曰：『其亡其亡，繫于【九下】苞桑。』」〔二〕

〔一〕張政烺注曰：「韓本此句下有『亂者有其治者也』一句，觀下文言『治不忘亂』，知原書當有此句，蓋抄寫脱漏。」

〔二〕此處所引易爲否卦九五爻辭，原義爲告誡人們常懷危亡恐懼之心，故孔子引以證其「危者，安其位者也」之論。

夫子曰：「德薄而位尊，〔知（智）小而謀大，力少而任重〕，鮮不及。易曰：『鼎折足，覆公餗，其形渥，凶。』〔二〕言【一〇上】不勝任也。」

〔一〕鼎九四爻辭。

夫子曰：「顔氏之子，其庶幾乎？見幾〔一〕，有不善，未嘗弗知；知之，未嘗復行之。易【一〇下】曰：『不遠復，无祇悔，元吉。』〔二〕」

〔一〕張政烺注曰：「夫子曰顔氏之子其庶幾乎見幾，自此句至『立心勿恒凶』，約□□□□字，見韓本繫辭下傳。韓本無『見幾』二字。」

〔二〕復初九爻辭。

天地混，萬物潤，男女構精而萬物成〔一〕。易〔曰〕：「三人行則損一人，一人行則得【一一上】其友。」言至（致）一也。

〔一〕「混」，陳松長、廖名春釋作「昷」，池田知久釋作「困」。裘錫圭按：「從所摹之形看，此字顯然不是『昷』字，而很可能是右旁稍殘的『困』字。……老子第十四章河上公注：『混，合也。』」「天地混，萬物潤，男女構精而萬物成」，今本作「天地絪緼，萬物化醇。男女構精，萬物化生」。

君子安其身而後動，易其心而後評（呼）〔一〕，定〖其〗位〔二〕而後求。君子修於此三【一一下】者，故存〔三〕也。危以動，則人弗與也；無位而求，則人弗予也〔四〕。莫之予，則傷之者必至矣。易曰：『莫益【一二上】之，或擊之，立心勿恒，凶。』此之謂也〔五〕。」

〔一〕「訏」，今本作「語」。廣雅釋詁二：「訏，鳴也。」

〔二〕「定」下蓋奪「其」字。「定位」，今本作「定其交」。「交」，蓋爲「立（位）」之誤。

〔三〕「存」，今本作「全」。

〔四〕「危以動，則人弗與也；無位而求，則人弗予也」之「人」字，今本皆作「民」；「予」，今本作「與」，下文「莫之予」同，二字通。「危以動，則人弗與也」下，今本有「懼以語，則民不應也」一句。池田知久曰：「作爲與上文的『此三者』相承的表達，通行本在形式上更完整，在意思上更通順。因此，最初的這段文字，也許是後世學者修改成本篇這樣的，或者也許是在抄寫過程中漏掉了本來就有的『懼以訏，則人不應也』一句話。」

〔五〕「此之謂也」四字爲今本所無。

夫子老而好易〔一〕，居則在席，行則在橐。子贛（貢）曰：「夫【一二下】子它日教此弟子曰：『德行亡者，神靈之趨；智謀遠者，卜筮之繁。』賜以此爲然矣。以此言取〔二〕之，賜緡彳□【一三上】之爲也〔三〕。夫子何以老而好之乎？」夫子曰：「君子言以矩方也〔四〕。前羊而至者，弗羊而巧也〔五〕。【一三下】察其要者，不詭〔六〕其辭。尚書多於矣〔七〕，周易未失也，且有古之遺言焉。予非安其用也，予樂〔其〕辭也。汝何【一四上】尤於此乎〔八〕？」〔子贛（貢）

曰〕：「如是，則君子已重過矣。賜聞諸夫子曰：『遜正而行義，則人不惑矣。』夫【一四下】子今不安其用而樂其辭，則是用倚（奇）〔九〕於人也，而可乎？」子曰：「校（絞）〔一〇〕哉，賜！吾告汝易之道。□〔□□〕□〔□□□〕，【一五上】此百姓之道〔也，非〕〔一一〕易也。夫易，剛者使知懼，柔者使知圖，愚人爲而不妄，漸〔一二〕人爲而去詐。文【一五下】王仁，不得其志以成其慮。紂乃无道，文王作。諱（違）而避咎，然後易始興也。予樂其知（智）之自〔□〕，□之自□【一六上】也。予何安乎事紂乎！」子贛（貢）曰：「夫子亦信其筮乎？」子曰：「吾百占而七十當。唯（雖）周粱（梁）山〔一三〕之占也，亦必【一六下】從其多者而已矣〔一四〕。」

〔一〕夫子老而好易，史籍中類似的記載主要有：史記孔子世家曰：「孔子晚而喜易……讀易，韋編三絶。」漢書儒林傳曰：孔子「蓋晚而好易，讀之，韋編三絶」。

〔二〕取，受也，接受。

〔三〕張政烺注曰：「賜緍彳□之爲也，賜，子貢自稱其名。緍讀爲惛，不了也，惑也。」今案：緍，當讀作「敃」，勉力也。説文：「忞，彊也。从心，文聲。」桂馥説文解字義證曰：「經典借敃字。」玉篇心部：「忞，自勉强也。」

〔四〕言以矩方，以，裴學海古書虚字集釋：「猶『以爲』也。」矩，正字通矢部：「爲方之器。」引申爲法度、準則。爾雅釋詁上：「矩，常也。」「矩，法也。」「方」，法度、準則。詩經大雅皇矣「萬邦之方」，毛傳：「方，則也。」後漢書桓譚傳「如此天下知方」，李賢注：「方，猶法也。」矩方，猶法則、準則。

〔五〕裘錫圭曰：「出現在『前』和『弗』之後的那個字……確可釋爲『羊』。帛書繫辭四十五行下『吉事有羊（今本作「祥」）』之『羊』，與此同形。……或疑二『羊』字實當釋『屰』，讀爲『逆』，待考。」巧，通「考」，可釋爲探究。釋名釋言語：「巧，考也，考合異類共成一體也。」王先謙疏證補引王啓原曰：「巧、考古同。書金縢『予仁若考』，史記魯周公世家『考』作『巧』，是其證。」

〔六〕詭，違反，違背。

〔七〕尚書，一般認爲就是作爲六經之一的尚書。這裏的「尚書」與周易對舉，當指連山、歸藏。連山、歸藏早於周易，相對於周易而言，它們爲「上古之書」，故孔子謂之「尚書」。於，張政烺曰：「尚書，古書名。於，假爲誣。」廖名春曰：「於，當通『疏』。……『尚書多仌（疏）矣』當指尚書記事過於簡略，多有疏漏之處。」裘錫圭按：「戉所據照片在『予非安亓用也』之下有『予樂』二字，爲它本所無，大概是整理小組綴合上去的，當可信。從下文『夫子今不安亓用而樂其辭』（帛書十四至十五行）來看，『予樂』下可補出『亓辭也』三字。（校按：有「予樂」二字的碎片原來錯置在第九行。）」今按：本章的「辭」，當指易的卦辭和爻辭，也就是易的經文。

〔八〕裘錫圭曰：此字「似以釋『尤』爲較妥。又……有『此乎』、『之道』兩行字的碎片應移綴在此行的『尤於』和下行的『百生之』之下。『百生』下『之』字只存左半，『之道』之『之』只存右半，正好拼成一個整字。『尤於』之下有一個基本殘去的字所遺留下來的一道筆劃的右尖端。『此乎』之『此』的右偏旁的彎筆正好缺收筆處的尖端，彼此也可拼合。所以此行釋文應在『尤於』下加『此乎』二字」。尤，責也，怨也，過也，非也。

〔九〕倚，奇也，異也；又謂不完全，片面。方言卷二：「倚，奇也。自關而西，秦晉之間，凡全物而體不具謂之倚。」

〔一〇〕張政烺注曰：「校，假爲狡，狡猾。」陳劍依廖名春讀爲「絞」，解爲急切、偏激。

〔一一〕「也非」二字從裘錫圭補。

〔一二〕王引之曰：「漸，詐欺也。」

〔一三〕周梁山，山名，位置不詳，當爲孔子周遊列國所經之地。

〔一四〕從其多者，謂多次占筮，各有吉凶，最後接受屬多數之結果，即吉多從吉，凶多從凶。

子曰：「易，我後其祝卜矣〔一〕！我觀其德義耳也。幽贊而達乎數〔二〕，明數而達乎德，又〔□〕【一七上】□者而義行之耳。贊而不達於數，則其爲之巫；數而不達於德，則其爲之史。史巫之筮，向【一七下】之而未也，始（恃）〔三〕之而非也。後世之士疑丘者，或以易乎！吾求其德而已，吾與史巫同途而殊歸者也。君【一八上】子德行焉求福，故祭祀而寡也；仁義焉求吉，故卜筮而希也〔四〕。祝巫卜筮其後乎！」

〔一〕後，置後，這裏指把祝卜放在次要的地位。

〔二〕「幽贊」一詞又見於説卦第一章「幽贊於神明而生蓍」一語。荀爽曰：「幽，隱也。」俞琰曰：「贊，助也。」「幽贊於神明」，謂暗助於神明，即得神明暗中相助。本章雖不云「神明」，但其「幽贊」仍爲「幽贊於神明」之意。

〔三〕「始」，諸家釋爲「好」，裘錫圭指出此字字形不可能是「好」。陳劍曰：「始，當讀爲『恃』。」

〔四〕「君子德行焉求福」、「仁義焉求吉」之「焉」，當訓「以」，二句當理解爲「以德行求福」、「以仁義求吉」。

孔子【一八下】籀〔一〕易，至於損益一（？）〔二〕卦，未嘗不廢〔三〕書而嘆。戒門弟子曰：「二三子！夫損益之道，不可不審察也，吉凶之□【一九上】也。益之爲卦也，春以授夏之時也〔四〕，萬物之所出也〔五〕，長日之所至也，産（生）之室也〔六〕，故曰【一九下】益。授〈損〉者，秋以授冬之時也〔七〕，萬物之所老衰也，長夜之所至也，故曰〖損〗。産（生）道窮焉，而産（生）道産（生）焉〔八〕。益之【二〇上】始也吉，其終也凶。損之始凶，其終也吉。損益之道，足以觀天地之變，而君者之事已〔九〕。【二〇下】是以察於損益之變者，不可動以憂喜。故明君不時不宿，不日不月〔一〇〕，不卜不筮，而知吉與凶，順於天【二一上】地之心。此謂易道。故易有天道焉，而不可以日月、星辰盡稱也，故爲之以陰陽。有地道【二一下】焉，不可以水、火、金、土、木盡稱也，故律之以柔剛。有人道焉，不可以父子、君臣、夫婦、先後盡稱也，故要【二二上】之以上下。有四時之變焉，不可以萬物盡稱也，故爲之以八卦。故易之爲書也，一類不足以極【二二下】之〔一〕，變以備其情者也〔二〕，故謂之易。有君道焉，五官、六府不足盡稱之，五正之事不足以産（生？）之〔三〕，而詩、書、禮、【二三上】樂不〔讀〕百扁（遍）〔四〕，難以致之。不問於古法〔五〕，不可順○以辭令，不可求以志善。能者由一求之。所謂【二三下】得一而羣畢者〔六〕，此之謂也。損益之道，足以觀得失矣。」要千六百四十八【二四上】

〔一〕說文曰：「籀，讀書也。」

〔二〕「一（？）」，陳松長、廖名春以爲是「二」之誤，池田知久釋作「之」。

〔三〕廢，放置。爾雅釋詁下：「廢，舍也。」郭璞注：「舍，放置。」玉篇廣部：「廢，放置也。」

〔四〕說文：「授，予也。」春夏秋冬之轉變，猶四季相傳遞、交付，即各季皆將時令傳遞、交付給下一季。

〔五〕說文：「出，進也。象草木益滋上出達也。」「萬物之所出也」，是説各種植物生長的根源。從「出」字看，這裏的「萬物」當指各種植物。下文「萬物之所老衰也」的「萬物」同。

〔六〕産（生）之室也，萬物産生、成長的處所。

〔七〕「授〈損〉者秋以授冬之時也」，上「授」字當爲「損」，涉下「授」字而訛。池田知久曰：「『授』，因成對的上文有『益之爲卦也』，所以從文理考慮，必須是『損』字。可能是因字形相似，在抄寫時發生的錯誤。」

〔八〕張政烺曰：「『而產道窮焉』五字衍。疑原文作『而產道窮焉，故曰損』。」李學勤釋作「故曰『損』」，認爲「故曰」下原脱「損」字。裘錫圭認爲：「這一句的文字應爲：『產道窮焉而產道□焉。』第二個『道』字下的缺文，當是含有『開始』、『興起』一類意義的字。全句的意思是説，『生道』窮盡之時也就是『生道』又開始起作用之時。」最後一「產」字釋文，從丁四新説。據此，這一段文字應作：「故曰〖損〗。產道窮焉，而產道產焉。」

〔九〕已，完畢，成功。廣雅釋詁三：「已，成也。」玉篇巳部：「已，畢也。」

〔一〇〕時，時辰。宿，星宿。古人根據時辰、星宿以及日月判斷吉凶。而在孔子看來，如果懂得損益變化之道，英明的君主不必依據這些便可預知吉凶。

〔一一〕「一類」即人們可以感覺到的客觀事物，即上文的「日月星辰」、「水火金土木」、「父子君臣夫婦先後」、「萬物」，也就是一般人心目中的「天道」、「地道」、「人道」和「四時之變」。極，盡也，此處當指上文的「盡稱」。所謂「一類不足以極之」，乃是對上文「不可以日月星辰盡稱也」、「不可以水火金土木盡稱也」、「不可以父子君臣夫婦先後盡稱也」、「不可以萬物盡稱也」的概括。

〔一二〕變，指上文的「陰陽」、「柔剛」、「上下」、「八卦」。它們都是變化的因素，故謂之「變」。被，覆也，此處可理解爲「概括」，也類似「盡稱」。情，實情，這裏指「天道」、「地道」、「人道」、「四時之變」等的實情。所謂「變以被其情者也」，是對上文「爲之以陰陽」、「律之以柔剛」、「要之以上下」、「爲之以八卦」的概括。

〔一三〕五官，池田知久引禮記曲禮下曰：「天子之五官，曰司徒、司馬、司空、司士、司寇，典司五衆。」六府，池田知久引禮記曲禮下曰：「天子之六府，曰司土、司木、司水、司草、司器、司貨，典司六職。」正，長也。杜預春秋經傳集解卷一又卷二十七注曰：「五正，五官之長。」

〔一四〕「不〔讀〕百遍」，第二字原殘，今從池田知久釋。

〔一五〕問，考察，探究。古法，當指上文所述「易道」以及易之「天道」、「地道」、「人道」、「四時之變」、「君道」等。

〔一六〕一，即「易道」，在這裏具體指損益之道。由於「易道」是對萬事萬物的高度概括，所以有能力的人便可以由「易道」去掌握萬事萬理，此謂「得一而羣畢」。

（五）繆和

■繆和問於先生曰〔一〕：「請問，易渙之九二曰：『渙奔其机，悔亡。』此辭吾甚疑焉，請問此之所謂。」子曰：「夫易，明君【一上】之守也。吾〔□〕慧（?）不達問，學不上與〔二〕，恐言而貿易〔三〕。失〔四〕人之道，不然，吾志亦願之。」繆和【一下】曰：「請毋若此，願聞其説。」子曰：「涣者，散也。奔机，幾也，時也。古之君子，時福至則進取，時亡則以讓。夫福【二上】至而能既焉，奔走其時，唯恐失之。故當其時而弗能用也，至於其失之也，雖欲爲人用，【二下】豈可得也哉！將何『无悔』之有？受〔五〕者昌，奔福而弗能敝者窮，逆福者死。故其在詩也，曰：『女弄（寵）不敝【三上】衣裳，士弄（寵）不敝輿輪〔六〕。』无千歲之國，无百歲之家，无十歲之能〔七〕。夫福之於人也，既焉，不【三下】可得而奔也，故曰：『奔福有殃。』聖人知福之難得而奔也，是以有矣。故易曰：『涣奔其机，悔亡。』則〔□〕【四上】言於能奔其時，悔之亡也。」

〔一〕張政烺注曰：「此先生不知何人，蓋漢初（？）之傳易者。」

〔二〕張政烺釋爲「吾〈少〉隱不達，問學不上與」，並注曰：「與，及也。」

〔三〕張政烺注曰：「貿易，變换。漢書李尋傳：『日月失度，星辰錯謬，高下貿易。』」

〔四〕「失」，張政烺釋爲「夫」。

〔五〕張政烺注曰：「『受』下疑脱『福』字。」

〔六〕張政烺注曰：「弄，讀爲寵，老子十三章『寵辱若驚』，帛書乙本寵作弄。戰國策楚策一：『嬖女不敝席，寵臣不避軒。』注：『不敝席，言不久之意。不避，是敝字無疑。』」「輿」，丁四新釋作「車」。

〔七〕張政烺注曰：「廣雅釋詁：『能，任也。』即作官任職。」

・繆和問於先生曰：「凡生於天下者，無愚智、賢不肖，莫不【四下】願利達顯榮。今周易曰：『困，亨。貞大人吉，无咎。有言〔不〕信。』〔一〕敢問大人何吉於此乎？」子曰：「此聖人之【五上】所重言也，曰『有言不信』。凡天之道，壹陰壹陽，壹短壹長，壹晦壹明。夫人道仇之〔二〕。是故【五下】湯〔□□〕王〔三〕，文王拘於羑里，秦〔繆公困（？）〕於殽，〔齊桓公〕辱於長勺，越王勾踐困於〔會稽〕，晉文君困【六上】於驪氏。古（故）古至今〔四〕，霸王之君未嘗憂困而能□〔□〕之任，則遺〔□□〕也〔五〕。夫困之爲達〔六〕也，亦猶【六下】〔□□□□□□〔七〕□▨故易曰：『困，亨。貞大人吉，无〔咎，有言〕不信。』〔其此〕【七上】之謂也。」

〔一〕張政烺注曰：「困卦卦辭。」

〔二〕張政烺注曰：「廣雅釋詁：『仇，匹也。』『仇，合也。』皆相當、相對之義。」

〔三〕張政烺注曰：「説苑雜言記孔丘答子貢之言，有『吾聞人君不困不成王，列士不困不成行。昔者，湯困於吕，文王困於羑里，秦穆公困於殽，齊桓困於長勺，句踐困於會稽，晉文困於驪氏。夫困之爲道，從寒之及煖，煖之及寒也，唯賢者獨知而難言之也。易曰：困，亨。貞，大人吉，无咎。有言不信。聖人所與人難言信也』，與此同源，惟改『繆和問於先生』爲子貢與孔丘問答，可見繆和是原始形式。史記夏本紀桀『乃召湯而囚之夏臺，已而釋之』，注：『獄名，夏曰均臺，皇甫謐云地在陽翟是也。』國語鄭語『當成周者，南有申呂』，夏臺或屬呂地，故説苑作『湯困於呂』。帛書『王』字疑是『臺』字之誤。尸子：『湯復於湯丘，文王幽於羑里……越王棲於會稽，秦穆公敗於殽塞……故三王資於辱而五伯得於困也。』帛書『王』字亦或是『丘』字之誤。」

〔四〕張政烺注曰：「古古自今，下文有『自古及今』，『古』與『自』古文字形相近，疑此亦當作『自古至今』。」

〔五〕「霸王之君未嘗憂困而能□〔□〕之任則遺〔□□〕也」，張政烺釋爲「霸王之君未嘗憂困而能□甘美亞不□□也」。

〔六〕「達」，張政烺以爲「道」之訛字。

〔七〕此處缺文，張政烺補爲「寒之及煖，煖之及寒也，唯賢者獨知而難言之也」。

・繆和問於先生曰：「吾年歲猶少，志□未定，力則不足，〔□□□〕敢失忘吾者〔一〕？」子曰：「何【七下】▨□□□□▨【八上】書、春秋、詩語，蓋曰美惡不紐，而利害異舉。今周易曰：〔『困于石，據于蒺□□□〕藜，入于其宮，不【八下】〔見其妻，凶。』何謂也？」子曰：〕▨【九上】謂也。蒺者，疾也；藜者，利也。古之君子，其唯（？）▨□〔□□□□□〕【九下】▨【一〇上】〔□□〕以□〔□〕□□□□其（？）▨【一〇下】▨【一一上】

〔一〕陳劍曰：「『敢失忘吾者』意不明，單從字形看，『失』有可能應釋爲『夫』字。」

▨〔凡生於天下〕【一一下】者，莫不願安，〔□〕豐盈，是▨今易〔嗛（謙）之〕九三曰：「勞嗛（謙），君〔子〕【一二上】有終，吉〔一〕。」〔何謂也？子曰：「此言〕▨□□〔□〕【一二下】以高下＝（下下）〔一〕，故曰『嗛（謙）』。禹之取天〔下也〕，當此卦也。禹〔勞〕其四枚〈枝〉，苦其思慮，至於手足駢胝，顔色〔黎黑，□〕【一三上】□□□▨□▨而果君〔天〕【一三下】下，名號聖君，亦可謂『終』矣。吉孰大焉？故曰：『勞嗛（謙），君子有終，吉。』不亦宜乎？今有土之君，及至布衣【一四上】▨其妻奴（孥／帑）粉白黑涅，▨非能省，而【一四下】有功名於天下者，殆无有矣。故曰：『勞嗛，君〔子又〕終，吉。』此之謂也。」

〔一〕張政烺注曰：「謙九三『勞謙，君子有終，吉』。」

・繆和問先生曰：「吾聞先君，其陳（？）【一五上】義措法，發號施令於天下也，皎焉若〔□□〕□，故□〔一〕世循者不惑眩焉。今易豐之【一五下】九四曰：『豐其蔀，日中見斗，遇其夷主，吉〔二〕。』何謂也？」子曰：「豐者，大也。蔀者，小也。此言小大之不節也〔三〕。夫【一六上】〔□〕君之爲爵位賞慶也，若體（體）埶（勢）然。大能奮〔四〕細，故上能使下，君能令臣。是以動則有【一六下】功，靜則有名。列埶（設）尤尊〔五〕，賞祿〈祿〉甚厚，能弄（寵）傳

（專）君〔六〕而國不損敝者，蓋无有矣。『日中見斗』，夫日者，君【一七上】也；久〈斗〉者，臣也。日中而久〈斗〉見，君將失其光矣。日中必傾，幾失君之德矣。遇者，見也。見夷【一七下】主者，其始夢〔七〕兆（兆）而亟見之者也。其次，秦穆公、荆莊、晉文、齊桓是也〔八〕。故易曰：『豐其蔀，日中見斗，【一八上】遇其夷主，吉。』此之謂也。」

〔一〕「□」，丁四新釋作「後」。

〔二〕張政烺注曰：「豐九四：『豐其蔀，日中見斗，遇其夷主，吉。』釋文：『馬云：蔀，小也。』」

〔三〕「節」，張政烺釋爲「惑」，陳劍認爲與字形不符，當釋爲「節」，不節即不符合法度。

〔四〕張政烺注曰：「奮，有指揮之義，説文：『揮，奮也。』」

〔五〕張政烺注曰：「列執尤尊，列勢，下文或作『勢列』。荀子正名『無執列之位而可以養名』，注：『執列，班列也。』」「執」，陳劍從裘錫圭讀爲「設」。

〔六〕「傳」，張政烺讀爲「傅」，並注曰：「能，姿態，才藝。弄，寵好，戲玩。傅，疑侍字之訛。傅，緣附，包圍。」陳劍認爲當讀爲「專」。

〔七〕張政烺注曰：「夢僞爲萌。」

〔八〕張政烺注曰：「按此以秦翏公居前，上文亦見秦繆居齊桓、句踐、晉文之前，蓋秦時人所作。」

• 呂昌問先生曰：「易屯之九五曰：『屯其膏，小貞吉，大貞凶。』將何【一八下】謂也？」「夫易〔一〕，上聖之治也。故君子處尊思卑，處貴思賤，處富思貧，處樂思勞。君子能思此四者，是【一九上】以長有其利，而名與天地俱。今易曰『屯其膏』，此言自潤者也。夫處上位，厚自利而不〈自〉【一九下】皿〈血（恤/卹）〉下，小之猶可，大之必凶。且夫君國有人，而厚歛至征以自封也〔二〕，而不顧其人，此除也。夫能見其將【二〇上】危而數（？）〔□〕之，猶未失君人之道也。其小之吉，不亦宜乎？物未夢兆（兆）而先知之者，聖人之志【二〇下】也，三代所以治其國也。故易曰：『屯其膏，小貞吉，大貞凶。』此之謂也。」

〔一〕張政烺注曰：「按文義，此句之上當脱『子曰』二字。」

〔二〕張政烺注曰：「國語楚語：『是聚民利以自封而瘠民也。』注：『封，厚也。』」

•呂昌問先生曰：「天下之士，皆欲會【二一上】□連友〔以〕相〔□〕也，分別（？）摟與以相高也，以爲至是也。今易渙之六四曰『渙其羣，元吉』，此【二一下】何謂也？」子曰：「異哉，天下之士所貴！夫渙者，散。元者，善之始也。吉者，百福之長也。夫羣黨傰（朋）族〔一〕，□【二二上】誰（推？）以〔□□□□〕比周相譽，以奪君明，此古（固/故）亡國敗家之法也，明君之所行罰也，將何【二二下】『元吉』之有矣！」呂昌曰：「吾聞類大有焉耳，而未能以辨也。願先生少進之，以明少者也。」子曰：「明王聖【二三上】君之治其臣也不然。立爲刑辟，以散其羣黨，執（設）〔二〕爲賞慶爵列，以勸天下，羣臣、黔首、男【二三下】

女〔三〕，夫人竭力盡智，歸心於上，莫敢傰（朋）黨，恃君而生，將何求於人矣？其曰『涣其羣，元吉』，不亦宜乎？故【二四上】詩曰：『嘒彼小星，三五在東，肅肅宵征，蚤夜在公，寔命不同〔四〕。』彼〔五〕此之謂也。」

〔一〕「族」，張政烺釋爲「挨」，並注曰：「挨，疑作『等』，廣雅釋詁：『等，輩也。』」
〔二〕張政烺注曰：「執，假爲『設』。」
〔三〕張政烺注曰：「黔首是平民，男女是奴婢。」
〔四〕張政烺注曰：「毛詩召南小星：『嘒彼小星，三五在東，肅肅宵征，夙夜在公，寔命不同。』」
〔五〕張政烺注曰：「彼字衍。」

•吕昌問先生曰：【二四下】「夫古之君子，其思慮舉措也，內得於心，外度於義，外內和同。上順天道，下中〔一〕地理，中適人心，神【二五上】□□它焉，故有嘉命〔二〕目□（？）筲〔三〕之聞。今周易曰：『蒙，亨，非我求童蒙，童蒙求我。初筮吉，再三瀆，瀆則【二五下】不吉。利貞〔四〕。』以昌之和〈私〉以爲，夫設身无方，思索不察，進退无節，瀆焉則不吉矣，而能亨其利者，【二六上】古（固／故）有之乎？」子曰：「是則可也，而有不然者。夫內之不咎，外之不逆，筲筲然〔五〕能立志於天下，【二六下】若此者，成〔六〕人也。成人也者，世无一夫，豈可强及歟哉？故言曰：『古之馬及古之鹿，今之馬今之鹿〔七〕。』夫任人□【二七上】過，亦君子失也〔八〕。」昌曰：「若子之言，則易蒙上矣。」子曰：「何必若此，而不可〖不〗察也。夫蒙者，【二七下】〖蒙〗然少，未有知（智）也〔九〕。凡物之少，人之所好也。故曰：『蒙，亨。』『非我求童蒙，童蒙求我』者，有智能者不求无能者，无能者【二八上】求有能者，故〔曰〕『非我求童蒙，童蒙求我』。『初筮吉』者，聞其始而知其終，見其本而知其末。故【二八下】曰『初筮吉』。『再三瀆，瀆則不吉』者，反覆問之而瀆，瀆弗敬，故曰『不吉』。弗知而好學，身之賴〔一〇〕也。故曰『利〔貞〕』。【二九上】□□〕君子於仁義之道也，雖弗身能，豈能已哉？日夜不休，終身不倦，日日載載（孜孜），必成而【二九下】后（後）止。故易曰：『蒙，亨，非我求童蒙，童蒙求我。初筮吉，再三瀆，瀆則不吉，利貞。』此之謂也。」

〔一〕張政烺注曰：「中，得也，當也，應也，合也。」

〔二〕「命」，張政烺釋爲「令」。

〔三〕張政烺注曰：「⿱⺮百當假作『莫』。」

〔四〕張政烺注曰：「蒙卦辭。」

〔五〕張政烺注曰：「荀子非十二子『莫莫然』，注：『莫，讀爲貊。貊，静也。』」

〔六〕張政烺注曰：「國語周語：『成，德之終也。』」

〔七〕張政烺注曰：「馬下疑脱『不及』二字，此言以馬逐鹿，韓非子説林下：『有欲以御見荆王者，衆騶妒之，因曰：臣能撽鹿。見王，王爲御，不及鹿，自御及之。王善其御也，乃言衆騶妒之。』」

〔八〕「失」，丁四新釋作「過」。

〔九〕張政烺注曰：「『然』字上疑脱一『蒙』字。」

〔一〇〕張政烺注曰：「賴，利也。」

•吴孟問先〔生【三〇上】曰：「〔請問〕易中復（孚）之九二，其辭曰：『鳴鶴在陰，其子和之。我有好爵，吾與爾羸（靡）之。』何謂也？」子【三〇下】曰：「夫易，聖君之所尊也。吾庸與焉乎？」吴子曰：「惡有然！願先生試略之，以爲毋忘，以匡弟子，□〔□〕。」【三一上】子曰：「〔□〕鶴者，□〔□□〕□者，所獨擅也，道之所見也，故曰『在陰』。君者，人之父母也。人者，君之子【三一下】也。君發號出令，以死力應之，故曰『其子和之』。『我有好爵，吾與爾羸（靡）之』者，夫爵禒〈禄〉在君在人，君不徒予，【三二上】臣不〔徒受，聖君之使〕其人也，訢焉而欲利之。忠臣之事其君也，驩（歡）然而欲明之。驩（歡）訢交迵（通），【三二下】此聖王之所以君天下也。故易曰：『鳴鶴〖在〗陰〔一〕，其子和之。我有好爵，吾與爾羸（靡）之。』其此之謂乎！」

〔一〕張政烺注曰：「『鶴』下脱一『在』字。」

•莊但問【三三上】於先生曰：「敢問，於古今之世，問學談説之士君子，所以皆技〈技（跂）〉〔一〕焉勞其四肢之力，竭其腹心【三三下】而索者，類〔二〕非安樂而爲之也。以但之私心論之，此大者求尊嚴顯貴之名，細者欲富厚安樂〔之〕【三四上】實。是以皆技〈技（跂）〉焉必勉，輕奮其所穀幸〔三〕於天下者，殆此之爲也。今易謙之初六，其辭【三四下】曰：『謙謙君〔子〕，用涉大川，吉。』將何以此諭也？」子曰：「夫務尊顯者，其心有不足者也。君子不然，㫚（？—忽/惚？）焉不自〔四〕【三五上】明也，不自尊也，故能高世。夫謙之初六，謙之明夷也〔五〕。聖人不敢有位也，以有知爲无知【三五下】也，以有能爲无能也，以有見爲无見也。憧焉无敢設也〔六〕，以使其下，所以治人請（情），技〈技（規）〉羣臣之僞也。『嗛〔＝〕（謙〔謙〕）嗛【三六上】君子』者，夫古之聖君，謙然以不足立於天下，故奢侈廣大遊樂之鄉，不敢渝（偷）〔七〕其身焉，【三六下】是以而〈天〉下驩（歡）然歸之而弗猒也。『用涉大川，吉』者，夫明夷，離下而坤上，坤者，順也。君子之所以折〔八〕其身【三七上】者，明察所以貌人者□紐（狃/忸），是以能既〔九〕致天下之人而有之。且夫坤者，下之爲也。故曰：『用【三七下】涉大川，吉。』」子曰：「能下人若此，其吉也，不亦宜乎？舜取天下也，當此卦也。」子曰：「聰明睿智守以愚，博【三八上】聞强試（識）守以踐（淺）〔一〇〕，尊〔□〕貴富守以卑。若此，故能君人。非舜，其孰能當之？」

〔一〕「技」，張政烺釋爲「杖（？）」，頁旁批注「枚」與「杖」。

〔二〕陳劍曰：「類，大抵，率，皆。」

〔三〕張政烺注曰：「榖幸，讀爲僥幸。」

〔四〕「昒」，張政烺釋爲「晦」。

〔五〕張政烺注曰：「艮下坤上，謙。離下坤上，明夷。謙初六變而之明夷。」

〔六〕張政烺注曰：「憧，意不定。設，施陳。」

〔七〕張政烺注曰：「渝，變汚。」

〔八〕張政烺注曰：「折，屈，下。」

〔九〕張政烺注曰：「既，盡也。」

〔一〇〕張政烺注曰：「韓詩外傳卷八：『孔子曰……禄重而守之以卑者貴……聰明睿智而守之以愚者哲，博聞强記而守之以淺者不溢，此六者皆謙德也。』與此意近。」

·張射問【三八下】先生曰：「自古至今，天下皆貴盛盈。今周易曰：『謙，亨，君子有終。』敢問君子何亨於此乎？」子曰：「善，【三九上】而問是也。夫先君作爲埶（設）列爵位之尊，明厚賞慶之名，此先君之所以勸其力也。【三九下】宜矣，彼其貴之也。此非聖君之所貴也。夫聖君，卑體屈貌以舒遜，以下其人，能致天下之人而有之，【四〇上】此□〔□□〕

亨也。非聖人，孰能以此終？」子曰：「天之道崇高神明而好下，故萬物歸命焉。地之【四〇下】道精博以上而安卑，故萬物得生焉。聖君之道尊嚴睿智而弗以驕人，謙然牝〔一〕德而好後，故【四一上】□□□□焉〔二〕。故易曰：『謙，亨，君子有終。』」子曰：「謙者，溓（慊/歉）然不足也。亨者，嘉好之會也〔三〕。夫君人【四一下】者以德下其人，人以死力報之，其亨也，不亦宜乎？」子曰：「天道毀盈而益謙〔四〕，地道銷〔盈而〕流謙，〔鬼神害〕【四二上】盈而福〔謙〕，人道惡盈而好謙。謙者，一物而四益者也。盈者，一物而四損者也。故聖君以【四二下】爲豐茬〔五〕。是以盛盈使祭服忽〔六〕，屋成加萅（藉）〔七〕，宮成刊隅，謙之爲道也，君子貴之。故曰：『謙，亨，君〔子有終〕。』」【四三上】子曰：「能盛盈而以下〔八〕，非君子，其孰當之？」

〔一〕「牝」，諸家釋爲「比」。張政烺注曰：「廣雅釋詁一：『比，樂也。』雜卦傳：『比樂師憂。』」陳劍認爲從此字左側下端殘筆可以看出不應釋爲「比」。

〔二〕「□□□□焉」，丁四新補作「天下歸心焉」。

〔三〕張政烺注曰：「文言傳：『亨者，嘉之會也。』」

〔四〕張政烺注曰：「韓詩外傳卷八『孔子曰……故天道虧盈而益謙，地道變盈而流謙，鬼神害盈而福謙，人道惡盈而好謙，謙者抑事而損者也』，即改此文而成。末句『抑事』即『一事』之誤，『而』

字下刪『四益者也，盈者一物而四』十字。以爲孔丘之言，尤謬。」

〔五〕張政烺注曰：「字林：『茬，草亦盛也。』」

〔六〕張政烺注曰：「勿讀爲冕。左傳桓公二年『衮冕黻珽』，疏：『冕者，俛也，以其後高前下，有俛俯之形，故因名焉。蓋以在上位者失於驕矜，欲令位彌高而志彌下，故制此服，令貴者下賤也。』」

〔七〕張政烺注曰：「説苑敬慎：『是以衣成則缺衽，宫成則缺隅，屋成則加錯，示不成者，天道然也。』菩、錯疑並假作藉。説文：『藉，一曰草不編狼藉。』左傳桓公二年『清廟茅屋』，疏：『杜云以茅飾屋，著儉也。以茅飾之而已，非謂多用其茅總爲覆蓋，猶童子垂髦及蔽膝之屬，示其存古耳。』」

〔八〕「子曰能盛盈而以」，陳劍據新綴入帛片釋出。

·李羊問先生曰：「易歸妹之上六曰：『女承匡无實，士【四三下】刲羊无血，无攸利。』將以辭是何明也〔一〕？」子曰：「此言君臣上下之求者也。女者，下也；士者，上也；承者，□□（□也）；【四四上】匡（筐）者，處之名也〔二〕；刲者，上求於下也；羊者，衆也；皿〈血〉者，卹也；攸者，所也。夫賢君之爲列執（設）爵位【四四下】也，與實俱。羣臣榮其列，樂其實，夫人盡忠於上。其於小人也，必談博知其有无〔三〕，而後求焉。是以往（？——

誑？）〔□〕【四五上】不行，莫不動樂以承上求，故可長君也。貪亂之君不然。羣臣虛位，皆有外志，君无賞祿〈禄〉【四五下】以勸之。其於小人也，賦斂无根（限），嗜欲无厭，徵求无時；財盡而人力屈，不勝上求；衆有離心，而上弗卹，【四六上】〔此〕所以亡其國〔四〕，以及其身也。夫明君之畜其臣也不虛，忠臣之事其君也有實，上下迵（通）實，此【四六下】所以長有令名於天下也。夫忠〈惠？〉言〔五〕情愛而實弗隨，此鬼神之所疑也，而況人乎？將何所利矣。〔故〕曰：『女承〔匡（筐）〕【四七上】无實，士刲羊无血，无攸利。』此之謂也。」孔子曰：「夫无實而承之，无皿〈血〉而卦〈刲〉之，不亦不智乎？【四七下】且夫求於无有者，此凶之所産（生）也。善乎謂〔之〕无所利也。」

〔一〕陳劍曰：「『將以辭是何明也』難解，疑即『將以何明是辭也』之誤抄倒。」

〔二〕陳劍曰：「自『承者』至『刲者』之間，張釋作『承者〔言〕求焉。〔匡无實者〕□〔也〕，所謂〔言〕求焉』，即後四五上從湘博本改綴於該處之『後求焉』小片。」

〔三〕「談博」，張政烺釋爲「淡薄」。

〔四〕陳劍曰：「自『而上』至『其國』，張釋作『而上□□□□□其國以及其身也』。『弗卹』及其上『而上』至大半連於四五上『是以往』小片，今從廖名春（一九九八：二八六，二〇〇八：三九五）綴合。『所以亡』及『其』字右半連於上行『不行莫不動』小片，今從陳松長（一九九五：三七五）、廖名春（一九九八：二八六，二〇〇八：三九五）綴合。」

〔五〕陳劍曰：「『忠言』難解，『忠』疑爲『惠』之形近誤字。」

・子曰：「君人者有大德於臣而不求其報，則□〔□〕【四八上】□要，晉、齊、宋之君是也〔一〕。臣人者，有大德於君〔而不〕求其報〔二〕，〔則□□□〕□，死則子孫无後於〔三〕〔□〕，【四八下】關龍逢、王子比干、五子〔胥、介〕子推是也。夫君人者，有大德於臣而不求其報，生道也。臣者〔有大德於【四九上】君〕而不求其報，死道也。是故聖君求報☐而弗得者，死亡隨〔之〕〔四〕【四九下】矣，故報不可不求也〔五〕。其在易也，復之六二曰：『休復，吉。』則此言以□〔□〕□□〔□〕□也。又〔□□□□□〕【五〇上】□焉，將何吉之求矣？」

〔一〕張政烺注曰：「晉文公，齊桓公。宋疑指宋桓公御説，見左傳莊十一年、十二年。」

〔二〕「求其報」，陳劍據反印文釋出。

〔三〕「死則子孫无後於」，陳劍據反印文釋出。

〔四〕「而弗得者死亡隨」，陳劍據新綴入帛片釋出。

〔五〕「矣故報」，陳劍從廖名春綴合。「不可不求也」，陳劍據新綴入帛片釋出。

・子曰：「昔者先君☐□〔□□〕【五〇下】産外内，使親而不相德也（？），疏而不相怨。正（政？）之成也，故人之（？）□□〔一〕☐【五一上】□，猶恐人之不順也。故其在易也，〔訟之六三曰：『食舊德，貞厲，終吉。或從王〕事，无成〔二〕。』」子【五一下】曰：「『食舊德』者，好善從〔三〕〔□□□□□□〕幹事，食舊德以自厲〼【五二上】〔□□□□□□〕也。夫産（生）於今之世，而爲（？）〼也，不亦宜乎？【五二下】故曰：『食舊德，貞厲。或從王事，无成。』」

〔一〕「産外内，使親而不相德也（？），疏而不相怨。正（政？）之成也，故人之（？）□□」，陳劍從廖名春綴合，又新綴入一小片，將「使親而不相德」諸字左側補足。

〔二〕張政烺注曰：「帛書六十四卦與此同，王弼本『貞厲』下有『終吉』二字。」

〔三〕「曰食舊德者好善從」，張政烺釋爲「曰食〔舊德貞厲者〕」，陳劍據新綴入帛片釋出。

•子曰：「恒之初六曰：『夐（濬／浚）恒〔一〕，貞凶，无攸利。』」〔子〕曰：「夐者，□□〔□□□【五三上】□□□□□□〕用，人之所非也，凶必産（生）焉。〔故曰：『夐（濬／浚）恒，貞凶，无攸〕利。』」

〔一〕張政烺注曰：「帛書六十四卦同，王弼本『夐』作『浚』。」

•子曰：「恒之九三曰：『不【五三下】恒其德，或承之羞，貞吝。』」子曰：「『不恒其〖德〗者〔一〕，言其德行之无恒也。德行无道，則親＝疏＝无＝辨〖＝〗〔二〕（親疏无辨，親疏无〖辨〗）□〔□□□【五四上】□□□〕何不吝？故曰：『不恒其德，或承〔之羞，貞吝。』」

〔一〕張政烺注曰：「『其』下脱『德』字。」

〔二〕陳劍曰：「『則親=疏=无=辨』之『辨』字下原無重文號，應係漏抄。」

•子曰：「恒」之六五曰：『恒其德，貞婦人【五四下】吉，夫子凶。』婦德，一人爲，〔不〕可以有它。有它矣，凶必産（生）焉。故曰：『恒其德，貞婦人吉。』夫男德不□，必將〔□〕【五五上】〔□〕；有弱德，必立而好比於人。賢不肖人得其宜焉，則吉；自恒也，則凶。故曰：『恒其德，貞婦人【五五下】吉，夫子凶。』」

•子曰：「坤之六二曰：『直方大，不習，无不利。』」子曰：「直方者，智之謂也。不習者，□〔□〕不安者〔一〕之【五六上】〔謂〕也。无不利者，无過〔二〕之謂也。夫贏德〔三〕以與人遇，則失人和矣。非人之所習也，則近害矣。故【五六下】曰：『直方大，不習，无不利。』」

〔一〕陳劍曰：「『不安者』諸家釋文皆作缺文，此係改綴小片。」

〔二〕「過」，張政烺釋爲「道」。

〔三〕張政烺注曰：「贏德，即上言『弱德』。」

•湯出巡守，東北有火，曰：「彼何火也？」有司對曰：「漁者也。」湯遂至□曰：「子之祝【五七上】何？」曰：「古蛛蝥〔一〕作網，今之人緣序（緒）〔二〕。左者右者，上者下者，率突乎土者〔三〕，皆來乎吾網。」湯【五七下】曰：「不可。我教子祝之。曰：『古者蛛蝥作網，今之〖人〗〔四〕緣序（緒）。左者使左，右者使右，上者使上，下者使下，〔□〕【五八上】□命者以祭先祖〔五〕。』」諸侯聞之，曰：「湯之德及禽獸魚鱉矣！」故共皮幣〔六〕以進者卌（四十）又【五八下】餘國。易卦其義曰：「顯比，王用三驅，失前禽，邑〖人〗不戒，吉〔七〕。」此之謂也。

〔一〕張政烺注曰：「蛛蝥，即蜘蛛，見方言十一。」

〔二〕張政烺注曰：「按此事古書多有記者，『緣序』二字各不同，吕氏春秋異用作『學紓』，新書諭誠作『循緒』，新序卷五雜事作『循序』，蓋皆緣襲之意，不尸始作之名。」

〔三〕張政烺注曰：「率突乎土者，即從地出者。」

〔四〕張政烺注曰：「『之』下脱『人』字。」

〔五〕「〔□〕□命者以祭先祖」，陳劍據新綴入帛片釋出。

〔六〕張政烺注曰：「孟子梁惠王下『事之以皮幣』，注：『皮，狐貉之裘；幣，繒帛之貨也。』」

〔七〕張政烺注曰：「比之九五爻辭。『邑』下脱一『人』字。」

・西人〔一〕舉兵侵魏野，而〔□□□〕。【五九上】魏文〔侯聞〕之，恐〔二〕，而遂出見諸大夫。過段干木之閭而軾。其僕李義曰：「義聞之，諸侯【五九下】先財而後財〈身〉〔三〕，今吾君先身而後財，何也？」文侯曰：「段干木富乎德，我富於財。段干木富乎〔義〕〔四〕，【六〇上】我富乎地。彼德而不吾爲者也〔五〕，義而不吾取者也。彼擇取而不我與者也，我求而弗【六〇下】得者也。若何我過而弗軾也？」西人聞之，曰：「我將伐无道也，今也文侯尊賢，〔□□〕此？」遂還（？）兵〔六〕。〔□〕【六一上】□□〔□□□□□□〕何＝而要之局，而冠之獄獄。吾君敬汝而西人告不足。易卦其義【六一下】曰「有孚惠心，勿問，元吉。有孚惠我德」也〔七〕。

〔一〕張政烺注曰：「西人，秦人。稱『西』而避『秦』，知是秦時人作。」

〔二〕「魏文〔侯聞〕之恐」，張政烺據新綴入帛片釋出。

〔三〕張政烺曰：「諸侯先財而後財，後財當是後身之誤。」

〔四〕張政烺注曰：「此事又見吕氏春秋期賢及新序卷五，皆言『段干木光乎德，寡人光乎地；段干木富乎義，寡人富乎財』，則此處所缺當是『乎義，我富於地』等字。」

〔五〕「段干木富乎〔義〕，我富乎地，彼德而不吾爲者也」，陳劍據新綴入帛片釋出。

〔六〕「此」，張政烺釋爲「故」，廖名春釋爲「伐」，陳劍認爲與殘字字形不合，當釋爲「此」。「還（？）」，張政烺釋爲「退」，陳劍認爲與殘字字形不合，疑讀爲「還」。

〔七〕張政烺注曰：「益之九五爻辭：『有孚惠心，勿問元吉，有孚惠我德。』」

•吴王夫差攻〖荆〗〔一〕。當夏，太子辰歸（饋）〔二〕冰八管。君問左右：冰〔□〕【六二上】

與〔□□□□□□□□□〕注冰江中上游，與士飲其下游。江水未加清（清）〔三〕，而士人大悦。【六二下】析壘爲三遂（隊）〔四〕，而出擊荆人，大敗之。襲其郢，居其君室〔五〕，徙其祭器。察之，則從八管之冰始也。【六三上】故易卦其義曰：「嗚謙，可用行師征國〔六〕。」

〔一〕張政烺注曰：「『攻』下當脱『荆』字。」

〔二〕張政烺注曰：「太子辰，左傳記夫差之太子名友，史記名友。歸，讀爲『餽』。」

〔三〕張政烺注曰：「清，讀爲『清』，冷也。」

〔四〕張政烺注曰：「斯，析，分開。遂讀爲隊。」

〔五〕張政烺注曰：「左傳定公四年：『吳入郢，以班處宮。』然是吳王闔閭事。此則傳聞之誤。」

〔六〕張政烺注曰：「謙之上六爻辭。『征』下脱一『邑』字。」

·越王句賤即〈既〉已克吳，環（還）周（舟）而欲均〔一〕荆方城【六三下】之外。荆王聞之，恐，而欲予之。左史倚相〔二〕曰：「天下吳爲强，以越戔（殘）吳〔三〕，其鋭者必盡，其餘不足〔用〕【六四上】也。是知晉之不能〔逾〕宋〈衛〉、知齊之不能逾鄒魯而與我争於吳也，是恐而來觀【六四下】我也〔四〕。」君曰：「若何則可？」左史倚相曰：「請爲長轂〔五〕五百乘，以往分於吳地。」君曰：「諾。」遂爲長轂五〔百〕【六五上】乘以往分吳。曰：「吳人之賓〈寶（保）〉山□而不服者，請爲君服之。」〔曰〕〇〔六〕越王曰：「天下吳爲强，吾【六五下】既戔（殘）吳，其餘不足以辱大國士人，請辭。」又曰：「人力所不至，周（舟）車所不達，請爲君服之。」王謂大夫種〔七〕：「〔□〕【六六上】□□不退兵，□〔□〕？」種曰：「不可！天下吴爲强，以我戔（殘）吴，吾鋭者既盡，其餘不足用【六六下】也，而吴衆又未可起也。請與之分於吴地。」遂爲之封於南巢，至於北蘄，南北七百里，命之曰倚〔相〕〔八〕【六七上】之封。易卦其義〔曰〕：「暌孤，見〔鬼〕豕負塗，載鬼一車，先張之弧，後説之弧〔九〕。」此之謂也。

〔一〕張政烺注曰：「環周，讀爲『還舟』。均，讀爲徇，略也。」

〔二〕張政烺注曰：「左史，官名。倚相爲楚左史，見左傳昭公十二年及國語楚語上。」

〔三〕張政烺注曰：「戔，讀爲『剪』，滅也。」

〔四〕張政烺注曰：「説苑權謀作『左史倚相曰此恐吾攻己，故示我不病』。」

〔五〕張政烺注曰：「長轂，兵車。」

〔六〕張政烺注曰：「疑此二字均誤字，下一字爲未寫完之『吴』字。」陳劍認爲即上文出現的「曰吴」二字誤衍。

〔七〕張政烺注曰：「即越之大夫文種。」

〔八〕張政烺注曰：「巢，今安徽省巢縣。蘄，今安徽省宿縣。皆楚邑。韓非子説林下：『乃割露山之陰五百里以賂之。』露山疑即廬山。」

〔九〕張政烺注曰：「睽之上九爻辭：『睽孤，見豖負塗，載鬼一車，先張之弧，後説之弧。』『見』下衍一『鬼』字。」

•【六七下】荆莊王欲伐陳〔一〕，使沈尹樹〔二〕往觀之。沈尹樹反，致令（命）曰：「其城郭修，其倉〖廩〗實，其士好學，其婦人組疾〔三〕。」君【六八上】〔曰〕：「如是則陳不可伐也。城郭修，則其守固也。倉廩實，則人食足也。其士好學，必死上也。【六八下】其婦人組〔疾，則〕財足也。如是，陳不可伐也。」沈尹樹曰：「彼若若君之言，則可也。彼與君之言之異。城郭脩〔則〕□□【六九上】人力竭矣，倉廩實〔則取〕之人也，其士好學則有外志也，其婦人組疾則士禄不足食也。【六九下】故曰陳可伐也。」遂舉兵伐陳，克之。易卦其義曰：「入于左腹，獲明夷之心，于出門廷〔四〕。」

〔一〕張政烺注曰：「此事亦見吕氏春秋似順及説苑權謀，略同。」

〔二〕張政烺注曰：「楚莊王之臣有沈尹，見左傳、墨子、説苑等書，吕氏春秋察賢作『沈尹筮』，『樹』與『筮』音近可以通假。」

〔三〕張政烺注曰：「組，織組也。疾，速也。」

〔四〕張政烺注曰：「于出門廷，明夷之六四爻辭。」

•趙簡子欲伐衛，使【七〇上】史黑（墨/默）入（?）〔視之〔一〕。期〕以卅（三十）日，六十日焉反〔二〕。簡子大怒，以爲有外志也。史黑（墨/默）曰：「吾君殆乎大過矣。衛使【七〇下】蘧伯王〈玉〉相，子路爲輔，孔子客焉，史子突焉〔三〕，子贛出入於朝而莫之留也。此五人也，一治天下者也，而〔今〕【七一上】者皆在衛，是〔□〕□□□□毋有是心者，況舉兵而伐之乎？」易卦其義曰：「觀國之光，利用【七一下】賓于王〔四〕。」

〔一〕張政烺注曰：「吕氏春秋召類作『使史默往瞶之』，淮南子主術作『使史黯往覿焉』，説苑奉使作『使史黯往視之』。」

〔二〕張政烺注曰：「焉，猶『乃』。吕氏春秋作『期以一月，六月而後反』。説苑作『期以一月，六日而後反』，『六月』、『六日』皆『六十日』之誤。」

〔三〕張政烺注曰：「史子即史鰌。突，疑假作『秩』。按吕氏春秋、説苑皆有『史鰌佐焉』，史子疑即史鰌。」

〔四〕張政烺注曰：「觀之六四爻辭。」

易曰「童〓（童童—憧憧）往來」〔一〕，仁不達也。「不克征」〔二〕，義不達也。「其行塞」〔三〕，道不達也。「不明晦」〔四〕，明不達〔也。「□〕□□〔□〕」，仁【七二上】達〕矣。「直方大，〔不習〕」〔五〕，義達矣。「自邑告命」〔六〕，道達矣。「觀國之光」〔七〕，明達矣。繆和【七二下】

〔一〕張政烺注曰：「咸之九四爻辭。」

〔二〕張政烺注曰：「復之上六爻辭。」

〔三〕張政烺注曰：「鼎之九三爻辭。」

〔四〕張政烺注曰：「明夷之上六爻辭。」

〔五〕陳劍曰：「坤之六二爻辭。」

〔六〕張政烺注曰：「泰之上六爻辭。」

〔七〕陳劍曰：「觀之六四爻辭。」

（六）昭力

昭力問曰：「易有卿大夫之義乎？」子曰：「師之『左次』〔一〕，與『闌（閑）輿之衛〈衛〉』〔二〕，與『豶豕之牙』〔三〕，三者，大夫之所以治其國而安其【一上】（君也）。」昭力曰：「可得聞乎？」子曰：「昔之善爲大夫者，必敬其百姓之順德，忠信以先之，修其兵甲【一下】而衛〈衛〉之，長賢而勸之。不乘〔四〕朕（勝）名，以教其人。不羞卑隃〔五〕，以安社稷。其將稽誅也，咄（?）言以爲人次〔六〕。其將報□【二上】（也），更一以爲人次。其將取利，必先其義以爲人次。易曰：『師左次，无咎。』師也者，人之聚也。次【二下】也者，君之位也。見事而能佐其主，何咎之有？」

〔一〕張政烺注曰：「師之六四爻辭『師左次，无咎』。」

〔二〕張政烺注曰：「大畜之九三爻辭『曰閑輿衛』。帛書六十四卦作『曰闌車□』。『衛』字帛書常寫爲『率』。『率』與『衛』不分。」

〔三〕張政烺注曰：「大畜之六五爻辭『豶豕之牙，吉』。」

〔四〕張政烺注曰：「乘，陵也，加也。」

〔五〕張政烺注曰：「隃，讀爲『偷』，苟且也。一説『隃』當作『陬』，莊子天地『子貢卑陬失色』，釋文：『卑陬，愧懼貌。』『隃』、『陬』形音俱近致誤。」

〔六〕張政烺注曰：「次，處也，位也，舍也。」「咄」，張政烺釋爲「吐」。

問「闌（閑）輿」之義。子曰：「上正（政）衛〈衛〉國以德，次正（政）衛〈衛〉國以力，下正（政）衛〈衛〉〔國〕【三上】以兵。衛〈衛〉國以德者，必和其君臣之節，不〔以〕耳之所聞敗目之所見，故權臣不作。同父子之【三下】欲，以固其親；賞百姓之勸，以禁諱（違）〔一〕教；察人所疾，不作苛心。是故大國屬力焉，而小國歸德焉。城郭弗【四上】修，五兵弗底（砥）〔二〕，而天下皆服焉。易曰：『闌（閑）輿之衛〈衛〉，利有攸往。』若輿且以闌（閑）〔三〕然衛〈衛〉之，況以【四下】德乎？何不吉之有？」

〔一〕張政烺注曰：「諱，讀爲『違』。」

〔二〕張政烺注曰：「周禮司兵『掌五兵五盾』，注：『五兵者，戈、殳、戟、酋矛、夷矛。』底，砥，礪也。」

〔三〕張政烺注曰：「闌，遮蔽，遮止。」

又問：「『豶豕之牙』，何謂也？」子曰：「古之仗〈伎（忮）〉强者也，仗〈伎（忮）〉强以待難也。上正（政）衛〔一〕兵而弗用，次正（政）用兵【五上】而弗先也，下正（政）鋭兵而后（後）威。幾〔二〕兵而弗用者，調〔三〕愛其百姓而敬其士臣，强争其時而讓其【五下】成利。文人爲令，武夫用圖；修兵不懈，卒伍必固；權謀不讓〔四〕，怨弗先〔五〕昌（倡）。是故其士驕而不⿰口頁〔六〕，其人調而不【六上】野。大國禮之，小國事之，危國獻焉，力國助焉，遠國依焉，近國固焉。上正（政）垂衣裳以來【六下】遠人，次正（政）櫜弓矢以伏（服）天下。易曰：『豶豕之牙，吉。』夫豕之牙，成而不用者也，又笑而后（後）見，言國脩兵不戰【七上】而威之謂也。此大夫之用也，卿大夫之事也。」

〔一〕張政烺注曰：「下文有『幾兵而弗用者』，此處『衛』亦疑讀爲『幾』。」

〔二〕張政烺注曰：「幾，察也，計也。」

〔三〕張政烺注曰：「説文：『調，和也。』」

〔四〕張政烺注曰：「讓疑爲『釀』。」

〔五〕「先」，張政烺釋爲「无」。張政烺注曰：「弗，違戾也。」

〔六〕張政烺注曰：「末一字从頁，左旁模糊，疑是『⿰丮頁』字。説文：『⿰丮頁面目不正也。』」「⿰口頁」，丁四新釋爲「頃」。

・昭力問曰：「易有國君之義乎？」子曰：「師之『王三賜（錫）命』〔一〕【七下】與比之『王三毆』〔二〕與泰之『自邑告命』〔三〕者，三者國君之義也。」昭力曰：「可得聞乎？」子曰：「昔之君國者，君親【八上】賜其大夫，大夫親賜其百官，此之謂參袑（詔）〔四〕。君之自大而亡國者，其臣厲以聚謀。君臣不相知，【八下】則遠人无勸矣。亂之所生於忘者也。是故君以愛人爲德，則大夫恭惠，將軍禁單（戰）〔五〕。君以武爲德，則【九上】大夫薄〔六〕人，將軍〔□〕抵〔七〕。君以資財爲德，則大夫賤人，而將軍走〔八〕利。是故失國之罪必在君之【九下】不知大夫也。易曰：『王三賜（錫）命，无咎。』爲人君而能亟賜（錫）其命，无〈夫〉〔九〕國何失之有？」

〔一〕張政烺注曰：「師之九二爻辭：『在師中，吉，无咎，王三錫命。』」

〔二〕張政烺注曰：「比之九五爻辭：『顯比，王用三驅，失前禽，邑人不誡，吉。』」

〔三〕張政烺注曰：「泰之上六爻辭：『城復于隍，勿用師，自邑告命，貞吝。』」

〔四〕張政烺注曰：「袑，假作『詔』。」陳劍曰：「詔，助也，相也。參，參省，參助，與『獨』相對。」

〔五〕張政烺注曰：「禁，止。單，讀爲戰。」

〔六〕張政烺注曰：「薄，讀爲『暴』。」陳劍曰：「薄，迫也，逼迫，壓迫。」

〔七〕「抵」，張政烺釋爲「柢」，並注曰：「爾雅釋言：『柢，本也。』」陳劍認爲從字形看當釋爲「抵」，義與「冒」近，觸犯，忤逆。

〔八〕張政烺注曰：「走，趨，趨向。」

〔九〕張政烺注曰：「『无』疑『夫』字之誤。」

又問：「比之『王〔三〕驅』，何謂也？」子【一〇上】曰：「昔者明君〔□〕人以寬〔一〕，教之以義，仿（防/坊）〔二〕之以刑，殺當罪而人服。君乃服小節以先人，曰義。【一〇下】爲上且猶有不能，人爲下〔三〕何无過之有？夫失之前將戒諸後，此之謂教而戒之。易曰比之『王三驅，失【一一上】前禽，邑人不戒，吉』。若爲人君驅省〔四〕，其人孫（遜/愻）〔五〕戒在前，何不吉之有？」

〔一〕「寬」，張政烺釋爲「袁」，並曰：「袁，讀爲瑗。人上疑缺召字。荀子大略：『聘人以珪，問士以璧，召人以瑗，絶人以玦，反絶以環。』注：說文云：『瑗者，大孔璧也。』爾雅：『好倍肉謂之瑗。』」

〔二〕「仿」，張政烺釋爲「付」。

〔三〕張政烺注曰：「此『人』字疑衍。」

〔四〕「省」，張政烺疑讀爲「者」。陳劍認爲當讀如字，「驅省」即驅趕、省察。

〔五〕張政烺注曰：「孫，疑讀爲『訓』。」陳劍認爲「孫」當讀爲「遜」。

又問曰：「泰〇之『自邑告命』，【一二下】何謂也？」子曰：「昔之賢君也，明以察乎人之欲惡，詩、書以成其慮，外内親賢以爲紀綱。夫人弗告則【一二上】弗識，弗將〔一〕不達，弗遂〔二〕不成。易曰泰之『自邑告命，吉』，自君告人之謂也。」

〔一〕張政烺注曰：「將，送也。」

〔二〕張政烺注曰：「遂，育也。」

·昭力問先【一二下】生曰：「君、卿大夫之事，既已聞之矣。易或有乎〔一〕？」子曰：「士數言數百，猶有所廣用之，況於易乎？比卦六十又二，【一三上】終六合之内，四勿之卦〔二〕，何不有焉？旅之『潛〈溍（資）〉斧』，商夫之義也〔三〕。无孟（妄）之卦，邑塗之義也。【一三下】『不耕而穫』，戎（農）夫之義也〔四〕。『良月幾朢（望）』，處女之義也〔五〕。」昭力六千【一〇三上】

〔一〕張政烺注曰：「『或有』疑當讀作『有士』，亦或是『又』下脱『士』字。」陳劍認爲「易或有乎」意當謂易尚有他事否。

〔二〕張政烺注曰：「四勿之卦，勿假爲海，卦假爲外。説苑辨物：『八荒之内有四海，四海之内有九州。』」

〔三〕張政烺注曰：「旅之九四爻辭：『旅于處，得其資斧，我心不快。』商夫，商人。」

〔四〕張政烺注曰：「无妄六二爻辭『不耕獲』，帛書六十四卦及王弼本均無『而』字，釋文云：『或依注作不耕而獲。』」

〔五〕張政烺注曰：「歸妹之六五爻辭：『帝乙歸妹，其君之袂不如其娣之袂良，月幾望，吉。』注易各家均以『良』字屬上讀，此獨屬下讀。」

五　郭店竹簡

緇衣

據原整理者介紹，本篇竹簡共四十七枚，竹簡兩端均修削成梯形，内容與禮記的緇衣篇大體相合，二者應是同一篇書的不同傳本，簡本無今本的第一及第十六兩章，第一章爲今本之第二章，「緇衣」一詞即在此章中。簡本與今本的章序有很大不同，文字也有不少出入，簡本應較今本所據之本更爲原始。從各章在意義上的聯繫看，簡本章序多較今本合理。篇題爲整理者據禮記緇衣所擬加。此簡公佈後，研究成果很多，今以李零郭店楚簡校讀記（增訂本）（中國人民大學出版社二〇〇九年版）爲底本，並參考荆門市博物館編郭店楚墓竹簡（文物出版社一九九八年版，簡稱「原釋文」）、劉釗郭店楚簡校釋（福建人民出版社二〇〇五年版）等進行整理。

夫子曰：好美如好緇衣，惡惡如惡巷伯，則民咸力而型不頓〔一〕。詩【一】云：「儀型文王，萬邦作孚■。」

〔一〕「則民咸力而型不頓」，原釋文作「則民臧它（？）而刑不屯」，認爲「屯」似讀爲「蠢」，釋爲動也。裘錫圭認爲，「而」上一字似當釋爲「放」。劉釗釋爲「則民咸服而刑不蠢」。

子曰：有國者章好章惡，以視民厚，則民【二】情不忒。詩云：「靖共爾位，好是正直■。」

子曰：爲上可望而知也，爲下【三】可類而等〔一〕也，則君不疑其臣，臣不惑於君。詩云：「淑人君子，其儀不【四】忒。」尹誥云：「唯伊尹〔二〕及湯，咸有一德■。」

〔一〕「可類而等」，原釋文作「可類而志」，李零同。裘錫圭按：「簡文讀爲『可類而等之』，於義可通，似不避從今本改讀。」

〔二〕「伊尹」，李零釋爲「尹允」。

子曰：上人疑則百姓惑，下難【五】知則君長勞。故君民者，章好以視〔一〕民欲，謹惡以御民淫，則民不惑。臣事君，【六】言其所不能，不辭〔二〕其所能，則君不勞。大雅云：「上帝板板，下民卒疸〔三〕。」小雅云：「非其【七】止之，共惟王恭■〔四〕。」

〔一〕「視」，劉釗以爲通「示」。

〔二〕「辭」，原釋文釋爲「詞」。裘錫圭按：「從文義看，似應讀爲辭讓之『辭』。」

〔三〕「疸」，劉釗釋爲「癉」，意爲「勞苦」。

〔四〕「非其止之，共惟王恭」，李零釋爲「非其止共，唯王之邛」，並曰：「簡文『共唯王』與『之』字互倒，今爲乙正。」今從劉釗釋讀。他認爲此句意爲「不但不制止，還與其一起服侍君王」。

子曰：民以君爲心，君以民爲體。心好則體安之，君好則民欲【八】之。故心以體廢，君以民亡。詩云：「誰秉國成，不自爲正，卒勞百姓。」君牙云：「日暑〔一〕雨，小【九】民唯日怨。晉冬耆滄〔二〕，小民亦唯日怨■。」

〔一〕「暑」，原釋文釋爲「溶」，劉釗及李零均釋爲「暑」，是也。

〔二〕「晉冬耆滄」，李零從今本作「資冬祁寒」。原釋文認爲「晉」當讀爲「進」，「滄」訓爲「寒」，裘錫圭認爲「耆」與「祁」音同可通，「祁寒」即極寒、嚴寒。如此，「晉冬耆滄」即説到了冬天天氣十分寒冷。

子曰：上好仁則下之爲【一〇】仁也争先。故長民者，章志以昭百姓，則民致行己以悦上。【一一】詩云：「有覺德行，四方順之■。」

子曰：禹立三年，百姓以仁道，豈必【一二】盡仁？詩云：「成王之孚，下土之式。」呂刑云：「一人有慶，萬民賴【一三】之■。」

子曰：下之事上也，不從其所以命，而從其所行。上好此物也，【一四】下必有甚焉者矣。故上之好惡，不可不慎也，民之表也〔一〕。詩【一五】云：「赫赫師尹，民具爾瞻■。」

〔一〕「表」，原釋文作「柬」，並引説文曰：「柬，分別擇之也。」李零、劉釗都認爲應讀爲「標」或「蔈」，簡文用爲「表」。

子曰：長民者衣服不改，從容有常，則民德【一六】一。詩云：「其容不改，出言有訓，黎民所信■〔一〕。」

〔一〕「出言有訓，黎民所信」，原簡第四字和末字字體不全，劉釗從今本作「出言有章，黎民所望」。今從李零釋讀。

子曰：大人不親其所賢，而【一七】信其所賤，教此以失，民此以變〔一〕。詩云：「彼求我則，如不我得；執我【一八】仇仇，亦不我力。」君陳云：「未見聖，如其弗克見。我既見，我弗迪聖■。」

〔一〕「變」，從原釋文及劉釗讀，李零疑讀爲「煩」。

子【一九】曰：大臣之不親也，則忠敬不足，則富貴已過也。邦家之不寧【二〇】也，則大臣不治，而褻臣託也。此以大臣不可不敬，民之蕝也。故【二一】君不與小謀大，則大臣不怨。祭〔一〕公之顧命云：「毋以小謀敗大【二二】作〔二〕，毋以嬖御盡〔三〕莊后，毋以嬖士盡大夫、卿、士■。」

〔一〕「祭」，原釋文未釋出，劉釗釋爲「晉」，疑從今本讀爲「葉」。今從李零讀。

〔二〕「作」，劉釗釋爲「圖」。

〔三〕「盡」，原釋文釋爲「息」，讀爲「塞」。今從李零讀。「盡」，傷痛之義，與今本「疾」含義相近。下同。

子曰：長民者教之【二三】以德，齊之以禮，則民有勸心；教之以政，齊之以刑，則民有免心〔一〕。【二四】故慈以愛之，則民有親；信以結之，則民不倍；恭以蒞之，則民【二五】有遜心。詩云：「吾大夫恭且儉，靡人不斂。」呂刑云：「非用臸〔二〕，制以刑，【二六】惟作五虐之刑曰法■。」

〔一〕「勸」，原釋文釋爲「歡」。「免」，原釋文未釋出。二字今依李零、劉釗釋讀。

〔二〕「臸」，原釋文以爲此處不知用爲何義。李零認爲「臸」訓爲「到也」，音義均與「臻」字相通，是完美之義。今本作「命」，乃「令」之借字，呂刑原文作「靈」，「靈」與「臻」含義相近。

子曰：政之不行，教之不成也，則刑罰不【二七】足恥，而爵不足勸也。故上不可以褻刑而輕爵。康誥云：「敬【二八】明乃罰。」呂刑云：「播刑之迪■。」

子曰：王言如絲，其出如絬（緍）〔一〕。王言如索，【二九】其出如⿰糸聿（紼）〔二〕。故大人不倡流。詩云：「慎爾出話，敬爾威儀■。」

〔一〕「絬」，今本作「綸」。裘錫圭按：「此字可能應釋作『緍』，即『緡』，『緡』與『綸』都可當釣魚的絲繩講，緇衣鄭注解『綸』爲『綬』，似非。」

〔二〕原釋文云：「⿰糸聿，借作『紼』。今本作『綍』。」裘錫圭按：「『紼』『綍』二字，字書爲一字異體，『聿』『弗』皆物字部。又疑『⿰糸聿』所從的『聿』實當讀爲『筆』，『筆』、『紼』聲韻皆近。」

子曰：可言【三〇】不可行，君子弗言；可行不可言，君子弗行。則民言不危行，〔行〕不危〔一〕【三一】言。詩云：「淑慎爾止，不衍於儀■。」

〔一〕原釋文云：「簡文於『不』字前脱『行』字，亦即上句『行』字脱一重文號。」劉釗認爲，「危」義爲超過。

子曰：君子道人以言，而恒以行。故言【三二】則慮其所終，行則稽其所敝，則民慎於言而謹於行。詩云：「穆穆【三三】文王，於緝熙敬止■。」

子曰：言從行之，則行不可匿。故君子顧言而【三四】行，以成其信，則民不能大其美而小其惡。大雅云：「白珪之石〔一〕，尚可【三五】磨也。此言之玷，不可爲也。」小雅云：「允也君子，展也大成。」君奭云【三六】：「昔在上帝，割紳觀文王德，其集〔二〕大命於厥身■。」

〔一〕「石」，李零認爲當釋爲「玷」，並曰：「『玷』原作『石』，與下文『玷』字（從石從占）寫法相似，當是誤書，今本作『玷』」。

〔二〕「紳」，劉釗釋爲「申」，並曰：「『允』意爲誠信，『展』意爲實在，『割申』二字大意爲『重複』、『認真』，『集』意爲『降』。」

子曰：君子言有物，行有【三七】格，此以生不可奪志，死不可奪名。故君子多聞，齊〔一〕而守之；多志〔二〕，齊而【三八】親之；精知，略而行之。詩云：「淑人君子，其儀一也。」君陳云：「出入自爾師虞，【三九】庶言同■。」

〔一〕原釋文云：「齊，詩小雅小宛『人之齊聖』傳：『正也。』今本作『質』。」裘錫圭按：「『齊』、『質』古音相近。」

〔二〕劉釗云：「『格』意爲舊法。『齊』訓爲『敬』。『志』即『識』。」

子曰：苟有車，必見其蓋〔一〕。苟有衣，必見其敝。人苟有言，必聞其聲；苟有行，必見其成。【四〇、四〇背】詩云：「服之亡懌■。」

〔一〕「蓋」，原釋文釋爲「敲」，讀爲「弼」，字亦通「第」。裘錫圭按：「今本此字作『軾』，『敲』從『曷』聲，疑可讀作『蓋』，指車蓋。」李零疑此字讀爲「轍」。

子曰：私惠不懷〔一〕德，君子不自留焉。詩云：「人之好我，【四一】旨我周行■〔二〕。」

〔一〕李零曰：「懷，原從衣從馬從土，疑是『懷』字之誤，今本作『歸』。」劉釗認爲此字乃是「壞」字誤書，借爲「懷」。

〔二〕原釋文云：「旨，似讀作『指』。爾雅釋言：『指，示也。』今本作『示』。」裘錫圭按：「『旨』『示』古音相近。」劉釗云：「『周行』意爲『大道』。」

子曰：唯君子能好其匹，小人豈能好其匹？故君子之友也【四二】有鄉，其惡有方。此以邇者不惑，而遠者不疑。詩云：「君子好逑■。」

子曰：【四三】輕絶貧賤而厚〔一〕絶富貴，則好仁不堅，而惡惡不著也。人雖曰不利，吾弗信【四四】之矣。詩云：「朋友攸攝，攝以威儀■。」

〔一〕厚，劉釗釋爲從「石」從「主」之字，讀爲「重」，今本亦作「重」。

子曰：宋人有言曰：人而亡恒，不可爲【四五】卜筮也，其古之遺言與？龜筮猶弗知，而況於人乎？詩云：「我龜既猒，【四六】不我告猷■。」

二十又三[一]【四七】

[一]原釋文云：「這是簡本緇衣的章數。」

六　上海博物館藏戰國楚竹書

（一）孔子詩論

本篇見於上海博物館藏戰國楚竹書（一）。據整理者馬承源介紹，全篇完、殘簡共二十九支。今以季旭昇主編上海博物館藏戰國楚竹書（一）讀本（萬卷樓圖書出版公司二〇〇四年版，以下簡稱「季旭昇等」）爲底本，並參考以下各家進行整理：

馬承源釋文，見馬承源主編上海博物館藏戰國楚竹書（一），上海古籍出版社二〇〇一年版。

李學勤詩論的體裁和作者，見朱淵清、廖名春主編上博館藏戰國楚竹書研究，上海書店出版社二〇〇二年版。

裘錫圭關於孔子詩論，見裘錫圭中國出土文獻十講，復旦大學出版社二〇〇四年版。

濮茅左孔子詩論簡序解析，見朱淵清、廖名春主編上博館藏戰國楚竹書研究，上海書店出版社二〇〇二年版。

李零上博楚簡三篇校讀記，中國人民大學出版社二〇〇七年版。

□行此者其有不王乎■？孔子曰：「詩無隱〔一〕志，樂無隱情，文無隱意〔二〕。」□【一】寺〔三〕也，文王受命矣■。【二上】

〔一〕「隱」，濮茅左釋作「離」，李零釋作「吝」，裘錫圭認爲當釋作「隱」。今案：當從裘説。下同。

〔二〕「意」，馬承源釋爲「言」，李零從之；曹峰釋爲「意」，裘錫圭、季旭昇等從之。

〔三〕「寺」，李零釋作「時」。

頌，平德也，多言後。其樂安而引〔一〕，其歌紳而惕〔二〕■，其思深而遠，至矣■！大雅，盛德也，多言【二下】□也。多言難而悁懟者也，哀矣少矣。邦風其納物也溥，觀人俗焉，大斂材焉。其言文，其聲善。孔子曰：唯〔三〕能夫□【三】

〔一〕「引」，馬承源釋作「屖」，季旭昇等釋作「遲」，今從李學勤讀。

〔二〕「惕」，馬承源釋作「篪」，李學勤釋作「遜」，今從季旭昇等讀。

〔三〕「唯」，季旭昇等釋作「誰」。

☐曰：詩其猶平門■。與賤民而豫之，其用心也將何如？曰：邦風是也■。民之有感患〔一〕也，上下之不和者，其用心也將何如？☐【四】☐是也。有成功者何如？曰頌是也〔二〕。■【五上】

〔一〕「感患」，馬承源釋作「罷惓」。

〔二〕濮茅左作「其用心也將何如？曰大雅是也。又成功者何如？曰頌是也」。

清廟，王德也■，至矣！敬宗廟之禮，以爲其本；「秉文之德」，以爲其業〔一〕■；肅雝☐【五下】

〔一〕「業」，季旭昇等釋作「質」。

懷爾明德，曷誠謂之也〔一〕。「有命自天，命此文王」，誠命之也■，信矣■。孔子曰：此命也夫■！文王雖欲已，得乎？此命也。☐【七】

〔一〕「懷爾明德，曷誠謂之也」，李零釋作「〔王，予〕懷爾明德曷，成謂之也」。

十月善諀言〔一〕■。雨亡政■、節南山皆言上之衰也，王公恥之。小旻多疑矣，言不中志者也。小宛其言不惡，少又仁焉■。小弁、巧言則言讒人之害也■。伐木☐【八】實咎於己也■。天保其得禄蔑疆矣，巽〔二〕寡德故也■。祈父之貴〔三〕，亦有以也■。黄鳥則困而欲反其故也〔四〕，多恥者其病之乎？菁菁者莪則以人益也。裳裳者華則☐【九】

〔一〕「譬」，從李學勤讀。

〔二〕「巽」，馬承源釋爲「饌」，李零釋作「選」，季旭昇等釋爲「順」，今從李學勤讀。

〔三〕「貴」，馬承源釋爲「責」，今從李學勤讀。

〔四〕本句李零釋作「黄鳴則困天欲，恥其故也」。

關雎之改〔一〕■，樛木之時，漢廣之智■，鵲巢之歸■，甘棠之報〔二〕■，緑衣之思，燕燕之情■，害（曷？）曰：童〔三〕而皆賢於其初者也■。【一〇上】

〔一〕「改」，馬承源釋作「怡」，今從李學勤讀。下同。

〔二〕「報」，馬承源釋作「褒」，今從李學勤讀。

〔三〕「童」，季旭昇等釋爲「動」。

關雎以色喻於禮☐【一〇下】，兩矣■。其四章則喻〔一〕矣。以琴瑟之悦，擬〔二〕好色之願；以鐘鼓之樂☐【一四】☐好，反納於禮，不亦能改乎■？樛木福斯在君子，不☐【一二】可得，不攻不可能，不亦知恒乎■？鵲巢出以百兩，不亦有離乎？甘☐【一三】及其人，敬愛其樹，其報厚矣■。甘棠之愛，以邵公⧄【一五】⧄情愛也■。

〔一〕「喻」，馬承源釋作「愉」，李零釋作「逾」，今從李學勤讀。

〔二〕「擬」，濮茅左釋作「凝」，李零同，今從李學勤讀。

關雎之改，則其思益矣■。樛木之時，則以其禄也■。漢廣之智，則知不可得也。鵲巢之歸，則離者⧄【一一】⧄邵公也■〔一〕。緑衣之憂，思古人也■。燕燕之情，以其獨〔二〕也■。【一六上】

〔一〕濮茅左於「召公也」前補一「美」字，李零釋文同。

〔二〕「獨」，馬承源釋作「篤」，今從李學勤讀。

孔子曰：吾以葛覃得祇初之詩，民性固然■。見其美必欲反其本。夫葛之見歌也，則【一六下】〔一〕以絺綌〔二〕之故也■。后稷之見貴也■，則以文武之德也■。吾以甘棠得宗廟之敬■，民性固然。甚貴其人，必敬其位；悦其人，必好其所爲。惡其人者亦然。⧄【二四】⧄幣帛之不可去也■，民性固然。其隱志必有以喻也■，其言有所載而後納，或前之而後交，人不可捍也。吾以杕杜得爵〔三〕□⧄【二〇】

〔一〕濮茅左十六簡後接二十簡，李零釋文後接第十簡。

〔二〕「絺綌」，馬承源未釋讀，李學勤釋作「葉萋」，今從季旭昇等。

〔一三〕「爵」,馬承源釋作「雀」,李學勤以爲通「爵」。

▨因木瓜之報以喻其婉者也。杕杜則情喜其至也▪。▨【一八】▨溺志,既曰天也,猶有怨〔一四〕言▪。木瓜有藏愿而未得達也,交▨【一九】〔一五〕▨如此何〔一六〕?斯爵之矣,離其所愛,必曰吾奚舍之,賓贈是已。【二七上】

〔一四〕「怨」,濮茅左釋作「捐」,今從李學勤。

〔一五〕濮茅左十九簡後接十七簡。

〔一六〕「如此何」,馬承源作「如此可」,「可」字從下句讀,李學勤認爲「可」字上讀。

孔子曰:蟋蟀知難。螽斯〔一七〕君子▪。北風不絶,人之怨子,泣不〔一八〕▨【二七下】

〔一七〕「螽斯」,馬承源作「中氏」,李學勤釋作「仲氏」。

〔一八〕「北風不絶,人之怨子,泣不」,季旭昇等釋作「北風不絶人之怨。子矜不」,今從李學勤讀。

▨東方未明有利詞〔一九〕▪。將仲之言,不可不畏也▪。揚之水其愛婦烈▪。采葛之愛婦▨【一七】

〔一九〕「詞」,李零釋作「始」。

▨鹿鳴以樂司〔二〇〕而會,以道交見善而傚,終乎不厭人▪。兔罝其用人,則吾取【二三】

〔一〕「司」，馬承源釋作「詞」，季旭昇等釋爲「始」，今從李學勤。

☐腸腸小人■。有兔不逢時■。大田之卒章，知言而有禮■。小明不☐【二五】

☐忠。邶柏舟悶■。谷風悹（背）〔一〕■。蓼莪有孝志■。隰有萇楚得而母心（謀）〔二〕之也。

☐【二六】

〔一〕「悹」，馬承源隸定爲「丕心」，李學勤改爲「悹」，釋作「悲」，季旭昇等釋爲「背」。

〔二〕「母心」，濮茅左釋作「悔」，李零釋文同，今從季旭昇等。

☐□惡而不憫〔一〕。牆有茨慎密而不知言■。青蠅知☐【二八】

〔一〕「憫」，從李學勤讀。

☐患而〔一〕不知人■。涉溱其絶。芣苢士〔二〕■。角枕婦■。河水智。☐【二九】

〔一〕「患而」，李零釋作「卷耳」。

〔二〕「芣苢士」，馬承源釋爲「律而士」，今從李零讀。

貴也。將大車之囂也，則以爲不可如何也。湛露之益也，其猶軛與■。孔子曰：宛丘吾善之■，猗嗟吾喜之■，鳲鳩吾信之■，文王吾美之，清〔廟吾□〕【二一】之。宛丘曰「洵〔一〕有情」，「而无望」，吾善之。猗嗟曰「四矢反〔三〕」，「以禦亂」，吾喜之■。鳲鳩曰「其儀一兮，心如結也」，吾信之。文王曰「文王在上，於昭於天」，吾美之。☐【二二】☐多士，秉文之德，吾敬之。烈文曰「亡競維人，丕顯維德。於乎！前王不忘」，吾悦之。「昊天有成命，二后受之」，貴且顯矣。訟☐【六】

〔二〕「洵」，李學勤釋作「詢」。

〔三〕「反」，濮茅左釋作「變」，今從李學勤讀。

（二）緇衣

本篇見於上海博物館藏戰國楚竹書（一）。緇衣爲禮記中的一篇，又見於郭店簡，重見於上博簡，各本大同小異。據整理者陳佩芬介紹，本篇共二十四支簡，計九百七十八字，其中重文十字，合文八字。今以李零上博楚簡三篇校讀記（中國人民大學出版社二〇〇七年版）爲底本，並參考以下諸家進行整理：

陳佩芬釋文，見馬承源主編上海博物館藏戰國楚竹書（一），上海古籍出版社二〇〇一年版。

季旭昇主編上海博物館藏戰國楚竹書（一）讀本，萬卷樓圖書出版公司二〇〇四年版。

子〔一〕曰：「好美如好緇衣，惡惡如惡巷伯，則民咸劮〔二〕而刑不刨〔三〕。」詩云：「儀刑文王，萬邦作孚■。」

〔一〕陳佩芬曰：「子字上端殘損，按郭店簡可補『夫』字。」

〔二〕「劮」，李零以爲當讀作「力」，今本作「服」。

〔三〕「刨」，李零釋爲「頓」，季旭昇等從劉信芳讀爲「陳」。

子曰：「有國者章好章〔一〕惡，以示民【一】厚，則民情不忒。」詩云：「靖共爾位，好是正直■。」

〔一〕「章」，季旭昇等以爲通「彰」，即顯明。

子曰：「爲上可望而知也，爲下可述而志也，則君不疑其臣，臣不惑於君。」詩云【二】：「淑人君子，其儀不忒。」尹誥云：「惟尹允及湯，咸有一德■。」

子曰：「上人疑則百姓惑，下難知則君長〔勞。故君民者，章好以示民【三】谷〔一〕，謹惡以御民淫，則民不惑；臣事君，言其所不能，不訂〔二〕其所能，則君不勞。」大雅云：「上帝板板，〔下民卒疸」。小雅云：【四】「惟王之邛■〔三〕。」

〔一〕「谷」，李零釋爲「欲」，季旭昇等釋爲「俗」。

〔二〕「訌」，陳佩芬釋爲「詒」，未作進一步解釋。李零釋爲「辭」。季旭昇等以爲同「訇」，釋爲「詒」，意爲欺騙。

〔三〕鄭玄曰：「邛，病也。」

子曰：「民以君爲心，君以民爲體，〔心好則體安之〕，君好則民欲之。故心以體廌〔一〕，君以亡〔二〕。」詩云：「誰秉國〔成，不自爲〕【五】正，卒勞百姓。」君牙云：「日暑雨，小民惟日怨；資冬祁寒，小民亦惟日怨■。」

〔一〕「廌」，陳佩芬讀如字，釋爲「灋」，李零以爲當釋爲「廢」，季旭昇等引馮勝君之説以爲當讀爲「存」。

〔二〕「君以亡」，郭店簡作「君以民亡」。

子曰：「上好仁，則下之爲仁也争先。故長民者章志【六】以昭百姓，則民致行己以悦上。」詩云：「有覺德行，四國順之■。」

子曰：「禹立三年，百姓以仁道，〔豈必盡仁〕？」詩云：「成王之孚，【七】下土之式。」吕刑云：「一人有慶，萬民賴之■。」

子曰：「下之事上也，不從其所以命，而從其所行。上好〔此物也，下必有甚焉者矣。故〕【八】上之好惡，不可不慎也，民之表也。」詩云：「赫赫師尹，民具爾瞻■。」

子曰：「長民者衣服不改，從容有常，則〔民德一。」詩云：「其容不改，出言有訓，黎民〕【九】所信■。」

子曰：「大人不親其所賢，而信其所賤，教此以失，民此以變〔一〕。」詩云：「彼求我則，如不我得。執我仇仇，亦不我力。」君陳云：「未見【一〇】聖，如其人弗克見。我既見，我弗由〔二〕聖■。」

〔一〕「變」，李零從今本釋爲「煩」，陳佩芬認爲古「變」與「煩」通。

〔二〕「由」，陳佩芬原隸定爲「貴」，李零釋爲「迪」，季旭昇等從劉釗之説以爲當作「胄」，釋爲「由」，意爲「用」。

子曰：「大臣之不親也，則忠敬不足，而富貴已過。邦家之不寧也，〔則大臣不治，而褻臣託也。此以大臣〕【一一】不可不敬也，民之蕝也。故君不與小謀大，則大臣不肓（怨）〔一〕。」祭公之顧命云：「毋以小謀敗大惷〔二〕，毋以嬖御醻〔三〕莊后，毋以嬖士醻大夫卿士■。」

〔一〕「肓」，陳佩芬誤隸爲「令」，今從季旭昇等讀。

〔二〕「⿱者心」，李零讀爲「作」，季旭昇等從陳斯鵬讀爲「圖」。

〔三〕「⿱聿朩」，陳佩芬以爲「盡」字省文，意爲傷痛，季旭昇等以爲讀爲「疾」。

子曰【一二】：「長民者教之以德，齊之以禮，則民有昱（勸）〔一〕心。教之以政，齊之以刑，則民有免心。故慈以愛之，則民有親；信以結之，則民不倍；恭以蒞之，則民有遜心。」詩云【一三】：「吾大夫恭且儉，靡人不斂。」呂刑云：「苗民非用靈，制以刑，惟作五虐之刑曰法■。」

〔一〕「昱」，陳佩芬未作過多解釋，李零認爲通「恥」，季旭昇等以爲當讀爲「勸」。

子曰：「政之不行，教之不成也，〔則刑罰不足恥，而爵祿不足勸〕【一四】也。故上不可以褻刑而輕爵。」康誥云：「敬明乃罰。」呂刑云：「播刑之迪〔一〕■。」

〔一〕季旭昇等引禮記鄭玄注曰：「播，猶施也。……迪，道也，言施行之道。」

子曰：「王言如絲，其出如緡。王言如索，其〔出如綍。故大人不倡流。」詩云：「慎爾出話〕，【一五】敬爾威儀■。」

子曰：「可言不可行，君子弗言；可行不可言，君子弗行，則民言不危行，行不危言。」詩云：「淑慎爾止，不侃〔一〕〔于義■。」

〔一〕「侃」，李零釋爲「衍」，未作解釋。季旭昇等認爲「侃」意爲「過也」。

子曰：「君子導人以言，而恒以行」。【一六】故言則慮其所終，行則稽其所敝，則民慎於言而謹於行。」詩云：「穆穆文王，於緝熙止■。」

子曰：「言率行之，則行不可匿。故君子顧言而行，以成其信，則民不【一七】能大其美而小其惡。」大雅云：「白圭之玷尚可磨，此言之玷不可爲。」小雅云：「允也君子，展〔一〕也大成。」君奭云：「〔昔在上帝，割申觀文王德，其〕【一八】集大命于是身■。」

〔一〕「展」，李零以爲「塞」字之誤寫。

子曰：「君子言有物，行有格，此以生不可奪志，死不可奪名。故君子多聞，質而守之；多志，質而親之；精知，略〔一〕而行之。」【一九】〔詩云：「淑〕人君子，其儀一也。」君陳云：「出入自爾師虞，庶言同■。」

〔一〕「略」，季旭昇等以爲當讀爲「格」，釋爲「正也」。

子曰：「苟有車，必見其轍；苟有衣，必〔見其敝。人苟有言，必聞其聲；苟有行〕，【二〇】必見其成。」詩云：「服之无厭■〔一〕。」

〔一〕「无厭」，李零從郭店簡作「亡懌」。今從季旭昇等讀。

子曰：「私惠不懷德，君子不自留焉。」詩云：「人之好我，示我周行■。」

子曰：「惟君子能好其匹，小人豈能好其匹。【二一】故君子之友也有向，其惡也有方，此以邇者不惑而遠者不疑。」詩云：「君子好逑■。」

子曰：「輕絶貧賤而重絶富貴，則好仁不【二二】堅而惡惡不著也。人雖曰不利，吾弗信之矣。」詩云：「朋友攸攝，攝以威儀■。」

子曰：「宋人有言曰：『人而無恒，〔不可爲卜筮也。』其古之遺言與？龜筮猶弗知，而況於人乎？」詩〕【二三】云：「我龜既厭，不我告猷〔一〕■。」【二四】

〔一〕「猷」，陳佩芬釋爲謀略，季旭昇等讀爲「猶」，並引鄭玄詩箋及禮注以爲「猶」釋爲「卦兆辭」和「道」均可通。「我龜既厭，不我告猷」，季旭昇等譯爲「卜問多了用來占卜的龜靈都感煩厭，那還會指示我該怎麼做呢」。

（三）民之父母

本篇見於上海博物館藏戰國楚竹書（二）。據整理者濮茅左介紹，全篇共有十四支簡，計有三百九十七字，其中重文三，合文六。本篇原無篇題，現篇題爲整理者所加。內容見於今本禮記孔子閒居及孔子家語論禮。今以季旭昇主編上海博物館藏戰國楚竹書

（二）讀本（萬卷樓圖書出版公司二〇〇三年版，以下簡稱「季旭昇等」）爲底本，並參考以下諸家進行整理：

濮茅左釋文，見馬承源主編上海博物館藏戰國楚竹書（二），上海古籍出版社二〇〇二年版。

林素清上博簡二民之父母幾個疑難字的釋讀，見朱淵清、廖名春主編上博館藏戰國楚竹書研究續編，上海書店出版社二〇〇四年版。

陳劍上博簡民之父母「而得既塞於四海矣」句解釋，見朱淵清、廖名春主編上博館藏戰國楚竹書研究續編，上海書店出版社二〇〇四年版。

劉信芳上博楚竹書試讀，簡帛研究網，二〇〇三年一月九日。

楊澤生上海博物館所藏竹書（二）補釋，簡帛研究網，二〇〇三年二月十五日。

黃錫全讀上博楚簡（二）札記，簡帛研究網，二〇〇三年六月五日。

〔子〕夏問於孔子：「詩（？）曰：『凱悌君子，民之父母。』敢問何如而可謂民之父母？」孔子答曰：「民【一】〔之〕父母乎，必達於禮樂之源，以至『五至』，以行『三無』，以皇于天下。四方有敗，必先知之〔一〕，其【二】〔可〕謂民之父母矣。」

〔一〕「敗」，林素清以爲當讀爲「美」。「四方有美，必先知之」，即説君子若能够通於禮樂之源，能够達到「五至」與「三無」的境界，則必能感知、發現天下四方之人的美德懿行。

子夏曰：「敢問何謂『五至』？」孔子曰：「『五至』乎，物之所至者，志亦至焉〔一〕；志之【三】（所）至者，禮亦至焉；禮之所至者，樂亦至焉；樂之所至者，哀亦至焉。哀樂相生，君子【四】以正，此之謂『五至』。」

〔一〕「物之所至者，志亦至焉」，濮茅左讀爲「志之所至者，詩亦至焉」。

子夏曰：「『五至』既聞之矣，敢問何謂『三無』？」孔子曰：「『三無』乎，無聲之樂，無體【五】（之）禮，無服之喪。君子以此皇〔一〕于天下，奚（昃）耳而聽之〔二〕，不可得而聞也；明目而視之，不可【六】得而視也，而得既〔三〕塞於四海矣，此之謂『三無』。」子夏曰：「無聲之樂，無體之禮，無服之喪，何志【七】是邇？」孔子曰：「善哉！商也，將可教詩矣。『成王不敢康，夙夜基命宥密』，無聲之樂；『威儀遲遲，【八】（不可選也』，無體之禮；『凡民有喪，匍匐救之』，無服）之喪也。」

〔一〕「皇」，濮茅左以爲通「横」。

〔二〕「奚（昃）耳而聽之」，濮茅左釋爲「繫耳而聽之」，季旭昇等釋爲「傾耳而聽之」，今從林素清讀。

「昃耳而聽之」即「側耳而聽之」。

〔三〕濮茅左以爲「既」當釋爲「氣」，陳劍以爲「既」當讀如字，釋爲「已」。「得」即「德」。

子夏曰：「其在詨〔一〕也，美矣！宏矣！大矣！盡【九】〔於此而已乎〕？」孔子曰：「猶有五起焉。」子夏曰：「所謂五起，可得而聞歟？」孔子曰：「無聲之樂，氣志不違；【一〇】〔無〕體之禮，威儀遲遲；無服之喪，内恕巽〔二〕悲。無聲之樂，塞于四方；無體之禮，日逑月相〔三〕；無服之【一一】〔喪〕，純德同明。無聲之樂，施及孫子；無體之禮，塞于四海；無服〔之〕喪，爲民父母。無聲之樂，氣【一二】〔志〕既得；無體之禮，威儀翼翼；無服之喪，施及四國。無聲之樂，氣志既從；無體之禮，上下和同；無服【一三】〔之〕喪，以畜萬邦。」

〔一〕「詨」，濮茅左疑爲「許」字繁文，並引《説文》云：「許，聽也。」《説文通訓定聲》云：「許，假借御……又爲處。」又認爲或可釋爲「設」。《説文》：「設，施陳也。」劉信芳認爲「許」與今本「言」對應，疑讀爲「語」。黄錫全認同「詨」釋爲「許」，認爲「其在許也」，可能相當於今本孔子閒居中記述子夏幾次提問孔子回答後的轉折語「既得而聞之矣」句，表示聽信、明瞭。「其」字也許代表了孔子的言語，爲代詞。林素清疑爲「詩」之異構或形訛。

〔二〕「巽」，濮茅左釋爲「具」；楊澤生疑讀作「洵」，「洵」作副詞用於謂詞前，表示對動作行爲或事實的肯定；黄錫全疑讀作「皆」，「皆」，遍也。

〔三〕「日逑月相」，濮茅左認爲「逑」讀如字，意爲「聚斂」，「相」，導也，今本作「日就月將」，意爲日聚月扶，又説「日逑月相」或讀爲「日就月將」。林素清以爲當讀作「日就月將」，「就」即登高，「將」即行。

(四)子羔

本篇見於上海博物館藏戰國楚竹書(二)。據整理者馬承源介紹，全篇共有十四支簡，計有三百九十五字，其中重文一，合文六。第五簡的背面題有「子羔」二字。今以陳劍上博簡子羔、從政篇的竹簡拼合與編連問題小議(見陳劍戰國竹書論集，上海古籍出版社二〇一三年版)爲底本，並參考以下諸家進行整理：

馬承源釋文，見馬承源主編上海博物館藏戰國楚竹書(二)，上海古籍出版社二〇〇二年版。

季旭昇主編上海博物館藏戰國楚竹書(二)讀本，萬卷樓圖書出版公司二〇〇三年版。

李學勤楚簡子羔研究，見朱淵清、廖名春主編上博館藏戰國楚竹書研究續編，上海書店出版社二〇〇四年版。

劉樂賢讀上博簡民之父母等三篇劄記，簡帛研究網，二〇〇三年一月九日
李鋭讀上博簡二子羔札記，簡帛研究網，二〇〇三年一月十日。
曹建國讀上博簡子羔札記，簡帛研究網，二〇〇三年一月十二日。
安徽大學古文字研究室上海楚竹書（二）研讀記，簡帛研究網，二〇〇三年一月十三日。
陳偉上海博物館藏戰國楚竹書（二），簡帛研究網，二〇〇三年六月五日。
黄錫全讀上博楚簡（二）札記，簡帛研究網，二〇〇三年六月五日。
楊澤生上海博物館所藏竹書札記，簡帛研究網，二〇〇三年六月五日。

子羔問於孔子曰：「三王者之作也，皆人子也，而其父賤而不足偁也與？殹（抑）〔一〕亦成天子也與？」孔子曰：「善，爾問之也，久矣，其莫☐【九】女也，觀於伊而得之，懷〔二〕三【一一上】年而畫（？）於背而生，生而能言，是禹也。契之母，有娀氏之女【一〇】也。遊於央臺之上，有燕銜卵而措諸其前，取而吞之，懷【一一下】三年而畫（？）於膺，生乃呼曰『【香港中文大學藏戰國楚簡】欽（？）』，是契也。后稷之母，有邰氏之女也，遊於玄咎（澤）〔三〕之内，冬見芺攼而薦之〔四〕，乃見人武，履以祈禱，曰：『帝之武，尚使【一二】☐是后稷之母也。三

王者之作也如是。』」子羔曰：「然則三王孰爲▨【一三】亦紀先王之遊道不奉，盄王則亦不大汴〔五〕。孔子曰：「舜其可謂受命之民矣。舜，人子也。▨【七】□有虞氏之樂正宮宑〔六〕之子也。」子羔曰：「何故以得爲帝？」孔子曰：「昔者而弗世也，善與善相受也，故能治天下，平萬邦，使無有小大、肥瘠〔七〕，使皆【一】得其社稷百姓而奉守之。堯見舜之德賢，故讓之。」子羔曰：「堯之得舜也，舜之德則誠善【六】與？伊堯之德則甚明歟？」孔子曰：「鈞也。舜穡於童土之田，則▨【二】▨之童土之黎民也？」孔子曰：【三】吾聞夫舜其幼也，每以□寺〔八〕，其言▨【四】▨或以文而遠。堯之取舜也，從諸卉茅之中，與之言禮，悦▨【五】〔正〕子羔〔背〕▨[illegible]〔九〕而和，故夫舜之德其誠賢矣，采〔一〇〕諸畎畝之中，而使君天下而偁。子羔曰：「如舜在今之世，則何若？」孔子曰：【八】▨三天子事之■。【一四】

〔一〕「毀」，陳劍讀爲「抑」，劉樂賢認爲斷句當爲「不足爯也與毀」，「不足爯也與毀」似可讀爲「不足稱也舉毀」。曹建國認爲「毀」應爲「其」的假借。

〔二〕「懷」，馬承源未釋出，陳劍釋爲「窐」，讀爲「娠」。李學勤釋爲「𡐨」，讀爲「懷」。

〔三〕「玄咎」，馬承源釋爲「串咎」，陳劍釋爲「玄丘」，李學勤釋爲「玄咎」，並認爲「咎」讀作「澤」。

〔四〕李學勤解釋説：「其於冬日所見的芺，是一種類似薊的植物。『孜而薦之』，『孜』讀爲乾燥的『乾』。」

〔五〕此句陳偉釋爲「亦紀先王之遊道。不逢明王，則亦不大使」，今從李學勤讀。李學勤疑「紀」讀爲「改」，「遊」讀爲「攸」，「攸道」即所由，「𥁕」從貝聲，讀爲廢，「王則」的「則」訓爲法或常，「汴」疑讀爲「變」。「」，馬承源未釋出，李學勤釋爲「𥁕」，何琳儀認爲此字從四從皿讀作「駟」，黄德寬認爲可能是從四從益，徐在國疑讀爲「監」。李銳認爲此字實從四從皿，「柶」與「觶」古通，此疑讀爲「觶」。黄錫全認爲此字似可釋作從貝從益的賹，讀爲鎰。

〔六〕「⿱宀古⿱宀卉」，曹建國認爲兩字所從的「宀」是增繁偏旁，兩字可直接釋作「占卉」，「占卉」即「質夔」，也就是舜的父親瞽叟。季旭昇等同之。黄錫全認爲二字可直接釋爲「瞽叟」。

〔七〕「肥瘠」，從何琳儀讀。

〔八〕「每以□寺」，李學勤解釋説「每」讀爲「敏」，「寺」疑讀爲「時」。

〔九〕「」，此字馬承源未釋出，楊澤生其認爲從臼旁，疑此字讀爲「燮」或「協」。

〔一〇〕「采」，馬承源認爲即「番」字所從的聲符「采」，通假作「播」或「布」。李學勤疑「采」即「采」字之誤，與「取」同義。季旭昇等認爲「采」可讀爲「抽」，謂「抽取」、「提拔」；或讀爲「導」。

（五）魯邦大旱

本篇見於上海博物館藏戰國楚竹書（二）。據整理者馬承源介紹，全篇共有六支簡，計有二百零八字，竹簡長度和文字書法與子羔及孔子詩論完全一致，可能屬於同一篇的不同内容。原無篇題,現篇題爲整理者所加。今以馬承源釋文(見馬承源主編上海博物館藏戰國楚竹書(二),上海古籍出版社二〇〇二年版)爲底本,并參考以下各家進行整理:

季旭昇主編上海博物館藏戰國楚竹書(二)讀本,萬卷樓圖書出版公司二〇〇三年版。

李學勤上博楚簡魯邦大旱解義,見朱淵清、廖名春主編上博館藏戰國楚竹書研究續編,上海書店出版社二〇〇四年版。

廖名春試論楚簡魯邦大旱的内容與思想,見朱淵清、廖名春主編上博館藏戰國楚竹書研究續編,上海書店出版社二〇〇四年版。

陳偉讀魯邦大旱劄記,見朱淵清、廖名春主編上博館藏戰國楚竹書研究續編,上海書店出版社二〇〇四年版。

曹峰魯邦大旱初探,見朱淵清、廖名春主編上博館藏戰國楚竹書研究續編,上海書店出版社二〇〇四年版。

楊朝明上博竹書魯邦大旱小議,見朱淵清、廖名春主編上博館藏戰國楚竹書研究續編,上海書店出版社二〇〇四年版。

林志鵬魯邦大旱詮解，見朱淵清、廖名春主編上博館藏戰國楚竹書研究續編，上海書店出版社二〇〇四年版。

范麗梅上博楚簡魯邦大旱注譯，見朱淵清、廖名春主編上博館藏戰國楚竹書研究續編，上海書店出版社二〇〇四年版。

魯邦大旱，哀公謂孔子〔曰〕：「子不爲我圖之？」孔子答〔一〕曰：邦大旱，毋乃失諸刑與德乎？唯〔二〕▨【一】之何哉？孔子曰：庶民知說之事鬼〔三〕也，不知刑與德，如毋愛圭璧幣帛於山川〔四〕，政刑與▨【二】出，遇子贛，曰：「賜，爾聞巷路之言，毋乃謂丘之答非歟？」子貢曰：「否殹。吾子如重命，其與〔五〕。如夫正刑與德，以事上天，此是哉！如夫毋愛圭璧【三】幣帛於山川，毋乃不可。夫山，石以爲膚，木以爲民，如天不雨，石將焦，木將死，其欲雨又甚於我，又必待吾命乎〔六〕？夫川，水以爲膚，魚以【四】爲民，如天不雨，水將涸，魚將死，其欲雨又甚於我，又必待吾命乎？」孔子曰：烏（嗚）乎，▨【五】公豈不飽粱食肉哉！緊（抑）無如庶民何■。【六】

〔一〕「答」，陳偉以爲當作「對」。

〔二〕「唯」，林志鵬釋作「雖」。

〔三〕「鬼」，馬承源釋爲「視」，李學勤與陳偉等人均同意黃德寬釋爲「鬼」。

〔四〕此句從李學勤讀。愛,吝惜義。

〔五〕「否殹吾子如重命其與」,李學勤釋爲「否。殹(偕)乎子女,違(踵)命其與」,他認爲,「偕乎子女」即偕同其子女,「踵命其與」即往來告其親友。如此解釋,與上下文稍有不協。今從曹峰讀。他認爲此句大義是:「没有啊,如果您重視人的生命,他們都會聽從您的。」

〔六〕「其欲雨又甚於我,又必待吾命乎」,馬承源釋爲「其欲雨或甚於我,何必侍乎名乎」,李學勤釋爲「其欲雨或甚於我,何必寺乎名乎」。今從陳偉讀。他解釋説:「又必待吾命乎」,意思是説難道必須等待我們的呼喚嗎。下句同。

(六)從政

本篇見於上海博物館藏戰國楚竹書(二)。據整理者張光裕介紹,這部分竹簡分甲、乙兩篇。甲篇完、殘簡共十九支,其中第六、七兩簡本屬同一簡,故實數爲十八支,計有五百一十九字。乙篇僅存完、殘簡共六支,其完整者一支,可資連綴者兩支,計有一百四十字。兩篇合共六百五十九字。原無篇題,現篇題爲整理者所加。今以季旭昇主編上海博物館藏戰國楚竹書(二)讀本(萬卷樓圖書出版公司二〇〇三年版)爲底本,並參考以下諸家進行整理:

張光裕釋文,見馬承源主編上海博物館藏戰國楚竹書(二),上海古籍出版社二〇〇二年版。

陳偉從政校讀，見陳偉新出楚簡研讀，武漢大學出版社二〇一〇年版。

陳劍上博簡子羔、從政篇的竹簡拼合與編連問題小議（簡稱「陳劍一」），見陳劍戰國竹書論集，上海古籍出版社二〇一三年版。

陳劍上海博物館藏戰國楚竹書從政篇研究（三題）（簡稱「陳劍二」），見陳劍戰國竹書論集，上海古籍出版社二〇一三年版。

周鳳五讀上博楚竹書從政甲篇劄記，見朱淵清、廖名春主編上博館藏戰國楚竹書研究續編，上海書店出版社二〇〇四年版。

安徽大學古文字研究室上海楚竹書（二）研讀記，見朱淵清、廖名春主編上博館藏戰國楚竹書研究續編，上海書店出版社二〇〇四年版。

黄德寬戰國楚竹書（二）釋文補正，見朱淵清、廖名春主編上博館藏戰國楚竹書研究續編，上海書店出版社二〇〇四年版。

何琳儀第二批滬簡選釋，見朱淵清、廖名春主編上博館藏戰國楚竹書研究續編，上海書店出版社二〇〇四年版。

黄錫全讀上博楚簡（二）劄記八則，見朱淵清、廖名春主編上博館藏戰國楚竹書研究續編，上海書店出版社二〇〇四年版。

李守奎讀上海博物館藏戰國楚竹書（二）雜識，見朱淵清、廖名春主編上博館藏戰國楚竹書研究續編，上海書店出版社二〇〇四年版。

聞之曰：昔三代之明王之有天下者，莫之舍也，而盡取之，民皆以爲義〔一〕，夫是則守之以信，教【甲一】之以義，行之以禮也。其亂王〔二〕舍人邦家土地，而民或弗義，□▨【甲二】〔齊之以〕禮則寡娩（免）爲仁，教之以刑則逐■〔三〕。聞之曰：善人，善人也。是以得賢士一人，一人譽▨【甲三】四鄰。失賢士一人，謗〔四〕亦反是，是故君子慎言而不慎事。【甲四】

〔一〕「舍」，張光裕讀爲「餘」，周鳳五認爲當釋爲「舍」，讀爲「予」。「盡」，張光裕未釋出，今從周鳳五讀。周鳳五説：「『昔三代之明王之有天下者，莫之舍也，而盡取之，民皆以爲義』，意思是説，上古三代明王盡取天下，不以土地予人，而人民以其行爲正當。」陳偉從之。

〔二〕張光裕於「亂」字讀斷。今從周鳳五讀，「亂王」與「明王」對舉。

〔三〕「齊之以」，從李守奎補。「娩」，張光裕釋爲「而」，今從李守奎釋讀爲「免」，免，脱也。「逐」，張光裕疑爲「述」之别體，讀爲「遂」，今從徐在國和李守奎讀。

〔四〕「謗」，張光裕釋爲「防」，今從季旭昇等讀。

毋暴、毋虐〔一〕、毋賊、毋貪。不修不武〈戒〉〔二〕，謂之必成，則暴；不教而殺，則虐■；

命無時，事必有期〔三〕，則賊■；爲利枉【甲一五】事，則貪■。聞之曰：從政，庸〔四〕五德■，固三折（制）■〔五〕，除十怨■。五德：一曰寬■，二曰恭■，三曰惠■，四曰仁■，五曰敬■。君子不寬則無【甲五】以容百姓■，不恭則無以除辱■，不惠則無以聚民■，不仁【甲六】則無以行政■，不敬則事無成■。三折（制）：持行，視上，卒食〔六〕。【甲七】

〔一〕「暴」，張光裕讀爲「弃」，釋爲「藏」。「虐」，張光裕讀爲「號」。今從陳劍一與何琳儀讀。

〔二〕「武」，陳劍一認爲當爲「戒」之誤字。

〔三〕「期」，張光裕讀爲「基」，今從陳劍一讀。

〔四〕「庸」，張光裕釋爲「敦」，何琳儀和黃德寬均認爲此字乃「墉」之古文，與「敦」無涉，當讀爲「庸」。庸，用也。

〔五〕「折」，張光裕讀爲「誓」，陳偉讀爲「制」。

〔六〕「三折（制）持行視上卒食」，張光裕讀爲「三折（誓）持行，見上卒食」。今從陳偉讀。

曰犯人之務■，十曰口惠而（實）不係■〔一〕。興邦家，治政教。從命，則正不勞〔二〕；容戒先慝，則自己始〔三〕；顯嘉勸信，則僞【乙一】不彰■；毋佔民斂，則同；不敷法盈惡〔四〕，則民不怨■。聞之曰☐【乙二】

〔一〕「係」，季旭昇等釋爲「由」，陳劍一主張從張光裕釋爲「係」，不過他認爲「不」上脱漏了一個「實」

一類的字，「係」即繼續，如此「口惠而〔實〕不係」就與「口惠而實弗從」、「口惠而實不至」相當。

〔二〕「正」，張光裕釋爲「政」，陳偉認爲「政不勞」費解，當釋爲「正」。「正」有君長之義。

〔三〕「容」，張光裕釋爲「壅」。「己」，張光裕讀爲「忌」，並説「壅戒先匿，則自忌始」是説戒備之心若失，則已先啓微亡之徵，此皆因有猜忌之心故也。今從季旭昇等讀。

〔四〕「盈惡」，何琳儀以爲當釋爲「嬴惡」，訓爲瘦弱。

而不知則逢災害。聞之曰：從政有七機：獄則興，威則民不道■，滷〔一〕則失衆■，猛〔二〕則亡親，罰則民逃■，好刑〔三〕【甲八】☐則民作亂■，凡此七者，政之所殆也〔四〕。聞之曰：志氣不旨〔五〕，其事不☐【甲九】

〔一〕「滷」，張光裕未釋出，何琳儀釋爲「洒」，並認爲「洒」當訓爲「散」或「播」。周鳳五釋此字從水，舟聲，訓爲「誑」。今從陳劍二讀。他認爲「滷」爲「監」字異體。黄錫全從之。

〔二〕「猛」，張光裕讀爲「怲」，釋爲「憂」。今從陳劍一讀。

〔三〕「刑」，從陳偉讀。

〔四〕「殆」，張光裕釋爲「治」。今從周鳳五讀。殆，危也。陳劍二從之。

〔五〕「旨」，張光裕以爲或讀爲「稽」，釋爲「啓」。周鳳五認爲此字是「達」之省。「志氣不達」即志氣不通。

曰：從政所務三■，敬、謙、信，信則得衆■，謙則遠戾，遠戾所以☐【甲一〇】

然後能立道。聞之曰：君子之相就也，不必在近昵樂☐【甲一三】

有所有餘而不敢盡之■，有所不足不敢弗☐【甲一四】

以犯賡軺見，不順行以出之■。聞之曰：君子樂則治正■，憂則〔□〕，怒則□，懼則□，恥則〔一〕【甲一六】復■；小人樂則疑■，憂則昏■，怒則勝■，懼則背■，恥則犯■。聞之曰：從政，不治則亂■。治也至，則☐【乙三】

〔一〕「□怒則□懼則□恥則」，從陳劍補。

〔☐君子先〕〔一〕人則啓道之，後人則奉相之，是以曰君子難得而易使也，其使人，器之■〔二〕。小人先人，則絆敔之；【甲一七】〔後人〕，則讒毀之〔三〕，是以曰小人易得而難使也，其使人，必求備焉■。聞之曰：行在己而名在人，名難争也。【甲一八】庸行不倦，持善不厭，唯（雖）世不識〔四〕，必或知之，是故【甲一二】君子强行以待名之至也。君子聞善言，以改其【乙五】言，見善行，納其身焉〔五〕，可謂學矣■。聞之曰：可言而不可行，君子不言；可行而不可言，君子不行。【甲一一】

〔一〕「君子先」，從陳劍一補。

〔二〕「其使人器之」，張光裕連讀。今從周鳳五斷句。他認爲，「其使人，器之」，意思是君子領導人民，能够做到因材器使。

〔三〕「絆」，張光裕未釋出，陳劍一疑釋爲「呈」，黄德寬和何琳儀均認爲當釋爲「牟」，讀爲「并」。今從周鳳五讀。「後人」二字從陳劍一補。「讒」，張光裕未釋出，陳劍一疑釋爲「贏」，周鳳五認爲此字從肉、從戈，疑讀爲「譖」或「讒」。「敌」，禁止。

〔四〕唯，周鳳五讀爲「雖」。「識」，張光裕未釋出。今從周鳳五讀。何琳儀釋文同。

〔五〕身，張光裕釋爲「仁」。今從陳劍一讀。

□之人可也。聞之曰：行險致命，飢滄毋忦，從事而毋兇〔一〕，君子不以流言傷人■。

【甲一九】

〔一〕「飢滄毋忦，從事而毋兇」，張光裕未釋出「飢」、「忦」、「兇」三字，黄德寬認爲這兩句可釋爲「飢滄毋會，從事而毋訟」，意謂「飢寒之歲不要舉行會同，行事之時不要爭訟」。今從周鳳五讀。他認爲滄即寒，忦即憂，兇即擾恐，即説君子篤守正道，不怕飢寒，不受驚擾。

也。聞之曰：愆誨〔一〕而恭遜，教之勸也。温良而忠敬，仁之宗〔也〕。□【乙四】

〔一〕「愆」，張光裕未釋出。今從陳偉讀。「愆悔」，即悔過。

不武則志不匿，仁而不知則▨【乙六】

（七）仲弓

本篇見於上海博物館藏戰國楚竹書（三）。據整理者李朝遠介紹，本篇共有二十八支簡，整簡三支，分别爲三截和二截綴合而成，餘皆殘斷之簡，計有五百二十字，其中重文四，合文十六。本篇第十六支簡有篇題「中弓」，即孔子弟子仲弓。今以陳劍上博（三）仲弓賸義（簡稱「陳劍一」）以及陳劍上博竹書仲弓篇新編釋文（簡稱「陳劍二」）。以上二文，均見陳劍戰國竹書論集，上海古籍出版社二〇一三年版）爲底本，並參考以下諸家進行整理：

李朝遠釋文，見馬承源主編上海博物館藏戰國楚竹書（二），上海古籍出版社二〇〇三年版。

季旭昇主編上海博物館藏戰國楚竹書（三）讀本，萬卷樓圖書出版公司二〇〇五年版。

楊澤生上博竹書第三册零識，簡帛研究網，二〇〇四年四月二十九日。

楊懷源讀上博簡中弓劄記四則，簡帛研究網，二〇〇四年八月七日。

季桓子使仲弓爲宰，仲弓以告孔子曰：「季氏☒【一】☒使雍也從於宰夫之後，雍也憧【四】愚，恐貽吾子羞，愿因吾子而辭。」孔子曰：雍☒【二六】☒毋自惰也。昔三代之明王有四海之内，猶來〔一〕☒【一八】

〔一〕「來」，李朝遠釋爲「賚」，訓爲「賜」。

☒與聞之，夫季氏河東之盛家也，亦【二】以行矣，爲之，余誨汝。仲弓曰：「敢問爲政何先？」☒【五】☒仲尼☒【二八】老老慈幼，先有司，舉賢才，宥過赦罪〔一〕。【七】罪，政之始也。仲弓曰：「若夫老老慈幼，既聞命矣。夫先有司爲之如何？」仲尼〔曰〕：「夫民安舊而重遷【八】早使不行〔二〕，委蛇〔三〕☒【一四】☒有成，是故有司不可不先也。」仲弓曰：「雍也不敏，雖有賢才，弗知舉也。敢問舉才【九】如之何？」仲尼曰：「夫賢才不可弇也。舉爾所知，爾所不知，人其舍之者(諸)？」仲弓曰：「宥過赦罪，則民可爰〔四〕？」【一〇】山有崩，川有竭，日月星辰猶差，民無不有過，賢者☒【一九】☒刑政不緩，德教不倦。仲弓曰：「若此三【一七】者，既聞命矣，敢問導民興德如何？」孔子曰：陳之〔五〕【一一】服之，緩施而遜敕〔六〕之。雖有衍德〔七〕，其【一三】

〔一〕「赦罪」，季旭昇等釋爲「舉罪」，意爲舉發有罪之心。

〔二〕「早使」，季旭昇等釋爲「造變」。「造變不行」，即過於急躁的變化不可行。

〔三〕「委蛇」，從周鳳五、史傑鵬、季旭昇等讀，意爲委蛇從容地行動。

〔四〕「夋」，李朝遠隸定爲「幼」，讀爲「要」，意爲「民可和合，行列得正，進退得齊」。陳劍一隸定爲「夋」，無解。楊澤生從之，讀爲「後」。「宥過赦罪，則民可後」，即「宥過赦罪，老百姓便可順從」。季旭昇等以爲兩家所釋恐都有問題，但隸定爲「夋」比「幼」更爲合理，但字的下部似乎有點模糊，待考。

〔五〕「陳」，季旭昇等釋爲「申」。

〔六〕「敕」，季旭昇等讀爲「服」。

〔七〕「⿰彳忘」，從季旭昇等讀。「⿰彳忘德」，謂孝行有虧。

仲弓曰：「敢【二七】問民務。」孔子曰：「善哉問乎！足以教矣。君【一五】子所竭其情，盡其慎者三，害（蓋）近皆（?）矣。」【二〇下】「雍，汝知諸？」仲弓答曰：「雍也弗聞也。」孔子曰：「夫祭，致敬之【六】本也，所以立生也，不可不慎也；夫喪【二三下】，致愛之卒也，所以成死也，不可不慎也；夫行，巽求（?）學〔一〕□【二三上】□之。一日以善蒞，所教皆終；一日以不善蒞，【二四】所學〔二〕皆崩，可不慎乎？」仲弓曰：「今之君子，使人不盡其説（?）□□【二五】

〔一〕「巽求（?）學」，季旭昇等認爲可能是説恭順地追求、學習。

〔三〕「學」，季旭昇等釋爲「教」。

▨其咎。仲弓曰：「今之君子，愎過扞婞〔一〕，難以納諫。」孔子曰：今之君▨【二〇上】

〔一〕「愎過」，陳劍一釋爲堅持過失，楊懷源釋爲保過，即死守自己的過失。「扞婞」，從楊懷源讀，意爲抵制、排斥剛直之臣（言）。

□定，不及其成，⿰言蜀＝厭人〔一〕，難爲從政。孔子【一二】曰：雍，古之事君者以忠與敬，雖其難也，汝唯以□▨【二一】

〔一〕陳劍一疑「⿰言蜀＝」可讀爲「⿰言蜀（獨）蜀（主）」或「⿰言蜀（獨）⿰言蜀（主）」，「獨主厭人」即獨斷專行，不聽他人意見。

▨上下相復（報）以忠，則民歡承教，害□者不▨【二二】

▨宜道（?·）之至者，教而使之，君子無所厭人。今汝相夫【一六正】仲弓【一六反】子，有臣萬人道汝，思老其家，夫【三】

【附簡】▨⿱亼里。」孔子曰：「雍，政者，正也。夫子雖有舉，汝獨正之，豈不有匡〔一〕也。」

仲▨

〔一〕「匡」，從季旭昇等讀。李朝遠釋爲「枉」，意爲不正，即對賢哲不能求全責備。季旭昇等認爲，仲弓全文，似乎没有不能求全責備之意，而是力求如何矯正「三害」，這就是「匡」，即匡正季桓子的疏失。

（八）相邦之道

本篇見於上海博物館藏戰國楚竹書（四）。據整理者張光裕介紹，本篇僅存四支殘簡，計有一百零七字，其中重文一，合文五。篇題爲整理者所加。今以季旭昇主編上海博物館藏戰國楚竹書（四）讀本（萬卷樓圖書出版公司二〇〇七年版）爲底本，並參考以下諸家進行整理：

張光裕釋文，見馬承源主編上海博物館藏戰國楚竹書（四），上海古籍出版社二〇〇四年版。

孟蓬生上博竹書（四）閒詁，簡帛研究網，二〇〇二年二月十五日。

董珊讀上博藏戰國楚竹書（四）雜記，簡帛研究網，二〇〇五年二月二十日。

何有祖上博楚簡試讀三則，簡帛網，二〇〇六年九月二十日。

▨先其欲，備（服）其强〔一〕，牧其惓（患）〔二〕，静以待，待時出，故此事事出政〔三〕，政毋忘所治事，▨【一】▨□□□□人，可謂相邦矣。

〔一〕「備」，張光裕讀如字，釋爲「具也」，「備其强」言厚儲實力。季旭昇等以爲「備」當讀爲「服」，「服其强」即人民以及豪族的强者，要讓他們悦服。

〔二〕「卷」，張光裕釋爲「惓」，意爲「煩悶」，與「患」同義。季旭昇等認爲「卷」讀爲「患」，牧，察也，牧其患即謂人民的戚患要仔細察知。

〔三〕「事事出政」，張光裕作「事使出政」，未作解釋。季旭昇等認爲，「事事出政」之前一「事」字疑當釋爲「勸」，後一「事」字釋爲「職守」，即謂勤於職守以出政令。

公曰：「敢問民事？」孔子☑【二】☑（農夫勸於耕，以）實官倉；百工勸於事，以實府庫；庶民勸於四肢之藝，以備軍旅☑【三】

者。孔子退，告子貢曰：「吾見於君，不問有邦之道，而問相邦之道，不亦慭（愆）〔一〕乎？」子貢曰：「吾子之答也何如？」孔子曰：「女迺〔二〕。」【四】

〔一〕「慭」，張光裕讀作「欽」，贊許之義。孟蓬生讀作「謙」。董珊認爲當讀爲「愆」，訓爲「失」。何有祖將此字隸定爲「慭」疑讀作「戇」。

〔二〕女迺，張光裕疑讀作「如斯」。孟蓬生以爲「迺」即「訊」字，問也。董珊認爲「迺」疑讀爲「哂笑」之「哂」。何有祖同意董珊之説，讀爲「如哂」。季旭昇等讀爲「汝思」。

（九）季康子問於孔子

本篇見於上海博物館藏戰國楚竹書（五）。據整理者濮茅左介紹，本篇共有二十三支簡，計有六百六十九字，其中重文四，合文三十五。篇題爲整理者所加。今以李守奎、曲冰、孫偉龍編著上海博物館藏戰國楚竹書（一—五）文字編（作家出版社二〇〇七年版）爲底本，並參考以下諸家進行整理：

濮茅左釋文，見馬承源主編上海博物館藏戰國楚竹書（五），上海古籍出版社二〇〇五年版。

陳劍談談上博（五）的竹簡分篇、拼合與編聯問題，見陳劍戰國竹書論集，上海古籍出版社二〇一三年版。

季旭昇上博五芻議（上），簡帛網，二〇〇六年二月十八日。

陳偉季康子問孔子零識，見陳偉新出楚簡研讀，武漢大學出版社二〇一〇年。

李天虹讀季康子問於孔子札記，簡帛網，二〇〇六年二月二十四日。

禤健聰上博楚簡（五）零札（一），簡帛網，二〇〇六年二月二十四日。

楊澤生上博五零識十二則，簡帛網，二〇〇六年三月二十日。

陳斯鵬讀上博竹書（五）小記，簡帛網，二〇〇六年四月一日。

單育辰上博五短劄，簡帛網，二〇〇六年四月三十日。

王化平讀上博五季康子問於孔子札記六則，簡帛網，二〇〇七年十月三十日。

季康子問於孔子曰：「肥，從有司之後，罷（一）不知民務之焉在〔一〕。唯子之訂（貽）䪼（羞）〔二〕，請問：君子之從事者於民之【一】〔上，君子之大務何？」孔子曰：「仁之以〕德，此君子之大務也。」康子曰：「請問何謂仁之以德？」孔子曰：君子在民【二】之上，執民之中，絁（施）耆（教）〔三〕於百姓而民不服焉，是君子之恥也。是故君子玉其言而展〔四〕其行，敬成其【三】德以臨民，民望其道而服焉，此之謂仁之以德。且管仲有言曰：君子恭則遂，驕則侮，備言多難〔五〕【四】

〔一〕「罷」，濮茅左讀爲「抑」，音同「一」。季旭昇認爲可直接讀爲「一」。「一不知民務之焉在」，即「完全不知道民務何在」。

〔二〕「訂」，濮茅左釋爲「治」。䪼，即面和。「訂」，季旭昇讀爲「司」；「䪼」，讀爲「擾」。「司擾」，即負責教育馴化。陳偉釋爲「貽羞」。今案：似當從陳偉之説。

〔三〕「絁耆」，濮茅左以爲讀爲「紉詨」，又説或讀爲「施教」。季旭昇以爲當釋爲「施教」。

〔四〕「展」，濮茅左錯隸爲「慎」。禤健聰釋爲「展」，意爲「誠」。

〔五〕「備」，濮茅左解釋爲防備、戒備。李天虹疑「備」爲「盡」之意。王化平疑「備」讀爲「苟」。「言」，讀爲「然」。全句爲「苟然多難」。

☐面〔一〕，事皆得；其勸而强之，則邦有幹童〔二〕，姦動，百姓送〔三〕之以☐☐☐【五】

〔一〕「面」，濮茅左隸爲「舀」，讀作「擾」。今從陳劍釋文。

〔二〕「幹童」，濮茅左釋爲「姦動」。今從陳劍讀。

〔三〕季旭昇以爲「送」當讀爲「遂」。

☐寍旄〔一〕肥也。孔子曰：丘聞之孟子餘曰：夫書者，以著〔二〕君子之德也。【六】夫詩也者，以誌君子之志。夫義者，以謹君子之行也。君子涉之，小人藋（觀）〔三〕之，君子敬成其德，小人毋寐〔四〕【七】

〔一〕「寍」，濮茅左釋爲「寧」。「旄」，濮茅左隸定爲「秕」，讀爲「移」。今從季旭昇隸定。此字包山簡數見，皆用作人名。此處讀爲「移」或「施」。

〔二〕「著」，李天虹釋作「書」。

〔三〕「藋」，季旭升疑讀爲「勸」。

〔四〕李天虹疑「毋」讀爲「晦」，「寐」讀爲「昧」。

宗佝。是故，夫伯邦甚難民能多一〔一〕☐【一一上】

〔一〕「伯」，濮茅左釋爲「迫」。今從陳偉讀。伯有君長之意。濮茅左在「甚」下句讀，陳偉以爲當連讀。「多」，陳偉疑讀爲「移」。「移一」，或類似於齊一。

▨矣。庚子曰：「毋乃肥之昏也，是左（差）乎〔一〕？故如吾子之足（疏）肥也〔二〕。」孔子【一二下】辭曰：子之言也已砫（重）〔三〕。丘也聞君子▨【一八上】

〔一〕「左」，濮茅左釋爲「佐」，季旭昇讀爲「差」。陳斯鵬認爲「昏」讀爲「問」，「左」讀如字，有差義，全句斷爲：「毋乃肥之問也是左乎」。

〔二〕「足」，濮茅左釋爲「益」或「疏通」，季旭昇認爲當釋爲「疏」。

〔三〕「砫」，濮茅左認爲當讀爲「主」，又説或讀爲「重」。季旭昇認爲當讀爲「重」，陳偉也認爲當作「重」，並指出「已重」是古人習語。「子之言也已重」，即説你的話説得嚴重了。

▨焉，焉作而乘之，則邦有穫。先人之所善亦善之，先人之所牟〔一〕〔亦牟之〕，【一二】

▨先人之所惡勿牟，先人之所廢〔二〕勿起，然則民懲〔三〕不善，迷父兄子弟而稱賕〔四〕【一五下】

〔一〕「牟」，濮茅左釋爲「變」。今從陳偉讀。牟有喜樂意。此處編聯從陳偉之説。

〔二〕「廢」，濮茅左釋爲「灋」。今從季旭昇讀。

〔三〕「懲」，濮茅左釋爲「坐」。今從陳偉讀。「懲不善」，即克制不善。

〔四〕「迷父兄子弟而爯賕」，季旭昇譯爲「迷失了父子兄弟的倫常，而去行賄收賂」。陳偉認爲「迷」讀爲「敉」，安撫義。

☐者，因古册禮〔一〕而章之，毋逆百事，皆請行之。【一七】

〔一〕濮茅左認爲「册」當訓爲「典」。陳偉認爲「册」爲「迹」，「因古册禮」當讀爲「因故迹禮」。故，指舊典、成例。迹，遵循、仿效義。

田肥民則安，䐜（惰）民不樹〔一〕。是故，賢人大於邦，而有劬心，能爲鬼〔二〕【一八下】

〔一〕「䐜」，濮茅左釋爲「邪」，季旭昇以爲當釋爲「惰」，李守奎等釋爲「瘠」。「樹」，濮茅左釋爲「鼓」，季旭昇認爲當爲「樹」。樹，立也。

〔二〕「鬼」，濮茅左釋爲「視」，季旭昇以爲此字上從「鬼」，下從「示」，實爲「畏」或「鬼」字。李守奎等釋爲「鬼」。

☐滅速，毋恒在後，後世比亂，邦相懷毀，衆必惡善，賢人〔一〕【二二下】

〔一〕此句釋文從李守奎等。

☐也。縈戥今語肥也以處邦家之述（術）〔一〕曰：君子不可以不强，不强則不立【八】

〔一〕此句從陳劍讀。季旭昇以爲可讀爲「戥（烈）今語肥也，以處邦家之術」。「處邦家之術」，謂安邦家之術。

▨不威。不威則民彂（然？）之。毋信玄曾〔一〕，因邦之所賢而興之。大罪殺【二一】之，臧罪刑之，小罪罰之。苟能固守【二二上】而行之，民必服矣。故子以此言爲奚如？孔子曰：「由丘觀之，則美【一三】言也已〔二〕。且夫廁今之先人，世〔三〕三代之傳史，豈敢不以其先人之傳等（志）告。」康子曰：「然其主人亦曰：『古之爲【一四】邦者必以此。』」孔子曰：「言則美矣。然【一五上】異於丘之所聞。丘聞之：臧文仲有言曰：『君子强則遺，威則民不【九】道，迅則失衆〔四〕，猛則無親〔五〕，好刑則不祥，好殺則作亂。』是故，賢人之居邦家也，夙興夜寐【一〇】降耑以比，民之□美〔六〕，棄惡如歸〔七〕，慎少以合大，疏言而密守之。毋欽遠，毋詣（？）逐〔八〕；惡人勿歆（陷）〔九〕，好【一九】人勿貴，救民以辟：大罪則夜（赦）之以刑，臧罪則夜（赦）之以罰，小則訛（貲）之〔一〇〕。凡欲勿祟，凡失勿危〔一一〕，各【二〇】當其曲以成之。然則邦平而民順〔一二〕矣。此君子從事者之所從容〔一三〕也。」【二三】

〔一〕「玄曾」，濮茅左釋爲「諛憎」。今從陳劍。王化平疑「毋信玄曾」之「玄」字讀爲「昡」。「毋信玄曾」，即不要相信天花亂墜的言語。

〔二〕「則美言也已」，濮茅左釋爲「則微言也已」。今從季旭昇讀。

〔三〕「世」，濮茅左釋爲「喪」。今從陳劍讀。

〔四〕「迅則失衆」，濮茅左作「逾則失衆」。今從李守奎等讀。

〔五〕「猛」，濮茅左釋爲「礌」。季旭昇認爲此字釋「礌」，似無確證。此字又見曾侯乙墓竹簡二一四，裘錫圭、李家浩釋爲「盟（盟）」之異。據此，本句似謂：結私盟，則臣民就不會來親近。今從陳劍讀。

〔六〕「民之□美」，禤健聰認爲「□」字可讀爲「播」。「播美」與「棄惡」爲反義對舉。

〔七〕「棄惡如歸」，濮茅左釋爲「棄惡勿適」，陳劍釋爲「棄惡勿歸」，單育辰釋爲「棄惡如歸」，李守奎等從單說。

〔八〕「逐」，濮茅左釋爲「移」。今從陳劍說。

〔九〕「歆」，濮茅左釋爲「戕」，陳劍釋爲「贛」。楊澤生認爲「歆」似乎可讀作「陷」，意爲陷害；也可讀作「嫌」，指避忌或厭惡。李守奎等讀爲「陷」。

〔一〇〕季旭昇疑此句作「毋欽遠，毋詣逐，惡人勿歆（贛），好人勿匱，救民以辟：大皋（罪）則夜（處）之以型（刑），𡑞（常）皋（罪）則夜（處）之以罰，少（小）則詘（貲）之」，意思是：不要去羨慕那些遠方的（欽在溪紐侵部，讀爲曉紐侵部的歆），不要去拜訪那些被放逐的，對惡人不要賞賜，對好人不要讓他匱乏（貴讀爲匱），要以刑法來拯救人民。大罪用刑，常罪處罰，小罪則罰錢。陳劍認爲「夜」當釋爲「赦」，「詘」釋爲「貲」。

〔一一〕季旭昇疑此句讀爲「凡欲勿長，凡失勿憎」。

〔二〕「脜」，陳劍讀爲「擾」。

〔三〕「從容」，從李守奎等讀。

☑之必敬，如賓客〔一〕之事也。君曰：薦禮〔二〕【一六】

〔一〕「賓客」，濮茅左釋爲「則客」。今從陳偉讀。

〔二〕李守奎等曰：「此簡當歸入上海博物館藏戰國楚竹書（二）昔者君老。」

（一〇）君子爲禮

本篇見於上海博物館藏戰國楚竹書（五）。據整理者張光裕介紹，本篇與下篇弟子問簡文内容相似，多屬孔門弟子與夫子之間問答。兩篇共四十一支簡，然殘缺較多。整理者從竹簡切口位置、文字書寫風格及特徵，並結合部分簡文内容，分爲君子爲禮及弟子問兩篇。本篇共有十六支簡。篇題爲整理者所加。今綜合采用陳偉君子爲禮九號簡的綴合問題（見陳偉新出楚簡研讀，武漢大學出版社二〇一〇年版）、陳劍談談上博（五）的竹簡分篇、拼合與編聯問題（見陳劍戰國竹書論集，上海古籍出版社二〇一三年版）作爲底本，並參考以下各家加以整理：

張光裕釋文，見馬承源主編上海博物館藏戰國楚竹書（五），上海古籍出版社二〇〇五年版。

李守奎、曲冰、孫偉龍編著上海博物館藏戰國楚竹書(一—五)文字編，作家出版社二〇〇七年版。

季旭昇上博五芻議(下)，簡帛網，二〇〇六年二月十八日。

何有祖上博五試讀三則，簡帛網，二〇〇六年三月九日。

劉釗上博五君子爲禮釋字一則，簡帛網，二〇〇七年七月二十三日。

牛新房讀上博(五)札記，簡帛網，二〇〇六年九月十七日。

蘇建洲上博楚簡(五)考釋二則，簡帛網，二〇〇六年十二月一日。

顔淵侍於夫子。夫子曰：「回，君子爲禮，以依於仁。」顔淵作而答曰：「回不敏，弗能少居也。」夫子曰：「坐，吾語汝。言之而不義，【一】口勿言也；視之而不義，目勿視也；聽之而不義，耳勿聽也；動〖之〗而不義，身毋動焉。」顔淵退，數日不出，□〼【二】之曰：「吾子何其䐤(瘠)〔一〕也？」曰：「然。吾親聞言於夫子，欲行之不能，欲去之而不可，吾是以䐤(瘠)也。」顔淵侍於夫子。夫子曰【三】：「回，獨智人所惡也，獨貴人所惡也，獨富人所惡【九上】〔也。」顔〕淵起，去席曰：敢問何謂也？夫子智而□信，斯人欲其【四】〔□智〕

也。貴而能讓□，斯人欲其長貴也，富而▨【九下】

〔一〕「膳」，張光裕釋爲「惰」，陳劍認爲當讀爲「瘠」，即瘦也。下句同。

▨好（？）。凡色毋憂、毋佻、毋作、毋謡、毋【五】眄視、毋側睇。凡目毋游，正視是求。毋欽、毋去，聲之疾徐，稱其衆寡〔一〕【六】謯而秀。胥（肩）毋廢、毋檐〔二〕，身毋偃、毋倩，行毋眡、毋摇，足毋偏〔三〕、毋高。其在【七】廷則欲濟濟，其在堂則▨【八】

〔一〕第五簡、第六簡釋文，從李守奎等讀。

〔二〕季旭昇以爲「胥」即「肩」字。「」，原考釋以爲「同」聲，讀爲「痌」或「痛」。季旭升以爲「痌」或「痛」都不是一般人儀容方面所能自主控制的。此字下半所從有「同」、「冋」、「㕣」、「卷」四種可能，而四種可能都可以讀通，即「同」讀爲「動（摇晃）」、「冋」讀爲「竦（高聳）」、「㕣」讀爲「袒（露肩）」、「卷」讀爲「蜷（縮肩）」。「檐」，張光裕釋爲「痌」。蘇建洲以爲「」字應隸作「冋」，疑讀作「擎」。牛新房認爲「」字隸作「同」可從，但不應讀作「擎」，而應讀作「聳」。劉釗認爲「」字其實就是「詹」字的異寫，讀爲「檐」。檐，舉也。李守奎等釋爲「聳」。

〔三〕「倩」、「眡」、「偏」，均從李守奎等讀。

非子人〔一〕。子羽問於子貢曰：「仲尼於吾子産孰賢？」子貢曰：夫子治十室之邑亦樂，治萬室之邦亦樂，然則☑【一一】☑矣。「與禹孰賢？」子貢曰：禹治天下之川□☑【一五】☑□以爲己名，夫【一三】子治詩書【一六】□亦以己名，然則賢於禹也。「與舜【一四】孰賢？」子貢曰：舜治天下☑【二一】☑子聞之曰：賜，不吾知也。夙興夜寐，以求聞【弟子問二二】

（一）「非」，陳劍釋爲「行」。何有祖以爲「子人」是一個歷史人物。

昔者仲尼箴（二）徒三人，弟徒五人，芫贄之徒【一〇】者，皆可以爲諸侯相矣。東西南北，不奇□☑【弟子問一八】

（二）「箴」，陳劍疑讀爲「緘」。

（一一）弟子問

本篇見於上海博物館藏戰國楚竹書（五）。據整理者張光裕介紹，全篇共有二十五支簡，原簡多殘缺不全，彼此之間難以依序編聯。篇題爲整理者所加。依照陳劍先生的編聯，簡一八和二二歸入君子爲禮。今以陳劍談談上博（五）的竹簡分篇、拼合與編聯問題（見陳劍戰國竹書論集，上海古籍出版社二〇一三年版）爲底本，並參考以下各家加以整理：

張光裕釋文，見馬承源主編上海博物館藏戰國楚竹書（五），上海古籍出版社二〇〇五年版。

李守奎、曲冰、孫偉龍編著上海博物館藏戰國楚竹書（一—五）文字編，作家出版社二〇〇七年版。

陳偉弟子問零識，見陳偉新出楚簡研讀，武漢大學出版社二〇一〇年版。

蘇建洲初讀上博五淺説，簡帛網，二〇〇六年二月十八日。

何有祖上博五弟子問試讀三則，簡帛網，二〇〇六年二月二十日。

徐在國上博五文字考釋拾遺，簡帛網，二〇〇六年二月二十七日。

楊澤生上博五零識十二則，簡帛網，二〇〇六年三月二十日。

田煒上博五弟子問「登年」小考，簡帛網，二〇〇六年三月二十二日。

范常喜上博五弟子問一、二號簡殘字補説，簡帛網，二〇〇六年五月二十一日。

劉洪濤上博五弟子問小考兩則，簡帛網，二〇〇六年五月三十一日。

李天虹上博（五）零識三則，簡帛網，二〇〇六年六月二十六日。

子曰：「延陵季子，其天民也乎？生〔一〕而不因其俗，吴人生七〔二〕年（？）☐【二】而動

（墼？）〔三〕散（？）俑（？）乎其雁（膺）〔四〕，延陵季子僑〔五〕而弗受。延陵季子，其天民也乎？」子貢【一】

〔一〕「生」，范常喜提供了兩種解釋：一爲出生、養育之意，一爲諸侯之子繼父位之意。

〔二〕「七」，張光裕釋爲「十」。

〔三〕「動」，范常喜疑作「壤」，讀爲「讓」。

〔四〕「雁」，張光裕釋爲「所」。陳劍釋爲「膺」，並説：「簡文有幾個字詞未能準確釋讀，據『浴（俗）』和『雁（膺）』猜想，當與吴人『斷髮文身』、『祝髮文身』之俗有關。」

〔五〕「僑」，陳劍釋爲「矯」。范常喜疑讀如字，可能具體指的是更换原來的隱居之處。

▨□曰：「吾聞父母之喪【七】食肉如飯土，飲酒如淫〔一〕，信乎？」子貢曰：「莫親乎父母，死不顧生，可言乎其信也〔二〕，子【八】

〔一〕「淫」，張光裕釋爲「淆」，陳劍疑其讀爲「啜（？）水」。

〔二〕「莫親乎父母，死不顧生，可言乎其信也」，陳偉認爲當讀作「莫親乎父母。死不顧，生何言乎？其信也」，意思是：父母至親。如果父母去世没有哀悼之心的話，父母在世時哪裏談得上親情呢？大概可信吧。

□也，此之謂仁。宰我問君子〔一〕，曰：「予，汝能慎始與？終斯善，幾爲君子乎〔二〕？」

【一一】汝焉能也■。【二四】

〔一〕李天虹認爲原簡「子」後有「＝」，是表示重文的符號，因而此簡的釋文或許當改爲「宰我問君子，子曰……」。

〔二〕張光裕此句讀爲「宰我問君子，曰：『予，汝能慎始與終，斯善矣，爲君子乎』」。陳偉認爲當讀爲「宰我問君子。子曰：『予，汝能慎始與？終斯善，幾爲君子乎』」。「幾爲君子乎」，即差不多是君子了吧。

也，求爲之言，有夫言也，求爲之行，言行相近，然後君子■。子【一二】曰：回，來，吾告汝，其阻絶乎？　雖多聞而不友賢，其【一五】

☐弗王，善矣，夫焉能王人？　由■！　子過曹，〔顔〕【一七】淵馭，至老丘，有農植其槈而歌焉，子據乎軾而〔一〕☐【二〇】□風也，亂節而哀聲。曹之喪，其必此乎？　回！　子嘆曰：「於！　莫我知也夫。」子游曰：「有施之謂也乎？」子曰：偃【四】

〔一〕「子據乎軾而」，張光裕釋爲「子乘乎軒而」。今從陳劍讀。

☐焉。子曰：「貧賤而不約者，吾見之矣；富貴而不驕者，吾聞而【六】☐士，吾見之矣；事而弗受者，吾聞而未之見也。」子曰：人而下臨，猶上臨也☐【九】

☒毋有柔教，毋有首猷，植☒【三】

☒者，可逆〔一〕而告也。子曰：小子，來，聽〔二〕余言，豐年〔三〕不恒至，耇老不復壯，賢者及〔四〕☒【五】

〔一〕「逆」，張光裕釋爲「奉」，李守奎等釋爲「略」，蘇建洲據陳劍之説以爲當釋作「逆」。

〔二〕「聽」，張光裕釋爲「取」，李天虹認爲「取」當釋爲「耳口」，讀爲「聽」。

〔三〕「豐年」，張光裕釋爲「春秋」。陳偉疑「春秋」當釋爲「豐年」。徐在國提出衆多證據支持陳偉的看法。田煒釋作「登年」，意爲高壽。李守奎等也釋爲「登年」。

〔四〕「及」，李守奎等釋爲「急」。

☒汝弗知也乎？由，夫以衆犯難，以親受禄〔一〕，勞以成事，嗇以屬官〔二〕，士鉤以力〔三〕，則然，以【一〇】

〔一〕「以親受禄」，張光裕釋爲「以親受服」。今從何有祖之説。

〔二〕「嗇以屬官」，張光裕釋爲「見以擅官」。今從陳偉。嗇即愛惜，慳吝。「以衆犯難，以親受禄，勞以成事，嗇以屬官」是説：讓衆人冒險，而讓親信受益；讓别人辛勞成事，卻不捨得委任官職。

〔三〕「士鉤以力」，李守奎等釋爲「士辭以力」，何有祖釋爲「士治以力」。

就人，不曲防以去人■。子曰：君子亡（無）所不足，無所有餘，⧄[一]【一三】

〔一〕「⧄」，蘇建洲以爲當釋爲「割」。何有祖疑讀作「蓋」，屬下讀。李守奎等也讀作「蓋」。

⧄從，吾子皆能有待乎？君子道朝（昭）[一]，然則夫二三子者【一四】

〔一〕「朝」，楊澤生認爲應讀作「昭」。

□焉終。子曰：寡聞則固[一]，寡見則肆。多聞則惑，多見則【一六】

〔一〕「寡聞則固」，張光裕釋爲「寡聞則孤」。今從陳偉讀。固，蔽塞義。

長，蘧伯玉侍乎子，慵慵如也其聽。子路往乎子，愕愕如也，如誅[一]【一九】

〔一〕此句張光裕釋爲「長，蘧伯玉止乎？子如也，其聽子路往乎？子如也，如誅」，語意不明。今從李守奎等讀。

吾未見邦而信者，未見善事人而憂者[一]。今之世⧄【二一】

〔一〕此句兩「者」字，張光裕釋爲「絶」。今從陳偉讀。

⧄□□之有。子曰：列乎其下，不折其枝，飤其實[一]【二三】

〔一〕「飤其實」，劉洪濤釋爲「食其實〔者，不毁其器〕」。

曰：巧言令色，未可謂仁也。□者其言，□而不可〼【附簡】

（一二）孔子見季桓子

本篇見於上海博物館藏戰國楚竹書（六）。據整理者濮茅左介紹，全篇共有二十七支簡，計有五百五十四字，其中合文六。篇題爲整理者所加。今以陳劍上博（六）孔子見季桓子的重編新釋（見陳劍戰國竹書論集，上海古籍出版社二〇一三年版）爲底本，並參考以下諸家進行整理：

濮茅左釋文，見馬承源主編上海博物館藏戰國楚竹書（五），上海古籍出版社二〇〇七年版。

陳偉孔子見季桓子初讀，見陳偉新出楚簡研讀，武漢大學出版社二〇一〇年版。

李鋭孔子見季桓子新編，簡帛網，二〇〇七年七月十一日。

何有祖上博六雜記（三），簡帛網，二〇〇七年七月十三日。

凡國棟、何有祖孔子見季桓子札記一則，簡帛網，二〇〇七年七月十五日。

楊澤生讀上博六札記（三則），簡帛網，二〇〇七年七月二十四日。

蘇建洲讀上博六孔子見季桓子筆記，簡帛網，二〇〇七年七月二十四日。

福田哲一〈孔子見季桓子一號簡的釋讀與綴合〉，簡帛網，二〇〇七年八月六日。

子見季桓子〖曰〗：斯聞之，蓋賢者是能皋〈親〉▨【一】▨仁，〖皋〈親〉〗仁者是能行聖人之道。如子皋〈親〉仁〔一〕，行聖人之道，則斯【四】不足，⿰豆勺〈豈〉敢望〔二〕之？若夫視人不厭，問禮不倦〔三〕，則▨【二〇】▨斯中心樂之。夫子曰：上不皋〈親〉仁而絫専，聞其辭於逸人乎〔四〕？夫士，品物【三】不窮。君子流其觀焉，品物備矣〔五〕，而無成德▨【二四】

〔一〕「如子皋〈親〉仁」，陳劍認爲「子」爲「夫」之譌字，福田哲一釋爲「吾子親仁」。

〔二〕「⿰豆勺」，濮茅左釋爲「孰」，陳劍指出此字爲「剴」之譌字，讀爲「豈」。「望」，濮茅左釋爲「譙」。今從陳劍讀。望，冀望、企望。

〔三〕「若夫視人不厭，問禮不倦」，濮茅左讀爲「如夫見人不狡，聞禮不倦」。今從陳偉讀。

〔四〕「上不皋〈親〉仁而絫専，聞其辭於逸人乎」，濮茅左釋爲「上不罪仁而溥専，聞其司於失人，君（?）」。今從陳偉讀。陳偉疑「絫専」當讀爲「薄賦」，「逸人」爲孔子自謂。

〔五〕「品物備矣」，濮茅左釋爲「□勿服矣」。今從凡國棟、何有祖讀。

者也。如此者，焉與之處而察問其所學，先▨【一六】▨由仁與？蓋君子聽之。恒子曰：「如夫仁人之未察，其行【六】處可名而知歟〔一〕？」夫子曰：吾聞之，唯仁人□□▨【一〇】▨也。竊又勿效也〔二〕，而無以啻（?·合?·）者（諸）此矣。唯非仁人也，乃▨【八】

〔一〕「處可名而知歟」，從何有祖讀。

〔二〕「竊又勿效也」，濮茅左讀爲「親有易佼也」，陳劍讀爲「□有此貌也」。今從陳偉讀。竊，謙辭。

⧄其物，與（邪）蝺（僞）之民，亦以其物，審二逃（道）者以觀於民，雖有□（過？）〔一〕弗遠【一二】矣。恒子曰：「二道者可得聞與？」夫子曰：言即至矣，雖⧄【一一】⧄吾子勿問，固將以告。仁人之道，衣服必中，容貌不求異於人，不□【七】也，好睘（？）隹（？）聚，仰天而嘆曰：□不奉□，不味酒肉⧄【二六】⧄不食五穀，睪（擇？）處圭（？）杆〔二〕，豈不難乎？抑邪民之行也。好刓美以爲茁⧄【一四】此與仁人二者也。夫與（邪）蝺（僞）之民，其術多方。如〔三〕⧄【一一】迷〈悉〉言之，則恐舊（久？）吾子〔四〕。恒子曰：「斯不佞，吾子迷〈悉〉言之，予不赴，巠子迷，言之猶恐弗知，況其如【二三】微言之乎？」夫子曰：與（邪）蝺（僞）之民，衣服好□，□□⧄【一九】□皆求異於人；□華衛（？），興道學淫，言不當其所，皆同其□，此邪民也。【一七】行年民（彌？）久，聞教不察不悋（依？），其行板（？）恭（？）哀（？）與（？·豐？）⧄【一八】⧄兼（？）；此邪民也〔五〕，色不樸，此言不欺〔六〕，見於君子，大爲槼（懾？·攝？），此邪民⧄【一三】

〔一〕「雖有□（過？）」，何有祖釋爲「雖有信」。今從陳劍讀。

〔二〕「睪（擇？）處圭（？）杆」，陳偉釋爲「獨處危岸」。今從陳劍讀。

〔三〕「夫與（邪）蝺（僞）之民其術多方如」，濮茅左釋爲「夫民瘧之，求其術多方焉」，何有祖釋作「夫與毣之民，亓（其）述（遂）多方安（焉）」。今從陳劍讀。

〔四〕「舊」，濮茅左讀爲「尤」，李鋭讀作「憂」，楊澤生讀作「咎」，陳劍疑作「久」。「吾子」，濮茅左讀爲「巠子」。今從陳偉讀。

〔五〕「兼（?）此邪民也」，濮茅左釋爲「□賜與民也」，何有祖釋作「拜易與民也」。今從陳劍讀。

〔六〕「欺」，濮茅左釋爲「忨」，讀爲「願」，陳劍釋爲「忌」。今從陳偉讀。

君子恒（?）以衆福，句〔一〕拜（?）四方之位以動。君子昰之，以亓所昰，窺（?）之以其所欲，知不行矣。不僭（?）兼（?），絶以爲兼（?），此民□〼【一五】

〔一〕「句」，濮茅左釋爲「後」，李鋭釋作「周」。

爲信（?詒?）以事其上，仁其如此也。上唯逃，知無不亂矣。是故魚道之君子，行，冠弗見（?）也；語，僉（?）弗見也；魚，□弗見也〔一〕。【五】

〔一〕「上唯逃，知無不亂矣，是故魚道之君子，行，冠弗見（?）也；語，僉（?）弗見也；魚，□弗見」，濮茅左釋爲「上唯逃智，亡不亂矣。是故，吾道之，君子行，君子弗見也；吾諭弗見也，吾□弗見也」。何有祖釋作「上雖逃，智（知）亡（無）不亂矣。是故魚（吾）道之：『君子行，冠弗視也；吾（語），僉弗視也；魚（禦），迅弗視也』」。今從陳劍讀。

是察，求之於中，此以不惑，而民道之☐【二七】

☐仁爰（援）仁而進之，不仁人弗得進矣，始（？）得不可人而歟☐【九】

☐者，君子僡己而立師保，慎其禮樂，逃（道）其☐【二一】

☐〔君〕子有道，生（？）民之賜（？化）〔一〕【二三】

〔一〕「君」字爲李鋭所補，陳劍從之。蘇建洲以爲後四字除「之」外，尚有疑問：原釋爲「民」者，似比較接近「屯」；原釋爲「賜」者，似比較接近「巽」；原釋「生」者，由筆劃來看，不類，似比較接近「丘」，但不知如何解讀。

☐民氓不可侮。衆之所植，莫之能廢也〔一〕。衆之□☐【一五】

〔一〕「民氓不可侮，衆之所植，莫之能廢也」，濮茅左釋爲「民，喪不可侮。衆之所植，莫之能升也」，陳偉釋爲「民氓不可誨，衆之所直，莫之能懲也」。今從陳劍讀。

（一三）子道餓

本篇見於上海博物館藏戰國楚竹書（八）。據整理者濮茅左介紹，全篇共有六支簡，其中完簡兩支，計有一百二十一字。篇題爲整理者所加。今以復旦吉大古文字專業研究生會聯合讀書會上博八子道餓校讀（復旦大學出土文獻與古文字研究中心網，二〇一一年七月十七日。以下簡稱「讀書會」）爲底本，並參考以下諸家進行整理：

濮茅左釋文，見馬承源主編上海博物館藏戰國楚竹書（八），上海古籍出版社二〇一一年版。

陳劍上博（八）子道餓補説，見陳劍戰國竹書論集，上海古籍出版社二〇一三年版。

黄人二、趙思木讀上海博物館藏戰國楚竹書（八）子道餓書後二則，簡帛網，二〇一一年七月二十一日。

鳲鳩上博八子道餓章句劄記兩則，簡帛網，二〇一一年十月八日。

魯司寇奇言遊於逡楚〔一〕，曰：茶（除）〔二〕乎！司寇【四】將見我〔三〕。」門人既茶（除），而司寇不至，言遊去。司【五】▨將焉往？言遊曰：「食而弗與爲禮〔四〕，是戰攻畜【三】之也。偃也修其德行，以受戰攻之食於子，於偃僞，於子損，於是乎何待〔五〕？」遂行，至宋、衛之間，其一【二】子道餓而死焉。門人諫曰：「吾子齒年長矣，家訔甚急〔六〕，生未有所奠，願吾子之〔七〕圖之也。」言遊【一】

〔一〕「魯司寇奇言遊於逡楚」，從讀書會和陳劍斷句。關於這句話的意思，讀書會認爲「奇」爲動詞，讀法待考。逡楚，疑爲地名。陳劍指出此説不合理，認爲此句當斷作：「魯司寇奇，言遊於逡楚。」將「楚」看作動詞，讀爲「胥」，等待也。疑「奇」爲「燕」或「宴」之訛字，疑「逡」讀爲「術」或

「遂」。鳴鳩認爲「奇」可讀「過」，「過」可訓爲「至」或「訪見」之義。

〔二〕「荼」，讀書會認爲當讀爲糞除、掃除之「除」。黄人二、趙思木認爲「荼」可讀爲「痡」，即疲憊倦怠之意。

〔三〕「將見我」，從讀書會讀，濮茅左釋爲「左相我」。

〔四〕「食而弗與爲禮」，讀書會釋爲：先生供養我，卻不以禮待之。陳劍認爲「弗與爲禮」則實係「不與之一起做『禮』事」之意，也可以説就是「不使之參與到做『禮』事中」，這跟「不以禮待之」顯然還是頗有距離的。鳴鳩認爲「弗與爲禮」的寓題殆指儒家所稱舉之行爲準則「信」而言。

〔五〕「何待」，從讀書會讀，濮茅左釋爲「可旅」。

〔六〕「家眚甚急」，濮茅左釋爲「家性甚急」，認爲「家」即家族，古人以喜、怒、哀、樂等爲性，「急」也生於性。讀書會讀爲「家姓甚急」。今從陳劍讀。他引張崇禮之説，認爲「眚」當讀爲如字，訓爲「疾苦」，「甚急」之「家眚（病也）」即言遊喪子之事，蓋門人斥及此事以委婉語出之，以避免刺激老師。

〔七〕「之」，從讀書會讀，濮茅左讀爲「止」，黄人二、趙思木認爲當讀爲「知」，即知曉之意。

☐而止大難寵〔一〕【六】

〔一〕讀書會認爲此簡應移出子道餓，可從。

（一四）顏淵問於孔子

本篇見於上海博物館藏戰國楚竹書（八）。據整理者濮茅左介紹，本篇共有十四支簡，計有三百一十三字。篇題爲整理者所加。今以復旦吉大古文字專業研究生會聯合讀書會上博八顏淵問於孔子校讀（復旦大學出土文獻與古文字研究中心網，二〇一一年七月十七日。以下簡稱「讀書會」）爲底本，並參考以下諸家進行整理：

濮茅左釋文，見馬承源主編上海博物館藏戰國楚竹書（八），上海古籍出版社二〇一一年版。

陳偉顏淵問於孔子内事、内教二章校讀（簡稱「陳偉一」），簡帛網，二〇一一年七月二十二日。

陳偉上博八零識（二則）（簡稱「陳偉二」），簡帛網，二〇一一年七月二十五日。

黄人二、趙思木讀上海博物館藏戰國楚竹書（八）顏淵問于孔子書後，簡帛網，二〇一一年七月二十六日。

王化平讀上博八顏淵問于孔子札記四則，簡帛網，二〇一一年九月二十日。

鴟鳩上博八顏淵問於孔子淺議（兩則），簡帛網，二〇一一年十月十一日。

□顔淵問於孔子曰：「敢問君子之入仕〔一〕也有道乎？」孔子曰：「有。」顔淵：「敢問何如？」孔子曰：「儆有過〔二〕，而【一】〔先〕有司，老老而慈幼，豫（捨）絞（饒）而收貧，禄不足則請，有餘則辭〔三〕。【一二上】儆有過，所以爲緩也〔四〕；先【二下】〔有司〕，所以【二上】得青＝（靖焉）；老老而慈幼，所以尻（處）仁也；豫（捨）絞（饒）而收貧，所以取〔五〕【一一】親也。禄不足則請，有餘【一二下】則辭，所以揚信也。蓋君子之入仕也如此矣。」顔淵曰：「君子之入仕也，回既聞命矣，敢問〔六〕【五】君子之内教〔七〕也有道乎？」孔子曰：「有。」顔淵：「敢問何如？」孔子曰：「修身以先〔八〕，則民莫不從矣。前〔九〕【六】以博㤅〈愛〉〔一〇〕，則民莫遺親矣。導之以儉，則民知足矣。前之以讓，則民不争矣。或（又）迪（由）而教【七】之能＝（以能）〔一一〕，賤不肖而遠之，則民知禁矣。如進者勸行，退者知禁，則其於教也不遠矣。」顔淵曰：【九】「君子之内教也，回既聞矣＝（命矣）〔一二〕。敢問至明〈名〉？」孔子曰：德成則名至矣，名至必卑身＝（身，身）治大則禄〔一三〕【一〇】

〔一〕「入仕」，從陳偉一讀，濮茅左釋爲「内事」，指宗廟祭祀、朝廷等事。

〔二〕「儆有過」，從陳偉一讀，濮茅左釋爲「敬又正」。

〔三〕「〔先〕有司，老老而慈幼豫，（捨）絞（饒）而收貧，禄不足則請，有餘則辭」，從陳偉一讀。陳偉一認爲，「豫」讀爲「捨」，適與「收」對應。「絞」疑當讀爲「饒」，富裕、豐足義，與「貧」相對。濮茅左釋爲「□得=D薦=(情薦,情薦)而戀幽,斂交而收貧。禄不足,則情有餘,則詒」。讀書會認爲當釋爲「有司,老老而慈幼,豫絞而收貧,禄不足則請,有餘則辭」。「豫絞」,即「捨絞」,意爲免除賦稅。

〔四〕「儆有過所以爲緩也」,從陳偉一讀,濮茅左釋爲「敬有正,所以爲退也」

〔五〕「得青=(靖焉)」;老老而慈幼,所以尻(處)仁也;豫(捨)絞(饒)而收貧,所以取」,乃綜合陳偉一和陳偉二的釋讀。濮茅左釋爲「得青=薦=(情薦,情薦)而戀幽,所以居惋也,斂交而收貧,所以聚」。讀書會釋作「得情〔=〕;老=(老老)而慈幼,所以尻(處)仁也;豫絞而收貧,所以取」,認爲「情」下之合文符號「=」爲衍文。陳偉一釋作「得青=(同情)」;老老而慈幼,所以尻(處)仁也;豫(捨)絞(饒)而收貧,所以取」。陳偉二認爲「青=」可能是「青丹」合文,其中「青」讀爲「靖」,安定、治理義。而「丹」用爲「旃」,可訓爲「焉」,簡文作「先有司,所以得靖焉」。王化平同意讀書會關於重文符號誤衍的看法,認爲「青」可能讀作「請」。「得請」,或指受到上司的賞識而被召見。鳲鳩認爲釋爲「得情」近是。「情」可訓爲「實」、「情實」。

〔六〕「則辭,所以揚信也。蓋君子之入仕也如此矣。顔淵曰:君子之入仕也,回既聞命矣,敢問」,從陳偉一讀。濮茅左釋爲「則訦,所以端信也奮。君子之内事也如此矣。顔淵曰:君子之内事也,回既得聞命矣。敢問」。讀書會釋爲「則辭,所以[illegible]信也。害(蓋)君子之内事也如此矣。顔淵曰:君子之内事也,回既聞命矣,敢問」。

〔七〕「内教」，陳偉一釋爲「入教」，指使教化深入人心。黄人二、趙思木認爲「入教」不好理解，不如作「内教」。「内」，當是指君子統治範圍之内。君子教化引導統治範圍内的人民，稱爲「内教」。王化平疑讀作「立教」。

〔八〕「修身以先」，從讀書會讀，濮茅左釋爲「修身以尤」。

〔九〕「前」，從讀書會讀，濮茅左誤釋爲「謙」。第七簡同。

〔一〇〕「博㤅〈愛〉」，從讀書會讀，濮茅左誤釋爲「匍匐」。

〔一一〕「或（又）迪（由）而教之能=（以能）」，從陳偉一讀。他認爲，迪，讀爲「由」，因、從義。「由而」似猶「從而」、「因而」。「能=」，析讀作「以能」，屬上句。如此，此句句式與上文「導之以儉」、「前之以讓」相同，是一組排比句。

〔一二〕「回既聞矣=（命矣）」，從黄人二等人讀。濮茅左釋爲「回既聞矣=（矣已）」，讀書會認爲重文符號衍，讀爲「回既聞矣〈=〉（矣）」。黄人二、趙思木認爲此處當作「回既聞命矣」，簡文少一「命」字，多一「=」符，此「=」符蓋代表「命矣」。鳴鳩在黄人二、趙思木的基礎上，推測書手在抄寫這句話時，其初意是整句抄寫，但寫到「矣」時發現漏抄了「命」字，若補之於兩字中間或覺空間狹擠，便在「矣」下順勢作了標記，表示承上文句子代省了「命」字。

⧄〔君子讓〕而得之，小人争而失之。【八】

〔一三〕此句從讀書會讀。「身」，濮茅左誤釋爲「壬」。讀書會又疑「大則」爲「則大」二字之誤倒。

☐示則斤，而毋欲得焉【一四】

☐屰（素？）行而信，先處忠也；貧而安樂，先處【一三】

☐内矣。庸言之信，庸行之敬【四】

☐必不在慈（兹）〔一〕之内矣。顔淵西〔二〕【三】

〔一〕「慈」，從讀書會隸定，疑讀爲「兹」。濮茅左隸爲「戀」，疑爲「戀」之異體。

〔二〕讀書會認爲「西」下似仍有筆劃痕跡，疑爲「迺」字。簡文意爲顔淵聽完孔子的言論，迺有所行動。其下當有缺簡。

（一五）史蒥問於夫子

本篇見於上海博物館藏戰國楚竹書（九）。據整理者濮茅左介紹，全篇共有十二支簡，計有二百三十六字，其中合文一，重文三，殘字六，另有四個句讀符，句讀符分别位於第六簡、第八簡、第十一簡、第十二簡。篇題爲整理者所加。今依王凱博史蒥問於夫子綴合三例（簡帛網，二〇一三年一月十日）的竹簡編連方案，並參考以下各家加以整理：

濮茅左釋文，見馬承源主編上海博物館藏戰國楚竹書（九），上海古籍出版社二〇一二年版。

蘇建洲《初讀〈上博九〉劄記(一)》,簡帛網,二〇一三年一月六日。
何有祖《上海博物館藏戰國楚竹書(九)札記》,簡帛網,二〇一三年一月六日。
程燕《上博九劄記(二)》,簡帛網,二〇一三年一月七日。
高佑仁《〈上博九〉初讀》,簡帛網,二〇一三年一月八日。

其□之。史留曰:留也,故齊邦敝吏之子也。無如圖〔一〕也☐【一】

〔一〕「圖」,濮茅左讀爲「者」。今從蘇建洲讀。

既之,以其子,子其信之〔一〕,惑也。今使子師之,君之,擇之慎矣。□☐【二】

〔一〕「子其信之」,濮茅左讀爲「子其身之」。今從蘇建洲讀。

極聽〔一〕同古,教與治乎在治,得何人而與舉之?☐【四】

〔一〕「極聽」,濮茅左釋爲「恒啓」。今從蘇建洲讀。

☐莫之能豎也。子以乇〔一〕見之,不其難與言也,且夫□☐〔二〕【五】

〔一〕「乇」,濮茅左讀爲「氏」。今從蘇建洲讀。
〔二〕王凱博認爲簡五當與《孔子見季桓子》簡二五相綴合。

☐也。史留曰:「何謂八?」夫子曰:納與賜(貨)〔一〕,幽色與酒,大鐘鼎☐【六】

〔一〕「賜」，濮茅左以爲當讀爲「賭」，高佑仁認爲當讀爲「貨」。

☐美宗室，驅騁驅軝畋獵，舉獄訟，此所以失〔一〕【七】

〔一〕「美宗室，驅騁畋獵，舉獄訟，此所以失」，濮茅左釋爲「美宔室，驅軝柱乘輿，獄訟易，所以失」。今從何有祖和程燕讀。

曷鹿而不敬〔一〕？子亦是之惻。史蒥曰：「何謂强？何謂【九】敬？」夫子曰：敬也者，瞻人之顔色〔二〕而爲之爲，見其所欲而〔三〕☐【八】

〔一〕「鹿」，何有祖認爲可能是「廌」，讀作「薦」。「曷薦而不敬」，可參看禮記祭義「其薦之也，敬以欲」之語。

〔二〕「瞻」，濮茅左釋爲「信」，今從王凱博讀。「顔色」，濮茅左釋爲「奤」，認爲當爲「交」、「見」的合文。今從蘇建洲讀。

〔三〕兩「而」字，濮茅左均釋爲「其」。今從高佑仁讀。

必危其邦家，則能潰於禹湯，禹湯則學〔一〕。自【三】始有民以來，未或能才立於地之上，一或〔二〕不免有滑否☐【一〇】

〔一〕「學」，濮茅左釋爲「舉」，今從高佑仁讀。

〔二〕「一」，濮茅左認爲讀爲「抑」或「噫」。今從何有祖讀，訓爲「甚」。「一或」與「甚或」、「甚至」意義相近。

☐不可以弗戒。子之事行，百姓得其利，邦家以厚〔一〕；子之事不行，百姓☐【一一】

〔一〕「厚」，濮茅左釋爲「遲」。今從蘇建洲讀。

聞子之言大懼，不志所爲。夫子曰：善哉！臨事而懼，羌不☐【一二】

七　定縣八角廊儒家者言

定縣八角廊竹簡儒家者言，内容大抵爲孔子及孔門弟子的言行，是重要的孔學文獻。現根據國家文物局古文獻研究室、河北省博物館、河北省文物研究所定縣漢墓竹簡整理組儒家者言釋文（載文物一九八一年第八期）抄録。

原説明

定縣八角廊四〇號漢墓出土的大批竹簡，包括古代典籍多種。我們將其中長度、編綸、字數和字體相同的簡編在一起，並根據文義編綴成篇，定名爲儒家者言。

釋文的分章與編次，因其内容多見於説苑、新序，故按兩書章次先後排列。不見於兩書的幾章則排在後面。

釋文字體改用現代通行字；不可辨識的字用□代替；疑字加□；字數不詳用「……」號；一九七六年地震前經釋文抄録而後原簡損失的加〖　〗；異體字、通假字一般隨文注出，寫入（　）内。

（一）

〖曰〔一〕明主〔二〕有三懼一曰……〗【一〇九六】

[不]聞其過二曰得志〔三〕□【七三二】

如〔四〕恐不能行〔五〕【七七一】

〔一〕「曰」前外傳有「孔子」二字，説苑無此三字。

〔二〕外傳「主」作「王」，説苑「主」下有「者」字。

〔三〕説苑「志」作「意」。

〔四〕「如」字各本均作「而」。「如」與「而」古通用。

〔五〕「行」以下爲白簡。

注：本章「明主者有三懼」，見説苑君道、韓詩外傳七。

(二)

子贛(貢)問〔一〕孔子曰賜爲人下〔二〕如不知爲【九一〇】

下〔三〕孔子曰〔四〕〔爲人下者其猶土乎〔五〕種〕【七一〇】

〔得五穀焉厥(撅)之得甘泉焉草木植〕【一〇六九】

禽獸伏焉生人立焉死人入焉〔六〕多【七〇八】

□其言〔七〕爲人下者其猶土乎〔八〕【九三〇】

〔一〕荀子、家語「問」下有「于」字，外傳作「孔子閒居，子貢侍坐，請問爲人下之道」。

〔二〕家語作「賜既爲人下矣」。

〔三〕荀子作「如不知也」，説苑作「而未知所以爲人下之道也」，家語作「而未知爲人下之道。」

〔四〕家語無「孔」字。

〔五〕荀子「乎」作「也」。

〔六〕此段各本文字互異：荀子作「深揚之而得甘泉焉，樹之而五穀蕃焉，草木植焉，禽獸育焉，生則立焉，死則入焉」。外傳作「掘之得甘泉焉，樹之得五穀焉，草木植焉，禽獸魚鱉遂焉，生則立焉，死則入焉」。家語作「揚之深則泉出，樹其壤則百穀滋焉，草木植焉，禽獸育焉，生則出焉，死則入焉」。説苑作「種之則五穀生焉，掘之則甘泉出焉，草木植焉，禽獸育焉，生人立焉，死人入焉」。簡文「厥」讀爲「掘」。荀子、家語之「揚」亦「掘」字。

〔七〕「其」上一字不清，按説苑此三字應爲「而不言」，荀子爲「而不息」，家語爲「而不容」，與簡文均異。

〔八〕荀子「乎」作「也」。

注：本章「子貢問爲人下」，見説苑臣術、荀子堯問、外傳七、孔子家語困誓。

（三）

曾折〔一〕援〔木擊曾子□〔二〕〕【二四九〇】

者參得罪夫=子=〔三〕得毋病（病）〔四〕乎退而就〔五〕【六一一】【一八五三】

曰參來勿內〔也〔六〕曾子自〕【一一二七】

之未嘗可得也〔七〕小箠則待笞〔八〕大【一八三九】

□怒立壹（殪）〔九〕而不去〔一〇〕殺身以〔□〔一一〕父□〕【二四八七】

之民與〔一二〕【三一一二】

殺天子之民者其罪〔一三〕【一八六四】

〔一〕「折」，今作「晳」。按，古今人表考云：「曾晳始見論語，即曾點（檀弓下），晳又作哲（史記弟子傳），名點（論語，又史傳作蒧，同），字晳（史傳），又作子晳（白水碑）。……按：晳字下從白，經典相仍從晳，與哲蓋省文通借也。」按：「晳」乃誤字，亦不與「哲」字通假。簡文作「折」，則史記作「晳」，白水碑作「子晳」者是。作「晳」者乃「晳」字之誤。

〔二〕原釋作「門」，疑是「背」之誤。説苑作「援大杖擊之」。外傳作「引杖擊之」。家語作「建大杖以擊其背」。

〔三〕「夫子」二字重文，各本均作「大人」。

〔四〕「毋」今作「無」。「病」字説苑、家語作「疾」。

〔五〕家語作「退而就房」，説苑作「退屏鼓琴」。

〔六〕家語無「也」字。

〔七〕各本均無「也」字。

〔八〕家語「箠」從木作「棰」，「笞」作「過」。説苑「過」字斷句，無「笞」字。外傳作「待笞」，許維遹集解謂「笞」字疑衍，證此非是。

〔九〕説苑作「體」。

〔一〇〕家語作「避」。

〔一一〕原釋只定左旁從阝，當爲陷。

〔一二〕家語無「與」字，説苑作「耶」。

〔一三〕家語無「者」字，説苑無「其」字。

注：本章「曾子芸瓜」，見説苑建本、外傳八、家語六本。

（四）

伐陳西門□〔一〕因使其降民〔二〕修之□【六六〇】

二人□【二四一六】

〔子曰丘也〕

〔一〕「門」下一字外傳作「壞」，説苑作「燔」。

〔二〕外傳「民」下有「以」字。

注：本章「楚伐陳」，見説苑立節、外傳一。

（五）

桓公謂管仲曰諸【七二八】

管仲對曰〔非天子〕【一〇八八】

不出境桓公【一一一九】

今予〔一〕不道【二四八九】

割燕君之所至如〔二〕予之〔三〕諸【六一六】

〔一〕説苑「予」作「寡人」。
〔二〕「如」讀爲「而」。
〔三〕此句説苑作「割燕君所至之地以與燕君」。
注：本章「齊桓公伐山戎過燕」，見説苑貴德，史記齊太公世家亦記此事。

（六）

□〔一〕漁者曰天暑而得𢎿〔二〕〔之不□□〔三〕〕【七六〇】
將祭之□〔乎〔四〕孔子曰〕【一一二八】

〔一〕此字説苑作「獻」，家語作「受」。
〔二〕此字左旁從弓，疑爲「粥」字。
〔三〕此句説苑作「天暑市遠，賣之不售」。家語作「天暑市遠，無所粥也」。末一字按兩書應爲「思」字。
〔四〕説苑作「將祭之何也」，家語作「以祭之何也」。
注：本章「孔子之楚」見説苑貴德、家語致思。

（七）

〔閑處〕〔一〕喟然嘆曰〔二〕銅鞮柏□〔三〕【一一一三】

者〔四〕周公旦聶（攝）天下之政〔五〕【七八二】

也夫有道乃無下于天下哉〔六〕【五七八】

〔一〕「處」，説苑作「居」。

〔二〕各本「嘆」上有「而」字。

〔三〕據兩書「柏」下應爲「華」字。

〔四〕「者」，説苑作「在」。

〔五〕説苑作「制天下之政」，家語無「旦」字，作「居冢宰之尊」。

〔六〕説苑此句作「夫有道而能下于天下士君子乎哉」。家語作「惡有有道而無下于天下君子哉」。

注：本章「孔子閒居」，見説苑尊賢、家語賢君。

（八）

于大廟右陛之前有銅〔一〕【八二五】

□其口如〔二〕名（銘）其背〔□□=□=〕〔三〕【八四四】

〔之爲人也〔四〕多〕言多過多事多患也〔五〕【六〇四】

〔一〕「有」下一字各本作「金」，簡存左部金旁，疑爲「銅」字。

〔二〕「如」字各本作「而」。

〔三〕「背」下三字簡失，後二字有重文，疑爲「曰戒=之=」。

〔四〕各本作「慎言人也」，且此句在「戒之」之前。

〔五〕各本作「無多言，多言多敗。無多事，多事多患」。

各本此章自「多患」以後還有大段文字，簡本無發現，只另一殘簡有「聞賢者多言多善多□」，附此供參考。太公金匱亦僅銘首二十餘字。

注：本章「孔子之周」，見説苑敬慎、家語觀周，太公金匱亦記此銘。

（九）

齊景公問〔一〕子贛（貢）曰子誰師【九七〇】【六三四】【六三二】

乎子贛（貢）【一〇八〇】

也公曰【六六九】

子知其聖〔二〕【六五〇】

長〔三〕皆曰高=幾何【七九一】

〔一〕説苑「問」作「謂」。

〔二〕「聖」字，説苑作「賢」。

〔三〕說苑「長」下有「愚智」二字。

注：本章「齊景公問子貢誰師」，見說苑善說。

（十）

襄子問〔一〕中（仲）尼曰先生行見〔二〕【八〇一】

意先生之道固不通乎中（仲）【一〇七一】

□襄子見子路曰吾嘗問先＝生＝不□〔三〕【七〇五】

對即〔四〕陷也陷〔五〕安得爲仁者【九〇六】

不知□〔得爲聖子路曰今□〔六〕天下〕【七三四】

之鳴鐘如〔冲〔七〕之以梃〕【九五八】【九五三】

〔一〕說苑「問」作「謂」。

〔二〕說苑「行見」作「委質以見」。

〔三〕說苑前「先生」下有「以道」二字。

〔四〕說苑「即」作「則」。

〔五〕說苑「陷」下有「則」字。

〔六〕說苑無「今」字，「天下」之前一字說苑作「建」。

〔七〕「如」讀爲「而」。「冲」，説苑作「撞」。

注：本章「趙襄子問仲尼」，見説苑善説。

（十一）

子曰犢主澤鳴〔一〕晉國之賢□【九二三】【九六三】

聞君子重〔二〕傷□【六二七】

〔一〕説苑作「澤鳴、犢犨」，劉廙傳注作「犢犨、鐸鳴」，家語作「竇犨、鳴犢、舜華」。疑因犨與主音近、澤與鐸音形俱近而相通假。

〔二〕家語「重」作「違」。

注：本章「趙簡子殺澤鳴、犢犨」，見説苑權謀、家語困誓、三國志劉廙傳注引新序（今無此章），史記孔子世家、孔叢子亦記此事。

（十二）

之匡〔一〕間（簡）子欲殺陽虎孔子似之〔二〕【六六六】

□□〔三〕孔=子=□〔四〕舍子路怒奮戟欲下〔五〕【七二五】

子止之曰何〔仁義之不意〔六〕□□〕【六四四】

詩書不習禮樂不〔七〕脩則〔八〕是丘之罪〔九〕【七一五】

陽虎如爲陽虎〔一〇〕則是〔一一〕非丘□【九〇五】

〔一〕説苑、家語「匡」上有「宋」字，外傳作「孔子行」。

〔二〕各本作「似之」。

〔三〕説苑、外傳作「圍」。

〔四〕此字僅偏旁辶清晰，疑爲「避」字。

〔五〕説苑、外傳「欲」作「將」。

〔六〕外傳曰下有「由」字，「不意」作「寡裕」，説苑作「不免俗」。家語此句作「惡有脩仁義而不免俗者乎」。

〔七〕各本兩「不」字上有「之」字。

〔八〕説苑、外傳無「則」字。

〔九〕説苑「罪」作「過」。

〔一〇〕外傳作「而以我爲陽虎」。

〔一一〕説苑、外傳無「是」字。

注：本章「孔子之宋」，見説苑雜言、外傳六、家語困誓，莊子秋水亦有類似記載。

（十三）

君子道四〔一〕疆（强）于行〔二〕弱于辭〔三〕□【九六五】

〔一〕各本「道」上有「之」字。

〔二〕説苑作「行己」，家語作「行義」。

〔三〕各本「辭」作「受諫」，似簡文之義較長。

注：本章「孔子曰回有君子之道四」，見説苑雜言、家語六本。

（十四）

何中（仲）尼〔一〕曰新交取親【九六六】【六六八】

〔一〕家語「仲尼」作「孔子」。

注：本章「子路行」，見説苑雜言、家語子路初見。

（十五）

路行辭于孔【四五八】

孔=子=〔一〕曰曾（贈）若〔二〕以車乎【三八】

言乎子路請以言孔〔子曰不疆〔三〕不〕【七〇六】

〔一〕説苑「孔子」作「仲尼」，下同。

〔二〕「若」，各本作「汝」。

〔三〕「彊」，各本作「强」。

注：本章「子路將行」，見書同上章。家語本章與上章合爲一章。孔子集語同説苑分二章，分别列於五行與交道。簡文一稱孔子、一稱仲尼，故分列爲二章。

（十六）

曾子有疾，公猛義〔一〕往問之。曾子言〔二〕曰【九一一】鳥之將死也〔三〕，必有悲聲；君子將卒也〔四〕【六九三】也。曾子□【七五七】立志則貪欲之心止〔五〕【九三九】則怠隋曼（慢）易之節止〔六〕。君子【六〇九】

〔一〕説苑「公猛義」作「孟儀」，簡文有「公」字是。

〔二〕説苑無「言」字。

〔三〕説苑無「也」字。

〔四〕説苑「將卒也」作「集大辟」。

〔五〕説苑此「止」作「不來」。

〔六〕説苑此「止」作「不至」。

注：本章「曾子有疾」，見説苑修文。

（十七）

張綱者〔一〕四面張〔二〕如祝之〔三〕□【六三〇】

□□者〔四〕四方來〔五〕者皆麗〔六〕【六八六】

予〔七〕欲左者左欲右者右欲高者〔高〕【六九二】

□者下請受〔八〕其犯命者漢〔隋之□〔九〕〕【一〇四八】

之曰湯之德及禽獸矣故吾【七〇二】

卌（四十）餘國來服〔一〇〕【六五四】

〔一〕此「張」字呂氏春秋、新序作「祝」，新書作「設」。

〔二〕「四面張」，呂氏春秋、新序作「置四面」。

〔三〕「如」讀作「而」。呂氏春秋、新序作「其祝曰」，新書作「祝曰」。

〔四〕各本「者」上二字爲「地出」。

〔五〕「四方來」，新書作「自四方至」，新序作「從四方來」。

〔六〕「麗」，呂氏春秋作「離」，新序一本作「罹」。麗、離並與羅相通。

〔七〕「予」，呂氏春秋作「紓」，新書作「緒」，新序作「序」。

〔八〕「請受」上新書有「吾」字。呂氏春秋、新序作「吾取」。

〔九〕呂氏春秋、新序作「漢南之國」。

〔一〇〕呂氏春秋、新序作「四十國歸之」。

注：本章「湯見祝網者」，見新序雜事五、呂氏春秋異用、新書諭誠，史記殷本紀和淮南子亦記此事。

（十八）

〔王〕居鄗使人治池〔一〕得人〔二〕【六〇三】

曰賓（殯）〔三〕之吏曰此毋主矣文王曰□【七〇九】

一家之主也〔四〕〔長一國者一國〕【六一六】

也長〔五〕天下者天下

之人聞之□【九三四】

〔一〕呂氏春秋作「揚池」，新序作「爲池沼掘地」。

〔二〕各本「人」上有「死」字。

〔三〕呂氏春秋、新序「賓」皆作「葬」。按「賓」與「殯」通，葬也。

〔四〕各本無此句。

〔五〕「長」，各本作「有」，下同。

注：本章「周文王作靈臺」，見新序雜事五、呂氏春秋異用，淮南子亦記此事，新書諭誡篇亦有類似記載。

（十九）

崔子□□【九六一】

□公〔一〕刦晏子于呺〔二〕上曰子□【八九七】

我將舍子＝不我與將殺子〔三〕□□□【七〇三】

可之〔四〕晏子刦之【九三三】

〔□其志非愚也□也以〕【七四八】

非義也子何不誰之崔【九二二】

予〔五〕舍之晏子【九三六】

□其僕將馳晏子曰□之【一八八八】

安（按）之成節【六六一】

〔一〕「公」字疑誤。

〔二〕此字不清晰，形似吗字，晏子春秋作「坎上」，吗與坎音近相通。

〔三〕晏子春秋「將殺子」作「戟既在脰，劍既在心」。吕氏春秋全句作「子變子言，則齊國吾與子共之。子不變子言，則今是已」。

〔四〕「可」字各本作「圖」。

〔五〕「予」誤，當是「子」字，各本作「崔子舍之」。

注：本章「崔杼弑莊公」，見新序義勇、晏子春秋雜上、吕氏春秋知分，淮南子亦記此。

（二十）

之屈廬曰【九三二】

與我將舍子＝不我與將殺子〔一〕屈廬【六一二】

乎且〔二〕吾聞【八〇二】

□臨死不怒夫人臣□【六五三】

勝乃内〔三〕其劍〔四〕【九七三】

〔一〕後「將」字新序作「必」。

〔二〕新序無「且」字。

〔三〕新序「内」作「入」。

〔四〕「劍」下爲白簡。

注：本章「白公勝弑楚惠王」，見新序義勇。

〔二十一〕

〔于魯〕〔一〕【六八四】

〔□□〕如趨〔二〕受玉【九八二】

臣敢不趨乎君〔三〕之【六四一】

受敝帛〔四〕臣敢【六四二】

〔一〕外傳無「于」字。

〔二〕外傳作「則趨」。

〔三〕外傳「君」上有「今」字。

〔四〕晏子作「受玉」。外傳作「受幣也」，敝爲幣之省。

注：本章「晏子聘魯」，見晏子春秋雜篇、外傳四。

（二十二）

故人主孝則名【九九九】

天下〔譽矣〔一〕人臣孝〕則事君忠處【一八四〇】

置之子不敢撅〔二〕也父母全之子不敢【一八四二】

父母全而生之〔三〕【一八四八】

〔一〕呂氏春秋無「矣」字。

〔二〕呂氏春秋「撅」作「廢」。

〔三〕此句又見大戴禮記本孝、禮記祭義。

注：本章見呂氏春秋孝行覽。

（二十三）

子惡言不出于口藙〔一〕言不反于己□〔二〕【六一〇】【一三四〇】

〔一〕禮記祭義作「忿」，大戴禮記本孝亦作「忿」，大孝作「煩」。

〔二〕大戴禮記「反」作「及」。

注：本章見禮記祭義、大戴禮記大孝、本孝。

（二十四）

膚受諸父母曾子【八六六】

何謂身體髮膚弗敢毀傷曰樂正子【一八三一】

毀傷父不子也士不友也□□【三一三】

尊榮無憂子道如此可胃（謂）孝【一一九九】

〔□□教之所由曰孝□經□□〕【一八四五】

之且夫〔爲人子親死然後事〕【七六九】

（二十五）

□也子路曰然願聞成人孔＝（孔子）曰【六〇二】

何以爲成人才（哉）子路曰由□【一〇〇五】

孔子曰由其可以【一〇七四】

注：論語憲問亦有「子路問成人」章。

（二十六）

〔林放問禮〕【二一五〇】

注：論語八佾有「林放問禮之本」，簡文重複。

（二十七）

〔問□告朔〕

注：論語八佾有「子貢欲去告朔之餼羊」。

八　阜陽漢簡

一號木牘儒家者言章題

原文及注釋均録自韓自强阜陽漢簡周易研究（上海古籍出版社二〇〇四年版）。

原説明：

阜陽西漢汝陰侯墓除出土大批竹簡外，還有三件木牘，其中二件殘損，只有編號爲一的木牘完整。一號木牘長二三釐米、寬五點四釐米、厚零點一釐米。木牘正面和背面各分上中下三排，由右至左書寫章題；正面上排七行，中排八行，下排九行；背面上排、中排各九行，下排五行，尾部書「右方□□字」。木牘共書寫四十七個章題。内容記載孔子及其弟子的言行，除了幾題字跡漫漶不清外，大都能在先秦和西漢時期的著作裏，尤其是説苑、孔子家語和新序裏找到他們的踪跡。

一九七三年河北省定縣漢宣帝五鳳三年劉修墓出土的儒家者言炭簡二十七章，其中有十四章與木牘内容相同，定縣漢墓竹簡整理組認爲「這部分簡從思想、内容直到體裁都是完全統一的，應當是單獨的一種書」。阜陽一號木牘章題的發現，更有力地證實這是單獨的一種書。定縣這部分簡已被整理組定名爲儒家者言，阜陽木牘没有標出自己的書名，姑以儒家者言名之。

釋文以木牘字體書寫，辨認不出的字以□代替，内容暫時查檢不到文獻出處的，以存疑標出。編號從木牘正面上排自右向左順序編排，直到背面終止。

一　子曰言病則豪

按：本章未見出處，存疑。

三　子曰北方有獸

按：本章見説苑復恩：「孔子曰：『北方有獸，其名曰蟨。』」説苑此段前尚有「孔子曰：『德不孤，必有鄰』」，依本牘應獨立爲一章。

吕氏春秋不廣、淮南子道應訓作「北方有獸，（其）名曰蹶（蟨）」。韓詩外傳卷五作「西方有獸，名曰蜃」。

四　孔子之匡

按：本章見説苑雜言：「孔子之宋，匡簡子將殺陽虎。」孔子家語困誓作「孔子之宋，匡人簡子以甲士圍之」。韓詩外傳卷六作「孔子行，簡子將殺陽虎」。莊子秋水作「孔子游於匡，宋國人圍之數匝」。定縣簡作「□□之匡，間子欲殺陽虎」。

七　中尼之楚至蔡

按：本章見説苑雜言：「孔子遭難陳蔡之境。」又：「孔子困於陳蔡之間。」孔子家語困誓作「孔子遭難厄於陳蔡之間」。孔子家語在厄作「楚昭王聘孔子……路出於陳蔡」。荀子宥坐作「孔子南適楚，厄於陳蔡之間」。韓詩外傳卷七作「孔子困於陳蔡之間」。兩篇文章，多種書籍增删引用，難以確認何篇爲原作。

一一　趙襄子謂中尼

按：本章見説苑善説：「趙襄子謂仲尼曰：先生委質以見人主。」定縣簡作「趙襄子問中尼曰：『先生行見』」。趙襄子與孔子時代不同，此章屬寓言類。

一二　孔子臨河而歎

按：本章見説苑權謀：「趙簡子曰：『晉有澤鳴、犢犨，魯有孔丘……使人聘孔子於魯，孔子至河，臨水而觀曰：……。』」

孔子家語困誓作「孔子自衛將入晉，至河，聞趙簡子殺竇犨、鳴犢及舜華，乃臨河而嘆□：……」。孔叢子記問、吕氏春秋應同、史記孔子世家、三國志魏志劉廙傳注引新序以及定縣簡都有記載。木牘用特定時間和地點「孔子臨河而歎」作爲篇題。

一三　孔子將西游至宋

按：本章見説苑政理：「仲尼見梁君，梁君問仲尼曰：……」

孔子家語賢君作「孔子見宋君，君問孔子曰：……」。

一四　魯哀公問孔子當今之時

按：本章見説苑尊賢：「魯哀公問於孔子曰：『當今之時君子誰賢？』」

孔子家語賢君作「哀公問於孔子曰：『當今之君，孰爲最賢』」。

一五　孔子曰丘死商益

按：本章見説苑雜言：「孔子曰：『丘死之後，商也日益……。』」

孔子家語六本作「孔子曰：『吾死之後，則商也日益……』」。

一七　孔子見衛靈公□歎且

按：本章疑爲説苑政理：「衛靈公謂孔子曰：『有語寡人爲國家者。』」孔子家語賢君作「衛靈公問於孔子曰：『有語寡人，有國家者』」。吕氏春秋先己作「孔子見魯哀公，哀公曰：『有語寡人曰：爲國家者爲之堂上而已矣』」。

一九　子路行辭中尼敢問新交取親

按：本章見説苑雜言：「子路行，辭於仲尼曰：『敢問新交取親若何？』」孔子家語子路初見作「敢問親交取親若何」。定縣簡作「新交取親」。

二〇　孔子行毋蓋

按：本章見説苑雜言：「孔子將行無蓋。」孔子家語致思作「孔子將行，雨而無蓋」。

二一　子曰里君子不可不學

按：本章見説苑建本：「孔子曰：『鯉，君子不可以不學。』」孔子家語致思作「孔子謂伯魚曰：『鯉乎！吾聞可以與人終日不倦者，其唯學焉』」。大戴禮記勸學作「孔子曰：『野哉！君子不可以不學』」。尚書大傳略説作「子曰：『君子不可以不學』」。

二二　子曰不觀高岸

按：本章見於説苑雜言：「孔子曰：『不觀於高岸。』」孔子家語困誓作「孔子曰：『不觀高崖……』」。

二三　子贛問孔=曰賜爲人下

按：本章見於説苑臣術：「子貢問孔子曰：『賜爲人下……』」孔子家語困誓作「子貢問於孔子曰：『賜既爲人下矣……』」。荀子堯問作「子貢問於孔子曰：『賜爲人下而未知也』」。韓詩外傳卷七作「孔子閑居，子貢侍坐，請問爲人下之道奈何」。定縣簡作「子贛問孔子曰：『賜爲人下如不知爲』」。春秋繁露山川頌亦有類似記載。

二四　子曰自季宣子賜我

按：本章見於説苑雜言：「孔子曰：『自季孫之賜我千鍾而友益親。』」孔子家語致思作「孔子曰：『季孫之賜我粟千鍾也，而交益親……』」。孔叢子記義作「季桓子以粟千鍾餼夫子」。季桓子，木牘作「季宣子」，可能爲筆誤。

二五　子路問孔=曰治國何如

按：本章見於説苑尊賢：「子路問於孔子曰：『治國何如？』」孔子家語賢君作「子路問於孔子曰：『賢君治國，所先者何』」。

二六　子贛問中尼曰死□□知毋□

按：本章見於説苑辨物：「子貢問孔子：『死人有知，將無知也？』」孔子家語致思作「子貢問於孔子曰：『死者有知乎？將無知乎』」。

二七　子路持□孔＝問曰

按：本章見於説苑貴德：「子路持劍，孔子問曰：……」孔子家語好生作「子路戎服見於孔子，拔劍而舞之……」。

二八　孔子之楚有獻魚者

按：本章見於説苑貴德：「孔子之楚，有漁者獻魚甚强……」孔子家語致思作「孔子之楚，而有漁者而獻魚焉」。

三二　子夏問中尼□淵之爲人

按：本章見於説苑雜言：「子夏問仲尼曰：『顏淵之爲人也何若？』」孔子家語六本、列子仲尼篇作「子夏問於孔子曰：『顏回之爲人奚若』」。淮南子人間訓作「人或問孔子曰：『顏回何如人也』」。

三三　子曰𢡱爲有禮矣

按：本章尚未見出處，疑爲佚文。

三五　□□□君子有三務

按：本章見於孔子家語三恕：「孔子曰：『君子有三思……故君子少思其長，則務學；老思其死，則務教；有思其窮，則務施。』」

三六　□□□有死德三

按：本章與孔子家語五儀解意近：「哀公問於孔子曰：『智者壽乎？仁者壽乎？』孔子對曰：『然。人有三死，而非其命也。……若夫智士仁人，將身有節，動靜以義，喜怒以時，無害其性，雖得壽焉，不亦可乎！』」

三七　□山問孔子

按：本章未見出處，疑爲佚文。

三八　孔子閒處氣焉歎

按：本章見於説苑尊賢：「孔子閑居，喟然而歎曰：……」孔子家語賢君作「孔子閑處，喟然而歎曰：……」。定縣簡作「孔子閑處，喟然歎曰：……」。

四一　孔子見季康子

按：本章見於説苑政理：「孔子見季康子……」孔子家語子路初見：「孔子爲魯司寇，見季康子……」

四二　中尼曰史鰌有君子之道三

按：本章見於説苑雜言：「仲尼曰：『史鰌有君子之道三……』」孔子家語六本作「史鰌有君子之道三焉……」。

四四　子路行辭中＝尼＝曰曾女以車

按：本章見於説苑雜言：「子路將行，辭於仲尼曰：『贈汝以車乎？』」孔子家語子路初見作「子路將行，辭於孔子，子曰：『贈汝以車乎』」。定縣簡作「子路行，辭於孔＝子＝曰：『曾若以車乎』」。

四五　衛人盪（醢）子路

按：本章見於孔子家語曲禮子夏問：「子路與子羔仕於衛，衛有蒯聵之難……衛使至，曰：『子路死焉。』夫子哭之於中庭……已哭，進使者而問故。使者曰：『醢之矣。』」

四六　孔子之周觀太廟

按：本章見於説苑敬慎：「孔子之周，觀於太廟右陛之前……」孔子家語觀周作「孔子觀周，遂入太祖后稷之廟……」。另太公金匱、金樓子戒子篇亦有相似的記載。

四七　孔子問曰□□上其配上□之

按：尚未查到出處，疑爲佚文。

二號木牘春秋事語章題及相關竹簡

原文和注釋均録自韓自强阜陽漢簡周易研究（上海古籍出版社，二〇〇四年版）。

原説明：

二號木牘春秋事語章題，是阜陽西漢汝陰侯墓出土的三件木牘中，比較殘破的一件，經拼接後，得知與一號木牘儒家者言相似。木牘長二十三釐米，寬五點五釐米，正背兩面各分上、中、下三排，由右至左書寫章題。正面上排僅存章題五行；中排存九行；下排存九行。背面上排和下排漫漶不清，僅各存兩行；中排存七行，另外還有難以拼接的殘片，兩面保存七行，總計存有四十個章題，其中有十四行存字太少，尚未找到出處。另在竹簡裏找到同類性質的竹簡近百條。經於説苑、新序、左傳、國語等今本文獻裏找到相同的内容，得二十五章，加上章題的二十八章，共得五十三章。尚餘數百條還待查找。

一九七六年，長沙馬王堆三號墓出土的帛書裏，有一種記載春秋時期歷史的古佚書，參加整理帛書的張政烺先生在春秋事語解題一文裏（文物，一九七六年一期），談到這部分帛書内容時寫道：「這十六章的文字，記事十分簡略，而每章必記述一些言論，所佔字數要比記事多得多，内容既有意見，也有評論，使人一望而知這本書的重點不在講事實而在記言論。這在春秋時期的書籍中是一種固定的體裁，稱爲『語』。語，就是講話。語之爲書既是文獻記録，也是教學課本。」「語這一類的書雖以語言爲主，但仍不能撇開記事，所以又有以『事語』名書的。」「帛書這個卷子所記皆春秋時事而以語爲主，所以我們給它加了春秋事語這樣一個書名。」阜陽汝陰侯二號木牘和相關竹簡，所記也都是春秋時事，木牘和竹簡上也没有留下書名。二十世紀八十年代，筆者在北京整理阜陽漢簡時，曾當面請教過張政烺先生。先生認爲阜陽漢簡這一部古佚書，既然亦是談春秋時事，與馬王堆古佚書一樣稱其爲春秋事語爲妥。我們也認爲這個書名切題，就把二號木牘和相關竹簡稱作春秋事語。

釋文以木牘和竹簡字體書寫，漫漶不清的以□代替。木牘編號從正面上排自右向左編排，到背面下排終止，殘片在最後。

木牘

七　䣊王召孔子

本章見説苑雜言十四章：「楚昭王召孔子將使執政。」還見於史記孔子世家：「昭王將以書社地七百里封孔子。」但細看木牘照片「王」前一字像似「䣊」字，稱楚王爲荆王有很多例子，稱楚王爲「䣊王」還没見到先例。

竹簡

簡寬零點五釐米，長十七點五釐米，每簡書寫二十三字，開章、簡首都有大圓點作爲分章符號。

一四

中行文子出亡至邊

文子出亡至邊從者曰爲

異日吾好音子遺我琹吾

其以我求容也遂不入後車

中尼□之曰文子

本章見説苑權謀二十二章：中行文子出亡至邊，從者曰：「爲此嗇夫者，君人也，胡不休焉，且待後車者？」文子曰：「異日，吾好音，此子遺吾琴；吾好佩，又遺吾玉。是不非吾過者也，自容於我者也。吾恐其以我求容也。」遂不入。後車入門，文子問嗇夫之所在，執而殺之。仲尼聞之曰：「中行文子背道失義，以亡其國，然後得之，猶活其身，道不可遺也，若此。」今本「此子遺吾琴」，竹簡作「子遺吾瑟」；「中行文子背道失義」，竹簡作「文子背道失義」。此篇還見於韓非子説林下篇、孔子家語辨政篇、金樓子立言下篇。

九　孟子

本次整理以朱熹四書章句集注（中華書局一九八三年版）本爲底本，在校勘和注釋過程中，還參考了楊伯峻孟子譯注（中華書局一九六〇年版）。

梁惠王上

仲尼曰：「始作俑者，其無後乎！」

仲尼之徒無道桓文之事者，是以後世無傳焉。

公孫丑上

孔子曰：「德之流行，速於置郵而傳命〔一〕。」

〔一〕朱熹曰：「置，驛也。郵，馹也。所以傳命也。」「置」和「郵」均爲古代的驛站。命，國家之政令。

昔者曾子謂子襄曰：「子好勇乎？吾嘗聞大勇於夫子矣：自反而不縮，雖褐寬博，吾不惴焉；自反而縮，雖千萬人，吾往矣。」〔二〕

〔二〕朱熹曰：「子襄，曾子弟子也。夫子，孔子也。縮，直也。……惴，恐懼之也。往，往而敵之也。」

宰我、子貢善爲説辭，冉牛、閔子、顔淵善言德行。孔子兼之，曰：「我於辭命，則不能也。」

昔者子貢問於孔子曰：「夫子聖矣乎？」孔子曰：「聖則吾不能，我學不厭而教不倦也。」子貢曰：「學不厭，智也；教不倦，仁也。仁且智，夫子既聖矣。」夫聖，孔子不居。

昔者竊聞之：子夏、子游、子張皆有聖人之一體，冉牛、閔子、顔淵則具體而微〔一〕。

〔一〕朱熹曰：「一體，猶一肢也。具體而微，謂有其全體，但未廣大耳。」

可以仕則仕，可以止則止，可以久則久，可以速則速，孔子也。

宰我、子貢、有若，智足以知聖人，汙不至阿其所好〔一〕。宰我曰：「以予〔二〕觀於夫子，賢於堯、舜遠矣。」子貢曰：「見其禮而知其政，聞其樂而知其德，由百世之後，等〔三〕百世之王，莫之能違也。自生民以來，未有夫子也。」有若曰：「豈惟民哉？麒麟之於走獸，鳳凰之於飛鳥，太山之於丘垤，河海之於行潦〔四〕，類也。聖人之於民，亦類也。出於其類，拔乎其萃，自生民以來，未有盛於孔子也。」

〔一〕朱熹曰：「汙，下也。三子智足以知夫子之道。假使汙下，必不阿私所好而空譽之，明其言之可信也。」

〔二〕予，宰我之名。

〔三〕等，差等。

〔四〕朱熹曰：「行潦，道上無源之水也。」

以力服人者，非心服也，力不贍也；以德服人者，中心悦而誠服也，如七十子之服孔子也。

詩云：「迨天之未陰雨，徹彼桑土，綢繆牖户。今此下民，或敢侮予？」孔子曰：「爲此詩者，其知道乎！能治其國家，誰敢侮之〔一〕？」

〔一〕朱熹曰：「詩豳風鴟鴞之篇，周公之所作也。迨，及也。徹，取也。桑土，桑根之皮也。綢繆，纏緜補葺也。牖户，巢之通氣出入處也。予，鳥自謂也。言我之備患詳密如此，今此在下之人，或敢有侮予者乎？周公以鳥之爲巢如此，比君之爲國，亦當思患而預防之。孔子讀而贊之，以爲知道也。」

孔子曰：「里仁爲美，擇不處仁，焉得智？」

滕文公上

孔子曰：「君薨，聽於冢宰，歠粥，面深墨，即位而哭，百官有司莫敢不哀，先之也。」

孔子曰：「大哉堯之爲君！惟天爲大，惟堯則之，蕩蕩乎民無能名焉！君哉舜也！巍巍乎有天下而不與焉！」

昔者孔子没，三年之外，門人治任將歸〔一〕，入揖於子貢，相嚮而哭，皆失聲，然後歸。子貢反，築室於場，獨居三年，然後歸。他日，子夏、子張、子游以有若似聖人，欲以所事孔子事之，彊曾子。曾子曰：「不可；江漢以濯之，秋陽以暴〔二〕之，皜皜〔三〕乎不可尚已。」

〔一〕楊伯峻曰：「詩大雅生民『是任是負』，鄭玄以『抱』釋『任』，國語齊語注亦云：『任，抱也。』而趙岐此注云：『任，擔也。』焦循正義云：『郊特牲注云：「孕，任子也。」孕懷抱在前，則「任」之爲「抱」，其本義也。因而擔於肩者，載於車者（淮南子高誘注云：「任，載也」），通謂之任，散言之則通也。』」

〔二〕暴，「曝」之本字。

〔三〕皜皜，潔白貌。

滕文公下

昔齊景公田〔一〕，招虞人以旌，不至，將殺之。志士不忘在溝壑，勇士不忘喪其元。孔子奚取焉？取非其招不往也。

〔一〕田，田獵。

傳曰：「孔子三月無君，則皇皇如也，出疆必載質〔一〕。」

〔一〕朱熹曰：「質，所執以見人者，如士則執雉也。」

陽貨欲見孔子而惡無禮，大夫有賜於士，不得受於其家，則往拜其門。陽貨矙孔子之亡也，而饋孔子蒸豚；孔子亦矙其亡也，而往拜之。當是時，陽貨先，豈得不見？曾子曰：「脅肩諂笑，病于夏畦〔一〕。」子路曰：「未同而言，觀其色赧赧然，非由之所知也〔二〕。」

〔一〕朱熹曰：「脅肩，竦體。諂笑，强笑。皆小人側媚之態也。病，勞也。夏畦，夏月治畦之人也。言爲此者，其勞過於夏畦之人也。」

〔三〕朱熹曰：「未同而言，與人未合而强與之言也。赧赧，慚而面赤之貌。由，子路名。言非己所知，甚惡之之辭也。」

世衰道微，邪説暴行有〔一〕作，臣弑其君者有之，子弑其父者有之。孔子懼，作春秋。春秋，天子之事也；是故孔子曰：「知我者其惟春秋乎！罪我者其惟春秋乎！」

〔一〕有，通「又」。

楊墨〔一〕之道不息，孔子之道不著，是邪説誣民，充塞仁義也。仁義充塞，則率獸食人，人將相食。

〔一〕楊墨即楊朱、墨翟。

孔子成春秋而亂臣賊子懼。

離婁上

孔子曰：「道二，仁與不仁而已矣。」

孔子曰：「仁不可爲衆也。夫國君好仁，天下無敵。」

有孺子歌曰：「滄浪之水清兮〔一〕，可以濯我纓〔二〕；滄浪之水濁兮，可以濯我足。」孔子曰：「小子聽之！清斯濯纓，濁斯濯足矣。自取之也。」

〔一〕楊伯峻曰：「盧文弨鍾山札記云：『倉浪，青色；在竹曰蒼筤，在水曰滄浪。』按盧説是也。前人有以滄浪爲水名者（或云，漢水之支流；或云即漢水），又有以爲地名者（在湖北均縣北），恐都不可靠。朱珔小萬卷齋文集有滄浪非地名辨。」

〔二〕纓，係帽子的絲帶。

求〔一〕也爲季氏宰，無能改於其德，而賦粟倍他日。孔子曰：「求非我徒也，小子鳴鼓而攻之可也。」

〔一〕求即冉求。

離婁下

孟子曰：「仲尼不爲已甚者。」

仲尼亟〔一〕稱於水，曰：「水哉，水哉！」

〔一〕亟，數次。

孟子曰：「王者之迹熄而詩亡〔一〕，詩亡然後春秋作。晉之乘，楚之檮杌，魯之春秋〔二〕，一也：其事則齊桓、晉文，其文則史。孔子曰：『其義則丘竊取之矣。』」

〔一〕「迹」，楊伯峻曰：「説文解字丌部云：『辺，古之遒人，以木鐸記詩言。』朱駿聲説文通訓定聲云：『孟子王者之迹熄而詩亡，迹即辺之誤。』」

〔二〕乘、檮杌、春秋，均爲各國史書名。

孟子曰：「君子之澤五世而斬〔一〕，小人之澤五世而斬。予未得爲孔子徒也，予私淑諸人也〔二〕。」

〔一〕朱熹曰：「澤，猶言流風餘韻也。」斬，斷也。

〔二〕朱熹曰：「私，猶竊也。淑，善也。李氏以爲方言是也。人，謂子思之徒也。」「淑」，楊伯峻認爲「淑」借爲「叔」，「叔」，取也。當從楊説。

禹、稷當平世，三過其門而不入，孔子賢之。顔子當亂世，居於陋巷，一簞食，一瓢飲；人不堪其憂，顔子不改其樂，孔子賢之。

萬章上

咸丘蒙〔一〕問曰：「語云：『盛德之士，君不得而臣，父不得而子。』舜南面而立，堯帥諸侯北面而朝之，瞽瞍亦北面而朝之。舜見瞽瞍，其容有蹙。孔子曰：『於斯時也，天下殆哉，岌岌乎！』不識此語誠然乎哉？」孟子曰：「否；此非君子之言，齊東野人之語也。堯老而舜攝也。堯典曰，『二十有八載，放勳乃徂落〔二〕，百姓如喪考妣。三年，四海遏密八音〔三〕。』孔子曰：『天無二日，民無二王。』舜既爲天子矣，又帥天下諸侯以爲堯三年喪，是二天子矣。」

〔一〕咸丘蒙，孟子弟子。

〔二〕放勳，堯的稱號。徂落，死。

〔三〕遏密，禁止。八音，金、石、絲、竹、匏、土、革、木八種樂器。

孟子曰：「……匹夫而有天下者，德必若舜禹，而又有天子薦之者，故仲尼不有天下。」

孔子曰：「唐虞禪，夏后殷周繼，其義一也。」

萬章問曰：「或謂孔子於衛主癰疽〔一〕，於齊主侍人瘠環〔二〕，有諸乎？」孟子曰：「否，不然也；好事者爲之也。於衛主顏讎由〔三〕。彌子〔四〕之妻與子路之妻，兄弟也。彌子謂子路曰：『孔子主我，衛卿可得也。』子路以告。孔子曰：『有命。』孔子進以禮，退以義，得之不得曰『有命』。而主癰疽與侍人瘠環，是無義無命也。孔子不悦於魯衛，遭宋桓司馬將要而殺之，微服而過宋。是時孔子當阨，主司城貞子，爲陳侯周臣〔五〕。吾聞觀近臣，以其所爲主；觀遠臣，以其所主〔六〕。若孔子主癰疽與侍人瘠環，何以爲孔子？」

〔一〕朱熹曰：「主，謂舍於其家，以之爲主人也。」癰疽，人名，宦官，史記孔子世家作雍渠。

〔二〕朱熹曰：「侍人，奄人也。瘠，姓。環，名。」據此，侍人即宦官。

〔三〕顔讎由，衛國賢大夫，史記作「顔濁鄒」。

〔四〕彌子，衛靈公倖臣彌子瑕也。

〔五〕朱熹曰：「不悦，不樂居其國也。桓司馬，宋大夫向魋也。司城貞子，亦宋大夫之賢者也。陳侯，名周。」

〔六〕朱熹曰：「近臣，在朝之臣。遠臣，遠方來仕者。君子小人，各從其類，故觀其所爲主，與其所主者，而其人可知。」

萬章下

孟子曰：「……孔子之去齊，接淅而行〔一〕；去魯，曰：『遲遲吾行也。』去父母國之道也。可以速而速，可以久而久，可以處而處，可以仕而仕，孔子也。」

〔一〕朱熹曰：「接，猶承也。淅，漬米水也。漬米將炊，而欲去之速，故以手承水取米而行，不及炊也。」

孟子曰：「伯夷，聖之清者也；伊尹，聖之任者也；柳下惠，聖之和者也；孔子，聖之時者也。孔子之謂集大成。集大成也者，金聲而玉振之也〔一〕。金聲也者，始條理也；玉振之也者，終條理也。始條理者，智之事也；終條理者，聖之事也。智，譬則巧也；聖，譬則力也。由〔二〕射於百步之外也，其至，爾力也；其中，非爾力也。」

〔一〕朱熹曰：「並奏八音，則於其未作，而先擊鎛鐘以宣其聲；俟其既闋，而後擊特磬以收其韻。」振，猶收。

〔二〕由，同「猶」。

（孟子）曰：「其交也以道，其接也以禮，斯孔子受之矣。」

（孟子）曰：「……孔子之仕於魯也，魯人獵較〔一〕，孔子亦獵較。獵較猶可，而況受其賜乎？」（萬章）曰：「然則孔子之仕也，非事道與？」曰：「事道也。」「事道奚獵較也？」曰：「孔子先簿正祭器，不以四方之食供簿正。」曰：「奚不去也？」曰：「爲之兆也。兆足以行矣，而不行，而後去，是以未嘗有所終三年淹也〔二〕。孔子有見行可之仕，有際可之仕，有公養之仕〔三〕。於季桓子，見行可之仕也；於衛靈公，際可之仕也；於衛孝公，公養之仕也〔四〕。」

〔一〕趙岐曰：「獵較者，田獵相較奪禽獸，得之以祭，時俗所尚，以爲吉祥。」

〔二〕朱熹曰：「此因孔子事而反覆辯論也。事道者，以行道爲事也。事道奚獵較也，萬章問也。先簿正祭器，未詳。徐氏曰：『先以簿書正其祭器，使有定數，不以四方難繼之物實之。夫器有常數，實有常品，則其本正矣，彼獵較者，將久而自廢矣。』未知是否也。兆，猶卜之兆，蓋事之端也。孔子所以不去者，亦欲小試行道之端，以示於人，使知吾道之果可行也。若其端既可行，而人不能遂行之，然後不得已而必去之。蓋其去雖不輕，而亦未嘗不決，是以未嘗終三年留於一國也。」

〔三〕際可、公養，皆謂對人之禮遇。前者指對某一人之特別的禮遇，後者指對一羣人之共同禮遇。

〔四〕朱熹曰：「見行可，見其道之可行也。際可，接遇以禮也。公養，國君養賢之禮也。季桓子，魯卿季孫斯也。衛靈公，衛侯元也。孝公，春秋、史記皆無之，疑出公輒也。因孔子仕魯，而言其仕有此三者。故於魯則兆足以行矣而不行然後去，而於衛之事，則又受其交際問餽而不卻之一驗也。」

孟子曰：「……孔子嘗爲委吏〔一〕矣，曰：『會計當而已矣。』嘗爲乘田〔二〕矣，曰：『牛羊茁壯長而已矣。』」

〔一〕朱熹曰：「委吏，主委積之吏也。」

〔二〕朱熹曰：「乘田，主苑囿芻牧之吏也。」

（孟子）曰：「……齊景公田，招虞人以旌，不至，將殺之。志士不忘在溝壑，勇士不忘喪其元。孔子奚取焉？取非其招不往也。」

萬章曰：「孔子，君命召，不俟駕而行；然則孔子非與？」（孟子）曰：「孔子當仕有官職，而以其官召之也。」

告子上

孟子曰：「……詩曰：『天生蒸民，有物有則。民之秉彝，好是懿德。』〔一〕孔子曰：『爲此詩者，其知道乎！故有物必有則；民之秉夷也，故好是懿德。』」

〔一〕朱熹曰：「詩大雅烝民之篇。蒸，詩作『烝』，衆也。物，事也。則，法也。夷，詩作『彝』，常也。懿，美也。」

孟子曰：「……孔子曰：『操則存，舍則亡；出入無時，莫知其鄉〔一〕。』惟心之謂與？」

〔一〕楊伯峻曰：「趙岐注云：『鄉猶里，以喻居也。』焦循正義云：『近讀鄉爲向。』按兩説皆可通，而後義較勝。」

告子下

（孟子）曰：「……孔子曰：『舜其至孝矣，五十而慕。』」

（孟子）曰：「孔子爲魯司寇，不用，從而祭，燔肉不至〔一〕，不税冕而行〔二〕。不知者以爲爲肉也，其知者以爲爲無禮也。乃孔子則欲以微罪行〔三〕，不欲爲苟去。君子之所爲，衆人固不識也。」

〔一〕楊伯峻曰：「燔亦作『膰』，即祭肉，又曰胙，又曰脤，又曰福肉，又曰釐肉。古禮，宗廟社稷諸祭，必分賜祭肉與同姓之國以及有關諸人，表示『同福禄』。」

〔二〕楊伯峻曰：「税音脱。『不税冕』言其匆忙，未必爲真的如趙岐注所言『反歸其舍，未及税解祭之冕而行』。因爲冕只是用於祭祀，平常不戴。而致送祭肉必在已祭之後，甚或在祭畢後之第二三日，孔子祭畢剛反歸其舍，不能知道是不是會致送膰肉，怎麼會貿然離開呢？」

〔三〕楊伯峻引閻若璩曰：「蓋孔子爲魯司寇，既不用其道，宜去一；燔俎又不去，宜去二。其去之之故，天下自知之，但孔子不欲其失純在君相，己亦帶有罪焉。樂毅報燕王尚云『忠臣去國，不潔其名』，況孔子乎？又禮：『大夫士去國，不説人以無罪。』注云：『己雖遭放逐，不自以無罪解説於人，過則稱己也。』以膰肉不至遂行，無乃太甚，此之謂以微罪行。魯人爲肉，爲無禮之議，正惬孔子微罪之心。」

盡心上

孟子曰：「孔子登東山而小魯，登太山而小天下，故觀於海者難爲水，遊於聖人之門者難爲言。」

盡心下

孟子曰：「孔子之去魯，曰：『遲遲吾行也。』去父母國之道也。去齊，接淅而行，去他國之道也。」

（孟子）曰：「……詩云：『憂心悄悄，愠于羣小。』〔一〕孔子也。」

〔一〕見詩邶風柏舟。

萬章問曰：「孔子在陳曰：『盍歸乎來！吾黨之士狂簡，進取，不忘其初。』孔子在陳，何思魯之狂士〔一〕？」孟子曰：「孔子『不得中道而與之，必也狂獧乎！狂者進取，獧者有所不爲也』。孔子豈不欲中道哉？不可必得，故思其次也。」「敢問何如斯可謂狂矣？」曰：「如琴張、曾皙、牧皮〔二〕者，孔子之所謂狂矣。」「何以謂之狂也？」曰：「其志嘐嘐然，曰：『古之人，古之人。』夷考其行而不掩焉者也〔三〕。狂者又不可得，欲得不屑不潔之士而與之，是獧也〔四〕，是又其次也。孔子曰：『過我門而不入我室，我不憾焉者，其惟鄉原〔五〕乎！鄉原，德之賊也。』」曰：「何如斯可謂之鄉原矣？」曰：「『何以是嘐嘐也？言不顧行，行不顧言，則曰，古之人，古之人。行何爲踽踽涼涼？生斯世也，爲斯世也，善斯可矣。』閹然媚於世也者，是鄉原也〔六〕。」萬子曰：「一鄉皆稱原人焉，無所往而不爲原人，孔子以爲德之賊，何哉？」曰：「非之無舉也，刺之無刺也，同乎流俗，合乎汙世，居之似忠信，行之似廉潔，衆皆悦之，自以爲是，而不可與入堯舜之道，故曰『德之賊』也。孔子曰：惡似而非者：惡莠，恐其亂苗也；惡佞，恐其亂義也；惡利口，恐其亂信也；惡鄭聲，恐其亂樂也；惡紫，恐其亂朱也；惡鄉原，恐其亂德也。君子反經〔七〕而已矣。經正，則庶民興；庶民興，斯無邪慝矣。」

〔一〕朱熹曰：「盍，何不也。狂簡，謂志大而略於事。進取，謂求望高遠。不忘其初，謂不能改其舊也。」「吾黨之士狂簡」，楊伯峻據監本、汲古閣本改爲「吾黨之小子狂簡」，是也。

〔二〕琴張，名牢，字子張。曾皙，曾參之父。牧皮，不詳。

〔三〕朱熹曰：「嘐嘐，志大言大也。重言古之人，見其動輒稱之，不一稱而已也。夷，平也。掩，覆也。言平考其行，則不能覆其言也。」

〔四〕朱熹曰：「狂，有志者也。獧，有守者也。……屑，潔也。」

〔五〕朱熹曰：「鄉人，非有識者。原，與『愿』同。荀子『原愨』，字皆讀作『愿』，謂謹愿之人也。故鄉里所謂愿人，謂之鄉原。」

〔六〕朱熹曰：「踽踽，獨行不進之貌。涼涼，薄也，不見親厚於人也。鄉原譏狂者曰：何用如此嘐嘐然，行不掩其言，而徒每事必稱古人邪？又譏狷者曰：何必如此踽踽涼涼，無所親厚哉？人既生於此世，則但當爲此世之人，使當世之人皆以爲善則可矣，此鄉原之志也。閹，如奄人之奄，閉藏之意也。媚，求悦於人也。孟子言此深自閉藏，以求親媚於世，是鄉原之行也。」

〔七〕朱熹曰：「反，復也。經，常也，萬世不易之常道也。」

孟子曰：「由堯舜至於湯，五百有餘歲；若禹、皋陶，則見而知之；若湯，則聞而知之。由湯至於文王，五百有餘歲，若伊尹、萊朱〔一〕，則見而知之；若文王，則聞而知之。由文王至於孔子，五百有餘歲，若太公望、散宜生〔二〕，則見而知之；若孔子，則聞而知之。由孔子而來至於今，百有餘歲，去聖人之世，若此其未遠也，近聖人之居，若此其甚也，然而無有乎爾，則亦無有乎爾。」

〔一〕趙岐曰：「萊朱，亦湯賢臣也。一曰仲虺是也。」焦循曰：「在湯時，舉一伊尹、萊朱，則當時賢臣如女鳩、女房、義伯、仲伯、咎單等括之矣。在文王時，舉一太公望、散宜生，則虢叔、泰顛、閎夭、召公、畢公、榮公等括之矣。非謂見知者，僅此一二人也。」

〔二〕楊伯峻曰：「散宜生，尚書君奭篇有其名。僞孔傳以爲姓散名宜生，江聲尚書集注音疏云：

『大戴禮帝繫云「堯取于散宜氏之子」，則散宜爲氏，自古有之，僞孔非是。』」

一〇　禮記

本次整理，除大學、中庸兩篇以朱熹四書章句集注（中華書局一九八三年點校本）爲底本外，其餘均以孫希旦禮記集解（中華書局一九八九年點校本）爲底本。在校勘和注釋過程中，還參考了楊天宇禮記譯注（上海古籍出版社二〇〇四年版）和楊天宇注説禮記（河南大學出版社二〇一〇年版）。

檀弓上

公儀仲子之喪，檀弓免焉〔一〕。仲子舍其孫而立其子，檀弓曰：「何居〔二〕？我未之前聞也。」趨而就子服伯子〔三〕於門右，曰：「仲子舍其孫而立其子，何也？」伯子曰：「仲子亦猶行古之道也。昔者文王舍伯邑考而立武王，微子舍其孫腯而立衍也。夫仲子亦猶行古之道也。」子游問諸孔子。孔子曰：「否。立孫〔四〕。」

〔一〕公儀仲子，春秋時魯國人。檀弓，公儀仲子之友。免，一種頭戴的喪飾。鄭玄曰：「檀弓故爲非禮譏仲子也。禮，朋友皆在他邦，乃袒免。仲子所立非也。公儀蓋魯同姓。周禮，適子死，立適孫爲後。」

〔二〕居，語助詞。

〔三〕鄭玄曰：「檀弓去賓位，就主人兄弟之賢者而問之。子服伯子，蓋仲孫蔑之玄孫子服景伯。蔑，魯大夫。」

〔四〕鄭玄曰：「伯子爲親者諱耳，立子非也。文王立武王，權也。微子適子死，立其弟衍，殷禮也。孔子曰『立孫』，據周禮。」

子上之母〔一〕死而不喪，門人問諸子思曰：「昔者子之先君子喪出母乎〔二〕？」曰：「然。」「子之不使白也喪之，何也？」子思曰：「昔者，吾先君子無所失道，道隆則從而隆，道污則從而污〔三〕，伋則安能！爲伋也妻者，是爲白也母；不爲伋也妻者，是不爲白也母。」故孔氏之不喪出母，自子思始也。

〔一〕子上，孔伋（子思）之子，孔子曾孫，名白，字子上，其母已爲子思所出。

〔二〕鄭玄曰：「禮爲出母期，父卒，爲父後者不服耳。」

〔三〕鄭玄曰：「污猶殺也。有隆有殺，進退如禮。」

孔子曰：「拜而后稽顙，頽乎其順也；稽顙而后拜，頎乎其至也〔一〕。三年之喪，吾從其至者。」

〔一〕顙，額頭。鄭玄曰：「拜而后稽顙，此殷之喪拜也。頽，順也。先拜賓，順於事也。稽顙而后拜，此周之喪拜也。頎，至也。先觸地無容，哀之至。重者尚哀戚，自期如殷可。」

孔子既得合葬於防，曰：「吾聞之，古也墓而不墳。今丘也，東西南北之人也，不可以弗識〔一〕也。」於是封〔二〕之，崇四尺。孔子先反，門人後，雨甚，至，孔子問焉曰：「爾來何遲也？」曰：「防墓崩。」孔子不應。三，孔子泫然流涕曰：「吾聞之，古不修墓。」

〔一〕識，標誌。

〔二〕封，封土爲墳，作爲標誌。

孔子哭子路於中庭，有人弔者，而夫子拜之。既哭，進使者而問故。使者曰：「醢之〔一〕矣。」遂命覆醢〔二〕。

〔一〕鄭玄曰：「醢之者，示欲啖食以怖衆。」

〔二〕鄭玄曰：「覆，棄之，不忍食。」

孔子少孤，不知其墓〔一〕，殯於五父之衢。人之見之者，皆以爲葬也。其慎也〔二〕，蓋殯也。問於郰曼父之母〔三〕，然後得合葬於防。

〔一〕不知其墓，不知道其父親墓地之所在。

〔二〕鄭玄曰：「慎，當爲『引』，禮家讀然，聲之誤也。殯引，飾棺以輤；葬引，飾棺以柳翣。」今案：「慎」釋爲「慎重」亦通。

〔三〕郰，地名，在今曲阜東南。曼父之母，孔子之母生前的鄰居。

魯人有朝祥而莫歌〔一〕者，子路笑之。孔子曰：「由！爾責於人，終無已夫！三年之喪，亦已久矣夫！」子路出，夫子曰：「又多乎哉，踰月則其善也。」

〔一〕朝，早上。莫，通「暮」，晚上。孔穎達曰：「祥，謂二十五月。大祥歌哭不同日，故仲由笑之。」

南宫縚之妻〔一〕之姑之喪，夫子誨之髽〔二〕，曰：「爾毋從從爾！爾毋扈扈爾！蓋榛以爲笄，長尺而總八寸〔三〕。」

〔一〕鄭玄曰：「南宫縚，孟僖子之子南宫閲也，字子容。其妻，孔子兄女。」

〔二〕髽，古代婦女服喪期間用麻扎成的髮髻。

〔三〕鄭玄曰：「從從，謂大高。扈扈，謂大廣。總，束髮垂爲飾。齊衰之總八寸。」

孟獻子禫，縣而不樂，比御而不入。夫子曰：「獻子加於人一等矣〔一〕！」

〔一〕鄭玄曰：「孟獻子，魯大夫仲孫蔑。可以御婦人矣，尚不復寢。加，踰也。又士虞禮注曰：『禫，祭名也，與大祥間一月。自喪至此，凡二十七月。禫之言澹澹然，平安意也。』」今按：縣，通「懸」，懸而不樂，即懸掛樂器而不奏樂。比御而不入，即排列好了同房的婦女而不入房。

孔子既祥，五日彈琴而不成聲，十日而成笙歌〔一〕。

〔一〕孔穎達曰：「祥是凶事用遠日，故十日得踰月，若其卜遠不吉，則用近日。雖祥後十日，未得成笙歌，以其未踰月也。」

子路有姊之喪，可以除之〔一〕矣，而弗除也。孔子曰：「何弗除也？」子路曰：「吾寡兄弟而弗忍也。」孔子曰：「先王制禮，行道之人皆弗忍也。」子路聞之，遂除之。

〔一〕除之，除去喪服。

伯魚〔一〕之母死，期而猶哭。夫子聞之，曰：「誰與哭者？」門人曰：「鯉也。」夫子曰：「嘻！其甚也。」伯魚聞之，遂除之。

〔一〕伯魚，孔子之子孔鯉。

伯高〔一〕之喪，孔氏之使者未至，冉子攝〔二〕束帛、乘馬而將之。孔子曰：「異哉！徒使我不誠於伯高。」

〔一〕鄭玄曰：「伯高死時在衞，未知何國人。」

〔二〕鄭玄曰：「冉子，孔子弟子冉有。攝猶貸也。」攝，即假借，即説冉有假借孔子之名去悼念。

伯高死於衛，赴〔一〕於孔子。孔子曰：「吾惡乎哭諸？兄弟，吾哭諸廟；父之友，吾哭諸廟門之外；師，吾哭諸寢〔二〕；朋友，吾哭諸寢門之外；所知，吾哭諸野。於野則已疏，於寢則已重。夫由賜也見我，吾哭諸賜氏。」遂命子貢爲之主〔三〕，曰：「爲爾哭也來者，拜之；知伯高而來者，勿拜也。」

〔一〕鄭玄曰：「赴，告也。」

〔二〕寢，正寢，爲齋戒或疾病時居之。

〔三〕主，主喪之人。

子夏喪其子而喪其明。曾子弔之曰：「吾聞之也，朋友喪明則哭之。」曾子哭，子夏亦哭，曰：「天乎！予之無罪也！」曾子怒，曰：「商！女何無罪也？吾與女事夫子於洙、泗之間，退而老於西河之上，使西河之民疑〔一〕女於夫子，爾罪一也。喪爾親，使民未有聞焉，爾罪二也。喪爾子，喪爾明，爾罪三也。而曰女何無罪與？」子夏投其杖而拜曰：「吾過矣！吾過矣！吾離羣而索居亦已久矣。」

〔一〕疑，通「擬」，比擬。

孔子之衛，遇舊館人〔一〕之喪，入而哭之哀。出，使子貢説驂而賻〔二〕之。子貢曰：「於門人之喪，未有所説驂，説驂於舊館，無乃已重乎？」夫子曰：「予鄉者入而哭之，遇於一哀〔三〕而出涕。予惡夫涕之無從也，小子行之！」

〔一〕鄭玄曰：「館人，前日君所使舍己。」

〔二〕説，楊天宇以爲通「脱」。賻，鄭玄曰：「助喪用。」

〔三〕一哀，專一致哀。

孔子在衛，有送葬者，而夫子觀之，曰：「善哉爲喪乎！足以爲法矣。小子識之！」子貢曰：「夫子何善爾也？」曰：「其往也如慕，其反也如疑〔一〕。」子貢曰：「豈若速反而虞〔二〕乎？」子曰：「小子識之！我未之能行也。」

〔一〕鄭玄曰：「慕謂小兒隨父母啼呼。疑者，哀親之在彼，如不欲還然。」

〔二〕虞，虞祭，人死葬後當天中午回來行虞祭。

顔淵之喪，饋祥肉，孔子出受之；入，彈琴而後食之。

孔子與門人立，拱而尚右，二三子亦皆尚右。孔子曰：「二三子之嗜學也，我則有姊之喪故也。」二三子皆尚左。

孔子蚤作，負手曳杖，消摇於門，歌曰：「泰山其頽乎！梁木其壞乎！哲人其萎乎！」既歌而入，當户而坐。子貢聞之，曰：「泰山其頹，則吾將安仰？梁木其壞，哲人其萎，則吾將安放？夫子殆將病也！」遂趨而入。夫子曰：「賜！爾來何遲也？夏后氏殯於東階之上，則猶在阼也；殷人殯於兩楹之間，則與賓主夾之也；周人殯于西階之上，則猶賓之也。而丘也，殷人也。予疇昔之夜，夢坐奠於兩楹之間。夫明王不興，而天下其孰能宗予？予殆將死也。」蓋寢疾七日而没。

孔子之喪，門人疑所服。子貢曰：「昔者夫子之喪顔淵，若喪子而無服。喪子路亦然。請喪夫子若喪父而無服。」

孔子之喪，公西赤爲志〔一〕焉。飾棺牆〔二〕，置翣〔三〕，設披〔四〕，周也；設崇〔五〕，殷也；綢練設旐〔六〕，夏也。

〔一〕公西赤，孔子弟子，字子華。志，墓志銘。

〔二〕鄭玄曰：「牆，柳衣。牆之障柩，猶垣牆障家。」

〔三〕翣，一種長柄的布扇，出殯時由人拿着在柩車兩邊以爲飾。

〔四〕披，繫在柩車上的帛帶，柩車行進時由人執之以防因道路顛簸而致棺柩傾斜。

〔五〕崇，鄭玄曰：「牙旌，旗飾也。」即周圍飾有牙邊的旗。

〔六〕鄭玄曰：「綢練，以練綢（纏）旌之杠。此旌，葬乘車所建也。旌之旒，緇布廣充幅，長尋曰旐。」

子夏問於孔子曰：「居父母之仇，如之何？」夫子曰：「寢苫枕干，不仕，弗與共天下也。遇諸市朝，不反兵而鬭〔一〕。」曰：「請問居昆弟之仇如之何？」曰：「仕弗與共國，銜君命而使，雖遇之不鬭。」曰：「請問居從父、昆弟之仇如之何？」曰：「不爲魁，主人能，則執兵而陪其後。」

〔一〕鄭玄注曰：「弗與共天下，不可以並生也。不反兵，言雖適市朝，不釋兵也。」

孔子之喪，二三子皆經而出；羣〔一〕、居〔二〕則經，出則否。

〔一〕羣，謂孔子弟子集體服喪。

〔二〕居，在家。

子路曰：「吾聞諸夫子：『喪禮，與其哀不足而禮有餘也，不若禮不足而哀有餘也。祭禮，與其敬不足而禮有餘也，不若禮不足而敬有餘也。』」

弁人有其母死而孺子泣〔一〕者，孔子曰：「哀則哀矣，而難爲繼也〔二〕。夫禮，爲可傳也，爲可繼也，故哭踊有節。」

〔一〕弁，地名。孺子泣，像孩子一樣哭泣，即不依禮而盡情痛哭。鄭玄曰：「孺子泣，言聲無節。」

〔二〕鄭玄曰：「難繼，失禮中也。」

孔子曰：「之死而致死之〔一〕，不仁而不可爲也；之死而致生之〔二〕，不知而不可爲也。是故竹不成用，瓦不成味，木不成斲，琴瑟張而不平，竽笙備而不和，有鐘磬而無簨虡，其曰明器，神明之也〔三〕。」

〔一〕之死而致死之，前往葬禮而將死者當作無知者。

〔二〕之死而致生之，前往葬禮而將死者當作有知者。

〔三〕鄭玄曰：「成，善也。竹不可善用，謂邊無縢。味當作『沬』。不和，無宫商之調。無簨虡，不縣之也。横曰簨，植曰虡。神明之，言神明死者也。神明者非人所知，故其器如此。」

有子問於曾子曰：「問〔一〕喪於夫子乎？」曰：「聞之矣：喪欲速貧，死欲速朽。」有子曰：「是非君子之言也。」曾子曰：「參也聞諸夫子也。」有子又曰：「是非君子之言也。」曾子曰：「參也與子游聞之。」有子曰：「然。然則夫子有爲言之也？」曾子以斯言告於子游。子游曰：「甚哉！有子之言似夫子也。昔者夫子居於宋，見桓司馬自爲石椁，三年而不成。夫子曰：『若是其靡也，死不如速朽之愈〔二〕也。』死之欲速朽，爲桓司馬言之也。南宫敬叔反，必載寶而朝。夫子曰：『若是其貨也！喪不如速貧之愈也。』喪之欲速貧，爲敬叔言之也。」曾子以子游之言告於有子。有子曰：「然。吾固曰非夫子之言也。」曾子曰：「子何以知之？」有子曰：「夫子制於中都，四寸之棺，五寸之椁，以斯知不欲速朽也。昔者夫子失魯司寇，將之荆，蓋先之以子夏〔三〕，又申之以冉有，以斯知不欲速貧也。」

〔一〕「問」，楊天宇以爲當作「聞」。

〔二〕愈，更佳。

〔三〕先之以子夏，先派子夏去瞭解詳情。

夫子曰：「始死，羔裘、玄冠者，易之而已。」羔裘、玄冠，夫子不以弔〔一〕。

〔一〕孫希旦曰：「羔裘、玄冠，吉服也。弔於未成服之前者皆吉服，以主人尚未喪服也；主人既成服，則不以吉服弔矣。羔裘不以弔，則弔衰皆襲麑裘也。」

子游問喪具〔一〕。夫子曰：「稱家之有亡〔二〕。」子游曰：「有亡惡乎齊？」夫子曰：「有，毋過禮。苟亡矣，斂首足形，還葬，縣棺而封〔三〕，人豈有非之者哉？」

〔一〕具，具備。問喪具，詢問辦喪事如何才算具備。

〔二〕稱，相當。稱家之有亡，與家中財物多少相稱。

〔三〕鄭玄曰：「惡乎齊，問豐省之比。還之言便也。言已斂即葬，不待三月。縣棺而封，不設碑繂，不備禮。封當爲『窆』，下棺也。」

孟獻子之喪，司徒旅歸四布〔一〕。夫子曰：「可也。」

〔一〕鄭玄曰：「獻子，魯大夫仲孫蔑。旅，下士也。司徒使下士歸四方之賻布。」楊天宇曰：「據注、疏，司徒名敬子，是孟獻子的家臣；……布是賻錢；孟獻子送終之物皆備，而賻錢有餘，因此『司徒敬子稟承主人之意，使旅下士歸還四方之泉布也』。」

子夏問諸夫子曰：「居君之母與妻之喪，居處、言語、飲食衎爾〔一〕。」

〔一〕鄭玄曰：「衎爾，自得貌。」

賓客至，無所館。夫子曰：「生於我乎館，死於我乎殯。」

孔子之喪，有自燕來觀者，舍於子夏氏。子夏曰：「聖人之葬人與？人之葬聖人也，子何觀焉？」昔者夫子言之曰：「『吾見封之若堂〔一〕者矣，見若坊〔二〕者矣，見若覆夏屋〔三〕者矣，見若斧〔四〕者矣，從若斧者焉。』馬鬣封〔五〕之謂也。今一日而三斬板〔七〕，而已封，尚〔八〕行夫子之志乎哉！」

〔一〕封，封土而墳。堂，堂基，四方而高。

〔二〕坊，堤防。

〔三〕鄭玄曰：「覆，謂茨瓦也。夏屋，今之門廡也，其形旁廣而卑。」

〔四〕若斧，據孔穎達疏，斧形刃向上，長而高也。

〔五〕鄭玄曰：「馬鬣封，俗間名。」楊天宇曰：「鬣，馬鬃毛。據陳澔説，馬頸部長鬃鬣處，其肉薄似斧，封形與之相似。」

〔六〕鄭玄曰：「板，蓋廣二尺，長六寸。斬板，謂斬其縮也，三斬止之。」楊天宇曰：「據注、疏，這是説爲孔子築墳，是用板築法。板寬二尺，長六尺，圍其周，而用繩約束之，板中填土築實，築够一板，即斬斷約板的繩索，再約板而築之，這樣築三次，即所謂『三斬板』。」

〔七〕尚，孔穎達曰：「庶幾也。」

魯哀公誄孔丘曰：「天不遺耆老，莫相予位焉。嗚呼哀哉！尼父〔一〕！」

〔一〕孫希旦曰：「稱孔丘者，君臣之辭也。耆老，謂孔子。相，助也。言孔子死而無助我之位者，傷之之辭也。尼父，孔子之字也。孔子無謚而爲誄，誄之不必有謚，於此見矣。」

孔子惡野哭者。

檀弓下

殷既封〔一〕而弔，周反哭而弔。孔子曰：「殷已慤〔二〕，吾從周。」

〔一〕鄭玄曰：「封當爲『窆』。窆，下棺也。」

〔二〕慤，質樸少文。

殷練而祔，周卒哭而祔，孔子善殷〔一〕。

〔一〕孫希旦曰：「殷練而祔，於練祭之明日而祔也。周卒哭而祔，於卒哭之明日而祔也。祔畢，主皆還於寢，至三年喪畢，而後祭於廟，則殷、周之所同也。」練，人死一周年祭名。

孔子謂：「爲明器者，知喪道矣，備物而不可用也。」

孔子謂爲芻靈者善，謂爲俑〔一〕者不仁。

〔一〕鄭玄曰：「俑，人偶也，有面目機發，似於生人。」

衛司徒敬子死，子夏弔焉，主人未小斂，絰而往。子游弔焉，主人既小斂，子游出，絰，反哭。子夏曰：「聞之也與？」曰：「聞諸夫子：主人未改服〔一〕，則不絰。」

〔一〕楊天宇曰：「據士喪禮，主人小斂後始『襲絰』，包括首絰和腰絰，也就是所謂『改服』。」

子張曰：「司徒敬子之喪，夫子相，男子西鄉，婦人東鄉。」

穆伯之喪，敬姜晝哭；文伯之喪，晝夜哭。孔子曰：「知禮矣。」

子張問曰：「書云：『高宗三年不言，言乃讙。』有諸？」仲尼曰：「胡爲其不然也！古者天子崩，王世子聽於冢宰三年〔一〕。」

〔一〕鄭玄曰：「冢宰，天官卿，貳王事者，三年之喪，使之聽朝。」

子路曰：「傷哉貧也！生無以爲養，死無以爲禮也。」孔子曰：「啜菽飲水，盡其歡，斯之謂孝。斂首足形，還葬而無椁〔一〕，稱其財，斯之謂禮。」

〔一〕孔穎達曰：「啜菽，以菽爲粥而常啜之。」還，謂不到日期。

仲遂卒于垂，壬午猶繹，萬入去籥〔一〕。仲尼曰：「非禮也。卿卒不繹。」

〔一〕孫希旦曰：「仲遂卒于垂，壬午猶繹，萬入去籥，此春秋宣八年經文也。仲遂，魯大夫東門襄仲也。垂，齊地。繹，祭之明日又祭也。猶者，可已而不已之辭也。萬者，文、武二舞之總名。籥，文舞也。舞以武舞爲重，文舞爲輕，祭統『舞莫重于武宿夜』，是也。萬入去籥，言文、武二舞皆入，去文舞而獨用武舞，蓋但去其輕者，以示殺樂之意，而其重者猶不去也。」

戰于郎〔一〕，公叔禺人遇負杖入保者息〔二〕，曰：「使之雖病也，任之雖重也〔三〕，君子不能爲謀也，士弗能死也，不可。我則既言矣。」與其鄰重汪踦〔四〕往，皆死焉。魯人欲勿殤重汪踦，問於仲尼。仲尼曰：「能執干戈以衛社稷，雖欲勿殤也，不亦可乎！」

〔一〕鄭玄曰：「郎，魯近邑也。」哀十一年『齊國書帥師伐我』，是也。」

〔二〕鄭玄曰：「遇，見也。見走辟齊師，將入保，罷倦，加其杖頸上，兩手掖之休息者。保，縣邑小城。禺人，昭公之子，春秋傳曰『公叔務人』。」

〔三〕鄭玄曰：「使之病，謂時繇役。任之重，謂時賦税。」

〔四〕鄭玄曰：「重，皆當爲『童』。童，未冠者之稱，姓汪名踦，春秋傳曰『童汪踦』。」

工尹商陽與陳棄疾追吴師〔一〕，及之。陳棄疾謂工尹商陽曰：「王事也，子手弓〔二〕而可。」手弓。「子射諸！」射之，斃一人，韔弓〔三〕。又及，謂之，又斃二人。每斃一人，揜其目。止其御〔四〕曰：「朝不坐，燕不與〔五〕，殺三人，亦足以反命〔六〕矣。」孔子曰：「殺人之中，又有禮焉。」

〔一〕鄭玄曰：「工尹，楚官名。棄疾，楚公子棄疾也。以魯昭八年帥師滅陳，縣之，楚人善之，因號焉。」

〔二〕手弓，將弓拿在手中。

〔三〕鄭玄曰：「韔，韜也。韔弓，不忍復射也。」韜，弓或劍的套子。

〔四〕御，駕車者。

〔五〕與，參加。

〔六〕反命，復命。

夫子之母名徵在。

孔子過泰山側，有婦人哭於墓者而哀。夫子式〔一〕而聽之，使子路問之曰：「子之哭也，壹〔二〕似重有憂者。」而〔三〕曰：「然。昔者吾舅死於虎，吾夫又死焉，今吾子又死焉！」夫子曰：「何爲不去也？」曰：「無苛政。」夫子曰：「小子識之！苛政猛於虎也。」

〔一〕式，手撫車軾。

〔二〕壹，的確。

〔三〕鄭玄曰：「而，乃也。」

延陵季子適齊〔一〕，於其反也，其長子死，葬於嬴、博之間。孔子曰：「延陵季子，吴之習於禮者也。」往而觀其葬焉。其坎深不至於泉，其斂以時服，既葬而封，廣輪揜坎，其高可隱也〔二〕。既封，左袒〔三〕，右還其封且號〔四〕者三，曰：「骨肉歸復于土，命也。若魂氣則無不之也，無不之也。」而遂行。孔子曰：「延陵季子之於禮也，其合矣乎！」

〔一〕鄭玄曰：「季子名札，魯昭公二十七年『吴公子札聘於上國』，是也。季子讓國，居延陵，因號焉。」

〔二〕鄭玄曰：「嬴、博，齊地，今泰山縣是也。孔子往而觀其葬者，往弔之也。坎深不至於泉，以生昶死。斂以時服，斂以行時之服，不改制節也。輪，從也。」

〔三〕左袒，袒露左肩。

〔四〕鄭玄曰：「還，圍也。號，哭且言也。」封，封土起墳。廣輪揜坎，墳長寬正好掩蓋住墓穴。鄭玄曰：「隱，據也。封可手據，謂高四尺所。」右還，向右環繞墳墓。

仲尼之畜狗死，使子貢埋之，曰：「吾聞之也：敝帷不棄，爲埋馬也；敝蓋不棄，爲埋狗也。丘也貧，無蓋，於其封也，亦予之席，毋使其首陷焉〔一〕。」路馬死，埋之以帷〔二〕。

〔一〕鄭玄曰：「畜狗，馴守。封當爲『窆』。陷，謂没於土。」

〔二〕鄭玄曰：「路馬，君所乘者。其他狗馬不能以帷蓋。」

陽門之介夫死，司城子罕〔一〕入而哭之哀。晉人之覘宋者反報於晉侯曰：「陽門之介夫死，而子罕哭之哀，而民説，殆不可伐也。」孔子聞之曰：「善哉覘國乎！詩云：『凡民有喪，扶服救之。』〔二〕雖微〔三〕晉而已，天下其孰能當之？」

〔一〕鄭玄曰：「陽門，宋國門名。介夫，甲衛士。宋以武公諱司空爲司城。子罕，戴公子樂甫術之後樂喜也。」

〔二〕見詩邶風谷風。

〔三〕微，非也。

孔子之故人曰原壤，其母死，夫子助之沐〔一〕椁。原壤登木〔二〕曰：「久矣予之不託於音也。」歌曰：「貍首之斑然，執女手之卷〔三〕然。」夫子爲弗聞〔四〕也者而過之。從者曰：「子未可以已〔五〕乎？」夫子曰：「丘聞之：親者毋失其爲親也，故者毋失其爲故也。」

〔一〕沐，治。

〔二〕木，這裏指椁材。

〔三〕卷，通「婘」，美好。

〔四〕爲弗聞，假裝聽不見。

〔五〕已，謂絶交。

孔子曰：「衛人之祔也離之〔一〕，魯人之祔也合之，善夫！」

〔一〕鄭玄曰：「祔，合葬也。離之，有以間其椁中。」

曾子問

曾子問曰：「君薨而世子生，如之何？」孔子曰：「卿、大夫、士從攝主〔一〕，北面於西階南。大祝裨冕〔二〕，執束帛，升自西階，盡等〔三〕，不升堂，命毋哭。祝聲三，告曰：『某之子生，敢告。』升，奠幣于殯東几上，哭降。衆主人〔四〕、卿、大夫、士、房中〔五〕皆哭，不踊〔六〕，盡一哀，反位，遂朝奠。小宰升，舉幣〔七〕。三日，衆主人、卿、大夫、士如初位〔八〕，北面，大宰、大宗、大祝皆裨冕〔九〕。少師奉子以衰〔一〇〕。祝先，子從，宰、宗人從，入門，哭者止。子升自西階，殯前北面，祝立于殯東南隅。祝聲三，曰：『某之子某，從執事敢見。』子拜稽顙〔一一〕，哭，祝、宰、宗人、衆主人、卿、大夫、士哭，踊三者三〔一二〕，降，東反位，皆袒。子踊，房中亦踊三者三〔一三〕。襲〔一四〕，衰，杖。奠出。大宰命祝、史，以名徧告于五祀、山川。」

〔一〕孫希旦曰：「攝主，謂攝爲喪主者。蓋世子雖未生，而喪不可以無主，故以庶子或兄弟之子暫主喪事。」

〔二〕大祝，祝官之長。裨，一種禮服。冕，頭戴的冠名。

〔三〕盡等，登完臺階，即登上臺階的最上一級。

〔四〕衆主人，已死之君的父兄。

〔五〕房中，謂婦人。

〔六〕踊，雙腳同時跳起，極哀痛之狀。

〔七〕孔穎達曰：「周禮小宰職『凡祭祀，贊玉、幣、爵之事』，『喪荒，受其含襚幣玉之事』，是幣，小宰所主也。」

〔八〕初位，即西階南之位。

〔九〕孔穎達曰：「大宰是教令之官，大宗是主宗廟之官。初不裨冕，而今得裨冕者，以爲奉子接神，故服祭服。」

〔一〇〕少師，孔穎達曰：「主養子之官。」孫希旦曰：「初生未能服衰，故用衰奉之。」

〔二〕稽顙，屈膝下拜，以額觸地。

〔三〕楊天宇據儀禮士喪禮「成踊」下賈疏說，踊以跳躍三次爲一節，是爲一踊；如此者三節，即跳躍九次，是爲三踊；三踊則禮成，即所謂「踊三者三」之意。

〔三〕楊天宇據孫希旦說，當男人們下堂「東反位」時，婦女們則從西房返回到阼階上之位（即堂上正應着阼階的位置），這是婦女們的朝夕哭位，但此時仍以「房中」來代指她們。

〔四〕襲，謂掩好袒時解開的衣襟。

曾子問曰：「如已葬而世子生，則如之何？」孔子曰：「大宰、大宗從大祝而告于禰〔一〕。三月，乃名于禰，以名偏告，及社稷、宗廟、山川。」

〔一〕孔穎達曰：「禰，父殯宮之主也。既葬，無尸柩，唯有主在，故告於主，同廟主之稱，故曰『禰』也。」

孔子曰：「諸侯適天子，必告于祖，奠于禰，冕而出視朝，命祝、史告于社稷、宗廟、山川，乃命國家五官〔一〕而後行，道〔二〕而出。告者五日而偏，過是非禮也。凡告，用牲、幣，反亦如之。諸侯相見，必告于禰，朝服而出視朝。命祝、史告于五廟〔三〕、所過山川，亦命國家五官，道而出。反必親告于祖禰，乃命祝、史告至于前所告者，而後聽朝而入。」

〔一〕五官，掌管國事的五位大夫。

〔二〕道，祭名，向路神行祭拜之禮，以求平安。
〔三〕五廟，指禰廟、祖廟、曾祖廟、高祖廟、始祖廟。

曾子問曰：「並有喪〔一〕，如之何？何先何後？」孔子曰：「葬，先輕而後重，其奠也，先重而後輕，禮也。自啓及葬〔二〕，不奠〔三〕，行葬不哀次〔四〕，反葬奠，而后辭於殯〔五〕，遂修葬事。其虞也，先重而後輕，禮也。」

〔一〕鄭玄曰：「並，謂父母若親同者同月死。」
〔二〕啓，謂葬前啓殯，這裏指先啓恩輕者之殯而葬之。
〔三〕鄭玄曰：「不奠，務於當葬者。」據孔穎達疏，不奠指不爲後葬者（即恩重者）設朝夕奠。
〔四〕鄭玄曰：「不哀次，輕於在殯者。」
〔五〕鄭玄曰：「殯當爲『賓』，聲之誤也。辭於賓，謂告將葬啓期也。」

孔子曰：「宗子雖七十，無無主婦〔一〕；非宗子，雖無主婦可也。」

〔一〕主婦，宗子之妻。

曾子問曰：「將冠子，冠者至，揖讓而入，聞齊衰、大功之喪，如之何？」孔子曰：「内喪則廢，外喪則冠而不醴〔一〕，徹饌而埽〔二〕，即位而哭。如冠者未至，則廢。如將冠子而未及期日，而有齊衰、大功、小功之喪，則因喪服而冠。」「除喪不改冠乎？」孔子曰：「天子賜諸侯、大夫冕弁服於大廟，歸設奠，服賜服。於斯乎有冠醮，無冠醴〔三〕。父沒而冠，則已冠埽地而祭於禰，已祭而見伯父叔父，而後饗冠者。」

〔一〕內喪，家門內之喪，即冠者自己家人有喪事。外喪，家門外之喪，即非冠者自己家人有喪。醴，醴禮。

〔二〕埽，埽除行冠禮之處。

〔三〕鄭玄曰：「酒爲醮。冠禮醴重而醮輕。此服賜服，酌用酒，尊賜也。不醴，明不爲改冠，改冠當醴之。」

曾子問曰：「祭如之何則不行旅酬〔一〕之事矣？」孔子曰：「聞之，小祥者，主人練祭而不旅〔二〕，奠酬於賓，賓弗舉，禮也。昔者魯昭公練而舉酬行旅，非禮也。孝公大祥〔三〕，奠酬弗舉，亦非禮也。」

〔一〕旅，衆。酬，向人敬酒。

〔二〕小祥，人死一周年之祭名。練祭，因主人戴練冠而名。

〔三〕孝公，西周時魯君。大祥，人死兩周年後之祭名。

曾子問曰：「大功之喪，可以與於饋奠〔一〕之事乎？」孔子曰：「豈大功耳，自斬衰以下皆可，禮也。」曾子曰：「不以輕服而重相〔二〕爲乎？」孔子曰：「非此之謂也。天子諸侯之喪，斬衰者奠，大夫齊衰者奠，士則朋友奠。不足則取於大功以下者，不足則反之。」曾子問曰：「小功可以與於祭乎？」孔子曰：「何必小功耳！自斬衰以下與祭，禮也。」曾子曰：「不以輕喪而重祭乎？」孔子曰：「天子諸侯之喪祭也，不斬衰者不與祭。大夫齊衰者與祭。士祭不足，則取於兄弟大功以下者。」曾子問曰：「相識〔三〕有喪服，可以與於祭乎？」孔子曰：「緦〔四〕不祭，又何助於人？」曾子問曰：「廢喪服，可以與於饋奠之事乎？」孔子曰：「説〔五〕衰與奠，非禮也。以擯相〔六〕可也。」

〔一〕與，參加。饋奠，向死者行祭奠之禮。

〔二〕輕服而重相，輕視自己所服之喪而重視參加别人的喪事。

〔三〕相識，相識之人。

〔四〕緦，服緦麻之人。

〔五〕説，通「脱」。

〔六〕擯相，協助主人行禮事者。

曾子問曰：「昏禮既納幣〔一〕，有吉日〔二〕，女之父母死，則如之何？」孔子曰：「壻使人弔。如壻之父母死，則女之家亦使人弔。父喪稱父，母喪稱母。父母不在，則稱伯父世母〔三〕。壻已葬，壻之伯父致命女氏〔四〕曰：『某之子有父母之喪，不得嗣爲兄弟〔五〕，使某致命。』女氏許諾，而弗敢嫁，禮也。壻免喪，女之父母使人請，壻弗取而后嫁之，禮也。女之父母死，壻亦如之。」

〔一〕納幣，婚禮「六禮」之一，表示男女雙方正式確立關係。

〔二〕吉日，迎親之日。

〔三〕世母，伯母。

〔四〕致命女氏，告知女方。

〔五〕嗣，繼也。兄弟，兩姓結爲婚姻關係，有兄弟之義。

曾子問曰：「親迎〔一〕，女在塗，而壻之父母死，如之何？」孔子曰：「女改服，布深衣，縞總〔二〕，以趨喪。女在塗，而女之父母死，則女反。」「如壻親迎，女未至，而有齊衰、大功之喪，則如之何？」孔子曰：「男不入，改服於外次〔三〕，女入，改服於内次，然後即位而哭。」曾子問曰：「除喪則不復昏禮乎？」孔子曰：「祭，過時不祭，禮也。又何反於初？」孔子曰：「嫁女之家，三夜不息燭，思相離也。取婦之家，三日不舉樂，思嗣親也。三月而廟見，稱『來婦』也。擇日而祭於禰，成婦之義也。」曾子問曰：「女未廟見而死，則如之何？」孔子曰：「不遷於祖，不祔於皇姑，壻不杖、不菲、不次，歸葬于女氏之黨，示未成婦也〔四〕。」曾子問曰：「取女有吉日而女死，如之何？」孔子曰：「壻齊衰而弔，既葬而除之〔五〕。夫死亦如之。」

〔一〕親迎，婚禮「六禮」中最後一禮，即由壻親自去女家迎娶婦。

〔二〕縞總，用白繒纏髮髻。

〔三〕次，次舍。

〔四〕鄭玄曰：「遷，朝廟也。壻雖不備喪禮，猶爲之服齊衰也。」

〔五〕鄭玄曰：「既葬而除，以未有期三年之恩也。女服斬衰。」

曾子問曰：「喪有二孤〔一〕，廟有二主，禮與？」孔子曰：「天無二日，土無二王。嘗、禘、郊、社〔二〕，尊無二上，未知其爲禮也。昔者齊桓公亟舉兵，作僞主以行〔三〕，及反，藏諸祖廟。廟有二主，自桓公始也。喪之二孤，則昔者衛靈公適魯，遭季桓子之喪，衛君請弔。哀公辭，不得命。公爲主，客入弔，康子立於門右，北面。公揖讓，升自東階，西鄉；客升自西階弔，公拜，興哭。康子拜稽顙於位。有司弗辯也。今之二孤，自季康子之過也。」

〔一〕二孤，兩個主持喪禮的人。

〔二〕嘗、禘、郊、社，均爲祭禮。

〔三〕鄭玄曰：「僞猶假也。舉兵，以遷廟主行，無則主命。爲假主，非也。」

曾子問曰：「古者師〔一〕行，必以遷廟主〔二〕行乎？」孔子曰：「天子巡守，以遷廟主行，載于齊車〔三〕，言必有尊也。今也取七廟〔四〕之主以行，則失之矣。當七廟五廟無虛主。虛主者，唯天子崩，諸侯薨，與去其國，與祫祭於祖，爲無主耳。吾聞諸老聃〔五〕曰：『天子崩，國君薨，則祝取羣廟之主而藏諸祖廟〔六〕，禮也。卒哭成事〔七〕，而后主各反其廟。君去其國，大宰取羣廟之主以從，禮也。祫祭〔八〕於祖，則祝迎四廟之主，主出廟入廟，必蹕〔九〕。』老聃云。」

〔一〕師，軍隊。

〔二〕遷廟主，最新遷入太廟的神主。

〔三〕鄭玄曰：「齊車，金路。」孫希旦曰：「金路，王乘之以朝、覲、會、同。」

〔四〕七廟，西周天子七廟，在太廟之下，加文王、武王，再加高祖、曾祖、祖、禰四廟，故爲七廟。

〔五〕鄭玄曰：「老聃，古壽考者之號也，與孔子同時。」

〔六〕鄭玄曰：「藏諸主於祖廟，象有凶事者聚也。」

〔七〕鄭玄曰：「卒哭成事，先祔之祭名也。」成事，完畢。

〔八〕祫祭，合祭。

〔九〕蹕，清除道路，禁止通行。

曾子問曰：「古者師行無遷主，則何主？」孔子曰：「主命〔一〕。」問曰：「何謂也？」孔子曰：「天子諸侯將出，必以幣、帛、皮、圭告于祖、禰，遂奉以出，載于齊車〔二〕以行。每舍，奠〔三〕焉而后就舍。反必告，設奠，卒，斂幣、玉，藏諸兩階之間，乃出。蓋貴命也。」

〔一〕孫希旦曰：「主命者，受命而出，而遂以爲主，但主其命而無主也。」

〔二〕齊，通「齋」。齊車，載神主之車。

〔三〕奠，設奠以祭主命。

子游問曰：「喪慈母如母〔一〕，禮與？」孔子曰：「非禮也。古者男子外有傅，内有慈母，君命所使教子也，何服之有？昔者魯昭公少喪其母，有慈母良，及其死也，公弗忍也，欲喪之。有司以聞，曰：『古之禮，慈母無服。今也君爲之服，是逆古之禮而亂國法也。若終行之，則有司將書之，以遺後世。無乃不可乎？』公曰：『古者天子練冠以燕居〔二〕。』公弗忍也，遂練冠以喪慈母。喪慈母自魯昭公始也。」

〔一〕慈母，若一妾無子而另一妾之子無母，父命該子以該妾爲母，則該妾即其慈母。

〔二〕練冠以燕居，庶子爲庶母服喪。

曾子問曰：「諸侯旅〔一〕見天子，入門不得終禮，廢者幾？」孔子曰：「四。」請問之。

曰：「大廟〔二〕火，日食，后之喪，雨霑服失容，則廢。如諸侯皆在而日食，則從天子救日，各以其方色與其兵〔三〕。大廟火，則從天子救火，不以方色與兵。」

〔一〕鄭玄曰：「旅，衆也。」

〔二〕大廟，即太廟，始祖之廟。

〔三〕鄭玄曰：「方色者，東方衣青，南方衣赤，西方衣白，北方衣黑。兵，未聞也。」

曾子問曰：「諸侯相見，揖讓入門，不得終禮，廢者幾？」孔子曰：「六。」請問之。曰：「天子崩，大廟火，日食，后、夫人之喪，雨霑服失容，則廢。」

曾子問曰：「天子嘗、禘、郊、社、五祀之祭，簠、簋〔一〕既陳，天子崩，后之喪，如之何？」孔子曰：「廢。」

〔一〕簠、簋均爲食器，代指祭品。

曾子問曰：「當祭而日食，大廟火，其祭也如之何？」孔子曰：「接〔一〕祭而已矣。如牲至未殺，則廢。天子崩，未殯，五祀之祭不行，既殯而祭。其祭也，尸〔二〕入，三飯，不侑〔三〕，酳不酢而已〔四〕矣。自啓至于反哭〔五〕，五祀之祭不行。已葬而祭，祝畢獻而已。」

〔一〕接，通「捷」，迅速。

〔二〕尸，活人扮作五祀之神以受祭者。

〔三〕侑，勸也。

〔四〕酳，食畢飲酒漱口，古代宴會或祭祀時的一種禮節。已，停止。

〔五〕啓，葬前啓殯。反哭，葬後回祖廟而哭。

曾子問曰：「諸侯之祭社稷，俎豆〔一〕既陳，聞天子崩，后之喪，君薨，夫人之喪，如之何？」孔子曰：「廢。自薨比至于殯，自啓至于反哭，奉帥天子〔二〕。」

〔一〕俎豆，祭器。

〔二〕孫希旦曰：「帥，循也。自薨比至于殯，自啓至于反哭，此謂君薨，夫人之喪也。奉循天子者，言亦如天子之於五祀，既殯而祭，既葬而祭也。」

曾子問曰：「大夫之祭，鼎、俎既陳，籩、豆既設，不得成禮，廢者幾？」孔子曰：「九。」請問之。曰：「天子崩，后之喪，君薨，夫人之喪，君之大廟火，日食，三年之喪，齊衰，大功，皆廢。外喪〔一〕自齊衰以下行也。其齊衰之祭也，尸入，三飯，不侑，酳不酢而已矣。大功，酢而已矣。小功、緦，室中之事〔二〕而已矣。士之所以異者，緦不祭，所祭，於死者無服，則祭。」

〔一〕外喪，非同門中之喪。

〔二〕室中之事，謂全部的尸祭之禮。

曾子問曰：「三年之喪弔〔一〕乎？」孔子曰：「三年之喪，練〔二〕，不羣立，不旅行。君子禮以飾情，三年之喪而弔哭，不亦虛乎〔三〕！」

〔一〕弔，弔唁。

〔二〕練，小祥祭。

〔三〕鄭玄曰：「不羣立、旅行，爲其苟語忘哀也。三年之喪而弔哭，爲彼哀則不專於親，爲親哀則是妄弔。」

曾子問曰：「大夫、士有私喪，可以除之矣。而有君服焉，其除之也如之何？」孔子曰：「有君喪，服於身，不敢私服，又何除焉？於是乎有過時而弗除也。君之喪服除而后殷祭，禮也〔一〕。」

〔一〕鄭玄曰：「有君服不敢私服，重喻輕也。君之喪服除而後殷祭，謂主人也；支子則否。」

曾子問曰：「父母之喪，弗除可乎？」孔子曰：「先王制禮，過時弗舉，禮也。非弗能勿除也，患其過於制也，故君子過時不祭，禮也。」

曾子問曰：「君薨既殯，而臣有父母之喪，則如之何？」孔子曰：「歸居于家，有殷事〔一〕則之君所，朝夕〔二〕否。」曰：「君既啓〔三〕而臣有父母之喪，則如之何？」孔子曰：「歸哭而反送君〔四〕。」曰：「君未殯而臣有父母之喪，則如之何？」孔子曰：「歸殯，反于君所，有殷事則歸，朝夕否。大夫室老行事，士則子孫行事。大夫内子〔五〕，有殷事，亦之君所，朝夕否。」

〔一〕殷事，朔月奠、月半奠及薦新奠。

〔二〕朝夕，朝夕哭奠。

〔三〕啓，將葬而啓殯。

〔四〕鄭玄曰：「言『送君』，則既葬而歸也。歸哭者，服君服而歸，不敢私服也。」

〔五〕鄭玄曰：「内子，大夫適妻也。」

曾子問曰：「君出疆，以三年之戒，以椑〔一〕從。君薨，其入如之何？」孔子曰：「共殯服，則子麻弁絰、疏衰、菲、杖〔二〕，入自闕，升自西階〔三〕。如小斂，則子免而從柩，入自門，升自阼階。君、大夫、士一節〔四〕也。」

〔一〕椑，内棺。

〔二〕麻弁絰，布弁加環絰。疏衰，粗布做的衣服。菲，草編的喪屨。杖，喪杖。

〔三〕孫希旦曰：「入自闕，升自西階，皆所以異於生也。」

〔四〕一節，同一種禮節。

曾子問曰：「君之喪既引〔一〕，聞父母之喪，如之何？」孔子曰：「遂。既封而歸，不俟子〔二〕。」

〔一〕引，拉柩車的大繩。

〔二〕鄭玄曰：「遂，遂送君也。封當爲『窆』。子，嗣君也。」

曾子問曰：「父母之喪既引及塗〔一〕，聞君薨，如之何？」孔子曰：「遂。既封，改服而往〔二〕。」

〔一〕塗，通「途」，道路。

〔二〕鄭玄曰：「封亦當爲『窆』。改服，括髮，徒跣，布深衣，扱上衽，不以私喪包至尊也。」

曾子問曰：「宗子爲士，庶子爲大夫，其祭也如之何？」孔子曰：「以上牲〔一〕祭於宗子之家，祝曰：『孝子某，爲介子某薦其常事〔二〕。』若宗子有罪，居于他國，庶子爲大夫，其祭也，祝曰：『孝子某，使介子某執其常事。』攝主不厭祭〔三〕，不旅，不假〔四〕，不綏祭，不配〔五〕，布奠於賓，賓奠而不舉，不歸肉〔六〕。其辭於賓曰：『宗兄、宗弟、宗子在他國，使某辭〔七〕。』」

〔一〕上牲，即少牢，一頭羊和一頭豬。

〔二〕鄭玄曰：「介，副也。不言『庶』，使若可以祭然。」常事，祭祀之常禮。

〔三〕攝主，庶子。厭祭，讓神吃飽喝足的祭祀。

〔四〕鄭玄曰：「不旅，不旅酬也。假讀爲嘏。不嘏，不嘏主人也。」

〔五〕鄭玄曰：「不綏祭，謂今主人也。綏，周禮作『墮』。不配者，祝辭不言『以某妃配某氏』。」

〔六〕鄭玄曰：「布奠，謂主人酬賓，奠觶於薦北。賓奠，謂取觶奠於薦南也。此酬之始也。奠之不舉，止旅。肉，俎也。」

〔七〕鄭玄曰：「諸與祭者留之共燕。辭猶告也。宿賓之辭，與宗子爲列，則曰『宗兄』若『宗弟』；昭穆異者，曰『宗子』而已。其辭若曰：『宗兄某在他國，使某執其常事，使某告。』」

曾子問曰：「宗子去在他國，庶子無爵而居者，可以祭乎？」孔子曰：「祭哉！」「請問其祭如之何？」孔子曰：「望墓而爲壇，以時祭。若宗子死，告於墓，而后祭於家。宗子死，稱名不言『孝』，身没而已。子游之徒，有庶子祭者，以此，若〔一〕義也。今之祭者，不首其義，故誣〔二〕於祭也。」

〔一〕鄭玄曰：「若，順也。」

〔二〕鄭玄曰：「首，本也。誣猶妄也。」

曾子問曰：「祭必有尸乎？若厭祭，亦可乎？」孔子曰：「祭成喪〔一〕者必有尸，尸必以孫，孫幼則使人抱之，無孫則取於同姓可也。祭殤〔二〕必厭，蓋弗成也。祭成喪而無尸，是殤之也。」

〔一〕成喪，成人之喪。

〔二〕殤，年幼而死者。

孔子曰：「有陰厭，有陽厭。」曾子問曰：「殤不祔祭，何謂陰厭、陽厭〔一〕？」孔子曰：「宗子爲殤而死，庶子弗爲後也。其吉祭特牲，祭殤不舉肺，無肵俎，無玄酒，不告利成，是謂陰厭〔二〕。凡殤與無後者，祭於宗子之家，當室之白。尊于東房，是謂陽厭〔三〕。」

〔一〕孫希旦曰：「殤唯祔與除服二祭則止。祔，附也。不祔祭，言不得附於宗廟四時之祭也。宗廟之祭有尸，故其祭初，尸未入而饗神，曰『陰厭』；祭末，尸已謖而改設，曰『陽厭』。殤不祔祭，而其祔與除服之祭，初未嘗有尸，則無所爲陰陽二厭之分，故曾子疑而問之。」祔，楊天宇以爲「備」字之誤。

〔二〕鄭玄曰：「宗子爲殤而死，族人以其倫代之，明不序昭穆立之廟，其祭之就其祖而已。代之者主其禮。卒哭成事之後爲吉祭。『不舉肺』以下，以其無尸，及所降也，其他如成人。舉肺，肵俎，利成，禮之施於尸者。陰厭，是宗子爲殤，祭之於奧之禮。小宗爲殤，其禮亦如之。」

〔三〕鄭玄曰：「凡殤，謂庶子之適也：或昆弟之子，或從父昆弟。無後者如有昆弟及諸父，此則今死者皆宗子大功以内親，共祖、禰者。言『祭於宗子之家』者，爲有異居之道也。無廟者，爲墠祭之，親者共其牲物，宗子皆主其禮。當室之白，尊于東房，異於宗子之爲殤。當室之白，謂西北隅得户明者也。明者曰陽。凡祖廟在小宗之家，小宗祭之亦然。宗子之適，亦爲凡殤。過此以往，則不祭也。」

曾子問曰：「葬引至于堩，日有食之，則有變乎〔一〕？且不乎？」孔子曰：「昔者吾從老聃助葬〔二〕於巷黨，及堩，日有食之，老聃曰：『丘！止柩就道右，止哭以聽變。』既明反〔三〕，而后行，曰：『禮也。』反葬，而丘問之曰：『夫柩不可以反者也。日有食之，不知其已之遲數〔四〕，則豈如行哉？』老聃曰：『諸侯朝天子，見日而行，逮日而舍〔五〕奠。大夫使，見日而行，逮日而舍。夫柩不蚤出，不莫宿〔六〕。見星而行者，唯罪人與奔父母之喪者乎！日有食之，安知其不見星也？且君子行禮，不以人之親痁患〔七〕。』吾聞諸老聃云。」

〔一〕孫希旦曰：「堩，道也。有變，謂有異禮也。」

〔二〕助葬，幫助别人舉行葬禮。

〔三〕既明反，日食過去、太陽復返光明之後。

〔四〕數，通「速」。

〔五〕逮，及。舍，停宿。

〔六〕莫，通「暮」。

〔七〕孫希旦曰：「疛，病也。不以人之親疛患，謂不使其見星而行，而病於姦寇之患也。」

曾子問曰：「爲君使而卒於舍，禮曰：『公館復〔一〕，私館不復。』凡所使之國，有司所授舍，則公館已。何謂私館不復也？」孔子曰：「善乎問之也！自卿大夫之家曰私館，公館與公所爲曰公館〔二〕。公館復，此之謂也。」

〔一〕鄭玄曰：「復，始死招魂也。公館，若今縣官舍也。」

〔二〕鄭玄曰：「公所爲，君所命使舍己者。」

曾子問曰：「下殤土周葬于園〔一〕，遂輿機〔二〕而往，塗邇故也。今墓遠，則其葬也如之何？」孔子曰：「吾聞諸老聃曰：『昔者史佚有子而死，下殤也，墓遠。召公謂之曰：「何以不棺斂於宮中？」史佚曰：「吾敢乎哉！」召公言於周公。周公曰：「豈不可？」史佚行之。』下殤用棺衣棺，自史佚始也。」

〔一〕下殤，指年八歲至十一歲而死者。鄭玄曰：「土周，堲周也。周人以夏后氏之堲周葬下殤，葬於園，以其去成人遠，不就墓也。」

〔二〕鄭玄曰：「機，輿尸之牀也。以繩絙其中央，又以繩從兩旁鉤之。」

曾子問曰：「卿大夫將爲尸於公，受宿〔一〕矣，而有齊衰内喪，則如之何？」孔子曰：「出舍於公館以待事，禮也。」孔子曰：「尸弁冕而出，卿、大夫、士皆下之，尸必式，必有前驅。」

〔一〕受，已經接受命令。宿，獨宿而齋戒。

子夏問曰：「三年之喪卒哭，金革之事無辟〔一〕也者，禮與？初有司〔二〕與？」孔子曰：「夏后氏三年之喪，既殯而致事，殷人既葬而致事〔三〕。記曰：『君子不奪人之親，亦不可奪親也。』此之謂乎！」

〔一〕辟，通「避」，推辭。

〔二〕鄭玄曰：「初有司，疑有司初使之然。」

〔三〕鄭玄曰：「致事，謂還其職位於君。周卒哭而致事。」

子夏曰：「金革之事無辟也者，非與？」孔子曰：「吾聞諸老聃曰：『昔者魯公伯禽有爲爲之〔一〕也。今以三年之喪從其利者，吾弗知也。』」

〔一〕魯公伯禽，周公長子。有爲爲之，有原因不得已而爲之。

文王世子

仲尼曰：「昔者周公攝政，踐阼而治，抗世子法於伯禽，所以善成王〔一〕也。聞之曰：

『爲人臣者，殺其身有益於君則爲之。』況于其身以善其君乎！周公優爲之。」

〔一〕善成王，教育成王學習善道。

禮運

昔者仲尼與於蜡賓〔一〕，事畢，出遊於觀〔二〕之上，喟然而嘆。仲尼之嘆，蓋嘆魯也。言偃〔三〕在側，曰：「君子何嘆？」孔子曰：「大道之行〔四〕也，與三代之英，丘未之逮也，而有志焉〔五〕。大道之行也，天下爲公，選賢與能，講信脩睦。故人不獨親其親，不獨子其子，使老有所終，壯有所用，幼有所長，矜、寡、孤、獨、廢、疾者皆有所養，男有分，女有歸〔六〕。貨惡其棄於地也，不必藏於己；力惡其不出於身也，不必爲己。是故謀〔七〕閉而不興，盜竊亂賊而不作，故外户而不閉〔八〕。是謂大同。今大道既隱〔九〕，天下爲家，各親其親，各子其子，貨力爲己，大人世及〔一〇〕以爲禮，城郭溝池以爲固，禮義以爲紀。以正君臣，以篤父子，以睦兄弟，以和夫婦，以設制度，以立〔一一〕田里，以賢勇知〔一二〕，以功爲己。故謀用是作〔一三〕，而兵由此起。禹、湯、文、武、成王、周公，由此其選也。此六君子者，未有不謹於禮者也。以著其義，以考〔一四〕其信，著有過，刑〔一五〕仁講讓，示民有常。如有不由此者，在埶〔一六〕者去，衆以爲殃，是謂小康。」

〔一〕蜡，祭名。孫希旦曰：「蜡，歲十二月，合聚鬼神而索饗之也。」
〔二〕孫希旦曰：「觀，闕也，門旁築土而高，可登以眺望者。」
〔三〕言偃，孔子學生子游。
〔四〕大道之行，指五帝之時。
〔五〕孫希旦曰：「逮，及也。孔子言帝王之盛，己不及見，而有志乎此。」
〔六〕分，職分。歸，女子出嫁。
〔七〕孫希旦曰：「謀，謂相圖謀也。」
〔八〕外户而不閉，門朝外開而不關門。
〔九〕隱，微。
〔一〇〕父子相傳爲世，兄弟相傳爲及。
〔一一〕立，明確所有權。
〔一二〕知，通「智」。賢勇知，以有勇有智爲賢。
〔一三〕用是，因此。作，興起。
〔一四〕著，明。考，成。
〔一五〕刑，通「形」，表現，彰顯。
〔一六〕埶，即「勢」，代指王位。

言偃復問曰：「如此乎禮之急〔一〕也？」孔子曰：「夫禮，先王以承天之道，以治人之情，故失之者死，得之者生。詩曰：『相鼠有體，人而無禮。人而無禮，胡不遄死〔二〕？』是故夫禮必本於天，殽於地，列於鬼神〔三〕，達於喪、祭、射、御、冠、昏、朝、聘。故聖人以禮示之，故天下國家可得而正也。」

〔一〕急，急需。

〔二〕所引詩，見詩鄘風相鼠。相，察看。遄，疾速。

〔三〕本，根據。殽，效法。列於鬼神，取法度於鬼神。

言偃復問曰：「夫子之極言禮也，可得而聞與？」孔子曰：「我欲觀夏道，是故之杞，而不足徵也，吾得夏時焉〔一〕。我欲觀殷道，是故之宋，而不足徵也，吾得坤乾〔二〕焉。坤乾之義，夏時之等，吾以是觀之。夫禮之初，始諸飲食，其燔黍捭豚，汙尊而抔飲，蕢桴而土鼓，猶若可以致其敬於鬼神〔三〕。及其死也，升屋而號，告曰：『皋某復〔四〕！』然後飯腥而苴孰〔五〕，故天望而地藏也。體魄則降，知氣在上，故死者北首，生者南鄉〔六〕，皆從其初。昔者先王未有宮室，冬則居營窟，夏則居橧〔七〕巢。未有火化，食草木之實，鳥獸之肉，飲其血，茹〔八〕其毛。未有麻絲，衣其羽皮。後聖有作，然後脩火之利，范金、合土，以爲臺榭〔九〕、宮室、牖户。以炮以燔，以亨以炙，以爲醴酪〔一〇〕；治其麻絲，以爲布帛。以養生送死，以事鬼神上帝，皆從其朔〔一一〕。故玄酒在室〔一二〕，醴、醆在户〔一三〕，粢醍在堂，澄酒在下〔一四〕。陳其犧牲，備其鼎、俎，列其琴、瑟、管、磬、鐘、鼓，脩其祝、嘏〔一五〕，以降上神與其先祖，以正君臣，以篤父子，以睦兄弟，以齊上下，夫婦有所，是謂承天之祜。作其祝號，玄酒以祭，薦其血毛，腥其俎；孰其殽，與其越席，疏布以冪，衣其澣帛〔一六〕；醴、醆以獻，薦其燔炙〔一七〕。君與夫人交獻〔一八〕，以嘉〔一九〕魂魄。是謂合莫〔二〇〕。然後退而合亨〔二一〕，體其犬豕牛羊，實其簠、簋、籩、豆、鉶羹，祝以孝告，嘏以慈告，是謂大祥〔二二〕。此禮之大成也。」

〔一〕夏時，夏代的曆法書。

〔二〕坤乾，易類占筮之書，以坤爲首卦，或即商易歸藏。

〔三〕鄭玄曰：「言其物雖質略，有齊敬之心則可以薦羞於鬼神，鬼神饗德不饗味也。中古未有釜、甑，釋米捭肉，加於燒石之上而食之耳，今北狄猶然。汙尊，鑿地爲尊也。抔飲，手掬之也。蕢讀爲凷，墣也，謂摶土爲桴也。土鼓，築土爲鼓也。」

〔四〕孔穎達曰：「皋，引聲之辭。某，名也。」所謂「引聲之辭」，即拉長腔調呼喚。某，這裏指死者的名字。

〔五〕孔穎達曰：「升屋北面告天，招魂復魄，復魄不復，然後浴尸而行含禮，飯用生米，故曰『飯腥』。至葬，設遣奠，苞裹孰肉以送尸，故曰『苴孰』。」今案：生米曰腥。苴，即苞苴，蒲包。

〔六〕孔穎達曰：「天望，謂望天而招魂。地藏，謂葬地以藏尸也。所以地藏者，由體魄則降故也。所以天望者，由知氣在上故也。體魄入地爲陰，故死者北首，歸陰之義。生者南鄉，歸陽也。」

〔七〕橧，鄭玄曰：「聚薪柴居其上。」

〔八〕茹，食也。陳澔曰：「未有火化，故去毛不能盡，而並食之也。」

〔九〕鄭玄曰：「作，起也。脩火之利，謂孰冶萬物。范金，謂鑄作器用。合土，謂瓦瓴、甓及甒、大。榭，器之所藏也。」

〔一〇〕鄭玄曰：「炮，裹燒之也。燔，加於火上。亨，煮之鑊也。炙，貫之火上。以爲醴酪，蒸釀之也。酪，酢截。」

〔一一〕朔，初也。

〔一二〕孫希旦曰：「玄酒，鬱鬯也。水及明水皆謂之玄酒。鬱鬯配明水而設，而尊於五齊，故因謂鬱鬯爲玄酒也。在室者，在室内之北也。」

〔一三〕醴，醆，皆酒名。孫希旦曰：「醴，醴齊也。醆，盎齊也。盎齊盛之以醆，故謂之醆。在户者，醴在户内之東，醆在户外之東也。」

〔一四〕粢醍、澄酒，都是酒名。孫希旦曰：「粢醍，醍齊也。在堂，在堂上也。」

〔一五〕鄭玄曰：「祝，祝爲主人饗神辭也。嘏，祝爲尸致福於主人之辭也。」

〔一六〕鄭玄曰：「周禮祝號有六：『一曰神號，二曰鬼號，三曰祇號，四曰牲號，五曰齍號，六曰幣號。』

號者，所以尊神顯物也。腥其俎，謂豚解而腥之，及血、毛，皆所以法於上古也。孰其殽，謂體解而爓之。此以下，皆所法於中古也。越席，翦蒲也。幂，覆尊也。澣帛，練染以爲祭服。」

〔一七〕燔炙，燔肉炙肝。

〔一八〕交獻，交替向尸獻酒。

〔一九〕嘉，樂也。

〔二〇〕合莫，契合。

〔二一〕楊天宇據孫希旦説，上文「孰其殽」，其實並未真正煮熟，故此時又合亨（烹）之。

〔二二〕鄭玄曰：「此謂薦今世之食也。體其犬豕牛羊，謂分别骨肉之貴賤，以爲衆俎也。祝以孝告，嘏以慈告，各首其義也。祥，善也。今世之食，於人道爲善也。」

孔子曰：「於呼哀哉！我觀周道，幽、厲傷之，吾舍魯何適矣！魯之郊、禘〔一〕，非禮也。周公其〔二〕衰矣！杞之郊也，禹也；宋之郊也，契也。是天子之事守也。故天子祭天地，諸侯祭社稷。」

〔一〕孫希旦曰：「郊，祭天於南郊也。禘，王者宗廟之大祭，追祭始祖之所自出於大廟，而以始祖配之也。」

〔二〕其，推測之辭，猶言大概。

禮器

孔子曰：「禮不可不省也。禮不同、不豐、不殺〔一〕。」

〔一〕孔穎達曰：「省，察也。禮既有諸事，所趣不同，不察則無由可知。不同，謂高下、大小、文素之異也。不豐者，應少不可多。不殺者，應多不可少也。」

孔子曰：「我戰則克，祭則受福。蓋得其道矣〔一〕。」

〔一〕我，鄭玄曰：「知禮者也。」孫希旦曰：「得其道者，謂慎於行禮也。蓋禮者所以治神人，和上下，禮得則人和而神饗，故以戰則克，以祭則受福。然孔子未嘗戰，而云此者，蓋以理決之爾。」

孔子曰：「臧文仲安知禮？夏父弗綦逆祀而弗止也，燔柴於奥。夫奥者，老婦之祭也。盛於盆，尊於瓶〔一〕。」

〔一〕鄭玄曰：「文仲，魯公子彄之曾孫臧孫辰也。莊、文之間爲大夫，於時爲賢，是以非之，不正禮也。文二年『八月丁卯，大事于大廟，躋僖公』，始逆祀，是夏父弗綦爲宗伯之爲也。奥當爲『爨』，字之誤也。禮，尸卒食而祭饎爨、饔爨也。時人以爲祭火神，乃燔柴。老婦，先炊者也。盆、瓶，炊器也。明此祭先炊，非火神，燔柴似失之。」

孔子曰：「誦詩三百，不足以一獻；一獻之禮，不足以大饗；大饗之禮，不足以大旅；

大旅具矣，不足以饗帝。毋輕議禮〔一〕！」

〔一〕孫希旦曰：「誦詩三百，可以言矣，而未嘗學禮，故不足以一獻。一獻禮輕，故未足以大饗。此大饗，謂祫祭先王也。大旅者，因事祭天之名，其禮稍殺於正祭。大宗伯：『國有故，則旅上帝及四望。』有故，謂凶烖也。有故而禱於上帝及四望，皆曰旅，而上帝之旅爲大旅也。饗帝，謂祀天之正禮也。大饗、大旅皆大祭，然分有遠近，則誠之所感有難易；大旅、饗帝皆祀天，而禮有隆殺，則敬之所致有淺深。行禮者必至於可以饗帝，然後爲内盡忠信之本，而外極義理之文，禮其可輕言乎？」

子路爲季氏宰。季氏祭，逮闇〔一〕而祭，日不足，繼之以燭。雖有强力之容，肅敬之心，皆倦怠矣。有司跛倚以臨祭，其爲不敬大矣。他日祭，子路與，室事交乎户，堂事交乎階〔二〕，質明而始行事，晏朝而退〔三〕。孔子聞之曰：「誰謂由也而不知禮乎！」

〔一〕孫希旦曰：「宰，家臣之長也。逮，及也。闇，未昧爽也。」

〔二〕孫希旦曰：「室事，謂正祭事，尸在室也。交乎户者，室外之人取饌至户，而室内之人受之以進於尸也。堂事，謂儐尸時在堂也。交乎階者，堂下之人取饌至階，而堂上之人受之以進於尸侑也。」

〔三〕孫希旦曰：「質明，正明也。晏，晚也。晏朝，謂夕時也。質明而始行事，則不必逮闇矣；晏朝而退，則不必繼以燭矣。」

郊特牲

賓入大門而奏肆夏，示易以敬也，卒爵而樂闋〔一〕。孔子屢歎之。

〔一〕孫希旦曰：「肆夏，詩篇名，九夏之首也。（説見玉藻。）易，和悦也。闋，止也。卒爵而樂闋者，王獻賓，賓飲卒爵，賓又酢王，王飲卒爵，而樂乃闋也。」

鄉人禓，孔子朝服立于阼，存室神也〔一〕。

〔一〕鄭玄曰：「禓，强鬼也。謂時儺，索室驅疫，逐强鬼也。存室神者，神依人也。」

孔子曰：「射之以樂也，何以聽？何以射〔一〕？」

〔一〕鄭玄曰：「多其射容與樂節相應也。」

孔子曰：「士使之射，不能則辭以疾，縣弧之義也〔一〕。」

〔一〕孫希旦曰：「男子生，則懸弧於門左。射者，男子之所有事也。故君使士射，不能則託疾以辭，因有懸弧之義，不可自言其不能射故也。」

孔子曰：「三日齊〔一〕，一日用之，猶恐不敬。二日伐鼓，何居〔二〕？」

〔一〕齊，通「齋」。

〔三〕伐鼓,敲鼓。何居,爲什麽。

孔子曰:「繹之於庫門内〔一〕,祊之於東方,朝市之於西方,失之矣。」

〔一〕孫希旦曰:「繹者,祭而又祭之名。緇衣詩序曰:『繹,賓尸也。』大夫正祭畢而賓尸,天子諸侯祭之明日又祭,亦祭畢而賓尸,而大名曰繹也。庫門,諸侯之外門也。繹之於庫門内,謂於庫門之内塾也。」

冠義,始冠之,緇布之冠也。大古冠布,齊則緇之〔一〕。其緌〔二〕也,孔子曰:「吾未之聞也,冠而敝之可也〔三〕。」

〔一〕鄭玄曰:「始冠三加,先加緇布冠也。太古無飾,非時人緌也。雜記曰:『太白、緇布之冠不緌。』太白即太古白布冠,今喪冠也。齊則緇之者,鬼神尚幽闇也。唐、虞以前曰太古。」

〔二〕緌,冠上之纓飾。

〔三〕鄭玄曰:「冠而敝之者,此重古而冠之耳,三代改制,齊冠不復用也。以白布冠質,以爲喪冠也。」

玉藻

孔子曰:「朝服而朝,卒朔〔一〕然後服之。」曰:「國家未道,則不充〔二〕其服焉。」

〔一〕孫希旦曰：「卒朔，謂卒視朔之事也。」

〔三〕鄭玄曰：「未道，未合於道。」不充，不穿。

孔子佩象環五寸而綦組綬〔一〕。

〔一〕孫希旦曰：「象環，以象牙爲環也。爾雅曰：『肉好若一謂之環。』」綦組綬，蒼白色或青黑色的綬帶。

孔子食於季氏，不辭，不食肉而飧〔一〕。

〔一〕爲客之禮，飯前當先起身推辭，就餐時先喫肉塊，最後行飧禮，即喫三口水泡飯。孔子既不推辭，又不食肉而飧，當因季氏進食失禮。

樂記

賓牟賈侍坐於孔子，孔子與之言，及樂，曰：「夫武之備戒〔一〕之已久，何也？」對曰：「病不得其衆也。」「詠歎之，淫液之〔二〕，何也？」對曰：「恐不逮事〔三〕也。」「發揚蹈厲之已蚤〔四〕，何也？」對曰：「及時事也。」「武坐，致右憲左〔五〕，何也？」對曰：「非武坐也。」「聲淫〔六〕及商，何也？」對曰：「非武音也。」子曰：「若非武音，則何音也？」對曰：「有司失其傳也。若非有司失其傳〔七〕，則武王之志荒矣。」子曰：「唯。丘之聞諸萇弘〔八〕，亦若吾子之言是也。」

〔一〕鄭玄曰：「武，謂周舞也。備戒，擊鼓警衆。」

〔二〕鄭玄曰：「詠歎、淫液，歌遲之也。」

〔三〕鄭玄曰：「逮，及也。事，戎事也。」

〔四〕孔穎達曰：「發揚蹈厲，初舞之時，手足發揚蹈地而猛厲也。初舞則然，故云『已蚤』。」

〔五〕鄭玄曰：「致，謂膝至地也。憲讀爲軒，聲之誤也。」孔穎達曰：「軒，起也。」坐，以膝至地，即今之跪。

〔六〕淫，過多。

〔七〕鄭玄曰：「有司，典樂者也。言典樂者失其傳，而時人妄説也。」

〔八〕萇弘，周大夫。

賓牟賈起，免席而請曰：「夫武之備戒之已久，則既聞命矣，敢問遲之遲而又久〔一〕，何也？」子曰：「居〔二〕！吾語女。夫樂者，象成者也。總干而山立〔三〕，武王之事也。發揚蹈厲，大公之志也。武亂皆坐，周、召之治也。且夫武，始而北出，再成而滅商，三成而南，四成而南國是疆，五成而分周公左，召公右，六成復綴，以崇天子〔四〕。夾振之而駟伐〔五〕，盛威於中國也。分夾而進，事蚤濟也。久立於綴，以待諸侯之至也。且女獨未聞牧野之語乎？武王克殷反〔六〕商，未及下車而封黃帝之後於薊，封帝堯之後於祝，封帝舜之後於陳；下車而封夏后氏之後於杞，投殷之後於宋，封王子比干之墓，釋箕子之囚，使之行商容而復其位〔七〕。庶民弛政，庶士倍禄〔八〕。濟河而西，馬散之華山之陽而弗復乘，牛散之桃林之野而弗復服，車甲衅而藏之府庫而弗復用，倒載干戈，包之以虎皮，將帥之士使爲諸侯，名之曰『建櫜』〔九〕。然後天下知武王之不復用兵也。散軍而郊射，左射貍首，左射騶虞，而貫革之射息也〔一〇〕。裨冕搢笏，而虎賁〔一一〕之士説劍也。祀乎明堂，而民知孝。朝覲，然後諸侯知所以臣。耕藉〔一二〕，然後諸侯知所以敬。五者，天下之大教也。食三老、五更於大學，天子袒而割牲，執醬而饋，執爵而酳，冕而總干〔一三〕，所以教諸侯之弟也。若此，則周道四達，禮樂交通，則夫武之遲久，不亦宜乎！」

〔一〕孫希旦曰：「免席，避席也。聞命，謂聞孔子是賈之言也。賈所言凡五事，孔子皆是之，而但言『備戒之已久』者，舉其始問者以該其餘也。遲之遲而又久者，武舞六成，每成皆遲久而後終，故重言以見其意也。賈既聞孔子是己所言，又自以其所疑者問之也。」

〔二〕居，坐也。

〔三〕鄭玄曰：「總干，持盾也。山立，猶正立也。象武王持盾正立待諸侯也。」

〔四〕綴，停止。崇，完備。

〔五〕鄭玄曰：「駟當爲『四』。武舞，戰象也。每奏四伐，一擊一刺爲一伐。牧誓曰：『今日之事，不過四伐五伐。』」

〔六〕反，楊天宇以爲乃「及」字之誤。

〔七〕鄭玄曰：「封，謂故無土地者也。投，舉徙之辭也。時武王封紂子武庚於殷墟，所徙者微子也，後周公更封而大之。積土爲封。封比干墓，崇賢也。行猶視也。使箕子視商禮樂之官，賢者所處皆令反其居也。」

〔八〕鄭玄曰：「弛政，去其紂時苛政也。倍禄，復其紂時薄者也。」

〔九〕鄭玄曰：「散，放也。桃林，在華山旁。甲，鎧也。衅，『釁』字也。包干戈以虎皮，明能以武服兵也。建讀爲鍵，字之誤也。兵甲之衣曰『櫜』。鍵櫜，言閉藏兵甲也。詩曰：『載櫜弓矢。』春秋傳曰：『垂櫜而入。』周禮曰：『櫜之欲其約也。』」陽，山之南面。

〔一〇〕鄭玄曰：「郊射，爲射宫於郊也。左，東學也。右，西學也。貍首、騶虞，所以歌爲節也。貫革，射穿甲革也。」

〔一一〕鄭玄曰：「裨冕，衣裨衣而冠冕也。裨衣，衮之屬也。搢猶插也。賁，憤怒也。」

〔一二〕鄭玄曰：「耕藉，藉田也。」

〔一三〕鄭玄曰：「冕而總干，親在舞位也。周名大學曰東膠。」孔穎達曰：「天子養三老、五更，親袒衣而割牲，親執醬而饋之，親執爵而酳口，親自著冕，手執干戚而舞也。此冕當爲鷩冕、養老、饗、射之類。」

雜記下

曾子問曰：「卿大夫將爲尸於公，受宿〔一〕矣，而有齊衰内喪，則如之何？」孔子曰：「出舍乎公宫以待事，禮也。」孔子曰：「尸弁、冕而出〔二〕，卿、大夫、士皆下之〔三〕。尸必式〔四〕，必有前驅。」

〔一〕受宿，受命獨宿而齋戒。
〔二〕尸，充當尸之人。尸弁、冕而出，即尸或戴皮弁、或戴冕而出。
〔三〕下之，爲之下車。
〔四〕式，通「軾」。

子貢問喪〔一〕，子曰：「敬爲上，哀次之，瘠〔二〕爲下。顔色稱其情，戚容稱其服。」「請問兄弟之喪。」子曰：「兄弟之喪，則存乎書策矣。」

〔一〕鄭玄曰：「問喪，問居父母之喪也。」
〔二〕瘠，面容憔悴。

孔子曰：「少連、大連善居喪，三日不怠，三月不解，期悲哀，三年憂，東夷之子也〔一〕。」

〔一〕鄭玄曰：「言其生於夷狄而知禮也。怠，惰也。解，倦也。」

孔子曰：「身有瘍則浴，首有創〔一〕則沐，病則飲酒食肉。毁瘠爲病〔二〕，君子弗爲也。毁而死〔三〕，君子謂之無子。」

〔一〕瘍，癰瘡。創，通「瘡」。

〔二〕毁瘠爲病，因哀傷瘦瘠而生病。

〔三〕鄭玄曰：「毁而死，是不重親。」

孔子曰：「伯母、叔母疏衰，踊不絶〔一〕地。姑、姊妹之大功，踊絶於地。如知此者，由文矣哉！由文矣哉〔二〕！」

〔一〕絶，離也。

〔二〕鄭玄曰：「伯母、叔母，義也。姑、姊妹，骨肉也。」陸佃曰：「疏衰、大功，文也。踊絶不絶，情也。伯、叔母之喪，文至而情不至；姑、姊妹之大功，文不至而情至。知此者，則凡於禮知由於内矣，故曰『由文矣哉』。若夫徒文具而無至誠惻怛之實，失是矣。」

孔子曰：「管仲鏤簋而朱紘〔一〕，旅樹而反坫〔二〕，山節而藻棁〔三〕，賢大夫也，而難爲上〔四〕也。晏平仲祀其先人，豚肩不揜豆〔五〕，賢大夫也，而難爲下〔六〕也。君子上不僭上，下不逼下。」

〔一〕鏤簋，鏤玉以飾簋，此爲天子之簋飾。朱紘，繫冕、弁的紅絲帶，也爲天子所用。

〔二〕旅，道。樹，屏。依禮，天子設屏於外。反坫，依禮兩君飲酒畢，即將爵反置於坫上，故名反坫。

〔三〕山節，建柱頭爲斗拱結構，其形如山。藻棁，畫梁上短柱以藻飾。二者均爲天子專用。

〔四〕鄭玄曰：「難爲上，言其僭天子諸侯。」

〔五〕豚肩，小豬前脛骨的上端。揜，通「掩」。豚肩不揜豆，指晏平仲過於節儉。

〔六〕鄭玄曰：「難爲下，言其偪士庶人。」

孔子曰：「凶年則乘駑馬，祀以下牲〔一〕。」

〔一〕鄭玄曰：「自貶損，亦取易供也。駑馬，六種最下者。下牲，少牢，若特豕、特豚也。」

恤由之喪，哀公使孺悲之孔子學士喪禮，士喪禮於是乎書〔一〕。

〔一〕鄭玄曰：「時人轉而僭上，士之喪禮已廢矣，孔子以教孺悲，國人乃復書而存之。」

子貢觀於蜡，孔子曰：「賜也樂乎？」對曰：「一國之人皆若狂，賜未知其樂也〔一〕。」子曰：「百日之蜡，一日之澤，非爾所知也〔二〕。」

〔一〕鄭玄曰：「蜡也者，索也，歲十二月，合聚萬物而索饗之也。國索鬼神而祭祀，則黨正以禮屬民，而飲酒于序，以正齒位。於是時，民無不醉者，如狂矣。曰『未知其樂』，怪之。」

〔二〕鄭玄曰：「蜡之祭，主先嗇而祭司嗇，勞農以休息之，言民皆勤稼穡，有百日之勞，喻久也。今一日使之飲酒燕樂，是君之恩澤。非女所知，言其義大。」

廏焚，孔子拜鄉人爲火來者。拜之〔一〕，士壹，大夫再，亦相弔之道也。

〔一〕鄭玄曰：「言『拜之』者，爲其來弔己。宗伯職曰：『以弔禮哀禍災。』」

孔子曰：「管仲遇盜，取二人焉，上以爲公臣，曰：『其所與遊，辟〔一〕也。可人也。』管仲死，桓公使爲之服。宦於大夫者之爲之服也，自管仲始也，有君命焉爾也〔二〕。」

〔一〕辟，邪僻。

〔二〕鄭玄曰：「此仕於大夫，更升於公，與違大夫之諸侯同，禮不反服。」

孔子曰：「吾食於少施氏而飽，少施氏食我以禮。吾祭，作而辭曰：『疏食不足祭也。』吾飧，作而辭曰：『疏食也，不敢以傷吾子。』〔一〕」

〔一〕鄭玄曰：「貴其以禮待己而爲之飽也。時人倨慢，若季氏則不以禮矣。少施氏，魯惠公子施父之後。」

祭義

仲尼嘗，奉薦而進，其親也慤，其行也趨趨以數〔一〕。已祭，子贛問曰：「子之言祭，濟濟漆漆然。今子之祭，無濟濟漆漆，何也？」子曰：「濟濟者，容也，遠也。漆漆者，容也，自反也。容以遠，若容以自反也，夫何神明之及交〔二〕？夫何濟濟漆漆之有乎？反饋〔三〕，樂成，薦其薦俎〔四〕，序其禮樂，備其百官。君子致其濟濟漆漆，夫何慌惚〔五〕之有乎？夫言豈一端而已，夫各有所當也。」

〔一〕鄭玄曰：「嘗，秋祭也。親，謂身親執事時也。慤與趨趨，言少威儀也。趨讀如促。數之言速也。」

〔二〕鄭玄曰：「漆漆，讀如朋友切切。自反，猶言自脩整也。容以遠，言非所以接親親也。容以自反，言非孝子所以事親也。及，與也。此皆非與神明交之道也。」

〔三〕反饋，進熟的祭品。

〔四〕上「薦」字爲進義。薦俎，兩種祭器。

〔五〕慌惚，思念深切。

子曰：「立愛自親始，教民睦也。立敬自長始，教民順也。教以慈睦，而民貴有親；教以敬長，而民貴用命。孝以事親，順以聽命，錯〔一〕諸天下，無所不行。」

〔一〕錯，通「措」，施行。

宰我曰：「吾聞鬼神之名，不知其所謂。」子曰：「氣也者，神之盛也。魄也者，鬼之盛也。合鬼與神,教之至也〔一〕。」

〔一〕鄭玄曰:「氣,謂噓吸出入者也。耳目之聰明爲魄。合鬼神而祭之,此聖人之至極也。」

夫子曰:「斷一樹,殺一獸,不以其時,非孝也。」

樂正子春〔一〕下堂而傷其足,數月不出,猶有憂色。門弟子曰:「夫子之足瘳〔二〕矣,數月不出,猶有憂色,何也?」樂正子春曰:「善如爾之問也!善如爾之問也!吾聞諸曾子,曾子聞諸夫子,曰:『天之所生,地之所養,無人爲大。父母全而生之,子全而歸之,可謂孝矣。不虧其體,不辱其身,可謂全矣。故君子頃〔三〕步而弗敢忘孝也。』今予忘孝之道,予是以有憂色也。壹舉足而不敢忘父母,壹出言而不敢忘父母。壹舉足而不敢忘父母,是故道而不徑〔四〕,舟而不游,不敢以先父母之遺體行殆〔五〕。壹出言而不敢忘父母,是故惡言不出於口,忿言不反於身。不辱其身,不羞其親,可謂孝矣。」

〔一〕樂正子春,曾子弟子。

〔二〕瘳,病癒。

〔三〕頃,「跬」字之誤。跬,半步。

〔四〕徑,小路,此處指不走小路。

〔五〕行殆，做危險之事。

經解

孔子曰：「入其國，其教可知也：其爲人也，温柔敦厚，詩教也；疏通知遠〔一〕，書教也；廣博易良〔二〕，樂教也；絜静〔三〕精微，易教也；恭儉莊敬，禮教也；屬辭比事〔四〕，春秋教也。故詩之失，愚；書之失，誣；樂之失，奢；易之失，賊〔五〕；禮之失，煩；春秋之失，亂。其爲人也，温柔敦厚而不愚，則深於詩者也；疏通知遠而不誣，則深於書者也；廣博易良而不奢，則深於樂者也；絜静精微而不賊，則深於易者也；恭儉莊敬而不煩，則深於禮者也；屬辭比事而不亂，則深於春秋者也。」

〔一〕疏通知遠，通達政事而又瞭解歷史。

〔二〕易良，平易善良。

〔三〕絜，通「潔」。絜静，純潔文静。

〔四〕屬辭比事，連接文辭而排列史事。

〔五〕賊，傷害。

孔子曰：「安上治民，莫善於禮。」

哀公問

哀公問於孔子曰：「大禮〔一〕何如？君子之言禮，何其尊也！」孔子曰：「丘也小人，不足以知禮。」君曰：「否。吾子言之也。」孔子曰：「丘聞之，民之所由生，禮爲大。非禮無以節事天地之神也，非禮無以辨君臣、上下、長幼之位也，非禮無以别男女、父子、兄弟之親，昏姻、疏數之交也〔二〕。君子以此之爲尊敬然。然後以其所能教百姓，不廢其會節〔三〕。有成事，然後治其雕鏤、文章、黼黻以嗣。其順之，然後言其喪筭〔四〕，備其鼎、俎，設其豕、腊，脩〔五〕其宗廟，歲時以敬祭祀，以序宗族，即安其居，節醜其衣服〔六〕，卑其宮室，車不雕幾〔七〕，器不刻鏤，食不貳味，以與民同利。昔之君子之行禮者如此。」公曰：「今之君子，胡莫之行也？」孔子曰：「今之君子，好實無厭，淫德不倦〔八〕，怠荒敖慢，固民是盡〔九〕，午〔一〇〕其衆以伐有道，求得當欲，不以其所。昔之用民者由前，今之用民者由後〔一一〕。今之君子莫爲禮也。」

〔一〕大禮，孔穎達曰：「禮之所用，其事廣大，包含處廣，故云大禮。」

〔二〕孫希旦曰：「節，制限也。天地之神，尊卑不同，各以其制限事之，若天子祭天地，諸侯祭社稷也。疏數，謂交際往來或疏或數也。」

〔三〕會節，行禮之期節，即時節。

〔四〕孫希旦曰：「喪筭，謂喪之月數也。」

〔五〕脩，通「修」，修繕。

〔六〕醜，類。節醜其衣服，節制其衣服而使歸於其類。

〔七〕幾，凹凸的刻紋。

〔八〕實，猶富。淫，放縱。

〔九〕陳澔曰：「固，猶『固獲』之固，言取之力也。盡，竭其所有也。」

〔一〇〕午，通「忤」。

〔一一〕鄭玄曰：「當猶稱也。所猶道也。由前，用上所言。由後，用下所言。」

孔子侍坐於哀公，哀公曰：「敢問人道誰爲大？」孔子愀然作色而對曰：「君之及此言也，百姓之德也。固臣敢無辭而對〔一〕：人道，政爲大。」公曰：「敢問何謂爲政？」孔子對曰：「政者，正也。君爲正，則百姓從政矣。君之所爲，百姓之所從也。君所不爲，百姓何從？」公曰：「敢問爲政如之何？」孔子對曰：「夫婦別，父子親，君臣嚴，三者正，則庶物〔二〕從之矣。」公曰：「寡人雖無似〔三〕也，願聞所以行三言之道，可得聞乎？」孔子對曰：「古之爲政，愛人爲大。所以治愛人，禮爲大。所以治禮，敬爲大。敬之至矣，大昏〔四〕爲大，大昏至矣。大昏既至，冕而親迎，親之也。親之也者，親之也。是故君子興敬爲親，舍敬，是遺親也。弗愛不親，弗敬不正。愛與敬，其政之本與？」

〔一〕鄭玄曰：「愀然，變動貌也。作猶變也。德猶福也。辭，讓也。」

〔二〕孫希旦曰：「庶物，謂衆事也。」

〔三〕孫希旦曰：「似，肖也。無似，猶言不肖也。」

〔四〕孫希旦曰：「大昏，謂天子諸侯之昏也。」

公曰：「寡人願有言然。冕而親迎，不已重乎？」孔子愀然作色而對曰：「合二姓之好，以繼先聖之後，以爲天地、宗廟、社稷之主，君何謂已重乎？」公曰：「寡人固！不固，焉得聞此言也？寡人欲問，不得其辭，請少進！」孔子曰：「天地不合，萬物不生。大昏，萬世之嗣也，君何謂已重焉？」孔子遂言曰：「内以治宗廟之禮，足以配天地之神明；出以治直言之禮，足以立上下之敬。物恥足以振之，國恥足以興之〔一〕。爲政先禮，禮其政之本與？」孔子遂言曰：「昔三代明王之政，必敬其妻子也，有道。妻也者，親之主也，敢不敬與？子也者，親之後也，敢不敬與？君子無不敬也，敬身爲大。身也者，親之枝也，敢不敬與？不能敬其身，是傷其親；傷其親，是傷其本；傷其本，枝從而亡。三者，百姓之象也。身以及身，子以及子，妃以及妃，君行此三者，則愾乎天下矣，大王之道也〔二〕。如此，則國家順矣。」

〔一〕孫希旦曰：「物，事也。物恥，謂事之廢壞而可恥。國恥，謂國之衰弱而可恥也。」

〔三〕鄭玄曰：「愾猶至也。」方慤曰：「三者，百姓之象，言身與妻、子者百姓之象也。蓋能敬其身，則能敬百姓之身矣，以至妻也子也，亦莫不然。」葉夢得曰：「三者，君行於上而民倣於下，故曰『百姓之象也』。百姓象其行，莫不敬其身，亦莫不敬其妻、子，所謂『愾乎天下』也。大王愛厥妃，至於内無怨女，外無曠夫，蓋得其政矣。」

公曰：「敢問何謂敬身？」孔子對曰：「君子過言則民作辭，過動則民作則〔一〕。君子言不過辭，動不過則，百姓不命而敬恭。如是，則能敬其身；能敬其身，則能成其親矣。」

〔一〕鄭玄曰：「則，法也。民者，化君也。君之言雖過，民猶稱其辭；君之行雖過，民猶以爲法。」

公曰：「敢問何謂成親？」孔子對曰：「君子也者，人之成名也。百姓歸之名，謂之君子之子，是使其親爲君子也，是爲成其親之名也已〔一〕。」孔子遂言曰：「古之爲政，愛人爲大。不能愛人，不能有〔二〕其身；不能有其身，不能安土；不能安土，不能樂天；不能樂天，不能成其身。」

〔一〕方慤曰：「君子者，君國、子民之稱也。達則能居是位，窮則能全是德，如是則成而無虧矣，故曰『人之成名也』。祭義所謂『不遺父母惡名』者，如是而已。」孫希旦曰：「君子者，道德成就之名。已能立身行道，以顯父母，推本其所從來者，未嘗不歸美於其親焉，故曰『是使其親爲君子也』。」

〔二〕鄭玄曰：「有猶保也。」

公曰：「敢問何謂成身？」孔子對曰：「不過乎物〔一〕。」

〔一〕鄭玄曰：「物猶事也。」朱熹曰：「家語作『夫其行己也不過乎物，謂之成身。不過乎物，是天道也』。以上下文推之，當從家語。」

公曰：「敢問君子何貴乎天道也？」孔子對曰：「貴其不已。如日月東西相從而不已也，是天道也。不閉其久，是天道也。無爲而物成，是天道也。已成而明，是天道也〔一〕。」

〔一〕朱熹曰：「不閉其久，當從家語作『不閉而能久』。」方慤曰：「物成而功可見，故曰『已成而明』。」

公曰：「寡人惷愚、冥煩，子志之心也〔一〕。」孔子蹴然辟席而對曰：「仁人不過乎物，孝子不過乎物。是故仁人之事親也如事天，事天如事親。是故孝子成身〔二〕。」公曰：「寡人既聞此言也，無如後罪何〔三〕！」孔子對曰：「君之及此言也，是臣之福也。」

〔一〕孫希旦曰：「惷亦愚也。冥者，暗於理。煩者，亂於事。志猶記也。」

〔二〕鄭玄曰：「蹴然，敬貌。事親、事天，孝敬同也。孝經曰：『事父孝，故事天明。』舉無過事，以孝事親，是所以成身。」

〔三〕孫希旦曰：「罪猶過也。哀公既聞孔子之言，而自恐其行之不能無過也。」

仲尼燕居

仲尼燕居，子張、子貢、言游侍，縱言〔一〕至於禮。子曰：「居〔二〕！女三人者。吾語女禮，使女以禮周流，無不徧也。」子貢越席而對曰：「敢問何如？」子曰：「敬而不中禮謂之野，恭而不中禮謂之給〔三〕，勇而不中禮謂之逆。」子曰：「給奪慈仁。」子曰：「師！爾過，而商也不及。子產猶衆人之母也，能食之，不能教也。」子貢越席而對曰：「敢問將何以爲此中者也？」子曰：「禮乎禮！夫禮，所以制中也。」子貢退。

〔一〕言游，即子游。鄭玄曰：「退朝而處曰燕居。縱言，汎說事。」。

〔二〕鄭玄曰：「居，使之坐。凡與尊者言，更端則起。」

〔三〕給，討好逢迎。

言游進曰：「敢問禮也者，領惡而全好者與〔一〕？」子曰：「然。」「然則何如？」子曰：「郊、社之義，所以仁鬼神也；嘗、禘之禮，所以仁昭穆也；饋、奠之禮，所以仁死喪也；射、鄉之禮，所以仁鄉黨也；食、饗之禮，所以仁賓客也。」子曰：「明乎郊、社之義，嘗、禘之禮，治國其如指諸掌而已乎！是故以之居處有禮，故長幼辨也；以之閨門之内〔二〕有禮，故三族〔三〕和也；以之朝廷有禮，故官爵序也；以之田獵有禮，故戎事閑也〔四〕；以之軍旅有禮，故武功成也。是故宫室得其度，量、鼎得其象，味得其時，樂得其節，車得其式，鬼神得其饗，喪紀得其哀，辨説得其黨〔五〕，官得其體，政事得其施，加於身而錯於前，凡衆之動得其宜。」

〔一〕孫希旦曰：「領猶治也。惡者氣質之偏，好者德性之美。領惡、全好，猶禮器之言『釋回增美』也。仁者，謂行之以至誠惻怛之意，而不徒以其文也。射，謂鄉射。鄉，謂鄉飲酒。」

〔二〕閨門，内室的門，也指家門。閨門之内，家庭之内。

〔三〕鄭玄曰：「三族，父、子、孫也。」

〔四〕閑，通「嫺」，熟練。

〔五〕鄭玄曰：「黨，類也。」

子曰：「禮者何也？即事之治也。君子有其事必有其治。治國而無禮，譬猶瞽之無相〔一〕與，倀倀〔二〕乎其何之？譬如終夜有求於幽室之中，非燭何見？若無禮，則手足無所錯〔三〕，耳目無所加，進退、揖讓無所制。是故以之居處，長幼失其别，閨門、三族失其和，朝廷、官爵失其序，田獵、戎事失其策，軍旅、武功失其制，宫室失其度，量、鼎失其象，味失其時，樂失其節，車失其式，鬼神失其饗，喪紀失其哀，辨説失其黨，官失其體，政事失其施，加於身而錯於前，凡衆之動失其宜。如此，則無以祖洽於衆也〔四〕。」

〔一〕相，輔助，此處指攙扶盲人的人。

〔二〕孫希旦曰：「倀倀，狂行不知所如也。」

〔三〕錯，通「措」，放置。

〔四〕鄭玄曰：「祖，始也。洽，合也。言失禮無以爲衆倡始而合和之。」

子曰：「慎聽之！女三人者。吾語女：禮猶有九焉，大饗有四焉〔一〕。苟知此矣，雖在畎畝之中，事之，聖人已。兩君相見，揖讓而入門，入門而縣興〔二〕。揖讓而升堂，升堂而樂闋。下管象，武、夏籥序興，陳其薦、俎，序其禮樂，備其百官，如此而后，君子知仁焉。行中規，還中矩，和、鸞中采齊〔三〕，客出以雍，徹以振羽，是故君子無物而不在禮矣。入門而金作，示情也。升歌清廟，示德也。下而管象，示事也〔四〕。是故古之君子，不必親相與言也，以禮樂相示而已。」

〔一〕孫希旦曰：「大饗，謂諸侯相饗也。大饗有四者。金作示情，一也。升歌清廟示德，二也。下管象示事，三也。武、夏籥序興，四也。禮有九而大饗有四，則其餘五事不在大饗也。」

〔二〕縣，懸掛的鐘磬。興，作。

〔三〕孫希旦曰：「和鸞中采齊，謂車出迎賓之時，奏采齊之詩，以爲車行之節，而車之和鸞，其聲與樂相應也。」

〔四〕孫希旦曰：「雍、振羽，皆周頌篇名。振羽，即振鷺也。……示德者，清廟以發文王之德也。示事者，維清以奏象舞，所以象文王征伐之事也。」

子曰：「禮也者，理也；樂也者，節也。君子無理不動，無節不作。不能詩，於禮繆；不能樂，於禮素〔一〕；薄於德，於禮虛。」

〔一〕鄭玄曰：「繆，誤也。素猶質也。」

子曰：「制度在禮，文爲在禮，行之，其在人乎〔一〕！」

〔一〕馬晞孟曰：「制度者，文爲之體；文爲者，制度之用。簠、簋、俎、豆，所謂制度也。升降上下，所謂文爲也。制度、文爲，皆禮之法也。徒法不能以自行，故行之在人。」

子貢越席而對曰：「敢問夔其窮〔一〕與？」子曰：「古之人與？古之人也。達於禮而不達於樂，謂之素；達於樂而不達於禮，謂之偏。夫夔，達於樂而不達於禮，是以傳於此名也，古之人也。」

〔一〕窮，這裏指窮於禮，即不懂得禮。

子張問政。子曰：「師乎！前，吾語女乎！君子明於禮樂，舉而錯〔一〕之而已。」子張復問。子曰：「師！爾以爲必鋪几、筵，升降，酌、獻、酬、酢，然後謂之禮乎？爾以爲必行綴兆〔二〕，興羽籥，作鐘鼓，然後謂之樂乎？言而履之，禮也。行而樂之，樂也〔三〕。君子力此二者，以南面而立。夫是以天下太平也，諸侯朝，萬物服體〔四〕，而百官莫敢不承事矣。禮之所興，衆之所治也；禮之所廢，衆之所亂也。目巧之室，則有奥、阼〔五〕，席則有上下，車則有左右，行則有隨，立則有序，古之義也。室而無奥、阼，則亂於堂、室也；席而無上下，則亂於席上也；車而無左右，則亂於車也；行而無隨，則亂於塗也；立而無序，則亂於位也。昔聖帝、明王、諸侯，辨貴賤、長幼、遠近、男女、外内，莫敢相踰越。皆由此塗出也〔六〕。」

〔一〕錯，通「措」。

〔二〕綴，指舞蹈者的位置。兆，舞蹈活動的範圍。綴兆，此處代指舞蹈。

〔三〕孫希旦曰：「言而履之，曲禮所謂『脩身踐言』也。行而樂之，孟子所謂『樂則生』而至於『手舞足蹈』也。」

〔四〕孫希旦曰：「物，事也。服猶順也。萬物服體，言萬事莫不順其理也。」

〔五〕鄭玄曰：「目巧，謂但用巧目善意作室，不由法度，猶有奥、阼賓主之處也。」陳澔曰：「目巧，謂不用規矩準繩，但據目力相視之巧也。言雖苟簡爲之，亦必有奧、阼之處。室之有奧，以爲尊者所處；堂之有阼，以爲主人之位也。」

〔六〕孫希旦曰：「遠近以地言，外内以位言。此塗，謂禮也。」

三子者既得聞此言也於夫子，昭然若發矇矣〔一〕。

〔一〕孫希旦曰：「若發矇者，謂若目不明，爲人所發而有所見也。」

孔子閒居

孔子閒居〔一〕，子夏侍。子夏曰：「敢問詩云『凱弟君子，民之父母』〔二〕，何如斯可謂民之父母矣？」孔子曰：「夫民之父母乎！必達於禮樂之原，以致五至，而行三無，以横於天下。四方有敗〔三〕，必先知之。此之謂民之父母矣。」子夏曰：「民之父母，既得而聞之矣，敢問何謂五至？」孔子曰：「志之所至，詩亦至焉〔四〕；詩之所至，禮亦至焉。禮之所至，樂亦至焉；樂之所至，哀亦至焉。哀樂相生。是故正明目而視之，不可得而見也。傾耳而聽之，不可得而聞也。志氣塞乎天地。此之謂五至。」子夏曰：「五至既得而聞之矣，敢問何謂三無？」孔子曰：「無聲之樂，無體之禮，無服之喪，此之謂三無。」子夏曰：「三無既得略而聞之矣，敢問何詩近之？」孔子曰：「『夙夜其命宥密』，無聲之樂也。『威儀逮逮，不可選也』，無體之禮也。『凡民有喪，匍匐救之』，無服之喪也〔五〕。」

〔一〕鄭玄曰：「退燕避人曰閒居。」

〔二〕所引詩，見詩大雅酌。凱弟，和樂平易。

〔三〕敗，災禍。

〔四〕鄭玄曰：「凡言『至』者，至於民也。志，謂恩意也。言君恩意至於民，則其詩亦至也。詩，謂好惡之情也。自此以下，皆謂民之父母者善推其所有，以與民共之。人耳不能聞，目不能見，行之在心胸也。」

〔五〕孫希旦曰：「無聲之樂，謂心之和而無待於聲也。無體之禮，謂心之敬而無待於事也。無服之喪，謂心之至誠惻怛而無待於服也。三者存乎心，由是而之焉則爲志，發焉則爲詩，行之則爲禮、爲樂、爲哀，而無所不至。蓋五至者禮樂之實，而三無者禮樂之原也。宥，宏深也。密，静謐也。其，詩作『基』。基者，積累於下，以承籍乎上者也。此詩周頌昊天有成命之篇，言成王夙夜積德，以承藉乎天命者甚宏深而静謐，無聲之樂之意也。逮逮，詩作『棣棣』，閑習之意。此詩邶風柏舟之篇，言仁人之威儀無不閑習，而不可選擇，無體之體之意也。匍匐，手足並行之貌。此詩邶風谷風之篇，言凡民非於己有親屬，然聞其喪則匍匐而往救，無服之喪之意也。」

子夏曰：「言則大矣、美矣、盛矣，言盡於此而已乎？」孔子曰：「何爲其然也？君子之服之也，猶有五起焉〔一〕。」子夏曰：「何如？」孔子曰：「無聲之樂，氣志不違；無體之禮，威儀遲遲；無服之喪，内恕孔悲。無聲之樂，氣志既得；無體之禮，威儀翼翼；無服之喪，施及四國。無聲之樂，氣志既從；無體之禮，上下和同；無服之喪，以畜〔二〕萬邦。無聲之樂，日聞四方；無體之禮，日就月將〔三〕；無服之喪，純德孔明。無聲之樂，氣志既起；無體之禮，施及四海；無服之喪，施于孫子。」子夏曰：「三王之德，參於天地，敢問何如斯可謂參於天地矣？」孔子曰：「奉三無私以勞天下。」子夏曰：「敢問何謂三無私？」孔子曰：「天無私覆，地無私載，日月無私照，奉斯三者以勞〔四〕天下，此之謂三無私。其在詩曰：『帝命不違，至於湯齊。湯降不遲，聖敬日齊。昭假遲遲，上帝是祗。帝命式于九圍〔五〕。』是湯之德也。天有四時，春秋冬夏，風雨霜露，無非教也。地載神氣，神氣風霆，風霆流形，庶物露生，無非教也。清明在躬，氣志如神。耆欲將至，有開必先。天降時雨，山川出雲〔六〕。其在詩曰：『嵩高維嶽，峻極于天。維嶽降神，生甫及申。維申及甫，維周之翰。四國于蕃，四方于宣〔七〕。』此文武之德也。三代之王也，必先其令聞。詩云『明明天子，令聞不已』，三代之德也。『弛其文德，協此四國』〔八〕，大王〔九〕之德也。」子夏蹶然而起，負牆而立〔一〇〕，曰：「弟子敢不承乎！」

〔一〕孫希旦曰：「服猶行也，言行此三無也。起猶發也，言君子行此三無，由内以發於外，由近以及於遠，其次第有五也。」
〔二〕畜，撫育。
〔三〕日就月將，孔穎達疏曰：「漸興進也。」今案：猶言日新月異。
〔四〕勞，慰勞。
〔五〕鄭玄曰：「式，用也。九圍，九州之界也。」孫希旦曰：「詩，商頌長發之篇。日齊，詩作『日躋』。躋，升也。」假，至。
〔六〕孫希旦曰：「耆欲，謂所願欲之事也。聖人之所願欲者，德澤之及於民也。人之德本清明，惟其有物欲之累也，故不能無所蔽。聖人無私，故其德之在躬者極其清明，合於神明，而能上格乎天焉。其於所願欲之事，但爲之開其端，而天必先爲生賢臣以輔佐之，猶天之將降雨澤，而山川先爲之出雲也。」
〔七〕孫希旦曰：「詩，大雅崧高之篇。甫，甫侯，穆王時賢臣。申，申伯，宣王時賢臣。此詩宣王時尹吉甫送申伯所作，而記者引之，以證文武之事，斷章之義也。」
〔八〕鄭玄曰：「弛，施也。協，和也。」所引詩，均見詩大雅江漢。
〔九〕大王，文王祖父古公亶父。
〔一〇〕鄭玄曰：「起，負牆者，所問竟，辟後來者。」

坊記

子言之：「君子之道，辟則坊與〔一〕？坊民之所不足〔二〕者也。大爲之坊，民猶踰之，故君子禮以坊德，刑以坊淫，命〔三〕以坊欲。」

〔一〕孫希旦曰：「辟讀爲譬。君子之道，所以坊民之失，譬如水之有坊，所以止水之放泆也。」

〔二〕鄭玄曰：「民所不足，謂仁義之道也。」

〔三〕命，政令。

子云：「小人貧斯約〔一〕，富斯驕。約斯盜，驕斯亂。禮者，因人之情而爲之節文，以爲民坊者也。故聖人之制富貴也，使民富不足以驕，貧不至於約，貴不慊〔二〕於上，故亂益亡。」

〔一〕鄭玄曰：「約猶窮也。」

〔二〕鄭玄曰：「慊，恨，不滿之貌也。」

子云：「貧而好樂，富而好禮，衆而以寧者，天下其幾矣！詩云：『民之貪亂，寧爲荼毒〔一〕。』故制國不過千乘，都城不過百雉〔二〕，家富不過百乘。以此坊民，諸侯猶有畔〔三〕者。」

〔一〕所引詩，見詩大雅桑柔。

〔二〕鄭玄曰：「古者方十里，其中六十四井，出兵車一乘，此兵賦之法也。成國之賦千乘。雉，度名也。高一丈，長三丈爲雉。百雉爲長三百丈，方五百步。子男之城方五里。百雉者，此謂大都，三國之一。」

〔三〕畔，通「叛」。

子云：「夫禮者，所以章疑別微〔一〕，以爲民坊者也。故貴賤有等，衣服有別，朝廷有位，則民有所讓。」

〔一〕孔穎達曰：「疑，謂是非不決，用禮以章明之。微，謂幽隱不著，用禮以分別之。」

子云：「天無二日，土無二王，家無二主，尊無二上，示民有君臣之別也。春秋不稱楚、越之王喪，禮，君不稱天，大夫不稱君，恐民之惑也〔一〕。詩云：『相彼盍旦，尚猶患之〔二〕。』」

〔一〕鄭玄曰：「楚、越之君，僭號稱王，不稱其喪，謂不書『葬』也。春秋傳曰：『吳、楚之君不書葬，辟其僭號也。』臣者天君，稱天子爲天王，稱諸侯不言天公，辟王也。大夫有臣者稱之曰主，不言君，辟諸侯也。此皆爲使民疑惑，不知孰者尊也。」

〔二〕孔穎達曰：「此逸詩也。」鄭玄曰：「盍旦，夜鳴求旦之鳥也，求不可得。人猶惡其反晝夜而亂昏明，況於臣之僭君也。」

子云：「君不與同姓同車，與異姓同車不同服，示民不嫌也〔一〕。以此坊民，民猶得同姓以弑其君。」

〔一〕鄭玄曰：「同姓者，謂先王、先公子孫，有繼及之道者也。其非此則無嫌也。僕、右恒朝服，君則各以時事，唯在軍同服。」

子云：「君子辭貴不辭賤，辭富不辭貧，則亂益亡。故君子與其使食浮於人也，寧使人浮於食〔一〕。」

〔一〕鄭玄曰：「食，謂禄也。在上曰浮。禄勝己則近貪，己勝禄則近廉。」

子云：「觴酒、豆肉〔一〕，讓而受惡，民猶犯齒。衽席之上，讓而坐下，民猶犯貴〔二〕。朝廷之位，讓而就賤，民猶犯君。詩云：『民之無良，相怨一方。受爵不讓，至于己斯亡〔三〕。』」

〔一〕孫希旦曰：「觴酒，盛酒於觴也。豆肉，盛肉於豆，謂庶羞胾、炙之屬也。」

〔二〕鄭玄曰：「犯猶僭也。齒，年也。禮，六十以上，籩、豆有加。貴，秩異者。」

〔三〕所引詩，見詩小雅角弓。

子云：「君子貴人而賤己，先人而後己，則民作讓。故稱人之君曰君，自稱其君曰寡君〔一〕。」

〔一〕鄭玄曰：「寡君，猶言『少德之君』，言之謙。」

子云：「利禄先死者而後生者，則民不偝；先亡者而後存者，則民可以託〔一〕。詩云：『先君之思，以畜寡人〔二〕。』以此坊民，民猶偝死而號無告。」

〔一〕孫希旦曰：「亡，謂出在國外者。存，謂在國者。……偝，謂死而背之也。託，謂寄託也。」

〔二〕孫希旦曰：「詩，邶風燕燕之篇，莊姜送歸妾戴嬀之詩也。先君，謂莊公。畜，詩作『勗』，勉也。寡人，莊姜自謂也。」

子云：「有國家者貴人而賤禄，則民興讓；尚技而賤車，則民興藝。故君子約言，小人先言〔一〕。」

〔一〕鄭玄曰：「約與先，互言耳。君子約則小人多矣，小人先則君子後矣。」

子云：「上酌〔一〕民言，則下天上施。上不酌民言，則犯也；下不天上施，則亂也。故君子信讓以涖〔二〕百姓，則民之報禮重。詩云：『先民有言：詢於芻蕘。』〔三〕」

〔一〕鄭玄曰：「酌，猶取也。」

〔二〕涖，臨也。

〔三〕所引詩，見詩大雅板。芻蕘，砍柴人。

子云：「善則稱人，過則稱己，則民不争。善則稱人，過則稱己，則怨益亡。詩云：『爾卜爾筮，履無咎言〔一〕。』」

〔一〕孫希旦曰：「履，詩作『體』，謂兆卦之體也。引詩言爾之卜、筮本無咎言，而致咎者在己，以明過則稱己之意。此與詩之本義不同，蓋斷章取之爾。」所引詩，見詩衛風氓。

子云：「善則稱人，過則稱己，則民讓善〔一〕。詩云：『考卜惟王，度是鎬京。惟龜正之，武王成之。』〔二〕」

〔一〕孫希旦曰：「讓善者，以善相讓，則又不止於無怨而已。」

〔二〕陳澔曰：「詩，大雅文王有聲之篇。言武王以龜爲正，而成此鎬京，是武王不自以爲功，而讓之龜卜也。故引以爲讓善之證。」

子云：「善則稱君，過則稱己，則民作忠。君陳〔一〕曰：『爾有嘉謀嘉猷〔二〕，入告爾君於内，女乃順之於外。曰：「此謀此猷，惟我君之德。」於乎〔三〕！是惟良顯哉！』」

〔一〕君陳，尚書篇名，已佚，僞古文尚書有此篇。

〔二〕鄭玄曰：「猷，道也。」

〔三〕於乎，嗚呼。

子云：「善則稱親，過則稱己，則民作孝。大誓〔一〕曰：『予克紂，非予武，惟朕文考無罪。紂克予，非朕文考有罪，惟予小子無良。』」

〔一〕大誓，尚書篇名，已佚，僞古文尚書有泰誓上中下三篇。

子云：「君子弛〔一〕其親之過，而敬其美。」論語曰：「三年無改於父之道，可謂孝矣。高宗〔二〕云：『三年其惟不言，言乃讙〔三〕。』」

〔一〕弛，鄭玄曰：「猶棄忘也。」

〔二〕高宗，殷王武丁。「高宗」以下語句，引自尚書無逸。

〔三〕鄭玄曰：「讙當爲『歡』。」

子云：「從命不忿，微諫不倦〔一〕，勞而不怨，可謂孝矣。詩云：『孝子不匱。』〔二〕」

〔一〕鄭玄曰：「微諫不倦者，子於父母尚和順，不用鄂鄂。論語曰：『事父母幾諫，見志不從，又敬不違。』內則曰：『父母有過，下氣怡色，柔聲以諫。諫若不入，起敬起孝，悅則復諫。』此所謂『不倦』。」

〔二〕所引詩，見詩大雅既醉。鄭玄曰：「匱，乏也。孝子無乏止之時。」

子云：「睦於父母之黨，可謂孝矣。故君子因睦以合族〔一〕。詩云：『此令兄弟，綽綽有裕；不令兄弟，交相爲瘉〔二〕。』」

〔一〕孔穎達曰：「因睦以合族者，言君子因親睦之道以會聚宗族，爲燕食之禮。」

〔二〕孔穎達曰：「詩，小雅角弓之篇。令，善也。瘉，病也。言有德之人善於兄弟，綽綽然有寬裕；無德之人不善兄弟，交相爲病害也。」

子云：「於父之執，可以乘其車〔一〕，不可以衣其衣，君子以廣孝也。」

〔一〕鄭玄曰：「父之執，與父執志同者也。可以乘其車，車於身差遠也。謂今與己位等。」

子云：「小人皆能養其親，君子不敬，何以辨〔一〕？」

〔一〕孫希旦曰：「何以辨者，言何以別於小人也。」

子云：「父子不同位〔一〕，以厚敬也。書云：『厥辟不辟，忝厥祖。』〔二〕」

〔一〕鄭玄曰：「同位，尊卑等，爲其相褻。」

〔二〕孔穎達曰：「書，太甲三篇，伊尹戒太甲之辭。辟，君也。忝，辱也。言爲君不自尊高，而與臣下相褻，則辱其先祖。若爲人父不自尊嚴，而與卑下相瀆，亦辱累其先祖也。」

子云：「父母在，不稱老，言孝不言慈，閨門之内，戲而不歎〔一〕。君子以此坊民，民猶薄於孝而厚於慈。」

〔一〕鄭玄曰：「戲，謂孺子言笑者也。孟子曰：『舜年五十，而不失其孺子之心。』歎，謂有憂戚之聲也。」孫希旦曰：「不稱老，爲其感動親也。不言慈，嫌以恩望其親也。」

子云：「長民者〔一〕，朝廷敬老，則民作孝。」

〔一〕長民者，爲民之長者。

子云：「祭祀之有尸也，宗廟之有主也，示民有事〔一〕也。脩宗廟，敬祀事，教民追孝也。以此坊民，民猶忘其親。」

〔一〕鄭玄曰：「有事，有所尊事也。」

子云：「敬則用祭器〔一〕，故君子不以菲〔二〕廢禮，不以美没禮。故食禮，主人親饋則客祭，主人不親饋則客不祭。故君子苟無禮，雖美不食焉。易曰：『東鄰殺牛，不如西鄰之禴祭寔受其福〔三〕。』詩云：『既醉以酒，既飽以德〔四〕。』以此示民，民猶争利而忘義。」

〔一〕鄭玄曰：「祭器，籩、豆、簠、鉶之屬也。」

〔二〕菲，菲薄。

〔三〕引文見易既濟九五爻辭。

〔四〕所引詩，見詩大雅既濟。

子云：「七日戒，三月齊，承一人焉以爲尸，過之者趨走，以教敬也〔一〕。醴酒在室，醍酒在堂，澄酒在下，示民不淫也〔二〕。尸飲三，衆賓飲一，示民有上下也〔三〕。因其酒肉，聚其宗族，以教民睦也。故堂上觀乎室，堂下觀乎上。詩云：『禮儀卒度，笑語卒獲〔四〕。』」

〔一〕孫希旦曰：「戒，謂散齊也。承，事也。過之者趨走，謂爲君尸者，大夫士見之則下車而趨走也。蓋尸乃神象，故齋戒以承之，趨走以避之，教民以敬事其祖、考也。」

〔二〕孫希旦曰：「醴酒，醴齊也。醍酒，醍齊也。澄，清也。澄酒，三酒也。醴齊、醍齊味薄而在室堂，三酒味厚而在堂下，示民以不淫於味也。」

〔三〕孫希旦曰：「尸飲三，謂大夫士祭禮饋食之後，主人、主婦、賓長各酳尸而爲三也。衆賓飲一，謂主人於衆賓唯一獻之也。尸尊，故得獻多，賓客卑，故得獻少，示民以上下之分也。」

〔四〕所引詩，見詩小雅楚茨。卒，盡。

子云：「賓禮每進以讓，喪禮每加以遠。浴於中霤〔一〕，飯於牖下，小斂於户内，大斂於阼，殯於客位，祖〔二〕於庭，葬於墓，所以示遠也。殷人弔於壙，周人弔於家，示民不偝也。」子云：「死，民之卒事也，吾從周。以此坊民，諸侯猶有薨而不葬者。」

〔一〕中霤，猶中室，即室的中央。陳澔曰：「古者陶複陶穴，皆開其上以漏光明，故雨霤之，後因名室中爲中霤。」霤，流也。

〔二〕祖，設祖奠。

子云：「升自客階，受弔於賓位，教民追孝也。未没喪，不稱君，示民不争也〔一〕。故魯春秋記晉喪曰：『殺其君之子奚齊，及其君卓〔二〕。』以此坊民，子猶有弒其父者。」

〔一〕鄭玄曰：「升自客階，受弔於賓位，謂反哭時也。既葬矣，猶不由阼階，不忍即父位也。」

〔二〕孫希旦曰：「奚齊及卓，皆晉獻公之子。春秋僖公九年秋九月，『晉侯佹諸卒』。『冬，晉里克弒其君之子奚齊』。奚齊不稱君，立未踰年也。十年春正月，『里克弒其君卓』。卓稱君，已踰年也。」

子云：「孝以事君，弟以事長，示民不貳也。故君子〔一〕有君不謀仕，唯卜之日稱二君〔二〕。喪父三年，喪君三年，示民不疑也。父母在，不敢有其身，不敢私其財〔三〕，示民有上下也。故天子四海之内無客禮，莫敢爲主焉。故君適其臣，升自阼階，即位於堂，示民不敢有其室也。父母在，饋獻不及車馬〔四〕，示民不敢專也。以此坊民，民猶忘其親而貳其君。」

〔一〕君子，君主的太子。

〔二〕鄭玄曰：「卜之日，謂君有故而爲之卜也。二當爲『貳』，唯卜之時，辭得曰『君之貳某』爾。」

〔三〕鄭玄曰：「有猶專也。不敢有其身，私其財，身及財皆當統於父母也。」

〔四〕鄭玄曰：「車馬，家物之重者。」

子云：「禮之先幣、帛也，欲民之先事而後禄也。先財而後禮則民利，無辭而行情則民争，故君子於有饋者弗能見，則不視其饋〔一〕。易曰：『不耕穫，不菑畬，凶。』〔二〕以此坊民，民猶貴禄而賤行。」

〔一〕鄭玄曰：「禮，謂所執之贄以見者也。既相見，乃奉幣、帛以脩好也。財，幣、帛也。利猶貪也。不能見，謂有疾也。不視，猶不内也。」

〔二〕引文見易無妄六二爻辭。菑，耕種了一年的田。畬，耕種了三年的熟田。

子云：「君子不盡利，以遺民。詩云：『彼有遺秉，此有不斂穧，伊寡婦之利〔一〕。』故君子仕則不稼，田則不漁，食時不力珍〔二〕。大夫不坐羊，士不坐犬。詩云：『采葑采菲，無以下體。德音莫違，及爾同死。』〔三〕以此坊民，民猶忘義而争利，以亡其身。」

〔一〕孔穎達曰：「不盡利以遺民，謂不盡竭其利，而以餘利遺與民也。詩，小雅大田之篇。言歲時豐稔，田稼既多，穫刈促遽，彼處有遺秉把，此處有不斂之穧束，與寡婦捃拾以爲利，證以利遺民也。」又，儀禮聘禮記「四秉曰筥，十筥曰稯」，鄭玄注：「詩云『彼有遺秉』，又云『此有不斂穧』。」孔穎達疏：「秉，刈禾之把也。穧者，禾之鋪而未束者。」

〔二〕力，務求。珍，佳餚。

〔三〕所引詩，見詩邶風谷風。葑，大頭菜。菲，蘿蔔。下體，根莖。德音，説過的好話。

子云：「夫禮，坊民所淫，章民之别，使民無嫌〔一〕，以爲民紀者也。故男女無媒不交，無幣不相見，恐男女之無别也。以此坊民，民猶有自獻其身〔二〕。詩云：『伐柯如之何？匪斧不克。取妻如之何？匪媒不得〔三〕。』『藝麻如之何？横從其畝。取妻如之何？必告父母〔四〕。』」

〔一〕鄭玄曰：「淫猶貪也。章，明也。嫌，嫌疑也。」

〔二〕自獻其身，謂不經過媒人而私定終身。

〔三〕所引詩，見詩豳風伐柯。伐，砍伐。柯，斧柄。

〔四〕所引詩，見詩齊風南山。藝，種植。從，即「縱」。

子云：「取妻不取同姓，以厚别也。故買妾不知其姓，則卜之。以此坊民，魯春秋猶去夫人之姓曰『吴』，其死，曰『孟子卒』〔一〕。」

〔一〕孫希旦曰：「去夫人之姓曰『吴』者，春秋於取夫人皆書其姓……昭公取於吴爲同姓，故諱書其姓，但云『夫人至自吴』也。……其卒曰『孟子卒』者，孟，字；子，宋姓也。」

子云：「禮，非祭，男女不交爵。以此坊民，陽侯猶殺繆侯而竊其夫人，故大饗廢夫人之禮〔一〕。」

〔一〕孫希旦曰：「陽、繆，疑二國名。……繆侯饗陽侯，陽侯説其夫人，遂滅其國而竊之，蓋若楚文王之取息嬀然也。」

子云：「寡婦之子，不有見焉，則弗友也，君子以辟遠也。故朋友之交，主人不在，不有大故〔一〕，則不入其門。以此坊民，民猶以色厚於德〔二〕。」

〔一〕鄭玄曰：「大故，喪、病。」

〔二〕孫希旦曰：「色厚於德，謂好色厚於好德也。」

子云：「好德如好色〔一〕，諸侯不下漁色〔二〕，故君子遠色，以爲民紀。故男女授受不親，御婦人則進左手，姑、姊妹、女子子已嫁而反，男子不與同席而坐，寡婦不夜哭，婦人疾，問之，不問其疾〔三〕。以此坊民，民猶淫佚而亂於族。」

〔一〕鄭玄曰：「好德如好色，此句似不足。論語曰『未見好德如好色』，疾時人厚於色之甚而薄於德也。」孫希旦曰：「好德如好色者，言人好德之心當如好色之誠也。」

〔二〕鄭玄曰：「内取於國中，爲下漁色。昏禮始納采，謂采擇其可者也。國君而内取，象捕魚然，中網取之，是無所擇。」

〔三〕鄭玄曰：「寡婦不夜哭，嫌思人道也。婦人疾，問之，不問其疾者，嫌媚，略之也，問增損而已。亂於疾，犯非妃匹也。」

子云：「昏禮，壻親迎，見於舅姑，舅姑承〔一〕子以授壻，恐事之違也。以此坊民，婦猶有不至者。」

〔一〕鄭玄曰：「舅姑，妻之父母也。妻之父爲外舅，妻之母爲外姑。」承，引。

中庸

仲尼曰：「君子中庸，小人反中庸〔一〕。君子之中庸也，君子而時中；小人之中庸也，小人而無忌憚也。」

〔一〕朱熹曰：「中庸者，不偏不倚、無過不及，而平常之理，乃天命所當然，精微之極致也。惟君子爲能體之，小人反是。」

子曰：「中庸其至矣乎！民鮮能久矣！」

子曰：「道之不行也，我知之矣，知者過之，愚者不及也；道之不明也，我知之矣，賢者過之，不肖者不及也。人莫不飲食也，鮮能知味也。」

子曰：「道其不行矣夫！」

子曰：「舜其大知也與！舜好問而好察邇言，隱惡而揚善，執其兩端，用其中於民，其斯以爲舜乎〔一〕！」

〔一〕朱熹曰：「舜之所以爲大知者，以其不自用而取諸人也。邇言者，淺近之言，猶必察焉，其無遺善可知。然於其言之未善者則隱而不宣，其善者則播而不匿，其廣大光明又如此，則人孰不樂告以善哉。兩端，謂衆論不同之極致。蓋凡物皆有兩端，如小大厚薄之類，於善之中又執其兩端，而量度以取中，然後用之，則其擇之審而行之至矣。然非在我之權度精切不差，何以與此。此知之所以無過不及，而道之所以行也。」

子曰：「人皆曰予知，驅而納諸罟擭〔一〕陷阱之中，而莫之知辟也。人皆曰予知，擇乎中庸而不能期月守也。」

〔一〕罟，網也。擭，裝有機關的捕獸木籠。

子曰：「回之爲人也，擇乎中庸，得一善，則拳拳服膺而弗失之矣〔一〕。」

〔一〕朱熹曰：「回，孔子弟子顏淵名。拳拳，奉持之貌。服，猶著也。膺，胷也。奉持而著之心胷之間，言能守也。」

子曰：「天下國家可均〔一〕也，爵禄可辭也，白刃可蹈也，中庸不可能也。」

〔一〕朱熹曰：「均，平治也。」

子路問强。子曰：「南方之强與？北方之强與？抑而〔一〕强與？寬柔以教，不報無道，南方之强也，君子居之。衽金革，死而不厭，北方之强也，而强者居之〔二〕。故君子和而不流，强哉矯！中立而不倚，强哉矯！國有道，不變塞焉，强哉矯！國無道，至死不變，强哉矯〔三〕！」

〔一〕朱熹曰：「抑，語辭。而，汝也。」

〔二〕朱熹曰：「衽，席也。金，戈兵之屬。革，甲冑之屬。北方風氣剛勁，故以果敢之力勝人爲强，强者之事也。」

〔三〕朱熹曰：「此四者，汝之所當强也。矯，强貌。詩曰『矯矯虎臣』是也。倚，偏著也。塞，未達也。國有道，不變未達之所守；國無道，不變平生之所守也。」

子曰：「素隱行怪〔一〕，後世有述焉，吾弗爲之矣。君子遵道而行，半塗而廢，吾弗能已矣。君子依乎中庸，遯世不見知而不悔，唯聖者能之。」

〔一〕朱熹曰：「素，按漢書當作索，蓋字之誤也。索隱行怪，言深求隱僻之理，而過爲詭異之行也。」

子曰：「道不遠人。人之爲道而遠人，不可以爲道〔一〕。詩云：『伐柯伐柯，其則不遠。』執柯以伐柯，睨而視之，猶以爲遠。故君子以人治人，改而止〔二〕。忠恕違〔三〕道不遠，施諸己而不願，亦勿施於人。君子之道四，丘未能一焉：所求乎子，以事父未能也；所求乎臣，以事君未能也；所求乎弟，以事兄未能也；所求乎朋友，先施之未能也。庸〔四〕德之行，庸言之謹，有所不足，不敢不勉，有餘不敢盡；言顧行，行顧言，君子胡不慥慥爾〔五〕！」

〔一〕朱熹曰：「道者，率性而已，固衆人之所能知能行者也，故常不遠於人。若爲道者，厭其卑近以爲不足爲，而反務爲高遠難行之事，則非所以爲道矣。」

〔二〕朱熹曰：「詩豳風伐柯之篇。柯，斧柄。則，法也。睨，邪視也。言人執柯伐木以爲柯者，彼柯長短之法，在此柯耳。然猶有彼此之别，故伐者視之猶以爲遠也。若以人治人，則所以爲人之道，各在當人之身，初無彼此之别。故君子之治人也，即以其人之道還治其人之身。其人能改，即止不治。蓋責之以其所能知能行，非欲其遠人以爲道也。」

〔三〕朱熹曰：「違，去也。」

〔四〕庸，平常。

〔五〕朱熹曰：「慥慥，篤實貌。言君子之言行如此，豈不慥慥乎！贊美之也。」

子曰：「射有似乎君子，失諸正鵠〔一〕，反求諸其身。」

〔一〕朱熹曰：「畫布曰正，棲皮曰鵠，皆侯之中，射之的也。」

子曰：「父母其順矣乎！」

子曰：「鬼神之爲德，其盛矣乎〔一〕！視之而弗見，聽之而弗聞，體物而不可遺。使天下之人齊明盛服，以承祭祀，洋洋乎如在其上〔二〕，如在其左右。詩曰：『神之格思，不可度思！矧可射思〔三〕！』夫微之顯，誠之不可揜如此夫〔四〕。」

〔一〕朱熹曰：「程子曰：『鬼神，天地之功用，而造化之迹也。』張子曰：『鬼神者，二氣之良能也。』愚謂以二氣言，則鬼者陰之靈也，神者陽之靈也。以一氣言，則至而伸者爲神，反而歸者爲鬼，其實一物而已。」

〔二〕朱熹曰：「齊之爲言齊也，所以齊不齊而致其齊也。明，猶潔也。洋洋，流動充滿之意。能使人畏敬奉承，而發見昭著如此，乃其體物而不可遺之驗也。」

〔三〕朱熹曰：「詩大雅抑之篇。格，來也。矧，況也。射，厭也，言厭怠而不敬也。思，語辭。」

〔四〕朱熹曰：「誠者，真實无妄之謂。陰陽合散，無非實者。故其發見之不可揜如此。」揜，通「掩」。

子曰：「舜其大孝也與！德爲聖人，尊爲天子，富有四海之内。宗廟饗之，子孫保之。故大德必得其位，必得其禄，必得其名，必得其壽。故天之生物，必因其材而篤焉〔一〕。故栽者培之，傾者覆之。詩曰：『嘉樂君子，憲憲令德！宜民宜人，受禄于天。保佑命之，自天申之〔二〕。』故大德者必受命。」

〔一〕朱熹曰：「材，質也。篤，厚也。」

〔二〕朱熹曰：「詩大雅假樂之篇。假，當依此作嘉。憲，當依詩作顯。申，重也。」令，善。

子曰：「無憂者其惟文王乎！以王季爲父，以武王爲子，父作之，子述之〔一〕。武王纘大王、王季、文王之緒，壹戎衣而有天下，身不失天下之顯名。尊爲天子，富有四海之内。宗廟饗之，子孫保之〔二〕。武王末受命，周公成文、武之德，追王大王、王季，上祀先公以天子之禮。斯禮也，達乎諸侯大夫，及士庶人。父爲大夫，子爲士；葬以大夫，祭以士。父爲士，子爲大夫；葬以士，祭以大夫。期之喪達乎大夫，三年之喪達乎天子，父母之喪無貴賤，一也〔三〕。」

〔一〕朱熹曰：「此言文王之事。書言『王季其勤王家』，蓋其所作，亦積功累仁之事也。」

〔二〕朱熹曰：「此言武王之事。纘，繼也。大王，王季之父也。書云：『大王肇基王迹。』詩云：『至于大王，實始翦商。』緒，業也。戎衣，甲冑之屬。壹戎衣，武成文，言一著戎衣以伐紂也。」

〔三〕朱熹曰：「此言周公之事。末，猶老也。追王，蓋推文、武之意，以及乎王迹之所起也。先公，組紺以上至后稷也。上祀先公以天子之禮，又推大王、王季之意，以及於無窮也。制爲禮法，以及天下，使葬用死者之爵，祭用生者之祿。喪服自期以下，諸侯絶；大夫降；而父母之喪，上下同之，推己以及人也。」

子曰：「武王、周公，其達孝矣乎〔一〕！夫孝者，善繼人之志，善述人之事者也。春秋脩其祖廟，陳其宗器，設其裳衣，薦其時食〔二〕。宗廟之禮，所以序昭穆也；序爵，所以辨貴賤也；序事，所以辨賢也；旅酬下爲上，所以逮賤也；燕毛，所以序齒也〔三〕。踐其位，行其禮，奏其樂，敬其所尊，愛其所親，事死如事生，事亡如事存，孝之至也〔四〕。郊社之禮，所以事上帝也；宗廟之禮，所以祀乎其先也。明乎郊社之禮、禘嘗之義，治國其如示諸掌乎〔五〕。」

〔一〕朱熹曰：「達，通也。承上章而言武王、周公之孝，乃天下之人通謂之孝，猶孟子之言達尊也。」

〔二〕朱熹曰：「祖廟，天子七，諸侯五，大夫三，適士二，官師一。宗器，先世所藏之重器；若周之赤刀、大訓、天球、河圖之屬也。裳衣，先祖之遺衣服，祭則設之以授尸也。時食，四時之食，各有其物，如春行羔、豚、膳、膏、香之類是也。」

〔三〕朱熹曰：「宗廟之次：左爲昭，右爲穆，而子孫亦以爲序。有事於太廟，則子姓、兄弟、羣昭、羣穆咸在而不失其倫焉。爵，公、侯、卿、大夫也。事，宗祝有司之職事也。旅，衆也。酬，導飲也。旅酬之禮，賓弟子、兄弟之子各舉觶於其長而衆相酬。蓋宗廟之中以有事爲榮，故逮及賤者，使亦得以申其敬也。燕毛，祭畢而燕，則以毛髮之色別長幼，爲坐次也。齒，年數也。」

〔四〕朱熹曰：「踐，猶履也。其，指先王也。所尊所親，先王之祖考、子孫、臣庶也。始死謂之死，既葬則曰反而亡焉，皆指先王也。此結上文兩節，皆繼志述事之意也。」

〔五〕朱熹曰：「郊，祀天。社，祭地。不言后土者，省文也。禘，天子宗廟之大祭，追祭太祖之所自出於太廟，而以太祖配之也。嘗，秋祭也。四時皆祭，舉其一耳。禮必有義，對舉之，互文也。示，與視同。視諸掌，言易見也。此與論語文意大同小異，記有詳略耳。」

哀公問政。子曰：「文武之政，布在方策。其人存，則其政舉；其人亡，則其政息〔一〕。人道敏政，地道敏樹。夫政也者，蒲盧也〔二〕。故爲政在人，取人以身，脩身以道，脩道以仁。仁者人也，親親爲大；義者宜也，尊賢爲大；親親之殺，尊賢之等，禮所生也。在下位不獲乎上，民不可得而治矣！故君子不可以不脩身；思脩身，不可以不事親；思事親，不可以不知人；思知人，不可以不知天。」

〔一〕朱熹曰：「方，版也。策，簡也。息，猶滅也。有是君，有是臣，則有是政矣。」

〔二〕朱熹曰：「敏，速也。蒲盧，沈括以爲蒲葦是也。以人立政，猶以地種樹，其成速矣，而蒲葦又易生之物，其成尤速也。言人存政舉，其易如此。」

子曰：「好學近乎知，力行近乎仁，知恥近乎勇〔一〕。」

〔一〕朱熹曰：「『子曰』二字衍文。好、近乎知之知，並去聲。」

子曰：「愚而好自用，賤而好自專，生乎今之世，反古之道。如此者，烖及其身者也〔一〕。」

〔一〕朱熹曰：「以上孔子之言，子思引之。反，復也。」烖，同「災」。

子曰：「吾説夏禮，杞不足徵也；吾學殷禮，有宋存焉；吾學周禮，今用之，吾從周〔一〕。」

〔一〕朱熹曰：「此又引孔子之言。杞，夏之後。徵，證也。宋，殷之後。三代之禮，孔子皆嘗學之而能自言其意；但夏禮既不可考證，殷禮雖存，又非當世之法，惟周禮乃時王之制，今日所用。孔子既不得位，則從周而已。」

仲尼祖述堯、舜，憲章文、武；上律天時，下襲水土〔一〕。辟如天地之無不持載，無不覆幬，辟如四時之錯行，如日月之代明〔二〕。萬物並育而不相害，道並行而不相悖，小德川流，大德敦化，此天地之所以爲大也〔三〕。

〔一〕朱熹曰：「祖述者，遠宗其道。憲章者，近守其法。律天時者，法其自然之運。襲水土者，因其一定之理。皆兼内外該本末而言也。」

〔二〕朱熹曰：「錯，猶迭也。此言聖人之德。」

〔三〕朱熹曰：「悖，猶背也。天覆地載，萬物並育於其間而不相害；四時日月，錯行代明而不相悖。所以不害不悖者，小德之川流；所以並育並行者，大德之敦化。小德者，全體之分；大德者，萬殊之本。川流者，如川之流，脈絡分明而往不息也。敦化者，敦厚其化，根本盛大而出無窮也。此言天地之道，以見上文取辟之意也。」

子曰：「聲色〔一〕之於以化民，末也。」

〔一〕聲色，疾聲厲色。

表記

子言之：「歸乎！君子隱而顯，不矜而莊，不厲而威，不言而信。」

子曰：「君子不失足於人，不失色於人，不失口於人。是故君子貌足畏也，色足憚也，言足信也。甫刑曰：『敬、忌而罔有擇言在躬〔一〕。』」

〔一〕孫希旦曰：「甫刑，尚書呂刑篇。忌，戒也。罔，無也。罔有擇言在躬，謂所言皆合於道，不可擇而去之也。」

子曰：「裼、襲之不相因也，欲民之毋相瀆也〔一〕。」

〔一〕冬衣裘，夏衣葛，加在裘、葛之外紋飾美麗的罩衣叫裼，裼之外所加的正服叫襲。孫希旦曰：

「燕居恒褻，玉藻謂『不文飾也不裼』是也。行禮則改褻而裼；若禮之至重，則又改裼而襲。蓋禮以變爲敬，若相因則瀆，瀆則不敬矣。」

子曰：「祭極敬，不繼之以樂。朝極辨〔一〕，不繼之以倦。」

〔一〕辨，朱子語類曰：「治也。」

子曰：「君子慎以辟禍，篤以不揜〔一〕，恭以遠恥。」

〔一〕孫希旦曰：「篤，謂篤厚也。揜者，困迫之意。易曰『困，剛揜』是也。」

子曰：「君子莊敬日强，安肆日偷〔一〕。君子不以一日使其躬儳〔二〕焉，如不終日。」

〔一〕偷，淺薄。

〔二〕儳，鄭玄曰：「可輕賤之貌也。」

子曰：「齊戒以事鬼神，擇日月以見君〔一〕，恐民之不敬也。」

〔一〕鄭玄曰：「擇日月以見君，謂臣在邑境者。」

子曰：「狎侮死焉而不畏也〔一〕。」

〔一〕孫希旦曰：「小人好相狎暱、侮慢，不知畏死亡也，而死亡恒及之，此慎以辟禍之反也。」

子曰：「無辭不相接也，無禮不相見也，欲民之毋相褻也〔一〕。易曰：『初筮告，再三瀆，瀆則不告〔二〕。』」

〔一〕鄭玄曰：「辭，所以通情也。禮，謂摯也。春秋傳曰『古者諸侯有朝聘之事』，『號辭必稱先君以相接』也。」

〔二〕引文爲易蒙卦卦辭。

子言之：「仁者，天下之表也。義者，天下之制也。報〔一〕者，天下之利也。」

〔一〕鄭玄曰：「報，謂禮也。禮尚往來。」

子曰：「以德報德，則民有所勸。以怨報怨，則民有所懲。詩曰：『無言不讎，無德不報。』大甲曰：『民非后，無能胥以寧；后非民，無以辟四方〔一〕。』」

〔一〕孫希旦曰：「勸者，勉於施德；懲者，戒於樹怨。引大甲言君能安其民，則民能戴其君，以德報德之義也。」所引詩，見詩大雅抑。后，君主。胥，相。辟，統治。

子曰：「以德報怨，則寬身之仁〔一〕也；以怨報德，則刑戮之民也。」

〔一〕仁，通「人」。

子曰：「無欲而好仁者，無畏而惡不仁者，天下一人而已〔一〕矣。是故君子議道自己，而置法民〔二〕。」

〔一〕鄭玄曰：「一人而已，喻少也。」

〔二〕「置法民」，阮刻本作「置法以民」，當從阮刻本。以，依。

子曰：「仁有三，與仁同功而異情。與仁同功，其仁未可知也。與仁同過，然後其仁可知也。仁者安仁，知者利仁，畏罪者强仁。仁者右也，道者左也。仁者人也，道者義也。厚於仁者薄於義，親而不尊；厚於義者薄於仁，尊而不親。道有至，義有考〔一〕。至道以王，義道以霸，考道以爲無失〔二〕。」

〔一〕鄭玄曰：「此讀當言『道有至、有義、有考』，字脱一『有』耳。有至，謂兼仁義者。有義，則無仁矣。」

〔二〕馬晞孟曰：「考道，非體道者也，惟稽考而已，故止於無失。」

子言之：「仁有數，義有長短小大。中心憯怛，愛人之仁也；率法而强之，資仁者也〔一〕。詩云：『豐水有芑，武王豈不仕，詒厥孫謀，以燕翼子，武王烝哉〔二〕！』數世之仁也。國風曰：『我今不閲，皇恤我後〔三〕。』終身之仁也。」

〔一〕率，循。資，取。

〔二〕所引詩，見詩大雅文王有聲。仕，通「事」。詒，遺留。厥，其。燕，安。翼，輔助。烝，君。

〔三〕所引詩，見詩邶風谷風。閱，容。皇，通「遑」，空閑。

子曰：「仁之爲器重，其爲道遠，舉者莫能勝也，行者莫能致也。取數多者，仁也。夫勉於仁者，不亦難乎！是故君子以義度人，則難爲人；以人望人，則賢者可知已矣〔一〕。」

〔一〕吕大臨曰：「以義度人者，盡義以度人者也。以人望人者，舉今之人以相望也。盡義以求人，非聖人不足以當之，故難爲人。舉今之人以相望，則大賢愈於小賢，小賢愈於不賢，故賢者可知已矣。此亦以數而言仁也。」

子曰：「中心安仁者，天下一人而已矣。大雅曰：『德輶如毛，民鮮克舉之，我儀圖之。惟仲山甫舉之，愛莫助之〔一〕。』小雅曰：『高山仰止，景行行止〔二〕。』」子曰：「詩之好仁如此。鄉道而行，中道而廢，忘身之老也。不知年數之不足也，俛焉日有孳孳，斃而后已〔三〕。」

〔一〕孫希旦曰：「引大雅烝民之篇。言安仁者少，其有能至之者，又非有待於人之助也。」輶，輕。儀圖，揣度。仲山甫，周宣王的大臣。愛，可惜。

〔二〕所引詩，見詩小雅車舝。朱熹曰：「景行，大道也。高山則可仰，大道則可行。」止，當作「之」。

〔三〕孫希旦曰：「俛焉，用力之篤而無他顧之意。此言其欲罷不能，死而後已也。」孳孳，通「孜孜」。

子曰：「仁之難成久矣。人人失其所好，故仁者之過易辭也〔一〕。」

〔一〕孫希旦曰：「辭，猶解免也。仁者有過，如日月之食，人皆見之，未嘗有自解免之意，然人皆知其心之無他，故易辭。」

子曰：「恭近禮，儉近仁，信近情，敬讓以行，此雖有過，其不甚矣。夫恭寡過，情可信，儉易容也。以此失之者，不亦鮮乎！詩曰：『溫溫恭人，惟德之基〔一〕。』」

〔一〕所引詩，見詩大雅抑。

子曰：「仁之難成久矣，唯君子能之。是故君子不以其所能者病〔一〕人，不以人之所不能者愧人。是故聖人之制行也，不制以己，使民有所勸勉愧恥，以行其言。禮以節之，信以結之，容貌以文之，衣服以移之，朋友以極之，欲民之有壹〔二〕也。小雅曰：『不愧于人，不畏于天〔三〕。』是故君子服其服，則文以君子之容；有其容，則文以君子之辭；遂其辭，則實以君子之德。是故君子恥服其服而無其容，恥有其容而無其辭，恥有其辭而無其德，恥有其德而無其行。是故君子衰絰則有哀色，端冕則有敬色，甲胄則有不可辱之色。詩云：『維鵜在梁，不濡其翼。彼記之子，不稱其服〔四〕。』」

〔一〕病，猶指責。

〔二〕孫希旦曰:「壹,專壹於爲善也。」

〔三〕所引詩,見詩小雅何人斯。

〔四〕孫希旦曰:「引曹風候人之篇,言人之德必稱其服也。」鵜,一種水鳥。梁,漁梁。濡,沾濕。

子言之:「君子之所謂義者,貴賤皆有事〔一〕於天下。天子親耕,粢盛、秬鬯〔二〕以事上帝,故諸侯勤以輔事於天子。」

〔一〕孫希旦曰:「有事,有所尊事也,與坊記『示民有事』義同。」

〔二〕粢盛,祭祀用糧。秬鬯,用黑黍釀造的香酒。

子曰:「下之事上也,雖有庇民之大德,不敢有君民之心,仁之厚也。是故君子恭儉以求役仁,信讓以求役禮,不自尚其事,不自尊其身,儉於位而寡於欲,讓於賢,卑己而尊人,小心而畏義,求以事君,得之自是,不得自是,以聽天命。詩云:『莫莫葛藟,施于條枚。凱弟君子,求福不回〔一〕。』其舜、禹、文王、周公之謂與?有君民之大德,有事君之小心。詩云:『惟此文王,小心翼翼,昭事上帝,聿懷多福。厥德不回,以受方國〔二〕。』」

〔一〕所引詩,見詩大雅旱麓。莫莫,茂密。施,延。條枚,枝幹。回,邪僻。

〔二〕所引詩,見詩大雅大明。昭,明白。聿,助詞,無義。懷,至。

子曰：「先王謚以尊名，節以壹惠，恥名之浮於行也〔一〕。是故君子不自大其事，不自尚其功，以求處情；過行弗率，以求處厚；彰人之善而美人之功，以求下賢〔二〕。是故君子雖自卑而民敬尊之。」

〔一〕節，節取。惠，善。浮，超過。

〔二〕率，循。下賢，居賢者之下，謂屈己以尊賢。

子曰：「后稷，天下之爲烈也。豈一手一足哉？唯欲行之浮於名也，故自謂便人〔一〕。」

〔一〕便人，鄭玄曰：「辟聖人之名，云『自便習於此事之人耳』。」孔穎達曰：「烈，業也。后稷播殖之功，豈止一人之手、一人之足哉，言用之者多也。唯欲實行過於名，故自謂便於稼穡之人，不自謂神聖也。」

子言之：「君子之所謂仁者，其難乎！詩云：『凱弟君子，民之父母〔一〕。』凱以强教之，弟以説安之，樂而毋荒，有禮而親，威莊而安，孝慈而敬，使民有父之尊，有母之親〔二〕，如此而后可以爲民父母矣，非至德其孰能如此乎？今父之親子也，親賢而下〔三〕無能；母之親子也，賢則親之，無能則憐之。母親而不尊，父尊而不親。水之於民也，親而不尊，火尊而不親。土之於民也，親而不尊，天尊而不親。命〔四〕之於民也，親而不尊，鬼尊而不親。」

〔一〕所引詩，見詩大雅酌。

〔二〕孫希旦曰：「强教，謂强勸而教訓之。説安，謂和悦而安定之。毋荒也，有禮也，威莊也，敬也，皆强教之效，而使民有父之尊者也。樂也，親也，安也，孝慈也，皆説安之效，而使民有母之親者也。於二者兼盡之而不偏，則可以謂之仁，可以謂之民父母矣。」

〔三〕孫希旦曰：「下，謂卑下之也。」

〔四〕命，政令。

子曰：「夏道尊命，事鬼敬神而遠之，近人而忠焉。先禄而後威，先賞而後罰，親而不尊。其民之敝，惷而愚，喬而野〔一〕，朴而不文。殷人尊神，率民以事神，先鬼而後禮，先罰而後賞，尊而不親。其民之敝，蕩而不静，勝而無恥。周人尊禮尚施，事鬼敬神而遠之，近人而忠焉。其賞罰用爵列〔二〕，親而不尊。其民之敝，利而巧，文而不慚，賊而蔽。」

〔一〕孫希旦曰：「尊命，謂尊上之政教也。遠之，謂不以鬼神之道示人也。蓋夏承重黎絶地天通之後，懲神人雜糅之敝，故事鬼敬神而遠之，而專以人道爲教。忠，情實也。敝，謂其後世政教之失也。喬與驕同。」

〔二〕孫希旦曰：「列，等也。周之賞罰，不分先後，但以爵位之等爲輕重之差也。」

子曰：「夏道未瀆辭，不求備，不大望於民，民未厭其親。殷人未瀆禮，而求備於民。周人强民，未瀆神，而賞爵、刑罰窮矣〔一〕。」

〔一〕孫希旦曰：「未瀆辭者，夏道尚忠，尚行而不尚辭也。刑罰寬，故所求於民者不備；禮文簡，故所望於民者易從。是以其民安其政教，而親愛其上，不至於厭斁也。忠之俗既敝，行脩而人猶未信，故殷人始瀆辭，然其於禮尚簡，未至於瀆，亦不大望於民。然先罰後賞，則法網密而所求於民者備矣。敬之俗又敝，辭雖瀆而未足以取信，故周人始瀆禮，而事爲之制，曲爲之防，則大望於民，而强之使從上之教矣。未瀆神者，事鬼敬神而遠之也。窮，盡也。言周人遠鬼神而盡於人事，爵賞、刑罰，所以爲治之具備盡而無遺也。」

子曰：「虞、夏之道，寡怨於民；殷、周之道，不勝其敝。」

子曰：「虞、夏之質，殷、周之文，至矣。虞、夏之文，不勝其質；殷、周之質，不勝其文。」

子言之曰：「後世雖有作者，虞帝弗可及也已矣。君天下，生無私，死不厚其子，子民如父母，有憯怛之愛，有忠利之教；親而尊，安而敬，威而愛，富而有禮，惠而能散。其君子尊仁畏義，恥費輕實〔一〕，忠而不犯，義而順，文而静，寛而有辨。甫刑曰：『德威惟威〔二〕，德明惟明〔三〕。』非虞帝其孰能如此乎？」

〔一〕費,靡費。實,財物。

〔二〕孔穎達曰:「下『威』訓畏。」

〔三〕孔穎達曰:「下『明』訓尊。」

子言之:「事君先資其言,拜自獻其身,以成其信。是故君有責於其臣,臣有死於其言。故其受禄不誣,其受罪益寡〔一〕。」

〔一〕孫希旦曰:「資,藉也。拜,謂受其命。獻,謂進於朝。先藉其言以告君,所謂『敷奏以言』也。度君之能用我言焉而後進,故無不可踐之言,而能成其信。君有責於其臣,於其所資者課之也。臣有死於其言,於其所資者守之也。功與位稱,故受禄不誣。事與言符,故受罪益寡。」

子曰:「事君,大言入則望大利,小言入則望小利。故君子不以小言受大禄,不以大言受小禄。易曰:『不家食吉。』〔一〕」

〔一〕孫希旦曰:「言,即所資之言也。利,謂臣所建白之效也。禄,臣所受於君之食也。禄必稱其位之大小。……引大畜卦辭,言臣之受禄不可苟也。若以小言受大禄,以大言受小禄,則不可謂之吉矣。」

子曰:「事君不下達,不尚辭,非其人弗自。小雅曰:『靖共爾位,正直是與。神之聽之，式穀以女〔一〕。』」

〔一〕孫希旦曰：「自，由也，所由以進者也。非其人而由之以進，則己先不正，而無以正君矣。……詩，小雅小明之篇。與，助也。穀，善道也。靖則不尚繁辭，恭則責難於君。正直之人是助，則無比匪之失，而所自必正矣。」靖，敬。共，奉。位，職。

子曰：「事君遠而諫，則讇也；近而不諫，則尸利也〔一〕。」

〔一〕呂大臨曰：「既無言責，又遠於君，非其職而諫之，凌節犯分，以求自遠，故曰『讇』。有言責之臣，不諫則曠厥官，懷禄固寵，主於爲利，故曰『尸利』。」俞樾認爲「讇」本亦作「陷」，爲「陷」的借字。楊天宇認爲，「陷」即白虎通諫諍篇中的「陷諫」，即爲義爲君，不避喪生之禍，不怕陷於罪之諫。

子曰：「邇臣守和，宰正百官，大臣慮四方〔一〕。」

〔一〕孫希旦曰：「邇臣，謂侍御、僕從之臣。邇臣日在君側，慮其便辟、側媚，故欲其和而不同，獻可替否，以成君德也。冢宰統百官，故欲其以正率之。大臣，謂卿大夫也。大臣謀慮四方之大事，非徒治一職而已。」

子曰：「事君欲諫不欲陳。詩云：『心乎愛矣，瑕不謂矣？中心藏之，何日忘之〔一〕？』」

〔一〕鄭玄曰：「瑕之言胡也。」孫希旦曰：「陳，謂陳數其君之失也。引詩以明諫君者由於心之愛君,而陳者不能然也。」所引詩,見詩小雅隰桑。

子曰:「事君難進而易退,則位有序;易進而難退,則亂也。故君子三揖而進,一辭而退,以遠亂也。」

子曰:「事君三違而不出竟,則利禄也。人雖曰『不要』〔一〕,我弗信也。」

〔一〕孫希旦曰:「違猶去也。利猶貪也。要,求也。」

子曰:「事君慎始而敬終〔一〕。」

〔一〕孫希旦曰:「慎始,不敢苟進。敬終,不敢苟去也。」

子曰:「事君可貴可賤,可富可貧,可生可殺,而不可使爲亂〔一〕。」

〔一〕吕大臨曰:「臣之事君,富貴、貧賤、生殺,唯君所命,其不可奪者,吾之理義而已。凡違乎理義者,皆亂也。」

子曰:「事君,軍旅不辟難,朝廷不辭賤。處其位而不履其事,則亂也。故君使其臣,得志則慎慮而從之,否則孰慮而從之,終事而退,臣之厚也。易曰:『不事王侯,高尚其事。』〔一〕」

〔一〕孫希旦曰:「賤,謂卑辱之役也。事君處其位則有其事,雖患難之事,卑辱之役,不可辭也。若避難辭辱，則職守亂矣。得志，謂諫行、言聽也。慎慮而從之，敬慎以從事，不可以得志而自滿也。否，謂不得其志，而君之所使者非己之所欲也。孰慮而從之，謂詳孰思慮，欲其無悖乎君之命，而又無貶乎己之道也。終事，謂終竟所使之事。退，謂去位也。仕不得志而遽退，則顯其君之失，故孰慮以從之；既終事而後退，忠厚之道也。」「易曰」以下爲周易蠱卦上九爻辭。

子曰：「唯天子受命于天，士受命于君。故君命順則臣有順命，君命逆則臣有逆命。詩曰：『鵲之姜姜，鶉之賁賁，人之無良，我以爲君〔一〕。』」

〔一〕所引詩，見詩鄘風鶉之奔奔。姜姜、賁賁，鄭玄曰：「争鬬惡貌。」

子曰：「君子不以辭盡人。故天下有道，則行有枝葉；天下無道，則辭有枝葉〔一〕。是故君子於有喪者之側，不能賻〔二〕焉，則不問其所費；於有病者之側，不能饋焉，則不問其所欲；有客不能館，則不問其所舍。故君子之接如水，小人之接如醴。君子淡以成，小人甘以壞〔三〕。小雅曰：『盜言孔甘，亂是用餤〔四〕。』」

〔一〕孫希旦曰：「行有枝葉，則行有餘於其言。言有枝葉，則言有餘於其行。」

〔二〕賻，贈送財物。

〔三〕孔穎達曰：「言君子相接不用虚言，如兩水相交，尋合而已。小人以虚辭相飾，如似兩醴相合，必致敗壞。」

〔四〕所引詩,見詩小雅巧言。餤,增多。

子曰:「君子不以口譽人,則民作忠。故君子問人之寒則衣之,問人之飢則食之,稱人之美則爵之。國風曰:『心之憂矣!於我歸説〔一〕。』」

〔一〕孫希旦曰:「以口譽人,言徒譽之以口,而不根於實心也。君子不以口譽人,其言必本於心,忠之道也,故民化之而作忠。引曹風蜉蝣之篇,言憂其人則欲其於我歸説,不以口譽人之事也。」

子曰:「口惠而實不至,怨菑及其身。是故君子與其有諾責也,寧有已怨〔一〕。國風曰:『言笑晏晏,信誓旦旦。不思其反,反是不思,亦已焉哉〔二〕!』」

〔一〕鄭玄曰:「善言而無信,人所惡也。已,謂不許也。言諾而不與,其怨大於不許。」孫希旦曰:「愚謂引衛風氓之篇,言約誓者不思其後之反覆,以致於乖離,猶輕諾者不思其後之不能踐,以至於見怨也。」

〔二〕所引詩,見詩衛風氓。晏晏,和悦之貌。已,停止。

子曰:「君子不以色親人。情疏而貌親,在小人則穿窬〔一〕之盜也與?」

〔一〕窬,通「逾」。

子曰:「情欲信,辭欲巧。」

子言之：「昔三代明王，皆事天地之神明，無非卜筮之用，不敢以其私褻事上帝。是故不犯日月，不違卜筮〔一〕。卜筮不相襲〔二〕也。大事有時日，小事無時日，有筮〔三〕。外事用剛日，内事用柔日〔四〕。」

〔一〕孫希旦曰：「私，謂情之所使。褻，謂事之所習。犯，謂犯其不吉之日也。卜筮吉，然後用，故不犯日月。既卜筮，必從之，故不違卜筮。」

〔二〕襲，重複。

〔三〕鄭玄曰：「有事於大神，有常時常日也。有事於小神，無常時常日，臨有事筮之。」

〔四〕剛日，單數日。柔日，雙數日。

不違龜筮〔一〕。子曰：「牲牷〔二〕、禮樂、齊盛，是以無害乎鬼神，無怨乎百姓。」

〔一〕孫希旦曰：「『子曰』二字，疑當在『不違龜筮』之上。言不違龜筮，故用牲牷、禮樂、齊盛以祭祀，而無傷害乎鬼神；神降之福，故無怨乎百姓。」

〔二〕牷，毛色純一而又完好的牲。

子曰：「后稷之祀易富也。其辭恭，其欲儉，其禄及子孫。詩曰：『后稷兆祀，庶無罪悔，以迄于今〔一〕。』」

〔一〕鄭玄曰：「富之言備也。以傳世之禄，共儉者之祭，易備也。」所引詩，見詩大雅生民。兆，通

「肇」，開始。

子曰：「大人之器威敬。天子無筮，諸侯有守筮。天子道以筮，諸侯非其國不以筮，卜宅寢室。天子不卜處大廟〔一〕。」

〔一〕孫希旦曰：「大人之器，謂龜筮也。……天子無筮，無徒筮也。……守筮，猶言守龜，言其所寶守之蓍筴也。道，道路也。天子言『道』，諸侯言『非其國』，互見之也。在道，天子但用筮，諸侯不筮，皆簡於其在國之禮也。宅，處也。卜宅寢室者，諸侯適他國，於所舍之寢室，卜而後處之，備不虞也。天子不卜處大廟者，天子適諸侯，必舍其大廟，不須卜之，至尊無所疑也。」

子曰：「君子敬則用祭器。是以不廢日月，不違龜筮，以敬事其君長。是以上不瀆於民，下不褻於上〔一〕。」

〔一〕孫希旦曰：「言『君子敬則用祭器』，以引起下文之所言也。諸侯朝於天子，竟邑之大夫入見於其君，皆卜筮其日月而後行。祭祀卜日，事君上亦卜日，是敬事其長上與祭祀同，亦敬則用祭器之義也。上有以全其尊，故不瀆於民；下有以致其敬，故不褻於上。」

緇衣

子言之曰：「爲上易事也，爲下易知也，則刑不煩矣〔一〕。」

〔一〕鄭玄曰：「言君不可苛虐，臣無姦心，則刑可以措。」

子曰：「好賢如緇衣，惡惡如巷伯，則爵不瀆而民作愿，刑不試而民咸服〔一〕。大雅曰：『儀刑文王，萬國作孚〔二〕。』」

〔一〕孫希旦曰：「緇衣，鄭國風篇，周人美鄭武公之賢，欲改爲其衣，又欲適其館而授之粲，其殷勤無已如此，好賢之誠也。巷伯，小雅篇名，詩人惡讒人，欲投之豺虎、有北、有昊，惡惡之誠也。人君之好賢惡惡，其誠苟能如此，則民莫不趨其所好而避其所惡，不待勸以賞而民自愿慤，不待加以刑而民皆畏服矣。」

〔二〕所引詩，見詩大雅文王。儀刑，效法。孚，信。

子曰：「夫民，教之以德，齊之以禮，則民有格〔一〕心。教之以政，齊之以刑，則民有遯〔二〕心。故君民者，子以愛之，則民親之；信以結之，則民不倍；恭以涖之，則民有孫心〔三〕。甫刑曰：『苗民匪用命，制以刑，惟作五虐之刑，曰法〔四〕。』是以民有惡德，而遂絶其世也。」

〔一〕孫希旦曰：「格，至也，謂至於善也。」

〔二〕孫希旦曰：「遯，逃也，謂苟逃刑罰而已。」

〔三〕孫希旦曰：「子，如中庸『子庶民』之子，言親民如子也。子以愛之，信以結之，恭以蒞之，皆教德齊禮之事。親、遜、不倍，則民之格也。」倍，通「背」。孫，通「遜」。

〔四〕孫希旦曰：「匪用命，書作『弗用靈』。靈，善也。引甫刑之言，以極言尚刑之失也。」今案：苗民，即三苗，亦稱有苗，古代部族。

子曰：「下之事上也，不從其所令，從其所行。上好是物，下必有甚焉者矣。故上之所好惡，不可不慎也，是民之表也。」

子曰：「禹立三年，百姓以仁遂〔一〕焉，豈必盡仁？詩云：『赫赫師尹，民具爾瞻〔二〕。』甫刑曰：『一人有慶〔三〕，兆民賴之。』大雅曰：『成王之孚，下土之式〔四〕。』」

〔一〕遂，鄭玄曰：「猶達也。」

〔二〕所引詩，見詩小雅節南山。

〔三〕慶，孔穎達曰：「善也。」

〔四〕所引詩，見詩大雅下武。孚，信。式，法則。

子曰：「上好仁，則下之爲仁爭先人。故長民者章志、貞教，尊仁以子愛百姓，民致行已以説其上矣。詩云：『有梏德行，四國順之〔一〕。』」

〔一〕孫希旦曰：「章，明也。章志者，明己之志，使民皆知我之好仁而惡不仁也。貞教者，以正道導民，使民皆知所以爲仁而去不仁也。……梏，爾雅云：『直也。』今毛詩作『覺』。」所引詩，見詩大雅抑。

子曰：「王言如絲，其出如綸；王言如綸，其出如綍〔一〕。故大人不倡游言〔二〕。可言也不可行，君子弗言也。可行也不可言，君子弗行也。則民言不危〔三〕行，而行不危言矣。詩云：『淑慎爾止，不僁于儀〔四〕。』」

〔一〕孫希旦曰：「綸，綬也。綍，引柩索也。綸大於絲，綍大於綸。」

〔二〕孫希旦曰：「游言，浮游無實之言也。」

〔三〕危，王引之曰：「讀爲『詭』。詭，違也，反也。」

〔四〕所引詩，見詩大雅抑。僁，通「愆」，過也。

子曰：「君子道〔一〕人以言，而禁人以行，故言必慮其所終，而行必稽其所敝，則民謹於言而慎於行。詩云：『慎爾出話，敬爾威儀。』大雅曰：『穆穆文王，於緝熙敬止〔二〕。』」

〔一〕道，通「導」。

〔二〕所引詩，均見詩大雅文王。穆穆，美好。緝熙，光明。

子曰：「長民者衣服不貳，從容有常，以齊其民，則民德壹。詩云：『彼都人士，狐裘黄黄。其容不改，出言有章。行歸于周，萬民所望〔一〕。』」

〔一〕孫希旦曰：「周，忠信也。」所引詩，見詩小雅都人士。

子曰：「爲上可望而知也，爲下可述而志也〔一〕，則君不疑於其臣，而臣不惑於其君矣。尹吉曰：『惟尹躬及湯，咸有壹德。』〔二〕詩云：『淑人君子，其儀不忒〔三〕。』」

〔一〕孫希旦曰：「志猶識也。可述而志，謂其言可稱述而記識也。」

〔二〕孫希旦曰：「尹吉，當作『尹告』。此書咸有一德伊尹告大甲之言也。」

〔三〕所引詩，見詩曹風鳲鳩。忒，差錯。

子曰：「有國家者章善癉惡〔一〕，以示民厚，則民情不貳。詩云：『靖共爾位，好是正直〔二〕。』」

〔一〕鄭玄曰：「章，明也。癉，病也。」

〔二〕所引詩，見詩小雅小明。靖，敬。共，奉。位，職位。

子曰：「上人疑則百姓惑，下難知則君長勞。故君民者章好以示民俗，慎惡以御民之淫，則民不惑矣。臣儀行，不重辭，不援其所不及〔一〕，不煩其所不知，則君不勞矣。詩云：『上帝板板，下民卒癉〔二〕。』小雅曰：『匪其止共，惟王之邛〔三〕。』」

〔一〕孫希旦曰：「疑，謂好惡不明也。難知，謂陳言於君，而其旨意不顯白也。爲上者章其所好，慎其所惡，使民皆知我之好善而惡惡，則從違定而不至於惑矣。儀，度也。儀行，儀度君之所行也。不重辭，不多爲辭説也。援，引也。」

〔二〕所引詩，見詩大雅板。板板，邪僻。

〔三〕所引詩，見詩小雅巧言。止，通「職」。止共，供職。邛，辛勞。

子曰：「政之不行也，教之不成也，爵禄不足勸也，刑罰不足恥也，故上不可以褻刑〔一〕而輕爵。康誥曰：『敬明乃罰。』甫刑曰：『播刑之不迪〔二〕。』」

〔一〕褻刑，濫用刑罰。

〔二〕鄭玄曰：「播，施也。不，衍字耳。迪，道也。」孫希旦曰：「播刑之不迪者，言民之不迪者，乃施之以刑也。今書無『不』字。」

子曰：「大臣不親，百姓不寧，則忠敬不足，而富貴已〔一〕過也。大臣不治，而邇臣比〔二〕矣。故大臣不可不敬也，是民之表也；邇臣不可不慎也，是民之道也。君毋以小謀大，毋以遠言近，毋以內圖外，則大臣不怨，邇臣不疾〔三〕，而遠臣不蔽矣。葉公之顧命曰：『毋以小謀敗大作，毋以嬖御人疾莊后，毋以嬖御士疾莊士大夫、卿、士〔四〕。』」

〔一〕已，過分。

〔二〕比，鄭玄曰：「私相親也。」

〔三〕疾，鄭玄曰：「猶非也。」

〔四〕孫希旦曰：「葉當作『祭』，字之誤也。將死而言曰顧命。祭公之顧命者，祭公謀父將死告穆王之言也。今見逸周書祭公解篇。小謀，小臣之所謀；大作，大臣之所爲也。嬖御人，謂嬖寵之妾。莊后，謂齊莊之后也。嬖御士，嬖寵之近臣也。莊士大夫、卿、士，謂齊莊之士爲大夫、卿、士者也。」

子曰：「大人不親其所賢，而信其所賤，民是以親失，而教是以煩。詩云：『彼求我則，如不我得。執我仇仇，亦不我力〔一〕。』君陳曰：『未見聖，若己弗克見；既見聖，亦不克由聖。』」

〔一〕所引詩，見詩小雅正月。則，語助詞。鄭玄曰：「仇仇然，不堅固。」不我力，不認爲我有能力。

子曰：「小人溺於水，君子溺於口，大人溺於民，皆在其所褻〔一〕也。夫水近於人而溺人，德易狎而難親也，易以溺人。口費〔二〕而煩，易出難悔，易以溺人。夫民閉於人而有鄙心，可敬不可慢，易以溺人。故君子不可以不慎也。大甲曰：『毋越〔三〕厥命，以自覆也。』『若虞機張，往省括于厥度則釋〔四〕。』兑命曰：『惟口起羞，惟甲胄起兵，惟衣裳在笥，惟干戈省厥躬〔五〕。』大甲曰：『天作孽，可違也；自作孽，不可以逭〔六〕。』尹吉曰：『惟尹躬天見于西邑夏，自周有終，相亦惟終〔七〕。』」

〔一〕褻，輕慢。

〔二〕費，王引之以爲是「悖」的假借字。

〔三〕越，王引之引王念孫曰：「輕易也。」

〔四〕虞，虞人，主管山林的官。機，弓弩。省，視察。括，箭的末端，代指箭。釋，放。

〔五〕兑命，即説命，清華簡作「傅説之命」。笥，箱子。省，省察。厥，其。躬，身。厥躬，自身。

〔六〕逭，逃避。

〔七〕尹吉，「尹誥」之誤。「天」，楊天宇以爲「先」之誤，謂先人。周，忠信。相，輔助。

子曰：「民以君爲心，君以民爲體。心莊則體舒，心肅則容敬。心好之，身必安之；君好之，民必欲之。心以體全，亦以體傷；君以民存，亦以民亡。詩云：『昔吾有先正，其言明且清，國家以寧，都邑以成，庶民以生。誰能秉國成？不自爲正，卒勞百姓〔一〕。』君雅曰：『夏日暑雨，小民惟曰怨。資冬祁寒，小民亦惟曰怨〔二〕。』」

〔一〕所引詩，逸詩也。先正，先代君王。秉，秉持。國成，國政。勞，慰勞。

〔二〕所引詩，見詩小雅節南山。「資」，楊天宇據鄭玄注以爲是「至」字之誤。祁，是。

子曰：「下之事上也，身不正，言不信，則義不壹，行無類也。」

子曰：「言有物而行有格〔一〕也，是以生則不可奪志，死則不可奪名。故君子多聞，質而守之；多志，質而親之；精知，略而行之〔二〕。君陳曰：『出入自爾師虞，庶言同〔三〕。』詩云：『淑人君子，其儀一也〔四〕。』」

〔一〕鄭玄曰：「物，謂事驗也。格，舊法也。」

〔二〕孫希旦曰：「『略』字從田從各，乃土田之界別，故此借以爲分別之義。蓋多聞多志，則所以考之於古者博矣。質而守之，質而親之，則所以辨之於人者審矣。於是又反之於己，而體驗之，思索之，使所知者極其精，然後分別其可否而行之。如此，必無無物之言、踰格之行矣。」

〔三〕師，衆也。虞，思慮。庶，衆也。

〔四〕所引詩，見詩曹風鳲鳩。

子曰：「唯君子能好其正，小人毒其正。故君子之朋友有鄉，其惡有方〔一〕。是故邇者不惑，而遠者不疑也。詩云：『君子好仇〔二〕。』」

〔一〕孫希旦曰：「正，謂益者之友，能正己之失者，唯君子能好之，若小人則反毒害之矣。方亦鄉也。君子所交之朋友，有一定之鄉，必其善者也；其所惡亦有一定之方，必其不善者也。」

〔二〕所引詩，見詩周南關雎。仇，今本毛詩作「逑」，毛傳曰「匹也」。

子曰：「輕絶貧賤，而重絶富貴，則好賢不堅，而惡惡不著也。人雖曰不利〔一〕，吾不信也。詩云：『朋友攸攝，攝以威儀〔二〕。』」

〔一〕不利，不貪利。

〔二〕所引詩，見詩大雅既醉。攸，助詞。攝，輔正。

子曰：「私惠不歸德，君子不自留焉。詩云：『人之好我，示我周行〔一〕。』」

〔一〕孫希旦曰：「周行，大道也。引詩，言人之相好，當相示以大道，而不可以私惠也。」所引詩，見詩小雅鹿鳴。

子曰：「苟有車，必見其軾；苟有衣，必見其敝〔一〕。人苟或言之，必聞其聲；苟或行之，必見其成。葛覃曰：『服之無射〔二〕。』」

〔一〕敝，王引之引王念孫之説，以爲是「⿰衤㡀」的假借字。廣雅釋器：「⿰衤㡀，袂也。」袂，即衣袖。

〔二〕葛覃，詩國風周南篇名。射，厭棄。

子曰：「言從而行之，則言不可飾也。行從而言之，則行不可飾也。故君子寡言而行，以成其信，則民不得大其美而小其惡。詩云：『白圭之玷，尚可磨也。斯言之玷，不可爲也〔一〕。』小雅曰：『允也君子，展也大成〔二〕。』君奭曰：『在昔上帝，周田觀〔三〕文王之德，其集大命于厥躬。』」

〔一〕所引詩，見詩大雅抑。玷，瑕疵。

〔二〕所引詩，見詩小雅車攻。允，信也。展，誠也。

〔三〕周田觀，楊天宇以爲當據古文作「割申勸」，割即蓋，言文王有誠信之德，天蓋申勸之。

子曰：「南人有言曰：『人而無恒，不可以爲卜筮〔一〕。』古之遺言與？龜筮猶不能知也，而況於人乎？詩云：『我龜既厭，不我告猶〔二〕。』兑命曰：『爵無及惡德，民立而正事。』『純而祭祀，是爲不敬。事煩則亂，事神則難〔三〕。』易曰：『不恒其德，或承之羞〔四〕。』『恒其德偵，婦人吉，夫子凶〔五〕。』」

〔一〕鄭玄曰：「恒，常也。不可爲卜筮，言卦兆不能見其情，定其吉凶也。」

〔二〕鄭玄曰：「猶，道也。言褻而用之，龜厭之，不告以吉凶之道也。」所引詩，見詩小雅小旻。

〔三〕鄭玄曰：「惡德，無恒之德也。惡德之人使事煩，事煩則亂；使事鬼神，又難以得福也。」

〔四〕易恒卦九三爻辭。

〔五〕易恒卦六五爻辭。偵，鄭玄曰：「問也。」今本周易作「貞」，二字通。

三年問

孔子曰：「子生三年，然後免於父母之懷〔一〕。」

〔一〕又見於論語陽貨。

儒行

魯哀公問於孔子曰：「夫子之服，其儒服與？」孔子對曰：「丘少居魯，衣逢掖之衣；長居宋，冠章甫之冠。丘聞之也：君子之學也博，其服也鄉。丘不知儒服〔一〕。」哀公曰：「敢問儒行。」孔子對曰：「遽數之不能終其物，悉數之乃留。更僕〔二〕，未可終也。」

〔一〕鄭玄曰：「哀公館孔子，見其服與士大夫異，又與庶人不同，疑爲儒服而問之。逢，猶大也。大掖之衣，大袂禪衣也，此君子有道藝者所衣也。孔子生魯，長而之宋而冠焉。宋，其祖所出也。衣少所居之服，冠長所居之冠，是之謂鄉。言『不知儒服』，非哀公志不在於儒，乃問其服。」章甫，殷人之冠。孔子爲殷人之後，而宋爲殷人封國，故其居宋期間，戴章甫之冠。

〔二〕鄭玄曰：「遽猶卒也。物猶事也。留，久也。僕，大僕也，君燕朝則正位，掌擯、相。更之者，爲久將倦，使之相代。」

哀公命席〔一〕。孔子侍，曰：「儒有席〔二〕上之珍以待聘，夙夜强學以待問，懷忠信以待舉，力行以待取。其自立有如此者。儒有衣冠中〔三〕，動作慎；其大讓如慢，小讓如僞；大則如威〔四〕，小則如愧；其難進而易退也，粥粥〔五〕若無能也。其容貌有如此者。儒有居處齊難〔六〕，其坐起恭敬；言必先信，行必中正；道塗不爭險易之利，冬夏不爭陰陽之和；愛其死以有待也，養其身以有爲也。其備豫〔七〕有如此者。儒有不寶金玉，而忠信以爲寶；不祈土地，立義以爲土地；不祈多積，多文以爲富；難得而易禄也，易禄而難畜也〔八〕。非時不見，不亦難得乎？非義不合，不亦難畜乎？先勞而後禄，不亦易禄乎？其近人有如此者。儒有委之以貨財，淹〔九〕之以樂好，見利不虧其義；劫之以衆，沮〔一〇〕之以兵，見死不更其守；鷙蟲攫搏不程勇者，引重鼎不程其力；往者不悔，來者不豫；過言不再，流言不極〔一一〕，不斷其威，不習其謀〔一二〕。其特立有如此者。儒有可親而不可劫也，可近而不可迫也，可殺而不可辱也。其居處不淫，其飲食不溽〔一三〕，其過失可微辨而不可面數〔一四〕也。其剛毅有如此者。儒有忠信以爲甲胄，禮義以爲干櫓；戴仁而行，抱義而處〔一五〕；雖有暴政，不更其所。其自立有如此者。儒有一畝之宫，環堵之室；篳門圭窬，蓬户甕牖；易衣而出，并日而食；上答之不敢以疑，上不答不敢以諂〔一六〕。其仕有如此者。儒有今人與居，古人與稽；今世行之，後世以爲楷；適弗逢世，上弗援，下弗推〔一七〕。讒諂之民，有比黨而危之者，身可危也，而志不可奪也；雖危，起居竟信其志〔一八〕，猶將不忘百姓之病〔一九〕也。其憂思有如此者。儒有博學而不窮，篤行而不倦；幽居而不淫，上通而不困〔二〇〕；禮之以和爲貴，忠信之美，優游之法；慕賢而容衆，毁方而瓦合〔二一〕。其寬裕有如此者。儒有内稱〔二二〕不辟親，外舉不辟怨，程〔二三〕功積事，推賢而進達之，不望其報，君得其志。苟利國家，不求富貴。其舉賢援能有如此者。儒有聞善以相告也，見善以相示也；爵位相先也，患難相死也；久相待也，遠相致也〔二四〕。其任舉有如此者。儒有澡身而浴德，陳言而伏；靜而正之〔二五〕，上弗知也；麤而翹之〔二六〕，又不急爲也；不臨深而爲高，不加少而爲多；世治不輕，世亂不沮；同弗與，異弗非也。其特立獨行有如此者。儒有上不臣天子，下不事諸侯；慎靜而尚寬，强毅以與人，博學以知服〔二七〕；近文章，砥厲廉隅；雖分國如錙銖〔二八〕，不臣不仕。其規爲有如此者。儒有合志同方，營道同術〔二九〕；並立則樂，相下不厭〔三〇〕；久不相見，聞流言不信。其行本方立義〔三一〕，同而進，不同而退。其交友有如此者。温良者，仁之本也；敬慎者，仁之地〔三二〕也；寬裕者，仁之作也；孫接〔三三〕者，仁之能也；禮節者，仁之貌也；言談者，仁之文也；歌樂者，仁之和也；分散者，仁之施也。儒者兼此而有之，猶且不敢言仁也。其尊讓有如此者。儒有不隕穫於貧賤，不充詘於富貴；不慁君王，不累長上，不閔有司〔三四〕，故曰儒。今衆人之命儒也妄，常以儒相詬病。」

〔一〕鄭玄曰：「爲孔子布席於堂，與之坐也。君適其臣，升自阼階，所在如主。」

〔二〕鄭玄曰：「席，猶鋪陳也。鋪陳往古堯、舜之善道。」

〔三〕中，這裏指中於禮。

〔四〕威，通「畏」。

〔五〕孔穎達曰：「粥粥，柔弱專愚貌。」

〔六〕鄭玄曰：「齊難，齊莊可畏難也。」難，王引之以爲當讀爲「戁」。説文云：「戁，敬也。」

〔七〕備豫，預備。

〔八〕禄，猶供養。畜，猶馴服。

〔九〕鄭玄曰：「淹，謂浸漬之。」

〔一〇〕鄭玄曰：「劫，劫脅也。沮，謂恐怖之也。」

〔一一〕鄭玄曰：「鷙蟲，猛鳥、猛獸也，字從鳥，鷙省聲也。程猶量也。不再，猶不更也。不極，不問所從來也。」

〔一二〕習，俞樾以爲是「重」的意思。不習其謀，「言謀定則行，不重習也」。

〔一三〕鄭玄曰：「恣滋味爲溽，溽之言欲也。」

〔一四〕微辨，委婉批評。面數，當面指責。

〔一五〕鄭玄曰：「甲，鎧。胄，兜鍪也。干櫓，小楯、大楯也。」孔穎達曰：「甲胄、干櫓，所以禦患難。儒者以忠信、禮義禦患難，謂有忠信、禮義則人不敢侵侮也。戴仁而行，仁之盛。抱義而處，義不離身。」

〔一六〕鄭玄曰：「言貧窮屈道，仕爲小官也。宫，謂牆垣也。環堵，面一堵也。五版爲堵，五堵爲雉。篳門，荆竹織門也。圭窬，門旁窬也，穿牆爲之如圭矣。并日而食，二日用一日食也。上答之，謂君應用其言。」易衣而出，謂家中只有一件穿得出去的衣服，誰出門誰就换上這件衣服。

〔一七〕鄭玄曰：「援，猶引也，取也。推，猶進也，舉也。」

〔一八〕鄭玄曰：「危，欲毁害之也。起居，猶舉事動作。」信，通「伸」。

〔一九〕病，疾苦。

〔二〇〕鄭玄曰：「幽居，謂獨處時也。不困，既仕則不困於道德不足也。」

〔二一〕陳澔曰：「陶瓦之事，其初則圓，剖之爲四，其形則方，毁其圓以爲方，合其方而復圓，蓋於涵容之中，未嘗無分辨之意也，故曰『其寬裕有如此者』。」

〔二二〕稱，舉。

〔二三〕程，衡量。

〔二四〕吕大臨曰：「舉賢援能，儒者所以待天下之士也。任舉者，所以待其朋友而已。爲同其好惡也，故聞善相告，見善相示。爲同其憂樂也，故爵位相先，患難相死。彼雖居下，不待之同升則不升。彼雖疏遠，不致之同進則不進。此任舉朋友，加重於天下之士者，義有厚薄故也。」

〔二五〕俞樾以爲「之」字爲衍文。

〔二六〕陳澔曰：「翹，與『招其君之過』『招』字同，舉也。舉其過而諫之也。」

〔二七〕孫希旦曰：「與人，猶論語『可者與之』之與。服，行也。」

〔二八〕鄭玄曰：「雖分國如錙銖，言君分國以禄之，視之輕如錙銖矣。八兩曰錙。」

〔二九〕鄭玄曰：「同方、同術，等志行也。」

〔三〇〕相下不厭，孔穎達曰：「謂遞相卑下不厭賤也。」

〔三一〕本方立義，本於方正而立於道義。

〔三二〕地，陳澔曰：「猶踐履也。」

〔三三〕孫，通「遜」。孫接，謙遜接物。

〔三四〕鄭玄曰：「隕穫，困迫失志之貌也。充詘，歡喜失節之貌。慁猶辱也。累猶繫也。閔，病也。言不爲天子、諸侯、卿、大夫、羣吏所困迫而違道，孔子自謂也。」孫希旦曰：「隕穫者，困於貧賤，若草之隕落、斬艾，而失其生意也。充詘者，淫於富貴，志意充滿，而不能自强於義理也。命，名也。妄，無實也。言今衆人之命爲儒者，本未嘗有儒之實，故爲人所輕，常以儒相詬病。若有儒行之實者，不可得而詬病也。」

孔子至舍，哀公館之。「聞此言也，言加信，行加義，終没吾世，不敢以儒爲戲。」〔一〕

〔一〕鄭玄曰：「《儒行》之作，蓋孔子自衛初反魯時也。孔子歸至其舍，哀公就而禮館之，問儒服，而遂問儒行，乃始覺焉。言『没世不敢以儒爲戲』，當時服。」

大學

《詩》云：「邦畿千里，惟民所止〔一〕。」《詩》云：「緡蠻黄鳥，止於丘隅〔二〕。」子曰：「於止，知其所止，可以人而不如鳥乎！」

〔一〕朱熹曰：「詩商頌玄鳥之篇。邦畿，王者之都也。止，居也，言物各有所當止之處也。」

〔二〕朱熹曰：「詩小雅緜蠻之篇。緡蠻，鳥聲。丘隅，岑蔚之處。」

子曰：「聽訟，吾猶人也，必也使無訟乎！」

鄉飲酒義

孔子曰：「吾觀於鄉，而知王道之易易也〔一〕。」

〔一〕鄭玄曰：「鄉，鄉飲酒也。易易，謂教化之本，尊賢尚齒而已。」

射義

孔子射於矍相之圃〔一〕，蓋觀者如堵牆。射至於司馬，使子路執弓矢出延射〔二〕。曰：「賁軍之將，亡國之大夫，與爲人後者，不入，其餘皆入〔三〕。」蓋去者半，入者半。又使公罔之裘、序點揚觶而語。公罔之裘揚觶而語曰：「幼、壯孝弟，耆、耋好禮，不從流俗〔四〕，脩身以俟死，者不？在此位也。」蓋去者半，處者半。序點又揚觶而語曰：「好學不倦，好禮不變，旄、期稱道不亂，者不〔五〕？在此位也。」蓋廑〔六〕有存者。

〔一〕鄭玄曰：「矍相，地名也。樹菜蔬曰圃。」

〔二〕鄭玄曰：「射至於司馬者，先行飲酒禮，將射，乃以司正爲司馬。子路執弓矢出延射，則爲司射也。延，進也。出進觀者欲射者也。」

〔三〕鄭玄曰：「賁讀爲僨。僨猶覆敗也。亡國，亡君之國者也。與猶奇也。後人者，一人而已，既有爲者，而往奇之，是貪財也。」與爲人後者，楊天宇據衛湜引劉敞説以爲：「與之者，干之也，求之也。如果是庶子而求爲人後，就是一種奪嫡篡祖行爲；如果身爲嫡子而求爲族人之後，就是一種輕視己父的行爲；如果是異姓而求爲人後，就是一種背祖忘宗的行爲，等等，故爲子路所惡。」

〔四〕鄭玄曰：「三十曰壯。耆、耋，皆老也。流俗，失俗也。」

〔五〕鄭玄曰：「八十、九十曰旄，百年曰期頤。稱猶言也。道，行也。者不，言有此行不，可以在此賓位也。」

〔六〕勱，通「僅」，少也。

孔子曰：「君子無所争，必也射乎！揖讓而升下，而飲，其争也君子〔一〕。」

〔一〕孫希旦曰：「下，降也。揖讓而升下，而飲者，言升堂而射，射畢而降，及衆耦皆射畢而勝飲不勝者，皆有揖讓之禮也。」此章又見於論語八佾。

孔子曰：「射者何以射？何以聽？循聲而發，發而不失正鵠者，其唯賢者乎！若夫不肖之人，則彼將安能以中〔一〕？」

〔一〕鄭玄曰：「何以，言其難也。聲，謂樂節也。畫布曰正，棲皮曰鵠。正之言正也。鵠之言梏也。梏，直也，言人正直乃能中也。又曰：正亦鳥名，齊、魯之間名題肩爲正。」

聘義

子貢問於孔子曰：「敢問君子貴玉而賤碈〔一〕者，何也？爲玉之寡而碈之多與？」孔子曰：「非爲碈之多故賤之也，玉之寡故貴之也。夫昔者君子比德於玉焉：温潤而澤，仁也；縝密以栗，知也；廉而不劌，義也；垂之如隊，禮也〔二〕。叩之，其聲清越以長，其終詘然〔三〕，樂也。瑕不揜瑜，瑜不揜瑕，忠也。孚尹旁達，信也〔四〕。氣如白虹，天也；精神見于山川，地也；珪、璋特達，德也〔五〕。天下莫不貴者，道也。詩云：『言念君子，温其如玉〔六〕。』故君子貴之也。」

〔一〕鄭玄曰：「碈，石，似玉。」

〔二〕鄭玄曰：「玉色柔温潤，似仁也。縝，緻也。栗，堅貌。劌，傷也。義者，不苟傷人也。如隊，禮尚謙卑也。」栗，王引之曰：「猶秩也。」謂有條理。

〔三〕鄭玄曰：「越猶揚也。詘，絶止貌。」

〔四〕鄭玄曰：「孚讀爲浮。尹，讀如竹箭之筠。浮筠，謂玉采色也。采色旁達，不相隱翳，似信也。」

〔五〕鄭玄曰：「虹，天氣也。精神，亦謂精氣也。山川，地所以通氣也。特達，謂以朝、聘也。」

〔六〕所引詩，見詩秦風小戎。

一一　史記孔子世家

本篇以中華書局標點本史記爲底本，參照馬持盈的史記今注(臺灣商務印書館一九九八年版)加以整理。

孔子生魯昌平鄉陬邑，其先宋人也，曰孔防叔。防叔生伯夏，伯夏生叔梁紇。紇與顔氏女野合而生孔子〔一〕，禱於尼丘〔二〕，得孔子。魯襄公二十二年而孔子生〔三〕。生而首上圩頂〔四〕，故因名曰丘云。字仲尼，姓孔氏。

〔一〕司馬貞曰：「家語云：『梁紇娶魯之施氏，生九女。其妾生孟皮，孟皮病足，乃求婚於顔氏徵在，從父命爲婚。』其文甚明。今此云『野合』者，蓋謂梁紇老而徵在少，非當壯室初笄之禮，故云野合，謂不合禮儀。故論語云『野哉由也』，又『先進於禮樂，野人也』，皆言野者是不合禮耳。」張守節曰：「男八月生齒，八歲毁齒，二八十六陽道通，八八六十四陽道絶。女七月生齒，七歲毁齒，二七十四陰道通，七七四十九陰道絶。婚姻過此者，皆爲野合。故家語云『梁紇娶魯施氏女，生九女，乃求婚於顔氏，顔氏有三女，小女徵在』。據此，婚過六十四矣。」

〔二〕尼丘，即今尼山，在曲阜城東南三十公里。

〔三〕司馬貞曰：「公羊傳：『襄公二十一年十有一月庚子，孔子生。』今以爲二十二年，蓋以周正十一月屬明年，故誤也。後序孔子卒，云七十二歲，每少一歲也。」

〔四〕司馬貞曰：「圩音烏。頂音鼎。圩頂言頂上窳也，故孔子頂如反宇。反宇者，若屋宇之反，中低而四傍高也。」

丘生而叔梁紇死〔一〕，葬於防山〔二〕。防山在魯東，由是孔子疑其父墓處，母諱之也〔三〕。孔子爲兒嬉戲，常陳俎豆〔四〕，設禮容。孔子母死，乃殯五父之衢，蓋其慎也。郰人輓父之母誨〔五〕孔子父墓，然後往合葬於防焉。

〔一〕據孔子家語，孔子三歲時叔梁紇死。

〔二〕防山，在曲阜城東二十五公里。

〔三〕司馬貞曰：「謂孔子少孤，不的知父墳處，非謂不知其塋地。徵在笄年適於梁紇，無幾而老死，是少寡，蓋以爲嫌，不從送葬，故不知墳處，遂不告耳，非諱之也。」

〔四〕張守節曰：「俎豆以木爲之，受四升，高尺二寸。大夫以上赤雲氣，諸侯加象飾足，天子玉飾也。」

〔五〕誨，明示。

孔子要絰〔一〕，季氏饗士，孔子與往。陽虎絀曰：「季氏饗士，非敢饗子也。」孔子由是退。

〔一〕要，同「腰」。經，喪服用的麻繩。要經，腰上纏著麻繩，指喪服。司馬貞曰：「家語『孔子之母喪，既練而見』，不非之也。今此謂孔子實要經與饗，爲陽虎所絀，亦近誣矣。一作『要經』。要經猶帶經也，故劉氏云嗜學之意是也。」

孔子年十七，魯大夫孟釐子病且死，誡其嗣懿子曰：「孔丘，聖人之後〔一〕，滅於宋。其祖弗父何始有宋而嗣讓厲公。及正考父佐戴、武、宣公，三命茲益恭，故鼎銘云：『一命而僂，再命而傴，三命而俯〔二〕，循牆而走，亦莫敢余侮。饘於是，粥於是，以餬余口〔三〕。』其恭如是。吾聞聖人之後，雖不當世，必有達者。今孔丘年少好禮，其達者歟？吾即没，若必師之！」及釐子卒，懿子與魯人南宮敬叔〔四〕往學禮焉。是歲，季武子卒，平子代立。

〔一〕孔子爲殷人之後。這裏的「聖人」指殷人的祖先商湯。

〔二〕三命，一命爲士，再命爲大夫，三命爲卿，即由士升爲大夫，再由大夫升爲卿。裴駰曰：「杜預曰：『三命，上卿也。考父廟之鼎。』服虔曰：『僂、傴、俯，皆恭敬之貌。』」

〔三〕裴駰曰：「杜預曰：『於是鼎中爲饘粥。饘粥，餬屬。言至儉也。』」

〔四〕司馬貞曰：「左傳及系本，敬叔與懿子皆孟僖子之子，不應更言『魯人』，亦太史公之疏耳。」

孔子貧且賤。及長，嘗爲季氏史〔一〕，料量平〔二〕；嘗爲司職吏而畜蕃息。由是爲司空〔三〕。已而去魯，斥乎齊，逐乎宋、衛，困於陳、蔡之間，於是反魯。孔子長九尺有六寸，人皆謂之「長人」而異之。魯復善待，由是反魯。

〔一〕「史」，當爲「吏」之誤。司馬貞曰：「有本作『委吏』。按：趙岐曰：『委吏，主委積倉庫之吏。』」

〔二〕料量平，稱量公平。

〔三〕司空，管理水土的官員。

魯南宮敬叔言魯君曰：「請與孔子適周。」魯君與之一乘車，兩馬，一豎子俱，適周問禮，蓋見老子云。辭去，而老子送之曰：「吾聞富貴者送人以財，仁人者送人以言。吾不能富貴，竊仁人之號，送子以言，曰：『聰明深察而近於死者，好議人者也。博辯廣大危其身者，發人之惡者也。爲人子者毋以有己，爲人臣者毋以有己。』」孔子自周反于魯，弟子稍益進焉。

是時也，晉平公淫，六卿擅權，東伐諸侯；楚靈王兵彊，陵轢〔一〕中國；齊大而近於魯。魯小弱，附於楚則晉怒；附於晉則楚來伐；不備〔二〕於齊，齊師侵魯。

〔一〕陵轢，欺壓。轢，車輪碾壓。

〔二〕備，侍奉周到。

魯昭公之二十年，而孔子蓋年三十矣。齊景公與晏嬰來適魯，景公問孔子曰：「昔秦穆公國小處辟，其霸何也？」對曰：「秦，國雖小，其志大；處雖辟，行中正。身舉五羖〔一〕，爵之大夫，起纍紲〔二〕之中，與語三日，授之以政。以此取之，雖王可也，其霸小矣。」景公説。

〔一〕張守節曰：「百里奚也。」今案：百里奚爲秦繆公以五張黑羊皮從楚人手中贖回，被稱爲五羖大夫。羖，黑羊。

〔二〕纍紲，拘繫罪人的繩索，這裏指犯罪受刑之意。

孔子年三十五，而季平子與郈昭伯以鬬鷄故得罪魯昭公〔一〕，昭公率師擊平子，平子與孟氏、叔孫氏三家共攻昭公。昭公師敗，奔於齊，齊處昭公乾侯〔二〕。其後頃之，魯亂。孔子適齊，爲高昭子家臣，欲以通乎景公。與齊太師語樂，聞韶音，學之，三月不知肉味〔三〕，齊人稱之。

〔一〕張守節曰：「郈音后。括地志云：『鬬鷄臺二所，相去十五步，在兗州曲阜縣東南三里魯城中。左傳昭二十五年，季氏與郈昭伯鬬鷄，季氏芥雞翼，郈氏爲金距之處。』」

〔二〕乾侯，在今河北省成安縣東南。

〔三〕司馬貞曰：「按論語，子語魯太師樂，非齊太師也。又『子在齊聞韶，三月不知肉味』，無『學之』

文。今此合論語齊、魯兩文而爲此言，恐失事實。」

景公問政孔子，孔子曰：「君君，臣臣，父父，子子。」景公曰：「善哉！信如君不君，臣不臣，父不父，子不子，雖有粟，吾豈得而食諸！」他日又復問政於孔子，孔子曰：「政在節財。」景公説，將欲以尼谿田封孔子。晏嬰進曰：「夫儒者滑稽而不可軌法；倨傲自順，不可以爲下；崇喪遂哀，破産厚葬，不可以爲俗；游説乞貸，不可以爲國。自大賢之息，周室既衰，禮樂缺有閒〔一〕。今孔子盛容飾，繁登降之禮，趨詳〔二〕之節，累世不能殫其學，當年不能究其禮。君欲用之以移齊俗，非所以先細民也〔三〕。」後，景公敬見孔子，不問其禮。異日，景公止孔子曰：「奉子以季氏〔四〕，吾不能。」以季、孟之間待之〔五〕。齊大夫欲害孔子，孔子聞之。景公曰：「吾老矣，弗能用也。」孔子遂行，反乎魯。

〔一〕司馬貞曰：「息者，生也。言上古大賢生則有禮樂，至周室微而始缺有閒也。」缺有閒，謂殘缺不全。

〔二〕趨詳，同「趨翔」。

〔三〕先，謂居先引領。

〔四〕司馬貞曰：「劉氏奉音扶用反，非也。今奉音如字，謂奉待孔子如魯季氏之職，故下文云『以季、孟之間待之』也。」

〔五〕裴駰曰：「孔安國曰：『魯三卿，季氏爲上卿，最貴；孟氏爲下卿，不用事。言待之以二者之間也。』」

孔子年四十二，魯昭公卒於乾侯，定公立。定公立五年，夏，季平子卒，桓子嗣立。季桓子穿井得土缶，中若羊。問仲尼云「得狗」。仲尼曰：「以丘所聞，羊也。丘聞之，木石之怪夔、罔閬〔一〕，水之怪龍、罔象〔二〕，土之怪墳羊〔三〕。」

〔一〕夔，傳説中的一足獸。罔閬，即魍魎，好學人聲而迷惑人。

〔二〕罔象，一種食人的水怪。

〔三〕墳羊，雌雄未成之羊，土精也。

吴伐越，墮會稽〔一〕，得骨節專車〔二〕。吴使使問仲尼：「骨何者最大？」仲尼曰：「禹致羣神於會稽山，防風氏後至，禹殺而戮之，其節專車，此爲大矣。」吴客曰：「誰爲神？」仲尼曰：「山川之神，足以綱紀天下，其守爲神，社稷爲公侯〔三〕，皆屬於王者。」客曰：「防風何守？」仲尼曰：「汪罔氏之君，守封、禺之山，爲釐姓。在虞、夏、商爲汪罔，於周爲長翟，今謂之大人。」客曰：「人長幾何？」仲尼曰：「僬僥氏三尺，短之至也。長者不過十之，數之極也。」〔四〕於是吴客曰：「善哉聖人！」

〔一〕墮，毀也。會稽，山名，在今紹興東南。

〔二〕專車，與車子的長度相當。

〔三〕無山川之祀而守社稷者爲公侯。

〔四〕此事亦見國語魯語下。本書「一一·七」載此，相關注釋可參見。

桓子嬖臣曰仲梁懷，與陽虎有隙。陽虎欲逐懷，公山不狃〔一〕止之。其秋，懷益驕，陽虎執懷。桓子怒，陽虎因囚桓子，與盟而醳〔二〕之。陽虎由此益輕季氏。季氏亦僭於公室，陪臣〔三〕執國政，是以魯自大夫以下皆僭離於正道。故孔子不仕，退而脩詩書禮樂，弟子彌衆，至自遠方，莫不受業焉。

〔一〕公山不狃，季氏之宰。

〔二〕張守節曰：「醳音釋。」

〔三〕陪臣，大夫的家臣。

定公八年，公山不狃不得意於季氏，因陽虎爲亂，欲廢三桓之適〔一〕，更立其庶孽陽虎素所善者，遂執季桓子。桓子詐之，得脫。定公九年，陽虎不勝，奔于齊。是時孔子年五十。

〔一〕張守節曰：「適音嫡。」

公山不狃以費畔季氏，使人召孔子。孔子循道彌久，温温〔一〕無所試，莫能己用，曰：「蓋周文武起豐鎬而王，今費雖小，儻庶幾乎！」〔二〕欲往。子路不説，止孔子。孔子曰：「夫召我者豈徒哉？如用我，其爲東周〔三〕乎！」然亦卒不行。

〔一〕温温，即「蘊蘊」，謂默默不得志。

〔二〕司馬貞曰：「檢家語及孔氏之書，並無此言，故桓譚亦以爲誣也。」

〔三〕裴駰曰：「何晏曰：『興周道於東方，故曰東周也。』」

其後定公以孔子爲中都〔一〕宰，一年，四方皆則之。由中都宰爲司空，由司空爲大司寇〔二〕。

〔一〕中都，即都中，魯國都城。

〔二〕大司寇，掌管刑法和社會治安的長官。

定公十年春，及齊平〔一〕。夏，齊大夫黎鉏言於景公曰：「魯用孔丘，其勢危齊。」乃使使告魯爲好會，會於夾谷〔二〕。魯定公且以乘車好往。孔子攝相事，曰：「臣聞有文事者必有武備，有武事者必有文備。古者諸侯出疆，必具官以從。請具左右司馬。」定公曰：「諾。」具左右司馬。會齊侯夾谷，爲壇位，土階三等，以會遇之禮〔三〕相見，揖讓而登。獻酬之禮畢，齊有司趨而進曰：「請奏四方之樂。」景公曰：「諾。」於是旍旄羽袚矛戟劍撥鼓噪而至〔四〕。孔子趨而進，歷階而登〔五〕，不盡一等〔六〕，舉袂而言曰：「吾兩君爲好會，夷狄之樂何爲於此！請命有司！」有司卻之，不去，則左右視晏子與景公。景公心怍，麾而去之。有頃，齊有司趨而進曰：「請奏宮中之樂。」景公曰：「諾。」優倡〔七〕侏儒爲戲而前。孔子趨而進，歷階而登，不盡一等，曰：「匹夫而營惑〔八〕諸侯者罪當誅！請命有司！」有司加法焉，手足異處。景公懼而動，知義不若，歸而大恐，告其羣臣曰：「魯以君子之道輔其君，而子獨以夷狄之道教寡人，使得罪於魯君，爲之奈何？」有司進對曰：「君子有過則謝以質，小人有過則謝以文。君若悼之，則謝以質。」於是齊侯乃歸所侵魯之鄆、汶陽、龜陰之田以謝過〔九〕。

〔一〕司馬貞曰：「及，與也。平，成也。謂與齊和好，故云平。」

〔二〕夾谷，即今山東萊蕪南三十里的夾谷峪。

〔三〕裴駰曰：「王肅曰：『會遇之禮，禮之簡略也。』」

〔四〕司馬貞曰：「家語作『萊人以兵鼓躁劫定公』。袚音弗，謂舞者所執，故周禮樂有袚舞。撥音伐，謂大楯也。」旍，同「旌」，旗之有鈴者。

〔五〕古人等階之法，每級聚足。因事急，故孔子不聚足而歷階。

〔六〕不盡一等，還差一個臺階便登完臺階了，即站在最高臺階之下的那個臺階上。

〔七〕優倡，表演歌舞雜耍的人。

〔八〕司馬貞曰：「謂經營而惑亂也。家語作『熒侮』。」

〔九〕裴駰曰：「服虔曰：『三田，汶陽田也。龜，山名。陰之田，得其田不得其山也。』杜預曰：『太山博縣北有龜山。』」司馬貞曰：「左傳『鄆、讙及龜陰之田』，則三田皆在汶陽也。」張守節曰：「鄆，今鄆州鄆城縣，在兖州龔丘縣東北五十四里。故謝城在龔丘縣東七十里。齊歸侵魯龜陰之田以謝魯，魯築城於此，以旌孔子之功，因名謝城。」

定公十三年夏，孔子言於定公曰：「臣無藏甲，大夫毋百雉之城。」使仲由爲季氏宰，將墮三都〔一〕。於是叔孫氏先墮郈〔二〕。季氏將墮費〔三〕，公山不狃、叔孫輒率費人襲魯。公與三子〔四〕入于季氏之宫，登武子之臺。費人攻之，弗克，入及公側〔五〕。孔子命申句須、樂頎〔六〕下伐之，費人北。國人追之，敗諸姑蔑〔七〕。二子奔齊，遂墮費。將墮成〔八〕，公斂處父〔九〕謂孟孫曰：「墮成，齊人必至于北門。且成，孟氏之保鄣，無成是無孟氏也。我將弗墮。」十二月，公圍成，弗克。

〔一〕裴駰曰：「服虔曰：『三都，三家之邑也。』」

〔二〕郈，叔孫氏之邑，在今山東東平縣。

〔三〕費，季孫氏之邑，在今山東費縣。

〔四〕裴駰曰：「服虔曰：『三子，季孫、孟孫、叔孫也。』」

〔五〕裴駰曰：「服虔曰：『人有入及公之臺側。』」今案：或以「入」爲「矢」字之誤。

〔六〕裴駰曰：「服虔曰：『申句須、樂頎，魯大夫。』」

〔七〕姑蔑，在今山東泗水縣東。

〔八〕成，孟孫氏之邑，在今山東泗水縣西北五十里。

〔九〕裴駰曰：「服虔曰：『成宰也。』」

定公十四年，孔子年五十六，由大司寇行攝相事，有喜色。門人曰：「聞君子禍至不懼，福至不喜。」孔子曰：「有是言也。不曰『樂其以貴下人』乎？」於是誅魯大夫亂政者少正卯。與聞國政三月，粥羔豚者弗飾賈〔一〕，男女行者别於塗，塗不拾遺，四方之客至乎邑者不求有司〔二〕，皆予之以歸。

〔一〕粥，同「鬻」，賣也。飾賈，虚假買賣。

〔二〕裴駰曰：「王肅曰：『有司常供其職，客求而有在也。』」

齊人聞而懼，曰：「孔子爲政，必霸；霸則吾地近焉，我之爲先并矣。盍致地〔一〕焉？」黎鉏曰：「請先嘗沮之；沮之而不可則致地，庸遲乎！」於是選齊國中女子好者八十人，皆衣文衣而舞康樂〔二〕；文馬〔三〕三十駟，遺魯君。陳女樂文馬於魯城南高門外。季桓子微服往觀再三，將受，乃語魯君爲周道游〔四〕，往觀終日，怠於政事。子路曰：「夫子可以行矣！」孔子曰：「魯今且郊〔五〕，如致膰〔六〕乎大夫，則吾猶可以止。」桓子卒受齊女樂，三日不聽政；郊，又不致膰俎於大夫。孔子遂行，宿乎屯〔七〕。而師己送，曰：「夫子則非罪。」孔子曰：「吾歌可夫？」歌曰：「彼婦之口，可以出走；彼婦之謁，可以死敗〔八〕。蓋優哉游哉，維以卒歲〔九〕。」師己反，桓子曰：「孔子亦何言？」師己以實告。桓子喟然歎曰：「夫子罪我以羣婢故也夫！」

〔一〕盍，何不。致地，貢獻土地。

〔二〕文衣，華麗的衣服。康樂，司馬貞曰：「家語作『容璣』。王肅云：『舞曲名也。』」

〔三〕文馬，毛色好看的馬。

〔四〕司馬貞曰：「謂請魯君爲周偏道路遊行，因出觀齊之女樂。」

〔五〕郊，郊祭。

〔六〕裴駰曰：「王肅曰：『膰，祭肉。』」

〔七〕裴駰曰：「屯在魯之南也。」司馬貞曰：「地名。」

〔八〕裴駰曰：「王肅曰：『言婦人之口請謁，足以憂使人死敗，故可以出走也。』」

〔九〕裴駰曰：「王肅曰：『言仕不遇也，故且優遊以終歲。』」

孔子遂適衛，主於子路妻兄顏濁鄒家〔一〕。衛靈公問孔子：「居魯得祿幾何？」對曰：「奉粟六萬。」衛人亦致粟六萬〔二〕。居頃之，或譖孔子於衛靈公。靈公使公孫余假一出一入〔三〕。孔子恐獲罪焉，居十月，去衛。

〔一〕司馬貞曰：「孟子曰：『孔子於衛主顏讎由。彌子之妻與子路之妻，兄弟也。』今此云濁鄒是子路之妻兄，所說不同。」

〔二〕司馬貞曰：「若六萬石似太多，當是六萬斗，亦與漢之秩祿不同。」張守節曰：「六萬小斗，計當今二千石也。周之斗升斤兩皆用小也。」

〔三〕司馬貞曰：「謂以兵仗出入，以脅夫子也。」

將適陳，過匡〔一〕，顏刻爲僕，以其策指之曰：「昔吾入此，由彼缺也〔二〕。」匡人聞之，以爲魯之陽虎。陽虎嘗暴匡人，匡人於是遂止孔子。孔子狀類陽虎，拘焉五日。顏淵後，子曰：「吾以汝爲死矣！」顏淵曰：「子在，回何敢死！」匡人拘孔子益急，弟子懼。孔子曰：「文王既没，文不在兹乎？天之將喪斯文也，後死者不得與于斯文也。天之未喪斯文也，匡人其如予何！」孔子使從者爲甯武子臣於衛，然後得去〔三〕。

〔一〕匡，在今河北長垣縣西南。

〔二〕司馬貞曰：「謂昔所被攻缺破之處也。」

〔三〕司馬貞曰：「家語：『子路彈劍而歌，孔子和之，曲三終，匡人解圍而去。』今此取論語『文王既没』之文，及從者臣甯武子然後得去。蓋夫子再戹匡人，或設辭以解圍，或彈劍而釋難。今此合論語、家語之文以爲一事，故彼此文交互耳。」

去即過蒲〔一〕。月餘，反乎衛，主蘧伯玉〔二〕家。靈公夫人有南子者，使人謂孔子曰：「四方之君子不辱，欲與寡君爲兄弟者，必見寡小君〔三〕。寡小君願見。」孔子辭謝，不得已而見之。夫人在絺帷〔四〕中。孔子入門，北面稽首。夫人自帷中再拜，環珮玉聲璆然〔五〕。孔子曰：「吾鄉爲弗見，見之禮答焉〔六〕。」子路不説。孔子矢之曰：「予所不者，天厭之！天厭之〔七〕！」居衛月餘，靈公與夫人同車，宦者雍渠參乘，出，使孔子爲次乘，招摇〔八〕市過之。孔子曰：「吾未見好德如好色者也。」於是醜之，去衛，過曹。是歲，魯定公卒。

〔一〕蒲，在今河北長垣縣西南。

〔二〕蘧伯玉，衛之賢大夫。

〔三〕寡小君，國君夫人自稱之辭。

〔四〕絺帷，由細葛布所做的帳幔。

〔五〕璆然，狀聲音清脆悦耳。

〔六〕司馬貞曰：「上『見』如字。下『見』音賢徧反，去聲。言我不爲相見之禮現而答之。」

〔七〕裴駰曰：「欒肇曰：『見南子者，時不獲已，猶文王之拘羑里也。天厭之者，言我之否屈乃天命所厭也。』蔡謨曰：『矢，陳也。夫子爲子路陳天命也。』」

〔八〕裴駰曰：「徐廣曰：『招搖，翱翔也。』」

孔子去曹適宋，與弟子習禮大樹下。宋司馬桓魋欲殺孔子，拔其樹。孔子去。弟子曰：「可以速矣！」孔子曰：「天生德於予，桓魋其如予何？」

孔子適鄭，與弟子相失，孔子獨立郭東門。鄭人或謂子貢曰：「東門有人，其顙似堯，其項類皋陶，其肩類子產。然自要以下不及禹三寸，纍纍若喪家之狗〔一〕。」子貢以實告孔子。孔子欣然笑曰：「形狀，末也。而謂似喪家之狗，然哉！然哉！」

〔一〕裴駰曰：「王肅曰：『喪家之狗，主人哀荒，不見飲食，故纍然而不得意。孔子生於亂世，道不得行，故纍然不得志之貌也。韓詩外傳曰「喪家之狗，既斂而槨，有席而祭，顧望無人」也。』」

孔子遂至陳，主於司城貞子家。歲餘，吳王夫差伐陳，取三邑而去。趙鞅伐朝歌。楚圍蔡，蔡遷于吳。吳敗越王句踐會稽。

有隼〔一〕集于陳廷而死，楛〔二〕矢貫之，石砮〔三〕，矢長尺有咫〔四〕。陳湣公使使問仲尼。

仲尼曰：「隼來遠矣，此肅慎〔五〕之矢也。昔武王克商，通道九夷百蠻，使各以其方賄〔六〕來貢，使無忘職業。於是肅慎貢楛矢石砮，長尺有咫。先王欲昭其令德，以肅慎矢分大姬〔七〕，配虞胡公而封諸陳。分同姓以珍玉，展親；分異姓以遠方職，使無忘服。故分陳以肅慎矢。」試求之故府，果得之〔八〕。

〔一〕隼，一種猛禽，似鷹而小。
〔二〕楛，木名，似荆。
〔三〕砮，箭頭。
〔四〕咫，八寸。
〔五〕肅慎，古國名，屬東北夷，後音轉爲女真。
〔六〕方賄，地方特産。
〔七〕大姬，周武王的長女。
〔八〕此事亦見國語魯語下。本書「一一·九」載此，相關注釋可參見。

孔子居陳三歲，會晉、楚争彊，更伐陳。及吴侵陳，陳常被寇。孔子曰：「歸與！歸與！吾黨之小子狂簡，進取不忘其初。」於是孔子去陳。

過蒲，會公叔氏以蒲畔，蒲人止孔子。弟子有公良孺者，以私車五乘從孔子。其爲人長賢，有勇力，謂曰：「吾昔從夫子遇難於匡，今又遇難於此，命也已。吾與夫子再罹難，寧鬭而死。」鬭甚疾。蒲人懼，謂孔子曰：「苟毋適衛，吾出子。」與之盟，出孔子東門。孔子遂適衛。子貢曰：「盟可負邪？」孔子曰：「要盟也，神不聽。」

衛靈公聞孔子來，喜，郊迎。問曰：「蒲可伐乎？」對曰：「可。」靈公曰：「吾大夫以爲不可。今蒲，衛之所以待晉、楚也〔一〕，以衛伐之，無乃不可乎？」孔子曰：「其男子有死之志〔二〕，婦人有保西河之志〔三〕，吾所伐者不過四五人〔四〕。」靈公曰：「善。」然不伐蒲。

〔一〕張守節曰：「衛在濮州，蒲在滑州，在衛西也。韓魏及楚從西向東伐，先在蒲，後及衛。」

〔二〕裴駰曰：「王肅曰：『公叔氏欲以蒲適他國，而男子欲死之，不樂適他。』」

〔三〕裴駰曰：「王肅曰：『婦人恐懼，欲保西河，無戰意也。』」司馬貞曰：「此西河在衛地，非魏之西河也。」

〔四〕裴駰曰：「王肅曰：『本與公叔同畔者。』」

靈公老，怠於政，不用孔子。孔子喟然歎曰：「苟有用我者，朞月而已，三年有成。」孔子行。

佛肸爲中牟宰〔一〕。趙簡子攻范、中行，伐中牟。佛肸畔，使人召孔子，孔子欲往。子路曰：「由聞諸夫子：『其身親爲不善者，君子不入也〔二〕。』今佛肸親以中牟畔，子欲往，如之何？」孔子曰：「有是言也。不曰堅乎，磨而不磷；不曰白乎，涅而不淄〔三〕。我豈匏瓜也哉，焉能繫而不食〔四〕？」

〔一〕裴駰曰：「孔安國曰：『晉大夫趙簡子之邑宰。』」司馬貞曰：「此河北之中牟，蓋在漢陽西。」

〔二〕裴駰曰：「孔安國曰：『不入其國。』」

〔三〕裴駰曰：「孔安國曰：『磷，薄也。涅，可以染皁者也。言至堅者磨之而不薄，至白者染之於涅中而不黑，君子雖在濁亂，不能汙也。』」

〔四〕裴駰曰：「何晏曰：『言匏瓜得繫一處者，不食故也。吾自食物當東西南北，不得如不食之物繫滯一處。』」

孔子擊磬。有荷蕢而過門者，曰：「有心哉〔一〕，擊磬乎！硜硜乎，莫己知也夫而已矣〔二〕！」

〔一〕裴駰曰：「何晏曰：『蕢，草器也。有心謂契契然也。』」

〔二〕裴駰曰：「此硜硜，信己而已，言亦無益也。」

孔子學鼓琴師襄子，十日不進。師襄子曰：「可以益矣。」孔子曰：「丘已習其曲矣，未得其數也。」有閒，曰：「已習其數，可以益矣。」孔子曰：「丘未得其志也。」有閒，曰：

「已習其志，可以益矣。」孔子曰：「丘未得其爲人也。」有閒，有所穆然深思焉，有所怡然高望而遠志焉。曰：「丘得其爲人，黯〔一〕然而黑，幾然而長〔二〕，眼如望羊〔三〕，如王四國。非文王其誰能爲此也！」師襄子辟席再拜，曰：「師蓋云文王操也。」

〔一〕裴駰曰：「王肅曰：『黯，黑貌。』」

〔二〕裴駰曰：「徐廣曰：『詩云「頎而長兮」。』」司馬貞曰：「『幾』與注『頎』，並音祈，家語無此四字。」

〔三〕裴駰曰：「王肅曰：『望羊，望羊視也。』」今案：一說即「汪洋」。

孔子既不得用於衛，將西見趙簡子。至於河而聞竇鳴犢、舜華〔一〕之死也，臨河而歎曰：「美哉水，洋洋乎！丘之不濟此，命也夫！」子貢趨而進，曰：「敢問何謂也？」孔子曰：「竇鳴犢、舜華，晉國之賢大夫也。趙簡子未得志之時，須此兩人而後從政；及其已得志，殺之乃從政。丘聞之也，刳胎殺夭則麒麟不至郊，竭澤涸漁則蛟龍不合陰陽〔二〕，覆巢毀卵則鳳皇不翔。何則？君子諱傷其類也。夫鳥獸之於不義也尚知辟之，而況乎丘哉！」乃還息乎陬鄉，作爲陬操以哀之〔三〕。而反乎衛，入主蘧伯玉家。

〔一〕裴駰曰：「徐廣曰：『或作「鳴鐸竇犨」，又作「竇犨鳴犢舜華也。」』」

〔二〕司馬貞曰：「有角曰蛟龍。龍能興雲致雨，調和陰陽之氣。」

〔三〕裴駰曰：「陬操，琴曲名也。」司馬貞曰：「此陬鄉非魯之陬邑。家語云作『槃操』也。」

他日，靈公問兵陳〔一〕。孔子曰：「俎豆之事，則嘗聞之；軍旅之事，未之學也。」明日，與孔子語，見蜚鴈，仰視之，色不在孔子。孔子遂行〔二〕，復如陳。

〔一〕裴駰曰：「孔安國曰：『軍陳行列之法。』」

〔二〕司馬貞曰：「此魯哀二年也。」

夏，衛靈公卒，立孫輒，是爲衛出公。六月，趙鞅内太子蒯聵于戚〔一〕。陽虎使太子絻，八人衰絰，僞自衛迎者，哭而入，遂居焉。冬，蔡遷于州來。是歲魯哀公三年，而孔子年六十矣。齊助衛圍戚，以衛太子蒯聵在故也。

〔一〕内，同「納」。戚，衛邑，在今河北濮陽縣北。

夏，魯桓、釐廟燔，南宫敬叔救火。孔子在陳，聞之，曰：「災必於桓、釐廟〔一〕乎？」已而果然。

〔一〕裴駰曰：「服虔曰：『桓釐當毁，而魯事非禮之廟，故孔子聞有火災，知其加桓僖也。』」

秋，季桓子病，輦而見魯城，喟然歎曰：「昔此國幾興矣，以吾獲罪於孔子，故不興也。」顧謂其嗣康子曰：「我即死，若必相魯；相魯，必召仲尼。」後數日，桓子卒，康子代立。已葬，欲召仲尼。公之魚曰：「昔吾先君用之不終，終爲諸侯笑。今又用之，不能終，是再爲諸侯笑。」康子曰：「則誰召而可？」曰：「必召冉求。」於是使使召冉求。冉求將行，孔子曰：「魯人召求，非小用之，將大用之也。」是日，孔子曰：「歸乎！歸乎〔一〕！吾黨之小子狂簡，斐然成章，吾不知所以裁之。」子贛知孔子思歸，送冉求，因誡曰「即用，以孔子爲招」云。

〔一〕司馬貞曰：「此系家再有『歸與』之辭者，前辭出孟子，此辭見論語，蓋止是一稱『歸與』，二書各記之，今前後再引，亦失之也。」

冉求既去，明年，孔子自陳遷于蔡。蔡昭公將如吳，吳召之也。前，昭公欺其臣遷州來。後將往，大夫懼復遷，公孫翩射殺昭公〔一〕。楚侵蔡。秋，齊景公卒〔二〕。

〔一〕裴駰曰：「徐廣曰：『哀公四年也。』」

〔二〕裴駰曰：「徐廣曰：『哀公五年也。』」

明年，孔子自蔡如葉。葉公問政，孔子曰：「政在來遠附邇。」他日，葉公問孔子於子路，子路不對〔一〕。孔子聞之，曰：「由，爾何不對曰『其爲人也，學道不倦，誨人不厭，發憤忘食，樂以忘憂，不知老之將至』云爾？」

〔一〕裴駰曰：「孔安國曰：『葉公名諸梁，楚大夫，食菜於葉，僭稱公。不對，未知所以對也。』」

去葉，反于蔡。長沮、桀溺耦而耕，孔子以爲隱者，使子路問津焉〔一〕。長沮曰：「彼執輿者爲誰？」子路曰：「爲孔丘。」曰：「是魯孔丘與？」曰：「然。」曰：「是知津矣。」桀溺謂子路曰：「子爲誰？」曰：「爲仲由。」曰：「子，孔丘之徒與？」曰：「然。」桀溺曰：「悠悠者，天下皆是也，而誰以易之〔二〕？且與其從辟人之士，豈若從辟世之士哉〔三〕！」耰而不輟〔四〕。子路以告孔子，孔子憮然，曰：「鳥獸不可與同羣。天下有道，丘不與易也！」

〔一〕裴駰曰：「鄭玄曰：『耜廣五寸，二耜爲耦。津，濟渡處也。』」

〔二〕裴駰曰：「孔安國曰：『悠悠者，周流之貌也。言當今天下治亂同，空舍此適彼，故曰誰以易之。』」

〔三〕裴駰曰：「何晏曰：『士有辟人之法，有辟世之法。長沮、桀溺謂孔子爲士，從辟人之法者也；己之爲士，則從辟世之法也。』」

〔四〕裴駰曰：「鄭玄曰：『耰，覆種也。輟，止也。覆種不止，不以津告也。』」

他日，子路行，遇荷蓧丈人〔一〕，曰：「子見夫子乎？」丈人曰：「四體不勤，五穀不分，孰爲夫子！」植其杖而芸〔二〕。子路以告，孔子曰：「隱者也。」復往，則亡。

〔一〕裴駰曰：「包氏曰：『丈人，老者。蓧，草器名也。』」

〔二〕裴駰曰：「孔安國曰：『植，倚也。除草曰芸。』」

孔子遷于蔡三歲，吴伐陳。楚救陳〔一〕，軍于城父。聞孔子在陳、蔡之間，楚使人聘孔子。孔子將往拜禮，陳、蔡大夫謀曰：「孔子，賢者，所刺譏皆中諸侯之疾。今者久留陳、蔡之間，諸大夫所設行皆非仲尼之意。今楚，大國也，來聘孔子。孔子用於楚，則陳、蔡用事大夫危矣！」於是乃相與發徒役圍孔子於野。不得行，絶糧。從者病，莫能興〔二〕。孔子講誦弦歌不衰。子路慍見，曰：「君子亦有窮乎？」孔子曰：「君子固窮，小人窮斯濫矣〔三〕。」

〔一〕裴駰曰：「徐廣曰：『哀公四年也。』」

〔二〕裴駰曰：「孔安國曰：『興，起也。』」

〔三〕裴駰曰：「何晏曰：『濫，溢也。君子固亦有窮時，但不如小人窮則濫溢爲非。』」

子貢色作。孔子曰：「賜，爾以予爲多學而識之者與？」曰：「然。非與？」孔子曰：「非也。予一以貫之〔一〕。」

〔一〕裴駰曰：「何晏曰：『善有元，事有會，天下殊塗而同歸，百慮而一致。知其元則衆善舉也，故不待學，以一知之。』」

孔子知弟子有慍心,乃召子路而問曰:「詩云:『匪兕匪虎,率彼曠野〔一〕。』吾道非邪?吾何爲於此?」子路曰:「意者吾未仁邪?人之不我信也。意者吾未知邪?人之不我行也。」孔子曰:「有是乎!由,譬使仁者而必信,安有伯夷、叔齊〔二〕?使知者而必行,安有王子比干〔三〕?」

〔一〕裴駰曰:「王肅曰:『率,循也。言非兕虎而循曠野也。』」

〔二〕張守節曰:「言仁者必使四方信之,安有伯夷、叔齊餓死乎?」

〔三〕張守節曰:「言智者必使處事通行,安有王子比干剖心哉?」

子路出,子貢入見。孔子曰:「賜,詩云:『匪兕匪虎,率彼曠野。』吾道非邪?吾何爲於此?」子貢曰:「夫子之道至大也,故天下莫能容夫子。夫子蓋少貶焉?」孔子曰:「賜,良農能稼而不能爲穡〔一〕,良工能巧而不能爲順〔二〕。君子能脩其道,綱而紀之,統而理之,而不能爲容。今爾不脩爾道而求爲容。賜,而志不遠矣!」

〔一〕裴駰曰:「王肅曰:『種之爲稼,斂之爲穡。言良農能善種之,未必能斂穫之。』」

〔二〕裴駰曰:「王肅曰:『言良工能巧而已,不能每順人之意。』」

子貢出,顔回入見。孔子曰:「回,詩云:『匪兕匪虎,率彼曠野。』吾道非邪?吾何爲於此？」顔回曰：「夫子之道至大，故天下莫能容。雖然，夫子推而行之，不容何病？不容然後見君子！夫道之不脩也，是吾醜也。夫道既已大脩而不用，是有國者之醜也。不容何病？不容然後見君子！」孔子欣然而笑曰：「有是哉顔氏之子！使爾多財，吾爲爾宰〔一〕。」

〔一〕裴駰曰：「王肅曰：『宰，主財者也。爲汝主財，言志之同也。』」

於是使子貢至楚。楚昭王興師迎孔子，然後得免。

昭王將以書社地七百里封孔子〔一〕。楚令尹子西曰：「王之使使諸侯有如子貢者乎？」曰：「無有。」「王之輔相有如顔回者乎？」曰：「無有。」「王之將率有如子路者乎？」曰：「無有。」「王之官尹有如宰予者乎？」曰：「無有。」「且楚之祖封於周，號爲子男五十里。今孔丘述三、五〔二〕之法，明周、召之業，王若用之，則楚安得世世堂堂〔三〕方數千里乎？夫文王在豐，武王在鎬，百里之君，卒王天下。今孔丘得據土壤，賢弟子爲佐，非楚之福也！」昭王乃止。其秋，楚昭王卒于城父。

〔一〕裴駰曰：「服虔曰：『書，籍也。』」司馬貞曰：「古者二十五家爲里，里則各立社，則書社者，書其社之人名於籍。蓋以七百里書社之人封孔子也，故下冄求云『雖累千社而夫子不利』是也。」

〔二〕三、五，這裏指三皇五帝。

〔三〕堂堂，廣大貌。

楚狂接輿歌而過孔子，曰：「鳳兮鳳兮，何德之衰！往者不可諫兮，來者猶可追也！已而已而〔一〕，今之從政者殆而！」孔子下〔二〕，欲與之言。趨而去，弗得與之言。

〔一〕裴駰曰：「孔安國曰：『言「已而」者，言世亂已甚，不可復治也。再言之者，傷之深也。』」

〔二〕裴駰曰：「包氏曰：『下，下車也。』」

於是孔子自楚反乎衛。是歲也，孔子年六十三，而魯哀公六年也。

其明年，吴與魯會繒，徵百牢〔一〕。太宰嚭召季康子。康子使子貢往，然後得已。

〔一〕司馬貞曰：「此哀七年時也。百牢，牢具一百也。周禮上公九牢，侯伯七牢，子男五牢。今吴徵百牢，夷不識禮故也。子貢對以周禮，而後吴亡是徵也。」

孔子曰：「魯、衛之政，兄弟也〔一〕。」是時，衛君輒父不得立，在外，諸侯數以爲讓〔二〕。而孔子弟子多仕於衛，衛君欲得孔子爲政。子路曰：「衛君待子而爲政，子將奚先？」孔子曰：「必也正名乎！」子路曰：「有是哉，子之迂也！何其正也？」孔子曰：「野哉由也！夫名不正則言不順，言不順則事不成，事不成則禮樂不興，禮樂不興則刑罰不中，刑罰不中則民無所錯手足矣。夫君子爲之必可名，言之必可行。君子於其言，無所苟而已矣。」

〔一〕裴駰曰：「包氏曰：『周公、康叔既爲兄弟，康叔睦於周公，其國之政亦如兄弟也。』」

〔二〕讓，責備。

其明年，冉有爲季氏將師，與齊戰於郎，克之〔一〕。季康子曰：「子之於軍旅，學之乎？性之乎？」冉有曰：「學之於孔子。」季康子曰：「孔子何如人哉？」對曰：「用之有名；播之百姓，質諸鬼神而無憾。求之至於此道，雖累千社〔二〕，夫子不利也。」康子曰：「我欲召之，可乎？」對曰：「欲召之，則毋以小人固〔三〕之，則可矣。」而衛孔文子將攻太叔〔四〕，問策於仲尼。仲尼辭不知，退而命載而行，曰：「鳥能擇木，木豈能擇鳥乎！」文子固止。會季康子逐公華、公賓、公林，以幣迎孔子，孔子歸魯。

〔一〕裴駰曰：「徐廣曰：『此哀公十一年也，去吴會繒已四年矣。年表哀公十年，孔子自陳至衛也。』」司馬貞曰：「徐説去會四年，是也。按：左傳及此文，孔子是時在衛歸魯，不見有在陳之文，在陳當哀公之初，蓋年表誤爾。」

〔二〕社，祭祀土地神的場所。千社，謂範圍廣大。

〔三〕固，同「錮」，禁錮，限制。

〔四〕裴駰曰：「服虔曰：『文子，衛卿也。』」又曰：「左傳曰太叔名疾。」

孔子之去魯，凡十四歲而反乎魯〔一〕。

〔一〕司馬貞曰：「前文孔子以定公十四年去魯，計至此十三年。魯系家云定公十二年孔子去魯，則首尾計十五年矣。」

魯哀公問政，對曰：「政在選臣。」季康子問政，曰：「舉直錯諸枉，則枉者直。」康子患盜，孔子曰：「苟子之不欲，雖賞之不竊。」然魯終不能用孔子，孔子亦不求仕。

孔子之時，周室微而禮樂廢，詩、書缺。追迹三代之禮，序書傳，上紀唐虞之際，下至秦繆，編次其事。曰：「夏禮吾能言之，杞不足徵也；殷禮吾能言之，宋不足徵也〔一〕。足，則吾能徵之矣。」觀殷、夏所損益，曰：「後雖百世可知也〔二〕，以一文一質。周監二代，郁郁乎文哉！吾從周〔三〕。」故書傳、禮記自孔氏。

〔一〕裴駰曰：「包氏曰：『徵，成也。杞宋二國，夏殷之後也。夏殷之禮吾能説之，杞宋之君不足以成也。』」

〔二〕裴駰曰：「何晏曰：『物類相召，勢數相生，其變有常，故可預知者也。』」

〔三〕裴駰曰：「孔安國曰：『監，視也。言周文章備於二代，當從之也。』」

孔子語魯大師：「樂其可知也。始作翕如〔一〕，縱之純如〔二〕，皦如〔三〕，繹如也，以成〔四〕。」「吾自衛反魯，然後樂正，雅頌各得其所〔五〕。」

〔一〕裴駰曰：「何晏曰：『太師，樂官名也。五音始奏，翕如盛也。』」

〔二〕裴駰曰：「何晏曰：『言五音既發放縱盡，其聲純和諧也。』」

〔三〕裴駰曰：「何晏曰：『言其音節明。』」

〔四〕裴駰曰：「何晏曰：『縱之以純如，皦如，繹如，言樂始於翕如而成於三者也。』」

〔五〕裴駰曰：「鄭玄曰：『反魯，魯哀公十一年冬。是時道衰樂廢，孔子來還，乃正之，故雅頌各得其所。』」

古者詩三千餘篇，及至孔子，去其重，取可施於禮義，上采契、后稷，中述殷、周之盛，至幽、厲之缺〔一〕，始於衽席〔二〕，故曰：「關雎之亂〔三〕以爲風始，鹿鳴爲小雅始，文王爲大雅始，清廟爲頌始。」三百五篇，孔子皆弦歌之，以求合韶、武、雅、頌之音。禮樂自此可得而述，以備王道，成六藝。

〔一〕缺，衰敗。

〔二〕衽席，寢處之所，爲夫婦關係。

〔三〕張守節曰：「亂，理也。」

孔子晚而喜易，序彖、繫、象、説卦、文言〔一〕。讀易，韋編三絶。曰：「假我數年，若是，我於易則彬彬矣。」

〔一〕張守節曰：「序，易序卦也。夫子作十翼，謂上彖、下彖、上象、下象、上繫、下繫、文言、序卦、説卦、雜卦也。易正義曰：『文王既繇六十四卦分爲上下篇，先後之次，其理不易。孔子就上下二經，各序其相次之義。』」今案：序有整理次序和作序二義。「序彖、繫、象、説卦、文言」，是説孔子爲這五種文獻整理次序並作序。五者皆孔子以前的文獻，其中彖即今本彖傳，繫即卦辭和爻辭，象即今象傳，今本説卦前三章以外的部分以及序卦、雜卦爲古本説卦佚文，今本乾文言第一章爲古本文言的佚文。詳見郭沂從早期易傳到孔子易説——重新檢討易傳成書問題，國際易學研究第三輯，華夏出版社一九九七年版。

孔子以詩書禮樂教，弟子蓋三千焉，身通六藝者七十有二人。如顔濁鄒之徒〔一〕，頗受業者甚衆。

〔一〕張守節曰：「濁音卓。鄒音聚。顔濁鄒，非七十二人數也。」

孔子以四教：文，行，忠，信。絶四：毋意，毋必，毋固，毋我。所慎：齊、戰、疾。子罕言利，與命與仁。不憤不啓，舉一隅不以三隅反，則弗復也。

其於鄉黨，恂恂〔一〕似不能言者。其於宗廟朝廷，辯辯〔二〕言，唯謹爾〔三〕。朝，與上大夫言，誾誾如也〔四〕；與下大夫言，侃侃如也〔五〕。

〔一〕裴駰曰：「王肅曰：『恂恂，温恭貌也。』」

〔二〕司馬貞曰：「論語作『便便』。」

〔三〕裴駰曰：「鄭玄曰：『唯辯而謹敬也。』」

〔四〕裴駰曰：「孔安國曰：『中正之貌也。』」

〔五〕裴駰曰：「孔安國曰：『和樂貌。』」

入公門，鞠躬如也；趨進，翼如也〔一〕。君召使儐〔二〕，色勃如也〔三〕；君命召，不俟駕行矣。

〔一〕裴駰曰：「孔安國曰：『言端好也。』」

〔二〕裴駰曰：「鄭玄曰：『有賓客，使迎之也。』」

〔三〕裴駰曰：「孔安國曰：『必變色。』」

魚餒〔一〕，肉敗，割不正，不食。席不正，不坐。食於有喪者之側，未嘗飽也。

〔一〕裴駰曰：「孔安國曰：『魚敗曰餒也。』」

是日哭，則不歌。見齊衰、瞽者，雖童子必變。「三人行，必得我師。」「德之不脩，學之不講，聞義不能徙，不善不能改，是吾憂也。」使人歌，善，則使復之，然後和之。

子不語怪、力、亂、神〔一〕。

〔一〕裴駰曰：「王肅曰：『怪，怪異也。力謂若奡盪舟、烏獲舉千鈞之屬也。亂謂臣弒君、子弒父也。神謂鬼神之事。或無益於教化，或所不忍言也。』李充曰：『力不由理，斯怪力也。神不由正，斯亂神也。怪力亂神，有與於邪，無益於教，故不言也。』」

子貢曰：「夫子之文章，可得聞也。夫子言天道與性命，弗可得聞也已。」顏淵喟然歎曰：「仰之彌高，鑽之彌堅。瞻之在前，忽焉在後。夫子循循然善誘人，博我以文，約我以禮，欲罷不能。既竭我才，如有所立，卓爾。雖欲從之，蔑由也已〔一〕！」達巷黨人曰：「大哉孔子！博學而無所成名。」子聞之，曰：「我何執？執御乎？執射乎？我執御矣。」牢曰：「子云：『不試，故藝。』」〔二〕

〔一〕裴駰曰：「孔安國曰：『言夫子既以文章開博我，又以禮節節約我，使我欲罷不能。已竭吾才矣，其有所立，則卓然不可及。言己雖蒙夫子之善誘，猶不能及夫子所立也。』」

〔二〕裴駰曰：「鄭玄曰：『牢者，弟子子牢也。試，用也。言孔子自云不見用故多伎藝也。』」

魯哀公十四年春，狩大野〔一〕。叔孫氏車子鉏商〔二〕獲獸，以爲不祥。仲尼視之，曰：「麟也。」取之〔三〕。曰：「河不出圖，雒不出書，吾已矣夫〔四〕！」顏淵死，孔子曰：「天喪予！」及西狩見麟，曰：「吾道窮矣！」喟然歎曰：「莫知我夫！」子貢曰：「何爲莫知子？」子曰：「不怨天，不尤人，下學而上達，知我者其天乎！」

〔一〕裴駰曰：「服虔曰：『大野，藪名，魯田圃之常處，蓋今鉅野是也。』」張守節曰：「括地志云：『獲麟堆在鄆州鉅野縣東十二里。春秋哀十四年經云「西狩獲麟」。國都城記云「鉅野故城東十里澤中有土臺，廣輪四五十步，俗云獲麟堆，去魯城可三百餘里」。』」

〔二〕裴駰曰：「服虔曰：『車子，微者也；鉏商，名也。』」司馬貞曰：「春秋傳及家語並云『車子鉏商』，而服虔以『子』爲姓，非也。今以車子爲主車車士，微者之人也。人微故略其姓，則『子』非姓也。」

〔三〕裴駰曰：「服虔曰：『麟非時所常見，故怪之，以爲不祥也。仲尼名之曰「麟」，然後魯人乃取之也。明麟爲仲尼至也。』」

〔四〕裴駰曰：「孔安國曰：『聖人受命，則河出圖，今無此瑞。吾已矣夫者，〔傷〕不得見〔也〕。河圖，八卦是也。』」

「不降其志，不辱其身，伯夷、叔齊乎！」謂「柳下惠、少連，降志辱身矣」。謂「虞仲、夷逸隱居放言〔一〕，行中清，廢中權〔二〕」。「我則異於是，無可無不可。」

〔一〕裴駰曰：「包氏曰：『放，置也。置不復言世務也。』」

〔二〕裴駰曰：「馬融曰：『清，純絜也。遭世亂，自廢棄以免患，合於權也。』」

子曰：「弗乎弗乎，君子病没世而名不稱焉。吾道不行矣，吾何以自見於後世哉？」乃因史記作春秋，上至隱公，下訖哀公十四年，十二公。據魯，親周〔一〕，故殷，運之三代〔二〕。約其文辭而指博。故吴、楚之君自稱王，而春秋貶之曰「子」。踐土之會，實召周天子，而春秋諱之曰：「天王狩於河陽。」推此類以繩當世。貶損之義，後有王者舉而開之。春秋之義行，則天下亂臣賊子懼焉。

〔一〕司馬貞曰：「言夫子修春秋，以魯爲主，故云據魯。親周，蓋孔子之時周雖微，而親周王者，以見天下之有宗主也。」

〔二〕張守節曰：「殷，中也。又中運夏、殷、周之事也。」

孔子在位聽訟，文辭有可與人共者，弗獨有也。至於爲春秋，筆則筆，削則削，子夏之徒不能贊一辭。弟子受春秋，孔子曰：「後世知丘者以春秋，而罪丘者亦以春秋〔一〕。」

〔一〕裴駰曰：「劉熙曰：『知者，行堯舜之道者也。罪者，在王公之位，見貶絶者。』」

明歲，子路死於衛。孔子病，子貢請見。孔子方負杖逍遥於門，曰：「賜，汝來何其晚也！」孔子因歎，歌曰：「太山壞乎！梁柱摧乎！哲人萎〔一〕乎！」因以涕下。謂子貢曰：「天下無道久矣，莫能宗予。夏人殯於東階，周人於西階，殷人兩柱閒。昨暮予夢坐奠兩柱之閒，予始，殷人也。」後七日卒。

〔一〕裴駰曰：「王肅曰：『萎，頓也。』」

孔子年七十三，以魯哀公十六年四月己丑卒〔一〕。

〔一〕司馬貞曰：「若孔子以魯襄二十一年生，至哀十六年爲七十三；若襄二十二年生，則孔子年七十二。經傳生年不定，致使孔子壽數不明。」

哀公誄〔一〕之曰：「旻天不弔〔二〕，不憖遺一老，俾屏余一人以在位，煢煢余在疚〔三〕。嗚呼哀哉！尼父，毋自律！」子貢曰：「君其不没於魯乎！夫子之言曰：『禮失則昏，名失則愆。失志爲昏，失所爲愆。』生不能用，死而誄之，非禮也。稱『余一人』，非名也〔四〕。」

〔一〕誄，哀悼死者的文字，這裏用作動詞。

〔二〕不弔，不仁，不憐憫。

〔三〕煢煢，憂思貌。疚，内心苦惱。

〔四〕此事又見左傳哀公十六年，補録一已引，相關注釋可參見。

孔子葬魯城北泗上，弟子皆服三年。三年心喪畢，相訣〔一〕而去，則哭，各復盡哀；或復留。唯子贛廬於冢上，凡六年，然後去。弟子及魯人往從冢而家者百有餘室，因命曰孔里。魯世世相傳以歲時奉祠孔子冢，而諸儒亦講禮鄉飲大射於孔子冢。孔子冢大一頃。故所居堂、弟子内，後世因廟，藏孔子衣冠琴車書〔二〕，至于漢二百餘年不絶。高皇帝過魯，以太牢祠焉。諸侯卿相至，常先謁然後從政。

〔一〕司馬貞曰：「訣音決。訣者，别也。」

〔二〕司馬貞曰：「謂孔子所居之堂，其弟子之中，孔子没後，後代因廟，藏夫子平生衣冠琴書於壽堂中。」

孔子生鯉，字伯魚。伯魚年五十，先孔子死。

伯魚生伋，字子思。年六十二。嘗困於宋。子思作中庸。

子思生白，字子上，年四十七。子上生求，字子家，年四十五。子家生箕，字子京，年四十六。子京生穿，字子高，年五十一。子高生子慎，年五十七，嘗爲魏相。

子慎生鮒，年五十七，爲陳王涉博士，死於陳下。

鮒弟子襄，年五十七，嘗爲孝惠皇帝博士，遷爲長沙太守。長九尺六寸。

子襄生忠，年五十七。忠生武，武生延年及安國。安國爲今皇帝博士，至臨淮太守，蚤卒。安國生卬，卬生驩。

太史公曰：詩有之：「高山仰止，景行行止。」雖不能至，然心鄉往之。余讀孔氏書，想見其爲人。適魯，觀仲尼廟堂車服禮器，諸生以時習禮其家，余祗迴留之不能去云〔一〕。天下君王至于賢人衆矣，當時則榮，没則已焉。孔子布衣，傳十餘世，學者宗之。自天子王侯，中國言六藝者折中於夫子〔二〕。可謂至聖矣！

〔一〕司馬貞曰：「祗，敬也。言祗敬遲回不能去之。有本亦作『低回』，義亦通。」

〔二〕司馬貞曰：「離騷云『明五帝以折中』。王師叔云『折中，正也』。宋均云『折，斷也。中，當也』。按：言欲折斷其物而用之，與度相中當，故以言其折中也。」

一二 史記仲尼弟子列傳

以中華書局標點本史記爲底本，參照馬持盈的史記今注（臺灣商務印書館一九九八年版）加以整理。

孔子曰「受業身通〔一〕者七十有七人」，皆異能之士也。德行：顏淵，閔子騫，冉伯牛，仲弓。政事：冉有，季路。言語：宰我，子貢。文學：子游，子夏。師也辟〔二〕，參也魯〔三〕，柴也愚〔四〕，由也喭〔五〕，回也屢空。賜不受命而貨殖焉，億則屢中〔六〕。

〔一〕身通，這裏指身通六藝。

〔二〕裴駰曰：「馬融曰：『子張才過人，失於邪辟文過。』」

〔三〕裴駰曰：「孔安國曰：『魯，鈍也。曾子遲鈍。』」

〔四〕裴駰曰：「何晏曰：『愚直之愚。』」

〔五〕裴駰曰：「鄭玄曰：『子路之行，失於昄喭。』」司馬貞曰：「論語先言柴，次參，次師，次由。今此傳序之亦與論語不同，不得輒言其誤也。」張守節曰：「昄音畔。喭音岸。」

〔六〕裴駰曰：「何晏曰：『言回庶幾於聖道，雖數空匱而樂在其中。賜不受教命，唯財貨是殖，億度是非。蓋美回所以勵賜也。一曰屢猶每也，空猶虛中也。以聖人之善道，教數子之庶幾，猶不至於知道者，各內有此害也。其於庶幾每能虛中者唯回，懷道深遠。不虛心不能知道。子貢無數子之病，然亦不知道者，雖不窮理而幸中，雖非天命而偶富，亦所以不虛心也。』」

孔子之所嚴事：於周則老子；於衛，蘧伯玉；於齊，晏平仲；於楚，老萊子；於鄭，子産；於魯，孟公綽。數稱臧文仲、柳下惠、銅鞮〔一〕伯華、介山子然，孔子皆後之，不並世。

〔一〕司馬貞曰：「地理志縣名，屬上黨。」

顏回者，魯人也，字子淵。少孔子三十歲。

顏淵問仁，孔子曰：「克己復禮，天下歸仁焉。」

孔子曰：「賢哉回也！一簞食，一瓢飲，在陋巷，人不堪其憂，回也不改其樂。」「回也如愚；退而省其私，亦足以發，回也不愚。」「用之則行，捨之則藏，唯我與爾有是夫！」

回年二十九，髮盡白，蚤死〔一〕。孔子哭之慟，曰：「自吾有回，門人益親。」魯哀公問：「弟子孰爲好學？」孔子對曰：「有顏回者好學，不遷怒，不貳過。不幸短命死矣，今也則亡。」

〔一〕司馬貞曰：「家語亦云『年二十九而髮白，三十二而死』。王肅云『此久遠之書，年數錯誤，未可詳也。校其年，則顏回死時，孔子年六十一。然則伯魚年五十先孔子卒時，孔子且七十也。今此爲顏回先伯魚死，而論語曰顏回死，顏路請子之車，孔子曰「鯉也死，有棺而無槨」，或爲設事之辭。』按：顏回死在伯魚之前，故以論語爲設詞。」

閔損字子騫。少孔子十五歲。

孔子曰：「孝哉閔子騫！人不間於其父母昆弟之言〔一〕。」不仕大夫，不食汙君之禄〔二〕。「如有復我者〔三〕，必在汶上矣〔四〕。」

〔一〕裴駰曰：「陳羣曰：『言子騫上事父母，下順兄弟，動静盡善，故人不得有非間之言。』」

〔二〕司馬貞曰：「論語季氏使閔子騫爲費宰，子騫曰『善爲我辭焉』，是不仕大夫，不食汙君之禄也。」

〔三〕裴駰曰：「孔安國曰：『復我者，重來召我。』」

〔四〕裴駰曰：「孔安國曰：『去之汶水上，欲北如齊。』」

冉耕字伯牛。孔子以爲有德行。

伯牛有惡疾，孔子往問之，自牖執其手，曰：「命也夫！斯人也而有斯疾，命也夫！」

冉雍字仲弓。

仲弓問政，孔子曰：「出門如見大賓，使民如承大祭。在邦無怨，在家無怨。」

孔子以仲弓爲有德行，曰：「雍也可使南面〔一〕。」

〔一〕裴駰曰：「包氏曰：『可使南面，言任諸侯之治。』」

仲弓父，賤人。孔子曰：「犂牛之子騂且角，雖欲勿用，山川其舍諸〔一〕？」

〔一〕裴駰曰：「何晏曰：『犂，雜文。騂，赤色也。角者，角周正，中犧牲，雖欲以其所生犂而不用，山川寧肯舍之乎？言父雖不善，不害於子之美。』」

冉求字子有，少孔子二十九歲。爲季氏宰。

季康子問孔子曰：「冉求仁乎？」曰：「千室之邑，百乘之家〔一〕，求也可使治其賦。仁則吾不知也〔二〕。」復問：「子路仁乎？」孔子對曰：「如求。」

〔一〕裴駰曰：「孔安國曰：『千室，卿大夫之邑。卿大夫稱家。諸侯千乘，大夫故曰百乘。』」

〔二〕裴駰曰：「孔安國曰：『賦，兵賦也。仁道至大，不可全名也。』」

求問曰：「聞斯行諸？」子曰：「行之。」子路問：「聞斯行諸？」子曰：「有父兄在，如之何其聞斯行之！」子華怪之：「敢問問同而答異。」孔子曰：「求也退，故進之。由也兼人，故退之。」

仲由字子路，卞人也〔一〕。少孔子九歲。

〔一〕卞，在今山東泗水縣東南。

子路性鄙，好勇力，志伉直〔一〕，冠雄鷄，佩豭豚〔二〕，陵暴〔三〕孔子。孔子設禮稍誘子路，子路後儒服委質〔四〕，因門人請爲弟子。

〔一〕伉直，剛强而直率。

〔二〕裴駰曰：「冠以雄雞，佩以豭豚。二者皆勇，子路好勇，故冠帶之。」

〔三〕陵暴，欺凌施暴。

〔四〕司馬貞曰：「服虔注左氏云：『古者始仕，必先書其名於策，委死之質於君，然後爲臣，示必死節於其君也。』」一説委質同「委贄」，弟子初次拜見老師的禮物。

子路問政，孔子曰：「先之，勞之〔一〕。」請益。曰：「無倦〔二〕。」

〔一〕裴駰曰：「孔安國曰：『先導之以德，使民信之，然後勞之。』」

〔二〕裴駰曰：「孔安國曰：『子路嫌其少，故請益。曰「無倦」者，行此上事無倦則可。』」

子路問：「君子尚勇乎？」孔子曰：「義之爲上。君子好勇而無義則亂，小人好勇而無義則盜。」

子路有聞，未之能行，唯恐有聞。

孔子曰：「片言可以折獄者，其由也與〔一〕！」「由也好勇過我，無所取材〔二〕。」「若由也，不得其死然〔三〕。」「衣敝緼〔四〕袍與衣狐貉者立而不恥者，其由也與！」「由也升堂矣，未入於室也。」

〔一〕裴駰曰：「孔安國曰：『片猶偏也。聽訟必須兩辭以定是非，偏信一言折獄者，唯子路可也。』」

〔二〕材，一說同「哉」；一說同「裁」，全句謂不能裁之以義理。

〔三〕裴駰曰：「孔安國曰：『不得以壽終也。』」

〔四〕裴駰曰：「孔安國曰：『緼，枲著也。』」

季康子問：「仲由仁乎？」孔子曰：「千乘之國可使治其賦，不知其仁。」

子路喜從游，遇長沮、桀溺、荷蓧丈人。

子路爲季氏宰，季孫問曰：「子路可謂大臣與？」孔子曰：「可謂具臣矣〔一〕。」

〔一〕裴駰曰：「孔安國曰：『言備臣數而已。』」

子路爲蒲〔一〕大夫，辭孔子。孔子曰：「蒲多壯士，又難治。然吾語汝：恭以敬，可以執勇；寬以正，可以比衆〔二〕；恭正以静，可以報上。」

〔一〕司馬貞曰：「蒲，衛邑，子路爲之宰也。」

〔二〕裴駰曰：「言寬大清正，衆必歸近之。」

初，衛靈公有寵姬曰南子。靈公太子蕢聵得過南子，懼誅出奔。及靈公卒而夫人欲立公子郢。郢不肯，曰：「亡人太子之子輒在。」於是衛立輒爲君，是爲出公。出公立十二年，其父蕢聵居外，不得入。子路爲衛大夫孔悝之邑宰。蕢聵乃與孔悝作亂，謀入孔悝家，遂與其徒襲攻出公。出公奔魯，而蕢聵入立，是爲莊公。方孔悝作亂〔一〕，子路在外，聞之而馳往。遇子羔出衛城門，謂子路曰：「出公去矣，而門已閉，子可還矣，毋空受其禍。」子路曰：「食其食者不避其難。」子羔卒去。有使者入城，城門開，子路隨而入。造蕢聵，蕢聵與孔悝登臺。子路曰：「君焉用孔悝？請得而殺之。」蕢聵弗聽。於是子路欲燔臺，蕢聵懼，乃下石乞、壺黶攻子路，擊斷子路之纓。子路曰：「君子死而冠不免。」遂結纓而死。

〔一〕司馬貞曰：「左傳蒯聵入孔悝家，悝母伯姬劫悝於廁，强與之盟而立蒯聵，非悝本心自作亂也。」

孔子聞衛亂，曰：「嗟乎，由死矣！」已而果死。故孔子曰：「自吾得由，惡言不聞於耳。」是時子貢爲魯使於齊〔一〕。

〔一〕司馬貞曰：「左傳子貢爲魯使齊在哀十五年，蓋此文誤也。」

宰予字子我。利口辯辭。既受業，問：「三年之喪不已久乎？君子三年不爲禮，禮必壞；三年不爲樂，樂必崩。舊穀既没，新穀既升，鑽燧改火，期可已矣〔一〕。」子曰：「於汝安乎？」曰：「安。」「汝安則爲之。君子居喪，食旨〔二〕不甘，聞樂不樂，故弗爲也。」宰我出，子曰：「予之不仁也！子生三年然後免於父母之懷〔三〕。夫三年之喪，天下之通義也。」

〔一〕裴駰曰：「馬融曰：『周書月令有更火之文。春取榆柳之火，夏取棗杏之火，季夏取桑柘之火，秋取柞楢之火，冬取槐檀之火。一年之中，鑽火各異木，故曰「改火」。』」

〔二〕裴駰曰：「孔安國曰：『旨，美也。』」

〔三〕裴駰曰：「馬融曰：『生未三歲，爲父母所懷抱也。』」

宰予晝寢。子曰：「朽木不可雕也，糞土之牆不可圬也〔一〕。」

〔一〕糞土之牆，已陳舊粉化的牆面。圬，塗飾。裴駰曰：「王肅曰：『圬，墁也。二者喻雖施功猶不成也。』」

宰我問五帝之德，子曰：「予非其人也〔一〕。」

〔一〕裴駰曰：「王肅曰：『言不足以明五帝之德也。』」

宰我爲臨菑大夫〔一〕，與田常作亂，以夷其族，孔子恥之〔二〕。

〔一〕司馬貞曰：「按：謂仕齊。齊都臨淄，故云『爲臨淄大夫』也。」

〔二〕司馬貞曰：「左氏傳無宰我與田常作亂之文，然有闞止字子我，因而争寵，遂爲陳恒所殺。恐字與宰予相涉，因誤云然。」

端沐賜〔一〕，衛人，字子貢。少孔子三十一歲。

〔一〕端沐賜，即端木賜。

子貢利口巧辭，孔子常黜其辯。問曰：「汝與回也孰愈〔一〕？」對曰：「賜也何敢望回！回也聞一以知十，賜也聞一以知二。」

〔一〕裴駰曰：「孔安國曰：『愈猶勝也。』」

子貢既已受業，問曰：「賜何人也？」孔子曰：「汝器也〔一〕。」曰：「何器也？」曰：「瑚璉〔二〕也。」

〔一〕裴駰曰：「孔安國曰：『言汝器用之人。』」

〔二〕裴駰曰：「包氏曰：『瑚璉，黍稷器。夏曰瑚，殷曰璉，周曰簠簋，宗廟之貴器。』」

陳子禽問子貢曰：「仲尼焉學？」子貢曰：「文武之道未墜於地，在人，賢者識其大者，不賢者識其小者，莫不有文武之道。夫子焉不學，而亦何常師之有！」又問曰：「孔子適是國必聞其政。求之與？抑與之與？」子貢曰：「夫子温良恭儉讓以得之。夫子之求之也，其諸異乎人之求之也。」

子貢問曰：「富而無驕，貧而無諂，何如？」孔子曰：「可也。不如貧而樂道，富而好禮。」

田常欲作亂於齊，憚高、國、鮑、晏，故移其兵欲以伐魯。孔子聞之，謂門弟子曰：「夫魯，墳墓所處，父母之國，國危如此，二三子何爲莫出？」子路請出，孔子止之。子張、子石〔一〕請行，孔子弗許。子貢請行，孔子許之。

〔一〕司馬貞曰：「公孫龍也。」

遂行，至齊，説田常曰：「君之伐魯過矣。夫魯，難伐之國，其城薄以卑，其地狹以泄〔一〕，其君愚而不仁，大臣僞而無用，其士民又惡甲兵之事，此不可與戰。君不如伐吳。夫吳，城高以厚，地廣以深，甲堅以新，士選以飽，重器精兵盡在其中，又使明大夫守之，此易伐也。」田常忿然作色曰：「子之所難，人之所易；子之所易，人之所難。而以教常，何也？」子貢曰：「臣聞之，憂在内者攻彊，憂在外者攻弱。今君憂在内。吾聞君三封而三不成者，大臣有不聽者也。今君破魯以廣齊，戰勝以驕主，破國以尊臣〔二〕，而君之功不與焉，則交日疏於主。是君上驕主心，下恣羣臣，求以成大事，難矣。夫上驕則恣，臣驕則争，是君上與主有郤，下與大臣交争也。如此，則君之立於齊危矣。故曰不如伐吴。伐吴不勝，民人外死，大臣内空，是君上無彊臣之敵，下無民人之過，孤主制齊者唯君也。」田常曰：「善。雖然，吾兵業已加魯矣，去而之吴，大臣疑我，奈何？」子貢曰：「君按兵無伐，臣請往使吴王，令之救魯而伐齊，君因以兵迎之。」田常許之，使子貢南見吴王。

〔一〕司馬貞曰：「按：越絶書其『泄』字作『淺』。」

〔二〕裴駰曰：「王肅曰：『鮑、晏等帥師，若破國則臣尊矣。』」

說曰：「臣聞之，王者不絶世，霸者無彊敵，千鈞之重加銖兩而移。今以萬乘之齊而私千乘之魯，與吴争彊，竊爲王危之。且夫救魯，顯名也；伐齊，大利也。以撫泗上諸侯，誅暴齊以服彊晉，利莫大焉。名存亡魯，實困彊齊，智者不疑也。」吴王曰：「善。雖然，吾嘗與越戰，棲之會稽。越王苦身養士，有報我心。子待我伐越而聽子。」子貢曰：「越之勁不過魯，吴之彊不過齊，王置齊而伐越，則齊已平魯矣。且王方以存亡繼絶爲名，夫伐小越而畏彊齊，非勇也。夫勇者不避難，仁者不窮約，智者不失時，王者不絶世，以立其義。今存越示諸侯以仁，救魯伐齊，威加晉國，諸侯必相率而朝吴，霸業成矣。且王必惡〔一〕

越，臣請東見越王，令出兵以從，此實空越，名從諸侯以伐也。」吳王大說，乃使子貢之越。

〔一〕司馬貞曰：「惡猶畏惡也。」

越王除道郊迎，身御〔一〕至舍而問曰：「此蠻夷之國，大夫何以儼然辱而臨之？」子貢曰：「今者吾說吳王以救魯伐齊，其志欲之而畏越，曰『待我伐越乃可』。如此，破越必矣。且夫無報人之志而令人疑之，拙也；有報人之志，使人知之，殆也；事未發而先聞，危也。三者舉事之大患。」句踐頓首再拜曰：「孤嘗不料力，乃與吳戰，困於會稽，痛入於骨髓，日夜焦脣乾舌，徒欲與吳王接踵而死，孤之願也。」遂問子貢。子貢曰：「吳王爲人猛暴，羣臣不堪；國家敝以數戰，士卒弗忍；百姓怨上，大臣內變；子胥以諫死〔二〕，太宰嚭用事，順君之過以安其私：是殘國之治也。今王誠發士卒佐之以徼其志〔三〕，重寶以說其心，卑辭以尊其禮，其伐齊必也。彼戰不勝，王之福矣。戰勝，必以兵臨晉，臣請北見晉君，令共攻之，弱吳必矣。其銳兵盡於齊，重甲困於晉，而王制其敝，此滅吳必矣。」越王大說，許諾。送子貢金百鎰，劍一，良矛二。子貢不受，遂行。

〔一〕身御，親自駕車。

〔二〕司馬貞曰：「王劭按：家語、越絕並無此五字。是時子胥未死。」

〔三〕裴駰曰：「王肅曰：『激射其志。』」徼，投合。

報吳王曰：「臣敬以大王之言告越王，越王大恐。曰：『孤不幸，少失先人，内不自量，抵罪於吳，軍敗身辱，棲於會稽，國爲虚莽〔一〕，賴大王之賜，使得奉俎豆而修祭祀，死不敢忘，何謀之敢慮！』」後五日，越使大夫種頓首言於吳王曰：「東海役臣孤句踐使者臣種，敢修下吏問於左右。今竊聞大王將興大義，誅彊救弱，困暴齊而撫周室，請悉起境内士卒三千人，孤請自被堅執鋭，以先受矢石。因越賤臣種奉先人藏器，甲二十領，鈇屈盧之矛〔二〕，步光之劍，以賀軍吏。」吳王大説，以告子貢曰：「越王欲身從寡人伐齊，可乎？」子貢曰：「不可。夫空人之國，悉人之衆，又從其君，不義。君受其幣，許其師，而辭其君。」吳王許諾，乃謝越王。於是吳王乃遂發九郡兵伐齊。

〔一〕虚莽，荒原。

〔二〕司馬貞曰：「鈇音膚，斧也。劉氏云一本無此字。屈盧，矛名。」

子貢因去之晉，謂晉君曰：「臣聞之，慮不先定不可以應卒〔一〕，兵不先辨不可以勝敵。今夫齊與吳將戰，彼戰而不勝，越亂之必矣；與齊戰而勝，必以其兵臨晉。」晉君大恐，曰：「爲之奈何？」子貢曰：「修兵休卒以待之。」晉君許諾。

〔一〕司馬貞曰：「按：卒謂急卒也。言計慮不先定，不可以應卒有非常之事。」

子貢去而之魯。吴王果與齊人戰於艾陵〔一〕，大破齊師，獲七將軍之兵而不歸，果以兵臨晉，與晉人相遇黄池〔二〕之上。吴晉争彊。晉人擊之，大敗吴師。越王聞之，涉江襲吴，去城七里而軍。吴王聞之，去晉而歸，與越戰於五湖。三戰不勝，城門不守，越遂圍王宫，殺夫差而戮其相〔三〕。破吴三年。東向而霸。

〔一〕艾陵，一説在山東泰安東南，一説在萊蕪東北。司馬貞曰：「按：左傳在哀十一年。」

〔二〕黄池，在河南封丘縣西南。司馬貞曰：「左傳黄池之會在哀十三年。越入吴，吴與越平也。」

〔三〕司馬貞曰：「按：左傳越滅吴在哀二十二年，則事並懸隔數年。蓋此文欲終説其事，故其辭相連。」

故子貢一出，存魯，亂齊，破吴，彊晉而霸越。子貢一使，使勢相破，十年之中，五國各有變。

子貢好廢舉，與時轉貨貲〔一〕。喜揚人之美，不能匿人之過。常相魯衛，家累千金，卒終于齊。

〔一〕裴駰曰：「廢舉謂停貯也。與時謂逐時也。夫物賤則買而停貯，值貴即逐時轉易，貨賣取資利也。」司馬貞曰：「家語『貨』作『化』。王肅云：『廢舉謂買賤賣貴也，轉化謂隨時轉貨以殖其資也。』劉氏云：『廢謂物貴而賣之，舉謂物賤而收買之，轉貨謂轉貴收賤也。』」

言偃，吴人，字子游。少孔子四十五歲。

子游既已受業，爲武城宰。孔子過，聞弦歌之聲。孔子莞爾〔一〕而笑曰：「割鷄焉用牛刀？」子游曰：「昔者偃聞諸夫子曰，君子學道則愛人，小人學道則易使。」孔子曰：「二三子，偃之言是也。前言戲之耳。」孔子以爲子游習於文學。

〔一〕裴駰曰：「何晏曰：『莞爾，小笑貌。』」

卜商字子夏。少孔子四十四歲。

子夏問：「『巧笑倩兮，美目盼兮，素以爲絢兮』〔一〕，何謂也？」子曰：「繪事後素〔二〕。」曰：「禮後乎〔三〕？」孔子曰：「商始可與言詩已矣。」

〔一〕裴駰曰：「馬融曰：『倩，笑貌。盼，動目貌。絢，文貌。此上二句在衛風碩人之二章，其下一句逸詩。』」

〔二〕裴駰曰：「鄭玄曰：『繪，畫文也。凡畫繪先布衆色，然後以素分布其間以成其文，喻美女雖有倩盼美質，亦須禮以成也。』」

〔三〕裴駰曰：「何晏曰：『孔言繢事後素，子夏聞而解知以素喻禮，故曰「禮後乎」。』」

子貢問：「師與商孰賢？」子曰：「師也過，商也不及。」「然則師愈與？」曰：「過猶不及。」

子謂子夏曰：「汝爲君子儒，無爲小人儒。」

孔子既没，子夏居西河教授，爲魏文侯師〔一〕。其子死，哭之失明。

〔一〕司馬貞曰：「子夏文學著於四科，序詩，傳易。又孔子以春秋屬商。又傳禮，著在禮志。而此史並不論，空記論語小事，亦其疏也。」

顓孫師，陳人，字子張。少孔子四十八歲。

子張問干禄〔一〕，孔子曰：「多聞闕疑，慎言其餘，則寡尤〔二〕；多見闕殆，慎行其餘，則寡悔〔三〕。言寡尤，行寡悔，禄在其中矣。」

〔一〕裴駰曰：「鄭玄曰：『干，求也。禄，禄位也。』」

〔二〕裴駰曰：「包氏曰：『尤，過也。疑則闕之，其餘不疑，猶慎言之，則少過。』」

〔三〕裴駰曰：「包氏曰：『殆，危也。所見危者，闕而不行，則少悔。』」

他日從在陳蔡閒，困，問行。孔子曰：「言忠信，行篤敬，雖蠻貊之國行也；言不忠信，行不篤敬，雖州里行乎哉〔一〕！立則見其參於前也，在輿則見其倚於衡〔二〕，夫然後行。」子張書諸紳〔三〕。

〔一〕裴駰曰:「鄭玄曰:『二千五百家爲州,五家爲鄰,五鄰爲里。行乎哉,言不可行。』」
〔二〕裴駰曰:「包氏曰:『衡,軛也。言思念忠信,立則常想見,參然在前;在輿則若倚於車軛。』」
〔三〕裴駰曰:「孔安國曰:『紳,大帶也。』」

子張問:「士何如斯可謂之達矣?」孔子曰:「何哉,爾所謂達者?」子張對曰:「在國必聞,在家必聞。」孔子曰:「是聞也,非達也。夫達者,質直而好義,察言而觀色,慮以下人,在國及家必達。夫聞也者,色取仁而行違,居之不疑,在國及家必聞。」

曾參,南武城人,字子輿。少孔子四十六歲。

孔子以爲能通孝道,故授之業。作孝經。死於魯。

澹臺滅明〔一〕,武城人,字子羽。少孔子三十九歲。

〔一〕裴駰曰:「包氏曰:『澹臺,姓;滅明,名。』」

狀貌甚惡。欲事孔子,孔子以爲材薄。既已受業,退而修行,行不由徑,非公事不見卿大夫。

南游至江,從弟子三百人,設取予去就,名施乎諸侯。孔子聞之,曰:「吾以言取人,失之宰予；以貌取人，失之子羽。」

宓不齊字子賤。少孔子三十歲。

孔子謂：「子賤君子哉！魯無君子，斯焉取斯？」

子賤爲單父宰，反命於孔子，曰：「此國有賢不齊者五人，教不齊所以治者。」孔子曰：「惜哉不齊所治者小，所治者大則庶幾矣。」

原憲字子思。

子思問恥。孔子曰：「國有道，穀。國無道，穀，恥也。」

子思曰：「克伐怨欲〔一〕不行焉，可以爲仁乎？」孔子曰：「可以爲難矣，仁則吾弗知也。」

〔一〕裴駰曰：「馬融曰：『克，好勝人也。伐，自伐其功。怨，忌也。欲，貪欲也。』」

孔子卒，原憲遂亡在草澤中。子貢相衛，而結駟連騎，排藜藿入窮閻，過謝原憲。憲攝敝衣冠見子貢。子貢恥之，曰：「夫子豈病乎？」原憲曰：「吾聞之，無財者謂之貧，學道而不能行者謂之病。若憲，貧也，非病也。」子貢慚，不懌而去，終身恥其言之過也。

公冶長，齊人，字子長。孔子曰：「長可妻也，雖在累紲〔一〕之中，非其罪也。」以其子妻之。

〔一〕裴駰曰：「孔安國曰：『累，黑索也。紲，攣也。所以拘罪人。』」

南宫括字子容。問孔子曰：「羿善射，奡盪舟〔一〕，俱不得其死然；禹、稷躬稼而有天下？」孔子弗答。容出，孔子曰：「君子哉若人！上〔二〕德哉若人！」「國有道，不廢〔三〕；國無道，免於刑戮。」三復「白珪之玷」〔四〕。以其兄之子妻之。

〔一〕裴駰曰：「孔安國曰：『羿，有窮之君，篡夏后位，其徒寒浞殺之，因其室而生奡。奡多力，能陸地行舟，爲夏后少康所殺。』」

〔二〕上，同「尚」。

〔三〕裴駰曰：「孔安國曰：『不廢，言見用。』」

〔四〕裴駰曰：「孔安國曰：『詩云「白珪之玷，尚可磨也；斯言之玷，不可爲也」。南容讀詩至此，三反之，是其心敬慎於言。』」

公晳哀字季次。

孔子曰：「天下無行，多爲家臣，仕於都，唯季次未嘗仕。」

曾蒧〔一〕字晳。

〔一〕曾蒧，即曾點，曾參之父。

侍孔子，孔子曰：「言爾志。」蒧曰：「春服既成，冠者五六人，童子六七人，浴乎沂，風乎舞雩，詠而歸。」孔子喟爾歎曰：「吾與蒧也！」

顔無繇字路。路者，顔回父，父子嘗各異時事孔子。

顔回死，顔路貧，請孔子車以葬。孔子曰：「材不材，亦各言其子也。鯉也死，有棺而無椁，吾不徒行以爲之椁，以吾從大夫之後，不可以徒行。」

商瞿，魯人，字子木。少孔子二十九歲。

孔子傳易於瞿，瞿傳楚人馯臂子弘〔一〕，弘傳江東人矯子庸疵〔二〕，疵傳燕人周子家豎〔三〕，豎傳淳于人光子乘羽〔四〕，羽傳齊人田子莊何〔五〕，何傳東武人王子中同〔六〕，同傳菑川人楊何。何元朔中以治易爲漢中大夫。

〔一〕馯，裴駰引徐廣曰：「音寒。」司馬貞曰：「馯，徐廣音韓，鄒誕生音汗。按：儒林傳、荀卿子及漢書皆云馯臂字子弓,今此獨作『弘』,蓋誤耳。應劭云子弓是子夏門人。」

〔二〕司馬貞曰:「儒林傳及系本皆作『蟜』。疵音自移反。疵字或作『疪』。蟜是姓,疵,名也,字子肩。然蟜姓,魯莊公族也,禮記『蟜固見季武子』。蓋魯人,史儒林傳皆云魯人,獨此云江東人,蓋亦誤耳。儒林傳云馯臂,江東人;橋疵,楚人也。」張守節曰:「漢書作『橋庇』,云魯人。顔師古云橋庇字子庸。」

〔三〕張守節曰:「周豎字子家,漢書作『周醜』也。」

〔四〕司馬貞曰:「淳于,縣名,在北海。光羽字子乘。」

〔五〕司馬貞曰:「田何字子莊。」

〔六〕司馬貞曰:「王同字子中。」

高柴字子羔。少孔子三十歲。

子羔長不盈五尺,受業孔子,孔子以爲愚。

子路使子羔爲費、郈宰,孔子曰:「賊夫人之子!」子路曰:「有民人焉,有社稷焉,何必讀書然後爲學!」孔子曰:「是故惡夫佞者。」

漆彫開字子開。

孔子使開仕，對曰：「吾斯之未能信。」孔子說。

公伯繚字子周〔一〕。

〔一〕司馬貞曰：「馬融云魯人。家語無公伯繚而有申繚子周。而譙周云：『疑公伯繚是讒愬之人，孔子不責，而云「其如命何」，非弟子之流也。』今亦列比在七十二賢之數，蓋太史公誤。且『繚』亦作『遼』也。」

周愬子路於季孫，子服景伯以告孔子，曰：「夫子固有惑志，繚也吾力猶能肆諸市朝〔一〕。」孔子曰：「道之將行，命也；道之將廢，命也。公伯繚其如命何！」

〔一〕裴駰曰：「鄭玄曰：『吾勢猶能辨子路之無罪於季孫，使人誅僚而肆之也。有罪既刑，陳其尸曰肆。』」

司馬耕字子牛。

牛多言而躁。問仁於孔子，孔子曰：「仁者其言也訒〔一〕。」曰：「其言也訒，斯可謂之仁乎？」子曰：「爲之難，言之得無訒乎！」

〔一〕裴駰曰：「孔安國曰：『訒，難也。』」

問君子，子曰：「君子不憂不懼。」曰：「不憂不懼，斯可謂之君子乎？」子曰：「內省不疚，夫何憂何懼！」

樊須字子遲，少孔子三十六歲。

樊遲請學稼，孔子曰：「吾不如老農。」請學圃，曰：「吾不如老圃。」〔一〕樊遲出，孔子曰：「小人哉樊須也！上好禮，則民莫敢不敬；上好義，則民莫敢不服；上好信，則民莫敢不用情〔二〕。夫如是，則四方之民襁負其子而至矣，焉用稼！」

〔一〕裴駰曰：「馬融曰：『樹五穀曰稼，樹菜蔬曰圃。』」

〔二〕裴駰曰：「孔安國曰：『情，實也。言民化上各以實應。』」

樊遲問仁，子曰：「愛人。」問智，曰：「知人。」

有若少孔子四十三歲。有若曰：「禮之用，和爲貴，先王之道斯爲美。小大由之，有所不行；知和而和，不以禮節之，亦不可行也〔一〕。」「信近於義，言可復也〔二〕；恭近於禮，遠恥辱也〔三〕；因不失其親，亦可宗也〔四〕。」

〔一〕裴駰曰：「馬融曰：『人知禮貴和，而每事從和，不以禮爲節，亦不可以行也。』」

〔二〕裴駰曰：「何晏曰：『復猶覆也。義不必信，信非義也。以其言可覆，故曰近義。』」

〔三〕裴駰曰：「何晏曰：『恭不合禮，非禮也。以其能遠恥辱，故曰近禮。』」

〔四〕裴駰曰：「孔安國曰：『因，親也。言所親不失其親，亦可宗敬。』」

孔子既没，弟子思慕，有若狀似孔子，弟子相與共立爲師，師之如夫子時也。他日，弟子進問曰：「昔夫子當行，使弟子持雨具，已而果雨。弟子問曰：『夫子何以知之？』夫子曰：『詩不云乎？「月離于畢，俾滂沱矣〔一〕。」昨暮月不宿畢乎？』他日，月宿畢，竟不雨。商瞿年長無子，其母爲取室。孔子使之齊，瞿母請之。孔子曰：『無憂，瞿年四十後當有五丈夫子〔二〕。』已而果然。敢問夫子何以知此？」有若默然無以應。弟子起曰：「有子避之，此非子之座也！」

〔一〕裴駰曰：「毛傳曰：『畢，噣也。月離陰星則雨。』」

〔二〕裴駰曰：「五男也。」

公西赤字子華，少孔子四十二歲。

子華使於齊，冄有爲其母請粟。孔子曰：「與之釜〔一〕。」請益，曰：「與之庾〔二〕。」冄子與之粟五秉〔三〕。孔子曰：「赤之適齊也，乘肥馬，衣輕裘。吾聞君子周急不繼富。」

〔一〕裴駰曰：「馬融曰：『六斗四升曰釜。』」

〔二〕裴駰曰：「包氏曰：『十六斗曰庾。』」

〔三〕裴駰曰：「馬融曰：『十六斛曰秉，五秉合八十斛。』」

巫馬施字子旗，少孔子三十歲。

陳司敗〔一〕問孔子曰：「魯昭公知禮乎？」孔子曰：「知禮。」退而揖巫馬旗曰：「吾聞君子不黨，君子亦黨乎？魯君娶吴女爲夫人，命之爲孟子。孟子姓姬，諱稱同姓，故謂之孟子。魯君而知禮，孰不知禮〔二〕！」施以告孔子，孔子曰：「丘也幸，苟有過，人必知之。臣不可言君親之惡，爲諱者，禮也〔三〕。」

〔一〕裴駰曰：「孔安國曰：『司敗，官名。陳大夫也。』」

〔二〕裴駰曰：「孔安國曰：『相助匿非曰黨。禮同姓不婚，而君娶之。當稱「吴姬」，諱曰「孟子」。』」

〔三〕裴駰曰：「孔安國曰：『以司敗之言告也。諱國惡，禮也。聖人之道弘，故受之爲過也。』」

梁鱣字叔魚，少孔子二十九歲。

顔幸字子柳，少孔子四十六歲。

冉孺字子魯，少孔子五十歲。

曹卹字子循，少孔子五十歲。

伯虔字子析，少孔子五十歲。

公孫龍字子石，少孔子五十三歲。

自子石已右三十五人，顯有年名及受業聞見于書傳。其四十有二人，無年及不見書傳者紀于左：

冄季字子產。

公祖句兹字子之。

秦祖字子南。

漆雕哆字子斂。

顏高字子驕。

漆雕徒父。

壤駟赤字子徒。

商澤。

石作蜀字子明。
任不齊字選。
公良孺字子正。
后處字子里。
秦冄字開。
公夏首字乘。
奚容箴字子晳。
公肩定字子中。
顔祖字襄。
鄡單字子家。
句井疆。

罕父黑字子索。
秦商字子丕。
申黨字周。
顏之僕字叔。
榮旂字子祈。
縣成字子祺。
左人郢字行。
燕伋字思。
鄭國字子徒。
秦非字子之。
施之常字子恒。

顔噲字子聲。

步叔乘字子車。

原亢籍。

樂欬字子聲。

廉絜字庸。

叔仲會字子期。

顔何字冄。

狄黑字皙。

邦巽字子斂。

孔忠。

公西輿如字子上。

公西蒧字子上。

太史公曰：學者多稱七十子之徒，譽者或過其實，毁者或損其真，鈞之未覩厥容貌，則論言弟子籍，出孔氏古文近是。余以弟子名姓文字悉取論語弟子問，并次爲篇，疑者闕焉。

書名篇卷索引

例言

一、本索引收入孔子集語、孔子集語補遺、孔子集語補遺商正以及新補所采用文獻的所有書名，采用頻率較高者，亦列出其篇卷。其中，間隔號前的數字表示卷數，間隔號後的數字表示在該卷的條數。

二、凡爲類書所引者，除列出類書書名外，被間接引用的書名也一一列出。

三、排列依筆畫爲次。

四畫

五畫

六畫

七畫

八畫

九畫

十畫

十一畫

十二畫

十三畫

十四畫

十五畫

十六畫

十七畫

十八畫

十九畫

二十一畫

二十四畫